Ullstein

ÜBER DAS BUCH:

Robert D. Ballard sorgte im Frühjahr 1989 für eine Sensation: Im Ostatlantik ortete er in über 4000 Meter Tiefe das Wrack des Schlachtschiffs »Bismarck«.

Als die »Bismarck« am 27. Mai 1941 während ihrer ersten und einzigen atlantischen Operation, der »Rheinübung«, 400 Seemeilen westlich von Brest von britischen Schlachtschiffen versenkt wurde, überlebten nur 115 der 2221 Mann Besatzung. Der Autor gehört zu den wenigen Überlebenden dieser Tragödie und legt mit diesem Buch seine Erinnerungen an das dramatische Geschehen vor.

Die ursprüngliche, auf die maritimen Aspekte beschränkte Darstellung ist in der Neuausgabe erweitert worden: um Zeugenberichte deutscher und britischer Beteiligter, um persönliche zeitgeschichtliche Betrachtungen, die das Geschehen um das Schlachtschiff »Bismarck« in den allgemeinen politischen Kontext jener Jahre vor und unmittelbar nach dem Ausbruch des 2. Weltkrieges einordnen und um ein Schlußkapitel, das die bis 1946 andauernde britische Kriegsgefangenschaft des Autors behandelt.

DER AUTOR:

Burkard Freiherr von Müllenheim-Rechberg wurde 1910 in Berlin-Spandau als Sohn einer badisch-elsässischen Familie geboren. Abitur 1929; Eintritt in die Reichsmarine; 1943 Korvettenkapitän. Nach dem Untergang der »Bismarck« Kriegsgefangenschaft. 1949 juristisches Staatsexamen an der Universität Frankfurt/M. 1952 Eintritt in das Auswärtige Amt. Bis 1955 als Gesandtschaftsrat in nordischen Ländern, 1955/56 bei der NATO-Delegation in Paris, 1956/57 bei der NATO-Truppenvertragskonferenz in Bonn tätig. Ab 1958 Konsul, später Botschafter in Westindien, 1965 Botschafter in Zaire, 1968 Generalkonsul in Toronto, 1971 Botschafter in Tansania. Seit 1975 im Ruhestand.

Burkard Freiherr
von Müllenheim-Rechberg

Schlachtschiff Bismarck

Ein Überlebender in seiner Zeit

Mit 54 Abbildungen

Ullstein

Zeitgeschichte
Ullstein Buch Nr. 33159
im Verlag Ullstein GmbH,
Frankfurt/M–Berlin

Ungekürzte Ausgabe auf der
Grundlage der erweiterten
Neuausgabe 1987

Umschlagentwurf:
Hansbernd Lindemann
Unter Verwendung eines
Gemäldes von Walter Zeeden
»Der letzte Kampf der Bismarck«
(Foto: Rolf Reuter mit freundlicher
Genehmigung von
Klaus-Christoph Marloh)
Alle Rechte vorbehalten
© der erweiterten Neuausgabe
1987 im Verlag Ullstein GmbH,
Frankfurt/M–Berlin
Printed in Germany 1993
Druck und Verarbeitung:
Clausen & Bosse, Leck
ISBN 3 548 33159 9

2. Auflage Februar 1993

Die Deutsche Bibliothek –
CIP-Einheitsaufnahme

Müllenheim-Rechberg, Burkard Frhr. von:
Schlachtschiff Bismarck: ein Überlebender
in seiner Zeit / Burkard Frhr. von
Müllenheim-Rechberg. – Ungekürzte Ausg.,
auf der Grundlage der erw. Neuausg. 1987,
2. Aufl. – Frankfurt/M; Berlin:
Ullstein, 1993
(Ullstein-Buch; Nr. 33159: Zeitgeschichte)
ISBN 3-548-33159-9
NE: GT

Inhalt

Vorwort 9

Einleitung 13

Auftakt in Hamburg 17

Vorbereitungen zur Kriegsverwendung

Schlachtschiff *Bismarck* und sein Kommandant, Kapitän zur See
    Ernst Lindemann. Erste Eindrücke 19
Indienststellung, Ausbildung und Erprobungen 40
Kommende Kriegsaufgaben 71
Die Operationsbefehle zur »Rheinübung« 74
Auslaufen verschoben. Weitere Ausbildung. Der Flottenstab probt
    an Bord. Letzte Landausflüge 81
Hitlers Besuch an Bord 87

Die »Rheinübung«

Auslaufen aus Gotenhafen. Marsch nach Westen, durch den Großen
    Belt. Ein sonniger Tag im Kattegat. Ein britischer Marineattaché in
    Stockholm 91
Vor Anker im Grimstad Fjord. Weitermarsch nach Norden 97
Alarm in Scapa Flow. Die Heimatflotte geht in See 107
Zur Rekonstruktion der Operationsführung durch Admiral Lütjens . 110
Marsch durch die Dänemarkstraße. Erste Feindberührung 112
Das Island-Gefecht. *Hood* fliegt in die Luft 118
Nach dem Gefecht: Alternativen für Admiral Lütjens 131
Die Detachierung des Kreuzers *Prinz Eugen* 136
Die Fühlunghalter hängen weiter an. Direkter Kurs auf St. Nazaire . 140

Flugzeuge des Trägers *Victorious* greifen an	142
Die Admiralität in London trifft energische Entscheidungen	146
Die Fühlung reißt ab. Zwei Funksprüche des deutschen Flottenchefs. *Bismarck* – vom Gegner erneut eingepeilt	149
Ein Tag des Schicksals hinter den Kulissen	158
Eine Schornsteinattrappe. Salzgefahr auf *Bismarck*. Zwei Catalinas starten in Nordirland	164
Bismarck vom Gegner wieder entdeckt	170
Nur noch *Ark Royal* könnte Admiral Tovey Erfolg bringen	173
Die »Swordfish« der *Ark Royal* greifen an. Ein verhängnisvoller Rudertreffer	177
Der Ruderschaden: Wurden alle Reparaturmöglichkeiten erschöpft? Die 4. Zerstörerflottille wird zur Unterstützung Toveys befohlen	187
Die letzte Nacht auf *Bismarck*	195
Die Nacht der Zerstörerangriffe	195
Die Nacht der letzten Funksprüche	199
Die Nacht des langen Wartens	202
Das Kriegstagebuch der Flotte und *U 556*	206
Ein letzter Besuch auf der Schiffsbrücke	212
Admiral Tovey bestimmt den Zeitpunkt des Endkampfes	218
Der Endkampf	222
Der Endkampf aus britischer Sicht	244
Bismarck sinkt. Als Schwimmer im Atlantik	253
Kriegsgefangen auf *H.M.S. Dorsetshire* und *H.M.S. Maori*. *U 74* und *Sachsenwald* retten fünf Überlebende	263
Die »Rheinübung« im Rückblick	275
Kriegsgefangenschaft in England und Kanada	287
Ende eines Alptraums	373
Nachwort	381

Anhang

Weisung für weitere Unternehmungen von Überwasserstreitkräften	383
Allgemeiner Befehl für die Atlantikunternehmung	390
Anmerkungen	394
Literaturverzeichnis	418
Personen- und Schiffsregister	424
Ansichten der *Bismarck*	433
Quellennachweis der Abbildungen	440

In ehrendem Gedenken
an den
Deutschen Widerstand
1933–1945

Vorwort zur Neuausgabe

Als ich die ersten Tage des September 1939 durchlebte, wollte mir der so plötzlich vorhandene Krieg, der das spätere operative Leben des Schlachtschiffes *Bismarck* auf nur neun Tage beschränken sollte, als nichts weniger erscheinen als ein in die Welt gefahrenes Naturereignis, ein schicksalhafter, irgendwie »ausgebrochener« Krieg. Und noch viel weniger als ein uns von außen aufgezwungener, wie es die Reichspropaganda damals weiszumachen beliebte. Ich hatte ihn sofort für Hitlers Krieg gehalten – sein ureigenes, gehätscheltes Geschöpf, sein seit langem innerlich geplantes und vom Januar 1933 bis zum August 1939 in geschickter Täuschung der deutschen und der Weltöffentlichkeit betriebenes Geschäft.

Ob und wann der einzelne Deutsche diesen Drang Hitlers zum Kriege begriff, ob früher oder später, war natürlich individuell verschieden. Eine winzige, politisch nicht ins Gewicht fallende Minderheit hatte Hitler schon vor dessen Machtantritt durchschaut, und am anderen Ende der Skala stehen diejenigen, die den gewissenlosen Kriegstreiber bis heute nicht als solchen gesehen haben oder sehen wollen.

Demjenigen aber, der aus kritischer Perspektive den Krieg von vornherein als einen von Hitler zur Versklavung Kontinentaleuropas, aus Rassenfanatismus und Größenwahn zynisch vom Zaun gebrochenen begriffen hatte, mußte schon das erste deutsche Projektil als im Dienst politisch verwerflicher und national schädlicher Ziele abgefeuert erscheinen. So zu empfinden, war eine bloße Frage eigener Erkenntnis, und diese der Impuls des Wunsches, den »Führer« im wohlverstandenen Interesse der Nation verschwinden zu sehen, je eher desto besser. Meine schon bald an Hitler auftretenden und über die dreißiger Jahre hinweg zu dessen glühender Ablehnung sich verdichtenden Zweifel wurden unter der Ausweglosigkeit der Kriegssituation zu einer Saat noch quälenderer innerer Zerrissenheit als je zuvor, eines staatsbürgerlich mörderischen Dilemmas zwischen dem Reichsverderber, der meine Loyalität einforderte, und meinem Lande, dem ich sie schuldete. Wann anders konnte dieser Zwiespalt sein Ende finden als mit dem Zerfall der braunen Herrschaft?

Über Leben und Sterben des Schlachtschiffes *Bismarck* und des überwiegenden Teiles seiner Besatzung war im Jahr 1980 mein »Bericht eines Überlebenden« erschienen. Er war, entsprechend dem Interesse meines ursprünglichen Marine-Fachverlegers, The United States Naval Institute, Annapolis, Maryland, USA, auf die maritimen Aspekte des Themas beschränkt. Gewidmet hatte ich ihn dem Gedenken derer, die – vermutlich ohne Ausnahme – ihr Leben in naivem Glauben an den von ihnen als die Inkarnation Deutschlands angesehenen Hitler eingesetzt hatten. Das Buch erschien, zum Teil in mehreren Auflagen, in insgesamt zehn Sprachen und erbrachte ein nahezu weltweites, freundliches Echo. Unter den mittlerweile Bände füllenden Leserbriefen stammten zahlreiche von Deutschen und Ausländern, die aus eigener Kenntnis oder eigenem Erleben heraus hochinteressante Ergänzungen zu den Schilderungen in meinem Bericht brachten. Unter den Ausländern erwähne ich an erster Stelle den Briten Donald C. Campbell. Campbell war während des Endkampfes am 27. Mai 1941 Senior Lieutenant und Air Defense Officer auf H.M.S. *Rodney*. Sein entsprechender Erlebnisbericht birst vor Spannung. Andere Ausländer steuerten Einzelheiten zu verschiedenen Phasen der *Bismarck*-Operation bei, wie zum Beispiel zu unserer Begegnung mit dem schwedischen Flugzeugkreuzer *Gotland* am 20. Mai 1941 im Kattegat, dem Passieren Norwegens, der Frage der zu unserer Täuschung bestimmten Schiffsattrappen in Scapa Flow, dem Einpeilen *Bismarcks* durch die Briten nach dem Verlust der Fühlung am 25. Mai und den Angriffen der britischen Zerstörer auf *Bismarck* in der Nacht vor dem Endkampf. Und auf deutscher Seite ist, durch Umstände bedingt, erst jetzt derjenige Überlebende in Erscheinung getreten, der als einziger vorn im Schiff, in der der Kommandozentrale des Ersten Offiziers benachbarten Leckwehrzentrale seine Gefechtsstation gehabt hatte: der damalige Maschinengast Josef Statz. Statz hatte gegen Schluß des Endkampfes durch einen Verbindungsschacht noch die Plattform des zerstörten Vorderen Kommandostandes erreicht und, in dieser letzten Lebensphase des Schiffes, unerhörte Eindrücke gesammelt. All diesen Korrespondenten sei Dank, daß ich ihre gewichtigen Beiträge in die vorliegende Fassung habe einarbeiten dürfen. Sie bringt nunmehr meinen abschließenden Bericht als Operationsteilnehmer.

In erster Linie aber – der geänderte Untertitel des Buches zeigt es – greift die Neufassung des Werkes auch in die Politik. Ich habe politische Ereignisse und Gedanken aufgenommen, die mich damals als Staatsbürger bewegten, der ich neben dem Berufsseeoffizier ja auch war. Um hier nicht in uferlose Sachverhalte zu geraten, bin ich strikt autobiographisch vorgegangen, habe nur Ereignisse und Gedanken skizziert, die meinen Lebensweg tatsächlich begleiteten. Und ich schildere sie nach meinem damaligen Wissens- und Erkenntnisstand; alles Nachträgliche ist ausdrücklich als solches kenntlich gemacht. Diese Akzentuierung des Buches hat es mir auch ermöglicht, politisch orientierte Eintragungen in dem persönlichen Tagebuch des britischen Marineattachés in Berlin (1936–1939), Captain R. N. T. Troubridge, zu verwerten. Die Familie des verstorbenen Troubridge hatte mir solche Verwertung nach dem Erscheinen der englischen Ausgabe der Erstfassung meines Buches freundlichst gestattet. Seine Aufzeichnungen weisen Troubridge als einen ungewöhnlich scharfsichtigen Beobachter der deutschen politischen Szene jener unmittelbaren Vorkriegsjahre aus.

Insgesamt soll das jetzige Werk mein bisheriges, rein seekriegsgeschichtliches Zeugnis hin zu einem allgemeiner zeitgeschichtlichen erweitern. Ich habe hier etwas von der inneren Belastung für diejenigen Deutschen sichtbar machen wollen, denen bald Zweifel am Hitler-Staat gekommen waren. Ihre der meinen entsprechende Sicht der Dinge hatte mir im Lauf der Jahre die Frauen und Männer in immer hellerem Licht erscheinen lassen, die früher als andere den Würgegriff, von dem es mein Vaterland in erster Linie zu befreien galt, ausgemacht und im Deutschen Widerstand bekämpft hatten. Ihre Klarsicht, ihr Leid als Patrioten, ihr Mut und ihre Opfer an Leben und Freiheit haben die Widmung dieses Buches bestimmt.

Januar 1987, Burkard Freiherr von Müllenheim-Rechberg

Einleitung

Einen Erlebnisbericht fast vierzig Jahre nach dem Ereignis vorzulegen, ist zumindest ungewöhnlich. Im Grunde aber ist dieser Entschluß nur eine Rückkehr zu dem Gedanken, der mich blitzartig ergriff, als ich noch auf dem Oberdeck des* nach dem Endkampf am 27. Mai 1941 sinkenden *Bismarck* stand: Wird jemals jemand, selbst wenn er persönlich Zeuge war, das in diesen Minuten endende, von einem einzigen Standort an Bord des riesigen Schiffes aus gar nicht mehr zu überblickende Geschehen erfassen, seine schier unzähligen Einzelheiten zu einem Gesamtbericht zusammenfügen können? Und wenn, wer und wann? Der Gedanke verflog damals so rasch, wie er gekommen war – vor dem ungewissen eigenen Schicksal und der Kulisse des andauernden Krieges schien er absurd, aber latent blieb er weiter am Leben.

Der sich ab Juni 1941 einstellenden Versuchung, die unendliche freie Zeit eines Kriegsgefangenen in britischen und kanadischen Offizierslagern etwa zu Aufzeichnungen über die Unternehmung des Schiffes aus frischer Erinnerung zu nutzen, hatte ich begreiflicherweise zu widerstehen. Schließlich fehlte einem Kriegsgefangenen jeglicher Verwahrungsschutz für Papiere vertraulichen, wenn nicht gar geheimen Charakters. Da blieb nichts anderes übrig, als allgemein das Gedächtnis möglichst intakt zu halten und zu hoffen, schwindende Erinnerungen später einmal mit Hilfe der Archive wenigstens teilweise wiederzubeleben.

Ein auf Anregung eines unserer früheren Flottenchefs, des Admirals a. D. Walter Gladisch, geschriebener Brief des bekannten Militärschriftstellers Professor Dr. Kurt Hesse erreichte mich im Mai 1949. Mit den Worten »Ich halte Ihr Erlebnis für ein so einmaliges und den Stoff für einen so starken« legte Dr. Hesse mir eine Veröffentlichung nahe und traf sich darin voll mit

---

* Das Schlachtschiff *Bismarck* erscheint im weiteren Verlauf des Textes stets in der maskulinen Form. Zur Erklärung hierzu siehe S. 38f.

meiner über die Jahre grundsätzlich bewahrten Absicht, einmal aus der Sicht eines Überlebenden über Schlachtschiff *Bismarck* zu berichten. Aber einerseits wäre jede öffentliche Behandlung eines militärgeschichtlichen Themas im damals noch weitgehend kriegszerstörten Deutschland unmöglich gewesen, und zum anderen war es auch für mich persönlich noch zu früh. Ich stand mitten im juristischen Staatsexamen an der Johann-Wolfgang-Goethe-Universität. Und in diesen nicht ganz einfachen unmittelbaren Nachkriegsjahren hatte ich, nunmehr schon um die Lebensmitte, nicht nur mein Studium, sondern auch jeglichen eigenen Unterhalt durch Halbtags-, später volle Tagesarbeit selbst zu finanzieren. Dazu trat die drängende und zeitraubende Suche nach einem neuen Lebensberuf. Diese Notwendigkeiten hatten absoluten Vorrang.

An dieser Stelle sei mir eine Danksagung gestattet, für die ich eine bessere öffentliche Gelegenheit kaum noch finden werde. Nach meiner Repatriierung aus Kanada hatte ich in den Wintermonaten 1946/47 fast alle westdeutschen Universitäten bereist, um jeweils meine Zulassung zum Abschluß eines während der Kriegsgefangenschaft absolvierten sechssemestrigen Jurastudiums zu erreichen. Die Antworten waren überall negativ, und zwar auf der Stelle. Gegen mich sprachen meine berufliche Vergangenheit als Offizier sowie die Umstände, daß ich, früher in Schlesien beheimatet, niemals am Universitätsort oder dessen näherer Umgebung gewohnt hatte, und daß ich während der vergangenen zwölf Jahre nicht nachweislich politisch verfolgt worden war. Aber da war eine Ausnahme: die Johann-Wolfgang-Goethe-Universität! Dort wollte man nur meine Staatsangehörigkeit, mein Alter und meine Vorbildung wissen. Seien die Antworten hierauf befriedigend, würde ich zu einer Aufnahmeprüfung eingeladen werden. Bestünde ich diese, dürfe ich immatrikulieren. Und so geschah es dann auch. Noch heute empfinde ich Dank gegenüber dieser Universität und dem Lande Hessen für ihre damalige, so loyal auf die vielen Flüchtlinge im westlichen Nachkriegsdeutschland zugeschnittene Grundeinstellung.

Und noch viele weitere Jahre mußten vergehen. Dienstjahre als Botschafter oder Generalkonsul der Bundesrepublik in Übersee, während derer vor allem Ausländer mir immer wieder sagten: »Sie *müssen* einmal über Schlachtschiff *Bismarck* schreiben!« Aber erst nach meiner Pensionierung im Jahr 1975 und auch erst nach der in den sechziger Jahren erfolgten Rückgabe der amtlichen Akten der Kriegsmarine aus britischer Hand an das Bundesarchiv boten sich Zeit und die sonstigen Voraussetzungen für eine verantwortliche Behandlung des Themas. Nicht zuletzt leiteten mich dabei die früheren Impulse der inzwischen leider verstorbenen Herren, Admiral a. D. Gladisch und Professor Dr. Hesse.

Inzwischen sind im In- und Ausland die Unternehmung und der Untergang des Schlachtschiffes *Bismarck* in einer Vielzahl von Darstellungen behandelt worden. Sie unterscheiden sich verständlicherweise in den Einzelheiten ihrer Schilderungen, aber ihnen allen ist gemeinsam, muß es auch sein, daß sie die Gründe für die wichtigsten taktischen Entscheidungen des deutschen Flottenchefs, Admiral Günther Lütjens, während der atlantischen Operation des Schiffes nicht angeben können. Hier wirkt sich der am 27. Mai 1941 eingetretene Verlust des Führungsdokuments des Admirals, des Kriegstagebuches der Flotte, voll aus. Und, um es schon vorweg zu sagen, auch ich werde diese Gründe nicht authentisch mitteilen, sie letztlich nicht erhellen können. Doch meine ich, als damaliger Teilnehmer einen Beitrag zur Geschichte des Schlachtschiffes *Bismarck* und der »Rheinübung« leisten zu können, der sich eben durch das besondere eigene Erleben von der bisherigen Literatur unterscheidet und insofern Neues bringt.

Der Untertitel ist der Schlüssel zum Konzept des Buches. Dieses bringt, als Erlebnisbericht, einen persönlichen Ausschnitt aus umfassenderer Wirklichkeit. Soweit möglich, habe ich bei der Darstellung der Ereignisse unser damaliges Wissen, unsere damaligen Empfindungen geschildert, habe nachträglich Erfahrenes ausdrücklich als solches gekennzeichnet. Dort, wo Tatsachen und Wertungen im Zweifel bleiben mußten, habe ich versucht, Alternativen aufzuzeigen, zwischen denen die Wahrheit liegen könnte. In solchen Fällen wird es dem nachvollziehenden Historiker überlassen sein, weiterführende Erkenntnisse zu gewinnen und Urteile zu fällen.

Das Buch ist dem Gedenken an unsere im Mai 1941 fast vollzählig gefallene junge Besatzung und allen denen gewidmet, die damals ihren Tod an Bord gefunden haben. Was ihnen abverlangt wurde, sie alle haben es bis zur Opferung des eigenen Lebens geleistet. In ganz besonderer Weise widme ich meinen Bericht dem Gedenken an die überragende Persönlichkeit des Kommandanten, Kapitän zur See Ernst Lindemann. Als Kommandant eines Flaggschiffes stand er naturgemäß, auch aus der historischen Sicht, im Schatten des ranghöheren Seebefehlshabers, konnte er seine Führungseigenschaften nicht in dem gleichen Maß zur Geltung bringen, wie es ihm als Kommandant eines selbständig operierenden Schiffes möglich gewesen wäre.

Dank sage ich den Herren, die mir durch die Überlassung von Rechten und sonstige freundliche Unterstützung bei meiner Arbeit geholfen haben: Herrn Professor Dr. Jürgen Rohwer und Vice Admiral B. B. Schofield für die Genehmigung, die von ihnen geschaffenen Wegeskizzen zur »Rheinübung« zu benutzen; Herrn Fregattenkapitän a. D. Paul Schmalenbach (während der »Rheinübung« II. Artillerieoffizier auf *Prinz Eugen*) für die zur Verfügung gestellten Fotografien vom Island-Gefecht; Herrn Kapitänleutnant a. D. Herbert Wohlfarth (im Mai 1941 Kommandant von *U 556*) für die Erlaubnis zur Verwendung der »Patenschaftsurkunde« *U 556-Bismarck* und Herrn Rolf Schindler, Freiburg, für die Zeichnung der Wegeskizzen zur »Rheinübung«.

Ich danke auch den Persönlichkeiten und Institutionen, die mir mit Rat und Tat beigestanden haben: Captain (ret), U.S. Navy, Robert L. Bridges, Castle Creek, N.Y.; Herrn Joachim Fensch, Weingarten; Mr. Daniel G. Harris, Ottawa (im Mai 1941 Gehilfe des Marineattachés an der britischen Gesandtschaft in Stockholm); Herrn Franz Hahn vom Wehrgeschichtlichen Ausbildungszentrum der Marineschule Mürwik; Herrn Dr. Mathias Haupt vom Bundesarchiv Koblenz; Herrn Bodo Herzog, Oberhausen; Herrn Hans H. Hildebrand, Hamburg; Herrn Konteradmiral a. D. Günther Horstmann, Basel; Imperial War Museum, Department of Photographs, London; Mr. Esmond Knight, London (im Mai 1941 als Lieutenant der Royal Naval Volunteer Reserve an Bord der *Prince of Wales*); Herrn Oberarchivrat Dr. Hansjoseph Maierhöfer vom Bundesarchiv – Militärarchiv – Freiburg; Mr. Philip Mathias, Toronto; Mrs. Mary Z. Pain, London; Fregattenkapitän Dr. Werner Rahn, Mürwik; Herrn Dr. Hans Ulrich Sareyko, Auswärtiges Amt, Bonn; Herrn Kapitän zur See a. D. Hans-Henning von Schultz, Ramsau (während der »Rheinübung« Bordnachrichtenoffizier auf *Prinz Eugen*); Herrn Torsten Spiller von der Deutschen Dienststelle (WASt), Berlin; Mr. Tom Wharam, Cardiff.

November 1979, Burkard Freiherr von Müllenheim-Rechberg

Auftakt in Hamburg

Seeschlacht zwischen Engländern und Franzosen, Churchill beschießt die französische Flotte verkündeten mit riesigen Schlagzeilen die Tageszeitungen an den Hamburger Kiosken. In so sensationeller Aufmachung erfuhr die deutsche Öffentlichkeit zu Anfang Juli 1940 von dem blutigen Überfall eines britischen Flottenverbandes auf französische Kriegsschiffe im algerischen Oran. Er war Teil einer umfassenden Operation gewesen, mit der die britische Regierung einen etwaigen Zugriff Deutschlands auf die damals außerhalb Frankreichs liegende, der Regierung Pétain unterstehende Kriegsflotte hatte verhindern wollen. Am Morgen des 3. Juli war ein aus zwei Schlachtschiffen, einem Schlachtkreuzer, einem Flugzeugträger, zwei Kreuzern und elf Zerstörern bestehender britischer Verband vor der algerischen Küste erschienen. Sein Befehlshaber hatte den französischen Admiral zunächst ultimativ zur widerstandslosen Übergabe seiner Schiffe aufgefordert. Aber die Frist war verstrichen, und am späten Nachmittag hatten die Briten das Feuer eröffnet. Dreizehnhundert französische Seeleute waren gefallen und drei französische Schlachtschiffe zerstört oder beschädigt worden. Nur das Schlachtschiff *Strasbourg* und fünf Zerstörer waren nach Toulon entkommen.

Es war ein einzigartiger Handstreich gewesen, und bei dem Lesen der Nachricht hatte ich sofort an die Wegnahme der dänischen Flotte durch die britische in Kopenhagen mitten im Frieden des Jahres 1807 denken müssen. Aber als ein modernes Ereignis und noch dazu ein solches zwischen zwei bisher verbündeten Staaten berührte mich der Überfall dann doch sehr stark, und ich registrierte für mich die Namen des Verbandsbefehlshabers und einiger daran beteiligter Schiffe: Vice Admiral Sir James Somerville, Schlachtkreuzer *Hood* und Flugzeugträger *Ark Royal*. Noch ahnte ich nichts von der schicksalhaften Rolle, die dieser Admiral und diese Schiffe binnen weniger als Jahresfrist auch für das Schlachtschiff *Bismarck* spielen sollten, auf das ich kurz zuvor als dreißigjähriger Kapitänleutnant versetzt worden war.

Vorbereitungen zur Kriegsverwendung

Schlachtschiff *Bismarck* und sein Kommandant,
Kapitän zur See Ernst Lindemann.
Erste Eindrücke

Schlachtschiff *Bismarck* ging damals seiner Vollendung auf der Hamburger Bauwerft von Blohm & Voß und seiner Übernahme durch die Kriegsmarine noch entgegen. Als ich *Bismarck* im Juni 1940 erstmalig sah, erblickte ich also keineswegs schon das vom Ballast der Werft befreite Schiff, sondern einen noch am Ausrüstungskai festgemachten, von Montagewerkzeugen, Schweißgeräten und vielen Kabeln überzogenen, staubigen Stahlgiganten, der von einem Heer von Arbeitern in größter Betriebsamkeit fertiggestellt wurde, während der bereits an Bord kommandierte Teil der Besatzung sich mit dem Schiff vertraut und Ausbildungsdienst machte, so gut es unter diesen Umständen eben gehen mochte. Aber unter solcher Verhüllung traten dennoch schon die Eigenheiten, traditionelle und neuartige, des künftigen Schlachtschiffes hervor. Da war sie wieder, die in so eleganter Schönheit von der Spitze des Turmmastes nach vorn und achtern zu parabolisch geschwungene Schiffsilhouette – ein Charakteristikum damaligen deutschen Kriegsschiffbaues, das bei dem Gegner auf größere Entfernung gelegentlich zu Verwechslungen unserer Schiffstypen und während unserer atlantischen Unternehmung am 24. Mai 1941 bei dem britischen Schlachtkreuzer *Hood* gar dazu führen sollte, den uns begleitenden Schweren Kreuzer *Prinz Eugen* statt *Bismarck* zu beschießen. Auch sonst war mir von einer früheren Kommandierung auf dem Schlachtschiff *Scharnhorst* her vieles sofort vertraut, nur war hier alles größer und wuchtiger, die Schiffsdimensionen, besonders die enorme Breite, die hohen Aufbauten, die erstmals auf einem Schiff der damaligen Kriegsmarine aufgestellten Geschütztürme schwersten Kalibers von 38 cm, die hohe Anzahl der Geschütze bei der Mittelartillerie und der Flak, die gewaltigen Panzerstärken an Schiffskörper, den Geschütztürmen und am Vorderen Kommando- und Artillerieleitstand. Erstmalig in der Kriegsmarine hatte *Bismarck* ein quer zur Schiffslängsachse montiertes, nach beiden Seiten hin zu bedienendes Flugzeugkatapult, neuartig war je ein vorderer, splittergeschützter Kugelflakleitstand auf der Steuerbord- und Backbordseite des Turmmastes. Dieses riesige, so stark bestückte und schwer gepanzerte Schiff, dachte ich sofort, sollte wirklich allen bevorstehenden Anforderungen gewachsen sein, einen gleichwertigen Gegner dürfte es nicht so rasch finden, ein langes Leben mußte ihm ganz offensichtlich beschieden sein. Immerhin, bei der numerischen Überlegenheit der britischen Kriegsflotte würde ein Gefechtsausgang natürlich ganz von der jeweiligen Konstellation bei Begegnungen abhängen. Doch schien all das noch in weiter Ferne zu liegen, damals zu Beginn meiner Dienstzeit auf *Bismarck*, und noch ganz außerhalb meiner Gedanken lag die Vorstellung, daß wir einmal einen Torpedotreffer ausgerechnet in die zwangsläufig ungeschützten Ruder erhalten sollten. Zu diesem Schiff hatte ich, wie konnte es anders sein, von vornherein nur das allergrößte Vertrauen.

Als mich im Mai 1940 der Versetzungsbefehl auf Schlachtschiff *Bismarck* erreichte, lagen elf Jahre Marinedienstzeit hinter mir. Im Jahr 1910 als Abkömmling eines ursprünglich aus Baden stammenden, später teilweise nach dem Osten gewanderten Geschlechtes in Spandau geboren, war ich in Wahrung einer auf den Offiziersberuf ausgerichteten Familientradition – mein Vater ist als Major und Kommandeur des Jägerbataillons 5 im April 1916 in den Argonnen, mein einziger, jüngerer Bruder ist als Hauptmann der Luftwaffe und Staffelkapitän im Richthofen-Geschwader am 2. September 1939 während des Feldzuges in Polen gefallen – im April 1929, unmittelbar nach meinem an einem Gymnasium mit Auszeichnung bestandenen Abitur, in die damals fünfzehntausend Mann starke Reichsmarine eingetreten. Die Crew 1929, der ich damit angehörte, hatte nach einer strengen Auswahl aus mehreren tausend Bewerbern insgesamt etwa achtzig Köpfe gezählt. Eine einjährige Kadettenausbildungsreise auf einem Leichten Kreuzer im Jahr 1930 nach Afrika, Westindien und den Vereinigten Staaten hatte uns junge Offiziersanwärter erstmals richtig an das Leben auf einem Kriegsschiff gewöhnt, sie hatte gleichzeitig einen Teil der Sehnsucht nach der weiten, großen Welt befriedigt, die bei dieser Berufswahl natürlich eine Rolle gespielt hatte. Als Fähnriche hatten wir die Marineschule und die üblichen Waffenkurse durchlaufen, bis wir gegen Ende 1932 wiederum, erstmalig als junge Vorgesetzte, auf verschiedene Schiffe der Reichsmarine verteilt wurden. Im Herbst 1933 war ich gleich den anderen Crewkameraden Leutnant zur See geworden, hatte dann als Zugoffizier einer seemännischen Division und Entfernungsmeßoffizier auf den Leichten Kreuzern *Königsberg* und *Karlsruhe* Dienst getan. Nach der Beförderung zum Oberleutnant zur See 1935 hatte sich ein Jahr als Gruppenoffizier auf der Marineschule Mürwik zur Ausbildung von Fähnrichen angeschlossen, im Frühjahr 1936 hatte ich einen Lehrgang zur Ausbildung als Artillerieleiter gegen Seeziele an der Schiffsartillerieschule in Kiel absolviert und derart meine Spezialisierung auf die Artilleriewaffe begonnen. Zwei Jahre auf unseren damals ganz modernen Zerstörern waren gefolgt, zunächst als Adjutant des Chefs der 1. Zerstörerdivision, danach als Divisions- und Artillerieoffizier, und im Herbst 1938 war ich als Kapitänleutnant und Gehilfe des Deutschen Marineattachés an unsere Botschaft in London versetzt worden. Der Ausbruch des Zweiten Weltkrieges hatte dieser Kommandierung ein rasches Ende gesetzt und mich dann im Oktober 1939 für zwei Monate als Vierten Artillerieoffizier auf das Schlachtschiff *Scharnhorst* geführt. Im November 1939 hatte ich auf diesem Schiff den Vorstoß in die Färöer-Shetland Passage erlebt, den der damalige Flottenchef Admiral Wilhelm Marschall von Bord seines Flaggschiffes *Gneisenau* aus geleitet und der in der Vernichtung des britischen Hilfskreuzers *Rawalpindi* kulminiert hatte. Danach hatte die *Scharnhorst* für längere Zeit zur Überholung in die Werft gehen müssen, und für mich war das Kommando als Erster Offizier auf dem Zerstörer *Erich Giese* gefolgt. Als solcher hatte ich im Winter 1939/40 an Minenoperationen vor der britischen Ostküste und schließlich im Rahmen der Norwegen-Operation im April 1940 an der Besetzung Narviks teilgenommen. Dieses Unternehmen hatte mit dem Verlust aller dort eingesetzten zehn Zerstörer, in der Tat der Hälfte des damaligen deutschen Bestandes an Zerstörern, geendet. Eine neue Kommandierung war fällig geworden, und aufgrund meiner Waffenausbildung war ich dann also als Vierter Artillerieoffizier, zur Verwendung als Artillerieleiter im Achteren Stand, auf das neu in Dienst zu stellende Schlachtschiff *Bismarck* versetzt worden.

Vor meinem Dienstantritt auf *Bismarck* verbrachte ich noch einen kurzen Urlaub. In der Muße eines unter den Kriegsverhältnissen nur schwach besuchten oberbayerischen Kurorts wanderten damals, wie unter einem inneren Zwang, meine Gedanken von selbst immer wieder zu meiner um nur ein Jahr zurückliegenden, so bewegenden Dienstzeit in London zurück. Wie verhängnisvoll hatten sich doch seither die deutsch-britischen Beziehungen entwickelt, so total entgegengesetzt allen meinen damaligen Hoffnungen und Wünschen. Schon früh in meinem Leben, eigentlich schon zur Schulzeit, hatte ich ein besonderes Interesse für Großbritannien, seine Menschen, Sprache, Geschichte und politischen Einrichtungen gewonnen. Sogar meine eigene Familiengeschichte hatte mich hierbei geleitet. Im 18. Jahrhundert war Sir Georg Browne, aus dem Hause Neale O'Connor, Sohn des Sir John, Grafen von Altamont, und Abkömmling einer früher einmal in Irland eingewanderten, später auch in England verbreiteten, ursprünglich anglo-normannischen Familie, in französische Dienste, dann in den preußischen Militärdienst getreten, wo er am Siebenjährigen Krieg teilgenommen hatte. Nach diesem Krieg war er als Geheimer Rat Rechtssenior und Kämmerer in Niederschlesien geworden, seine Tochter Franziska hatte einen meiner direkten Vorfahren geheiratet. Spätere Besuche in England hatten mein Interesse an diesem Land belebt und vertieft. Unvergeßlich werden mir die Einladung in das Haus englischer Freunde in Colchester im Sommer 1936, unsere langen Gespräche über die brennende Notwendigkeit bleiben, künftig den Frieden zwischen unseren Völkern zu wahren.

Als das Oberkommando der Kriegsmarine im Herbst 1938 erstmalig den wichtigsten der damals bereits in das Ausland entsandten Marineattachés Gehilfen beigegeben hatte und dabei die Wahl für einen dieser doch nur wenigen Posten, und dann auch noch für das wichtige London, auf mich gefallen war, hatte ich diese Ernennung also nicht nur als eine hohe Ehre und Auszeichnung, sondern auch zutiefst als die Erfüllung eines inneren Wunsches empfunden und sie mit größter Freude aufgenommen.

Leider war dann, gleich von Beginn an, diese von mir persönlich sehr genossene Londoner Zeit von den sich immer weiter verschlechternden deutsch-britischen Beziehungen nur allzusehr verdüstert worden. Eine Reihe außenpolitischer, wie Paukenschläge ultimativ gesetzter Ereignisse hatte dazu beigetragen. Schweren Herzens erinnerte ich mich.

Schon zur Zeit meines Dienstantrittes in London im November 1938 hatte die britische Öffentlichkeit es weitgehend registriert, daß der der Prager Regierung mit britischer und französischer Zustimmung aufgezwungenen, im Münchner Abkommen vom 29. September 1938 besiegelten Abtretung der deutsch besiedelten Randgebiete Böhmens an das Reich die erhoffte außenpolitische Entspannung nicht gefolgt war. Zu dieser Stimmungslage hatten die innerhalb von zwei Monaten nach »München« von Hitler in Saarbrükken, Weimar und München gehaltenen aggressiven Reden nochmals beigetragen. Die Saarbrückener Rede hatte ich seinerzeit selbst am Rundfunkempfänger mitgehört. In ihr hatte Hitler zunächst die Abtretung des Sudetenlandes an das Reich mit der Heimkehr des Saargebietes im Jahr 1935 verglichen. Dann hatte er den immer noch in der Welt anzutreffenden, gegen das Reich gerichteten »Geist von Versailles« angeprangert und die Notwendigkeit der eigenen Aufrüstung betont, für die er sich nun seit bald sechs Jahren »fanatisch eingesetzt« habe. Außenpolitisch habe Deutschland nur einen wahren, treuen Freund: Benito Mussolini. Aber in den westlichen Demokratien, die heute vielleicht noch den Frieden wollten, sei man nie vor Wechseln sicher, die morgen Kriegslüsterne an die Regierung bringen könnten. Um solchen Risiken vorzubeugen, habe er jetzt den Ausbau unserer Westbefestigungen mit erhöhter Energie angeordnet. Den Rest seiner Rede hatte er dem Verhältnis zu England gewidmet, diesem auch dabei versteckt gedroht – *gedroht,* neun Tage nach der Unterzeichnung seines Abkommens mit Chamberlain, sich über Fragen, die beide Länder angehen, gegenseitig zu konsultieren, neun Tage nach dem von der Welt als großen Erfolg gewerteten Abkommen. Da hatte ich doch auf eine versöhnlichere Rede gehofft. Aber, so wie sie war, hatte sie mich geärgert, beunruhigt. »Kann der Kerl denn nie genug kriegen?« hatte ich gedacht. Noch wußte ich ja nichts von dem quälenden Widerwillen, mit dem Hitler überhaupt an die Münchner Konferenz herangegangen war. Und dies auch nur auf Druck des noch nicht kriegsbereiten Mussolini, in letzter Stunde. Denn der »Führer« wollte im Grunde ja immer alles selbst entscheiden, allein bestimmen, was zu tun sei und wann. Und nun erst noch verhandeln darüber? »Herr Hitler kann sich kaum beherrschen, wenn er nur das Wort ›Verhandlung‹ hört«, so hatte der britische Marineattaché in Berlin, Captain T. Troubridge, am 27. September 1938 in seinem persönlichen Tagebuch den Eindruck seines diplomatischen Kollegen Ivone Kirkpatrick wiedergegeben, der in Godesberg und München bei den Gesprächen Hitlers mit Chamberlain als Dolmetscher mitgewirkt hatte. Und als eigenen Eindruck von den Ereignissen um »München« hatte Troubridge am 23. Oktober geschrieben: »Es wird in der Tat immer klarer, daß Hitler seinen Krieg wollte und wütend ist [durch die Konferenz], daran gehindert worden zu sein. In der Kanzlei erzählt man sich von einer Äußerung Hitlers zum König von Bulgarien, daß er einen Krieg wünsche, solange er noch jung genug sei, ihn zu genießen. Nicht unwahrscheinlich.« In Großbritannien griff Ernüchterung um sich, der Eindruck verstärkte sich, eine bloße Beschwichtigungspolitik betrieben zu haben, die die Zukunft Europas unheilvoll belasten müsse.

In diese Atmosphäre hinein wirkte als ein weiteres negatives Element der am 9. November 1938 von Joseph Goebbels – nach bewährter Nazi-Manier »schlagartig« – ausgelöste Angriff gegen jüdisches Leben und Eigentum im Reich, der in der Welt Abscheu und Entsetzen erregte. Ich selbst hatte am Vorabend meiner Abreise aus Berlin nach London in der renommierten Cantina Romana gesessen, dort von meinem unversehens erblaßten Kellner die überraschenden Worte vernommen: »Wissen Sie schon? Nebenan brennt die Synagoge!« und sofort danach, wie die anderen Gäste, in ruhelosem Aufbruch das Restaurant verlassen. Auf dem Kurfürstendamm hatte ich dann erlebt, wie mit Einbrecherwerkzeugen bewaffnete Schlägertrupps, planquadratmäßig verteilten Einsatzgruppen gleich, jüdische Geschäfte zerstörten und plünderten, hatte die Synagoge in der Fasanenstraße in Flammen, aus nächster Nähe in die brutale Fratze nackter Gewalt gesehen, mitten hinein in die zuckenden Zeichen der Zeit, die diese so unverhüllt auf ihrer Stirn trug, Symptome der Barbarei, die nun schon seit fünf Jahren über uns herrschte, die durchsichtigen Vorboten aber auch kommender, noch entsetzlicherer Dinge. Eine bedrückte Menschenmenge, die lebenden Exponenten einer durch Jahrhunderte politisch unmündig gehaltenen Bevölkerung, hatte sich schweigend oder flüsternd durch dieses Schauspiel bewegt, immer wieder angetrieben durch die Kommandos unsichtbarer Sprecher: »Weitergehen!«, »Nicht Stehenbleiben!«, »Nicht fotografieren!«. Es war ein beklemmender Anblick.

Aber, was mich an jenem Abend vor allem entsetzte, innerlich zerreißen wollte, war nicht einmal so sehr das Grauen am Tatort, dieser scheußliche Einzelakt, als vielmehr die jetzt hier in Berlin schneidend deutlich gewonnene Erkenntnis, wie das sogenannte Dritte Reich, das »Reich«, dem ich zu dienen hatte, in Wirklichkeit beschaffen war: Deutschland – seit 1933 nur mehr in die Bühne eines Diktators, eines politischen Schaustellers umgewandelt, der die anfänglich formale Legalität seines Regierungsantrittes durch sukzessive Eingriffe, beginnend mit der Notverordnung »zum Schutz von Volk und Staat« vom 28. Februar 1933, längst in ihr Gegenteil verkehrt, den Deutschen Zug um Zug die Instrumente des Rechtsstaates wie überflüssiges Spielzeug aus der Hand geschlagen hatte – Deutschland, gewiß, nun schon seit Jahren ein Schauplatz vom Diktator hingestellter, äußerlich blendender, aber wegen des parallel einhergehenden innenpolitischen Zwangs- und Unterdrückungssystems, des grotesken Rassenwahns, der von keiner Rednerdemagogie zu verhüllenden tiefsten Unmoral der braunen Machthaber, in meinen Augen innerlich morscher, sich selbst zersetzender und daher letztlich wertloser, nur die Fallhöhe der Deutschen nach dem Ende des Spuks vergrößernder politischer Erfolge; Deutschland, nur noch Arena für die berauschende, den nationalen Interessen bloße Lippendienste leistende Hitlerrhetorik, während in der einzig dem Machterhalt des »Führers« dienenden Staatspraxis eben diese Interessen verantwortungslos auf das Spiel gesetzt und Werte abendländischer Kultur in bolschewistischer Manier verschleudert wurden. Heute und hier hatte ich das Regime erstmalig ohne Maske gesehen; hinfort würde ich es nicht mehr mißverstehen.

Sich aber in den Straßen den Schlägerhorden als einzelner entgegenstellen zu wollen, und das auch noch angesichts einer offensichtlich auf Weisung passiven Polizei, welch aussichtsloser Gedanke. Das würde nur die sofortige eigene Auslöschung ohne jeglichen Gewinn für die Allgemeinheit bedeuten, also sinnlos sein. Dafür hatte ich auch nicht genug an blindem Heroismus. Zwar empfand ich mein Dulden des sichtbaren Unrechts durchaus als eine mich selbst erniedrigende staatsbürgerliche Unterlassung, ein Anwachsen der eigenen Mitschuld dafür, erneut einen die Interessen der eigenen Nation und das deutsche Ansehen in der Welt schädigenden Akt Hitlers widerstandslos hingenommen zu haben – aber in dieser fortgeschrittenen Phase konsolidierten Staatsterrors konnte ein einzelner schon längst nichts mehr bewirken – nein, nein, das deutsche Volk hatte, mit nur wenigen Ausnahmen, durch schrittweises Aufgeben kulturstaatlicher Positionen seit 1933 fortlaufend vor Hitler kapituliert, jubelnd gar, die Kapitulation noch nicht einmal als solche begreifend; im Sinne liberaler Rechtsstaatlichkeit, als deren Anhänger ich mich begriff, würde hier nichts mehr zu bewegen sein und abgewartet werden müssen, bis dieses Schreckenssystem einmal an sich selbst zerbricht. Aber das würde in unbestimmbarer Zukunft liegen, und bis dahin würde noch ein langer und für die Sehenden einsamer Weg zurückzulegen sein. Wie quälend einsam – auch daran kam mir noch eine besondere Erinnerung. Sie führte mich zu einem Tag im Dezember 1938 zurück, an dem der Marineattaché und ich von London aus nach Den Haag gereist waren, damit ich der niederländischen Regierung, bei der wir ebenfalls akkreditiert waren, meinen Antrittsbesuch machte. Nach dem offiziellen Teil des Tages war ich am Abend noch etwa eine Stunde lang allein durch die Straßen der Stadt gebummelt, an einladenden Geschäften vorbei, hatte in ausliegenden Büchern geblättert. Da war ich auf Autoren gestoßen, um die es in Deutschland schon lange ruhig geworden war und an die ich mich zum Teil kaum mehr erinnern konnte. Exilautoren, derer sich mittlerweile der Verleger Fritz Helmut Landshoff im Amsterdamer Querido Verlag angenommen hatte. Ernst Tollers *Eine Jugend in Deutschland* war mir da in die Hand gekommen, »Blick 1933« hatte darin eine Überschrift gelautet, und weiter im Text hieß es: »Wer den Zusammenbruch von 1933 begreifen will...«. Ernst Toller, der Kommunist, dessen »Maschinenstürmer« mir von der Schule her nun doch noch im Gedächtnis war – sollte ausgerechnet er mir bestätigen, daß ich, über die Jahre von Zweifeln am politischen Verstand meiner Landsleute, an mir selbst geplagt, in meiner Einschätzung des Nazisystems so richtig lag? Ganz dasselbe mochten wir kaum meinen, er und ich, der aktive Seeoffizier und in der Wolle gefärbte Antikommunist, aber parteipolitisch dachte ich ja nun ohnehin nicht. Der »Zusammenbruch«, den ich meinte, das war die von Hitler so offen betriebene Loslösung des deutschen Volkes von der menschlichen Kultur der letzten zwei Jahrtausende, und indem ich Toller solche Auslegung gab, war ich mit ihm im Wort ganz einig. Wie merkwürdig, dieser Blick auf Tollers Text, zu dieser Zeit, an diesem Ort, zu dem die Natur eine Kulisse dicht wogenden Straßennebels beigesteuert hatte, ganz so, als solle mir nicht der »Große Bruder« über die Schulter schauen und mir drohen können: »Hören Sie, Sie begehen hier geistigen Hochverrat, mitkommen!« Und in Gedanken war ich weiter gewandert – ich, einer generationenlang konservativ gesinnten, unpolitischen Offiziers- und Beamtenfamilie entstammend, vaterlos im straff geführten Internat aufgewachsen, im Soldatenberuf von zivilen Tagesereignissen abgeschirmt, politisch naiv und unerfahren, lediglich mit etwas Instinkt begabt, genug davon, um Hitlers Weg schon früh als Irrweg, als Sackgasse zu begreifen und dadurch in das gesellschaftliche Abseits zu geraten, wie ein verwehtes Blatt.

Aber wenn es jetzt, wieder auf dem Kurfürstendamm, überhaupt einen Lichtblick gab, so den, daß ich am kommenden Tag die Arena solcher Barbareien in Richtung England würde verlassen können. Der Anblick der Hakenkreuzfahne würde mir für einige Zeit erspart bleiben, für eine Zeit, von der ich wünschte, daß sie niemals endete.

Unter dem Eindruck dieses Tages, der vorausgegangenen drei Hitlerreden, unter dem Eindruck auch seiner Unterhaltungen mit internationalen Pressekorrespondenten in diesen Wochen vermerkte Troubridge am 15. November 1938 in seinem Tagebuch, daß nach Ansicht amerikanischer Kreise in Berlin das Judenpogrom vom 9./10. November in den USA einen doppelt so großen negativen Effekt hervorrufen werde wie die Versenkung der *Lusitania* im Jahr 1915.[1] Wörtlich fuhr er fort: »Dies war ein bedeutsamer Tag für die Beziehungen zwischen England und Deutschland, denn heute habe ich unwiderruflich erkannt, daß, solange der Nationalsozialismus in seiner gegenwärtigen Form an der Macht bleibt, nicht mehr die mindeste Aussicht auf eine Einigung besteht. Über mehr als zwei Jahre hinweg habe ich eine solche Einigung für möglich gehalten, aber nunmehr muß ich mich bedauerlicherweise der Mehrheitsmeinung anschließen. Chamberlain tut mir leid, er hat weit mehr getan, als von einem Premier in seiner Lage erwartet werden konnte, doch hat er eine adäquate Antwort von Deutschland niemals erhalten. Seit ›München‹ hat Hitler nicht eine einzige versöhnliche Geste gemacht. In drei Reden hat er ›Churchill & Co‹, die ›Demokraten mit Regenschirm‹, angegriffen, nicht ein Wort der Hoffnung vernehmen lassen. Was meine Einschätzung der Lage betrifft, so sind die Würfel gefallen.«

Es ist diese Voraussicht, die den Leser seines Tagebuches noch einmal zurück geleitet zu den ominösen Worten in einem der ersten Einträge dort, im Juli 1936, als Troubridge zum Ablauf der Olympiade jenes Jahres schrieb: »Propheten, die behaupten, daß sich Deutschland in einen Abgrund des Bankrotts und der Selbstaufopferung stürzt, in einem gloriosen Sprung ins Bodenlose den Rest Europas mit sich zieht, haben, äußerlich betrachtet, einige Rechtfertigung für ihre düsteren Voraussagen. Woher kommt nur das Geld für die verschwenderischen Ausgaben, die neuen Bauten, die man überall sieht, die Uniformen, die Soldaten, Schiffe, Flugzeuge – und all dies von babylonischem Umfang und Glanz? Erste Eindrücke [T. hatte seinen Posten als Marineattaché gerade erst angetreten] sind bleibend... all die adretten Kinder... wünschen sie einen Krieg und, falls ja, gegen wen und wofür? Wie funktioniert all dies wirtschaftlich, diese Wiedergewinnung der Stärke, die die Olympiade doch symbolisieren soll?«

Am frühen Morgen des 11. November erreichte ich London in einem gepflegten Salonwagen der britischen Eisenbahn. Ich las *The Times*. Ihr Leitartikel *Ein schwarzer Tag für Deutschland* verurteilte die Gewaltakte in Deutschland rückhaltlos. Meine eigene Ansicht deckte sich vollkommen mit derjenigen des Blattes, jeden Satz des Artikels konnte ich unterschreiben. Dieser Hintergrund zu dem Antritt meiner ersten Mission im Ausland bedrückte mich zutiefst, und in der Folgezeit war ich dankbar dafür, daß meine britischen Gesprächspartner so taktvoll waren, mich nicht auf die anständige deutsche Patrioten beschämenden Vorgänge im Reich anzusprechen.

Ein weiterer deutscher Schritt von auch politischem Gewicht kam im Dezember 1938. Materiell lag er auf dem Gebiet des deutschen Marinebauprogramms, das damals dem im Juni 1935 abgeschlossenen deutsch-britischen Flottenabkommen folgte. Darin hatte Deutschland sich verpflichtet, seine Flottenstärke nicht über 35 Prozent der britischen Flottenstärke hinaus zu erhöhen. Dieser Prozentsatz galt nicht nur für die Gesamtstärken der Flotten, sondern auch für die einzelnen Schiffskategorien. Bei den Unterseebooten war Deutschland das Recht auf Parität mit der britischen Unterseebootstärke zugestanden worden, doch hatte die Reichsregierung sich bereit erklärt, nicht über 45 Prozent hinauszugehen. Falls eine Überschreitung dieses Satzes wirklich einmal notwendig erschiene, so solle dies freundschaftlich erörtert werden. Das Abkommen war seinerzeit in Deutschland mit Befriedigung aufgenommen worden, hatte es doch über die bisherigen Grenzen des Versailler Vertrages hinaus den Bau einer größeren und in sich ausgewogenen Flotte ermöglicht.

Nunmehr, im Dezember 1938, bezog sich die Reichsregierung der britischen Regierung gegenüber auf die Klausel im Abkommen, nach der Deutschland von seinem Anspruch, über die 45 Prozent der Unterseebootstärke hinauszugehen, Gebrauch machen werde, wenn »eine Lage entsteht«, die dies nach deutscher Ansicht »notwendig macht«. Eine solche Lage, ließ Berlin jetzt London wissen, sei nunmehr »eingetreten«. Die Reichsregierung beabsichtige daher, 100 Prozent der britischen Unterseebootstonnage auszubauen. Gleichzeitig teilte sie ihre Absicht mit, zwei bereits im Bau befindliche Kreuzer schwerer zu bewaffnen, als bisher vorgesehen.

Formal waren die deutschen Forderungen vollkommen in Ordnung. Aber waren sie auch zu einem geschickt gewählten, politisch optimalen Zeitpunkt vorgebracht worden? Schließlich war es auch den Briten kaum verborgen geblieben, daß das Reich bei seiner damaligen Werftkapazität die Forderung nach Erhöhung der Unterseebootstonnage nicht vor Ablauf mehrerer Jahre würde verwirklichen können. Warum also nicht in Geduld den taktisch richtigen Moment abwarten? So aber ließen sich durchaus aggressive Tendenzen in das deutsche Verhalten hineinlesen, auch wenn sie gar nicht gegeben waren. Und in dem durch das Münchner Abkommen ohnehin gereizten politischen Klima Großbritanniens wirkten sich die ausgerechnet zu dieser Zeit geltend gemachten deutschen Forderungen nicht eben politisch vorteilhaft für das Reich aus. So manches damalige Gespräch in London zeigte es an.

Die nächste politische Krise folgte im Frühjahr 1939. Sie war schwer. Mitte März erzwang Hitler von der Prager Regierung den Abschluß eines Protektoratsvertrages für Böhmen und Mähren. Unter Bruch des Münchner Abkommens ließ er diese Gebiete jetzt besetzen und dem Reich eingliedern. Die Tschechoslowakei als solche verschwand von der Landkarte. Dieser Akt erschütterte die außenpolitische Szene in Europa wie ein Erdbeben.

»Es ist offenkundig«, schrieb Troubridge am 17. März in sein Tagebuch, »daß Chamberlains Politik der Beschwichtigung und alle Bemühungen Sir Neviles [Sir Nevile Henderson, damals britischer Botschafter in Berlin] umsonst waren. Heute nachmittag rannte Sir Nevile wie ein gefangener Löwe in seinem Büro auf und ab, gab seiner Wut in derbstem Seemannsjargon [used quarterdeck language] Ausdruck. Ich bin nicht überrascht. All seine optimistischen Telegramme vor einem Monat haben sich als blühender Unsinn erwiesen.« Die britische Regierung und Öffentlichkeit waren auf das äußerste betroffen, die Politik der Beschwichtigung gegenüber Deutschland schien endgültig gescheitert. Weite Kreise in Großbritannien mieden nunmehr jeden Kontakt mit den offiziellen Vertretern des Reiches. Erstmalig wurde in London ein Hitlerscher Gewaltakt nicht mehr stillschweigend hingenommen. Die Deutschen durften ihren Fuß nicht mehr in das tschechoslowakische Gesandtschaftsgebäude setzen. Es diente jetzt der neugebildeten Exilregierung, die den bisherigen britischen diplomatischen Vertreter in Prag sofort anerkannte. In der Deutschen Botschaft rang man um eine Sprachregelung, wie die Ereignisse dem Gastland gegenüber zu interpretieren seien. Ich begriff, daß eine entscheidende politische Wendemarke erreicht worden war.

Ende März hatte ich an einer gesellschaftlichen Gedenkveranstaltung auf *H.M.S. Calliope* teilzunehmen. Dieses bejahrte Segelschiff diente damals der Tyne Division der Royal Naval Volunteer Reserve zur Ausbildung. Sein Heimathafen war Newcastle. Zu feiern war die fünfzigjährige Erinnerung an einen verheerenden Wirbelsturm, dem das Schiff im Jahr 1889 in Samoa glücklich entkommen war. Von diesem Sturm waren seinerzeit auch ein deutsches und ein Segelschiff der Vereinigten Staaten in Mitleidenschaft gezogen worden.[2] Einladungen zu der Gedenkveranstaltung waren also an die Marineattachés beider Länder ergangen. Auch der amerikanische Attaché ließ sich durch seinen Gehilfen vertreten, und zusammen mit diesem, dem damaligen Lieutenant USN Robert Lord Campbell, reiste ich nach Newcastle. Unterwegs überlegte ich, ob und inwieweit die Stimmung im Land nach den Vorgängen in der Tschechoslowakei wohl negativ auf den Verlauf der Veranstaltung auf *H.M.S. Calliope* abfärben würde. Ich hätte da aber ganz unbesorgt sein können. Erleben sollte ich einen angenehmen, kameradschaftlichen Abend, der allerdings unter dem Eindruck des deutschen Einmarsches in das neue Protektorat in einer etwas gedämpften Atmosphäre verlief. Der britische Gastgeber sprach in seiner Begrüßungsrede von den *troublous times,* ohne Einzelheiten zu benennen. Im übrigen sorgte die Regie des Abends dafür, daß weitere Ansprachen nicht gehalten wurden. »Schade«, meinte Campbell hinterher zu mir, »ich hatte mir einige Sätze zurechtgelegt und wäre diese eigentlich ganz gern losgeworden.« Ein leises Bedauern klang bei ihm an, das ich für meinen Teil nicht gerade verspürte.

Campbell hatte ich im übrigen wegen seiner gelegentlichen, durch seine tiefe Abscheu vor dem Nationalsozialismus in ihrer Intensität gesteigerten verbalen Ausfälle gegen das Reich in Erinnerung behalten. Eines Tages, im beiläufigen Gespräch, warf er mir, das Thema abrupt wechselnd, höchst aggressiv die harschen Bedingungen vor, die unsere Kaiserliche Regierung im März 1918 Rußland durch den sogenannten Frieden von Brest-Litowsk auferlegt hatte. Nachdem er seine wie vorgestanzt wirkenden Worte beendet hatte, hatte ich versucht, obwohl mir die historischen Einzelheiten nicht ganz geläufig waren, unser damaliges Verhalten mit der erforderlichen Rückendeckung im Osten wegen des noch laufenden Westfeldzuges zu begründen. Überzeugt hatte ich ihn damit kaum, wußte selbst ja auch längst, daß unsere Gebietsannexionen und geforderten Entschädigungen unklug hoch ausgefallen waren. Aber als national und sich nach außen in politischer Mithaftung empfindender Deutscher hatte ich einer sachlichen Äußerung den selbstverständlichen Vorzug vor der – in solchen Fällen neuerdings in Mode gekommenen, unreifen – Alternative gegeben, mich auf mein damaliges Alter von sieben Jahren zu berufen und so staatsbürgerliche Insuffizienz zu demonstrieren.

Nur einen Monat nach den Prager Ereignissen kamen weitere alarmierende außenpolitische Signale aus Berlin. In seiner Reichstagsrede vom 28. April 1939 kündigte Hitler zwei zwischenstaatliche Verträge, den deutsch-polnischen Nichtangriffspakt des Jahres 1934 und das deutsch-britische Flottenabkommen von 1935. Hitler hatte den Reichstag an diesem Datum im Grunde einberufen, um US-Präsident Franklin Delano Roosevelt auf eine Note zu antworten, in der dieser am 15. April gewisse gemeinsame Schritte zur Sicherung des Weltfriedens vorgeschlagen hatte. Zunächst aber befaßte er sich mit europäischen Fragen, darunter dem Verhältnis zu England, das er scharf attackierte. Er bezog sich auf eine Erklärung Premierminister Chamberlains nach dem deutschen Einmarsch in Prag, in Versicherungen Deutschlands kein Vertrauen mehr setzen zu können und bezichtigte England einer Politik der Einkreisung Deutschlands, die die Voraussetzung für den Flottenvertrag beseitige. Er habe sich nun entschlossen, dieses der britischen Regierung mit dem heutigen Tage mitzuteilen.

Hier hatte sich erfüllt, was Troubridge schon seit einiger Zeit hatte kommen sehen, so zum Beispiel, als er am 19. März in sein Tagebuch eintrug: »Die deutsche Presse konzentriert ihre Angriffe auf England, spielt auf die mögliche Annullierung des deutsch-britischen Flottenabkommens an. Das halte ich für sehr wahrscheinlich, und der Abbruch der diplomatischen Beziehungen mag sich anschließen. Ein Vertrag mehr oder weniger bedeutet diesem Lande ohnehin nichts, und ich habe ja auch konstant nach London berichtet, daß das Flottenabkommen den Bach heruntergehen wird, wenn der Moment kommt.« Und am 30. April: »Es war mir keine Überraschung mehr, daß Hitler das Flottenabkommen zerriß. So sind nun die Decks geräumt. Nach dem Sudetenland, der Besetzung der ganzen Tschechoslowakei, haben die Deutschen jetzt zwei motorisierte Divisionen an die Grenze nach Polen verlegt – mittlerweile haben die Briten genug von Hitler, wären nunmehr auch bereit, zum Kriege zu schreiten, um eine immer unerträglicher werdende Situation zu beenden.«

Die Kündigung des Flottenabkommens wirkte in Großbritannien wie der mögliche Auftakt zu einem nunmehr ungehemmten deutschen Flottenbau, diejenige des Vertrages mit Polen erschien als der denkbare Beginn eines weiteren gefährlichen politischen Abenteuers. Hitler hatte für Europa entscheidende neue Weichen gestellt. Ob sein Fortschreiten auf dem Wege höchsten außenpolitischen Risikos, sein Prinzip ultimativer Territorialforderungen die Wahrung des Friedens ermöglichte oder den Krieg bedeutete, und, wenn Krieg, ob Großbritannien sich an diesem beteiligen würde, darüber gingen die Ansichten der Beobachter in London jetzt mehr und mehr auseinander. Gab es Indizien für die britische Haltung? Ja, eines entdeckte ich, im Büro unseres Marineattachés, der am 28. September 1938 fernmündlich an das Oberkommando der Marine in Berlin gemeldet hatte: »Britische Flotte um Mitternacht mobil gemacht. Befehl für allgemeine Mobilmachung ist unterschrieben, Datum dabei offengelassen worden. Sicherungsmaßnahmen aller Art und Teilmobilmachung Streitkräfte und Zivilbevölkerung in vollem Gange. Gestellungsbefehle aller Art auch für zivilen Hilfsdienst ausgegeben. Frauenhilfsdienst in Bildung begriffen. Aus Rede Chamberlains geht hervor, daß Britisches Reich zu den Waffen greifen wird, nicht für Tschechoslowakei, sondern gegen jede Anwendung von Gewalt für ein Ziel, das nach britischer Auffassung auch ohne Gewaltanwendung erreichbar ist. Das ist die neue Parole für den Kampf. Zeitbefristete Forderung und Nichteingehen auf letztes Angebot Chamberlains wird als unerträglicher Druck auf England angesehen, unter dem es nicht zu verhandeln gewillt ist. Daraus ergibt sich der feste Entschluß, im Fall deutscher Gewaltanwendung zu kämpfen.« Auf eine Rückfrage des Oberkommandos, ob unter Mobilmachung der britischen Flotte die vollständige Mobilmachung, also auch die allen Reservepersonals, zu verstehen sei, hatte der Marineattaché erwidert, daß er hierzu nichts sagen könne. Troubridge notierte am gleichen Tage: »Die Nachricht von der Mobilmachung unserer Flotte trifft ein. Sie soll hier Eindruck machen, wird es aber aus dem einfachen Grunde nicht, weil die Menschen nichts davon erfahren werden.«

Daß eine feste Haltung der britischen Regierung damals von der politischen Führung des Reiches nicht einkalkuliert worden war, ist heute zur Genüge bekannt. Mir hatte sich solche Meinung seinerzeit auch noch einmal ganz am Rande mitgeteilt, als der Stabsoffizier beim Stabe der Marineschule Mürwik, Fregattenkapitän Heinrich Ruhfus, den am 1. September 1939 aus Anlaß des Kriegsausbruches auf dem Appellplatz versammelten Fähnrichen aus offensichtlich tiefster Überzeugung zurief, er glaube nicht, daß Großbritannien und Frankreich ihrerseits Deutschland den Krieg erklären würden.

In jenen Tagen des Grübelns über diese Frage trat mir eine unvergeßliche Begegnung wieder lebhaft vor Augen, die mir nicht lange zuvor in London beschert worden war. Innerhalb der britischen Admiralität war für die Verbindung zu den in London akkreditierten ausländischen Marineattachés der Director of Naval Intelligence, der damalige Konteradmiral J. A. G. Troup, ein etwas wortkarger Schotte, zuständig. In dieser Zuständigkeit wurde er von dem weltmännischen, gesellschaftlich sehr gewandten damaligen Commander Casper S. B. Swinley unterstützt, der die tägliche Verbindungsarbeit leistete. Bei einer gelegentlichen dienstlichen Zusammenkunft bald nach meinem Dienstantritt in London sagte mir Troup: »Baron, demnächst einmal werden Sie und ich den Cutaway anziehen, den Zylinder aufsetzen, ein Taxi besteigen und Lady Jellicoe besuchen.« Ich antwortete: »Admiral, es wird mir eine hohe Ehre sein.« Wer Lady Jellicoe war, das brauchte man damals einem deutschen Marineoffizier nicht erst zu erklären. Heute, nach so vielen Jahren, sollte ich sie als die Witwe des im Jahr 1935 verstorbenen Großadmirals Lord Jellicoe vorstellen. Der Lord hatte während der Skagerrakschlacht im Mai 1916 die britische Hochseeflotte befehligt und später an der Spitze der Admiralität gestanden. Sowohl in seinem eigenen Land als auch in den Marinekreisen Deutschlands hatte er sich eines hohen persönlichen Ansehens erfreut. Der ersten Ankündigung Troups, Lady Jellicoe zu besuchen, folgte aber gar nicht so rasch die Tat. Fast hätte ich seine Äußerung schon vergessen. Da sagte mir Troup bei einer erneuten Begegnung: »Baron, bald werden Sie und ich den Cutaway anziehen, den Zylinder aufsetzen und in einem Taxi zu Lady Jellicoe fahren.« Ich sagte: »Admiral, ich freue mich schon sehr darauf.« Aber wiederum schien erst einmal nichts zu geschehen. Und wiederum wollte ich die Sache schon vergessen. Dann aber rief Troup mich an: »Seien Sie morgen nachmittag in der bezeichneten Kleidung vor meinem Haus. Von hier aus fahren wir dann zu Lady Jellicoe.« Und so geschah es. In ihrer Londoner Etagenwohnung empfing uns Lady Jellicoe. Viele Erinnerungsgegenstände an die lange und ehrenvolle Marinedienstzeit ihres Mannes schmückten das Empfangszimmer, allen voran das berühmte Silbermodell des früheren Jellicoeschen Flaggschiffes *Iron Duke*. »Ich freue mich, daß Admiral Troup so liebenswürdig war, Sie zu mir zu führen«, sagte Lady Jellicoe zu mir, »und ich begrüße Sie herzlich.« Dann unterhielten wir uns über unsere Marinen, Ereignisse des Weltkrieges zur See, die hoffnungsvollen Ansätze für eine deutsch-britische Annäherung um die Jahrhundertwende, deren Scheitern und den späteren unglücklichen Verlauf der Dinge. Wir trennten uns mit dem gegenseitigen Wunsch, der Friede zwischen unseren beiden Ländern möge künftig erhalten bleiben – und es war mehr als eine Redensart. Noch lange mußte ich an diesen Besuch zurückdenken. Warum hatte Lady Jellicoe mich sehen wollen? Ihrem Mann hatte im britischen Interesse seit dem Ende des Weltkrieges der politische Ausgleich mit Deutschland sehr am Herzen gelegen. Für ihn hatte er noch bis zuletzt nach seinen Kräften gewirkt. Und in diesem Geist hatte Lady Jellicoe die Unterhaltung mit mir geführt.

Im Täglichen hatte sich mein Dienst als Gehilfe des Deutschen Marineattachés ganz überwiegend im Büro vollzogen. Der Verkehr mit der britischen Marine beschränkte sich auf die Verbindung zur Admiralität, britische Schiffe wurden nicht besucht. Ich wertete die Tages- und Monatspresse,

Fachzeitschriften und Literatur in bezug auf Marineangelegenheiten aus und pflegte meine Kontakte zu einer Reihe ausländischer Marineattachégehilfen. Meinen eigenen Chef unterstützte ich in seiner Berichtstätigkeit, wobei damals auch die Beobachtung der Folgen der Blockadeerklärung Francos für das republikanische Küstengebiet während des spanischen Bürgerkrieges eine Rolle spielte. Ein sehr wichtiger Punkt im deutsch-britischen Verhältnis war damals natürlich die Erfüllung des 1935er Flottenabkommens. Die hiermit verbundenen Angelegenheiten wurden zwar nicht primär im Büro des Deutschen Marineattachés in London bearbeitet. Aber der entsprechende Schriftwechsel kam zu unserer Kenntnis. Darin teilten sich beide Regierungen gegenseitig die wichtigsten Daten über die Kriegsschiffe mit, die sie im Bau oder vollendet hatten.

Neue britische Schiffsnamen waren damals aufgetaucht: Schlachtschiffe *King George V* und *Prince of Wales,* Flugzeugträger *Ark Royal* und *Victorious*. Ein Bericht unseres Konsulats in Glasgow vom Sommer 1939 besagte, daß die zweiundzwanzig Schiffswerften am Clyde bis in den Winter hinein, einige bis über zwei Jahre hinaus, mit Kriegsschiffneubauten voll beschäftigt seien. Den Stapellauf der *Prince of Wales* in Birkenhead am 3. Mai 1939 hatte die Agentur des Deutschen Nachrichtenbüros in London gemeldet: »In Birkenhead lief heute vormittag das Schlachtschiff *Prince of Wales* vom Stapel, das von der Schwester des Königs getauft wurde. Das Schlachtschiff zählt zu den schnellsten und stärksten der britischen Flotte. Es hat eine Wasserverdrängung von 35 000 Tonnen und eine Bestückung von zehn 14-Zoll-Geschützen in drei Türmen und sechzehn $5^{1}/_{4}$-Zoll-Geschützen in acht Türmen. Dazu kommen noch zahlreiche leichtere Geschütze. Wie es heißt, soll die Geschwindigkeit größer sein als die des Schlachtschiffes *Nelson,* das 23 Knoten läuft. Die *Prince of Wales* ist das zweite Schiff seiner Klasse, das bisher vom Stapel gelaufen ist. Das erste war *King George V*, das in Gegenwart des Königs im Februar vom Stapel lief. Drei weitere Schiffe der gleichen Klasse werden folgen.«

Ja, damals waren das alles nur »Schiffe auf dem Papier« gewesen. Jetzt aber würden sie wirkliche Gestalt annehmen, mit Sicherheit würde *Bismarck* dem einen oder anderen von ihnen auf See begegnen. Doch über dem Wann und Wo lag zur Stunde noch der Schleier der Zukunft.

Wie hatte es bloß so rasch, meine Zeit in London lag erst knappe zwölf Monate zurück, dahin kommen können? Ende Juni 1939 war ich zu einem Artillerieleiterlehrgang für schwere Kaliber nach Kiel abgeordnet worden. Später war der Schauplatz dieses Lehrganges auf den Seeraum um die Insel Rügen verlagert worden; in unseren freien Stunden hatten wir während des damaligen, so heißen Sommers am Strand des Seebades Binz gebrütet. Welcher Friede schien über dem dort versammelten Völkchen zu liegen, das noch nichts davon ahnte, wie über sein künftiges Schicksal bereits entschieden worden war – eine Art letzter, trügerischer Idylle, während derer in den Staatskanzleien Europas der Scheinfriede längst seinem Ende entgegenschlingerte. Über die dienstlichen Kanäle waren dann Anzeichen von Ungewißheit über den weiteren Lehrgangsverlauf gekommen; nicht etwa, daß irgendein Umstand auf den später widerrufenen Angriffsbefehl auf Polen für den 26. August hingewiesen hätte, nein, das beileibe nicht. Aber dann war der Lehrgang doch abgebrochen worden, und am Abend des 23. August war ich in meinem Auto wieder unterwegs, zurück nach Kiel, gewesen. Im Autoradio hatte ich, nicht zu fassen, die Nachricht vom Abschluß des deutsch-sowjetischen Nichtangriffspaktes gehört und in innerer Aufwühlung über die Frage, was das nun wieder bedeuten solle, Kiel erreicht. Die Lehrgangsteilnehmer waren zu ihren Stammtruppenteilen entlassen und ich wurde, nachdem in der aktuellen Krise eine Rückkehr nach London nicht mehr in Frage kam, zum Kompaniechef für Fähnriche an der Marineschule Mürwik ernannt. Die Rundfunkmeldungen und Pressestimmen der folgenden Tage hatten mich in zunehmende innere Unruhe versetzt, mich wiederholt an die Zeitungsaushänge der Stadt Flensburg getrieben und am 28. August dort in den *Flensburger Nachrichten* einen soeben vom Deutschen Nachrichtenbüro freigegebenen Briefwechsel zwischen dem französischen Ministerpräsidenten Daladier und Hitler lesen lassen. Darin hatte Daladier an Hitler appelliert, seinen Friedenswillen zu einem letzten Versuch des Ausgleichs zwischen Deutschland und Polen einzusetzen, ohne dabei der deutschen Ehre irgendwie Abbruch zu tun. »Wenn«, so hatte Daladier in Bekundung der Solidarität Frankreichs mit Polen abschließend geschrieben, »das französische und das deutsche Blut von neuem fließen wie vor 25 Jahren, in einem noch längeren und mörderischeren Krieg, dann wird jedes der beiden Völker kämpfen im Vertrauen auf seinen eigenen Sieg. Siegen werden am sichersten die Zerstörung und die Barbarei.« Die entscheidenden Sentenzen in Hitlers Antwort hatten gelautet, »daß es für eine Nation von Ehre unmöglich ist, auf fast zwei Millionen Menschen zu verzichten und sie an ihren eigenen Grenzen mißhandelt zu sehen. Ich habe daher eine klare Forderung aufgestellt: Danzig und der Korridor müssen an Deutschland zurück. Die mazedonischen Zustände an unserer Ostgrenze müssen beseitigt werden... entschlossen... die Frage so oder so zu lösen... ich sehe aber... von uns keine Möglichkeit, auf Polen in einem vernünftigen Sinne einwirken zu können, zur Korrektur einer Lage, die für das deutsche Volk und das Deutsche Reich unerträglich ist.« »Unerträglich«, »die Frage so oder so lösen«, sattsam bekannte Hitlervokabeln, dieses Mal drohend und ultimativ gesetzt – ja, natürlich, »Versailles« mußte revidiert werden, welcher national empfindende Deutsche hätte das nicht gefordert – aber »Versailles« im Munde führen und etwas ganz anderes meinen, nicht wahr, Herr Hitler – und so nahm ich mein stummes Zwiegespräch mit ihm auf – »Versailles« als griffige Tarnung persönlicher Großmannssucht: Ihre Sprache

»ich sehe aber... keine Möglichkeit, auf Polen... vernünftig... einwirken zu können«, weil Sie das ja gar nicht wollen, diese Ihre Sprache *ist* doch schon der Krieg; *ihn* wollen Sie, in jeder Zeile, zwischen jeder Zeile; wenn Herr Daladier an Ihren Friedenswillen appelliert, so doch an ein bloßes Phantom. Und da war es wieder zurückgekommen zu mir, das Hitler-Wort: »Ja, meine Herren, einen europäischen Krieg muß ich noch führen«, gesprochen 1935 in Berlin, im Kreise hoher Wehrmachtoffiziere, mir zugetragen vom befreundeten Sohn eines damals davon umgehend informierten Offiziers, des späteren Generalleutnants Paul-Willy Körner. Ja, wer es hatte wissen wollen, hätte es wissen können. Aus der gleichen Quelle hatte ich von der Denkschrift gehört, mit der der Generalstabschef, General der Artillerie Ludwig Beck, im Juli 1938 vor der aggressiven, den Weltfrieden gefährdenden Politik Hitlers gewarnt hatte, des Generals Beck, der dann im August des gleichen Jahres von seinem Posten zurückgetreten war, nach Hitlers Ankündigung, daß er noch in den nächsten Wochen die Sudetenfrage mit Gewalt lösen werde. Von Becks damaliger Mahnung an den Oberbefehlshaber des Heeres, Generaloberst von Brauchitsch, habe ich erst nach dem Kriege Kenntnis bekommen, finde ihre Gesinnung so beispielhaft, ihre Sprache so großartig, daß ich sie gar nicht oft genug im Druck sehen kann: »Es stehen hier letzte Entscheidungen über den Stand der Nation auf dem Spiel. Die Geschichte wird diese Führer mit einer Blutschuld belasten, wenn sie nicht nach ihrem fachlichen und staatspolitischen Wissen und Gewissen handeln. Ihr soldatischer Gehorsam hat dort eine Grenze, wo ihr Wissen, ihr Gewissen und ihre Verantwortung die Ausführung eines Befehles verbieten. Finden ihre Ratschläge und Warnungen in solcher Lage kein Gehör, dann haben sie das Recht und die Pflicht, vor dem Volk und vor der Geschichte, von ihren Ämtern abzutreten. Wenn sie alle in einem geschlossenen Willen handeln, ist die Durchführung einer kriegerischen Handlung unmöglich. Sie haben damit ihr Vaterland vor dem Schlimmsten, vor dem Untergang bewahrt. Es ist ein Mangel an Größe und Erkenntnis der Aufgabe, wenn ein Soldat in höchster Stellung in solchen Zeiten seine Pflichten nur in dem begrenzten Rahmen seiner militärischen Aufgaben sieht, ohne sich der höchsten Verantwortung vor dem gesamten Volke bewußt zu werden. Außergewöhnliche Zeiten verlangen außergewöhnliche Handlungen.« Aber es hatte damals in der Wehrmacht keinen weiteren, entsprechend ranghohen Offizier von der Statur Becks gegeben.

Und von da zur nächsten Erinnerung, der Reichstagsrede Hitlers am 1. September 1939, in der er von seiner »Friedensliebe« und seiner »endlosen Langmut« gesprochen und dann, wörtlich, gesagt hatte: »Polen hat nun heute nacht zum ersten Mal auf unserem eigenen Territorium auch durch reguläre Truppen geschossen. Seit 05.45 Uhr wird jetzt zurückgeschossen! Und von jetzt ab wird Bombe mit Bombe vergolten.« Da hat er ihn also endlich, *endlich,* seinen Krieg, so hatte ich das am Rundfunkgerät empfunden;

mein Gott, was mußte der Mann jetzt glücklich sein, förmlich erlöst von der Qual des langen Wartens auf *seinen* Krieg. Und zwei Bilder, die bald danach durch die deutsche Presse gegangen waren, hatten mich seither innerlich verfolgt, werden es auf Lebenszeit tun; das eine: deutsche Soldaten beim gewaltsamen Öffnen einen polnischen Schlagbaums, nichtsahnend das Tor zum Untergang des Reiches aufstoßend; das andere: Hitler, durch ein Scherenfernrohr das brennende Warschau beobachtend, das Wirken der Gewalt, die er jetzt nach Osten austeilen ließ, der Gewalt, deren Rückzahlung mit Zins und Zinseszins ihn später nur noch als Auslöser seines schäbigen Selbstmordes, seines Stehlens aus der Verantwortung treffen sollte – seines Desperado Abtrittes, würdig seines Desperado Aktes. Welche Welten zwischen ihm und dem Staatsmann, nach dem das große Kriegsschiff zu benennen, zu dem einen quasi persönlichen Bezug herzustellen er sich erdreistet hatte.

Ja, Beck, für mich seit 1938 staatspolitisches Leitbild eines Soldaten und Persönlichkeit meiner Bewunderung, hatte wohl alles begriffen, wenn auch nicht ohne anfängliches Verkennen des Regimes. Aber einige andere, wenige zwar nur, politisch empfindsameren Kreisen entstammend, hatte es immerhin gegeben, die hatten Hitler sehr früh begriffen. Hubertus Prinz zu Löwenstein und die Familie Karl Bonhoeffer zum Beispiel. Die hatten schon am 30. Januar 1933 gesagt: »Hitler bedeutet Krieg, er wird ein Unglück für Deutschland sein.« Mit meinem eigenen, erst seit Hitlers Mordserie am und nach dem 30. Juni 1934 geschärften Mißtrauen hatte ich zwar die Wiedereinführung der allgemeinen Wehrpflicht im März 1935 und, ein Jahr später, die Remilitarisierung des Rheinlandes noch begrüßt, wobei es mich aber eben gegrämt hatte, solche Gaben ausgerechnet von Herrn Hitler entgegennehmen zu müssen. Schließlich, 1937/38, nach zwei weiteren Jahren in einer Atmosphäre zunehmender innenpolitischer Gewalt, nunmehr die Unausweichlichkeit des völligen Verderbens eines Deutschland auf Hitlerkurs vor Augen, und in der verzweifelten Gewißheit, selbst nichts, aber auch gar nichts daran ändern zu können, war mir nur noch eine Art von Flucht in die innere Emigration und passives Abwarten übriggeblieben, bis der letztlich unvermeidliche Fall des Regimes Deutschland eines Tages die Umkehr aus seiner Sackgasse ermöglichen würde. Bis dahin aushalten! Dabei war ich keineswegs etwa einer von den damals – und nicht nur damals – weidlich verfemten Intellektuellen; ich hatte lediglich gemeint, meinen mir von der Natur verliehenen Verstand soweit gebrauchen zu sollen, wie er reichte. Und dafür, Herrn Hitler auf seine Tricks zu kommen, hatte er ja nun spielend ausgereicht.

Aber jetzt war erst einmal der Moloch Krieg auf dem Marsch, der Krieg eines ungeduldigen Hitlers, der sein Volk – ein Volk zwar nicht ohne Raum, aber ohne Geduld – bedingungslos auf sich hatte einschwören können. Bald schon war diesem Krieg der Name »Großdeutscher Freiheitskampf« verliehen worden. »Freiheitskampf«, »Freiheit«! Mein Gott, was hatte der Begriff der Freiheit auch nur irgendwo in der Nähe Hitlers zu suchen? Als Ziel eines Regimes, das sich seit 1933 durch Mord, Terror und Unterdrückung zur Genüge öffentlich manifestiert hatte? Was anderes konnte denn Herr Hitler wollen als das Beibehalten dieses Terrors im Inneren und seine Verbreitung nach außen, soweit der militärische Erfolg der Wehrmacht ihm das erlauben würde? Nein, Herr Hitler hatte keine Botschaft der Freiheit, überhaupt keine gültige Botschaft, kein fortschrittliches Ziel für die Menschheit – alles, was ich sehen konnte, war sein gelebtes Motto »Der Starke frißt den Schwachen«, seinen lauernden Wunsch, das religiöse Leben unseres Volkes, unseren bürgerlichen Rechtsstaat zu zertrümmern, seine immer deutlicher werdenden Umrisse als Zerstörer der abendländischen Kultur, die er, ausgerechnet er, der Barbar in Person, gegen den Bolschewismus absichern zu müssen vorgab; er, der ein weltgeschichtliches Tief in der öffentlichen Moral verkörperte. Was blieb als persönliche Konsequenz? Die mir gestellten Aufgaben zu erfüllen, aber darüber hinaus den eigenen Dienstrang, die eigene Dienststellung niedrig, den dienstlichen Verantwortungsbereich klein zu halten, eine persönliche Karriere nicht anzustreben, soweit ich all dies überhaupt würde beeinflussen können. Denn je höher die Stellung, desto bedeutender die Unterstützung Hitlers, und je bedeutender die Unterstützung Hitlers, desto größer der Schaden für das deutsche Volk. Zu den Männern möglichst nicht über Hitler sprechen, nicht zu oft lügen müssen. Zu solcher Konsequenz konnten einen sechs Jahre Hitler getrieben haben; schon mit der Rückschau von 1938 hatte man um Deutschland nur noch trauern können – welcher Irrwitz, welch trostlose Perspektive und deprimierende Hoffnungslosigkeit.

Nach dem rasch verflogenen Urlaub traf ich Anfang Juni bei »Hamburger Wetter«, an einem Regentag, in der Hansestadt ein. Ich bezog zunächst ein Hotel und erwartete den kommenden Tag, an dem ich mich bei dem Kommandanten des Schlachtschiffes *Bismarck*, Kapitän zur See Ernst Lindemann, zum Dienstantritt zu melden haben würde. Lindemanns Ruf als Seeoffizier war ausgezeichnet, er galt als ein hervorragender Artillerist, aber auch als ein strenger Vorgesetzter, und so sah ich meiner ersten persönlichen Begegnung mit ihm in nicht geringer Spannung entgegen.

Doch werfen wir zuvor einen Blick auf Lindemanns Werdegang bei der Marine. Im Jahr 1894 in Altenkirchen/Westerwald geboren, war Lindemann am 1. April 1913 in die Kaiserlich Deutsche Marine eingetreten. Da er körperlich nicht sehr kräftig war, hatte man ihn zunächst nur »probeweise« eingestellt. Jedoch hatte er mit der ihm schon früh eigenen Zähigkeit und Energie die Strapazen eines auf dem Großen Kreuzer *Hertha* unter einem besonders strengen Ersten Seekadettenoffizier abgeleisteten Kadettenjahres ebensogut gemeistert und überstanden wie seine kräftigeren Kameraden. »Sein Eifer und seine Dienstauffassung waren vorbildlich, ich kann mich nicht erinnern, daß er jemals nachteilig aufgefallen wäre oder den Unwillen unseres Kadettenoffiziers erregt hätte«, schrieb mir einer seiner Crewkameraden, der ihn damals als Seekadett täglich an seiner Seite erlebt hatte. Wenn man bedenkt, wie leicht Kadetten sich jederzeit schon durch bloße Geringfügigkeiten den Tadel ihrer Vorgesetzten zuzuziehen pflegten, so kann man schon hieraus auf eine außerordentliche Konzentration und Willenskraft Lindemanns schließen. »Dabei war er bestimmt kein Streber im negativen Sinne, er war immer ein selbstloser, hilfsbereiter und beliebter Mensch«, schrieb mir der genannte Crewkamerad weiter, der Lindemann im übrigen eine strenge und kompromißlose Auffassung der Standes- und Berufspflichten eines Seeoffiziers nachsagte. Allerdings auch einen gesunden beruflichen Ehrgeiz! Als er in späteren Jahren dem inzwischen zum erfolgreichen und anerkannten Artilleristen herangewachsenen Lindemann gegenüber einmal bemerkte, er, Lindemann, würde doch sicherlich dereinst Inspekteur der Marineartillerie werden, erwiderte dieser: »Ich hoffe doch, mindestens einmal Chef des Ersten Schlachtschiffgeschwaders zu werden!« Aber ein solches Geschwader sollte es zu seinen Lebzeiten gar nicht mehr geben!

Im April 1914 war Lindemann als Fähnrich zur See auf die Marineschule Mürwik gekommen. Bei Ausbruch des Weltkrieges mußte dieser Dienstabschnitt aber abgebrochen werden, und der sonst übliche Ausbildungsabschluß, die Seeoffizierhauptprüfung, entfiel. Wie seine Crewkameraden erhielt Lindemann ein Bordkommando und wurde 1915 zum Leutnant zur See befördert. In der Rangliste von 1918 erschien er als fünfter von rund zweihundertundzehn Crewkameraden, später in der Reichs- und Kriegsmarine rangierte er als zweiter in seiner Crew.

Die folgenden Jahre sahen Lindemann überwiegend auf schweren Schiffen, in Stäben und an der Schiffsartillerieschule in Kiel. Er hatte sich frühzeitig und voll auf die Schiffsartillerie spezialisiert. 1920 bekleidete er als Oberleutnant zur See eine Stellung in der Flottenabteilung bei der Marineleitung in Berlin, ein Kommando auf dem Linienschiff *Hannover* folgte. 1925 wurde er als Kapitänleutnant Admiralstabsoffizier bei der Marinestation der Ostsee in Kiel, danach Zweiter Artillerieoffizier auf dem Linienschiff *Elsaß* und, später, auf *Schleswig-Holstein*. »Ich konnte auch weiterhin feststellen, daß Lindemann immer mit gleichem Fleiß und gleicher Gewissenhaftigkeit seinen Dienst tat«, hören wir den genannten Crewkameraden weiter, »zum Beispiel nahm er sich als Zweiter Artillerieoffizier auf der *Elsaß* Akten zum Arbeiten mit nach Hause, während doch im allgemeinen diese Stellung auf einem Linienschiff als verhältnismäßig ruhiger Posten galt!« Es folgten Kommandos als Lehrer an der Schiffsartillerieschule in Kiel und, nach der Beförderung zum Korvettenkapitän im Jahr 1932, als Erster Artillerieoffizier auf dem Panzerschiff *Admiral Scheer*. Es war bei einer

Gelegenheit in diesen Jahren – mehr als zwanzig Jahre einer sehr erfolgreichen Dienstzeit lagen nun schon hinter ihm –, daß Lindemann in einem Gespräch im Kameradenkreis äußerte, »daß er eigentlich immer noch ›auf Probe‹ diene, da ihm eine endgültige Übernahme in die Marine niemals eröffnet worden sei«! 1936 finden wir ihn als Fregattenkapitän in der Operationsabteilung der Marineleitung und 1938, nunmehr Kapitän zur See, als Chef der Marineausbildungsabteilung im Oberkommando der Kriegsmarine. Danach wurde er Kommandeur der Schiffsartillerieschule. Dieser Posten war ein Höhepunkt seiner langen und erfolgreichen Laufbahn als Artillerist. Und ganz zweifellos prädestinierten ihn diese Spezialisierung und seine sonstigen dienstlichen und persönlichen Eigenschaften zum Kommandanten eines Trägers schwerster Artillerie, des damals neuesten und größten deutschen Schlachtschiffes: *Bismarck*. Die Ernennung dazu hatte ihn im Frühjahr 1940 erreicht.

Am Morgen nach meiner Ankunft in Hamburg erwartete mich Lindemann zur Dienstantrittsmeldung in seiner Kommandantenkajüte an Bord. Ich erschien, wie in solchen Fällen üblich, im sogenannten »Kleinen Dienstanzug«, also im blauen Jackett mit Ärmelstreifen. Lindemann, mittelgroß, vollschlank, mit scharf geschnittenem Gesicht, alles in allem schon auf den ersten Moment eine sehr eindrucksvolle Erscheinung, stand, entsprechend gekleidet, vor seinem Schreibtisch und sah mich aus seinen blauen Augen aufmerksam an, als er jetzt meine Worte hörte: »Kapitänleutnant von Müllenheim meldet sich gehorsamst zur Dienstleistung an Bord kommandiert.« »Ich danke Ihnen für Ihre Meldung und heiße Sie an Bord willkommen«, erwiderte er freundlich lächelnd und gab mir die Hand. »Ich sehe es als mein Ziel an«, sagte Lindemann nun, »dieses schöne und starke Schiff so rasch als möglich kriegsbereit zu machen und erwarte hierzu Ihre volle Mitarbeit. Mit Ihrer abgeschlossenen Ausbildung als Artillerieleiter für Schwere Kaliber wird hier an Bord, wie Sie ja wissen, der Achtere Artillerieleitstand Ihre Gefechtsstation sein. Doch wird diese Aufgabe Sie in der Anfangszeit, noch vor der Indienststellung des Schiffes und auch vorerst noch danach, nicht voll auslasten. Ich habe daher entschieden, daß Sie, Sie waren ja früher schon einmal Adjutant, haben auch die interessante Zeit in London hinter sich, mein persönlicher Adjutant sein werden.«

Von der Aussicht, in der Nähe des Kommandanten zu arbeiten, war ich angenehm überrascht. Lindemann fuhr fort: »Hierfür wird allerdings der Vormittag eines jeden Tages ausreichen, nachmittags stehen Sie bereits ab sofort dem Ersten Artillerieoffizier nach dessen näheren Weisungen zur Verfügung. Diese Regelung soll solange gelten, bis die Aufrechterhaltung der Kriegsbereitschaft des Schiffes Ihre ganztägige Mitarbeit in der Artillerie erfordert. Als Adjutant werden Sie grundsätzlich das Protokoll bearbeiten, allgemein den Schriftverkehr überwachen und im übrigen meine Befehle von Fall zu Fall erhalten. Noch eines«, fügte Lindemann nach einer kurzen

Pause hinzu, »ich werde es künftig lieber hören, wenn man an Bord von ›dem‹ anstatt ›der *Bismarck*‹ spricht. Ein so großes und starkes Schiff kann nur ein ›Er‹ und keine ›Sie‹ sein.« Innerlich nahm ich mir sofort vor, diesen seinen Wunsch zu respektieren und habe das in der Folgezeit trotz gelegentlicher Versprecher auch getan. Aus Respekt für den ersten und einzigen Kommandanten »des *Bismarck*« soll diese Regel nun auch für dieses Buch gelten.

Dann gab Lindemann mir erneut die Hand, wünschte mir alles Gute für mein neues Kommando, und meine Vorstellung war beendet. Als ich die Tür der Kajüte hinter mir schloß, erfüllte mich die Gewißheit, einer sehr eindrucksvollen Persönlichkeit begegnet zu sein, die ihre neuen Aufgaben mit einer außerordentlich wachen Intelligenz und Konzentration angehen würde. Eine knappe und klare Ausdrucksweise zeichnete Lindemann aus. Freude empfand ich über meine Auswahl als Adjutant. War die Stellung eines Adjutanten ohnehin schon herausgehoben, so würde sie mich in diesem besonderen Fall auch noch in den engeren Arbeitsbereich um einen offensichtlich vorbildlichen Kommandanten führen.

Indienststellung, Ausbildung und Erprobungen

24. August 1940: Tag der Indienststellung des Schlachtschiffes *Bismarck!* Vom Ostufer der Elbe jagte bei bedecktem Himmel ein steifer Wind Schaumstreifen über den Strom, blies vom Heck her kühl über das mit der Backbordseite am Ausrüstungskai der Bauwerft Blohm & Voß festgemachte Schiff. Wenn nun schon die erhoffte Sonne nicht schien, so würde doch bei dieser Windrichtung wenigstens kein Regen die kommende Feierstunde stören, sagte ich mir, und das war ja auch schon ein Trost. Divisionsweise stand die Besatzung, »Anzug Blau, Dienstmütze«, die Offiziere und Portepee-Unteroffiziere mit angelegtem Dolch, die Offiziere dazu mit silberner Schärpe, drei bis vier Glieder tief, zu beiden Seiten an Oberdeck, von der Schanze bis hin zur Back. Die Divisionsoffiziere richteten ihre Männer nach der Decksnaht aus, meldeten dem Ersten Offizier, Fregattenkapitän Hans Oels, ihre Divisionen angetreten. Die Offiziere des Schiffsstabes standen in einem Glied etwas achterlich des ausgebrachten Steuerbord Fallreeps, diesem gegenüber die Ehrenwache unter Gewehr, mit Trommler und Hornist. Auf der Schanze hielt sich der Flottenmusikzug bereit. Weiter vorn, unter den Rohren des hintersten schweren Geschützturmes, waren Vertreter von Blohm & Voß versammelt, eine zivile Note in diesem sonst so militärischen Bild.

Dann kam das schnittige weiße Motorboot mit Kriegsflagge und Kommandantenwimpel in Sicht. »Besatzung stillgestanden, Front nach Steuerbord«, kommandierte der Erste Offizier, und der Hornist blies das entsprechende Signal. Alle blickten in gespannter Erwartung, als das Boot nun langsamer wurde, am Fallreep anlegte. Die Ehrenwache präsentierte das Gewehr, der übliche Seitepfiff ertönte. Der Kommandant kam an Bord. Oels meldete »Besatzung zur Indienststellungsfeier angetreten«. Von ihm und mir als Adjutanten gefolgt, schritt Lindemann die Front ab, betrat danach ein Podest auf der Schanze zu seiner Ansprache. Die Ehrenwache war mittlerweile nach achtern gerückt. Die Besatzung stand jetzt, bis zu elf Reihen nebeneinander, mit der Front zu ihrem Kommandanten und zum Heckflaggenstock. An diesem hielten zwei Signalmaate die Flaggleine gestrafft, die Kriegsflagge klar zum Heißen.

»Soldaten des Schlachtschiffes *Bismarck!*« sprach Lindemann nun, »der ersehnte Tag der Indienststellung unseres schönen, großen Schiffes ist gekommen.« Er appellierte an die Besatzung, jeden einzelnen, das Seine zu tun, um *Bismarck* in kürzester Zeit zu einem wirksamen Kriegsinstrument zu machen, richtete Worte der Anerkennung an die Vertreter von Blohm & Voß dafür, daß die Belegschaft der Werft in pausenloser Arbeit ihr Werk sogar noch vor dem ursprünglich vorgesehenen Fertigstellungstermin abgeschlossen habe. Er sprach von der gegenwärtigen geschichtlichen Stunde, die es erfordere, die Schicksalsfragen der Nation militärisch zu lösen, zitierte den Fürsten Otto von Bismarck aus einer seiner Reichstagsreden: »Mit Reden und Schützenfesten und Liedern macht die Politik sich nicht, sie macht sich nur durch Blut und Eisen.« Er drückte seine Gewißheit über gute Erfolge des Schiffes bei der Erfüllung seiner kommenden Kriegsaufgaben aus. Dann folgte sein Kommando: »Heiß Flagge und Wimpel!«, zu dem Klang der Nationalhymnen und bei »präsentiertem Gewehr« der Ehrenwache stiegen am Heckflaggenstock die Flagge und am Großmast der Kommandantenwimpel empor, beide wehten im steifen Wind sofort kräftig aus, und die Kriegsmarine hatte ihren neuesten Zuwachs in Gestalt des Schlachtschiffes *Bismarck* erhalten.

Werfen wir jetzt einen Blick auf seine Daten und Ausstattung.

Der am 1. Juli 1936 auf Stapel gelegte und am 14. Februar 1939 vom Stapel gelaufene *Bismarck* hatte eine Konstruktionswasserverdrängung von 45 950 metrischen Tonnen (1 Tonne = 1000 kg) und bei maximaler Zuladung von Speise- und Trinkwasser, Heiz- und Schmieröl sowie Flugzeugen eine Verdrängung von 50 955,7 metrischen Tonnen. Einer späteren Berechnung zufolge verdrängte *Bismarck* bei vollster Ausrüstung und entsprechend erhöhtem Tiefgang sogar 53 546 metrische Tonnen.[1] Seine Länge über alles betrug 251 Meter, seine Breite 36 Meter, der Tiefgang 9,33 Meter, bei größter Wasserverdrängung 10,20 Meter.

Besonders interessant hierbei ist die gegenüber den damals sonst üblichen schiffbaulichen Konstruktionsmerkmalen relativ große Breite im Verhältnis zur Länge, im Grunde widersprach diese neuartige Relation dem stets präsenten Wunsch nach höherer Geschwindigkeit, also mehr Länge im Verhältnis zur Breite. Im Ergebnis sollte sich die große Breite *Bismarcks* aber insoweit nicht sonderlich nachteilig auswirken; was jedoch hauptsächlich zählte, war ihr Vorteil: Die »Überbreite« des Schiffes erbrachte eine verbesserte Standfestigkeit, eine durch sie verringerte Neigung zum Schlingern erhöhte den Wert des Schiffes als Geschützplattform im Seegang. Auch konnte mit Rücksicht auf die flachen Fahrwasser in der Nordsee der Tiefgang des Schiffes geringer gehalten werden. Weiterhin ergab sich dadurch die Möglichkeit einer besseren Raumausnutzung und Panzeranordnung. Der Abstand zwischen der gepanzerten Außenhaut und dem inneren Torpedolängsschott konnte größer gewählt werden, der Schutz des Schiffes gegen Unterwasserdetonationen stieg entsprechend. Die Doppeltürme der Mittelartillerie und die schweren Flakgeschütze ließen sich der Breite nach noch zwangloser auf dem Ober- und dem Aufbaudeck anordnen.

Der Schiffskörper war ein zu über neunzig Prozent geschweißter Stahlbau. Der Doppelboden erstreckte sich über etwa achtzig Prozent der Schiffslänge, war also zwecks eines vollkommneren Schutzes gegen Unterwassertreffer besonders ausgedehnt. Das Oberdeck lief vom Heck bis zum Bug durch. Darunter lagen das Batteriedeck, das Panzerdeck, das Obere und Mittlere Plattformdeck. Ein Unteres Plattformdeck verlief fast überall parallel zur Stauung, die ihrerseits den Doppelboden nach oben begrenzte. Der Länge nach war das Schiff in insgesamt zweiundzwanzig von achtern nach vorn laufend durchnumerierte Abteilungen unterteilt.

Der Panzerschutz war mit dem relativ höchsten Prozentsatz am Gesamtgewicht des Schiffes beteiligt, nämlich vierzig Prozent. Qualitativ und quantitativ war er entsprechend der jeweiligen Bedeutung der im einzelnen zu schützenden Gefechtswerte verteilt. Das Oberdeck war durch einen der Länge nach fast ganz durchlaufenden Panzer verstärkt. Mit 50 mm Dicke war dieser Panzer zwar relativ schwach, bot aber immerhin Splitterschutz und konnte einkommende Geschosse soweit abbremsen, daß sie noch vor dem Auftreffen auf dem darunter gelegenen und die lebenswichtigen materiellen Gefechtswerte schützenden Panzerdeck detonierten. Dieses Panzerdeck verlief mit seinen seitlichen Böschungen in einer Stärke von 80 bis 120 mm der Länge nach zwischen zwei 110 und 220 mm dicken Panzerquerschotten, die jeweils vom vorderen und achteren Ende des Oberdeckspanzers bis zum Oberen Plattformdeck herunterreichten. Von dort ab lief das Panzerdeck horizontal nach vorn und achtern weiter, wobei es ganz achtern allerdings noch einmal in schiefer Ebene anstieg, um die Ruderanlage zu schützen. Die Außenhaut des Schiffes war vom Vorderen bis zum Achteren Panzerquerschott, das heißt über eine Länge von 170 Metern, mit einem Seitenpanzer versehen, der der Höhe nach von etwa drei Meter über bis zwei Meter unter der Wasserlinie besonders wichtige Einrichtungen wie die Turbinen, Dampfkessel und Munitionskammern gegen seitliche Treffer schützen sollte. In diesem Bereich war der Seitenpanzer als sogenannter Gürtelpanzer in wechselnder Stärke bis hinauf zu 320 mm ausgeführt. Weiter nach oben zu war er zum Schutz der Decks über dem Panzerdeck als sogenannter Zitadellpanzer zwischen 120 und 145 mm stark.

Der zweigeschossige Vordere Kommandostand, der im Gefecht der Schiffsführung und dessen höher gelegener, hinterer Teil als Vorderer Artillerieleitstand diente, trug die folgende Panzerung: Seitenwand 350 mm, Decke 220 mm, Boden 60 mm. Für den als Reserve vorgesehenen Achteren Gefechtskommandostand waren die entsprechenden Werte: Seite 150 mm, Decke 50 mm, Boden 30 mm. Von jedem Gefechtskommandostand führte ein gepanzerter Schacht hinunter in die dazugehörige, unter Panzerdeck gelegene Rechenzentrale. Der 27 Meter hoch über der Wasserlinie im Vormars gelagerte Hauptartillerieleitstand war mit Rücksicht auf die Stabilität des Schiffes nur leicht gepanzert: Seite 60 mm, Decke und Boden je 20 mm. Der Hauptleitstand ruhte auf einem Stützzylinder, dessen Seitenwand mit 60 mm gepanzert war.

Da *Bismarck* als Waffenträger fast ausschließlich eine Artillerieplattform war, kam dem Panzerschutz der Geschütze eine ganz überragende Bedeutung zu. Die schweren Türme waren wie folgt gepanzert: Stirnwände 360 mm, Rückwände 320 mm, Seitenwände 150 bis 220 mm, Decken 150 bis 180 mm, Barbetten über Oberdeck 340 mm, unter Oberdeck 220 mm. Die entsprechenden Ziffern für die Mittelartillerie lauteten: Stirnwände 100, Rück- und Seitenwände 40, Decken 20 bis 35, Barbetten 100 mm. Wir sehen, daß hinsichtlich des Panzerschutzes die Mittelartillerie – wie es damals üblich und aus Gewichtsgründen auch schlecht anders möglich war – unter ihrem eigenen Kaliber zu leiden hatte. Die danach bemessenen Panzerstärken konnten diese Türme gegen schwerste Treffer kaum ausreichend schützen.

Im übrigen waren alle außerhalb des regulären Panzerschutzes verlaufenden wichtigen Verbindungskabel oder -rohre splittersicher verlegt.

Die Anordnung der Aufbauten ähnelte sehr derjenigen auf den deutschen Schweren Kreuzern, wie beispielsweise *Prinz Eugen*. Der vordere Brückenaufbau war vier Decks hoch, der achtere drei. Der als Turmmast ausgeführte Gefechtsmast stand auf dem vorderen Brückenaufbau. Oben auf ihm befanden sich der offene Hauptflaleitstand und der Hauptartillerieleitstand für die Seezielbatterien.

Die Antriebsanlage, mit neun Prozent am Gesamtgewicht des Schiffes beteiligt, bestand aus drei Turbinensätzen, die von zwölf Höchstdruckkesseln mit Dampf gespeist wurden. Ursprünglich hatte man die Anlage für eine Höchstgeschwindigkeit von 29 Knoten ausgelegt, wobei auf jede der drei Schraubenwellen vierzigtausend elektrisch übertragene Pferdestärken hätten wirken sollen. Dann jedoch war die Kraftübertragung auf mechanische Getriebe umgestellt und die Turbinenfundamente waren verstärkt worden. Diese Umstellung hatte eine Gesamtleistung von über einhundertundfünfzigtausend Pferdestärken für eine Höchstgeschwindigkeit von 30,1 Knoten erbracht. Später sollte es sich sogar als möglich erweisen, die Höchstgeschwindigkeit noch einmal zu steigern. Auf diese Weise war *Bismarck* zu einem der schnellsten bis dahin gebauten Schlachtschiffe geworden.

Der Brennstoffvorrat betrug maximal 8700 Tonnen Heizöl. Bei einer Marschfahrt von 17 Knoten ermöglichte er einen Fahrbereich von 8900 sm, bei 16 Knoten sogar 9280 sm. Diese Strecke war beträchtlich und wies schon von vornherein auf die Absicht des deutschen Marineoberkommandos hin, *Bismarck* einmal in der ozeanischen Kriegführung zu verwenden. Für ein Turbinenschiff der damaligen Zeit war der Fahrbereich sogar sehr hoch. Dennoch blieb er um eintausend Seemeilen hinter demjenigen der vorangegangenen Turbinenschiffsklasse *Scharnhorst* zurück, und man kann darüber spekulieren, ob diese vergleichsweise mindere Seeausdauer zu dem späteren unglücklichen Ende des *Bismarck* beigetragen hat.

Eine elektrisch betriebene Ruderanlage steuerte zwei parallel angebrachte Balanceruder von je 24 qm Fläche.

Der hohe Energiebedarf der Schiffsartillerie erforderte eine dementsprechende Gesamtstromerzeugung an Bord. Dafür standen fünf Elektrizitätswerke zur Verfügung. Zwei Dieselgeneratoren erzeugten je 500 Kilowatt, dazu traten noch sechs Turbogeneratoren. Insgesamt lieferte die elektrische Anlage etwa 7900 Kilowatt bei 220 Volt.

Die Artillerie, insgesamt mit siebzehn Prozent am Gewicht des Schiffes beteiligt, gliederte sich in die Schwere, die Mittelartillerie und die Flugzeugabwehrwaffen (Fla-Waffen).

Die Schwere Artillerie bestand aus vier Doppeltürmen des Kalibers 38 cm, von denen zwei, »Anton« und »Bruno«, auf dem Vorschiff und die anderen zwei, »Caesar« und »Dora«, auf dem Achterschiff aufgestellt waren. Ihre höchste Schußweite betrug 362 Hektometer. Der gesamte Munitionsvorrat für dieses Kaliber belief sich auf 840 Schuß, maximal 960, also pro Rohr 105 bis 120 Schuß. Zu jedem Schuß gehörten außer der Granate eine Vor- und eine Hauptkartusche. Wegen ihres beträchtlichen Gewichtes konnten die Granaten nur über einen mechanischen Aufzug von den Munitionskammern im Mittleren Plattformdeck auf die Geschützplattformen in den Türmen befördert werden.

Die Mittelartillerie bestand aus zwölf 15-cm-Geschützen in sechs auf beide Schiffsseiten gleichmäßig verteilten Doppeltürmen. Ihre höchste Schußweite betrug 230 Hektometer. Der Munitionsvorrat belief sich hier auf insgesamt 1800 Schuß oder 150 pro Rohr.

Die Fla-Waffen setzten sich aus der Schweren, der Mittleren und der Leichten Flak zusammen. Als Schwere Flak führte *Bismarck* sechzehn 10,5-cm-Schnellfeuergeschütze in Doppellafetten, mit einer Höchstschußweite von 180 Hektometern. Der Munitionsvorrat bestand aus 6270 Schuß oder 420 pro Rohr. Sechzehn 3,7-cm-Geschütze in Doppellafetten bildeten die Mittlere Flak, die über insgesamt 32000 Schuß oder 2000 pro Rohr verfügte. Die insgesamt achtzehn 2-cm-Geschütze der Leichten Flak waren in zehn Einzel- und zwei Vierlingslafetten aufgestellt. Hier betrug der Munitionsvorrat 40000 Schuß oder über 2000 pro Rohr.

Zum Schutz gegen magnetgezündete Minen und Torpedos war *Bismarck* mit einem sogenannten Mineneigenschutz (MES) ausgerüstet. Dieser bestand aus einer auf der Außenhaut unterhalb der Wasserlinie um das Schiff herumlaufenden, gedeckt verlegten Reihe von Kabeln. Die Anlage sollte die Stärke des vom Schiff erzeugten Magnetfeldes derart mindern, daß die magnetischen Zündungen feindlicher Minen und Torpedos nicht mehr ansprachen.

Für die Zwecke der Aufklärung, Artilleriebeobachtung und Verbindung bei auseinandergezogener eigener Kampfgruppe führte *Bismarck* vier einmotorige Tiefdecker des Typs Arado 196 mit Doppelschwimmern, die gleichzeitig als leichte Kampfflugzeuge dienten. Zwei Maschinen waren in einem Schuppen unter dem Großmast untergebracht, die anderen zwei in je einem Bereitschaftsschuppen zu beiden Seiten des Schornsteins. Zu starten waren diese Maschinen von einer zwischen dem Schornstein und dem Großmast befindlichen Schleuderanlage. Diese verlief als Doppelkatapult quer über das Deck, die Flugzeuge konnten also sowohl nach Steuerbord als auch nach Backbord hin geschleudert werden.

Zur Schiffsausrüstung gehörte weiterhin eine Reihe sogenannter Beiboote. Es waren dies drei Admirals- und Kommandantenboote, vier Verkehrsboote, eine Motorbarkasse, zwei Motorpinassen, zwei Kutter, zwei Dingis und zwei Jollen. Dazu zu rechnen war noch eine Anzahl von Flößen.

Die Besatzung zählte 103 Offiziere einschließlich der Schiffsärzte, Fähnriche usw. und 1962 Unteroffiziere und Mannschaften. Für die Atlantikunternehmung erhöhte sich durch das Hinzutreten des Flottenstabes, der Prisenkommandos und Marinekriegsberichter die Gesamtzahl der Eingeschifften auf über 2200. Am 27. Mai 1941 sollten auf *Bismarck* 2106 Menschen ihren Tod finden.

Organisatorisch war die Besatzung in zwölf Divisionen aufgeteilt, die sich in ihrer Zahlenstärke zwischen 180 und 220 Mann bewegten. Die Divisionen 1 bis 4 wurden aus seemännischem Personal gebildet, dessen Gefechtsstationen im Bereich der Schweren und Mittelartillerie lagen. Dementsprechend waren die Divisions- und Zugoffiziere dieser Divisionen die Turmkommandeure bei der Schweren und Mittelartillerie. Die Divisionen 5 und 6, ebenfalls aus seemännischem Personal gebildet, besetzten alle Fla-Waffen. Ihre Divisionsoffiziere waren die entsprechenden Fla-Abschnittsleiter. Die 7. Division bestand aus den sogenannten Funktionären, also fachlich spezialisierten Soldaten wie beispielsweise Zimmermeistern, Kommandoschreibern, Köchen, Schustern usw. Die 8. Division setzte sich aus den Artilleriemechanikern zusammen, ihr Divisionsoffizier war der Artillerietechnische Offizier des Schiffes. In der 9. Division war das Signal-, Funk- und Steuermannspersonal vereinigt, ihr Divisionsoffizier war der Bordnachrichtenoffizier. Die Divisionen 10 bis 12 umfaßten das technische Personal im Bereich der Antriebsanlage, ihre Divisionsoffiziere waren der Turbineningenieur, der Kesselingenieur und der Zweite Leckwehroffizier.

Im Bereich der seemännischen Divisionen 1 bis 6 war eine Unterteilung in eine Steuerbord- und eine Backbordwache üblich. Die 1., 3. und 5. Division bildete die Steuerbord-, die 2., 4. und 6. Division die Backbordwache. Auf dem Kriegsmarsch hatten die Divisionen 1 bis 6, verstärkt durch etwa die Hälfte der Divisionen 7 und 8, die Hälfte aller Gefechtsstationen schachbrettartig zu besetzen. Kam dann »Klarschiff zum Gefecht«, so hatte die jeweilige Freiwache die unbesetzten Stationen aufzufüllen. Im technischen Bereich fuhr die Wachdivision das Schiff. Die Vorwache hatte die Gefechtsreparaturgruppen zu stellen, die Freiwache zur Abwehr von Feuer, Wassereinbrüchen, Gas und sonstigen Schäden bereit zu sein.

Zur Zeit meines eigenen Dienstantrittes war die Besatzung keineswegs schon vollzählig an Bord kommandiert, sie sollte erst nach und nach eintreffen. Seit Mitte April hatten sich technische Offiziere, Unteroffiziere und Mannschaften in einer Kopfstärke von 65 an Bord befunden, im Juni war entsprechendes Artilleriepersonal, 60 Köpfe stark, hinzugekommen. Diese Männer machten die sogenannte Baubelehrung durch, sie sollten sich von Grund auf mit den Einrichtungen des Schiffes vertraut machen. Als sie *Bismarck* zum ersten Mal sahen, seine schweren Geschützrohre, die starken Panzerplatten, dachte gar manch einer: »Na, hier kann mir nichts mehr passieren, das ist ja eine schwimmende Lebensversicherung!« Die Unteroffiziere vergruben sich in die Maschinenanlagen, die Waffen, Rohrleitungen, Ventile, fertigten Zeichnungen an, bereiteten Themen zur Unterrichtung der Mannschaften vor. Wegen der noch anhaltenden Bauarbeiten im Schiff lebte die Besatzung allerdings vorerst noch nicht an Bord, sondern überwiegend auf zwei dem Schiffskommando zur Verfügung stehenden Wohnschiffen, der *Oceana* und dem *General Artigas*.

Die Ausbildung begann: Schiffs-, Maschinen- und Waffenkunde. Jeder Maat und seine Männer erhielten eine feste Station an Bord. Um sich zurechtzufinden, zogen die Männer in kleinen Gruppen durch das Schiff, krochen in Lasten und Hellegats, kletterten auf die Brücken und den Gefechtsmast, lernten Doppelboden, Stauung, Bunker, Zellen und Werkstätten kennen. Unterricht über den allgemeinen Dienst an Bord und die einzelnen Zuständigkeiten wurde erteilt. Schiffs- und Maschinenkunde wurden gelehrt, die Leckregeln studiert. Die Vorbereitungen des Schiffes auf das Gefecht wurden den Männern auf der Grundlage der Klarschiffvorschrift beigebracht. Das sogenannte Rollenexerzieren hatte frühzeitig begonnen. Man war ja schon im Krieg, also zunächst die Flieger- und Feueralarmrollen. Dann Leck- und Klarschiffrolle. Immer wieder, immer rascher, immer mehr auf Tempo!

Weiteres Personal kam an Bord, Signal- und Funkgasten, Sanitäter, Köche, Stewards. Es war eine sehr junge Besatzung, ihr Durchschnittsalter lag bei etwa 21 Jahren, die wenigsten hatten bereits an Kriegshandlungen teilgenommen. Für manch einen war *Bismarck* überhaupt das erste Bordkommando. Für sie alle galt nun der tägliche Dienstplan: 06.00 Uhr Wecken, 06.30 Uhr Frühstück, 07.15 Uhr Decke fegen, Staub putzen, 08.00 Uhr Musterung an oder unter Deck, danach Ausbildungsdienst oder gruppenweise praktische Arbeiten wie Konservierung des Schiffes oder das Stauen der vielen in dieser Zeit an Bord zu nehmenden Vorräte. Von 11.30 bis 13.30 Uhr war Mittagspause, danach bis 17.00 Uhr Dienst ähnlich dem Vormittag, anschließend Abendbrot. Um 18.30 Uhr wurden noch einmal die Decke gesäubert, dann folgte »Ausscheiden mit Dienst«. Gegen 22.00 Uhr kam das »Klar bei Hängematten«.

Material und Ausrüstung für kommende Seetage wurden übernommen: Flaggen, Signalkladden, Doppelgläser, Seekarten, Wachkleidung, Verschlüsselungsunterlagen, Schreibmaschinen, Medikamente, Verpflegung, Getränke – alles, was eine auf sich selbst gestellte Schiffsgemeinschaft von über zweitausend Mann so braucht.

Lindemann lebte in dieser Zeit ausschließlich für das, was er mir bei meinem Dienstantritt als sein oberstes Ziel bezeichnet hatte: die raschest mögliche Herstellung der personellen und materiellen Kriegsbereitschaft seines Schiffes. Er ließ sich regelmäßig von den verantwortlichen Offizieren über die Fortschritte in der Ausbildung der Besatzung und bei der Ausrüstung der einzelnen Abschnitte berichten. Doch ging er auch sehr häufig selbst durch das Schiff, überzeugte sich persönlich an Ort und Stelle, wohnte dem Ausbildungsdienst bei, kontrollierte den Fortgang von Einbauten, stellte präzise Fragen, gab Befehle, lobte und tadelte. Sein Engagement galt sowohl dem praktischen Dienst als auch dem Schriftverkehr, und hier insbesondere der Berichterstattung über Fragen der ihm so vertrauten Schiffsartillerie. Noch heute sehe ich seine klaren, steilen Schriftzüge vor mir, in denen er notwendige Forderungen und Wünsche in geschliffener Argumentation vortrug, Entwürfe anderer Verfasser aus dem großen Schatz seiner Verwaltungserfahrung sachverständig ergänzte, Anträgen, deren Erfüllung die Kriegsbereitschaft des Schiffes beschleunigen mußten, eine größere Durchschlagskraft verlieh.

Ich selbst empfing Lindemanns Befehle in der Regel bei meiner morgendlichen Meldung in der Kajüte. Bald nach meinem Dienstantritt erteilte er mir den Auftrag, ein Programm protokollarischer Antrittsbesuche bei Hamburger zivilen und militärischen Persönlichkeiten vorzubereiten, zu denen er ihn zu begleiten haben würde. Diese Besuche führten uns dann zum Senat der Freien und Hansestadt in das ehrwürdige Hamburger Rathaus, zum Admiral der Kriegsmarinedienststelle Hamburg, einzelnen Militärbefehlshabern und sonstigen für das Schiff wichtigen Dienststellen. Hamburg wurde im August/September 1940 schon von recht häufigen, aber nicht zu schwerwiegenden britischen nächtlichen Flugzeugangriffen heimgesucht. *Bismarck* beteiligte sich von seinem Werftliegeplatz aus hierbei je nach Lage an der Flakabwehr, und so galt einer unserer Besuche dem Befehlshaber der Luftverteidigung Hamburgs, dem Generalmajor Theodor Spiess in seinem geräumigen Dienstsitz an der Außenalster. Wenn auch bei diesen Begegnungen eine kriegsbedingte Geheimhaltung die jeweiligen Gesprächsthemen etwas einengte, so bekamen wir doch einen Einblick in die Stimmung Hamburger Kreise: damals, nach dem Frankreichfeldzug, wie anders war es zu erwarten, Optimismus und Siegeszuversicht rundum. Vom Blohm & Voß-Gelände aus waren die Besuche regelmäßig mit Bootsfahrten über die Elbe verbunden. Bei der ersten solchen Fahrt fragte Lindemann mich recht unvermittelt: »Wissen Sie eigentlich, wie groß der *Bismarck* ist?« Er fragte dies, weil die wahre Größe des offiziell als 35 000-Tonnen-Schiff geltenden *Bismarck* damals erst noch sehr wenigen Eingeweihten bekannt war. »Nun, 35 000 Tonnen zuzüglich Brennstoff und Wasser, dachte ich?« war meine Antwort. »53 000 Tonnen bei vollster Ausrüstung«, sagte Lindemann jetzt nicht ohne Stolz und als er mich davon beeindruckt sah, »Sie sind hierüber aber zu strengster Geheimhaltung verpflichtet!« Die sagte ich ihm natürlich zu und habe dann auch entsprechende Verschwiegenheit bis zum Ende des Krieges gewahrt.

Wie weit nun diese Geheimhaltung in der Bordpraxis reichte, war freilich eine andere Sache. Da gab es einen Obermaschinenmaat, der seinen Schiffskundeunterricht regelmäßig so anfing: »Der *Bismarck* ist ein bewegungsfähiger Seetank von 53 000 t. Nach außen, also gegenüber Dritten, dreht ihr die beiden ersten Zahlen um, dann heißt es 35 000 t, und damit liegt ihr für Außenstehende richtig.«

Die britische Regierung übrigens, der gemäß dem deutsch-britischen Flottenabkommen die Konstruktionsdaten für *Bismarck* im Juli 1936 übermittelt worden waren, hatte die damals mit 35 000 angegebene Tonnageziffer als durchaus wahr akzeptiert. Selbst Marineattaché Troubridge persönlich hatte an ihr nicht gezweifelt und sich insoweit nach dem Kriege mit der Fassade echter Aufrichtigkeit gerechtfertigt, mit der Raeder ihm immer wieder den festen Willen Deutschlands versichert habe, sich strikt an die Abmachungen im Abkommen zu halten. Mit der ihm eigenen politischen Scharfsicht hatte Troubridge allerdings schon Ende 1936 die Auffassung vertreten und wiederholt nach London berichtet, daß, »wenn die Zeit gekommen sei, das deutsch-britische Flottenabkommen den Weg gehen werde wie andere Abkommen zuvor – aber im Moment noch nicht.«

Ganz allgemein erlebte ich Lindemann als einen überaus kompetenten Seeoffizier und Artilleristen, einen Mann, der den Wahlspruch des Fürsten Otto von Bismarck *patriae inserviendo consumor* nicht nur gelegentlich im Munde führte, sondern vor allem danach lebte. Er schien immer im Dienst zu sein. Wenn von ihm in der Offiziersmesse gesprochen wurde, so stets mit allen Zeichen hohen Respekts und unterschwellig anklingenden Zweifeln, es einem derart in seinen Pflichten aufgehenden, fast asketisch anmutenden beruflichen Vorbild an Hingabe und Leistung jemals gleichtun zu können.

Bei alledem hatte Lindemann ein großes Herz, das – wenngleich hin und wieder der Mannschaft rascher erkennbar als den Offizieren – in einem strahlenden Lächeln hervorbrechen konnte und viel zu seinem Ansehen und seiner Beliebtheit bei der Besatzung beitrug. Der Maschinengefreite Hermann Budich sagte später: »Ich absolvierte auf *Bismarck* ein Jahr Baubelehrung und war damals Aufklarer[2] des Rollenoffiziers[3], Korvettenkapitän Max Rollmann, der eine Kammer auf der *General Artigas* bewohnte. Hier begegnete ich vielen Offizieren häufig und lernte Kapitän zur See Lindemann schon zu Beginn kennen und schätzen. Wenn man in der Enge dieses Wohnschiffes einmal mit einem Offizier zusammenstieß, so war zu neunzig Prozent ein Anpfiff fällig. Der Alte (Lindemann), wenn er auf das Wohnschiff kam, strahlte eine erhabene Ruhe aus. Irgendwie nahm er jeder Aufregung im voraus die Spitze. Kurz, als kleiner Matrose faßte man sofort Vertrauen zu diesem Mann, trotz seiner Kolbenringe (Ärmelstreifen).«

Im September war für *Bismarck* die Zeit gekommen, die Hansestadt zum ersten Mal zu verlassen. Probefahrten und Gefechtsausbildung in der östlichen Ostsee waren zu absolvieren. Am 14. September drehte der bisher mit dem Heck auf die Elbe zu liegende *Bismarck* auf Auslaufkurs, und einen Tag später glitten wir in den Strom, elbabwärts, durch regen Schiffs- und Barkassenverkehr hindurch, vorbei an der vertrauten Landschaft Blankeneses, der Unterelbe zu. Wie oft war ich nicht in Friedenszeiten hier auf Kriegsschiffen entlanggefahren, an Ufern voll freundlich winkender Menschen. Doch jetzt war Krieg, das Auslaufen *Bismarcks* Außenstehenden vorher nicht bekannt, die Ufer leer. Am frühen Abend erreichten wir Brunsbüttel Reede und ankerten dort, um am kommenden Morgen in den Nord-Ostsee-Kanal einzutreten. Auf das erste Ankermanöver des Schiffes war ich natürlich recht gespannt. Dumpf grollend rauschte die schwere Kette dem Anker hinterher. Sie erzeugte eigentlich kein weittragendes Geräusch, so schien es, zu hören wohl nur auf dem Vorschiff und der Navigationsbrücke. Der Schiffskörper blieb vollkommen ruhig, und für die Männer weiter achtern an Bord muß das Ankermanöver, anders als zum Beispiel auf einem Kreuzer, fast schon wie ein Vorgang »in einem anderen Stadtteil« gewesen sein. Nach Einbruch der Dunkelheit ertönte Fliegeralarm, die »Briten« waren wieder einmal gekommen. Im Lichtkegel eines Landscheinwerfers beteiligte *Bismarck* sich an der Flakabwehr. Ergebnisse waren aber nicht zu beobachten.

Am 16. September gingen wir in den Kanal, und für die Durchfahrt wurde zunächst einmal der sogenannte »Verschärfte Verschlußzustand« hergestellt. Um ihn zu definieren, sei kurz der schärfste Verschlußzustand an Bord, der »Klarschiff zum Gefecht«-Verschlußzustand skizziert. Bei diesem waren die »Schotten dicht«, das heißt sämtliche Schotten, Zu- und Abluftklappen waren dicht verschlossen, so daß *Bismarck* nunmehr in achtzehn wasserdichte Abteilungen und eine Vielzahl hermetisch voneinander abgeschlossener Zellen, Bunker und Räume unterteilt war. Dieser Verschlußzustand behinderte den Verkehr innerhalb des Schiffes natürlich in einem sehr starken Maß. Beim »Verschärften Verschlußzustand« waren Verkehrsgänge frei, die Zu- und Abluftklappen geöffnet. Es war üblich, daß er für die Fälle riskanter Navigation befohlen wurde. Zwischen ihm und dem Klarschiffverschlußzustand lag dann noch der »Kriegsmarschverschlußzustand«, der auf Kriegsmärschen in Operationsgebieten mit erhöhtem Feindrisiko angewendet wurde.

Zwei Tage nahm die Kanalfahrt in Anspruch, und am Abend des 17. September machten wir im Kieler Scheerhafen fest. Für das junge, noch bordungewohnte Maschinenpersonal mit der Hand an den Hebeln für einhundertfünfzigtausend Pferdestärken war es eine große Leistung gewesen, sogleich auf der Jungfernfahrt einen Riesen von 36 Meter Breite durch den schmalen Nord-Ostsee-Kanal zu bringen. Der geringste Bedienungsfehler hätte für Schiff und Kanal nicht auszudenkende Folgen haben können. Und so sprach Lindemann am Ende der Fahrt den Männern an Kessel und Turbinen eine wohlverdiente öffentliche Anerkennung über die Schiffslautsprecher aus.

Eine Woche lang wurde nun die Schiffsartillerieanlage abgestimmt. Dann gingen wir noch für einige Tage an eine Hafenboje und liefen am 28. September im Geleit des Sperrbrechers 13 bis nach Arkona(Rügen) und von dort aus ohne besonderen Geleitschutz weiter nach Gotenhafen.

Es sei hier bemerkt, daß Sperrbrecher in der Kriegsmarine weithin gebräuchlich waren, im Unterschied zu anderen Marinen. Ein Sperrbrecher war lediglich ein zum Minenräumen umgebautes Handelsschiff. Er sollte diejenigen Minen räumen, die von den regulären Minenräumbooten der Kriegsmarine möglicherweise verfehlt worden waren. Ein Schutz durch Sperrbrecher wurde den größeren deutschen Kriegsschiffen in Gewässern mit hohem Minenrisiko beigegeben. Das zu schützende Schiff folgte dem Sperrbrecher im Kielwasser.

Von dem Stützpunkt Gotenhafen aus erprobten wir dann in der Danziger Bucht reichlich zwei Monate lang das Schiff und seine Einrichtungen. Der Mineneigenschutz wurde überprüft, es folgten Meilen- und Fahrbereichsmeßfahrten, hochgesteigerte Fahrten, Untersuchungen der Manövrierfähigkeit, und am 23. Oktober war die Maschine zum ersten Mal seeklar für Höchstfahrt.

All diese Proben wurden von *Bismarck* sehr gut bestanden. Er zeigte sich als ein Schiff von hoher Kursbeständigkeit mit nur flachen Schlinger- und Stampfbewegungen, auch im Seegang. Auf Ruderlegen sprach *Bismarck* fast sofort an und krängte in den Drehungen nur mäßig. Auch über den Achtersteven drehte das Schiff sehr gut, selbst bei geringer Geschwindigkeit, so daß die Schiffsführung sogar in engen Gewässern ohne Schlepperhilfe würde auskommen können.

Nicht vergessen wurde das Steuern mit den drei Schrauben allein für den angenommenen Fall eines totalen Ruderausfalles. Hierbei wurden die beiden Ruder in Mittschiffsstellung festgehalten. Es zeigte sich aber, daß *Bismarck* dann nur sehr schlecht auf Kurs zu halten war. Der Grund hierfür lag in der Konvergenz der Schraubenwellen. Diese hatte zur Folge, daß die Hebelwirkung der Schraubenschubkraft um den Drehpunkt des Schiffes herum zu gering war. *Bismarck* drehte nach dem Angehen der Maschinen alsbald in den Wind, steuerte unsicher und war auch mit »Äußerste Kraft«-Manövern nicht zu korrigieren. Damals stellte sich allerdings wohl kaum jemand an Bord vor, welch schicksalhafte Bedeutung diese Eigenschaft des Schiffes einmal erlangen sollte.

Und schließlich wurde mit Blick auf den möglichen Ausfall aller maschinellen Ruderantriebe auch der Betrieb des Handruders geübt. In einem solchen Fall hatten die Besatzungen der beiden achteren 15er Türme die Handruderräume im Oberen Plattformdeck der Abteilung II zu besetzen und die Handruder zu bedienen. Dafür waren insgesamt zweiunddreißig Mann erforderlich. Mit Handruder konnte natürlich nicht die volle Geschwindigkeit gefahren werden. Die Fahrtdrücke auf die Ruderblätter wären dann zu stark gewesen. Zwanzig Knoten waren hier die Grenze.

Das größte Interesse an Bord wurde immer wieder dann hervorgerufen, wenn Fahrten mit Höchstgeschwindigkeit bevorstanden. Dann stürmte der Gigant mit der Vollzahl seiner Pferdestärken los, lag doch dabei ganz ruhig und mit nur mäßiger Bugwelle in der See und schien, vom Oberdeck her empfunden, auch kaum Vibrationen auszulösen. Wo und wie stark solche auftraten, hing natürlich ganz vom jeweiligen Standort auf dem Schiff ab, und es gab schon Fahrtstufen, wo die Männer in ihren Wohndecks das Geschirr auf den Tischen festhalten mußten, damit es nicht zu Boden gerüttelt wurde. Diese Erschütterungen traten aber nicht bei der Höchstfahrt, sondern bei einigen darunterliegenden, sogenannten kritischen Geschwindigkeiten auf, das sind jene, bei denen sich die Vibrationsimpulse von Schiffsteilen gegenseitig steigern. Auf unseren Kreuzern der *Königsberg*-Klasse hatte ich früher die Erfahrung gemacht, daß solche Vibrationen auch die Waffenleitoptiken so stark schütteln konnten, daß ein Schießen feuerleittechnisch ausgeschlossen wurde. Als Ausweg hatte man dann die Fahrtstufe geändert, so daß die störenden Erscheinungen wieder verschwanden. Doch habe ich auf *Bismarck* niemals derlei erlebt.

Das Laufen der gesteigerten und Höchstfahrten setzte sich bis in den November hinein fort. An einem dieser Tage wurde dann eine Spitzengeschwindigkeit von 30,8 Knoten gemessen. 30,8 Knoten: eine Leistung, die oberhalb der Konstruktionshöchstgeschwindigkeit lag! Das war nun ein Ergebnis, das nicht nur als solches Freude und Stolz an Bord hervorrief, sondern das auch auf kommenden Unternehmungen im Atlantik seinen taktischen Wert haben mochte. Und so wurde das ohnehin grenzenlose Vertrauen der Besatzung in ihr Schiff auf diese Weise noch einmal verstärkt.

An einem dieser von Meilenfahrten erfüllten Tage hatten wir noch ein besonderes kleines Erlebnis. Wir waren im Begriff, in Gotenhafen einzulaufen, die See war recht unruhig, auf *Bismarck* war eine plötzliche leichte Ruderstörung eingetreten, die in gestopptem Zustand behoben wurde. Unversehens waren wir in die Nähe eines tief im Wasser liegenden und schwer in der See arbeitenden Fischkutters geraten. So tief, daß der offensichtlich üppige Fang teilweise schon wieder über Bord in die See zurückgespült wurde. Da rief der Kutter über Megaphon an *Bismarck* »Können Sie uns Lee geben[4], unser letzter Fang war sehr gut, wir konnten ihn aber nicht mehr ordentlich verstauen«. Kurz und bündig befahl Lindemann seinem Wachhabenden Offizier: »Lee geben«, und sicher geleiteten wir den Kutter bis in die ruhigeren Gewässer auf der Gotenhafener Reede. Und am nächsten Tag stand auf *Bismarck* Fisch auf dem Speisezettel!

Parallel zu den Meilenfahrten wurde eine intensive, gedrängte Ausbildung betrieben, die zum Ziel hatte, das Schiff mit Sicherheit auf See bewegen zu können. Die junge Besatzung lernte ihre neue Welt erst jetzt so richtig kennen, erwarb sich dabei gleichzeitig ihre »Seebeine«. Also Rollendienst und immer wieder Rollendienst oder »Rollenschwoof«, wie ihn die Männer nannten. Da gab es also wieder »Macht die Schotten dicht« zur Herstellung des »Klarschiff zum Gefecht«-Verschlußzustandes. Oder »Feuer im Schiff«. An dem betreffenden Ort war dann der Brandherd abzuschnüren, waren Schläuche zum Löschen bereitzuhalten. Oder, neu jetzt, »Boje über Bord«. Hierbei markierte eine außenbords geworfene Rettungsboje den über Bord gefallenen Mann. Nun galt es, schnellstens Rettungskutter zu Wasser zu bringen, die Boje zu bergen und danach die Kutter wieder an Bord zu nehmen. Und so weiter. Jeder Mann mußte bei diesen Rollen auf der Stelle wissen, wohin er gehörte, seine Handgriffe nachtwandlerisch beherrschen. Oft nahm der Rollendienst seinen Ausgang von der Schanze, wenn dort der wachfreie Teil der Besatzung, etwa sechzehnhundert Mann, angetreten war. Kam dann über die Alarmglocken das jeweilige Rollensignal, wie zum Beispiel tü-tü-tü-tü-tü (Macht die Schotten dicht), so stürmten diese sechzehnhundert Männer auf die ihnen jeweils vorbezeichneten Niedergänge los, um an ihre Posten zu gelangen. Da hieß es Tempo, Tempo, damit nicht der eine mit seinen Seemannsstiefeln auf den Kopf oder die Finger des Vordermanns trat. Zwei Tritte nach unten, Handgriff anfassen, durchschwingen, nach rechts wegspringen, immer schneller, Tempo, Tempo. So oft und so lange wurde geübt, bis die Schiffsführung nach fünf Minuten aus jedem Raum Meldung über die Ausführung der Rolle hatte.

Ja, wenn man da von dem Ehrgeiz besessen war, bei all den verstopften Niedergängen als erster auf seiner Station zu sein, dann mußte man sich auch schon einmal seinen Anmarschweg selbständig aussuchen! Wie beispielsweise Hermann Budich und seine zwei Kameraden vom Hilfsgefechtsstand für die elektrische Anlage. In ihrem Stand im Unteren Plattformdeck der Abteilung IX, das sei hier eingefügt, zeigten Stöpselbretter und Meßgeräte den jeweiligen Zustand der Stromversorgung und Energieverteilung im Schiff an. Von dort aus konnte für eine bestmögliche Belastung der Stromerzeuger und die günstigste Aufnahmeverteilung für die Verbrauchergruppen gesorgt werden. Also, die drei konnten im Gewühl an Oberdeck wieder einmal nicht so recht vorankommen, überall stauten sich die Vordermänner. Doch da entdeckten sie plötzlich irgendwo weiter achtern einen zufälligerweise weniger benutzten Niedergang, sausten auf ihn zu, machten ihre gewohnten zwei Tritte nach unten, packten kurz den Handgriff an der Innenkante des Einstiegluks, lösten sich wieder zum freien Sprung, landeten auf dem Boden des Batteriedecks, in ihrer vollen Ausrüstung, mit schwerem Werkzeug am Gürtel. Unten ging es atemlos weiter, und als erste waren sie dann auf ihrer Station, meldeten diese »klar«. Aber, hatte Budich während seines Sprungs nicht irgend etwas gestreift, etwas Weiches, was mochte es nur gewesen sein? Auffälligerweise fehlte bei anschließender Rollenbesprechung ihr Divisionsoffizier, der Kapitänleutnant (Ing.) Werner Schock, und ihn sollten sie erst nach der Besprechung unter besonderen Umständen wiedersehen. Da hieß es nämlich für die drei: »Sofort zum Divisonsoffizier!« Und der erwartete sie in seiner Kammer, wo ihm ein Sanitätsgast ein blaugeschwollenes Auge kühlte. »Meine Herren«, lautete die wenig versprechende Anrede, »daß ihr schnell seid, weiß ich, daß ihr euch in eurer Arbeitskluft so ähnlich seid, ist mein Pech, sonst hätte ich euch schon eher gestellt. Aber, daß ihr mir mit eurem eisernen Werkzeug in die Schnauze springt, ist dann doch zuviel des Guten, paßt besser auf! Raus!!« Und dabei hatten sie doch vor dem Sprung noch »Wahrschau«[5] gerufen, nicht damit ihr Divisionsoffizier stehenblieb, sondern aus der Fallinie trat!

Eine ganz zentrale Bedeutung kam bei diesem Rollendienst dem Ersten Offizier zu. Fregattenkapitän Oels, der im Bedarfsfall den Kommandanten in jeder Hinsicht vertreten mußte, hatte bei »Klarschiff zum Gefecht« und dem entsprechenden Rollendienst seine Station in der »Kommandozentrale« im Oberen Plattformdeck der Abteilung XIV. Diese war als Reserveschiffsführungsstand ausgerüstet. Primär war Oels aber für die Abwehr aller dem Schiff durch Feuer, Gas und Wassereinbruch drohenden Gefahren, die Erhaltung der Schwimmfähigkeit und der Schwimmlage verantwortlich. Daher befand sich in der Kommandozentrale auch die Leckwehrzentrale, die zunächst einmal direkt dem Leckwehroffizier unterstand. Sie beherbergte den sogenannten Schiffssicherungsstand, wo Pläne der Lenz-, Flut-, Feuerlösch- und Lüftungsanlagen alle Möglichkeiten aufzeigten, die genannten Gefahren zu bekämpfen. Hier unten war sozusagen das Herz des Schiffes, wo lebenswichtige Informationen einliefen und ebenso wichtige Entscheidungen getroffen wurden.

Mitte Oktober hielt Lindemann eine Seeklarbesichtigung ab. Er ließ die wichtigsten Rollen durchexerzieren, ging einzelne Manöverstationen ab, überprüfte die Handgriffe der Männer kritisch, stellte Fragen. Was er erlebte, befriedigte ihn. »Soldaten vom Schlachtschiff *Bismarck*«, sagte er in der Abschlußbesprechung, »ich konnte mich heute davon überzeugen, daß Sie gute Fortschritte gemacht haben. Dank der Tätigkeit Ihrer Ausbilder und Ihres Eifers ist unser *Bismarck* auf gutem Wege, einsatzbereit zu werden.« Bei Licht besehen, hatte die Besatzung so eine Art von Schnellkursus durchzumachen. Denn gegenüber den vollen zwei Jahren, die ein Kriegsschiff in der Regel in Friedenszeiten von der Indienststellung bis zur Herstellung der Gefechtsbereitschaft beanspruchte, konnte das Schiffskommando *Bismarck* wegen bevorstehender drängender Kriegsaufgaben mit nur knapp neun Monaten für diesen Zweck rechnen.

Für mich selbst endete in diesem Zeitabschnitt meine Kommandierung als Adjutant Lindemanns. Den äußeren Anstoß zu dem ja von Beginn an einkalkulierten Wechsel sollte meine Abordnung zu einem dreiwöchigen Sonderschießlehrgang bei der Kieler Schiffsartillerieschule im November 1940 geben. Ende August 1939 hatte ja der an dieser Schule abgehaltene Artillerieleiterlehrgang für schwere Kaliber, an dem ich teilgenommen hatte, wegen der damals drohenden Kriegsgefahr vorzeitig abgebrochen werden müssen. Das deshalb nicht mehr ausgeführte Lehrgangsprogramm sollte zwecks eines ordentlichen Abschlusses der Ausbildung jetzt nachgeholt werden. Lindemann bemerkte anläßlich eines zu Anfang November von ihm aus sonstigen Gründen anberaumten »Alle Mann achteraus«, daß ich aufgrund meiner »kostbaren« Fachausbildung ab sofort nur noch in der Schiffsartillerie Dienst tun solle. An meine Stelle als Adjutant trat der Signaloffizier des Schiffes, Leutnant zur See Wolfgang Reiner. Nur sehr ungern schied ich aus der Nähe Lindemanns, aber ich sah die Unvermeidlichkeit dieser Veränderung ein. Mit dem Herannahen atlantischer Unternehmungen kam es ja jetzt ausschließlich auf die Herstellung der Kriegsbereitschaft des Schiffes an. Und da mußte schon jeder möglichst voll nach seiner Waffenvorbildung verwendet werden.

Die zweite Novemberhälfte brachte für *Bismarck* fortgesetzte Erprobungen von Schiff und Maschine. Neu hinzu trat jetzt jedoch das Artillerieschießen. Das Anschießen der Geschütze und Abkommschießen der Seezielartillerie standen auf dem Programm.

Unter Anschießen verstand man das Prüfen der fabrikneuen Geschütze auf Haltbarkeit, einwandfreies Arbeiten der Mechanismen, ballistische Leistungen und Treffgenauigkeit, aber auch die Prüfung der Haltbarkeit der Schiffsteile gegen die auftretenden Drücke. Die Abkommschießen dienten der Ausbildung der Geschützführer »im Abkommen«, das heißt im Abfeuern bei bester Zielhaltung. Zur Übung und zum Erkennen der Güte des Abkommens reichte es vollkommen aus, diese Schießen auf nahe Entfernungen mit 8,8- oder 5-cm-Abkommkanonen auszuführen, die in die Kaliberrohre der Schweren und Mittelartillerie eingesetzt wurden. Wegen der mit dem Abkommkaliber verbundenen kleineren Geschoßgewichte und Pulverladungen war das Abkommschießen gleichzeitig eine kostengünstige Form der Geschützführerausbildung. Diese Schießen dienten gleichzeitig der Praxis der Artillerieoffiziere in der Feuerleitung.

Kaliberschießen! Unvergeßlich der Tag, an dem *Bismarck* zum ersten Mal eine Vollsalve der Schweren Artillerie abfeuerte. Wie weit, wie hart würde sich das Schiff durch den gewaltigen Rückstoß der Geschütze überlegen, wie rasch wieder zur Ruhe kommen? Unten in den Turbinenräumen vergingen bange Sekunden der Erwartung, fuhr man doch mit 56 Atmosphären Dampfdruck. Ein einziger Riß in der Hauptdampfleitung, etwa ausgelöst durch den harten Stoß beim Feuern, hätte wahrscheinlich den Tod der Raumbesatzungen zur Folge gehabt. Rums! – und dann schien das Schiff einen riesigen Satz nach der Seite zu machen, einige lose Gegenstände flogen umher, einige Glühbirnen gingen entzwei, aber das war auch schon alles, und die Prüfung war gut überstanden. Ganz anders oben an Deck und in den Leitständen! Von dort aus erlebt, schien die dumpfe Salve das Schiff kaum zu einer Eigenbewegung gebracht zu haben. Natürlich, der Abschuß hatte das Schiff schon erheblich erschüttert. Dessen ruhig bleibende Lage im Wasser aber wies *Bismarck* als eine ideale Geschützplattform aus.

Nachdem das Schiff derart auf Herz und Nieren geprüft war, mußte es für notwendige, sogenannte Restarbeiten noch einmal zu Blohm & Voß nach Hamburg zurückkehren. Es standen abschließende Ausbauarbeiten im Schiff heran, die bis zum September nicht mehr hatten geleistet werden können. Am 5. Dezember trat *Bismarck* den Rückmarsch aus der östlichen Ostsee an und lief ab Rügen im Geleit des Sperrbrechers 6 nach Kiel. Von dort aus nahm die Fahrt durch den Nord-Ostsee-Kanal weitere zwei Tage in Anspruch, und am 9. Dezember machten wir wieder in Hamburg fest.

Am 17. Dezember sprach Reichsminister Joseph Goebbels im Beisein führender Hamburger Persönlichkeiten, unter ihnen der Leiter der Kriegsmarinedienststelle Hamburg, Vizeadmiral Ernst Wolf, in einer Werfthalle vor der zu einem Betriebsappell versammelten Belegschaft der Firma Blohm & Voß. Goebbels dankte zunächst den Arbeitern für ihre unerschütterliche Haltung und Arbeitsdisziplin angesichts nächtlicher britischer Luftangriffe. Er bezeichnete die Schiffbauer und Werftarbeiter als »Soldaten der Arbeit« in einem Deutschland, das jetzt einen totalen Krieg, einen Volkskrieg in des Wortes »bester Bedeutung« führe. Der Führer habe diesen Krieg nicht gewollt, habe lange Jahre Europa zur Vernunft gerufen und Friedensvorschläge gemacht. Nichts habe genutzt. Jetzt aber, wo England der Nation den Krieg aufgezwungen habe, werde Deutschland auch alles daran setzen, ihn siegreich zu beenden. Das deutsche Volk habe in diesem Krieg, der wie jede Auseinandersetzung mit der Waffe dem Sieger Rechtstitel verschaffe, die Gelegenheit, die Fehler aus vierhundert Jahren deutscher Geschichte wiedergutzumachen. Während andere Völker die Welt unter sich verteilten, sei Deutschland das Schlachtfeld Europas gewesen. Heute aber melde das staatlich und volklich geeinte Deutsche Reich seine Rechte an. Das Diktat von Versailles habe den deutschen Lebensraum unerträglich beschnitten, nachdem in entscheidender Stunde die deutsche Führung versagt habe, was heute ausgeschlossen ist, weil es der unerschütterliche Wille des Führers sei, den Krieg für das ganze Volk zu gewinnen. Deutschland wolle endlich den ihm gebührenden Anteil an den Reichtümern der Welt haben, auch und vor allem, um seine sozialen Fragen großzügig und vorbildlich lösen zu können. Für das Erreichen dieses Zieles habe sich der Führer persönlich zum Garanten gemacht, und in Deutschland habe nur dessen Wort Gewicht. Begeistert stimmte die Belegschaft der Blohm & Voß-Werke in das »Siegheil« auf Hitler ein, mit dem der Minister seine Rede beschloß.

Na, da haben Sie ja, Herr Goebbels, die Katze einmal ganz schön, wenn nicht gar vollends aus dem Sack gelassen, dachte ich, als ich am Tage danach Auszüge aus seiner Rede in der Tagespresse sah. Zwar mußte, unvermeidlich, auch bei Goebbels wiederum die Beseitigung von »Versailles« als Alibi zum Kriege herhalten, aber dann las es sich doch einmal ganz anders, ausnahmsweise ehrlich: »Das deutsche Volk habe in diesem Krieg, der wie jede Auseinandersetzung mit der Waffe dem Sieger Rechtstitel verschaffe...« Donnerwetter, das war deutlich: der formulierte Primat der Gewalt vor dem Recht, gewiß auch vor dem »Recht auf Heimat«, das in den Augen der braunen Machthaber den »Untermenschen« des Ostens ohnehin nicht zustand, und das ja auch erst nach dem deutschen militärischen Desaster, einem vom Himmel geholten Rechte gleich, in Vertriebenenkreisen, die die Eroberungsthesen des Gewaltduos Hitler/Goebbels zupaß vergessen hatten, immer wieder bemüht werden sollte. »Fehler aus 400 Jahren deutscher Geschichte wiedergutzumachen«, »den gebührenden Anteil an den Reichtümern der Welt erlangen« – ja, gewiß, das war es doch: Vor 400 Jahren, da hatte es noch ein großes Königreich Polen, ein fast bis Smolensk reichendes Großfürstentum Litauen, später dann ein noch darüber hinaus reichendes Königreich Polen gegeben.

Von meiner Familiengeschichte her hatte mich die östliche Landkarte seit meiner Kindheit innerlich begleitet: Dort im Osten hatte, 300 Jahre zuvor, mein Vorfahr Gebhard gewirkt, der aufgrund seiner meisterhaften, ihn weit über die Grenzen seiner elsässischen Heimat – wo sein Ahnherr Burcard 1284 Kaiser Rudolf von Habsburg und 1300 dessen Sohn König Albrecht mit Gefolge in seinem Hof in der Freien Deutschen Reichsstadt Straßburg empfangen und beherbergt hatte – hinaus bekannt machenden Jagdkunst noch im Jünglingsalter von Kaiser Ferdinand II. als Oberjägermeister an die Wiener Hofburg und danach, auf Empfehlung des Kaisers, an den Hof in Warschau berufen worden war, um in Polen die deutsche Jägerei einzuführen. Mit Bestallungsbrief von 1625 hatte er Prinz Wladislaus Sigismund, diesem später als König Wladislaus IV., danach dessen Nachfolger Johann II. Kasimir als Jäger- und Falkenmeister im Großfürstentum Litauen und Königlich Polnischer Kammerherr gedient, 1635 das polnische Indigenat erlangt. In seiner neuen Heimat war Gebhard zu reichem Grundbesitz gekommen, hatte auch in Preußen Güter erworben, war Erbherr auf Puschkeiten mit Schleidanen, Meisterfelde, Stockheim, Dommelkeim im Samland, Frisching und Palpasch im späteren Kreise Preußisch Eylau, Podollen im Kreise Wehlau, Moritzkehmen und Plauschwarren im Kreise Tilsit, war Starost[6] von Bersteningken, Striowken und Masselingken geworden. Gebhard hatte Wladislaus auch auf dessen Kriegszügen gegen Moskau und die Türken gedient, hatte Kosakenaufstände, die Einfälle von zweihunderttausend Tartaren in Polen, deren Plünderungen und Brandschatzungen bis dicht vor Warschau, zunehmende soziale und politische Unruhen in Polen erlebt, die ihn, kumulativ, 1668 veranlaßten, seine polnischen Ämter niederzulegen und sich nach Preußen zurückzuziehen, wo er auch starb und 1674 in der Sackheimschen Kirche zu Königsberg beigesetzt wurde.

Dort also, in jenen von blutigen Völkerwanderungen vernarbten Osten hineingreifen, straflos ein neues Kapitel der Völkerwanderung eröffnen – den Sieger würde später niemand fragen –, dort erobern, plündern, ausbeuten, »Rassenhygiene« betreiben, die Revision von »Versailles« als bloßen Vorspann zu raumgreifender Eroberung, als militärisches Hors-d'œuvre anliefern – das konnte man, weiß Gott, allmählich als das Ziel Hitlers begriffen haben, ob man nun *Mein Kampf* gelesen hatte oder nicht, ich hatte es nicht. Und für dieses oberste Ziel würde sich gefälligst jedermann im Reich, alt und jung, in das Joch Hitlers einspannen zu lassen haben, das drohte ja auch wieder einmal das seit 1933 mit militärischen Ausdrücken überladene politische Vokabular an, mit seinen »unerträglich«, »unerschütterlich«, »Soldat der Arbeit«, »Volkskrieg«, »totaler Krieg«, letzterer seit Ludendorffs Broschüre »Der totale Krieg« von 1935 ein vom totalitären Regime im Zeichen des neuen »heroischen« Zeitalters umschwärmter Begriff, ein forderndes Schlagwort geworden. Ein Krieg, bei dem die gesamten personellen, materiellen und seelischen Kräfte eines Volkes gegen das gesamte feindliche Volk, nicht nur dessen Streitmacht, wirken sollen. War nach jahrelanger Vorbereitung (Hitler am 1. September 1939 vor dem Deutschen Reichstag: »Über sechs Jahre habe ich nun am Aufbau der deutschen Wehrmacht gearbeitet. In dieser Zeit sind über 90 Milliarden für den Aufbau unserer Wehrmacht aufgewendet worden.«) nun dieser als »total« begriffene Krieg im Gange, hatte sich mit wachsender Kraft entladen, würde voraussehbar zunehmend skrupelloser, mehr und mehr von Haß- und Rachegefühlen bestimmt werden, so mußte er zur Herbeiführung eines auch nur irgendwie maßvollen Endes immer ungeeigneter erscheinen. Aber maßhalten war ohnehin Hitlers Sache nicht. Im Gegenteil, Herr Goebbels hatte ja in die von ihm erwartete Eroberung feindlichen Territoriums den sofortigen Rechtstitel auf Eigentum an demselben hineingelesen – Paradebeispiel dafür, daß im totalen Krieg die Politik nur noch eine den militärischen Gegebenheiten dienende Rolle zu spielen hat: Der von der Infanterie im feindlichen Land erreichte Platz würde als Dominante der Politik ihren Spielraum zuzuweisen haben. Da war sie also, die volle Maßlosigkeit Hitlerscher Politik, den Sehenden wieder einmal von Goebbels zur Besichtigung freigegeben. Von denen, die sie längst erkannt hatten, war einer Eric Arthur Blair, später als George Orwell berühmt geworden; der hatte bereits im März 1940 im *New English Weekly* geschrieben: »Nehmen wir einmal an, Hitler könnte sein Programm aus *Mein Kampf* verwirklichen. Was er sich vorstellt, in einhundert Jahren, das ist ein zusammenhängender Staat von 250 Millionen Menschen mit einer Menge ›Lebensraum‹, hin bis Afghanistan, ein entsetzliches, hirnloses Imperium, in dem nichts Wesentliches vor sich geht außer der Ausbildung junger Männer für den Krieg und der endlosen Produktion frischen Kanonenfutters.« Überspitzt, gewiß, aber kaum mehr als Hitlers krankhafte Visionen.

Ich mußte an den Namensgeber meines Schiffes *Bismarck* denken. Eine meiner Verwandten hatte von 1911 bis 1913 als Schwesternoberin an den Kolonialkrankenhäusern in Tanga und Daressalam gewirkt und mich dadurch zu einem späteren Studium unserer Kolonialgeschichte animiert. Daraus hatte ich begriffen, mit welch äußerster, unendlicher Behutsamkeit, welch angespannter Aufmerksamkeit, welchem Verständnis für die gesamteuropäische Szene, mit welch feiner Witterung für außenpolitische Risiken Bismarck jeweils nur kleinste Schritte zur kolonialen Ausweitung gewagt hatte. »Die Zeitungen sind voll von Nachrichten über den Stapellauf des *Bismarck*, so genannt wegen der Liebe Hitlers für den Reichskanzler«, hatte Troubridge am 15. Februar 1939 in sein Tagebuch geschrieben und weiter: »Laßt uns hoffen, daß Deutschland Bismarcks Politik befolgt, eine Politik der Freundschaft für England oder zumindest eine solche, die einen Zusammenstoß zu vermeiden sucht.« Welch beklemmender Kontrast zwischen dem nimmersatten Eroberer Hitler und dem Staatsmann Bismarck, dessen Namen der braune Machthaber durch seine Taufe meines Schiffes so schmählich mißbraucht hatte.

Es war mir wie eine Bestätigung meiner Gedanken, meines Begreifens Hitlers als eines gewissenlosen Spielers, als er, einen Tag nach der Goebbels-Rede, in einer Ansprache vor Offiziersanwärtern im Berliner Sportpalast von der »Zwangsläufigkeit des Kampfes überhaupt«, der Notwendigkeit des »Schlage oder du wirst geschlagen – Töte, oder du wirst getötet« sprach und die Erde als einen »Wanderpokal« bezeichnete, der immer wieder neu an das tapferste Volk verliehen werde. Es gebe zur Zeit überhaupt kein Weltreich, das einen so großen Volkskern einheitlicher Rasse besitze wie das deutsche Volk, das er für diesen Kampf bereitgemacht habe, entschlossen, keine halben Dinge zu machen, sondern alles auf eine Karte zu setzen. Sollte es den 85 Millionen Deutschen gelingen, in nationaler Geschlossenheit ihren Lebensanspruch durchzusetzen, so werde ihnen die Zukunft Europas gehören – falls nicht, dann werde dieses Volk vergehen, werde es zurücksinken, und es werde nicht mehr lohnen, dann in diesem Volk zu leben. In meiner täglichen Umgebung, in der für eine Kritik an Hitler keinerlei Raum war, konnte ich nur wieder in gewohnter Ohnmacht reagieren, meine kalte Wut auf den Tyrannen herunterschlucken und mich noch tiefer in mich selbst zurückziehen. »Dies ist Ihr Krieg, Herr Hitler«, dachte ich, »nicht der des deutschen Volkes; aus der Umkehrung all dessen, was Sie sagen, wird ein Schuh: Erst wenn Sie und Ihr System eines Tages verschwunden sein werden, erst dann, wenn uns hoffentlich wieder ein Staatsmann statt eines Hasardeurs regiert, erst dann wird es sich wieder lohnen zu leben.«

Über Weihnachten gab es Urlaub. Für die meisten waren diese Tage die letzte Gelegenheit für ein Zusammensein mit ihren Lieben. Wer nicht verreiste, konnte noch einmal gesellige Stunden im gastlichen Hamburg verbringen. Ich selbst genoß zwei Wochen herrlichen Skilaufens in den bayerischen Bergen.

Am 24. Januar waren die Restarbeiten beendet. Aber unmittelbar danach zur Fortsetzung der Erprobungen und Gefechtsausbildung in der Ostsee wieder auslaufen, wie zunächst vorgesehen, das konnten wir auf einmal nicht. Der Nord-Ostsee-Kanal war durch das Wrack eines dort untergegangenen Erzdampfers versperrt, und die Bergungsarbeiten zogen sich wegen der starken Eisdecke in diesem so besonders strengen Winter in die Länge. Ein Ausweichen nach Norden um Skagen herum wurde höheren Ortes abgelehnt.

Die in Hamburg derart verlängerte Zeit hatte ich aus persönlichem Interesse längst zu einem Spezialstudium der englischen Sprache im Bereich des Wirtschafts- und Juristenenglisch ausgenutzt. Ich hatte das große Glück, einen Lehrer gefunden zu haben, der auf einen jahrelangen Aufenthalt im britischen Commonwealth zurückblicken konnte und eine wahrhaft souveräne Kenntnis der englischen Sprache besaß. Darüber hinaus verstanden wir uns politisch auf Anhieb; als ich ihn anfangs einmal fragte, wie wohl das neue Modewort »gleichschalten« am besten zu übersetzen sei, hatte er ungerührt »to boil down to the same level« offeriert, und das »down« in dieser Wortfolge hatte schnell eine prinzipielle Gemeinsamkeit der Ansichten gezeigt. Bei der Hamburger Filiale der »Reichsfachschaft für das Dolmetscherwesen« – bei der ich auf seinen Rat eine Übersetzer- und Dolmetscherprüfung in Englisch ablegte – war er wegen seiner politischen Gesinnung längst auf der »Schwarzen Liste«, und einer der Funktionäre der Fachschaft warnte mich eines Tages vor zu häufigem Umgang mit ihm. »Wenn ihr wüßtet, vor wem Deutschland zur rechten Zeit leider nicht gewarnt worden ist«, dachte ich. Großes Glück hatte ich in jenen Monaten auch durch einen gesellschaftlichen Anschluß an eine an der Außenalster lebende Gastgeberin, die es verstanden hatte, auch zu diesen Kriegszeiten einen internationalen Kreis um sich zu halten. Wenn man sich bei ihr – an sie sei hier dankbarst erinnert – traf, war es Balsam, wieder einmal über Gott und die Welt vernünftig und locker reden zu können, abhörsicher sozusagen und so herrlich abseits aller Verkrampfungen in sogenannten nationalen Gesprächskreisen.

Es fügte sich, daß ich eine Einladung zu einem weiteren Beisammensein dort ausgerechnet für den Termin erhalten hatte, an dem Hitler seine Rede zum 30. Januar 1941 halten würde, und ich hatte mir fest vorgenommen, ihr auch zu folgen, schon um Hitlers Tiraden, seinem »Gebell in den Äther«, wie ich das immer nannte, einmal zu entgehen. Aber leider erging ein strikter Befehl des Ersten Offiziers, sich zur Hitlerrede am Lautsprecher in der Offiziersmesse zu versammeln, und es wollte mir besser erscheinen, die in

Aussicht gestellten Komplikationen bei unentschuldigtem Fernbleiben zu umgehen. Die Rede wurde aus dem Berliner Sportpalast übertragen, und bei ihrer Länge konnte ich überhaupt nur noch diejenigen Punkte aufnehmen, für die ich in all den Jahren eine besondere Empfindlichkeit entwickelt hatte.

Nach dem üblichen Rückblick auf die »verzweifelte Lage des Reiches« vor acht Jahren galt Hitlers erste Attacke der »Identität« der Engländer als unsoziale, bornierte Kapitalisten und Reaktionäre, auf deren Konto auch der Ausbruch des Ersten Weltkriegs gehe. Damals sei das Jahr 1918 für Deutschland das ausschließliche Ergebnis einer seltenen Anhäufung persönlicher Unfähigkeiten in der Führung unseres Volkes gewesen, die sich »niemals« wiederholen werde. Er selbst habe schon früh sein außenpolitisches Programm aufgestellt: »Beseitigung von Versailles« und immer wieder »Beseitigung von Versailles«. Einer gewissen jüdisch-internationalen, kapitalistischen Clique habe er es nicht klarmachen können, daß 85 Millionen Deutsche schon ein Weltreich waren, als England noch eine kleine Insel war, und zwar etwas länger als dreihundert Jahre. Aber eines Tages würden die Engländer vielleicht eine Kommission zu ihm schicken wollen, um »unser Programm zu übernehmen«. Der Nationalsozialismus werde die kommenden Jahrtausende der deutschen Geschichte bestimmen, der letzte Teil des Jahres 1939 und das Jahr 1940 hätten praktisch diesen Krieg bereits entschieden. Er, Hitler, habe mittlerweile aber auch bestimmte Basen geschaffen, von denen aus er, wenn die Stunde gekommen sei, zu entscheidenden Schlägen ausholen werde. Wenn unsere Gegner aber auf Amerika hoffen sollten, nun, auch diese Möglichkeit sei von ihm einkalkuliert. Und wenn sie andere Hoffnungen haben sollten, etwa sagen, Italien werde von der Achse abfallen, nun, dann sollten doch diese Herren keine Revolution in Mailand erfinden, sondern aufpassen, daß bei ihnen selber keine ausbräche. Der Duce und er seien weder Juden noch Geschäftemacher, und wenn sie sich beide die Hand gäben, so sei das der Handschlag von Männern von Ehre. Und wenn die Gegner Hoffnung auf eine Schwächung der Deutschen durch Hunger haben sollten, auch dagegen habe der Vierjahresplan vorgesorgt. Dieses deutsche Volk gehe mit ihm durch dick und dünn. Die fanatische Bereitwilligkeit der Deutschen lasse sie alle empfangenen Schläge mit Zins und Zinseszins zurückgeben. So gingen wir in das neue Jahr mit einer besser gerüsteten Wehrmacht als jemals in der deutschen Geschichte. Zur See werde in diesem Frühjahr der U-Bootkrieg beginnen, und unsere Gegner würden dann auch dort merken, daß wir nicht geschlafen hätten – »das Jahr 1941 wird, davon bin ich überzeugt, das geschichtliche Jahr einer großen Neuordnung Europas sein... und wird mithelfen, die Grundlagen für... eine Völkerversöhnung zu sichern... Und nicht vergessen möchte ich meinen früheren Hinweis, daß, wenn die andere Welt von dem Judentum in einnen allgemeinen Krieg gestürzt würde, das gesamte Judentum seine Rolle in Europa ausgespielt haben wird!... Die kommenden Monate und Jahre werden erweisen, daß ich auch hier richtig gesehen habe.«

Der Nationalsozialismus wird die kommenden Jahrtausende der deutschen Geschichte bestimmen... das Jahr 1940 hat praktisch diesen Krieg entschieden... das Jahr 1941 wird das geschichtliche Jahr einer großen Neuordnung Europas sein. Ja, mehr und mehr hatte sich das Wort von dieser Neuordnung in Wort und Schrift breitgemacht, der Phantasie und dem Größenwahn waren keine Grenzen mehr gesetzt. Dunkler als je zuvor hing die Drohung der Auslöschung des gesamten Judentums über Europa.

Wegen der Behinderung im Nord-Ostsee-Kanal wurde das Auslaufen vorerst auf den 5. Februar vertagt und bis dahin wiederum Ausbildungs- und Gefechtsdienst im Hamburger Hafen betrieben, fleißig exerziert. Dann aber mußte die Abfahrt erneut verschoben werden, da der Nord-Ostsee-Kanal immer noch nicht passierbar war. Zudem waren in der grimmigen Winterkälte einige Druckmesser- und Impulsleitungen im Bereich der Kesselraumlüfter eingefroren und zerstört, das Schiff daher nicht fahrbereit. Dieser Defekt war erst am 16. Februar behoben. Nach wie vor war aber der Nord-Ostsee-Kanal versperrt, und zu guter Letzt mußte der 6. März als Auslauftermin bestimmt werden. Ende Februar klagte Lindemann im Kriegstagebuch: »Das Schiff ist seit dem 24. Januar in Hamburg nur noch ›festgehalten‹. Fünf Wochen Ausbildungszeit in See sind verloren!«

Am 6. März warfen wir dann also die Leinen bei Blohm & Voß wieder los und glitten erneut in die Elbe, stromabwärts. Achteraus versanken langsam die vertrauten Turmsilhouetten Hamburgs, ich empfand, daß es dieses Mal ein längerer Abschied von der schönen Hansestadt sein würde. Ein Stück des Weges gab uns der Admiral der Kriegsmarinedienststelle Hamburg mit seinem Schiff das Ehrengeleit. Vereinzelt winkten Passanten vom Elbufer her. Mittags ankerten wir auf Brunsbüttel Reede. Drei Jagdmaschinen flogen dann dort Luftsicherung für uns. Als Vorsorge gegen mögliche Torpedoangriffe aus der Luft waren in unserer Nähe ein Eisbrecher und zwei Sperrbrecher auf der Reede verankert. Am Tag darauf traten wir in den Nord-Ostsee-Kanal ein und erreichten Kiel am 8. März, um in den folgenden Tagen im Scheerhafen noch einmal unsere Artillerieanlage abzustimmen. Danach wurden noch Artilleriemunition, zwei der vier sollmäßigen Flugzeuge, Proviant, Brennstoff und Wasser übernommen.

Es folgte der Marsch nach Osten, wobei uns wegen des anhaltenden starken Eises in der westlichen Ostsee das alte Linienschiff *Schlesien* Eisbrecherdienste leistete. Hinter ihm lief Sperrbrecher 36, gefolgt von *Bismarck*. Und am Nachmittag des 17. März ankerten wir wiederum vor Gotenhafen, das nun bis zum Auslaufen zur ersten Kriegsoperation unser Hauptliegehafen werden sollte.

Die folgenden Tage brachten viel Bewegung in das Schiff. Erneut wurden Fahrbereichsmeß- und Höchstfahrten gelaufen. Die Unterwasserhorchanlage wurde durchgeprüft. Diese Anlage hatte die Aufgabe, Unterwasserziele nach Richtung, Entfernung, Art und Verhalten zu orten. Sie sendete horizontal einen Ton aus, dessen Echo aufgefangen wurde. Die Zeit bis zum Eintreffen des Echos gab die Entfernung, die Richtung der höchsten Echolautstärke diejenige des Zieles an. Bei guter Ausbildung konnte der Horcher sogar die Art des aufgenommenen Geräusches erkennen. Unvergessen bleibt die Horchmeldung unseres späteren Kampfgruppengefährten, des Schweren Kreuzers *Prinz Eugen,* am Morgen des 24. Mai 1941, auf dem Leutnant zur See Karlotto Flindt, ein fachlich äußerst versierter und begeisterter Horchoffizier, persönlich am Gruppenhorchgerät saß, um 04.40 Uhr Turbinengeräusche erfaßte und darüber an die Schiffsbrücke meldete: »In 280 ° Schiffspeilung Geräusche von zwei schnellaufenden Turbinenschiffen.« Es sollten der Schlachtkreuzer *Hood* und das Schlachtschiff *Prince of Wales* gewesen sein!

Vor allem war jetzt die Zeit für eine intensive Erprobung der Schiffsartillerieanlagen gekommen. Schießen zur Übung der Artillerieleiter, des Feuerleitpersonals und der Geschützbedienungen wechselten ab mit Vorhaben des Artillerieversuchskommandos für Schiffe. Diese Dienststelle pflegte auf Schiffsneubauten eigene Erprobungsprogramme durchzuführen, die der laufenden artilleristischen Weiterentwicklung der jeweiligen Schiffstypen dienten.

Hier mögen nun einige Worte über das Seezielfeuerleitsystem auf *Bismarck* und das damals auf deutschen Überwasserschiffen praktizierte Artillerieschießen am Tage willkommen sein. Sowohl die Schwere als auch die Mittelartillerie konnte von jedem der drei Feuerleitstände aus geleitet werden, die sich auf dem Vormars, im Vorderen und Achteren Stand befanden. Der Hauptartillerieleitstand im Vormars und der Vordere Leitstand waren mit je drei Zielgebern, der Achtere Leitstand mit zwei Zielgebern ausgestattet. Diese Vielzahl sollte es ermöglichen, die Schwere und die Mittelartillerie jederzeit unabhängig voneinander zu leiten.

Der Zielgeber war das vom Artillerieoffizier zur Messung der Zielseiten- und höhenrichtung benutzte Gerät. Ein Unteroffizier richtete ihn der Seite, ein anderer der Höhe nach. Die Optik für den Artillerieoffizier besaß einen Vergrößerungswechsel zur Wahl der besten Beobachtungsmöglichkeit. Im Grunde war der Zielgeber ein Hochleistungsteleskop, das im Unterschied zum Brauch bei vielen anderen Kriegsmarinen nicht in einer Drehhaube, sondern einem festen Artillerieleitstand montiert war, wobei nur das Objektiv die Decke des Leitstandes knapp überragte. Oberhalb der Leitstände befand sich zwar auch je eine Drehhaube, die aber nur der Aufnahme eines optischen Entfernungsmeßgerätes mit einer Basislänge von sieben oder zehn Metern diente. Die von den Zielgebern gemessenen Seiten- und Höhenrichtwerte, sowie die von den Entfernungsmeßgeräten festgestellten Zielentfernungen wurden in den unten im Schiff befindlichen Feuerleitzentralen, den sogenannten Rechenstellen, aufgenommen und für die Feuerleitung laufend verwertet.

Außer den optischen Entfernungsmeßgeräten verfügte *Bismarck* auch noch über drei Funkmeßortungsgeräte – heute meist Radargeräte genannt – zur Funkortung des Gegners. Diese Geräte konnten den Standort eines fremden Objekts durch dessen gleichzeitige Einpeilung und Entfernungsmessung mittels ausgesendeter und reflektierter elektrischer Wellen bestimmen. Die von ihnen gelieferten Entfernungswerte waren sehr genau, ungenau war allerdings die Seiten- und Höhenpeilung ihrer Ziele. Sie bestanden jeweils aus einer Richtantenne in den Abmessungen zwei mal vier Meter, einem Sende- und einem Empfangsgerät. Montiert waren sie an den Drehhauben auf dem Vormars, dem Vorderen und Achteren Gefechtskommandostand. Ihre Reichweite bis etwa 250 Hektometer lag zwar noch unter der Sichtgrenze. Doch boten sie den Vorteil, den Gegner auch bei Dunkelheit und im Nebel zu erfassen, ihre ausgezeichneten Entfernungsmeßleistungen bei der Abwehr der britischen Zerstörerangriffe in der Nacht vom 26. auf den 27. Mai 1941 werden mir immer in Erinnerung bleiben. Ein Negativum war allerdings ihre hohe Empfindlichkeit gegenüber Erschütterungen, die sie oft schon nach den ersten Geschützsalven ausfallen ließ – wie wir es auf *Bismarck* am 23. Mai 1941 bei der Bekämpfung des britischen Kreuzers *Norfolk* erleben sollten. Weiterhin war nachteilig, daß den Schiffen der Kriegsmarine noch kein ausreichend geschultes Personal zur Bedienung dieser damals noch brandneuen und mit einem Übermaß von Geheimhaltung umgebenden Funkmeßortungsgeräte zur Verfügung gestellt werden konnte. Im Bedarfsfall hing der Erfolg von Reparaturen damals noch mehr oder weniger von der persönlichen Erfahrung einzelner Funkmeister oder Funkgasten ab.

Das damalige Schießen war – im Unterschied zu dem heutigen meist reinen Geräteschießen – weitgehend eine Aufgabe des Artillerieoffiziers selbst. Dessen Persönlichkeit wirkte sich bis in den letzten Winkel der im Schiff weitverzeigten Artillerieanlage aus, die Wahl seiner Worte, der Tonfall seiner Stimme konnten die Stimmung der Artilleriemannschaften entscheidend beeinflussen. Die Kommandos des Artillerieoffiziers vor einem Gefecht beruhten unter anderem auf den Sonderheiten der jeweiligen Anlage und dienten dazu, die Batterie in kürzester Zeit feuerbereit zu machen. Der Artillerieoffizier kündigte zunächst die Gefechtsseite und die Schußrichtung an, beschrieb das Ziel, befahl den Haltepunkt, das Richt- und Abfeuerverfahren und bezeichnete den Leitenden Stand und den Leitenden Offizier. Praktisch vollzog er das in einem nur aus Stichworten bestehenden Schaltbefehl, wie beispielsweise: »Schwere, Gefechtsschaltung oben«, und das hieß dann: Schaltung Vormars über Vordere Artillerierechenstelle auf die Schwere Artillerie. Je nach der Art des Gegners befahl er die Geschoßart, wie zum Beispiel »Panzersprenggranaten«, danach »Geschütze laden und sichern«. Dann pflegten die ersten Entfernungsmessungen einzugehen, Kurs und Geschwindigkeit des Gegners wurden geschätzt, und diese Schätzwerte bildeten die Grundlage der Seiten- und Längenvorhaltbildung, die solange galt, bis sich im Verlauf des Schießens genauere Werte ergaben. In jedem Stand befand sich ein »Sicher-Fertig-Schuß-Anzeiger«, dessen dreifarbige Leuchten das Fertigsein der Batterie, das Abfeuern und etwaige Störungen an den Geschützen vermeldeten. Je nach Schaltbefehl wurden die Geschütze vom Leitenden Stand aus oder über die Rechenstelle abgefeuert. Bei Abfeuerung vom Leitenden Stand aus drückte der Höhenrichtunteroffizier einen Kontakt am Richthandrad des Zielgebers oder blies in seinen Mundkontakt. Bei Abfeuerung aus der Rechenstelle wurde dort der letzte elektrische Kontakt geschlossen. In den Geschütztürmen überwachte der Höhenrichtmann bei zentral geleitetem Schießen nur das Übereinstimmen zweier Zeiger; die Rohre selbst bewegten sich der Höhe nach automatisch. Hierbei korrigierte eine Kreiselanlage die Schiffsbewegungen aus. Der Seitenrichtmann hingegen, der zwar auch zwei Zeiger in Deckung zu halten hatte, steuerte seinen Turm echt; dieser folgte winkelgetreu der Drehung eines Handrades.[7]

Eingangs hatte der Artillerieoffizier darüber zu befinden, ob er das Schießen mit einer Teil- oder einer Vollsalve eröffnen würde. Die dementsprechend von ihm bestimmten Türme hatten auf das Kommando »Zentral« hin zu entsichern. Zum folgenden »Einschießen« konnte er sich darauf beschränken, nur eine einzige Eröffnungssalve zu schießen, deren Aufschlag abzuwarten und für das weitere Schießen auszuwerten. Unter »Einschießen« verstand man die Salven, mit denen der Artillerieoffizier das Ziel sowohl nach der Seiten- wie nach der Längenlage beobachtungsfähig durch die Aufschläge im Wasser oder im Ziel erfaßte. Bei »warmen« Rohren und beim Vorliegen verläßlicher Gegnerwerte zog er es üblicherweise jedoch vor, umgehend eine sogenannte »Gabel« zu schießen, also drei Salven geschlossen zu kommandieren, bei denen die obere und untere Schußentfernung um den gleichen Betrag, üblicherweise vier Hektometer, von der mittleren »Standentfernung« abwichen. Die »Gabel« fiel also beispielsweise mit den Ständen: 180-176-172 Hektometer. Wenn diese drei Salven so rasch nacheinander abgefeuert wurden, daß sie über einen Teil der Flugstrecke noch gleichzeitig in der Luft waren, sprach man von einem »Schnelleinschießen«, von der »Gabel« als einer »Gabelgruppe« – und in der Tat war das Schnelleinschießen zum bevorzugten Verfahren in der Kriegsmarine herangewachsen.

Auf *Bismarck* war es üblich, Vier-Hektometer-Gabelgruppen in Teilsalven zu schießen. Es schoß also beispielsweise zunächst die vordere Turmgruppe (Türme »Anton« und »Bruno«), danach die achtere (»Caesar« und »Dora«) und so fort. Bei jeder Teilsalve wurden also vier Geschosse abgefeuert, eine zu verläßlicher Beobachtung gut geeignete Anzahl. Angestrebt wurde es natürlich, und mit Hilfe unserer sehr leistungsfähigen optischen Entfernungsmeßgeräte meist auch erreicht, das Ziel bereits mit der ersten Gabelgruppe zu erfassen, von deren Lage dann die weiteren Korrekturen des Artillerieoffiziers abhingen.

Die rechtzeitige Konzentration auf die bevorstehenden Geschoßaufschläge wurden dem Artillerieoffizier von der Rechenstelle durch die Meldung »Achtung Aufschlag« erleichtert. Das entsprechende Signal war kurz vor dem Ablauf der in ein Rechengerät eingesteuerten Geschoßflugzeiten im Leitertelefon als Summerton zu hören. Seine Beobachtungen rief der Artillerieoffizier alsdann, wenn er der Seite nach am Ziel lag, als »Weit«, »Kurz« oder »Deckend« aus. »Deckend« bedeutete, daß die aus ein und derselben Salve stammenden Aufschläge zugleich weit und kurz lagen – und es waren natürlich solch deckend fallende Salven, die die besten Trefferaussichten erbrachten. Hatte der Artillerieoffizier das Ziel im Rahmen einer Vier-Hektometer-Spanne erfaßt oder bereits beim Einschließen deckend gelegen, so trat er mit dem Kommando »Gut schnell« in das sogenannte Wirkungsschießen ein, im ersteren Fall mit einer Standkorrektur in die Mitte dieser Spanne hinein, im letzteren Fall in der Regel ohne weitere Längenverbesserung. Ab dann konnte er nach eigenem Ermessen auch Vollsalven, also alle acht 38-cm-Geschütze zugleich im schnellstmöglichen Salventakt schießen lassen. Doch mochte er es im gegebenen Fall durchaus vorziehen, auch das Wirkungsschießen mit Teilsalven vorn und achtern durchzuführen.

Im Gefecht kam es natürlich darauf an, daß der Leitende Artillerieoffizier seine Batterie möglichst lange in der Hand behielt. Der Grund hierfür lag einfach darin, daß das mit Hilfe der Rechenstellen zentral geleitete Schießen jedem turmweisen Schießen unter der örtlichen Leitung der Turmkommandeure in der Wirkung weit überlegen war. Fiel der Leitende Stand im Gefecht durch Treffer oder wegen Sichtbehinderung einmal aus, so war es der nächste Schritt, die zentrale Leitung einem der beiden anderen Stände zu übertragen. Erst wenn Reserveleitstände nicht mehr zur Verfügung standen, ging die Feuerleitung auf die Turmkommandeure über.

Das Üben von Gefechtsausfällen spielte damals im Leben eines jeden Kriegsschiffes eine große Rolle, und so wurde in diesen Monaten auf *Bismarck* unter anderem auch der Übergang der Feuerleitung von einem Stand auf den anderen und auf die Geschütztürme geprobt.

Und für die Besatzung in Verbindung mit alledem: Drill und nochmals Drill! Gefechtsdienst am Tage, Gefechtsdienst in der Nacht! Aber die Männer klagten nicht. Sie waren mit Schwung bei der Sache und wünschten sich den Aufbruch zur ersten Seekriegsoperation mehr und mehr herbei.

In dieser Zeit trat eine von Lindemann nicht eben erwartete Wende ein. Am 19. März erhielt er über den Kommandanten des Schwesterschiffes *Tirpitz* Kenntnis von neuen Weisungen der Seekriegsleitung in Berlin, denen zufolge *Bismarck* ganz plötzlich drei bis vier Wochen früher als bisher vorgesehen zu seiner ersten Atlantikunternehmung bereit sein solle, und zwar nunmehr schon zu Ende April! Lindemann war unvermittelt gezwungen, das Progamm des Artillerieversuchskommandos für Schiffe weitgehend einzuschränken und die für dieses Programm ausgeworfene Zeit überhaupt abzukürzen. Und er reorganisierte. Er verlegte den Abschluß des Versuchsprogrammes vor auf den 2. April. Zum Programmschwerpunkt bestimmte er die für die Herstellung der Kriegsbereitschaft des Schiffes unerläßlichen Vorhaben, das heißt die eigentlichen Artillerieschießen. Die dadurch gewonnene Zeit wollte er jetzt zur weiteren Klarschiffausbildung der Besatzung, zur Ausbildung der Bordflugzeugbesatzungen, zu taktischen Übungen im Zusammenwirken mit einem Kreuzer, mit Unterseebooten und zu Übungen mit Tankern für Ölübernahme in See nutzen.

»Immerhin«, so schrieb Lindemann in sein Kriegstagebuch, »war mir bisher die dem Artillerieversuchskommando für Schiffe gewidmete Zeit ein guter Gradmesser auch für den Ausbildungsstand der Artilleriemannschaften und den materiellen Zustand der Artillerieanlage auf *Bismarck*.« Und das Ergebnis hatte ihn befriedigt. Wenn er an den Schiffseinrichtungen überhaupt etwas zu beanstanden hatte, so waren es verschiedene Störungen in der Antriebsanlage, »die den bisherigen guten Eindruck über ihre Zuverlässigkeit etwas zu trüben geeignet sind«. Als »äußerst anfällig und unzuverlässig« bezeichnete er aber die Bordkräne.

Zahlreiche Störungen hatten in der Tat die Flugzeugschleuder und Bordkräne betroffen, diese Teile hatten infolge Getriebe- und sonstiger Schäden verschiedentlich zur Reparatur von Bord gegeben oder gar ausgetauscht werden müssen. In der Antriebsanlage hatte es sich außer um den erwähnten Kälteschaden im Bereich der Kesselraumlüfter um einige Rohrreißer in den Überhitzern der Dampfkessel, Bruch eines Kugellagerringes an der Hauptkupplung Mitte, gelegentliche undichte Schieber in einer der Hauptdampfzuleitungen und um einen kleinen Salzeinbruch in einer Turbinenanlage gehandelt. All diese Schäden wollen rückblickend nicht sehr bedeutend erscheinen, und sie hatten auch relativ rasch behoben werden können. Das dem Schiffskommando vorgesetzte Marinegruppenkommando Nord schrieb Mitte April in einem Prüfungsvermerk zur Eintragung Lindemanns in das Kriegstagebuch: »Gemessen daran, daß es sich um einen Neubau handelt, waren die Störungen im Bereich der Maschine bisher insgesamt unwesentlich. Der Maschinenbetrieb ist sogar über Erwarten störungsfrei verlaufen.« Aber Lindemann hatte damals wohl eine allmähliche und verständliche Ungeduld empfunden, sein Schiff möglichst rasch als kriegsverwendungsbereit an die Seekriegsleitung melden zu können.

Entsprechend der neuen Zeiteinteilung endeten dann im April die Erprobungen des Artillerieversuchskommandos. *Bismarck* führte eigene Seeziel- und Flakschießen durch, darunter zwei Tageskaliberschießen der Schweren und der Mittelartillerie auf eine geschleppte Scheibe. Die Funkmeßortungs- und Unterwasserhorchgeräte wurden noch einmal überprüft. Heizölübernahme und -abgabe in See wurden mit Hilfe des Tankers *Bromberg* geübt.

Die zwei restlichen Flugzeuge wurden übernommen und die Besatzungen aller Maschinen im Bordbetrieb ausgebildet. Die Flugzeugführer und das Wartungspersonal der Flugzeuge gehörten zur Luftwaffe und trugen auch an Bord die Luftwaffenuniform. Flugzeugbeobachter und zugleich Funker waren hingegen zur Luftwaffe kommandierte Seeoffiziere, die im Erkennen und Beurteilen von Vorgängen auf See erfahren waren. Nun wurden Starts und das Wiederanbordnehmen der Flugzeuge geübt. Die duch die Schleuder vermittelte Geschwindigkeit reichte zum Start der vollbeladenen und auf höchsten Propellertouren laufenden Maschine aus. Weniger einfach war die Rücknahme der Flugzeuge auf das in Fahrt befindliche Schiff. Bei glatter See konnte die betreffende Maschine gegen den Wind wassern und unter eigener Propellerkraft bis unter den ausgeschwenkten Bordkran manövrieren. Bei stärkerem Seegang aber mußte *Bismarck* versuchen, die künftige Wasserungsstelle vorher zu glätten. Dazu fuhr das Schiff beispielsweise einen Kurs, auf dem der Wind dreißig Grad von Backbord einkam. Die Maschine flog, von achtern kommend, auf Parallelkurs zu *Bismarck* mit der möglichen Mindestgeschwindigkeit an. War sie etwa noch fünfhundert Meter vom Heck entfernt, drehte das Schiff in den Wind. Das dann nach Steuerbord ausschlagende Heck »wischte« die Wellenkämme zwischen dem Schiff und der vorherigen Hecksee fort. Auf die derart entstandene ruhige Wasserzone, den sogenannten Ententeich, setzte die Maschine auf und manövrierte dann rasch unter den Bordkran, wo der Beobachter den Ladehaken in eine speziell konstruierte Öse zum Heißen einpickte.

Weiterhin hielt *Bismarck* jetzt Scheinwerferübungen ab. Das Schiff war mit insgesamt sieben Scheinwerfern ausgestattet. Sie waren wie folgt verteilt: einer an der Vorkante des Gefechtsmastes unterhalb des Vormarses, vier zu beiden Seiten oben um den Schornstein herum, zwei auf dem Bootsdeck achterlich des Großmastes. Bei Dunkelheit leitete der Scheinwerferoffizier von einer der optisch besonders leistungsfähigen Nachtzielsäulen zu Seiten des Vorderen Gefechtskommandostandes aus die Scheinwerfer über Scheinwerferrichtgeräte. Bei den Übungen kam es darauf an, das jeweilige Ziel auf Anhieb schlagartig zu beleuchten und danach mit den Scheinwerfern laufend zu halten.

Mit dem Schweren Kreuzer *Prinz Eugen,* kurz vor *Bismarck* im August 1940 in Dienst gestellt und als unser Gefährte für die bevorstehende erste atlantische Unternehmung ausersehen, wurde im Verband geübt: gegenseitiges Entfernungsmessen mit den optischen und den Funkmeßortungsgeräten, gemeinsamer Kriegsmarsch zur Übung, Angriffs- und nächtliche Fahrübungen. Hinzu traten Ortungs- und Angriffsübungen zusammen mit der

25. Unterseebootsflottille. Über Ostern lief *Bismarck* für vier Tage in Gotenhafen ein. Die noch fehlende Gefechtsmunition war zu übernehmen, gewisse Teile der Maschinenanlage mußten überholt werden.

Und sonst, wenn wir in See waren, für die Besatzung immer wieder Gefechtsausbildung, gehobene Gefechtsausbildung mit Klarschiffübungen und Gefechtsbildern. Was war ein Gefechtsbild? Nun, hierzu wurde irgendeine taktische Lage angenommen, beispielsweise die Deckung eines Angriffes des Kreuzers *Prinz Eugen* auf einen durch ein Schlachtschiff gesicherten britischen Geleitzug. *Bismarck* gerät mit dem britischen Schlachtschiff in ein Gefecht, in dessen Verlauf er zwei Treffer erhält. Deren Auswirkungen wurden dann so echt als möglich dargestellt, Stromausfälle durch Herausnehmen von Sicherungen, Brände durch Verwendung von Rauchkörpern, Gas durch Tränengasbomben usw. Ließ sich die Trefferwirkung derart nicht darstellen, so gingen »Störungszettel« an ausgewählte Stellen im Schiff, die die »Schäden« oder Auswirkungen von »Treffern« schriftlich bezeichneten. Zum Beispiel: »An den Turmführer Backbord II 15 cm: Turm durch schweren Treffer zerstört. Ihre Geschützbedienung ist ausgefallen.« Dann rief der Turmführer diese Störung aus, er und seine Männer reagierten nach außen auf nichts mehr, markierten so die Trefferwirkung. Heiß ging es in den Räumen mit markierten Teilausfällen her. Feuerlöschschläuche wurden angeschlossen, Schotten abgestützt und gedichtet, Umgehungsleitungen geöffnet, andere »Schäden« in Ordnung gebracht. Da war zum Beispiel der Obermaschinist Oskar Barho vom E-Hauptgefechtsstand. Der nahm die »Ausfälle« immer souverän und gelassen entgegen. Präzise waren dann seine Anordnungen. Immer wieder sagte er seinen Männern: »Wenn ich ausfalle, muß es genau so weitergehen, das hängt nicht am Dienstgrad! Erkennt ihr einen Befehl von mir als falsch, meldet es!« Etwas schwieriger konnte es allerdings werden, wenn ein junger Matrose oder Heizer einen Störungszettel erhielt und dann selbst über Folgemaßnahmen entscheiden mußte. Dann galt, was ihre Offiziere ihnen so oft eingeschärft hatten: »Wenn auf eurer Station nur zwei oder drei Mann überleben, weitermachen, ja weitermachen. Die erforderlichen Notschaltungen sofort durchführen!« Dann mußten sie eben Befehle geben, die vorher von Offizieren gegeben worden waren – wie oft hatte man das nicht exerziert! Nur, wenn sie in erster Unerfahrenheit allzu große Fehler machten, griff ein Vorgesetzter ein. Und die Befehlsübermittler! Manchmal erhielten sie viele Befehle gleichzeitig. Keiner davon durfte vertrödelt werden. Also aufschreiben und auf der Kontrolltafel entsprechend stöpseln. Da gewöhnte man sich schon nicht schlecht an selbständiges Denken und Handeln!

Oder ein anderes Gefechtsbild, das dem später überlebenden Maschinengasten Josef Statz niemals mehr aus dem Sinn kommen sollte. Er war erst im April 1941 an Bord kommandiert und dort dem Pumpenmeister, Stabsobermaschinist Gerhard Sagner, zur Dienstleistung zugeteilt worden. Sagner hatte den im Stahlhoch- und Brückenbau als Vorzeichner ausgebildeten Statz sogleich mit den Worten willkommen geheißen: »Sie sind für mich der richtige Mann!« und ihn sorgsamst in seinen Dienst eingewiesen. Seine Versetzung auf den *Bismarck,* die persönliche Art seiner unmittelbaren Vorgesetzten, seines Divisions- und Zweiten Leckwehroffiziers, Oberleutnant (Ing.) Karl-Ludwig Richter, und des Pumpenmeisters Sagner, hatte Statz als beglückend empfunden, auch an seiner Back hatte er es gut getroffen. Da waren alles alte Hasen. Von fünf Maschinenobergefreiten waren vier bereits einmal untergegangen, mit dem Kreuzer *Karlsruhe.* Unter ihnen hatte er sich besonders Erich Seifert, allgemein »Fietje« genannt, angeschlossen. Und Fietje hatte seine *Karlsruhe*-Erfahrungen immer wieder besonders gern und eindringlich weitervermittelt: »Wenn ähnliches je mit dem *Bismarck* passieren sollte, dann behaltet alle Klamotten an, vor allem das Lederzeug, und Geld in den Taschen!« Beides hatte er seinerzeit wohl selbst nicht beachtet. Aber nun das Gefechtsbild, das wichtigste, das Statz in seiner Ausbildungszeit je erlebt haben sollte. Als »Läufer Leckwehrzentrale« hatte er eine Meldung zum Schweren Artillerieturm »B« bringen müssen, in dem sich, nach dem angenommenen Ausfall des Vorderen Schiffsführungsstandes, die Schiffsführung befand. Statz war also dort vor den Kommandanten getreten, hatte ihm Meldung erstatten wollen – aber Lindemann reagierte auf gar nichts. »Ja, sehen Sie denn nicht, der Kommandant ist doch tot!« hatte ihm jemand zugerufen und Statz erwidert: »Aber der Kommandant steht doch noch!« Und hatte Lindemann dabei angeschaut, der trotz aller äußeren Anzeichen des Unbeteiligtseins ein verschmitztes Lächeln zur Schau getragen hatte. »Na, Tünnes, bist du aus Köln?« hatte er es dann vernommen, in gleicher Stimme wie zuvor, vom Oberleutnant zur See Friedrich Cardinal, Rheinländer wie Statz. Dann hatte Cardinal gesagt: »Geben Sie mir die Meldung und kommen Sie auf die Brücke!« Und auf dieser hatten dann beide gestanden, niemand sonst, nachdem im Umkreis alle anderen als ausgefallen gegolten hatten. Cardinal hatte ihm noch erklärt: »Alle Männer, die als ausgefallen zu gelten haben, setzen ihre Mützen quer auf. So sind sie schnellstens zu erkennen, das müssen Sie sich merken!« Aber daß diese Art von Gefechtsbild, bis in die Einzelheiten hinein, sie beide, Cardinal und ihn, einen Monat später in der Wirklichkeit einholen sollte, das hatten sie an jenem Tage noch nicht wissen können.

Nach dem Gefechtsbild war Appell auf der Schanze. Unter der Leitung des Kommandanten wurden alle Störungen und die daraufhin getroffenen Abwehrmaßnahmen eingehend besprochen. Und Lindemann verstand es, die richtigen Fragen zu stellen. Er beherrschte nicht nur den typischen Dienst des Seeoffiziers und sein eigenes Spezialgebiet, die Schiffsartillerie, in überlegener Manier. Seiner hohen Intelligenz stand auch ein gutes technisches Verständis zu Gebot. Bei Darstellungen aus dem Bereich der »Maschine« konnte er daher wirkungsvoll »nachhaken«, Ausflüchte und Beschönigungen von Fehlern bloßstellen, Abläufe im Gefechtsbild nachvollziehen. Als derart kompetenter Richter verteilte er am Ende Lob und Tadel. Der Ton dabei blieb immer sachlich. Es galt ja in erster Linie, zu lernen und Vertrauen zu gewinnen, jeder Mann zu sich selbst und zum Schiff. »Machten wir Fehler«, sagte der Maschinengefreite Budich, »so hörten wir von unserem Vorgesetzten kein böses Wort.«

Atem holte das Schiff inmitten solch gedrängter Ausbildung in der Regel auf der Gotenhafener Reede, wo wir vor Anker gingen. Wenn der Himmel klar war und ein sanfter Wind das Schiff entlangstrich, konnten wir wahrhaft bezaubernde Nächte erleben. Einmal, der Vollmond zeichnete eine breite silberne Spur in die spiegelglatte See, hatte der Matrose Paul Hillen Wache an Oberdeck. Plötzlich sah er den Kommandanten auf sich zukommen und schickte sich an, diesem Meldung zu machen. Aber Lindemann winkte vorbeugend ab und meinte nur: »Ist dies nicht ein wunderbarer Anblick? Manch einer würde viel Geld ausgeben, um es zu erleben, und wir haben es umsonst.« »Es war das erste Mal«, sagte später der damals erst kurz zuvor an Bord kommandierte Hillen, »daß ich von einem hohen Dienstgrad keinen Befehl, sondern so persönliche Worte hörte.« Ja, Lindemann konnte von gewinnender Art sein und sich Zuneigung erwerben. Zahlreiche Stimmen späterer Überlebender haben dem beredten Ausdruck gegeben. Einer von ihnen formulierte es so: »Wir schätzten, ja wir liebten unseren Kommandanten, Kapitän zur See Lindemann. Er war wie ein Vater zu uns. Stets hatte er ein offenes Ohr für die Sorgen und Nöte seiner Besatzung.«

Ein anderes Erlebnis, dieses Mal am Tag. Nach längerem Seetörn fiel der Anker. Da wurde ausgepfiffen: »Arbeitsgruppe auf die Back!« Das konnte nur die Ankunft der Postfähre aus Gotenhafen bedeuten. Und da war sie auch schon ganz nah und groß die Erwartung an Bord. Dann aber war sie plötzlich zu nah, und es krachte. Kommentar des Oberbootsmanns: »Sch..., keine Post!« Und er sah traurig hinterher, als die schon gefährlich Wasser machende Fähre mit ihrer ersehnten Ladung über den Achtersteven nach Gotenhafen zurücklaufen mußte.

In das Kriegstagebuch trug Lindemann für den April ein: »Insgesamt wurde die Zeit restlos ausgenutzt zur Ausbildung für die bevorstehende Aufgabe. Es wurde verstärkte Betonung auf die innere Ausrichtung der Besatzung für den bevorstehenden Einsatz gelegt. Der Besatzung scheint die erste Erkenntnis der Größe der Aufgabe aufgegangen zu sein, die sie zwar noch nicht kennt, aber unschwer ahnt.«

Lindemann hatte recht. An Gerüchten über ein unmittelbar bevorstehendes Auslaufen zu einer Kriegsoperation fehlte es unter der Besatzung nicht. Immer wieder tauchten Parolen auf, wurden von Mann zu Mann geflüstert, verschwanden, um neuen Platz zu machen. Das jüngere Schwesterschiff *Tirpitz* erschien zu eigenen Übungen in der Danziger Bucht und löste Vermutungen aus über die etwaige Bildung einer Kampfgruppe mit ihm.

Kommende Kriegsaufgaben

Die Worte Lindemanns von der bevorstehenden Aufgabe und dem kommenden Einsatz legen es nahe, sich jetzt einmal mit der Natur der Operationen zu befassen, zu denen *Bismarck* ausersehen war.

Bei Beginn des Krieges, auf den die Marine nicht vorbereitet gewesen war, hatte eine geradezu grotesk zu nennende Unterlegenheit der deutschen Flotte gegenüber der britischen bestanden. Das Verhältnis war etwa wie eins zu zehn, und auf deutscher Seite waren lediglich zwei Panzerschiffe, nämlich *Deutschland* und *Admiral Graf Spee,* sowie sechsundzwanzig Unterseeboote zu sofortiger Kriegsverwendung im Atlantik bereit gewesen. Eine kriegsentscheidende Wirkung hatte von den wenigen eigenen Seestreitkräften wahrlich nicht erwartet werden können. Der von dem Eintritt des Kriegszustandes mit Großbritannien total überraschte Oberbefehlshaber der Kriegsmarine, Großadmiral Dr. h. c. Erich Raeder, hatte es damals so formuliert: »Die Überwasserstreitkräfte aber sind noch so gering an Zahl und Stärke gegenüber der britischen, daß sie – vollen Einsatz vorausgesetzt – nur zeigen können, daß sie mit Anstand zu sterben verstehen.« Die deutschen Ausgangsbasen für jede Art von Seekriegführung lagen – jedenfalls zunächst und wie schon im Ersten Weltkrieg – gedrängt in der Südostecke der Nordsee, während die Briten aufgrund ihrer geographischen Lage und weltweiter Stützpunkte alle wichtigen Seeverbindungen beherrschten und den Verkehr deutscher Kriegsschiffe nach und von dem Atlantik erheblich behindern konnten. Erst die Besetzung Norwegens und Frankreichs im Jahr 1940 ermöglichte Deutschland die Benutzung vorgeschobener Ausgangspositionen im Norden und Westen. Erst mit diesen erlangte die deutsche Seekriegsleitung günstigere Voraussetzungen für eine weiträumige ozeanische Verwendung unserer Überwasserstreitkräfte und Unterseeboote.

Unter dem Druck der eigenen Flottenschwäche hatte Deutschland sich auf die Konzeption eines Wirtschaftskrieges gegen Großbritannien beschränken müssen und eine entsprechende Strategie entworfen. »Die Kriegsmarine führt Handelskrieg mit dem Schwerpunkt gegen England« – dieser Satz aus der »Weisung Nr. 1 für die Kriegführung« vom 31. August 1939 war über Nacht zur Grundlage der strategischen Zielsetzung der deutschen Seekriegsleitung geworden. Mit der Abschnürung Großbritanniens von seinen atlantischen Zufuhren meinte die Seekriegsleitung aber durchaus die Kriegsentscheidung unter der Voraussetzung erzwingen zu können, daß wirklich alle Machtmittel und Reserven auf dieses Ziel konzentriert werden. Alle Machtmittel – das hieß für die Seekriegsleitung und insbesondere deren Chef Raeder erst recht alle Seekriegsmittel. Und das wiederum bedeutete in der Praxis das Eingreifen auch der schweren, über einen großen Fahrbereich verfügenden Überwasserstreitkräfte, also unserer Schlacht- und Panzerschiffe, in den ozeanischen Handelskrieg. Mit deren

Einsätzen zielte die Seekriegsleitung außer auf die Störung der britischen Zufuhr auch auf eine Diversionswirkung, das heißt auf eine Bindung und Zersplitterung der gegnerischen Streitkräfte. Im Rahmen einer sogenannten doppelpoligen Seekriegführung sollte ein verstärktes Auftreten von Handelsstörern in einem bestimmten Seegebiet feindliche Seestreitkräfte dort anziehen, die dann anderswo fehlen mußten. Dadurch hoffte man, sonstige eigene Operationen zu erleichtern, beispielsweise den Ausbruch eines Schiffes in den Atlantik oder dessen Rückkehr von dort.

In dem ersten Jahresviertel 1941 hatte dieser strategische Ansatz seinen Höhepunkt erreicht. Während der Monate Januar bis März hatten die Schlachtschiffe *Scharnhorst* und *Gneisenau* unter dem Befehl des Flottenchefs, Admiral Günther Lütjens, acht Wochen lang im Atlantik gegen britische Geleitzüge operiert. Das Versenkungsergebnis war mit 122 000 Bruttoregistertonnen an Schiffsraum zwar relativ gering gewesen, doch hatte schon das bloße Auftreten der deutschen Schlachtschiffe die britische Admiralität zu unbequemen und weitreichenden Abwehrmaßnahmen gezwungen. Sie hatte in dem von *Scharnhorst* und *Gneisenau* bedrohten Seeraum und um die Nordpassagen in den Atlantik erhebliche Kräfte konzentrieren müssen, und das gesamte Geleitzugsystem war ihr durcheinandergeraten. Jeder Geleitzug mußte jetzt mindestens mit einem Schlachtschiff gesichert werden. Darauf reagierte die deutsche Seekriegsleitung nun wieder mit dem Plan, sobald als möglich eine starke Kampfgruppe mit vier Schlachtschiffen (*Bismarck, Tirpitz, Scharnhorst* und *Gneisenau*) in den Atlantik zu entsenden, um dann auch Geleitzüge anzugreifen, die durch Schlachtschiffe gesichert waren. Doch im Frühjahr 1941 war es noch nicht so weit; die erst am 25. Februar in Dienst gestellte *Tirpitz* konnte vor dem Spätherbst 1941 nicht einsatzbereit sein. Die Seekriegsleitung mußte sich vorerst mit *Bismarck, Scharnhorst* und *Gneisenau* begnügen und sah mit entsprechender Sehnsucht der Kriegsbereitschaft des großen und starken *Bismarck* entgegen.

Dem Warten der deutschen Seekriegsleitung auf *Bismarck* entsprach umgekehrt durchaus die Sorge auf britischer Seite. Der Admiralität war es klar genug, daß die unangenehme Wirkung der deutschen Handelsstörer im Atlantik durch das Hinzutreten von *Bismarck* nur noch gesteigert werden konnte. Und dementsprechend argwöhnisch und genau beobachtete sie die Fortschritte *Bismarcks* bei der Herstellung seiner Kriegsbereitschaft. Einmal registrierte sie sogar, daß *Bismarck* und leichte Streitkräfte am 18. April 1941 Skagen auf Nordwestkurs passiert hätten. Aber die Nachricht hatte nicht zugetroffen, so weit war es noch nicht gewesen. An jenem Tag war *Bismarck* in Wahrheit noch zu Übungen in der Danziger Buch.

Doch das britische Interesse an *Bismarck* reichte noch viel weiter zurück. Schon als Erster Lord der Admiralität und ab Mai 1940 als Premierminister hatte Winston Churchill von Beginn des Krieges an immer wieder auf die kommende Gefahr der Verstärkung der deutschen Flotte durch *Bismarck* hingewiesen und sich in die interne Diskussion darüber eingeschaltet, wie ihr am besten zu begegnen sei. Zu Anfang August 1940 – also noch vor der Indienststellung *Bismarcks* – hatte er die Admiralität wissen lassen, daß es angesichts der drohenden Haltung Japans lebensnotwendig sei, über die Baufortschritte bei *Bismarck* und *Tirpitz* laufend Gewißheit zu haben. Im Februar 1941 hatte er, zutreffenderweise, vermerkt, daß *Bismrack* noch nicht kriegsbereit sei und sich darüber hinaus noch mit einigen Gedankengängen in die Lage der deutschen Seekriegsleitung versetzt. Diese sollte eigentlich, so hatte er damals – und insoweit in der Tat mit Berlin grundsätzlich übereinstimmend – gemeint, die Fertigstellung von *Bismarck* und *Tirpitz* abwarten. Deutschland könne dann diese großen Schiffe gar nicht besser verwenden, als sie beide zusammen kriegsbereit in der Ostsee zu halten und ab und zu Gerüchte über einen bevorstehenden Ausbruch in den Atlantik in die Welt zu setzen. Derart würde Großbritannien gezwungen sein, ständig zu Lasten anderer Aufgaben starke Einheiten in Scapa Flow[1] zur Abwehr zu konzentrieren. Dabei würde Deutschland auch noch den Vorteil der freien Wahl des Zeitpunktes für Unternehmungen ohne die belastende Kehrseite zufallen, seine Schiffe auch wirklich laufend bereit zu haben. Und da die britischen Schiffe natürlich von Zeit zu Zeit würden überholt werden müssen, würde es der Admiralität kaum möglich sein, den deutschen Handelsstörern gegenüber jederzeit an Stärke überlegen zu sein.

Im April 1941 hatte Churchill einen Hinweis auf die Schäden, die der britischen Seezufuhr zu Anfang jenes Jahres durch *Scharnhorst* und *Gneisenau* zugefügt worden waren, wiederum mit der Bemerkung verbunden, daß sich diese Gefahr in Kürze durch Operationen des *Bismarck* erhöhen werde. Mehrfach auch hatte Churchill seit Beginn des Krieges die Notwendigkeit betont, den Baufortschritt von *Bismarck* durch Luftangriffe um wenigstens drei bis vier Monate zu hemmen und die positiven Auswirkungen angedeutet, die ein solcher Erfolg auf die eigenen Flottendispositionen haben müsse. Wörtlich hatte er im August 1940 an den britischen Luftfahrtminister geschrieben: »Nur einige wenige Monate Verzögerung in der Fertigstellung von *Bismarck* werden das Gesamtkräfteverhältnis zur See in einem bedeutenden Maß verändern.« Und im Oktober 1940 an die Vereinigten Stabschefs: »Der größte Preis, der dem Bomberkommando winkt, ist die Beschädigung von *Bismarck* und *Tirpitz*.«

Diese frommen Wünsche sind für *Bismarck* bis zum Auslaufen zur Kriegsunternehmung allerdings nicht mehr in Erfüllung gegangen!

Die Operationsbefehle zur »Rheinübung«

Die Erfolge der Schlachtschiffe *Gneisenau* und *Scharnhorst* hatten die deutsche Seekriegsleitung in ihrer Strategie des Handelskrieges mit schweren Überwasserstreitkräften nur noch bestärken können. Und sie erließ im Hinblick auf die nahende Kriegsbereitschaft *Bismarcks* mit dem Datum des 2. April 1941 die folgende, hier im Auszug wiedergegebene operative Weisung[1]:

»Die Kriegführung im vergangenen Winterhalbjahr hat sich im wesentlichen entsprechend den Weisungen der Seekriegsleitung für die Winterkriegführung 1940/41 abgespielt und in der ersten längeren Schlachtschiffunternehmung im freien Seeraum des Atlantik ihren Abschluß gefunden. Diese erste Schlachtschiffunternehmung hat neben beträchtlichen taktischen Erfolgen gezeigt, welche erheblichen strategischen Auswirkungen durch einen derartigen Einsatz der Überwasserstreitkräfte erreicht werden können. Diese strategischen Wirkungen erstrecken sich nicht nur auf den zum Operationsgebiet gewählten Seeraum, sondern greifen auch auf andere Kriegsschauplätze (Mittelmeer, Südatlantik) über. Es muß das Bestreben der Seekriegführung sein, durch möglichst häufige Wiederholung derartiger Operationen ihre Wirkung zu erhalten und zu vertiefen.

Als entscheidendes Ziel im Kampf gegen England muß im Auge behalten werden, daß es darauf ankommt, die englische Zufuhr vernichtend zu treffen. Dieses läßt sich am besten und wirkungsvollsten nur im Nordatlantik erreichen, wo alle englischen Zufuhrwege zusammenlaufen und wo die nötigste Zufuhr – auch bei Ausfall von Zufuhrwegen in weiter abgesetzten Meeren – England auf dem unmittelbaren Wege von Nordamerika her immer noch erreichen kann.

Die Erringung der Seeherrschaft im Nordatlantik als umfassendste Lösung dieser Aufgabe ist bei dem augenblicklich auf unserer Seite möglichen Kräfteeinsatz und bei dem Zwang, mit unseren zahlenmäßig geringeren Kräften hauszuhalten, vorerst nicht erreichbar. Eine örtlich und zeitlich begrenzte Seeherrschaft in diesem Seegebiet ist jedoch anzustreben und schrittweise planmäßig und zielbewußt auszubauen.

Bei der ersten Schlachtschiffunternehmung im Atlantik konnte der Gegner unseren beiden Schlachtschiffen auf den beiden Hauptzufuhrwegen in jedem Falle eines seiner Schlachtschiffe entgegenstellen. Es hat sich jedoch gezeigt, daß er mit diesem Schutz seiner Geleitzüge offenbar an die Grenze des für ihn Möglichen herangegangen ist und daß er eine entscheidende Verstärkung der Sicherung nur vornehmen kann, wenn er für ihn wichtige Positionen (Mittelmeer, Heimat) schwächt oder den Geleitzugverkehr einschränkt.

Sobald beide Schlachtschiffe vom Typ *Bismarck*[2] für den Einsatz zur Verfügung stehen, kann es möglich werden, den Kampf mit der Sicherung feindlicher Geleitzüge bewußt zu suchen und nach ihrer Vernichtung die Geleitzüge selbst zu zerschlagen. Bis zu diesem Zeitpunkt jedoch kann dieser Weg noch nicht gegangen werden, doch wird es als Zwischenstufe auch jetzt schon möglich sein, durch Waffeneinsatz des Schlachtschiffes *Bismarck* die feindliche Sicherung zu binden, um gleichzeitig mit den übrigen beteiligten Einheiten auf den Geleitzug selbst zu operieren. Hierbei wird zu Beginn der Operation das Moment der Überraschung eine besonders günstige Rolle spielen, da ein Teil der eingesetzten Einheiten erstmalig in Erscheinung tritt[3] und nach den Erfahrungen aus dem bisherigen Einsatz der Schlachtschiffe der Gegner der Auffassung sein wird, daß zum Schutz der Geleitzüge *ein* Schlachtschiff ausreicht.

Zu einem möglichst frühen Zeitpunkt, nach Möglichkeit noch in der Neumondperiode des April, sind unter Führung des Flottenchefs *Bismarck* und *Prinz Eugen* zu einer Zufuhrkriegsunternehmung im Atlantik einzusetzen. Zu einem durch die Beendigung der augenblicklichen Reparaturzeit gegebenen Zeitpunkt ist *Gneisenau*[4] ebenfalls im Atlantik einzusetzen.

Nach den Erfahrungen der letzten Schlachtschiffunternehmung erscheint eine Vereinigung von *Gneisenau* und der *Bismarck*-Gruppe zweckmäßig, jedoch kann vor dieser Vereinigung ein Diversionsvorstoß der *Gneisenau* in das Seegebiet zwischen Kapverden und Azoren vorgesehen werden.

Der Schwere Kreuzer *Prinz Eugen* ist im allgemeinen in taktischem Zusammenhang mit *Bismarck* bzw. *Bismarck* und *Gneisenau* einzusetzen.

Im Gegensatz zu der bisherigen Weisung für das Schlachtschifftreffen *Gneisenau-Scharnhorst* ist es Aufgabe dieser Kampfgruppe, auch gesicherte Geleitzüge anzugreifen, wobei es jedoch nicht Aufgabe des Schlachtschiffes *Bismarck* sein soll, unter starkem eigenen Einsatz gleichstarke Gegner niederzukämpfen, sondern vielmehr, sie nach Möglichkeit in einem hinhaltenden Gefecht unter möglichster Schonung der eigenen Kampfkraft so zu binden, daß den anderen Schiffen das Anfassen der Schutzobjekte des Geleitzuges möglich ist. Hauptaufgabe auch dieser Operation ist die Vernichtung feindlichen Schiffsraumes, die Bekämpfung feindlicher Kriegsschiffe nur so weit, wie es die Hauptaufgabe nötig macht und wie es ohne allzu großes Risiko geschehen kann.

Als Operationsgebiet wird der gesamte Nordatlantik nördlich des Äquators mit Ausnahme der Hoheitsgewässer neutraler Staaten freigegeben.

Die Befehlsführung haben die Gruppenkommandos in ihren Bereichen. Die Führung in See hat der Flottenchef.«

Mit den in der Weisung der Seekriegsleitung angesprochenen »Gruppenkommandos« waren die Marinegruppenkommandos Nord in Wilhelmshaven und West in Paris gemeint. Beide Gruppenkommandos, damals von je einem Generaladmiral geleitet, unterstanden unmittelbar der Seekriegsleitung in Berlin. In ihren geographisch definierten Zuständigkeitsbereichen waren sie für die operativen Aufgaben der Seestreitkräfte direkt verantwortlich und dem jeweiligen Seebefehlshaber vorgesetzt. Der Grundgedanke dieser Organisationsform war es, die operative Unternehmensführung einer Dienststelle zu übertragen, die durchgehend über den bestmöglichen Stand an Informationen verfügen würde. Insoweit war eine Landdienststelle mit der Vielfalt ihrer Verbindungen dem Seebefehlshaber grundsätzlich überlegen, zumal auch ihre Nachrichtenanlagen nicht einer Zerstörung in Gefechten ausgesetzt waren. In allen taktischen Fragen und, selbstverständlich, im Gefecht hatte der Flottenchef die Führung.

Die Weisung der Seekriegsleitung war kaum in den Händen des Flottenchefs, als sie in der Frage der Teilnahme der *Gneisenau* bereits wieder überholt war. Am 6. April erhielt dieses damals zur Reparatur in Brest liegende Schiff einen britischen Torpedotreffer aus der Luft und wenige Tage später noch vier Bombentreffer. *Gneisenau* war für längere Zeit nicht mehr verwendungsbereit. Die Kampfgruppe war so auf *Bismarck* und *Prinz Eugen*-*Bismarck* reduziert.

Auf der Grundlage der Weisung der Seekriegsleitung erließen dann der Flottenchef für die Gesamtunternehmung und die Gruppen Nord und West für ihre jeweiligen Befehlsbereiche ihre Operationsbefehle. Gruppe Nord war bis zum Eintritt der Kampfgruppe in den Atlantik zuständig, die Gruppe West danach.

Mit Operationsbefehl vom 22. April 1941[5] gab der Flottenchef, Admiral Günther Lütjens, der bevorstehenden Unternehmung die Deckbezeichnung »Rheinübung«. Als Aufgabe der Kampfgruppe bestimmte er: Auslaufen durch Belt und Nordsee in den Nordatlantik, Angriff auf die durch den Nordatlantik laufende Zufuhr. Nach Durchführung der Aufgabe solle in einen westfranzösischen Hafen zur Ergänzung von Munition und Verbrauchsstoffen eingelaufen werden.

Als seine Absicht deklarierte Lütjens: Unbemerkter Durchbruch durch die Dänemarkstraße in den Nordatlantik, Angriff auf den Geleitzugweg Halifax-England, weitere Entschlüsse je nach Lage.

Als teilnehmende Streitkräfte befahl Lütjens:
Bismarck; Prinz Eugen; die auf der atlantischen Nord-Süd-Route operierenden U-Boote; ab Ende Mai vier U-Boote auf dem Geleitzugweg Halifax-England; Spähschiffe *Gonzenheim* und *Kota Penang;* zwei Troßschiffe und fünf Begleittanker.

Und als sichernde eigene Streitkräfte:
Minensicherung auf dem Weg von Arkona (Rügen) bis zum Großen Belt: Sperrbrecher »13« und »31«. Minengeleit durch die Skagerraksperre: 5. Minensuchflottille. Danach Sicherung gegen U-Boote durch die Zerstörer *Z 23, Z 24, Hans Lody* und *Friedrich Eckoldt*.

Die weitläufigere Sicherung durch getrennt operierende Streitkräfte (Luftaufklärung, Jagdschutz, Bereitstellung von Luftkampfverbänden usw.) wurde in Operationsbefehlen der Gruppen Nord und West näher geregelt.

Die Gruppe Nord ordnete an, daß der Verband so durch den Großen Belt marschiert, daß er die Äußere Kristiansand-Süd-Sperrlücke am Abend des dritten Operationstages um 20.30 Uhr passieren und am folgenden Morgen in den Korsfjord (bei Bergen, jetzt Krossfjord) eintreten kann. Im Fjord ist tagsüber zu ankern, *Prinz Eugen* hat Brennstoff aus einem Tanker aufzufüllen. Bei Dunkelwerden am gleichen Abend soll der Verband durch den Hjeltefjord (Nordausfahrt) wieder auslaufen, unter Sicherung durch die Zerstörer mit hoher Fahrt einen Punkt dreißig Seemeilen westlich des Sognefjordes ansteuern und von dort nach eigenem Ermessen weiterlaufen. Danach sind die Zerstörer zu entlassen.

Für den Fall einer geeigneten Wetterlage empfahl die Gruppe, durch die Enge Island-Färöer in den Atlantik auszubrechen, und zwar weit abgesetzt von der isländischen Küste. Falls ein sofortiger Durchbruch nicht in Frage komme, soll der Verband abseits im Nordmeer günstigeres Wetter abwarten und mittlerweile aus dem dort auf 70 ° Nord, 1 ° West stationierten Tanker *Weißenburg* Heizöl auffüllen.

Lütjens ordnete konform hierzu an, daß *Prinz Eugen* und die Zerstörer während des Ankerns im Korsfjord Brennstoff übernehmen sollen. Vor dem Ausbruch in den Atlantik würde voraussichtlich noch einmal Brennstoff aus der *Weißenburg* zu ergänzen sein.

Die Gruppe West bestimmte:

»Der Flottenchef hat im Operationsgebiet freie Hand in der Durchführung der Aufgabe. *Prinz Eugen* ist im allgemeinen in taktischem Zusammenhang mit *Bismarck* einzusetzen. Einsatz des Kreuzers zu Sonderaufgaben nach Weisung der Gruppe West oder nach Ermessen des Flottenchefs.

Der Flottenchef steuert Spähschiffe, Troßschiffe und Begleittanker während seines Aufenthaltes im Operationsgebiet selbständig bzw. bewirkt deren Steuerung durch Anforderung an Gruppe West.

Wird Durchbruch in den Atlantik bemerkt, bleibt Aufgabe bestehen. Abkürzen oder Abbruch der Unternehmung nach Lage.

Bei Durchführung der Aufgabe steht die Vernichtung feindlichen Schiffsraumes im Vordergrund.

Es kommt darauf an, die Einsatzbereitschaft der Schiffe zu erhalten. Kampf mit gleichwertigem Gegner ist deshalb zu vermeiden. Lediglich die Bindung eines einzelnen Schlachtschiffes, wenn dieses als Deckung bei einem Geleitzug fährt, kommt in Frage, soweit Bindung ohne vollen Einsatz möglich ist, und wenn der Kreuzer dadurch Erfolgsaussichten gegen die Restsicherung oder gegen den Geleitzug erhält.

Falls Kampf unvermeidbar, ist er unter vollem Einsatz durchzuführen.«

Die Weisungen der Seekriegsleitung, der Gruppen Nord und West sowie des Flottenchefs sind aus sich selbst heraus verständlich und dürften zusätzliche Erläuterungen nicht erfordern. Nur zu zwei Punkten möchte ich etwas bemerken:

Die Vorstellung der Seekriegsleitung, daß unsere Streitkräfte eine, wenn auch »örtlich und zeitlich begrenzte« Seeherrschaft im Nordatlantik anstreben und schrittweise planmäßig ausbauen sollten, war in Anbetracht unserer wenigen Überwasserschiffe selbst bei der gegebenen Einschränkung noch zu anspruchsvoll und wenig realistisch. Offensichtlich war sie einer gewissen Euphorie in Berlin entsprungen.

Der andere Punkt ist die lakonische Kürze, in der die Weisungen des Flottenchefs und der Gruppe West das Operationselement des *unbemerkten* Durchbruchs in den Atlantik behandelten. Hierdurch könnte bei dem unbefangenen Leser der Eindruck entstehen, daß ein solches Unbemerkt-Bleiben, wenngleich anzustreben, aber dennoch etwas mehr Beiläufiges sei – und einem solchen Eindruck möchte ich vorbeugen. Dem deutschen Marineoffizier jener Jahre war es in Fleisch und Blut übergegangen, daß ein unbemerkter Durchbruch am Beginn einer atlantischen Überwasserunternehmung deren weiteren Erfolg ganz außerordentlich mitbestimmen mußte. War es doch die Verborgenheit des Durchbruchs, die die teilnehmenden Einheiten überhaupt in den Stand setzte, wenigstens zu ihren ersten Angriffen auf Geleitzüge überraschend aufzutreten. Und Überraschung auf unserer Seite, der Seite des Schwächeren, war schon der halbe Erfolg – wenn nicht gar mehr. Fügen wir gleich hinzu, daß es galt, dieses Überraschungselement nach Möglichkeit auch für die späteren Phasen der Unternehmung zu bewahren. Denn hatte erst einmal eine stattgehabte Feindberührung die jeweilige Position eines deutschen Handelsstörers verraten, so konnte es durchaus darauf ankommen, vorübergehend wieder entlegenere Gebiete im weiten Ozean aufzusuchen, um dann später von dorther erneut überraschend aufzutreten. In der Kette dieser »Wunsch«-Überraschungen war der unbemerkte Ausbruch das erste wesentliche Glied und als eine stets gültige Vorbedingung für den bestmöglichen Erfolg atlantischer Operationen unserer Überwasserschiffe anerkannt. Die knappe Zeile, mit der er in den Operationsbefehlen erschien, war also wirklich kein Indiz seiner Beiläufigkeit. Eine kurze Ausdrucksweise genügte dort, wo der Inhalt so über allen Zweifel erhaben war.

Andererseits, und das muß hier natürlich auch gesagt werden, ging die Seekriegsleitung nun nicht so weit, den unbemerkten Durchbruch zur *conditio sine qua non* zu erheben. Denn hätte sie dies getan, so hätten die ausbrechenden Befehlshaber und Kommandanten bei jedem Bemerktwerden die Unternehmung sofort wieder abbrechen oder mindestens vertagen müssen. Und dieses wiederum hätte bedeutet, sich Großbritannien gegenüber unangemessen gerade in *der* Form der atlantischen Handelskriegführung zu bescheiden, zu der sich die Seekriegsleitung ja eben erst entschlossen hatte. Mit dem Risiko einer frühzeitigen Entdeckung durch die Aufklärungsmittel des an den Ausgängen zum Atlantik strategisch so günstig gelegenen Großbritannien mußte Deutschland nun schon einmal leben – die Aufgabe blieb im Fall des Bemerktwerdens bestehen! Doch war es den Befehlshabern und Kommandanten überlassen, ob sie unmittelbar durchhalten oder vorübergehend umkehren wollten.

Am Vormittag des 25. April ging auf *Bismarck* der Befehl zum gemeinsamen Abmarsch mit *Prinz Eugen* aus Gotenhafen am Abend des 28. April ein. Die Sechste Zerstörerflottille sollte die Kampfgruppe sichern. Doch kaum war dieser Befehl an Bord eingetroffen, als es auch schon wieder anders kam. Noch am gleichen Abend teilte das Flottenkommando mit, daß das Auslaufen zur »Rheinübung« um sieben bis zwölf Tage verschoben sei. *Prinz Eugen* hatte auf seinem Marsch nach Kiel einen Minennahtreffer und dadurch erhebliche Beschädigungen erlitten!

Noch dem ursprünglichen Terminplan folgend, verbrachte Lütjens den 26. April in Berlin, um sich bei Raeder persönlich zur »Rheinübung« abzumelden. Der plötzliche, vorübergehende Ausfall von *Prinz Eugen* gab den beiden Admiralen Gelegenheit, die Zusammensetzung unserer Überwasserkampfgruppen im atlantischen Handelskrieg noch einmal grundsätzlich zu erörtern. Lütjens meinte, daß, wenn man überhaupt an der Idee festhalten wolle, *Bismarck* und *Prinz Eugen* nur zu zweien zu entsenden, dies sofort nach der Reparatur des Minenschadens auf dem Kreuzer oder aber zur nächsten Neumondperiode nach der soeben verstrichenen geschehen solle. Doch sprächen durchaus gewichtige Gründe auch dafür, zumindest die Operationsbereitschaft der noch in Maschinenreparatur befindlichen *Scharnhorst*, wenn nicht gar der neuen *Tirpitz* abzuwarten. Denn bei derart massiertem Auftreten könne der Erfolg dann um so durchschlagender sein, während ein sofortiger »teelöffelweiser« Einsatz die allgemeinen Wirkungsmöglichkeiten nur beschränken könne. Letzterer könne außerdem dazu führen, daß das Auftreten *Bismarcks* die Präsenz unserer neuen schweren Schlachtschiffsklasse im Handelskrieg enthüllen, den Gegner entsprechend alarmieren, bei ihm Gegenmaßnahmen auslösen und damit die Erfolgsaussichten späteren massierten Wirkens mindern werde. Aber schließlich sei es doch wohl richtig, die »Schlacht im Atlantik« baldigst wieder aufleben zu lassen – im Klartext: *Bismarck* und *Prinz Eugen* unverzüglich einzusetzen – ohne erst auf eine Verstärkung durch andere Einheiten zu warten. Und mit dieser Rückkehr zu dem ursprünglichen Operationsbefehl traf Lütjens voll und ganz die Grundstimmung des Großadmirals. Raeder stimmte jetzt »rückhaltlos« zu. Denn nach seiner Meinung konnte jede Unterbrechung im Kampf gegen die atlantischen Zufuhren Großbritanniens den Gegner nur stärken. Jede Verzögerung würde mit fortschreitender Jahreszeit noch kürzere Nächte in den nördlichen Breiten bringen und mithin den dortigen

Durchbruch in Dunkelheit erschweren. Aber, und so schloß Raeder das Thema Lütjens gegenüber ab: »Bedächtiges, vorsichtiges Operieren ist angezeigt. Es wäre nicht richtig, für beschränkten, vielleicht unsicheren Erfolg einen hohen Einsatz zu wagen. Unser Ziel muß es sein, mit *Bismarck* und später *Tirpitz* dauernde, laufende Operationen durchzuführen.« Nach seiner Abmeldung bei Raeder schaute Lütjens noch kurz in das Büro des damals im Oberkommando der Kriegsmarine kommandierten, späteren Konteradmirals (Ing.) Hans Voss. »Voss«, sagte er, »ich möchte mich verabschieden, ich werde nicht wiederkommen« – und als ihn der Blick von Voss wie eine Frage traf, fügte er hinzu: »Bei der Überlegenheit der Briten ist ein Überleben unwahrscheinlich.«

Einen kühnen Krieg gegen Geleitzüge führen – schwere britische Sicherung binden, aber nur im Rahmen der Hauptaufgabe und ohne allzu großes Risiko bekämpfen – falls Kampf jedoch unvermeidbar, ihn unter vollem Einsatz austragen – im Ganzen bedächtig und vorsichtig operieren – es war schon ein Katalog recht verschiedenartiger Forderungen an den Flottenchef. Wie leicht konnten da taktische Gefechtsmomente mit der übergeordneten Strategie langfristigen Handelskrieges kollidieren! Wie oft mochten unwiederbringliche taktische Gelegenheiten unausgenutzt bleiben müssen, würde darüber in lastender Verantwortung zu entscheiden sein? Nein, ganz einfach war die Lütjenssche Mission wahrlich nicht.

Auslaufen verschoben. Weitere Ausbildung.
Der Flottenstab probt an Bord. Letzte Landausflüge

Ende April rüstete *Bismarck* alle Schiffsabschnitte für eine Seedauer von drei Monaten aus. Das bedeutete allein für den Verpflegungssektor unter anderem fünfhundert Schweine, dreihundert Rinder, alles in allem die Tagesverpflegung für eine Stadt von zweihundertfünfzigtausend Einwohnern!

Lindemann vermerkte im Kriegstagebuch: »Die Besatzung, vor der der angenäherte Termin des Auslaufens nicht geheimzuhalten ist – es kommen täglich Kriegsmarineberichter, Prisenkommandos, B-Dienstgruppen an Bord –, weiß noch nichts von der Terminverzögerung. Alle arbeiten an den letzten Vorbereitungen mit dem Schwung der Begeisterung. Ich fürchte einen erheblichen psychologischen Rückschlag auf die Stimmung der Besatzung bei längerer Verzögerung des Einsatzes.«

Die Kriegsmarineberichter, von denen Lindemann sprach, waren die für die Dauer der »Rheinübung« auf *Bismarck* einzuschiffenden Männer, die nach der Unternehmung Artikel und Filme zur Verwendung in Presse und Rundfunk abzuliefern hatten. Die »Prisenkommandos«, etwa einhundertundfünfzig Mann, waren dazu bestimmt, die während der Unternehmung aufgebrachten feindlichen Handelsschiffe in deutsche Häfen zu überführen. Mit der in der Kriegsmarine üblichen Abkürzung »B-Dienstgruppen« bezeichnete Lindemann die Spezialisten des sogenannten Funkbeobachtungsdienstes. Diese Männer hatten von einem der Funkräume an Bord aus den feindlichen Funkverkehr, soweit er sich auf die Kampfgruppe *Bismarck – Prinz Eugen* beziehen würde oder für sie wichtig sein könnte, zu erfassen, aufzunehmen, zu entschlüsseln und den Inhalt zu deuten, damit Lütjens entsprechend reagieren konnte. Die B-Dienstgruppen wurden für das Operationsgebiet und die besondere Aufgabe des Schiffes oder Verbandes jeweils ausgebildet und unterrichtet.

Am 28. April meldete Lindemann an das Oberkommando der Kriegsmarine, die Marinegruppen Nord und West sowie an das Flottenkommando: »Schiff ist personell und materiell voll einsatzbereit und für drei Monate ausgerüstet.« Im Kriegstagebuch vermerkte er: »Hiermit ist der erste Lebensabschnitt des Schiffes seit der Indienststellung am 24. August 1940 mit Erfolg abgeschlossen. Das Ziel ist in acht Monaten erreicht worden und unter nur vierzehntägiger Überschreitung gegenüber den ursprünglichen Absichten (Ostern), bedingt durch die sechswöchige, infolge Sperrung des Nord-Ostsee-Kanals und Eislage erzwungene Wartezeit in Hamburg.

Die Besatzung kann auf dieses Ereignis stolz sein. Es war nur erreichbar, weil der überall bestehende Wunsch, möglichst bald an den Feind zu kommen, es mir bedenkenlos erlaubte, übernormale Ansprüche auch über längere Zeit hinaus an die Besatzung zu stellen und weil das Schiff und seine technischen Einrichtungen trotz harter Beanspruchung und nur sehr spärlicher Hafenliegezeit von größeren Störungen und Schäden völlig verschont geblieben ist. Der erreichte Ausbildungsstand entspricht vergleichsweise dem eines großen Schiffes zur Hauptgefechtsbesichtigung in den guten Friedensjahren. Wenn der Besatzung auch eigentliche Kriegserfahrungen mit geringen Ausnahmen noch völlig fehlen, so habe ich doch das beruhigende Gefühl, mit diesem Schiff allen bevorstehenden Kriegsaufgaben gerecht werden zu können. Dieses Gefühl wird bestärkt dadurch, daß in Verbindung mit dem erreichten Ausbildungsstand der materielle Kampfwert dieses Schiffes ein so großes Zutrauen bei jedermann erweckt, daß wir uns – zum erstenmal seit langer Zeit – jedem Gegner gegenüber zum mindesten gewachsen fühlen können.

Die Verzögerung unseres Einsatzes, deren ungefährer Zeitpunkt der Besatzung selbstredend nicht verborgen bleiben konnte, ist darum für alle Beteiligten eine harte Enttäuschung.

Ich werde die Wartezeit in der bisherigen Weise zur weiteren Vervollkommnung der Ausbildung benutzen, dabei jedoch der Besatzung etwas mehr Ruhe gönnen und beabsichtige, daneben auch wieder etwas mehr Zeit für Divisionsdienst und äußere Instandsetzung des Schiffes zu geben, welche Dienstzweige in den letzten Wochen erklärlicherweise sehr stark zurücktreten mußten.«

Fortgesetzte Gefechtsausbildung, Wartungsdienst und Ausbildung innerhalb der Divisionen bestimmten die folgenden Tage. Statz hatte alle Hände voll zu tun, überprüfte die Gestänge für die Maschinengefechtsschaltungen, schmierte Kegelradverbindungen, erblickte im Flutpumpenraum zum ersten Mal das weiße Kästchen mit der roten Aufschrift »Maßnahme V«, zum Auslösen der Sprengung zur Selbstversenkung, falls es einmal würde sein müssen. Der Gedanke an seine jemalige Benutzung stand damals ferner als die Sterne. »Bald waren wir so weit«, schrieb später ein damals 24jähriger Unteroffizier, »daß wir dem ersten Gefecht entgegenfieberten. Die vielen Gerüchte und Parolen über eine unmittelbar bevorstehende Operation belebten diese Spannung noch von Tag zu Tag.« Für den 12. Mai kündigte der Flottenstab seine Einschiffung auf *Bismarck* an, um an dem Tag darauf einmal im Rahmen einer Klarschiffübung in See die Zusammenarbeit mit dem Schiffskommando praktisch zu erproben.

Der Flottenchef und sein Stab, das waren also Admiral Günther Lütjens, sein Chef des Stabes, der ihm seit langem persönlich verbundene Kapitän zur See Harald Netzbandt, drei weitere hohe Stabsoffiziere, der Flottcningenieur, der Flottenarzt, der den B-Dienst leitende Stabsoffizier, einige jüngere Offiziere, dazu Unteroffiziere und Mannschaften, ein insgesamt fünfundsiebzig Köpfe starker Flottenstab.

Günther Lütjens, damals 51 Jahre alt, hochgewachsen, schlank, mit dunklen, ernsten Augen, ein Mann sparsamer Gestik, der als Führer der damals bevorstehenden Operation jetzt persönlich vorzustellen ist, war im

Jahr 1907 als Seekadett in die Kaiserliche Marine eingetreten und hatte noch im gleichen Jahr die weite Welt erstmalig auf dem Großen Kreuzer *Freya* erlebt. Er hatte die folgende Marineschulzeit als zwanzigster von insgesamt einhundertundsechzig Fähnrichen seiner Crew beschlossen und 1909 sein erstes Bordkommando mit Verantwortung auf einem größeren Schiff erhalten. Danach waren viele Jahre einer Aufgabenstellung gefolgt, mit der er später immer wieder betraut werden sollte, der Ausbildung von Offizieren und der Förderung der Torpedobootswaffe. So war er 1911/12 Seekadettenoffizier auf dem großen Kreuzer *Hansa* gewesen. Den Ersten Weltkrieg hatte er als Wachoffizier auf Torpedobooten erlebt, später dann als Kommandant und Halbflottillenchef in der Torpedobootsflottille Flandern bei Aufklärungsvorstößen, einer Beschießung von Dünkirchen, Gefechten mit feindlichen Zerstörern und Hilfeleistungen an eigene, havarierte Boote taktische und seemännische Erfolge errungen. Nach dem Ersten Weltkrieg hatten sich dann wieder Kommandos bei der Torpedobootswaffe mit Stabsstellungen bei der Marineleitung in Berlin abgewechselt. Im Jahr 1937 war Lütjens als Konteradmiral Führer der Torpedoboote geworden, hatte so in dieser Waffe eine führende Stellung an der Front erlangt. Bald nach Beginn des zweiten Weltkrieges finden wir ihn als Vizeadmiral und Befehlshaber der Aufklärungsstreitkräfte auf Vorstoßunternehmungen in der Nordsee. In Vertretung des damaligen Flottenchefs hatte er die Deckungsstreitkräfte, Schlachtschiffe *Scharnhorst* und *Gneisenau,* bei der Besetzung Norwegens geführt. Im Juli 1940 hatte er endgültig das Kommando über die Flotte übernommen und war im September des gleichen Jahres zum Admiral befördert worden. An Bord seines damaligen Flaggschiffes *Gneisenau* hatte er dann im Februar/März 1941 bei der bereits erwähnten atlantischen Unternehmung zusammen mit *Scharnhorst* gegen die britischen Zufuhren einschlägige operative Erfahrungen sammeln können. Diese würden ihm jetzt zustatten kommen, auf neuer Unternehmung, an Bord des gewaltigen *Bismarck*!

Persönlich ist Lütjens während seiner Dienstjahre ziemlich durchgehend von Vorgesetzten und Kameraden als sehr klug, logisch denkend, tapfer und schneidig, dabei aber auch als geschickt und überlegend beurteilt worden. Schon früh war er allerdings durch einen sehr ausgeprägten Ernst und Stille, auch Nüchternheit aufgefallen, eine angeborene Zurückhaltung und geringe Mitteilsamkeit erschwerten es seinen offenherzigeren Kameraden, an ihn »heranzukommen«. Unter solch sprödem Äußeren verbargen sich aber von seiner Umwelt immer wieder gerühmte Eigenschaften: Ritterlichkeit, Selbstdisziplin und eine sehr vornehme Gesinnung. Wenn er sprach, tat er es schnell und lebhaft. Dann konnte förmlich hervorbrechen, wie sehr ein ebenso lebhaftes Denken und wie stark die Hingabe an dienstliche Pflichten sein Handeln bestimmten.

Am Vormittag des 13. Mai probte dann also, wie angekündigt, der Flottenstab an Bord. Er nahm die auf *Bismarck* eingebauten Befehlsverbindungen zum Schiffskommando in Augenschein und prüfte sie durch. Ein Vormittag reichte bequem dafür aus. Als er sich mittags wieder ausschiffte, um auf dem Tender *Hela* in Gotenhafen einzulaufen, waren die Bordneulinge unter der Besatzung um eine Erfahrung reicher. Ihnen war sinnfällig vorgeführt worden, in welch einzigartiger Weise sich auf einem Schiff alte Grundformen des Kriegertums mit modernen Kampfes- und Arbeitsformen verbinden. Wie früher einmal zu Lande der Feldherr selbst seine Truppen in die Schlacht führte, so würde nun bald der Flottenchef, in der Tradition Lord Nelsons, persönlich befehlend, im Brennpunkt des Gefechts dem Tode genau so nahe sein wie jedermann an Bord. Der Flottenchef nicht hinter, sondern inmitten der kämpfenden Linie! Für ihn würde es ebensowenig wie für Verwundetentransport und -pflege auf dem Schiff eine Etappe geben.

Sie selbst, die jungen Männer, hatten bis zu diesem Zeitpunkt so ziemlich all das gelernt und immer wieder geübt, was eine Schiffsbesatzung zur Hauptgefechtsbesichtigung in Friedenszeiten leisten mußte – ganz wie Lindemann es im Kriegstagebuch verzeichnet hatte. Hierbei hatten sie eine grundlegende Erkenntnis gewonnen. Ihre neue Umgebung, das Kriegsschiff, schien in mancher Hinsicht eigentlich weniger der Welt des Krieges als der modernen technischen Arbeitswelt, einer Welt weitverzweigter Arbeitsteilung entnommen zu sein. Viele von ihnen hatten in abgeschlossenen, engen Räumen, fernab vom Tageslicht, die Augen auf Druckmesser, Anzeiger aller Arten, ihre Hand an Ventilen und Hebeln, wandernde Zeiger an Skalen in Deckung zu halten. Ihre Präzisionsinstrumente würden sie, fest an ihren Platz gebunden, auch durch Feuerstürme hindurch in ruhiger, nüchterner Überlegung zu bedienen haben – ihre Welt war nicht diejenige des Infanteristen, der innere Spannungen beim Angriff durch Sprung und Schuß abbauen konnte, sie waren die Soldaten einer hochspezialisierten Technik. Daß sie allen kommenden Aufgaben gerecht werden würden, das konnte Lindemann am Ende der Ausbildungszeit mit berechtigter Zuversicht erwarten. Die letzte und schwerste Probe physischer und seelischer Belastbarkeit würde ihnen natürlich erst eine wirkliche Kampfhandlung abverlangen – diese Probe sollten sie zwei Wochen später bei dem Island-Gefecht und, kurz darauf, während des Endkampfes ihres Schiffes bestehen.

Einem Befehl des Flottenchefs folgend, übte *Bismarck* am gleichen Nachmittag noch einmal in See und über den Bug die Abgabe und Übernahme von Heizöl mit dem Kreuzer *Prinz Eugen*. Diese Form des Versorgungsmanövers lag Lütjens ganz besonders am Herzen. Sie erschien ihm bei den später im atlantischen Operationsgebiet zu erwartenden Verhältnissen zwingend geboten. Denn bei einem Manöver über den Bug *Bismarcks* würde sich das Schlachtschiff im Fall einer überraschenden Feindberührung nach Schlippen der Ölleitung sofort von seinem jeweiligen Versorgungspartner lösen und ungehindert mit den Schrauben angehen können.

Am 14. Mai übten wir Aufklärung und Treffenfahren mit dem Leichten Kreuzer *Leipzig,* der sich damals gerade zu eigenen Programmen in der Danziger Bucht aufhielt. Die Aufklärung wurde dabei von unseren Bordflugzeugen geleistet, deren Besatzungen bei dieser Gelegenheit auch noch einmal gegenseitige Angriffe übten. Doch sollte uns an diesem Tag der erneute plötzliche Ausfall eines unserer für den Flugzeugbetrieb unerläßlichen Bordkräne zu einem vorzeitigen Abbruch aller Übungen zwingen. Da es nicht möglich schien, die vordringliche Reparatur mit Bordmitteln durchzuführen, mußte *Bismarck* nach Gotenhafen einlaufen und zum Passieren einer Untiefe vor der Hafeneinfahrt auch noch die zeitraubende Unbequemlichkeit auf sich nehmen, Heizöl zu leichtern! Am Hafenkai sollte dann der Kran von Bord gegeben werden. Lindemann meldete die Störung an die vorgesetzten Dienststellen mit dem Zusatz, daß der Zeitpunkt der Wiederherstellung der Kriegsbereitschaft des Schiffes noch nicht vorauszusagen sei. In der Offiziersmesse nahmen der Erste Offizier und der Elektro-Ingenieur, Korvettenkapitän (Ing.) Wilhelm Freytag, ihr nun schon leidiges Gesprächsthema über die »fortgesetzte Kranmisere« erneut auf, aber dieses Mal sollte sie erfreulich rasch enden. Nach knapp einstündiger Arbeit beseitigte ein Monteur der Herstellerfirma den Schaden noch an Bord. Die Gruppe Nord aber hatte mittlerweile als Reaktion auf die Störungsmeldung Lindemanns das Auslaufen zur »Rheinübung« um mindestens drei Tage verschoben!

Verständlicherweise nutzten wir in jenen schönen Maitagen des Jahres 1941 unsere freien Stunden noch gern zu Landausflügen. Allerdings weniger in das nüchterne Gotenhafen. Dieser Ort war ursprünglich unter dem Namen Gdynia, später von den Preußen Gdingen genannt, ein unbedeutendes Fischerdorf gewesen, in dem Polen nach dem Ersten Weltkrieg, nunmehr wieder unter dem Namen Gdynia, einen Kriegs- und Handelshafen errichtet hatte. Einhundertunddreißigtausend Einwohner hatte der Ort gezählt, als ihn die Deutschen 1939 unter dem neuen Namen Gotenhafen in einen großen Marinestützpunkt umzuwandeln begannen. Dessen Vorteil war es, bei Kriegsbeginn noch außerhalb der Reichweite feindlicher Bomber zu liegen, und so diente er damals vorzugsweise als Stützpunkt für die noch in der Gefechtsausbildung stehenden Schiffe. Sonstige Pläne des Oberkommandos der Kriegsmarine sahen dort den Bau einer der größten Werftanlagen der Welt vor.

Damals liebten wir es, Danzig und das noch näher gelegene, unter den Kriegsverhältnissen etwas vereinsamte Zoppot zu besuchen, dessen Seepromenade und Landungsbrücke immer wieder zu Ausflügen lockten. Mit der Eisenbahn waren diese Orte bequem zu erreichen, und mein guter Freund, Kaptänleutnant (Ing.) Emil (genannt: Seppel) Jahreis, und ich haben dort noch so manche fröhliche Stunde gemeinsam verbracht. Bei einem Bummel durch Danziger Lokale fragten Bekannte uns eines Abends: »Nun, wann werden wir euch nicht mehr wiedersehen? Aber, wir wissen ja, ihr dürft nichts sagen. Eines Tages werdet ihr eben ausbleiben, und dann hören wir vielleicht im Wehrmachtbericht von euch.« Ein andermal hatten wir nach einer ausgedehnten Reise durch die Bars unser Hotel in Zoppot erst sehr spät wieder aufgesucht. Beim Erwachen zeigte uns die Sonne an, daß *Bismarck* längst zu Übungen in See gegangen sein mußte. Aus den Betten springen und Gotenhafen erreichen, das ging blitzartig ineinander über. Hatten wir unseren Dusel verdient, dort am Hafen sogleich einen mitnahmebereiten Schlepper zu finden? Als wir uns dann dem gestoppt auf uns wartenden *Bismarck* näherten, stand an Oberdeck, dort, wo längsseit zu gehen war, der Mann, nach dem wir eine ausgesprochene Sehnsucht im Moment nicht empfanden: der für die Erhaltung der Borddisziplin verantwortliche Erste Offizier. Denn um Hans Oels, den unnahbaren, von der Besatzung als einsamsten Menschen an Bord bezeichneten, machten alle, wenn es nur ging, einen Bogen, ob Offizier, Unteroffizier oder Mannschaftsdienstgrad. Dieses Mal ließ er es, in gewohnter Distanziertheit, damit bewenden: »Der Kommandant erwartet Sie auf der Brücke!« »Na«, sagte Lindemann mit einem gütigen Lächeln, als wir uns kleinlaut bei ihm meldeten, »dann nehmen Sie Ihren Dienst mal wieder auf!«

Der gute Seppel Jahreis aus dem bayerischen Öttingen – er liebte das Leben und war so gern vergnügt. In jenen letzten Wochen in Gotenhafen aber ging eine allmähliche Veränderung in ihm vor. Er wurde ungewöhnlich still, wirkte bedrückt, eine Vorahnung des Kommenden schien auf ihm zu lasten, hart litt er aber vor allem, wenn er es auch nicht aussprach, unter seiner plötzlichen, ihm unverständlichen Versetzung vom Posten des Turbineningenieurs auf den des Leiters der Leckabwehr. Seit Beginn der Baubelehrung war er mit »seinen« Turbinen so vertraut geworden, seiner Turbinenmannschaft menschlich so nahgekommen, daß ihn der auferlegte Wechsel quälte. Es sollte dann auch eine schicksalhafte Veränderung gewesen sein – sein Nachfolger im Turbinenraum hat den Untergang des Schiffes überlebt.

Hitlers Besuch an Bord

Am ersten Mai war das Flottenkommando von dem zuständigen Adjutanten Hitlers fernmündlich darüber unterrichtet worden, daß dieser am 5. Mai die Schlachtschiffe *Bismarck* und *Tirpitz* in Gotenhafen zu besichtigen wünsche. Und an diesem Tag kamen dann Hitler, Generalfeldmarschall Wilhelm Keitel, der damalige Marineadjutant Fregattenkapitän Karl Jesko von Puttkamer, der Luftwaffenadjutant Oberst Nicolaus von Below und andere mit dem Flottentender *Hela* auf Gotenhafen Reede an Bord. Auffälligerweise fehlte Großadmiral Raeder in der Begleitung. Die Führung durch das Schiff übernahm der Flottenchef, und auf *Bismarck* wehte während der vierstündigen Anwesenheit Hitlers die »Führerstandarte«. Zum Empfang war die Besatzung auf dem Oberdeck angetreten, Oberbootsmann Kurt Kirchberg mit Schweißperlen auf der Stirn von der Anstrengung her, noch die Spuren eines im letzten Monat vor dem Anbordkommen Hitlers auf dem Steuerbord achteren Oberdeck umgestürzten Farbtopfes beseitigen zu müssen. Hitler, etwas bleich wirkend, schritt mit Keitel, gefolgt von Flottenchef und Kommandant, die Front ab. Es schloß sich die Besichtigung einiger Schiffseinrichtungen an, wobei die jeweils zuständigen Stationsoffiziere Gelegenheit erhielten, Erklärungen vorzutragen. Besonders lange hielt sich Hitler in der Achteren Artillerierechenstelle auf, wo der hervorragend tüchtige Erste Befehlsübermittlungsoffizier des Schiffes, Oberleutnant zur See Friedrich Cardinal, die schon in ihrem Äußeren technisch eindrucksvollen Geräte und ihr Zusammenwirken im Bereich der Feuerleitung erläuterte. Dem Anschein nach waren sowohl Hitler als auch Keitel von der Darstellung Cardinals sehr beeindruckt. Fragen wurden aber nicht gestellt.

Nach dem Schiffsrundgang trafen sich Hitler und Lütjens in kleinstem Kreise in der Admiralswohnung. Lütjens berichtete über seine früheren Erfahrungen im Kampf der Schlachtschiffe *Scharnhorst* und *Gneisenau* gegen die britischen Zufuhren im Atlantik. Er gab sich im Grundsatz zuversichtlich für eine neue Unternehmung dieser Art mit *Bismarck* und erläuterte dazu seine näheren Absichten. Er nannte es einen Vorteil, daß der im Unterschied zur *Scharnhorst*-Klasse stärkere *Bismarck* schwer gesicherten Geleitzügen nicht mehr notwendigerweise werde ausweichen müssen. Das schwierigste Problem aber bleibe nach wie vor, einen deutschen Verband unbemerkt vom Feind in den freien Atlantik zu führen. Hitlers Frage, ob nicht schon in der rein numerischen Überlegenheit der britischen Flotte ein großes Risiko liege, beantwortete er mit dem Hinweis auf die Überlegenheit *Bismarcks* über jedes einzelne britische Großkampfschiff. *Bismarcks* Schlag-und Standkraft seien groß genug, um Befürchtungen insoweit auszuschließen. Allerdings, so fügte er nach einer Pause hinzu, seien auch nach einem erfolgreichen Ausbruch in den freien Ozean keineswegs alle Sorgen gebannt. Ganz offen bezeichnete er die Torpedoflugzeuge der britischen Flugzeugträger als eine große Gefahr, mit der ständig überall im Atlantik zu rechnen sei – und wußte noch nicht, wie sehr gerade diese seine Worte ihn mitten hinein in das bevorstehende Schicksal seines Flaggschiffes führten.

Mit Ausnahme der einen Zwischenfrage blieb Hitler zu Lütjens' Vortrag still. Lütjens wird sich darüber nicht einmal gewundert haben. Er mußte längst wissen, daß Hitler als ein ausschließlich landgebundener Mensch von den Besonderheiten des Seekrieges gar keine rechte Vorstellung besaß. Auf der einen Seite sorgte Hitler sich zwar stets um die großen Schiffe, wenn sie in See waren, aber er befürchtete dabei eben auch Verluste und – ihm in der Vorstellung noch mehr zuwider – entsprechende Prestigeeinbußen. Andererseits sah er in der Handelskriegführung ein ihm nicht behagendes Abweichen von der eigentlichen Kampfbestimmung eines Kriegsschiffes, wobei er die Risiken oft nüchterner und realistischer einschätzte als die Fachleute. Kurz, seine innere Distanz zu See und Seekriegführung blieb und manifestierte sich an jenem Tag auf *Bismarck* schon allein dadurch, daß er, der waffentechnisch doch sonst so Interessierte, kein einziges Wort dafür fand, wie die geballte Kraft des Schiffes auf ihn wirkte. Nein – seine Distanz blieb, daran konnte auch das schiffbauliche und waffentechnische Meisterwerk, das *Bismarck* ja doch offensichtlich war, nichts ändern. Und auch dieses Mal wurde die Seekriegsleitung ihre ständige Sorge nicht los, ob Hitler nicht ganz plötzlich eine ozeanische Unternehmung für *Bismarck* einfach verbieten würde, so wie das schon in entsprechenden früheren Fällen befürchtet worden war. War hier der innere Grund dafür zu suchen, daß Lütjens in seinem Vortrag vor Hitler jede Erwähnung des doch nur zwei Wochen später liegenden Auslauftermins unterlassen hatte? Hatten Raeder und er sich abgesprochen, hierüber zu schweigen? Gut möglich, denn Raeder seinerseits sollte, entgegen sonstiger Gewohnheit, Hitler das Auslaufen der Kampfgruppe *Bismarck* – *Prinz Eugen* erst am 22. Mai melden, dem vierten Tag der Operation, als beide Einheiten längst im Nordmeer dem Eintritt in die Dänemarkstraße entgegenstrebten. Aber auch in dieser vorgerückten Phase der Unternehmung konnte er deren Fortsetzung nur gegen ganz erhebliche Bedenken Hitlers durchsetzen. Dieser, dem hierbei anwesenden Puttkamer zufolge von der Auslaufmeldung ganz nervös gemacht, erwiderte zunächst: »Herr Großadmiral, ich möchte, wenn irgend möglich, die Schiffe zurückrufen.« Aber Raeder wandte ein, die Vorbereitungen für die Unternehmung seien bereits zu weit gediehen; niemand würde einen Rückruf noch zu diesem Zeitpunkt verstehen. Dann folgte eine Auseinandersetzung, von Hitler mit den Worten beendet: »Nun, Sie werden jetzt wohl die Dinge lassen müssen, wie sie sind, aber ich habe ein sehr schlechtes Gefühl.« Kein Protokoll sollte später diese Auseinandersetzung verzeichnen, zu lesen war lediglich »Führer hat zugestimmt«.

Nach dem Vortrag in der Admiralswohnung fand in der Offiziersmesse ein gemeinsames Mittagessen statt. Hitlers Vorliebe für fleischlose Diätkost war bekannt, und so gab es an diesem Tage ein vegetarisches Eintopfgericht. Hitler sagte während des Essens, das ihm aus Sicherheitsgründen von einem SS-Mann serviert wurde, kaum etwas. Erst danach setzte er ein Gespräch in Gang, das er dann auch fast ausschließlich selbst bestritt. Nur vereinzelt kamen Beiträge von anderer Seite. Soweit ich in meiner gemäß dem Sitzprotokoll größeren Entfernung von den hohen Rängen Worte aufnehmen konnte, wandte Hitler sich zunächst, sehr vernehmlich, der Frage der deutschen Bevölkerungsminderheit in Rumänien zu. Er verkündete seine Absicht, diese, falls deren »Drangsalierung« durch die Bukarester Regierung nicht enden sollte, eines Tages »kurzerhand in das Reich zurückzuholen«. Zur Haltung der Vereinigten Staaten, die danach auf irgendeine Weise zum Thema geworden waren, meinte er, daß er deren Eintritt in den Krieg, der überhaupt im Mittelmeer entschieden werde, für ausgeschlossen halte. Nur zu gut, so begründete er dies, erinnerten sich die Amerikaner wohl noch an den Ersten Weltkrieg und die seither unbezahlten Schulden ihrer damaligen Alliierten. Auf ein neuerliches Unternehmen dieser Art würden sie sich kaum einlassen und gerne darauf verzichten, ihre Soldaten noch einmal in Europa zu opfern. Mit dieser Ansicht schien aber der Kommandant, Lindemann, nicht einig zu gehen. Er wollte einen Kriegseintritt der Vereinigten Staaten keineswegs ausschließen und rief mit diesem Einwand physiognomisch sehr deutlich sichtbar werdende Bedenken des Ersten Offiziers, Fregattenkapitän Oels, hervor, der es offenbar als äußerst ungemütlich empfand, daß hier dem »Führer« gewissermaßen widersprochen wurde. Nach der Mahlzeit erhob sich Lütjens zu einer kurzen Ansprache. Er widmete sie der Seekriegssituation und sprach von den Aufgaben, die *Bismarck* bevorstünden. Es sei und bleibe das Ziel, die Briten zu schlagen, wo auch immer sie sich zeigen sollten. Erwidert wurde auf diese Worte nicht.

Die »Rheinübung«

Auslaufen aus Gotenhafen. Marsch nach Westen,
durch den Großen Belt. Ein sonniger Tag im Kattegat.
Ein britischer Marineattaché in Stockholm.

Am 16. Mai meldete das Flottenkommando die Kampfgruppe *Bismarck* – *Prinz Eugen* zum 18. Mai klar für die »Rheinübung«. Die Gruppe Nord befahl Lütjens, am 19. Mai mit Dunkelwerden in den Großen Belt einzutreten. Etwa gleichzeitig gingen zwei Motorschiffe als Späher in den Atlantik. Ein Troßschiff und fünf Tanker liefen zu späteren Vorratsergänzungen auf vorbestimmte Positionen in Nordmeer und Atlantik.

In einer Besprechung auf *Bismarck* mit den Kommandanten Lindemann und Helmuth Brinkmann (*Prinz Eugen*) am 18. Mai legte Lütjens weitere operative Einzelheiten zur »Rheinübung« fest. Danach sollte bei geeigneter Wetterlage die Kampfgruppe nicht erst in den Korsfjord eintreten, sondern gleich zum Tanker *Weißenburg* im Nordmeer durchlaufen und danach, wenn möglich, durch die Dänemarkstraße weitermarschieren. Hierbei sollte der dortige Eisnebel ausgenutzt und mit Hilfe der Funkmeßgeräte auch im Nebel hohe Fahrt beibehalten werden. Etwa im Wege stehende feindliche Kreuzer und Hilfskreuzer seien unter Umständen anzugreifen. Vornehmlich jedoch seien *Bismarck* und *Prinz Eugen* zu schonen, damit sie möglichst lange auf ihrer Unternehmung aushalten könnten. Beide Schiffe sollten zunächst getrennt bis zur Insel Rügen marschieren und sich dort erst am Vormittag des 19. Mai zur Kampfgruppe vereinigen.

Lütjens bevorzugte also grundsätzlich auch weiterhin – wie bereits in seinem Operationsbefehl vom 22. April – die Passage durch die Dänemarkstraße, setzte sie zumindest von vornherein vor anderen Möglichkeiten an die erste Stelle. Hatte er nicht auch zu Anfang Februar 1941 auf seinem damaligen Flaggschiff *Gneisenau* bei dem Durchbruch durch die Dänemarkstraße sehr gute Erfahrungen gesammelt? Und warum sollte die dort über einen großen Teil des Jahres hinweg herrschende Unsichtigkeit ihm nicht ein weiteres Mal zu Hilfe kommen? Vermutlich hatte Lütjens so gedacht – sicher weiß ich es allerdings nicht. Er hat zu diesem Punkt weder Schriftliches hinterlassen, noch sich in der Kommandantenbesprechung am 18. Mai mündlich dazu geäußert.[1]

Die von der Gruppe Nord so ausdrücklich ausgesprochene Empfehlung, den Ausbruchsweg Island-Färöer zu wählen, schob er allem Anschein nach stillschweigend beiseite. Gegen die vorrangige Benutzung der Dänemarkstraße hatten aus der Sicht der Gruppe sehr konkrete Gründe gesprochen: deren relativ schmale und vom Gegner dementsprechend leichter zu überwachende Durchfahrtsrinne; das leichtere Fühlunghalten für die Briten im Norden, da diese auch ihre südlichen Bewacher zum Beschatten heranziehen können, umgekehrt aber nicht; Zeitgewinn und Brennstoffersparnis, wenn Lütjens sofort nach dem Verlassen Norwegens den näheren und kürzeren südlichen Ausbruchsweg benutzt; und das schnellere Gewinnen eines Vorsprungs vor den britischen Einheiten aus Scapa Flow über den südlichen Weg, sobald diese erst einmal Kenntnis vom Ausbruchsversuch erhalten.

Die in den letzten Tagen vor dem Auslaufen aus Gotenhafen intensivierten Vorbereitungen zur Unternehmung, die Einschiffung des Flottenstabes mit Gepäck für einen längeren Seetörn und ein am 17. Mai zur Vorbereitung der Übernahme besseren Heizöls befohlenes Bunkerreinigen machten es dieser klar, daß der erwartete Aufbruch unmittelbar bevorstand. Ab Mittag des 17. Mai wurde jeglicher Landurlaub gesperrt.

Bunkerreinigen – eine Sauarbeit! Längsseit von *Bismarck* machten Prähme fest, die das von den vergangenen Probefahrten herrührende Schmutzöl übernehmen sollten. Mit Eimern mußten je ein Maat und ein Matrose in die Bunker hinein, Sicherheitslampe und Frischluftschlauch in der Hand, damit sie dort unten überhaupt atmen konnten. Die schlimmste Dreckarbeit aber mußten zwangsrekrutierte Polen leisten, mit denen die sprachliche Verständigung natürlich schlecht war. Über eine Eimerkette wurde der Ölschlamm an Oberdeck, von dort weiter in die Prähme geschafft. Da kam so mancher Eimer auch schon mal leer oben an, nachdem er irgendwo auf seiner Reise seinen schwarzen Inhalt auf die Arbeitskleidung der Männer ergossen hatte. Aber schließlich ging auch das vorbei, und nach vierundzwanzig Stunden waren die Bunker sauber, gar blank. Die polnischen Arbeiter wurden mit Schnaps und Zigaretten belohnt.

Am 18. Mai gegen Mittag legte *Bismarck* vom Kai in Gotenhafen ab. Der an Oberdeck angetretene Flottenmusikzug spielte dabei das vertraute und traditionell vor längerer Seefahrt auf größeren Kriegsschiffen intonierte Lied *Muß i denn*... Ehrlich gesagt, wunderte ich mich damals nicht wenig über diese »musikalische« Bekanntgabe des Beginns der »Rheinübung«. Ob sie allerdings deren Geheimhaltung wirklich geschadet hat, vermag ich nicht zu sagen. Daß Flottenchef und Kommandant von diesem »Musikprogramm« vorher gewußt haben sollten, halte ich für recht unwahrscheinlich. Es hatte wohl eben nur kein leitender Offizier dieses vorausgesehen und daher auch nicht vorbeugend eingegriffen. Vermutlich hatte der Musikmeister das – in diesem Fall verräterische und mithin höchst überflüssige – Lied im bloßen Bewußtsein des bevorstehenden Auslaufens zu »Großer Fahrt« routinemäßig abspielen lassen, ohne sich weitere Gedanken zu machen.

Wir liefen aber nicht sofort aus, sondern ankerten vorerst auf Reede, in Sichtweite von Gotenhafen. Proviant in großen Mengen und Heizöl waren noch zu übernehmen. Tausende von Tonnen des kostbaren Brennstoffes flossen in die Bunker, aber es sollte nicht möglich werden, restlos aufzufüllen. Ein Ölschlauch riß, der Übernahmeraum stand gänzlich voll Öl, das Bunkern mußte abgebrochen und am Ort der Panne gereinigt werden. Dann zwang der Zeitplan zum Abbruch. Am 19. Mai, um 02.00 Uhr, ging *Bismarck* in See. Es war nicht sehr viel Heizöl, das am vollen Bestand fehlte. Aber niemand ahnte wohl zu dieser Stunde, daß der Fehlbestand im Lauf der Unternehmung noch seine Bedeutung erlangen sollte.

Die Stimmung an Bord war ausgezeichnet. Die Besatzung lebte in jener hochgespannten Erwartung, die sich einstellt, wenn eine Periode längerer Vorbereitung endlich in die Aktion übergehen will, der sie gedient hat. Ihr Vertrauen in den Kommandanten und das eigene Schiff war unbegrenzt. Noch kannte sie keinerlei Einzelheiten über die bevorstehende Unternehmung. Nun aber, auf See, gab Lindemann über die Schiffslautsprecher[2] bekannt, daß *Bismarck* über mehrere Monate hinweg im Nordatlantik Krieg gegen die britischen Zufuhren führen werde. Es gelte, ein Höchstmaß an feindlicher Tonnage zu vernichten. Jetzt wurde den Männern bestätigt, was sie alle schon so lange vermutet hatten. Die Nervosität der Ungewißheit fiel von ihnen ab, machte der Zuversicht über das Kommende Platz. Unter Deck ließ das leichte Vibrieren der Maschinen sie die ungeheuren Kräfte ahnen, die ihr Schiff zu einer todbringenden Waffe machten.

Der Marsch nach Westen verlief ohne besondere Ereignisse bei bedecktem Himmel, mittlerem Wind und Seegang. Die ab Rügen geschlossen laufende Kampfgruppe *Bismarck-Prinz Eugen* erreichte in der Begleitung der Zerstörer *Z23* und *Friedrich Eckoldt* und geleitet von Sperrbrechern die im voraus festgelegten navigatorischen Ansteuerungspunkte nach Plan. Gegen 22.30 stieß der Zerstörer *Hans Lody* mit dem Flottillenchef der 6. Zerstörerflottille, Fregattenkapitän Alfred Schulze-Hinrichs, an Bord zum Verband, der dann durch den Großen Belt nach Norden lief. Zur Geheimhaltung der »Rheinübung« war auf Anordnung des Befehlshabers der Sicherungsstreitkräfte der Ostsee für die Nacht vom 19. zum 20. Mai und für den folgenden Vormittag der gesamte Handelsverkehr durch den Großen Belt und das Kattegat gesperrt.

Am nächsten Tag, dem 20. Mai, standen wir im Kattegat. Auf *Hans Lody* gab es morgens den ersten Fliegeralarm. Wir auf *Bismarck* meinten zunächst, von britischen Aufklärern überflogen worden zu sein, mit der Folge unserer vorzeitigen Entdeckung. Es waren aber eigene Jagdflugzeuge gewesen, die uns wohl nur nicht vorher angekündigt worden waren.

Im Unterschied zum Vortag war der 20. Mai klar und sonnig, es herrschte ein geradezu herrliches Wetter. Bis zum fernen Horizont erstreckte sich grünlich schimmernde See, darinnen das leuchtende Blau vieler schmaler

Wellen. An Backbord passierten wir die kleine, flache Insel Anholt, sahen deutlich den hohen, schlanken Leuchtturm an ihrem nordöstlichen Ende. Rein symbolisch hätte man in diesem strahlenden Wetter die beste Verheißung für die Unternehmung erblicken können. Hätten wir nur nicht durch eine solche Unzahl dänischer und schwedischer Fischkutter hindurch und dabei noch in so klarer Sicht der schwedischen Küste marschieren müssen. Überall schienen sie zu sein, diese kleinen, weißen Fischerboote mit ihren tuckernden Motoren, teilweise unserer Kurslinie entlang dümpelnd.[3] Dazu bewegten sich Dampfer der verschiedensten Nationalitäten im Kattegat. Wenn das kein Präsentierteller war, über den wir hier fuhren – was war dann einer? Mußte ein so spektakuläres Auftreten hier oben im skandinavischen Raum nicht überflüssige Aufmerksamkeit erregen, die leicht zum Nachteil unserer Seekriegführung geraten konnte? Konnte die formale, ja kraft der Kriegslage Deutschland gegenüber damals sogar wohlwollende Neutralität Schwedens den militärischen Schaden verhindern, den uns der wachsame norwegische Untergrund sicherlich gern bereiten würde? Denn daß dieser seine Fäden nach London hatte, war ja auch nicht gerade ein Geheimnis. Aber mehr als das. Unserer Seekriegsleitung war wohl bekannt, daß die britischen Marineattachés in Stockholm und Helsinki als Hauptstellen des britischen Nachrichtendienstes dort bekannt werdende deutsche Schiffsbewegungen und sonstige deutsche militärische Operationen nach London zu melden hatten. Hatte nicht, wie sie ebenfalls wußte, der britische Marineattaché in Stockholm die Admiralität am 15. März 1941 darüber unterrichtet, daß zur Beobachtung der Durchfahrten im Großen Belt eine Organisation eingerichtet worden sei, deren Meldungen ihn schon zwölf Stunden später erreichen konnten? Auch Captain Troubridge hatte sich schon, auf einer Dienstreise durch diese Region im Juli 1939, Gedanken über die Navigation in ihren Gewässern gemacht. »Es sollte«, so vertraute er es damals seinem Tagebuch an, »nicht schwierig sein, in dunkler Nacht mit abgeblendetem Schiff unbemerkt durch den Großen Belt zu gelangen – ein gegebener Standort für die britische Seeaufklärung in Kriegszeiten.«

Für Agenten der anderen Seite, so schoß es mir in den Kopf, mußte dies ja eine außerordentliche Gelegenheit sein, unsere Kampfgruppe schon im Auslaufen zu erkennen und zu melden. Mir kamen die stärksten Zweifel, wie bei so guter Sicht auf so belebtem Meer der Beginn der »Rheinübung« jemals geheimgehalten werden könne. Unser »unbemerkter« Durchbruch – was würde aus ihm werden? Und auch für die feindliche Luftaufklärung war diese Wetterlage denkbar gut geeignet. Noch ungemütlicher wurde mir, als gegen 13.00 Uhr der schwedische Flugzeug-Kreuzer *Gotland* auf unserer Steuerbordseite unter der schwedischen Küste in Sicht kam. Die *Gotland* führte gerade, einem seit langem bestehenden Ausbildungsplan gemäß, Artillerieschießübungen querab von Vinga, das heißt, direkt westlich von Göteborg, innerhalb schwedischer Hoheitsgewässer, durch und lief eine Zeitlang sogar auf Parallelkurs mit uns mit! Es war nunmehr damit zu rechnen, daß sie die schwedische Admiralität über unser Auftreten informieren würde, und Lütjens funkte an die Gruppe Nord: »Um 13.00 Uhr Flugzeug-Kreuzer *Gotland* bei klarer Sicht passiert, daher anzunehmen, daß Verband gemeldet wird.« Der Befehlshaber der Gruppe, Generaladmiral Rolf Carls, erwiderte mit der folgenden Stellungnahme: »Ich halte die Kompromittierungsgefahr durch das schwedische Kriegsschiff bei der strikt neutralen Haltung Schwedens auch nicht für größer als die durch die ohnehin vorhandene planmäßig aufgezogene feindliche Überwachungstätigkeit in den Ostsee-Eingängen.«

Aber falls Lütjens eine gefahrbringende Kompromittierung befürchtet haben sollte, so war er es jedenfalls, der schließlich recht behielt, nicht Carls. Über den Marinebefehlshaber in Göteborg meldete der Kommandant der *Gotland,* Kapitän zur See Ågren, durch geheimen Funkspruch unser Passieren an den Chef des Marinekommandos der Westküste in Nya Varvet, der seinerseits das Marineoberkommando in Stockholm entsprechend unterrichtete.[4] Und die Weiterungen aus dieser Meldung wird uns jetzt ein kurzer Blick nach Schweden enthüllen.

Zu Anfang 1941 waren einige hohe Offiziere des schwedischen Geheimdienstes zu der persönlichen Ansicht gelangt, daß vom Standpunkt ihres Landes aus eine Schwächung Deutschlands höchst wünschenswert sei. Diese Offiziere hatten die deutschen Einfälle in Dänemark und Norwegen als einen empörenden Angriff auf die Souveränität Gesamtskandinaviens empfunden und arbeiteten seit Februar 1941 eng mit der norwegischen Untergrundbewegung zusammen. Ihre entsprechenden Kontakte liefen teilweise über den in Stockholm akkreditierten Militärattaché der norwegischen Exilregierung in London, Oberst Roscher Lund, der inzwischen Freund und verläßlicher Informant des damaligen britischen Marineattachés in Schweden, Captain Henry Denham, geworden war.

Roscher Lund erfuhr nun am Abend des 20. Mai von dem dem Geheimen Schwedischen Nachrichtendienst, dem sogenannten C-Büro im Wehrmachtoberkommando Stockholm angehörigen Kapitänleutnant Egon Ternberg[5], daß zwei große deutsche Schiffe und mehrere Handelsschiffe unter Jagdfliegerschutz tagsüber das Kattegat auf Nordkurs passiert hätten. Er eilte umgehend zur britischen Gesandtschaft, wo man ihm sagte, daß Denham sich gerade in einem Restaurant in der Stadt aufhalte. Dort fand er ihn dann auch und teilte ihm die wichtige Neuigkeit mit. Beide begaben sich unverzüglich zur Gesandtschaft, von der aus Denham unter Berücksichtigung einer früheren Beobachtung am Tage an die Admiralität in London drahtete: »Kattegat 20. 5. a) heute vormittag passierten elf deutsche Handelsschiffe Lenker Nord; b) um 15.00 Uhr passierten zwei große Kriegsschiffe nebst drei Zerstörern, fünf Begleitschiffen und zehn bis zwölf Flugzeugen

Marstrand mit Kurs Nordwest 2058/20.« Und am 23. Mai bedankte sich Denham bei Roscher Lund mit dem folgenden Handschreiben: »Ihr sehr wertvoller Bericht über feindliche Kriegsschiffe im Kattegat vor zwei Tagen hat uns befähigt, am 21. Mai in den Fjorden von Bergen ein Schlachtschiff der Klasse *Bismarck* und einen Kreuzer der Klasse *Prinz Eugen* festzustellen. Selbstverständlich würde es keinen Nachteil bedeuten, wenn Sie dieses Ihrer Quelle (also Ternberg) mitteilen wollen. Für Ihre sehr hilfreichen Bemühungen danke ich Ihnen sehr – lassen Sie uns hoffen, daß Ihr Freund auch weiterhin von so hohem Wert sein wird. Ihr Henry Denham.«

Ternberg seinerseits hatte die Sichtmeldung der *Gotland* in der Stockholmer Admiralität entdeckt und deren Inhalt sofort an Roscher Lund gelangen, dabei allerdings aus Sicherheitsgründen die Herkunft der Information verschweigen lassen. Und für die *Gotland* war es bloße Routine gewesen, fremde Kriegsschiffe in der Nähe oder innerhalb schwedischer Hoheitsgewässer zu melden.

Mit meinen durch die klare Sicht, die vielen Fischkutter, die *Gotland* und die Nähe der schwedischen Küste bedingten unguten Gefühlen war ich am 20. Mai an Bord wohl kaum allein. Die Möglichkeiten, unseren Verband zu orten, schienen mir an jenem Tag dann doch etwas zu reichlich gesät, und beim Bedenken der möglichen Folgen dieser Umstände wollte es mir scheinen, daß ein Schatten auf unsere Operation gefallen war.[6] Der eine oder andere an Bord mag es ähnlich empfunden haben. Allerdings wurde im jüngeren Kameradenkreise nicht weiter darüber gesprochen, was hätte es auch geholfen? Zu ändern war doch nichts, und das Beste erhoffen mußte und konnte man ja immer. Aber niemand auf *Bismarck* ahnte damals wohl etwas von einer so raschen Unterrichtung der britischen Admiralität und deren unverzüglichen Gegenmaßnahmen, energischen und sukzessive weiterreichenden Schritten, die die Seelords schließlich in den Stand setzen sollten, am 28. Mai an Denham zu drahten: »Ihr Telegramm 2058 vom 20. 5. leitete die ersten einer Reihe von Operationen ein, die gestern in der Versenkung des *Bismarck* kulminierten. Gut gemacht.«

Doch greifen wir den Ereignissen nicht weiter vor. Jetzt, am 20. Mai, hatte auch für die britische Seite die »Rheinübung« erst begonnen.

Vor Anker im Grimstad Fjord.
Weitermarsch nach Norden

Gegen 16.00 Uhr liefen wir durch eine Sperrlücke, die Boote der 5. Minensuchflottille unter dem Kommando des Korvettenkapitäns Rudolf Lell kurz zuvor speziell für unsere Kampfgruppe durch eigene Minenfelder gelegt hatten. Dabei hatten die Minensucher drei Minen geschnitten und durch Geschützfeuer versenkt. In unserer Nähe versammelten sich aber auch noch einige Handelsschiffe, um ihrerseits im geeigneten Moment durch diese Lücke zu gehen. Mit ihnen hatten *Bismarck* und *Prinz Eugen* an sich nicht das mindeste zu tun. Es war dies vielmehr ein rein zufälliges und im Grunde höchst unerwünschtes, weil die Geheimhaltung der »Rheinübung« möglicherweise gefährdendes Zusammentreffen. Den schwedischen Beobachtern und ihren britischen Nutznießern hatte es sogar den Eindruck vermittelt, daß unsere Kampfgruppe und die Handelsschiffe operativ verbunden seien. Und daher hatten sie, wie wir sahen, in ihren Meldungen die Handelsschiffe als uns zugeordnet mit aufgeführt. Die Admiralität in London sollte dadurch schließlich in eine nicht geringe Gedankenarbeit darüber versetzt werden, was es mit dieser Schiffsmassierung wohl auf sich habe, welche deutschen Absichten dahinter stünden und wie diesen zu begegnen sei!

Nach Passieren der Sperrlücke wurden die Boote der 5. Minensuchflottille entlassen. *Bismarck* und *Prinz Eugen* setzten, weiterhin von den Zerstörern begleitet und zur Sicherung gegen britische U-Boote Zickzackkurse steuernd, mit siebzehn Knoten ihren Vormarsch fort. Abends kam während eines herrlichen Sonnenunterganges die norwegische Südküste in Sicht. Die Umrisse der schönen, herben Landschaft, ihre schwarzen Bergsilhouetten hoben sich wunderbar gegen den rotglühenden Himmel ab und ließen mich für Augenblicke den ganzen Krieg vergessen.

Dem Küstenverlauf entsprechend, drehten wir dann auf Westkurs, um später nach Umrunden der Südwestspitze Norwegens wieder zurück auf Nordkurs zu gehen. Zwischen 21.00 und 22.00 Uhr passierten wir die Äußere Süd-Sperrlücke bei Kristiansand. Wir liefen jetzt mit der Kriegsmarschfahrtstufe von 27 Knoten. Alle Waffen waren kriegswachmäßig, also zur Hälfte besetzt, so daß ein Teil der Artilleriemannschaften jeweils Ruhe hatte.

Ich selbst hatte gerade kriegswachfrei und besuchte einen Filmabend in der Offiziersmesse. Es gab *Spiel im Sommerwind*. Für die vorgesehenen mehreren Monate in See führten wir ja eine reichliche Auswahl von Unterhaltungsfilmen mit. Der spätere Verlauf der »Rheinübung« sollte aber weitere Vorführungen ausschließen. Und so blieb der genannte Film der einzige während der Unternehmung auf *Bismarck* gezeigte.

Niemand an Bord ahnte, daß an diesem Abend der zur norwegischen Untergrundbewegung gehörige Viggo Axelsen von der Küste bei Kristiansand aus unseren Verband auf seinem Vormarsch beobachtete und daß wir danach auch noch von einem anderen Norweger fotografiert wurden! Durch sein Doppelglas erkannte Axelsen unsere im Moment nur mäßige Fahrtstufe, notierte: »20.30 Uhr, ein Schlachtschiff, wahrscheinlich deutsch, Westkurs« und gab diese Meldung an seinen Freund Odd Starheim, der sie unverzüglich von einem Versteck in der Nachbarschaft aus verschlüsselt nach London funkte.[1] Dort gelangte sie auf den Tisch des Obersten J. S. Wilson, dem als Chef des britischen Nachrichtendienstes für Skandinavien die Aufklärungsergebnisse des norwegischen Untergrundes zuzuleiten waren. Und von diesem zur britischen Admiralität, der sie den Denhamschen Bericht vom Vortage bestätigte.

Etwa dreißig Minuten nach der Entdeckung durch Axelsen geriet unsere Kampfgruppe in den Gesichtskreis des norwegischen Untergrundkämpfers Edvard K. Barth, der gerade auf der Insel Heröya, zehn Seemeilen südwestlich von Kristiansand, Möwenforschung betrieb. Er sah unseren Verband durch eine Lücke im Minenfeld laufen, auf Westkurs drehen und mit der geringen Geschwindigkeit von etwa zehn Knoten weitermarschieren. Mit Teleobjektiv hielt er das sich ihm so überraschend bietende Bild kurz vor Sonnenuntergang fest – *Bismarck*, *Prinz Eugen,* zwei Zerstörer (der dritte blieb knapp außerhalb des Kamerafeldes) und kam durch solchen Zufall zu der letzten, jemals von Land aus gemachten Aufnahme der deutschen Kampfgruppe.

Am frühen Morgen des 21. Mai wurde *Bismarck* in den Klarschiffzustand versetzt. Es waren die Stunden der Dämmerung, die Unterseeboote gern zu Angriffen benutzten. Und vor britischen Booten galt es jetzt besonders auf der Hut zu sein. Der Ausguck an Bord wurde entsprechend verschärft, mit angespanntester Aufmerksamkeit die See immer wieder abgesucht. Doch glücklicherweise gab es dieses Mal eine tatsächliche Gefahr nicht. Plötzlich, kurz nach 07.00 Uhr, kamen vier Flugzeuge in Sicht – ganz kleine Punkte, mitten aus der aufgehenden Sonne heraus. Und schon waren sie wieder fort, verschwunden. Waren es wirklich Flugzeuge gewesen, britische, eigene? Hatte man sich etwas eingebildet? Unmöglich zu sagen, und bald war die vermeintliche Beobachtung wieder von neuen Eindrücken verdrängt.

Nicht lange danach erreichten wir dann das Schärengebiet bei Bergen und liefen vormittags bei strahlender Sonne an karger Felsenlandschaft und malerischen Holzhäusern vorbei in den Korsfjord ein. *Bismarck* marschierte in den südlich von Bergen gelegenen Grimstad Fjord und ankerte am Eingang des Fjöranger Fjordes, etwa fünfhundert Meter von Land entfernt. *Prinz Eugen* und die Zerstörer gingen weiter nach Norden, ankerten in der Kalvanes-Bucht und übernahmen dort aus einem Tanker Brennstoff. Auf *Bismarck* und auch *Prinz Eugen* wurde die Tarnbemalung durch einen Anstrich mit Außenbordsgrau ersetzt. Bisher hatten drei schwarz-weiße, schräg auf Außenhaut und Aufbauten gemalte Streifen, eine dunkelgraue Färbung des Vor-

und Achterschiffes und eine weiß markierte Bug- und Heckwelle den gegnerischen U-Booten das Schätzen von Lage und Gechwindigkeit erschweren sollen. Ab jetzt aber hätten die schwarz-weißen Kontrastfarben in der diesigen Atmosphäre nördlicher Seeräume leicht zu unserem Verräter werden können. Sonst aber wurde tagsüber nur abgewartet, und der durchweg sonnige Tag verging mit dem Kommen und Gehen deutscher Besatzungssoldaten in Norwegen, die den verständlichen Wunsch hatten, den neuen *Bismarck* zu besichtigen. Über eine besondere Begebenheit konnten diejenigen an Bord, die sie erlebten, noch einmal herzhaft lachen. Denn ein Landser, dem anscheinend der Tabak ausgegangen war und der auf *Bismarck* große Vorräte davon vermutete, hatte sich ein Boot organisiert und schaukelte nun in seiner Nußschale neben dem riesigen Schlachtschiff, während unsere Männer sich nicht lumpen ließen und an Bindfäden Zigaretten und Tabak hinunterreichten, so daß der Landser, wenn er nicht mit seinen Kameraden teilte, auf Jahre genug zu rauchen gehabt hätte!

Unsererseits gingen wir von Bord aus mit den Augen an Land spazieren. Dem Ufer nahe genug lagen wir ja. Viele Norweger schauten von drüben zu uns herüber. Wir konnten sie durch einen Zielgeber bei ihrem Frühstück vor den kleinen Häusern an den Berghängen beobachten. Wie viele Augen, dachte ich, die uns besser gar nicht sähen?

»Wenn man bedenkt, daß alle die, die sich heute hier an Bord sonnen, in einer Woche nicht mehr leben werden, schrecklich!« vernahm es der Maschinengast Statz plötzlich von einem, der sich bereits zum Gehen wandte und den er gar nicht kannte. Erst die angesagte Woche später sollte er ihn in britischer Kriegsgefangenschaft wiedersehen und kennenlernen, es war der Maschinengefreite Budich gewesen, der so gesprochen hatte.

Zum Schutz gegen unliebsame Überraschungen aus der Luft flogen den Tag über zwei Messerschmitt-109-Jagdflugzeuge Sperre über *Bismarck*. Und dieses Sperrfliegen, ich erinnere mich noch gut, vermittelte uns an Bord schon ein Gefühl beträchtlicher Sicherheit. Nach 13.30 Uhr löste die Flakwache an Bord einmal Fliegeralarm aus, doch wurde *Bismarck* nicht angegriffen, und unsere Geschütze traten nicht in Tätigkeit. Der britische Flug, der diesen Alarm ausgelöst hatte, galt anscheinend keinem Angriff. Es war 13.15 Uhr, als der Flying Officer Michael Suckling von der Bildaufklärungseinheit des britischen Küstenkommandos in seiner Spitfire achttausend Meter über uns stand und kurz vor dem Ende seines Aufklärungsfluges »zwei größere Kriegsschiffe« unter sich entdeckte und fotografierte. Als Ergebnis seiner Mission sollten noch am gleichen Tage britische Fachleute ein Schlachtschiff der *Bismarck*-Klasse und einen Kreuzer der *Admiral Hipper*-Klasse[2] im Raum um Bergen identifizieren – ein Ergebnis, das, wie wir sahen, Captain Denham in Stockholm seinem Informanten Roscher Lund am 23. Mai in anerkennender Form mitteilte. Doch wir an Bord ahnten nichts von dieser Auswirkung eines für glücklich beendet gehaltenen Alarms, und

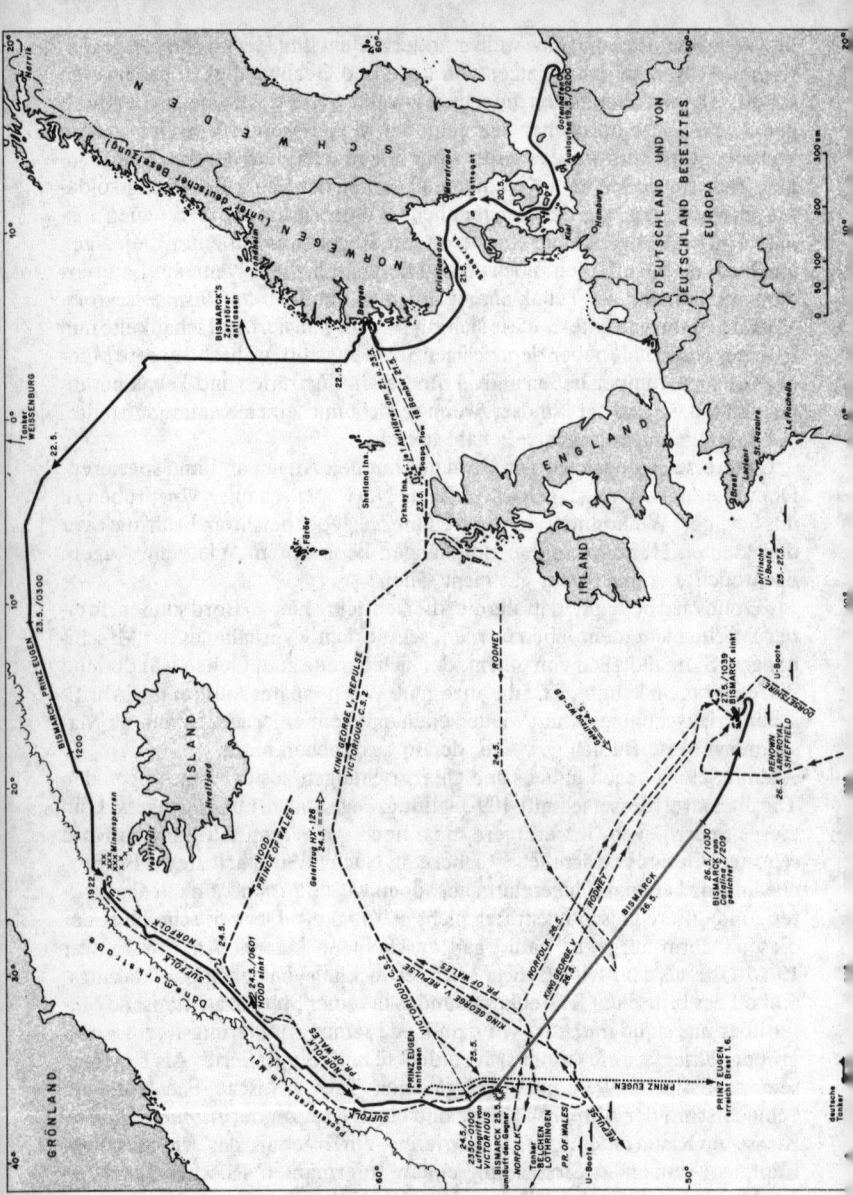

Gesamtwegekarte der »Rheinübung« vom 19. bis zum 27. Mai 1941.

ich persönlich erfuhr von Sucklings Erfolg zum erstenmal im Sommer 1943. Ich war damals Kriegsgefangener im kanadischen Bowmanville/Ontario. Eines Morgens nahm ich, wie gewohnt, meine Abonnementszeitung *The Globe and Mail* zur Hand. Die Titelseite zeigte, groß aufgemacht, die Aufnahme Sucklings vom ankernden *Bismarck* im Grimstad Fjord. Meine damalige Überraschung habe ich bis heute nicht vergessen.

Als wir so den ganzen Tag über vor Anker lagen, bewegte es mich – ich erinnere mich noch genau, und es ist keine nachträgliche Überlegung –, warum *Bismarck* die ja offenkundig reichlich vorhandene Zeit nicht dazu ausnutzte, um auch seinerseits[3] Heizöl aufzufüllen. Zwar wußte ich damals noch nicht, daß gemäß Operationsbefehl für *Bismarck* eine Brennstoffergänzung am 21. Mai ausdrücklich nicht vorgesehen war. Aber mir war bekannt, daß Heizöl in Gotenhafen nicht ganz voll genommen worden war. Und war es nicht überhaupt geboten, jede Versorgungsmöglichkeit zu nutzen und mit vollem Brennstoffvorrat zu einer so weiträumigen, in ihrem letzlichen Verlauf nicht überschaubaren Kriegsoperation auszulaufen? Zumal der Operationsbefehl ja auch noch vorsah, daß die über einen vergleichsweise niedrigeren Fahrbereich verfügende *Prinz Eugen* bei Bedarf unterwegs Heizöl aus dem Vorrat des *Bismarck* übernehmen sollte! Die Unterlassung sollte auch bei dem Weitermarsch nicht durch eine Auffüllung aus dem Tanker *Weißenburg* wettgemacht werden und sich für die späteren Phasen der »Rheinübung« als schwerwiegend herausstellen.[4]

Um 19.30 Uhr hievte *Bismarck* den Anker, lief nach Norden und vereinigte sich vor der Kalvanesbucht erneut mit *Prinz Eugen* und den Zerstörern. Der Verband nahm seinen Vormarsch wieder auf.

Während die Schiffe in mäßiger Fahrt an den Schären vorbeiglitten, stand ich inmitten einer kleinen Gruppe jüngerer Offiziere auf dem Achterdeck. Vor dem Auslaufen in den Atlantik wollten wir noch einmal die reizvolle Landschaft Norwegens genießen. Plötzlich kam der Korvettenkapitän Kurt-Werner Reichard, Leiter der B-Dienstgruppe im Flottenstab, an uns vorbei. Deutlich sichtbar trug er ein Stück Papier in der Hand. Begierig auf Nachrichten aus seinem interessanten Dienstbereich, hielten wir ihn mit der Frage auf: »Na, was haben Sie denn da?«

Reichard gab bereitwillig Auskunft. Es war ein soeben von der deutschen Beobachtungsleitstelle eingegangener geheimer Funkspruch. Ihm zufolge hatte eine britische Flugfunkstelle bereits am frühen Morgen britische Luftstreitkräfte angewiesen, nach zwei deutschen Schlachtschiffen und drei Zerstörern, die auf Nordkurs gemeldet worden waren (Denham!), Ausschau zu halten. Er wolle, so Reichard, diesen Text gerade Lütjens vorlegen. Ich kann nicht verschweigen, daß diese Neuigkeit uns zunächst etwas dämpfte. Wir damals Jüngeren im Offizierskorps des Schiffes hatten ja bis dahin über die Erkenntnisse der Briten zur »Rheinübung« gar nichts gewußt und fühlten uns nunmehr vom Gegner förmlich »entdeckt«. Ein gelinder Schock war es

101

schon. Sicherlich, so begann ich sofort mir vorzustellen, würde Lütjens jetzt seine taktischen Dispositionen abändern, beispielsweise erst einmal ins Nordmeer laufen, dort verharren und so lange Zeit verstreichen lassen, bis ein Erlahmen der britischen Aufmerksamkeit zu vermuten war. Die ganze Frage des »unbemerkten« Durchbruchs zu unserer Unternehmung stürmte wieder auf mich ein, und ich ging in Gedanken noch einmal die seit dem Auslaufen aus Gotenhafen insoweit von mir als Schwachstellen empfundenen Momente durch: das Ablegen vom Kai mit dem *Muß i denn* ... – der Marsch durch den, trotz seines Namens, engen Großen Belt – die vielen dänischen und schwedischen Fischkutter im Kattegat – die gute Sicht von der schwedischen Küste her – der schwedische Flugzeug-Kreuzer *Gotland* – das dichte Passieren unter der norwegischen Küste bei Kristiansand – der sonnig klare Tag vor Anker im Grimstad Fjord, in Landnähe und mit Besucherverkehr – wie sollte da die »Rheinübung« wohl noch geheim bleiben? Wäre es vielleicht nicht doch besser gewesen, durch den Nord-Ostsee-Kanal in die Nordsee und dann nach optimalem Stundenplan in Landferne und, ohne Norwegen zu berühren, direkt zur *Weißenburg* zu laufen? Sicherlich, auch auf diesem Wege würde es Entdeckungsrisiken geben, aber doch wahrscheinlich weniger als in den von uns tagsüber befahrenen Engen von Kattegat und Skagerrak! Aber was halfen schon diese Grübeleien? Auf jeden Fall ließen wir uns durch Reichards Eröffnung die Stimmung nicht ernsthaft trüben und beschlossen, dieses Wissen für uns zu behalten. Eine Weiterverbreitung an unsere Männer hätte ohnehin niemandem gedient.[5]

Um diese Stunde befand sich noch ein Tagesbesucher an Bord, dem Lindemann es entgegenkommenderweise gestattet hatte, das Schiff erst bei dessen Auslaufen mit dem Lotsenboot zu verlassen. Gegen Mittag hatte im Büro des damals im Raum Bergen stationierten Oberfeldarztes Dr. Otto Schneider das Telefon geläutet: »Hätten Sie Lust«, so hatte er eine bekannte Stimme vernommen, »Ihren Bruder Adalbert auf *Bismarck* zu sehen, gar zu sprechen? Das Schiff liegt gerade in einem Fjord in unserer Nähe, sein Auftrag ist uns allerdings unbekannt.« Die Antwort war Otto Schneider nicht schwergefallen und er, nebst zwei Begleitern, auf einem Schnellboot bald unterwegs gewesen. »Nach kurzer, rascher Fahrt«, so schilderte er es später, »bogen wir in eine Bucht und erlebten einen zauberhaften Anblick. Vor uns lag *Bismarck* wie ein silbergrauer Traum aus ›Tausendundeiner Nacht‹. Trotz der gewaltigen Aufbauten, Geschützrohre und Panzerstände wirkte die Silhouette des Schiffes ästhetisch und elegant, fast wie aus Filigran erschaffen.« Dann war er auch schon dicht an *Bismarck* herangekommen und hatte seinen Bruder, ihn zum Anbordkommen auffordernd, winken sehen. Nach freudigster, herzlicher Begrüßung hatte er nicht ohne Stolz die Geschwindigkeit des ihn mitnehmenden Schnellbootes, 32 Knoten, gerühmt, aber nur um darauf zu hören: »Na, das können wir mit *Bismarck* auch, und noch etwas mehr! Ja, wir sind schneller als die Stärkeren und stärker als die Schnelleren, so daß uns eigentlich nichts passieren kann und unser Kommando schon einer Lebensversicherung gleichkommt« – für Otto Schneider ein interessanter Hinweis auf die technische Vollendung und Überlegenheit des *Bismarck*. Überhaupt hatte er die Stimmung bei Offizieren und Mannschaften als in jeder Weise ausgezeichnet und zuversichtlich empfunden – »bis jetzt, bis Norwegen«, hatten ihm noch einige Seeoffiziere gesagt, »ist unser Unternehmen überhaupt die reinste Lustfahrt in See gewesen«. In der Offiziersmesse, über der erst im späteren Rückblick für Otto Schneider eine »fast unheimliche und gespenstische Atmosphäre« gelegen hatte, hatte man dann noch über die operativen und taktischen Aspekte der bevorstehenden Unternehmung gesprochen, dabei über Kommendes mehr spekuliert als darüber gewußt. Sein Bruder Adalbert jedenfalls hatte Optimismus in jeder Beziehung ausgestrahlt. In dessen Kammer hatte er danach die Bilder der drei kleinen Töchter Adalberts bewundern dürfen und später mit Adalbert gemeinsam das Abendessen eingenommen. Auch Postkarten hatten die Brüder noch zusammen geschrieben, die Otto nach Bergen mitzunehmen sich erboten hatte, von wo aus sie später ihre Adressaten fast wie ein Gruß aus dem Jenseits erreichen sollten, als das Schicksal des *Bismarck* längst besiegelt war. Während des abendlichen Marsches durch die Schären sprachen Adalbert und Otto weiter, über diese und jene Kriegsoperation, das Luftlandeunternehmen in Kreta, in Ahnungslosigkeit kein Wort über den so dicht bevorstehenden Überfall Hitlers auf die Sowjetunion, und dann fragte Otto noch, wie Adalbert bei aller Zuversicht die Gefährdung des Schiffes aus der Luft beurteile? Lächelnd antwortete Adalbert, daß Abwehr und Schutz gegen Gefahren aus der Luft so stark seien, daß *Bismarck* von daher praktisch unverwundbar sei. Die vergangenen Übungen in der Ostsee hätte ergeben, daß die Luftwaffe nicht einen einzigen Treffer habe anbringen können! Für den kommenden Kriegsmarsch wünschte sich Adalbert nur noch möglichst viel Regen und Nebel – von den neuen Funkmeßgeräten der Briten schien er nichts zu ahnen.

Dann war die Zeit zum Abschiednehmen gekommen, vom Bruder, und auch vom Kommandanten. Während Otto Schneider sich bei letzterem abmeldete, stand Lindemann, einsam, an den Vorderen Kommandostand gelehnt. Sie gaben sich die Hand, und Schneider blickte in ein blasses, fast zerfallen wirkendes Gesicht mit tiefernsten Augen. »Rückblickend«, so sagte Otto Schneider es später, »meine ich, daß Lindemann sich schon in diesem Augenblick völlig klar war über die riesigen Gefahren, denen *Bismarck* entgegenfuhr und daß er meine Aussichten, meinen Bruder jemals wiederzusehen, als nur sehr gering einschätzte. Gegensätze zwischen ihm und dem Oberkommando der Kriegsmarine in den beiderseitigen Auffassungen zur Lage scheinen bestanden zu haben.«

Hatte die soeben von Reichard überbrachte Meldung der deutschen Beobachtungsleitstelle zu dieser Stimmungslage bei Lindemann beigetragen? Hatte diese Meldung ihm den Abend des 21. Mai als den fast letztmöglichen

Zeitpunkt für eine von ihm als notwendig angesehene grundlegende Korrektur der Ausbruchstaktik der Kampfgruppe erscheinen lassen? Und hatte er sich schweren Herzens eingestehen müssen, daß eine solche, in den Entscheidungsbereich des Flottenchefs fallende Maßnahme bei der Persönlichkeit von Lütjens kaum zu erwarten war?

Das Wetter hatte sich inzwischen verschlechtert, und der Himmel war nunmehr völlig bedeckt. Ein steifer Südwestwind jagte schwere Regenwolken vor sich her und Schaumstreifen über das Wasser in den Fjorden. Nebliger Dunst hing zwischen den Bergen. In der Reihenfolge Zerstörer vorn, dann *Bismarck*, gefolgt von *Prinz Eugen,* traten wir gegen 23.00 Uhr aus den Schären aus. An Bord zog die Kriegswache wieder auf. Kurz vor Mitternacht drehten wir auf Nordkurs. Mit Stärke 4 wehte jetzt der Wind aus Südsüdwest, also von achtern.

Nach Mitternacht noch einmal zurückblickend, sahen wir in den Wolken über dem Festland unregelmäßig weißes, gelbes und rotes Licht aufflammen. Wie die Gruppe Nord später am Tage mitteilte, hatten fünf in die Schären eingeflogene britische Maschinen Leuchtschirme und Bomben zehn Kilometer nördlich von Bergen über der Kalvanesbucht abgeworfen. Ihr Angriff war das Ergebnis des uns ja damals noch unbekannten mittäglichen Aufklärungsfluges des Flying Officer Suckling gewesen. Die Strahlen der Landscheinwerfer und das Mündungsfeuer der deutschen Bodenflak hatten die Lichteffekte am Himmel entsprechend vermehrt. Daß die Briten allerdings bei dem inzwischen verschlechterten Wetter während ihres Angriffes so gut wie nichts am Boden erkannt und ihre Bomben nur auf Verdacht abgeworfen hatten, habe ich erst sehr viel später erfahren.

Gegen 05.00 Uhr in der Frühe des 22. Mai entließ Lütjens plangemäß die Zerstörer, die unseren Verband bis dahin gegen britische U-Boote gesichert hatten. Wir waren auf der Höhe von Drontheim, und ich sehe noch heute die drei Boote vor mir, als sie in Richtung Küste allmählich im Dunst des Morgens verschwanden. Erst diesen Moment empfand ich als den endgültigen Abschied von der Heimat und den eigentlichen Beginn der »Rheinübung«. *Bismarck* und *Prinz Eugen* waren nunmehr mit sich allein.

Von der mit so vielem nachträglichen Wissen befrachteten Gegenwart her muß ich mich immer wieder nachdrücklich darauf besinnen, daß wir damals jüngeren Offiziere an Bord an jenem Morgen noch keinerlei Kenntnis über die etwa inzwischen auf britischer Seite gegen die »Rheinübung« eingeleiteten Abwehrmaßnahmen hatten. Innerlich rechnete ich nach der mir am Vorabend durch Reichard bekanntgewordenen Alarmierung der britischen Luftstreitkräfte allerdings damit, daß mittlerweile auch Seestreitkräfte des Gegners nach uns suchten. Und schon die bloße Vorstellung dessen vermittelte mir jene prickelnde innere Spannung, die ein Befahren dieses engen Vorfeldes der britischen Seemacht im Kriege mit sich bringen konnte. Andererseits war der aufgefangene britische Funkbefehl noch jungen Datums, und die

Wahrscheinlichkeit unserer raschen Entdeckung durch britische Seestreitkräfte entsprechend gering.

Lütjens seinerseits wurde von der Gruppe Nord gegen 09.30 Uhr darüber unterrichtet, daß laut dem deutschen Beobachtungsdienst eine Auswirkung des Auflaufens seiner Kampfgruppe oder des britischen Befehls zum Suchen nach »den Schlachtschiffen« nicht feststellbar sei. Nur eine verstärkte britische Luftaufklärung im nordöstlichen Sektor sei zu beobachten. Die Gruppe meinte dazu, daß die starke feindliche Luftaufklärung in Richtung Norwegen und nördliche Nordsee anscheinend zu weit südlich angesetzt sei, um unsere Kampfgruppe noch zu erfassen. Wir schienen also unbemerkt vom Feind den weiteren Vormarsch angetreten zu haben.

Mit 24 Knoten marschierte die Kampfgruppe weiter und erreichte gegen Mittag bei bedecktem Himmel und diesigem Wetter eine Position rund 200 Seemeilen von der norwegischen Küste entfernt, auf der Höhe Island-Norwegen. Das Wetter schien auch so bleiben zu wollen und damit die günstigen Voraussetzungn zu erfüllen, die Lütjens sich zur Benutzung der nördlichen Ausbruchspassage erhofft hatte. Daher teilte er nunmehr *Prinz Eugen* seine feste Absicht mit, durch die Dänemarkstraße zu laufen. Er fügte allerdings hinzu, daß die Kampfgruppe im Falle eines Aufklarens, also einer Verschlechterung der Durchbruchsvoraussetzungen, erst noch den Tanker *Weißenburg* aufsuchen werde.

Um 12.37 Uhr gab *Bismarck* U-Boot- und Fliegeralarm – angeblich war ein Periskop gesehen worden. Die Kampfgruppe drehte nach Backbord und fuhr eine halbe Stunde lang Zickzackkurse. Aber nichts geschah, und um 13.07 Uhr wurde der frühere Kurs wieder aufgenommen.

Und weiter blieb uns das Wetter günstig, schien im Verlauf des Nachmittages unser bester Verbündeter werden zu wollen. Um 16.00 Uhr war es bei bedecktem Himmel fortgesetzt diesig, ab 18.00 Uhr regnete es bei Südwestwind, Stärke 3. Nach 21.00 Uhr nahm die Sicht weiter ab und ging schließlich auf 300–400 Meter zurück. Nebel kam stellenweise auf, es war feuchtkalt, und *Bismarck* glänzte bis zum Vortopp in silberner Nässe. Es war ein wunderbarer Anblick. Beide Schiffe leuchteten zum Fühlung- und Abstandhalten hin und wieder mit Vartalampen oder kleinen Scheinwerfern, und eine Zeitlang, als der Nebel ganz dick war, erleichterte *Bismarck* dem *Prinzen* das Folgen durch Anstellen eines großen achteren Scheinwerfers. Da es aber auf der inzwischen erreichten Nordbreite auch in der Nachtzeit fast taghell blieb, konnte der Verband selbst bei dieser schlechten Sicht in eng geschlossener Formation mit 24 Knoten weiterlaufen. Der Vormarsch glich einer wahren Geisterfahrt, einem Rauschen durch eine nie zuvor erlebte, endlose, keine Spuren zulassende unirdische Welt. Die Szenerie schien für den »perfekten« Durchbruch wie geschaffen.

Bei dem anhaltend achterlichen Wind liefen ständig tiefhängende, dunkle Regenwolken wie schützende Vorhänge mit uns mit, so daß wir einen praktisch ununterbrochenen Sichtschutz vor unerwünschten Augen genossen. In der trotz aller Nässe auf seltsame Art anziehenden Atmosphäre dieser Nacht ging ich während meiner Freiwache auf der Schanze spazieren. Zufällig tat dort der Meteorologe des Flottenstabes, Regierungsrat Dr. Heinz Externbrink, das gleiche, und ich gesellte mich ihm zu. Es drängte mich, ihn zu fragen, ob nicht auch er es für besser hielte, wenn wir mit der Geschwindigkeit noch weiter heraufgingen. Denn dann könnten wir mit den Regenwolken Schritt halten und deren Schutz noch länger ausnutzen. Er antwortete: »Sie wissen gar nicht, wie oft ich eben dieses Lütjens bereits vorgeschlagen habe. Immer wieder habe ich ihn gewarnt, daß wir andernfalls mit unerwünscht guter Sicht in der Dänemarkstraße werden rechnen müssen. Aber der Admiral bleibt unzugänglich. Er lehnt ohne Begründung einfach ab.« Externbrink war von deutlicher Sorge bedrückt, seine Befürchtungen sollten sich am nächsten Tage als nicht unbegründet erweisen.

Nach 23.00 Uhr an diesem 22. Mai erhielt Lütjens noch drei sehr wichtige Funksprüche von der Gruppe Nord. Der eine lautete: »Annahme erneut bestätigt, daß Durchbruch vom Feind bisher noch unbemerkt bleibt« – praktisch also eine Wiederholung des Funkspruches vom gleichen Vormittag. Der zweite beruhte auf einer Luftaufklärung über Scapa Flow und besagte: »Teilaugenerkundung Scapa 22. 5. Vier Schlachtschiffe, hierbei evtl. ein Flugzeugträger, anscheinend sechs Leichte Kreuzer, mehrere Zerstörer. Damit keine Veränderung gegenüber 21. Mai und Marsch durch Norwegenenge unbemerkt.«[6] Bestätigte nicht das »keine Veränderung« nur noch ein weiteres Mal, daß *Bismarck* und *Prinz Eugen* Norwegen unentdeckt verlassen hatten? Welche Zuversicht muß Lütjens erneut geschöpft haben! Lag er mit seiner Absicht, unverzüglich im Norden durchzubrechen, nicht absolut richtig?

Und um 23.22 Uhr ließ er die Kampfgruppe auf Westkurs drehen: Kurs zum Durchbruch durch die Dänemarkstraße!

Schon bald danach traf der dritte Funkspruch ein. In ihm teilte Gruppe Nord mit, daß bisher kein operativer Einsatz feindlicher Seestreitkräfte zu verzeichnen sei und unsere U-Boote in den letzten Tagen große Erfolge südlich von Grönland erzielt hätten. Die am 20. Mai begonnene Landung auf Kreta verlaufe weiterhin planmäßig, und nach der heutigen Versenkung von britischen Kreuzern vor Kreta verspreche ein *baldiges* Auftreten der Flotte auf den Atlantikwegen eine erneute schwere Beeinträchtigung der britischen Seemachtstellung.[7] Es ist verständlich, daß diese Nachricht Admiral Lütjens darin bestärkte, ja er sich durch sie indirekt dazu aufgefordert fühlte, die »Rheinübung« ohne Umwege fortzusetzen.

In Wahrheit aber war unser Auslaufen aus Norwegen vom Feinde nicht unbemerkt geblieben. Auch die Schiffsbelegung in Scapa Flow war am 22. Mai anders, als es die deutsche Luftaufklärung dargestellt hatte. Wir sollten all dies bald am eigenen Leibe spüren. Doch werfen wir zum besseren Verständnis des Kommenden jetzt einen Blick auf die britische Seite.

Alarm in Scapa Flow
Die Heimatflotte geht in See

Schon zu Anfang Mai hatten die Briten eine verstärkte deutsche Luftaufklärung über dem hohen Norden und auch über ihrem eigenen Flottenstützpunkt Scapa Flow beobachtet. Der Chef der britischen Heimatflotte, Admiral Sir John Tovey, hatte darin sofort die Vorzeichen einer weiteren deutschen Atlantikunternehmung mit Überwasserschiffen gewittert. Als erste Vorsichtsmaßnahme hatte er den in der Dänemarkstraße patrouillierenden Kreuzer *Suffolk* angewiesen, diese Passage ab sofort scharf auf etwaige deutsche Durchbruchsversuche hin zu überwachen. Zusätzlich hatte er den in einem isländischen Stützpunkt liegenden Kreuzer *Norfolk* – Flaggschiff des Befehlshabers des Ersten Kreuzergeschwaders, Rear Admiral W. F. Wake-Walker – beauftragt, sich mit *Suffolk* nach Bedarf bei dieser Überwachungsaufgabe gegenseitig abzulösen.

Dann war der Bericht Denhams aus Stockholm über das Sichten elf deutscher Handelsschiffe, zweier großer Kriegsschiffe, dreier Zerstörer und von fünf Begleitschiffen auf Nordkurs im Kattegat gekommen. Er hatte Tovey in den frühen Morgenstunden des 21. Mai auf seinem Flaggschiff *King George V* in Scapa Flow erreicht. Und Tovey hatte dieser Nachricht auf der Stelle größte Bedeutung beigemessen. Aber um welche Schiffe handelte es sich im einzelnen, was hatten sie vor, und was sollten die gemeldeten Handelsschiffe? Der Admiral hatte schon von sich aus sogleich an *Bismarck* gedacht, über dessen kürzliche Erprobungen in der östlichen Ostsee er durch Berichte des britischen Geheimdienstes im Bilde war. Gewißheit darüber hatte er in dieser frühen Phase der deutschen Operation verständlicherweise noch nicht erlangen können. Aber er hatte sich entschlossen, bei seinen weiteren Überlegungen erst einmal von der Annahme auszugehen, daß *Bismarck* dem gemeldeten Verband angehöre. Diese Möglichkeit war ihm als die zur Stunde gefährlichste, und es war ihm daher weise erschienen, die nunmehr notwendig werdenden Planungen darauf zu gründen. Wenn es schließlich doch nicht der *Bismarck* sein sollte – nun, dann um so besser!

Hinsichtlich der deutschen Absichten hatten sich Tovey und sein Stab zunächst einmal vier denkbare Möglichkeiten ausgerechnet:

- es handelt sich um einen gesicherten Versorgungstransport nach Norwegen. Nach dessen Ankunft am Zielhafen werden die Kriegsschiffe nach Deutschland zurückkehren;
- die Kriegsschiffe geleiten die Handelsschiffe nach Norden, um diese später als Nachschubbasis für ihre eigenen Operationen zu benutzen;
- die Kriegsschiffe geleiten die Handelsschiffe nordwärts in Vorbereitung einer Landung auf Island oder den Färöern. Im Landungsfall gewähren die Kriegsschiffe militärische Deckung;

– die Kriegsschiffe geleiten die Handelsschiffe nur in Vollzug einer Nebenaufgabe und brechen anschließend zu eigenen Aufgaben in den Atlantik aus.

So viel britische Denkarbeit hatte unser nur zufälliges Zusammentreffen mit den Handelsschiffen an der Sperrlücke im Skagerrak ausgelöst!

Als für ihn bedrohlichste und gleichzeitig von deutscher Seite am raschesten zu verwirklichende Möglichkeit hatte sich Tovey dann auf den Durchbruch der Kriegsschiffe in den Atlantik eingestellt. Er hatte kalkuliert, daß seine Maßnahmen hiergegen gleichzeitig auch der Abwehr einer etwaigen deutschen Landung auf Island oder den Färöern zugute kommen würden. Aber welchen der fünf möglichen Durchbruchswege würden die Deutschen dieses Mal benutzen? Es gab da die 200 Seemeilen breite, aber wegen vorgeschobenen Eises im Mai wahrscheinlich auf 60 Seemeilen Breite verengte Dänemarkstraße zwischen Island und Grönland, den 240 Seemeilen breiten Weg zwischen Island und den Färöern, den 140 Seemeilen breiten Weg zwischen den Färöern und Shetlands, den Fair Island Kanal zwischen den Shetlands und Orkneys und den praktischerweise auszuschließenden schmalen Pentland Ford.

Nach sorgfältigem Abwägen aller Für und Wider hatte sich Tovey in erster Linie auf die Dänemarkstraße eingestellt, ohne aber dabei die drei südlicheren Ausbruchsmöglichkeiten zu vernachlässigen. Zu seiner unmittelbaren Verfügung standen die Schlachtschiffe *King George V* und *Prince of Wales*, der Schlachtkreuzer *Hood*, die Schweren Kreuzer *Suffolk* und *Norfolk*, acht Leichte Kreuzer – darunter *Galatea* als Flaggschiff des Befehlshabers des Zweiten Kreuzergeschwaders, Rear Admiral A. T. B. Curteis – und zwölf Zerstörer. Aufgrund der Denhamschen Meldung hatte die Admiralität ihm auch noch den Flugzeugträger *Victorious* und den Schlachtkreuzer *Repulse* zugeteilt. *Prince of Wales* und *Victorious* waren damals erst seit jeweils zwei Monaten im Dienst und besaßen noch nicht ihren vollen Gefechtswert.

Über all diese Einheiten hatte Tovey unverzüglich in folgender Weise disponiert: *Norfolk* und *Suffolk* lösen sich nicht mehr zur Einzelüberwachung der Dänemarkstraße gegenseitig ab, sondern überwachen diese laufend gemeinsam. Drei andere Kreuzer überwachen die Passage zwischen Island und Färöer. Seine Hauptstreitmacht hatte er in zwei Kampfgruppen gegliedert. Die eine, bestehend aus *Hood* und *Prince of Wales*, hatte er Vice Admiral Lancelot Holland auf *Hood* unterstellt. Die andere, bestehend aus *King George V*, *Repulse* und *Victorious*, würde er selbst führen.

Inmitten all dieser organisatorischen Vorbereitungen war dann bereits am Nachmittag des 21. Mai das Auswertungsergebnis des Sucklingschen Aufklärungsfluges eingetroffen: also doch der *Bismarck*! Zusammen mit einem Kreuzer der *Admiral Hipper*-Klasse in den Fjorden bei Bergen! So hatte ihn seine erste Ahnung doch nicht getrogen! Und noch am gleichen Abend hatte er die Kampfgruppe unter Vice Admiral Holland nebst sechs Zerstörern zur Überwachung der Passagen in den Atlantik, speziell des Seeraumes nördlich des 62. Breitengrades, entsandt. Seine eigene Kampfgruppe hatte Tovey vorerst zurückgehalten, um nicht, so lange nicht eindeutig feststand, daß *Bismarck* und *Prinz Eugen* aus Norwegen auch wieder ausgelaufen waren, Brennstoff auf überflüssigen Suchfahrten zu verschwenden. Dann hatte er in anhaltender innerer Unruhe fast noch vierundzwanzig Stunden auf das entsprechende Ergebnis der britischen Luftaufklärung warten müssen. Denn für diese war das schlechte Wetter des inzwischen herangerückten 22. Mai ein ebenso großes Hindernis gewesen, wie es den an diesem Tage dem Nordmeer zustrebenden deutschen Verband begünstigte. Und erst nach dem tollkühnen, teilweise gefährlich tief über die See und beängstigend dicht an die norwegischen Küstenhügel heran führenden Flug einer am Spätnachmittag des 22. Mai von den Orkneys gestarteten Aufklärungsmaschine hatte Tovey an diesem Abend endlich die von ihm so ersehnte Meldung erhalten: Der deutsche Verband war aus Norwegen wieder ausgelaufen!

Und noch um 22.00 Uhr war Toveys Kampfgruppe mit Nordwestkurs in See gegangen, um die Ausbruchswege südlich der Färöer abzudecken.

Am gleichen Abend drahtete Winston Churchill an Präsident F. D. Roosevelt: »Gestern, am 21. Mai, sind *Bismarck*, *Prinz Eugen* und acht Handelsschiffe[1] in Bergen festgestellt worden. Tief hängende Wolken verhinderten einen Luftangriff. Heute abend (wie wir entdecken) sind sie ausgelaufen. Wir haben Grund zu der Annahme, daß ein gewaltiger Vorstoß in den Atlantik bevorsteht. Falls wir sie vor dem Ausbruch nicht mehr fassen sollten, sollte Ihre Marine sicherlich in der Lage sein, uns ihren Standort anzuzeigen. *King George V, Prince of Wales, Hood, Repulse* und der Flugzeugträger *Victorious* nebst Hilfsschiffen werden sie verfolgen. Geben Sie uns die Information, und wir werden die Arbeit zu Ende führen.«

Zur Rekonstruktion der Operationsführung durch Admiral Lütjens

Vergleichen wir die beiderseitigen Erkenntnisstände um die Mitternacht des 22. Mai, als deutsche und britische Verbände konvergierend den nordwestlichen Passagen in den Atlantik zustrebten, so ergibt sich:

– Tovey hatte die deutsche Kampfgruppe identifiziert, wußte, daß sie Norwegen wieder verlassen hatte und rechnete vorzugsweise mit ihrem Ausbruchsversuch durch die Dänemarkstraße;
– Lütjens wußte aufgrund des Funkspruches der deutschen Beobachtungsleitstelle vom Vorabend und des nächtlichen Luftangriffes auf die von den Briten noch nördlich von Bergen vor Anker vermuteten Schiffe seiner Kampfgruppe, daß die »Rheinübung« bis dahin, das heißt bis zum Einlaufen in die Fjorde, dem Gegner bekanntgeworden war. Nach wiederholten Funksprüchen der Gruppe Nord am 22. Mai stand er aber unter dem Eindruck, daß sein Weitermarsch nach Norden unentdeckt geblieben und das Gros der britischen Heimatflotte nach wie vor in Scapa Flow versammelt war. Er wußte nicht, daß eben dieses Gros zu gleicher Stunde auf jenes Seegebiet zumarschierte, wo er mit seiner Kampfgruppe durchzubrechen im Begriffe stand.

An dieser Stelle sei noch einmal darauf hingewiesen, daß wegen des Todes Lütjens' und seiner Stabsoffiziere und wegen des Verlustes der Kriegstagebücher des Flotten- und des Schiffskommandos *Bismarck* am 27. Mai niemals restlos bekanntwerden konnte, welche Überlegungen und Beurteilungen die taktischen Entschlüsse des Flottenchefs seit dem Auslaufen aus dem Heltefjord am Abend des 21. Mai im einzelnen bestimmt haben. Sowohl der nach dem Schiffsuntergang gerettete Turbineningenieur, Kapitänleutnant (Ing.) Gerhard Junack, wie auch ich selbst als Artillerieleiter im Achteren Stand haben naturgemäß nur einen sehr begrenzten Einblick in die Gedankengänge der Flotten- und Schiffsführung gehabt. Wie jedermann auf dem großen Schiff, konnten wir nur die Geschehnisse auf unseren jeweiligen Stationsbereichen intensiv erleben. Von der »Rheinübung« kannten wir auch nicht mehr als die allgemeinen Grundzüge, die Lindemann der Besatzung am 19. Mai über die Schiffslautsprecher bekanntgegeben hatte. Selbst solche einfachen navigatorischen Vorkommnisse wie das Passieren des Großen Belts, das Durchlaufen des Kattegat, das Einlaufen in Norwegen und der Durchbruch durch die Dänemarkstraße sind als Bestandteile eines geheimen Operationsplanes – die sie ja waren – uns jüngeren Schiffsoffizieren erst durch ihr Eintreten bekanntgeworden. Von solcher Geheimhaltung hatte der als Unteroffizier bei der maschineninternen Befehls- und Meldeanlage diensttuende und der achteren E-Gruppe zugeteilte Fähnrich (B)

Hans-Georg Stiegler seine eigene Kostprobe erhalten. Während der Fahrt durch das Kattegat war er auf einem freien Rundgang bis zum Schiffskartenhaus gelangt, wo sein Crewkamerad Friedrich-Wilhelm Dusch gerade Kurse absteckte. »Wirf nur ja keinen Blick auf die Seekarten, das ist alles geheim!« hatte dieser ihm zugerufen. Aber Stiegler hatte bereits erkannt, daß der Schiffskurs auf Fjorde in Norwegen zu abgesteckt war, hatte so eine sein Wissenssoll übersteigende Information erlangt, sich aber nunmehr vorgenommen, im Schiff darüber Stillschweigen zu bewahren.

Die geringe persönliche Mitteilsamkeit von Lütjens trug ein übriges dazu bei, daß die Überlegungen innerhalb der Verbandsführung auf einen winzigen Kreis beschränkt blieben. Dazu kam, daß *Bismarck* vom Eintritt in die Dänemarkstraße am 23. Mai bis zum Ende am 27. Mai im Kriegswach- oder Klarschiffzustand fuhr, so daß ein fundierter Erfahrungs- und Meinungsaustausch unter den Offizieren ausgeschlossen war. Auch ist keiner der rangniederen Angehörigen des Flottenstabes gerettet worden, der wenigstens am Rande über einige Interna der Verbandsführung hätte Bescheid wissen können.

Zur Schilderung der taktischen Operationsführung war daher in der Hauptsache das nach den Unterlagen der Heimatdienststellen später rekonstruierte Kriegstagebuch *Bismarck* heranzuziehen.[1] Doch wird uns ein auf solche Weise zustande gekommenes Dokument einige Dinge für immer schuldig bleiben müssen. Es kann beispielsweise nichts darüber aussagen, ob und welche etwaigen, über die damaligen Erkenntnisse der Gruppen Nord und West hinausgehenden Beobachtungen zur Feindlage Lütjens während der »Rheinübung« noch von der auf *Bismarck* eingeschifften B-Dienstgruppe zugeleitet worden sind. Und inwieweit solche oder etwaige sonstige auf Bordkreise beschränkte Funk- oder Horchbeobachtungen über den Feind, die nur in den originalen Kriegstagebüchern hätten verzeichnet sein können, Lütjens bei seinen operativ tragenden Entscheidungen beeinflußt haben. Solche Beobachtungen, falls es sie gegeben hat, sind für die kriegsgeschichtliche Forschung in vollem Umfang verloren. Das rekonstruierte Kriegstagebuch muß aber auch dort schweigen, wo nach einschneidenden Entwicklungen im Ablauf der Operation die an Bord jeweils neu gefaßten und potentiell kontroversen Führungsentschlüsse zu begründen und die Entscheidungsprozesse aufzuzeigen waren. Hier kann ich mich zum Nachvollziehen der Operationsführung nur von Fall zu Fall in die Lage und Person von Lütjens hineinversetzen. Dieses Verfahren hat seine natürliche Schwäche. Aber für diese kritischen und daher besonders wichtigen Momente bietet es wenigstens einen Behelf, den Verlust der originalen Unterlagen ein klein wenig auszugleichen. Mit einem nicht mehr zu heilenden Manko an Wissen über die Gründe für seine Entscheidungen bleibt also jede Darstellung der taktischen Führung durch Lütjens unvermeidlich behaftet.

Marsch durch die Dänemarkstraße
Erste Feindberührung

Bei anhaltendem Nebel und Regen liefen *Bismarck* und *Prinz Eugen* in der Frühe des 23. Mai weiter in die Dänemarkstraße hinein. Gegen 08.00 Uhr drehte der bis dahin aus Südsüdwest wehende Wind auf Nordnordost, also eine für unseren neuen westlichen Kurs wiederum achterliche Richtung. Gegen Mittag gelangten wir in die Nähe der Eisgrenze, wo uns riesige Treibeisschollen zu ersten Ausweichmanövern zwangen. Um diese Zeit kündigte eine neue Funkwettervoraussage aus der Heimat auch noch für den folgenden Tag, den 24. Mai, das Anhalten der für einen Durchbruch günstigen Witterung an. »Wetter 24. Weg nördlich Island, Südost- bis Ostwind, Stärke 6–8, meist bedeckt, Regen, mäßige bis schlechte Sicht« – so lautete die willkommene Botschaft. Doch brach gegen 15.00 Uhr die völlige Unsichtigkeit ab, und rasch ging die Sicht sogar bis auf fünfzig Hektometer herauf. Danach wechselten Perioden guter Sicht und dichte Schneeschauer miteinander ab. Dabei waren die Sichtverhältnisse nach den Horizontrichtungen jetzt durchaus verschieden. Auf unserer Backbordseite, nach Island zu, stand über eisfreiem Wasser eine dicke Dunstwand, die jeden Fernblick ausschloß. Nach vorn zu und auf unserer Steuerbordseite war es klar. Vor der Küste Grönlands sahen wir weißbläulich schimmernde Packeisfelder, die einen breiten Teil der Dänemarkstraße bedeckten. Auch die hohen Gletscher Grönlands waren im Hintergrund gut zu erkennen, und ich mußte der Versuchung widerstehen, mich von dieser bezaubernden Eislandschaft länger in Bann schlagen zu lassen, als mit der gebotenen Wachsamkeit bei der Ansteuerung der engsten, für unseren Durchbruch empfindlichsten Stelle der Dänemarkstraße zu vereinbaren war. Im Grunde war diese brillante Sicht ja auch das letzte, das wir uns gewünscht hatten, und in Gedanken an die jetzt verstärkt zu erwartenden britischen Seeaufklärer eigentlich nur ein Anlaß zur Sorge. Ich mußte an die Warnung Externbrinks vom Vorabend denken!

Die Wachsamkeit wurde naturgemäß nunmehr auf das Äußerste gesteigert. Alle Ferngläser waren besetzt, und unsere Funkmeßortungsgeräte suchten unablässig den Horizont ab. Deren Vorteil bestand ja gerade darin, daß sie bei Unsichtigkeit, wenn die optischen Geräte wertlos waren, auftauchende Ziele wahrnehmen und nach Richtung und Entfernung anzeigen konnten – ein unschätzbarer Vorteil für unseren Verband, der in diesen Stunden durch die die See nunmehr massenhaft bedeckenden weißgrünen Eisschollen hindurch seine hohe Fahrt beibehielt.

Da, plötzlich um 18.11 Uhr Alarm von *Bismarck:* Fahrzeuge an Steuerbord! Die Kampfgruppe wich nach Backbord aus und, siehe da, die vermeintlichen Fahrzeuge entpuppten sich als Eisberge! Solche Fehlbeobachtungen ereigneten sich häufiger. Immer wieder verwirrten Treibeis und übereinander getürmte Eisschollen den Ausguck, gaukelten den Augen der jungen und im Erkennen von Objekten auf See noch ungeübten Männer etwas vor. Diese meldeten dann Schiffe und Unterseeboote, die es gar nicht gab. Verzeihlich, aber auch nicht ungefährlich. Denn wer sich mit allzu vielen Fehlbeobachtungen ertappt fühlt, hält sich vielleicht dann zurück, wenn es wirklich einmal den Feind zu melden gibt. Doch war dies keineswegs alles. Die Luft über den Gletschern Grönlands führte zu gelegentlichen Spiegelungen über dem Horizont, die auch die alten Seebeine narrten. Und dann sahen selbst die Brückenoffiziere nicht vorhandene Schiffe und Erscheinungen.

Kurz vor 19.00 Uhr gelangten wir an die Festeisgrenze und mußten nunmehr starken, hart gegen die Bordwand schlagenden Eisschollen, die den Schiffskörper hätten beschädigen können, in scharfen Zickzack-Bewegungen ausweichen.

Vor der Dunstwand an Backbord lagen jetzt Schwaden von Nebel. Zwischen diesem Nebel und der Eisgrenze an Steuerbord erstreckte sich eine etwa drei Seemeilen breite Zone mit klarer Sicht.

Es war 19.22 Uhr, als auf *Bismarck* erneut die Alarmglocken gellten. Unsere Horch- und Funkmeßortungsgeräte hatten an Backbord voraus ein Ziel aufgefaßt. Durch meine Zielgeberoptik im Achteren Stand blickte ich angestrengt in die gemeldete Richtung, konnte aber nichts entdecken. Vielleicht war das Ziel für mich hinter den vorderen Schiffsaufbauten verborgen? Unsere Artillerie war feuerbereit – sie bedurfte nur noch der genauen Zielansprache. Aber die kam nicht. Es war wohl nur ein Schatten am Rande einer Nebelbank gewesen, vielleicht ein Schiff in sehr spitzer Lage, vielleicht sehr gut getarnt, aber eine allzu flüchtige Erscheinung. So wurde das Feuer nicht eröffnet. Unsere Funkmeßgeräte registrierten, daß es sich um ein mit sehr hoher Fahrt Südsüdwestkurs laufendes Schiff gehandelt hatte, das unmittelbar nach der Begegnung tief in den Nebel hineinstieß. Bei seinem Ablaufen waren an schemenhaften Umrissen, aber nur einige Sekunden lang, massierte Aufbauten und drei Schornsteine erkannt worden. Es waren die Merkmale eines Schweren Kreuzers – der *Suffolk,* wie wir später erfuhren. Danach waren Horch- und Funkmeßpeilung des verschwundenen Gegners mit zunehmender Entfernung rasch achteraus gewandert. Und in beispielhafter Schnelligkeit entzifferte jetzt die B-Dienstgruppe auf *Prinz Eugen* den Funkspruch, mit dem uns *Suffolk* noch während ihres Abdrehens gemeldet hatte: »Ein Schlachtschiff, ein Kreuzer in 20° in Sicht. Entfernung sieben Seemeilen, Kurs 240°.« Lütjens seinerseits meldete das Sichten eines Schweren Kreuzers an die Gruppe Nord. Doch als wir bald danach *Suffolk* voll und auf Dauer sichteten, stand sie bereits an der Grenze der Sichtweite. Sie hing mit schmaler Silhouette als Fühlungshalter achtern an.[1]

Um 20.30 Uhr wiederum Alarm auf *Bismarck*, und die Maschinen gingen jetzt auf »Äußerste Kraft voraus«. Unsere vordere Funkmeßortung hatte ein neues Ziel ausgemacht. Über die Lautsprecher ließ Lindemann der Be-

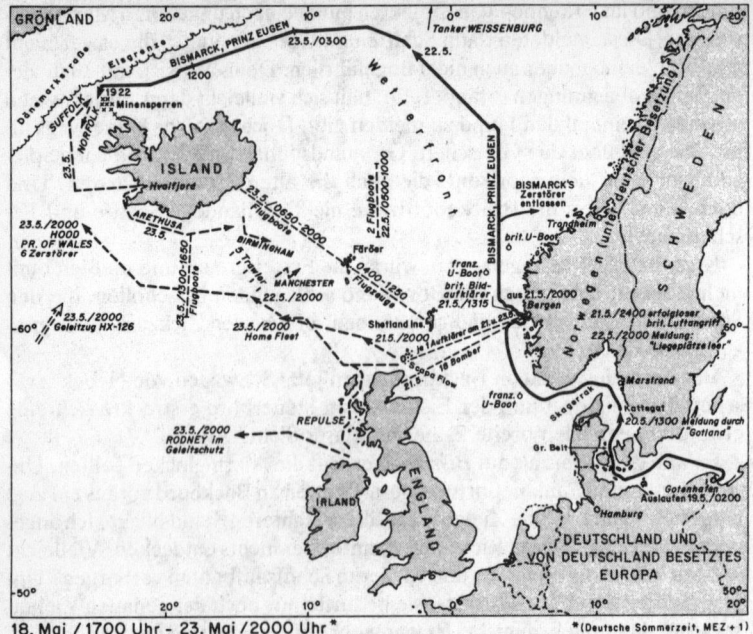

18. Mai /1700 Uhr – 23. Mai /2000 Uhr* **(Deutsche Sommerzeit, MEZ + 1)

Der Beginn der »Rheinübung«. Auslaufen aus Gotenhafen, Zwischenaufenthalt bei Bergen, Marsch zur und durch die Dänemarkstraße bis zur ersten Feindberührung. Die entsprechenden Bewegungen des Gegners.

satzung mitteilen: »Feind in Sicht an Backbord, Schiff nimmt Gefecht auf.« Durch meinen Zielgeber im Achteren Stand konnte ich wegen der breiten Nebelschwaden in der angegebenen Richtung zunächst überhaupt nichts sehen. Aber dann schälten sich, wenn auch nur für kurze Zeit, die Umrisse eines Schweren britischen Dreischornsteinkreuzers heraus. Es war die von der *Suffolk* herbeigerufene *Norfolk,* auf die wir bei einer Entfernung von nur vierundsechzig Hektometer förmlich geprallt waren und die wohl jetzt recht plötzlich ihre alarmierende Nähe zu unseren schweren Geschützen entdecken mußte. Aus unseren gefechtsbereiten, nun auf sie gerichteten Rohren blitzte es auf, und rasch standen die Wassersäulen unserer Aufschläge dicht am Kreuzer, der unter Raucherzeugung mit höchster Geschwindigkeit in den Nebel abdrehte und verschwand. Von den fünf Salven, die wir in der Kürze der Zeit nur hatten abfeuern können, lagen – laut einem späteren Gefechtsbericht der *Norfolk* – drei deckend am Ziel. Treffer wurden jedoch, abgesehen von einigen an Bord landenden Granatsplittern, nicht erzielt. *Norfolk* blieb dann für einige Zeit im Nebel außer Sicht, bis sie schließlich achteraus als der *Suffolk* zugesellter Beschatter wieder in Erscheinung trat. »Feindliche Kreuzer heften sich an unseren Kurs, um Fühlung zu halten«, wurde der Besatzung mitgeteilt.

Durch die starken Erschütterungen beim Schießen unserer schweren Batterie waren, wie sich jetzt herausstellte, unsere vorderen Funkmeßeinrichtungen ausgefallen und die Kampfgruppe daher – *Bismarck* fuhr ja als Spitzenschiff – nach vorn nunmehr in gewissem Umfang blind. Um diesem Ausfall zu begegnen und gleichzeitig den stärkeren Artillerieträger näher an den Verfolgern zu haben, ordnete Lütjens einige Zeit nach dem Gefecht einen »Nummernwechsel« an. Das bedeutete, daß *Prinz Eugen* sich an die Spitze setzen und *Bismarck* nunmehr hinter ihm marschieren sollte. Der *Prinz* sollte dann mit seinem intakten vorderen Funkmeßgerät die Sicherung des Verbandes nach vorn zu übernehmen. Ein solcher Nummernwechsel war ein in der Kriegsmarine oft geübtes Routinemanöver, bei dem das zunächst hinten stehende Schiff unter Ausscheren aus der Linie die Fahrt vermehrt und das vordere sich sacken läßt, bis das überholende Schiff vor dem überholten wieder in die alte Linie einscheren kann. So sollte es auch dieses Mal geschehen, doch ergab sich dabei ein aufregender Zwischenfall. Wie er im einzelnen zustande kam, habe ich persönlich in meinem rundum geschlossenen Achteren Artillerieleitstand nicht wahrnehmen können. Lindemann inspizierte gerade meine Gefechtsstation und stellte diese und jene Frage. Plötzlich rief ihm ein Befehlsübermittler eine von der Brücke gekommene Meldung zu. Lindemann trat sofort nach vorn aus dem Stand heraus und was er jetzt sah, war erregend genug: Kollisionsgefahr zwischen *Bismarck* und *Prinz Eugen*! Er gab auf der Stelle Kommandos an die Brücke, zu der er eilends zurückkehrte – und der riskante Moment war rasch und auf glückliche Weise vorübergegangen.

Nun hatte sie also doch, und auch noch in einer so frühen Phase der »Rheinübung« stattgefunden, die uns so unwillkommene Begegnung mit britischen Seestreitkräften. Unwillkommen, ich habe es wohl schon zur Genüge betont, weil sie die für unsere Handelskriegsaufgabe so wesentliche Vorbedingung des unbemerkten Durchbruchs in den Atlantik zunichte machte. Wir an Bord wußten ja damals noch nicht, daß Tovey uns hier geradezu erwartete und schon zwei Tage zuvor die Überwachung der Dänemarkstraße hatte verstärken lassen. Wir wußten nicht, daß deutsche Luftaufklärung zuletzt vier Tage vorher, am 19. Mai, über der Dänemarkstraße geflogen worden war, eine Focke-Wulf dabei dort nichts Besonderes festgestellt hatte und wegen Nebels ihren Flug auch noch vorzeitig hatte abbrechen müssen. Und weil wir all dies nicht wußten, im Gegenteil mit der anhaltenden Verborgenheit unseres Vormarsches ab Norwegen gerechnet hatten, empfand ich diese plötzliche Begegnung mit den britischen Kreuzern schon als einen gewissen Schock, einen Rückschlag, zumal in den dort oben relativ engen Seeräumen mit ziemlicher Gewißheit weitere Einheiten des

Gegners erwartet werden konnten. Aber zugleich als einen Auftakt, dessen Drohung noch abzuwenden wir selbstverständlich alle Hoffnung und Zuversicht hatten. Und dem Ziel, die Fühlunghalter wieder abzuschütteln oder sie artilleristisch niederzukämpfen, dienten dann auch die nächsten Maßnahmen des Flottenchefs.

Inzwischen hatten sich *Suffolk* und *Norfolk* darauf eingerichtet, achteraus und an der Grenze der Sichtweite Fühlung an uns zu halten – *Suffolk* auf der Steuerbordseite, in einem Seeraum mit klarer Sicht, *Norfolk* auf der Backbordseite und über lange Strecken hinweg im Nebel. Von meinem Achteren Stand aus konnte ich sie meistens recht gut sehen, beide Kreuzer zugleich oder auch nur einen von ihnen, je nachdem. Mindestens mit einer Mastspitze waren sie ständig am Horizont, diese lästigen Anhängsel, und es dämmerte uns allmählich, daß sie bessere Mittel zum Fühlunghalten an Bord haben mußten als nur optische Instrumente.

Und die Verfolgung ging weiter. Über dunkelgraue See und weiße Schaumköpfe hinweg, weiter, immer nur weiter. Mit fast dreißig Knoten Geschwindigkeit stürmten wir durch das Halbdunkel der arktischen Nacht, durch Nebelbänke, Regen- und Schneeböen hindurch, hin und wieder auch zu unserem Sichtschutz selbst nebelnd. Um die Verfolger abzuschütteln, änderten wir Kurse, suchten den Schutz jeder Dunstzone, aber es half nichts, die Fühlung blieb. Laufend und lückenlos erkannten *Suffolk* und *Norfolk* unsere Standorte, Kurse und Geschwindigkeiten, meldeten sie per Funk an Tovey. Unser Beobachtungsdienst hörte die Meldungen der Kreuzer mit, und jeweils kurz danach hatte Lütjens sie im Wortlaut vor sich, las sie wie ein britisches Minutenprotokoll über die Bewegungen seiner Kampfgruppe – seine Operation, in dieser Phase ein offenes Buch für Tovey. Welch ein bedrückender Beginn der »Rheinübung«!

Um einen weiteren Versuch zur Beendigung dieser lästigen Situation zu machen, entschloß sich Lütjens nunmehr zu einem offensiven Vorstoß. Es war so gegen 22.00 Uhr, als er *Bismarck* im Schutz einer Regenbö mit der Absicht kehrtmachen ließ, aus dieser heraus auf Gegenkurs überraschend herauszustoßen und den dann in Sicht kommenden Fühlunghalter artilleristisch niederzukämpfen. Aber, als wir außerhalb der Regenbö wieder Sicht hatten, sahen wir keinen Gegner. Die *Suffolk,* auf die wir hätten stoßen sollen, schien unser Manöver rechtzeitig durchschaut zu haben, hatte sich uns jedenfalls mit hoher Fahrt in einer Kehrtwendung entzogen. Eine Zeitlang verfolgten wir sie in der Hoffnung, sie doch noch zu Gesicht zu bekommen. Dann aber gab Lütjens auf. Zu weit nach Osten zurück wollte er sich wohl unter keinen Umständen ziehen lassen. Er ließ *Bismarck* zurückdrehen und seine frühere Position in der Kampfgruppe wieder einnehmen. Auch *Suffolk* kam nach geraumer Zeit wieder auf. Der offensive Vorstoß aber wurde nicht mehr wiederholt. Lütjens nahm, sicherlich zu Recht, an, daß er auch nicht anders ausgehen würde.

Einmal gab es unerwarteten Fliegeralarm, »Flugzeug an Backbord«! In weiter Entfernung kurvte ein offensichtlich aus Island gekommenes Catalina Flugboot suchend umher, drehte dann, anscheinend erfolglos, wieder ab und verschwand. Ganz deutlich hatten wir es gegen den Himmel gesehen, aber für seine Besatzung waren die grauen Schiffskörper von *Bismarck* und *Prinz Eugen* wohl eins in eins mit der Bleifarbe der arktischen See verschmolzen.

Kurz vor Mitternacht wurde unsere Kampfgruppe von einem dichten Schneesturm eingehüllt, in den bald danach auch die Fühlunghalter gerieten. Die Sicht ging auf eine Seemeile zurück, und die Fühlunghaltersignale blieben aus! Überall auf der Brücke gespannte Erwartung, würden sie dieses Mal vielleicht für immer ausbleiben? Würden wir endlich einmal Glück haben? Aber die Unterbrechung sollte nur drei Stunden dauern, dann lasen wir die feindlichen Aufklärungssignale wieder mit. Und Lütjens folgerte, daß die Briten über ein auf große Entfernung einwandfrei arbeitendes Funkmeßortungsgerät verfügten, eine Erkenntnis, die für seine Auffassung die gesamte atlantische Kriegführung mit Überwasserschiffen auf einen Schlag in eine bestürzende neue Dimension rückte.

Tatsächlich hatte die *Suffolk* ein erst kurz zuvor eingebautes modernes, schwenkbares Funkmeßgerät an Bord, mit dem sie bis zu zweihundertundvierzig Hektometer rundum aufklären konnte. Nur im Bereich eines kleinen achterlichen Schiffssektors war wegen störender Aufbauten auch dieses Instrument blind. *Norfolk* hatte diesen Vorteil nicht und mußte sich mit einem weniger leistungsfähigen, nicht schwenkbaren Funkmeßgerät älterer Bauart begnügen.

Menschlich verständlich, verließ uns aber auch jetzt die Hoffnung noch nicht, die Fühlunghalter doch noch einmal irgendwie abzuschütteln. Sie trat jedoch allmählich vor der gespannten Erwartung in den Hintergrund, welche weiteren Schiffe unsere Verfolger wohl mittlerweile auf den Plan gerufen haben würden.

Das Island-Gefecht
Hood fliegt in die Luft

Der frühe Morgen des 24. Mai brachte strahlend klares Wetter und ausgezeichnete Sichtverhältnisse bei mäßig bewegter See. In der gleichen Marschordnung wie am Vorabend, *Prinz Eugen* an der Spitze, *Bismarck* in deren Kielwasser, steuerten wir Südwestkurs und liefen die hohe Fahrtstufe von 28 Knoten. Unten in den drei Turbinenräumen waren jeweils ein Obermaschinist, zwei Maate und sechs Heizer auf Station. Der Obermaschinist, der älteste Maat und ein Heizer standen am Fahrstand, der zweite Maat und

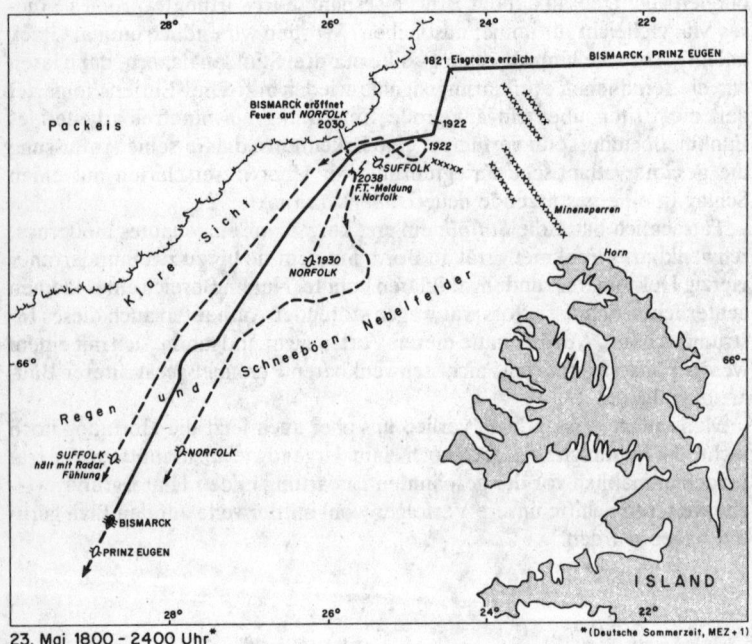

23. Mai 1800 – 2400 Uhr* *(Deutsche Sommerzeit, MEZ + 1)

Durchbruch durch die Dänemarkstraße. Die britischen Fühlunghalter hängen an und melden die Standorte und Bewegungen der deutschen Kampfgruppe laufend an den Commander-in-Chief der Home-Fleet.

fünf Heizer bedienten die Hilfsmaschinen und Frischwassererzeuger. Immer wieder mußte jeder Hebel, jedes Kontrollgerät geprüft werden, um die 150000 PS der Antriebsanlage zu bändigen. Bei den hohen Dampfdrücken während der gesteigerten Fahrtstufe, wie wir sie jetzt liefen, konnte der geringste Bedienungsfehler katastrophale Folgen auslösen. Und diese Stunden, das fühlte jeder, würden große Entscheidungen bringen.

Auf der Brücke und bei allen Ausgucks galt die erhöhte Aufmerksamkeit dem südöstlichen Horizont, auf unserer Backbordseite. Denn von dorther waren mit größter Wahrscheinlichkeit weitere feindliche Einheiten zu erwarten. Und in dieser Erwartung sollten wir auch keineswegs enttäuscht werden.

Bald nach 05.00 Uhr früh nahm die Unterwasserhorchstelle auf *Prinz Eugen* verdächtige Schiffsgeräusche an Backbord auf, und um 05.39 Uhr teilte Gruppe Nord mit, daß die *Suffolk* kurz vor 05.00 Uhr noch einmal unseren Standort, Kurs und Geschwindigkeit nach Scapa Flow gemeldet habe. Und nun, es muß so gegen 05.45 Uhr gewesen sein, die aufgehende Sonne hatte bereits den Horizont erhellt, kamen an Backbord querab die Rauchfahnen zweier Schiffe in Sicht und danach deren Mastspitzen. Alarm auf *Bismarck*! Alle Mann auf Gefechtsstationen zum Herstellen der vollen Gefechtsbereitschaft des Schiffes! Durch meinen Zielgeber im Achteren Stand blickte ich gespannt auf das Schauspiel in der Ferne. Wie schnell kamen dort die Mastspitzen höher und höher, wurden die Masten in ihrer vollen Länge und dann die Schiffssilhouetten darunter sichtbar. Über das Artillerieleitertelefon hörte ich die Stimme unseres Ersten Artillerieoffiziers, des Korvettenkapitäns Adalbert Schneider. Seine Stunde war gekommen, und wir alle waren jetzt mit unseren guten Wünschen und Gedanken bei diesem wegen seiner fachlichen Kompetenz und seines freundlichen, besonnenen Wesens hochgeschätzten Offizier. Wie hatte doch einmal ein junger Matrose auf *Bismarck*, auch stellvertretend für seine Kameraden, gesagt? »Neben dem Kommandanten galt meine ganze Achtung und mein unerschütterliches Vertrauen dem Ersten Artillerieoffizier, Korvettenkapitän Schneider!« – Ich hörte jetzt Schneiders Zielansprache auf das britische Spitzenschiff und seine Vermutung, daß da wohl zwei Schwere Kreuzer anliefen, hörte die ersten gelinden und dann bestimmteren Zweifel unseres Zweiten Artillerieoffiziers im Vorderen Leitstand, des Korvettenkapitäns Helmut Albrecht, an dieser Vermutung und wie dieser vielmehr von Schlachtkreuzern oder Schlachtschiffen sprach. Dann waren die Türme gerichtet, die jeweils achthundert Kilogramm schweren 38-cm-Geschosse in den Rohren angesetzt, *Bismarck* war bereit zum Gefecht, und es bedurfte nur noch der Feuererlaubnis von seiten des Flottenchefs. Doch sollte diese gar nicht so schnell erteilt werden.

Inzwischen kamen die feindlichen Schiffe rasch näher. Sie würden, so schätzte ich durch meinen Zielgeber, gleich uns etwa 28 Knoten laufen, und ihre ursprüngliche Entfernung von über 300 Hektometer war schon weitgehend abgesunken. Ihr spitzes Anlaufen erschien mir im Hinblick auf unsere eigene Stärke geradezu tollkühn, und innerlich verglich ich es mit dem Ansturm eines wütenden Bullen, der nicht so recht weiß, wen er eigentlich vor sich hat. Aber der britische Befehlshaber wußte es vermutlich sehr wohl, und so überzeugte mich die Vehemenz seiner Annäherung schließlich davon, daß nur artillerietaktische Gründe sein Verhalten bestimmen konnten. Auf niedrigere Entfernungen werden ja die Geschoßflugbahnen immer gestreckter, würden bei 110 Hektometer schon fast horizontal sein – sicherlich wollte der Admiral dort drüben unserer Artillerie eher den Seitenpanzer seines Schiffes exponieren als den Horizontalpanzer[1], wollte steil einfallendem Geschützfeuer aus dem Wege gehen. Solche Überlegungen mußten es wohl sein, aber es blieb wahrhaftig keine Zeit, ihnen in diesen Minuten nachzuhängen. Näher und noch näher heran – diese britische Taktik war für uns jetzt die erregende, einzige Wirklichkeit.

Die Uhr zeigte 05.53, und die Entfernung mußte nach meiner Schätzung bereits unter 200 Hektometer liegen. Da blitzte es drüben zum ersten Male auf. Noch aus spitzem Winkel heraus hatte der Gegner das Feuer eröffnet und zwar zunächst nur mit seinen vorderen Türmen, da die Bestreichungswinkel seiner achteren Türme in dieser Lage noch nicht ausreichten. Und welche Blitze dort beim Abfeuern zuckten – Donnerwetter, das konnte wahrhaftig nicht die Mittelartillerie eines Kreuzers sein. Ich rechnete damit, daß wir jetzt das Feuer auf der Stelle erwidern würden und stellte mich von Sekunde zu Sekunde auf das Kommando »Feuererlaubnis« ein und den danach zu erwartenden Donner der eigenen Geschütze – aber nichts geschah, und etwas verwundert sahen wir uns alle im Achteren Stand an. Ja, warum rühren wir uns denn nicht, hing die Frage im Raum, wo bleibt denn hier unser Prinzip, unverzüglich zu schießen und auch möglichst gleich mit den ersten Salven am Ziel zu liegen? »Frage Feuererlaubnis?« kam Schneiders Stimme über das Telefon, Schweigen dann. Und wieder Schneider: »Gegner hat Feuer eröffnet«, »Gegnersalven liegen gut« und erneut »Frage Feuererlaubnis?«, und wieder kam diese nicht. In anhaltender Spannung dehnten sich uns die Sekunden zu Minuten, und auf einmal sah ich in meinem Zielgeber, wie der britische Verband nach Backbord drehte und diese Drehung bei dem Spitzenschiff ein riesig langes, zwei schwere Doppeltürme tragendes Vorschiff enthüllte, hörte im Telefon den Ausruf Albrechts: »Die *Hood* – es ist die *Hood*!« Ein unvergeßlicher Moment, die Begegnung mit diesem so berühmten und bisher größten Kriegsschiff der Welt, dem oftmaligen »Schrecken« unserer »Kriegsspiele« in Friedenszeiten. Die nur knappe Drehung der feindlichen Schiffe war rasch beendet, diese hatten sich alsbald auf ihrem neuen Kurs eingesteuert, und jetzt, etwa zwei Minuten nach dem Feuereröffnen der Briten, sprach ein ungeduldiger Lindemann an die Adresse des die Feuererlaubnis anscheinend immer noch herauszögernden Lütjens: »Ich lasse mir doch mein Schiff nicht unter dem A... wegschießen. Feuererlaubnis!« Und so hatten wir schließlich unsere Feuererlaubnis bekommen – zum laufenden Gefecht an Backbord!

Bismarck und *Prinz Eugen* vereinigten zunächst ihre Artillerie auf das Spitzenschiff *Hood; Hood* ihrerseits schoß in der irrigen Annahme, daß das deutsche Spitzenschiff *Bismarck* sei, auf *Prinz Eugen;* und das hintere britische Schiff – es sollte sich später als das zur *King George V*-Klasse gehörige Schlachtschiff *Prince of Wales* herausstellen –, dessen Kommandant den Irrtum des Vice Admiral Holland erkannt hatte, schoß entgegen Hollands Befehl, das Feuer auf das deutsche Spitzenschiff zu vereinigen, auf *Bismarck*, blieb aber selbst vorerst unbeschossen. Erst etwa vier Minuten nach Feuereröffnen und nach dem Schießen von sechs Salven machte *Prinz Eugen* auf Befehl von Lütjens Zielwechsel auf *Prince of Wales*.

Mich hatte inzwischen der Befehl erreicht, die beiden fortgesetzt achteraus stehenden Kreuzer *Norfolk* und *Suffolk*, unsere alten Weggenossen, laufend daraufhin zu überwachen, ob sie vielleicht Torpedoangriffe auf uns ausführten. Ich richtete also meinen Zielgeber in die achteren Bereiche und war nun, was das Artilleriegefecht betraf, ganz auf das angewiesen, was ich im Artillerieleitertelefon hören würde.

Der Feuererlaubnis des Kommandanten war unsere erste schwere Salve ohne Verzug gefolgt, und *Bismarck* war in das Gefecht eingetreten, dessen Geschützlärm bis in die isländische Hauptstadt Reykjavík hinein zu vernehmen sein sollte.[2] Im Telefon hatte ich Schneiders Kommando für die erste Salve und nach Ablauf der Geschoßflugzeit auch seine erste Aufschlagbeobachtung gehört: »kurz«. Schneider verbesserte Entfernung und Schieber[3], kommandierte dann eine Vier-Hektometer-Gabelgruppe. Deren obere Grenzsalve beobachtete er als »weit«, die Standsalve als »deckend«, und umgehend kam sein Kommando: »Vollsalven gut schnell«. Er lag also mit seiner Batterie von Beginn an in hervorragender Weise am Ziel.

Ich selbst blieb mit meinen achteren Zielgebern auf *Suffolk* und *Norfolk* konzentriert, obgleich ich es mir nur schwer versagen konnte, das nunmehr einem Höhepunkt zustrebende Hauptereignis des Morgens auch vor den Augen zu haben. Beide Kreuzer hielten sich etwa zwölf bis fünfzehn Seemeilen achteraus auf ihren Positionen. Sie folgten auf gleichen Kursen, seitlich etwas aus unserem Kielwasser herausgesetzt. Torpedoangriffe ihrerseits waren nicht zu erkennen und im Moment auch kaum zu befürchten. *Suffolk* feuerte allerdings einmal einige wenige Artilleriesalven, die jedoch hoffnungslos kurz fielen. Im wesentlichen schien Wake-Walker auf *Norfolk* das Gefechtsfeld voll dem dienstälteren Holland auf *Hood* überlassen zu haben.

Im Telefon hörte ich weiterhin die ruhige Stimme Schneiders, seine artilleristischen Korrekturen, seine Beobachtungen. »Gegner brennt«, sagte er einmal und danach wieder »Vollsalven gut schnell«. Regelmäßig kündigte ihm die Vordere Artillerierechenstelle das »Achtung Aufschlag« an.

Erwartungsvoll hatte ich mir seit Gefechtsbeginn überlegt, ob ich einkommende Treffer des Gegners im gegebenen Moment wohl von den eigenen Abschüssen würde unterscheiden können – ganz einfach ist dies bei dem Lärm der Geschütze ja nicht immer. Dann hörte ich wieder Schneider: »Nanu, war das ein Blindgänger? Der hat sich wohl reingefressen.« Im Telefon ertönte jetzt immer lauteres und erregteres Stimmengewirr – da schien sich Sensationelles anzubahnen, wenn es nicht gar schon geschehen war! Überzeugt, daß *Suffolk* und *Norfolk* uns zumindest noch für einige Minuten in Ruhe lassen würden, beauftragte ich einen meiner Maaten mit der vorübergehenden Überwachung des achteren Horizontes vom Steuerbord Zielgeber aus und drehte den Backbord Zielgeber in Richtung auf die *Hood*. Und während ich noch kurbelte, hörte ich schon im Telefon den Schrei: »Sie fliegt in die Luft!« »Sie« – das konnte nur die *Hood* sein! Und nun erlebte ich in der Tat einen imposanten und unvergeßlichen Anblick. Von der *Hood* konnte ich zunächst gar nichts sehen, an ihrer Stelle nur eine riesige schwarze, in den Himmel stehende Rauchsäule. Erst allmählich entdeckte ich an deren Fuß das in einem Winkel nach oben ragende Vorschiff des Schlachtkreuzers, ein sicheres Anzeichen dafür, daß dieser bereits in zwei Teile auseinandergebrochen war. Dann sah ich das kaum Glaubliche: in dieser Lage, praktisch schon nach dem Ende der *Hood* als einer Kampfeinheit, blitzte es aus ihren vorderen Türmen noch einmal orangefarben auf! Das »Vorschiff« hatte seine letzte Salve geschossen, und ich fühlte Hochachtung vor den Männern dort drüben, die so bis zum Allerletzten kämpften.

Unsere ständigen Gefechtsbeobachter hatten um 05.57 Uhr auf der *Hood* ein sich schnell vor deren achteren Mast ausbreitendes Feuer wahrgenommen. *Prinz Eugen* hatte mit seiner vierten Salve dort lagernde Bereitschaftsmunition in Brand geschossen. Dann, um 06.01 Uhr war *Hood* von einer schweren Salve des *Bismarck* mit der Wirkung getroffen worden, daß Flammenberge zwischen ihren Masten emporgeschossen waren und sich ein gelblich-weißer Feuerball bis zu dreihundert Meter Höhe erhoben hatte. Aus dem dann entstandenen schwarzen Rauch waren weiße Sterne, vermutlich glühende Metallstücke, herausgeschossen. Dickste Brocken, darunter anscheinend einer der schweren achteren Türme, waren wie Spielzeug durch die Luft gewirbelt worden. Schwimmende Trümmer aller Art hatten die See neben der *Hood* bedeckt, und ein achteraus geschleudertes, besonders auffällig leuchtendes Stück blieb noch lange brennend und stark schwarz qualmend auf dem Wasser liegen.

Ein anderer Gefechtsbeobachter, als Gehilfe des Navigationsoffiziers, Korvettenkapitän Wolf Neuendorff, im Kartenhaus auf Posten, sah und schilderte es später so: »›Deckend‹, dröhnte es aus dem Lautsprecher. Ich stand neben Kapitän Neuendorff vor der Seekarte, auf der wir ständig unsere Kurse eintrugen. Wir ließen unsere Instrumente sinken und liefen zu den Sehschlitzen im Vorderen Kommandostand, sahen hindurch und fragten uns, wieso deckend? Da war doch nichts zu sehen. Was wir aber dann wahrnahmen, verschlug uns beiden die Stimme. Auch eine überspitzte Phantasie kann nicht ausmalen, welches atemberaubende Bild sich dort bot. Plötzlich wurde die *Hood* auseinandergerissen. Tausende von Tonnen Stahl wurden in Sekundenschnelle in die Luft geschleudert. Über tausend Menschen mußten sterben. Die Entfernung betrug in diesem Moment vielleicht noch 180 Hektometer. Trotzdem war der Feuerball, der sich dort bildete, wo eben die *Hood* noch gewesen war, zum Greifen nahe. So nahe, daß ich für Sekunden die Augen schloß, sie aber dann, wenn auch nur aus Neugierde, wieder öffnete. Es war, als ob ein Orkan losbräche. Ich spürte den Druck der Detonation mit jedem Nerv. Wenn ich einen Wunsch verspürte, so den, daß meinen Kindern ein solches Erlebnis erspart bleiben möge.«

In meinem Zielgeber sah ich jetzt auch das Achterschiff der *Hood* allein für sich dahintreiben und dann schnell wegsacken. Langsamer sank danach das Vorschiff, und bald war nichts mehr an der Stelle zu sehen, wo eben noch der ganze Stolz der Briten, die 48 000 Tonnen[4] große *Hood (The mighty Hood)* so plötzlich von dem Schicksal ereilt worden war, das Admiral Holland den beiden deutschen Schiffen zugedacht hatte. Nur sechs Minuten hatte es gedauert, bis eine Granate *Bismarcks* den Panzerschutz der *Hood* an einer bis heute nicht einwandfrei geklärten Stelle durchschlagen und über einhundert Tonnen Schießpulver in einer der achteren schweren Munitionskammern mit der Wirkung zur Detonation gebracht hatte, daß das ganze Schiff schlagartig auseinandergerissen wurde. Welche Erinnerung an das Schicksal der Schlachtkreuzer *Queen Mary, Indefatigable* und *Invincible* in der Skagerrakschlacht des Jahres 1916! Es war für *Hood* ein Tod mitten im Kampf gewesen, und ehrlicherweise muß ich zugeben, daß wohl niemand auf *Bismarck* mit einem derart raschen Ende für sie gerechnet hatte, auch kaum damit hatte rechnen können. Nur drei Überlebende hatte sie in dem eiskalten Wasser jener nördlichen Breiten hinterlassen, und diese drei wurden später von einem britischen Zerstörer in Reykjavík gelandet.

Nach dem Ende der *Hood* hatten wir uns nun der bisher in deren Kielwasser fahrenden, von unserer Verbandsführung bis auf weiteres allerdings noch als *King George V* angesprochenen *Prince of Wales* voll zuzuwenden. *Prince of Wales*, noch in einer von Vice Admiral Holland in letzter Minute befohlenen Kursänderung um zwanzig Grad nach Backbord begriffen, hatte im Moment alle Mühe, den so plötzlich aufgetretenen Wrackteilen ihres verschwundenen Vordermannes auszuweichen. »Zielwechsel links auf *Prince of Wales*«, war jetzt der Befehl für die Schwere Artillerie auf *Bismarck,* und das bedeutete Feuervereinigung mit *Prinz Eugen,* denn dieser hatte ja gleich unserer eigenen Mittelartillerie bereits seit Minuten auf dieses Ziel geschossen.

Auf ihren Gefechtsstationen waren unsere Männer durch die Schiffswachdienstanlage ständig über den Gefechtsverlauf unterrichtet worden. Alles hatten sie mitgehört: »Feind in Sicht« – »Gegner eröffnet Feuer« – »eigene Artillerie eröffnet Feuer« – und dann hatten sie auf unsere eigenen Abschüsse gewartet. Einige Sekunden später war es losgegangen, Vollsalven waren geschossen worden, und bei jeder hatte es unten im Schiff einen kräftigen Ruck gegeben. Salve auf Salve hatte *Bismarcks* Rohre verlassen, die Turbinen waren ungestört weitergelaufen, und dann hatten die Männer mit angehaltenem Atem die weiteren Meldungen gehört: »*Hood* brennt« und, wenig später, »*Hood* explodiert«. Sie hatten sich sekundenlang ungläubig angestarrt, dann hatte sich der erste Schock gelöst, der Jubel keine Grenzen gekannt. Sie hatten sich auf die Schultern geschlagen, gegenseitig die Hände geschüttelt, Freude und Stolz über den Sieg hatten sie übermannt. In der der Gefechtsstation des Ersten Offiziers, der Kommandozentrale, benachbarten Leckwehrzentrale hatte Josef Statz einen aus sich herausgehenden Oels erlebt, wie er es nicht für möglich gehalten hatte. Bis zur Taille hatte sich Oels durch eine zwischen den beiden Zentralen befindliche Durchreiche geschoben und, innerlich bis ins Letzte aufgewühlt, geschrien: »Ein dreifaches Sieg Heil auf unsere Bismarck!« Nicht ohne Mühe konnten auf allen Gefechtsstationen die Vorgesetzten die Männer wieder zur Ordnung rufen, sie mahnen, daß der Kampf noch nicht beendet sei und jeder einzelne seine Pflicht weiter zu erfüllen habe.

Da *Prince of Wales* ungefähr in gleicher Entfernung stand und gleichen Kurs steuerte wie vorher die *Hood,* konnte Schneider jetzt das Gefecht mit den eingestellten Schußwerten unverzüglich fortsetzen. Aufgrund der konvergierenden Kurse nahm die Gefechtsentfernung bis auf 140 Hektometer ab, und *Prince of Wales* wurde in kürzester Zeit von deutschem Granathagel förmlich überschüttet. Während ich selbst nun wiederum *Norfolk* und *Suffolk* auf Torpedogefahr hin überwachte, hörte ich Schneiders weitere Feuerleitung im Telefon mit an. Doch sollte das Gefecht nicht mehr lange andauern. *Prince of Wales* zeigte deutlich Wirkung und drehte im Schutz eines selbst gelegten Nebel- und Rauchschleiers ab. Als die Entfernung wieder auf 220 Hektometer gestiegen war, ließ Lütjens das Feuer auf die nunmehr in südöstlicher Richtung ablaufende *Prince of Wales* einstellen.

Diese mußte also schwer getroffen worden sein, wie schwer, konnten wir in jenen Minuten natürlich nicht wissen, aber es sei an dieser Stelle die erst später bekanntgewordene Trefferwirkung eingeblendet. Von *Bismarck* hatte *Prince of Wales* vier 38-cm-Treffer und von *Prinz Eugen* drei 20,3-cm-Treffer erhalten. Eine 38-cm-Granate war durch die Brücke geschlagen und hatte das gesamte Brückenpersonal mit Ausnahme des Kommandanten und des Obersignalmeisters getötet. Die zweite hatte den Vorderen Leitstand für die Mittelartillerie außer Gefecht gesetzt und die dritte den Flugzeugkran getroffen. Nummer vier war unter der Wasserlinie eingedrungen und, ohne zu detonieren, in der Nähe eines Dieseldynamoraumes liegengeblieben. Zwei 20,3-cm-Granaten hatten die Schiffswand achtern unter der Wasserlinie durchlöchert und einige Räume, darunter einen Wellentunnel, vollaufen lassen, wodurch insgesamt etwa sechshundert Tonnen Seewasser in das Schiff eingedrungen waren. Die dritte 20,3-cm-Granate war in einen 13,2-cm-Geschoßbeladeraum eingedrungen und dort, ohne zu detonieren, liegengeblieben. Außer durch diese Treffer hatte *Prince of Wales* darunter gelitten, daß in den damals erst seit zwei Monaten in Betrieb genommenen schweren Türmen während des Gefechts immer häufiger mechanische Störungen aufgetreten waren, so daß fast keine Salve mit ihrem vollen Geschoßgewicht herausgegangen war.

In den Sternen stand damals, daß der durch die Brücke der *Prince of Wales* geschlagene, aber erst außerhalb derselben detonierte Treffer mir später noch die Freundschaft mit einem seiner Opfer einbringen sollte. Der Oberleutnant der Royal Naval Volunteer Reserve Esmond Knight, von Beruf Schauspieler und aus Passion Kunstmaler und Ornithologe, hatte, lediglich unter dem Schutz eines Stahlhelms, von dem ungeschützten Flakleitstand oberhalb der Brücke mit seinen deutschen Zeissgläsern Ausguck gehalten. Dann hatte er plötzlich so etwas wie »einen anstürmenden Zyklon« und danach die Kommandos Umstehender gehört: »Eine Tragbahre her, Platz machen!« Er hatte das Gefühl von lauter Toten um sich herum gehabt und Blutgeruch empfunden. Helfer waren an ihn mit der Frage herangetreten: »Was ist Ihnen denn geschehen?«, und er hatte sie ansehen wollen und doch nichts gesehen – Granatsplitter hatten ihn erblinden lassen. Später, im Jahr 1948, schrieb er mir in einem Brief: »Ich war einige Jahre lang blind, bin aber jetzt wieder in meinem alten Beruf beim Theater, was mich sehr glücklich macht.« 1957 nahm ich in London an einer Esmond Knight gewidmeten BBC-Fernsehsendung *Dies ist Ihr Leben* als Überraschungspartner teil, damals begegneten wir uns zum ersten Mal persönlich, und die freundschaftliche Verbindung hält seither an.

Doch nun wieder zurück zum *Bismarck,* wo der Befehl zum Abbruch des Gefechtes mit *Prince of Wales* anscheinend nicht ganz so glatt ausgeführt, wie er gegeben worden war.

Wir kommen hier zu einer Phase der »Rheinübung«, bei der ich mir ebenso wie bei den kurz danach zutage getretenen sukzessiven Entschlüssen des Flottenchefs, die Unternehmung unmittelbar fortzusetzen und dann das doch wieder nicht zu tun und statt dessen einen französischen Hafen anzulaufen, in ganz besonderem Maße wünschte, die Überlegungen Lütjens', seine Beratungen innerhalb des Flottenstabes und seine Gespräche mit Lindemann miterlebt oder wenigstens durch direkte Überlieferung erfahren zu haben. Doch ist seinerzeit nichts davon bis zu mir in den Achteren Artillerieleitstand gedrungen. Ich kann hier nur registrieren, daß späteren Äußerungen Überlebender zufolge Meinungsverschiedenheiten zwischen Lütjens und Lindemann über die Zweckmäßigkeit des Abbruchs des Gefechts mit *Prince of Wales* bestanden haben. Anscheinend war Lindemann für eine Verfolgung und Vernichtung des ja ganz offensichtlich schwer angeschlagenen Gegners eingetreten, und Lütjens hatte dies abgelehnt. Möglicherweise hatte Lütjens befürchtet, durch eine Weiterführung des Gefechtes gegen

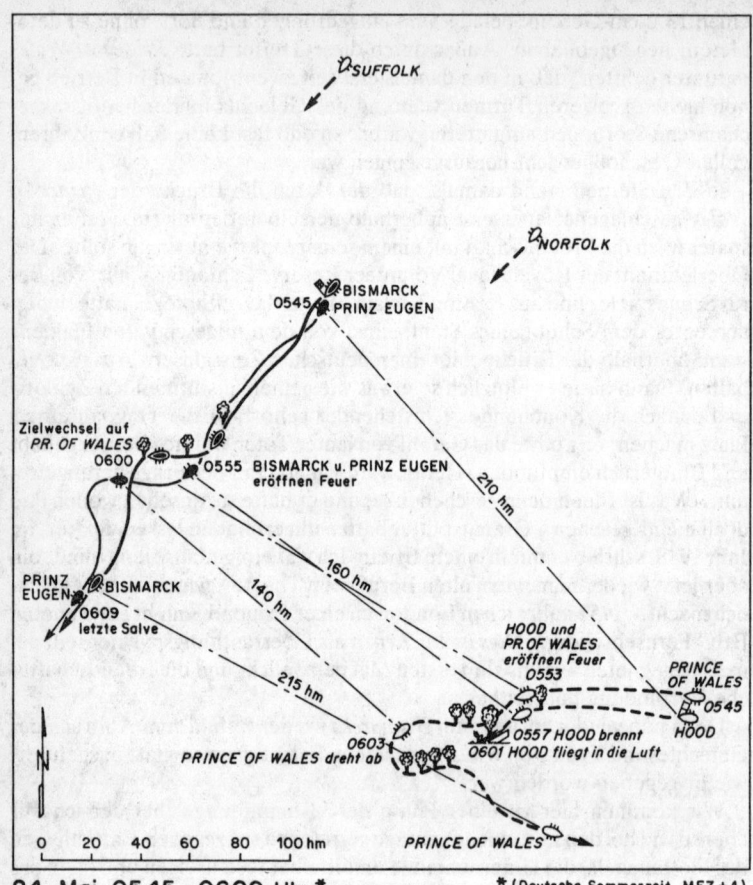

24. Mai 0545–0609 Uhr*   *(Deutsche Sommerzeit, MEZ + 1)

Das Island-Gefecht.

den in östlicher Richtung ablaufenden Gegner in eine Richtung gezogen zu werden, aus der weitere schwere britische Einheiten im Anmarsch sein mochten. Er wird darin vermutlich die Gefahr neuer Gefechtsverwicklungen und weiteren Munitionsverbrauchs, ja auch eigener Trefferschäden erblickt haben – alles dieses Perspektiven, die ihm angesichts seiner Hauptaufgabe »Krieg gegen die britischen Zufuhren« grundsätzlich unwillkommen sein mußten. Eindeutige Ergebnisse der deutschen Luftaufklärung über die Verteilung der britischen Heimatflotte zu jenem Zeitpunkt lagen ihm auch nicht vor, so daß er es, alles in allem, als geboten angesehen haben wird, der taktischen Forderung des Augenblicks zugunsten der übergeordneten Strategie langfristigen Handelskrieges zu widerstehen und die sicherlich auch ihn stark verlockende Vernichtung eines weiteren britischen Schlachtschiffes hintanzustellen. In charakteristischer Schweigsamkeit hat er es aber wohl unterlassen, Lindemann gegenüber seine Entscheidung zu begründen. Nach niemals ganz deutlich gewordenen Äußerungen einiger Überlebender ist es über die Frage des Gefechtsabbruchs sogar zu Auseinandersetzungen zwischen Flottenchef und Kommandant gekommen. Nun, Meinungsverschiedenheiten haben in der Regel »Auseinandersetzungen« zur Folge. Wenn mit diesem Wort hier aber lautstarke Streitereien vor Unbeteiligten gemeint sein sollten, so wird solche Andeutung kaum der Wirklichkeit entsprechen. Rein äußerlich haben sich derartige »Auseinandersetzungen« ganz gewiß unter Wahrung der militärischen Formen vollzogen – davon dürfen wir bei den beteiligten Persönlichkeiten überzeugt sein. Konkret ist hierzu überhaupt nur ein einziger Vorgang indirekt überliefert worden, und nichts an ihm deutet auf spektakuläre Begleitumstände. Ein zufälliger Ohrenzeuge hatte mitangehört, wie der Erste Offizier, Fregattenkapitän Oels, am Telefon in der Kommandozentrale von einem Offizier des Flottenstabes erfuhr, daß Lindemann vergeblich versucht habe, Lütjens zur Verfolgung der *Prince of Wales* und zur Fortsetzung des Gefechtes zu bewegen. Nach sonstigen späteren Aussagen hat auf der Brücke in jenen Minuten »dicke Luft« geherrscht. Wahrscheinlich haben sich die »Auseinandersetzungen« überhaupt mehr im Atmosphärischen als im Austausch von Worten abgespielt.[5]

Jedenfalls hat es damals auch die Männer unter Deck lebhaft bewegt und unbefriedigt gelassen, daß nach der Vernichtung der *Hood* der Kampf gegen *Prince of Wales* nicht fortgesetzt wurde – es erschien ihnen unverständlich.

Nach Eingang der Meldung über das Island-Gefecht sollte Hitler selbst sich ähnlich äußern. »Wenn nun«, so hat er damals zu seiner Umgebung gesagt, »diese britischen Kreuzer die Fühlung hielten und Lütjens hat die *Hood* versenkt und den anderen beinahe lahmgeschossen, der ganz neu war, und bei dem bei dem Gefecht noch die Artillerie ausfiel, warum hat er dann nun nicht den auch noch versenkt? Warum hat er nun nicht versucht, da rauszugehen, oder warum hat er nicht kehrtgemacht? Das war ja seine Idee (gewesen). Aber dann wäre er der Home Fleet in die Arme gelaufen.«

Das Gefecht bei Island war beendet und unser Munitionsverbrauch erstaunlich niedrig geblieben: 93 Schuß der Schweren Artillerie (38 cm) auf *Bismarck* und 179 Schuß der Schweren Artillerie (20,3 cm) auf *Prinz Eugen*. Glücklicherweise war unser von Aufschlägen oft dicht umgebene gewesener *Prinz* nicht getroffen worden, aber *Bismarck* hatte von *Prince of Wales* drei 35,6-cm-Treffer erhalten. Im allgemeinen Gefechtslärm hatte ich sie in meinem hochgelegenen Stand gar nicht wahrgenommen, aber in den unteren Schiffsräumen hatten sie von den eigenen Abschüssen wohl unterschieden werden können. »Plötzlich«, so schrieb später ein Maschinenmaat über das Einkommen des ersten Treffers von der *Prince of Wales*, »spürten wir einen anderen Stoß, ein anderes Beben durch den Leib unseres Schiffes gehen: ein Treffer, der erste Treffer!«

Der erste Treffer hatte in Abteilung XXI, vor dem vorderen Panzerquerschott, das Schiff oberhalb der Wasserlinie, aber unterhalb der Bugwelle von Bordwand zu Bordwand durchschlagen. An der Stelle seines Austrittes an Steuerbord hatte er ein Loch von eineinhalb Meter Durchmesser hinterlassen. Die Schottwände zwischen den Abteilungen XX/XXI und XXI/XXII waren beschädigt. Nach und nach strömten fast zweitausend Tonnen Seewasser in das Vorschiff.

Der zweite Treffer war in Abteilung XIV unterhalb des Gürtelpanzers in das Schiff gedrungen und auf dem Torpedolängsschott detoniert. Er hatte einen Wassereinbruch im Backbord vorderen Turbinenkraftwerk (Kraftwerk Nr. 4) und Risse in den Schottwänden zu zwei diesem Kraftwerk benachbarten Räumen bewirkt, dem Kesselraum Backbord 2 und dem Kesselhilfsmaschinenraum. Bei steigendem Wasser konnte das Kraftwerk noch ordnungsgemäß abgestellt, mußte aber dann verlassen werden. Erst etwas später wurde bemerkt, daß dieser Treffer auch einige Heizöl führende Zellen in der Stauung und im Doppelboden aufgerissen hatte.

Der dritte Treffer war ein glatter Kaliberdurchschuß durch den Vorsteven eines Verkehrsbootes gewesen. Die Granate war danach, ohne zu detonieren und ohne sofort erkennbare weitere Beschädigungen anzurichten, an Steuerbord ins Wasser gegangen. Die in der Nähe ungeschützt stehenden Flakbedienungen hatten großes Glück gehabt. Holztrümmer des durchschossenen Bootes waren durch die Luft geflogen, hatten aber niemanden verletzt.

Während des ganzen Gefechtes waren glücklicherweise Personalverluste nicht eingetreten. An Bord bemühten sich nunmehr die Leckwehr[6]- und Maschinengefechtsgruppen, die Bereiche der beiden schwerer wiegenden Treffer genauer abzugrenzen und deren Auswirkungen zu bekämpfen.

Vorn waren inzwischen die unteren Decks in den Abteilungen XX und XXI vollgelaufen und der Bugspillraum ausgefallen. Die Schottwand hinter der Abteilung XX hatte aber nicht nur den dadurch entstandenen statischen Wasserdruck, sondern wegen des großen Loches im Schiffskörper auch noch den Fahrtdruck auszuhalten. Damit sie deswegen nicht brach, wurde sie noch während des Gefechtes von einer Zimmermeistergruppe abgestützt. Unter Leitung des Zweiten Leckoffiziers, Oberleutnant (Ing.) Karl-Ludwig Richter, versuchten Arbeitsgruppen nach dem Gefecht von der Back aus über Notausgänge in das Vorschiff einzudringen, um die nicht mehr intakten Leckpumpen wieder in Betrieb zu nehmen und die Inhalte der vorderen Heizölvorratsbunker in die den Kesselräumen nahe gelegenen

Verbrauchsbunker umzupumpen. Doch war die Leckpumpe in Abteilung XX unter Wasser nicht mehr gebrauchsfähig, schafften die Leckpumpen von Abteilung XVII her nur wenig und waren die Schieber der Ölförderleitung im Vorschiff nicht mehr zu bedienen. Die vorn lagernden eintausend Tonnen Heizöl blieben vom Verbrauch abgeschnitten, nachdem auch ein Versuch fehlgeschlagen war, das Öl über das Oberdeck umzuleiten. Den Vorschlag Lindemanns, das Schiff nacheinander nach beiden Seiten zu krängen und die Geschwindigkeit herabzusetzen (niedrigere Bugwelle!), um dann die Schußlöcher in der Außenhaut zuzuschweißen, lehnte Lütjens ab. Später wurden aber doch unter vorübergehender Fahrtverminderung auf 22 Knoten Lecksegel über die Löcher ausgeholt. Dadurch wurde das weitere Eindringen von Seewasser abgebremst. Die vollgelaufenen Decks versuchte man nun mit tragbaren Leckpumpen zu lenzen.

In Abteilung XIV lief nach und nach das Kraftwerk Nr. 4 voll und fiel dann endgültig aus. Alle Gefechtsstromverbraucher an Bord konnten jetzt zwar auch weiterhin ausreichend versorgt werden, doch war die ursprünglich vorhandene einhundertprozentige elektrische Reserveleistung auf die Hälfte herabgesetzt. Im Kesselraum Backbord 2 und dem Kesselhilfsmaschinenraum machten sich Leckwehr- und Maschinengefechtsgruppen daran, die rissig gewordenen Schottwände mit Hängematten abzudichten. Der Kesselraum hatte inzwischen Wasser gemacht, konnte aber zunächst gehalten werden. Auch hier war Oberleutnant Karl-Ludwig Richter wieder zur Stelle, der nie schlechtgelaunte Offizier, der immer ein gutes Wort für seine Umgebung übrig hatte; er, zusammen mit seinem Oberzimmermeister das beste Leckabwehrpaar an Bord! Doch stieg trotz aller Schottabdichtungen im Lauf des Tages das Wasser erneut, stand schließlich Richter bis zur Brust, und die dortigen Kessel mußten abgeschaltet werden. Der Kesselraum sollte zwar in der kommenden Nacht noch einmal gelenzt werden, ging schließlich aber doch endgültig verloren.

Als Folge des Wassereinbruchs hatten sich auf *Bismarck* allmählich ein Trimm von drei Grad nach vorn und eine Schlagseite nach Backbord von neun Grad bemerkbar gemacht. Die Flügelenden der Steuerbord-Schiffsschraube schlugen bereits aus dem Wasser. Auf Befehl flutete jetzt der Leckwehrgruppenführer 1, Stabsobermaschinist Wilhelm Schmidt, die Steuerbord Flut- und Trimmzellen in den Abteilungen II und III. Hiernach war das Schiff wieder einigermaßen ausgetrimmt.

Die Dauerwirkung der Treffer in den Abteilungen XIV und XXI bestand darin, daß, insbesondere wegen des Schottendrucks vorn, die Höchstfahrt *Bismarcks* auf 28 Knoten beschränkt wurde und das Schiff eine breite, besonders gut aus der Luft zu beobachtende Ölspur hinter sich herzog, die dem Feind die Aufklärung und Verfolgung erleichtern mußte. Das aussickernde Öl entstammte den Verbrauchszellen in der Abteilung XIV, möglicherweise aber auch den Vorratszellen in den Abteilungen XX und XXI.

Nach Aufheben des Klarschiffzustandes gegen 08.30 Uhr fanden sich die kriegswachfreien Offiziere in der Offiziersmesse zusammen, um ihrem Ersten Artillerieoffizier zur Versenkung der *Hood* zu gratulieren und ein Glas Sekt auf ihn zu leeren. Wir waren in froher, unbeschwerter Stimmung um unseren sympathischen und sich wie immer anspruchslos gebenden Schneider versammelt. Sein strahlender Erfolg ließ für einige Minuten alle Besorgnis verblassen, zu der das fortgesetzte Fühlunghalten durch *Suffolk* und *Norfolk* und die erlittenen Treffer vielleicht hätten Anlaß geben können. Keiner von uns überblickte wohl auch schon die Trefferauswirkungen in vollem Umfang. Niemand ahnte, daß dies die letzte größere Zusammenkunft von Offizieren in der Messe während der »Rheinübung« sein würde. Ganz offensichtlich hielt *Bismarck* ja auch den Ausbruchskurs in den Atlantik durch, und den Versammelten erschien es selbstverständlich, daß die Unternehmung, wie vorgesehen, fortgesetzt würde. Falls jemand an der Richtigkeit einer solchen Entscheidung des Flottenchefs gezweifelt haben sollte, in diesen Minuten wurde es jedenfalls nicht sichtbar.

Nach Gefechtsende meldete Lütjens um 06.32 Uhr an die Gruppe Nord: »Schlachtkreuzer, wahrscheinlich *Hood,* versenkt. Weiteres Schlachtschiff *King George V* oder *Renown* beschädigt abgedreht. Zwei Schwere Kreuzer halten Fühlung.« Dieser Funkspruch sollte aber – wegen schlechter Sendeverhältnisse im Seegebiet um Grönland – erst um 13.26 Uhr in der Heimat aufgenommen werden. Und da er deswegen nicht umgehend bestätigt worden war, ließ Lütjens ihn laufend wiederholen, außerdem aber um 07.05 Uhr durch eine – nun allerdings bei der Gruppe Nord überhaupt nicht angekommene – entsprechende Meldung in kürzerer Fassung ergänzen: »Habe Schlachtschiff versenkt in etwa 63 ° 10′ Nord, 32 ° 00′ West.« Um 08.01 Uhr teilte Lütjens der Seekriegsleitung seine Gefechtsschäden mit, bemerkte zusätzlich »Dänemarkstraße fünfzig Seemeilen breit, Treibminen, Feind zwei Funkmeßgeräte« und verkündete als seine neue Absicht: »Einlaufen St. Nazaire, *Prinz Eugen* Kreuzerkrieg.«

Nach dem Gefecht:
Alternativen für Admiral Lütjens

Die Uhrzeit 08.01 des dritten Funkspruchs zeigt an, daß Lütjens sich also schon innerhalb etwa einer Stunde nach dem gegen 06.30 Uhr beendeten Island-Gefecht zu dem bedeutsamen Entschluß durchgerungen hatte, nach St. Nazaire zu gehen. Zu diesem Zeitpunkt wird er einen Überblick über das volle Ausmaß der von *Bismarck* erlittenen Trefferschäden und vor allem über deren Reparaturmöglichkeiten an Bord wohl kaum schon gehabt haben. Und die Zeit seines Funkspruchs zeigt ferner an, daß Lütjens seine neue Absicht der Seekriegsleitung bereits mitgeteilt hatte, als wir mit Schneider noch in der Annahme feierten, daß die Operation planmäßig fortgeführt werde. Erst gegen Mittag, als wir unseren bisherigen Südwestkurs auf Südkurs änderten, und eben in Verbindung hiermit sprach sich die Neuigkeit herum, zur nicht geringen Überraschung der Offiziere.

Bis dahin hatte ich mir, wie die anderen Offiziere auch, nur eigene Gedanken darüber machen können, welchen Entschluß Lütjens wohl fassen würde, sobald sich erst einmal die Trefferfolgen voll herausgestellt haben werden und sobald sich zeigen würde, ob und wie das Feindbild sich grundsätzlich ändert. Mir selbst fehlte natürlich jeder Anhalt über die Folgerungen, die Tovey jetzt für eine Neuverteilung seiner Streitkräfte ziehen mochte. Aber bis zu einem gewissen Grad durfte ich solche Einblicke bei Lütjens schon vermuten. Die Beobachtungsdienste in der Heimat, auf *Bismarck* und *Prinz Eugen* konnten ihm inzwischen Informationen übermittelt haben, die uns jungen Schiffsoffizieren vorerst unzugänglich blieben. Und so würde Lütjens nach meiner Vorstellung jetzt einmal die in Frage kommenden Varianten durchdenken: Unternehmung unmittelbar fortsetzen oder vorübergehend ein Versteck im Atlantik zu Behelfsreparaturen, einen Tanker zur Versorgung aufsuchen oder einen westfranzösischen Hafen anlaufen oder nach Norwegen, wenn nicht gar in die Heimat zurückkehren.

Eindeutig war im Moment nur, daß die Operation ganz anders als gewünscht verlaufen war.

Denn erlebt hatten wir

- keinen unbemerkten, sondern einen freigeschossenen Durchbruch in den Atlantik;
- einen taktischen Sieg über zwei Schlachtschiffe, aber gleichzeitig auch den Verlust des anfänglichen Überraschungselementes für unseren Handelskrieg im freien Seeraum.

Und dazu hingen die Fühlunghalter auch noch nach dem Gefecht als lästige Begleiter an. Würden wir sie je noch abschütteln können – jetzt, mit unserer beschränkten Höchstgeschwindigkeit?

Wird überhaupt, so fragte ich mich jetzt, der Handelskrieg im unmittelbaren Anschluß an unseren Durchbruch vor den Augen des Feindes noch möglich sein? Welche Einheiten würde der Gegner nunmehr auf unsere Kampfgruppe ansetzen, und wie bald würde er es können? Wie waren die Meinungen innerhalb des Flottenstabes? Was dachte Lindemann, was mochte er Lütjens vorgeschlagen haben? Fragen über Fragen, aber eine Antwort war doch von niemandem zu erwarten – diese würde sich wiederum nur an der Ausführung neuer Lütjensscher Entschlüsse ablesen lassen.

Und dieses Mal war also gegen Mittag die Antwort in Form unserer Kursänderung nach Süden, des Kursansatzes auf St. Nazaire, gekommen.

Nun hatte sich der Flottenchef also für Westfrankreich entschieden. Aber was hatte den schweigsamen Lütjens überhaupt so plötzlich dazu bestimmt, einen Hafen anzustreben, nachdem er doch eben erst auf die so aussichtsreiche Verfolgung der angeschossenen *Prince of Wales* zugunsten des zu führenden Handelskrieges verzichtet hatte – des Handelskrieges, den er jetzt mit seinem neuen Entschluß so offensichtlich wieder zurückstellte? Und warum ausgerechnet das fast zweitausend Seemeilen entfernte St. Nazaire?

Wir hatten gesehen, daß Lütjens seine Entscheidung für St. Nazaire zu einem Zeitpunkt fällte, als er kaum schon voll hatte überblicken können, wie weit die Gefechtsschäden mit Bordmitteln zu beheben sein würden. Aber die Natur der Schäden wird er rasch als hinreichend geklärt angesehen und gleichzeitig als alarmierend genug empfunden haben: Zwei Löcher und zweitausend Tonnen Seewasser im Vorschiff, Verlust von zwei Knoten Geschwindigkeit, drohender Ausfall zweier Heizkessel, eintausend Tonnen Heizöl in den vorderen Vorratsbunkern vom Verbrauch abgeschnitten, ständiger Brennstoffverlust durch aussickerndes Heizöl, Ausfall eines elektrischen Kraftwerkes. Daß hier mit Bordmitteln nur sehr begrenzt zu helfen war, wird er bald eingesehen und sich dementsprechend zum Aufsuchen eines Hafens entschlossen haben. Denn nur dort konnte er eine Reparatur erwarten, die *Bismarck* seine ursprüngliche und für einen Handelskrieg auch dringend benötigte Höchstgeschwindigkeit von 30,8 Knoten wiedergeben würde. Aber das war noch nicht alles. Es war kein Geheimnis an Bord geblieben, daß Lütjens sehr stark unter dem Eindruck der unerwartet vorhandenen und anscheinend auch ausgezeichnet arbeitenden Funkmeßgeräte auf den britischen Kreuzern stand. Daß *Suffolk* und *Norfolk* auf hohe Entfernungen, durch Regen, Nebel und Schnee hindurch in der Dänemarkstraße Fühlung gehalten hatten, hatte ihm den Eindruck einer hohen technischen Überlegenheit der Briten auf diesem Gebiet vermittelt. Und aus dieser Besorgnis heraus hatte er in seinen Funkspruch an die Seekriegsleitung von 08.01 Uhr auch den Passus aufgenommen »Feind zwei Funkmeßgeräte«. Dazu trat zweifellos seine Enttäuschung darüber, daß am Vorabend nach den wenigen Salven gegen *Norfolk Bismarcks* vordere Funkmeßeinrichtungen ausgefallen waren. Eine Reparatur an Bord war offensichtlich nicht möglich gewesen, wenn sie überhaupt versucht worden war.[1]

Und eine weitere unerfreuliche Überraschung sollte Lütjens zuteil werden. Gegen 10.00 Uhr vormittags stellte sich anläßlich eines Winkspruchverkehrs mit *Prinz Eugen* heraus, daß *Bismarck* an den vorhergehenden zwei Tagen einige Funksprüche der Gruppe Nord nicht empfangen hatte. Diese Funksprüche hatten Mitteilungen zur Feindlage im Atlantik enthalten und im wesentlichen die Positionen und Kurse britischer Geleitzüge sowie die Wirkungen deutscher U-Bootangriffe auf diese Geleitzüge betroffen. *Prinz Eugen* mußte diese Nachrichten nun nachträglich auf optischem Wege an *Bismarck* übermitteln.[2] Die Informationslücke mochte Lütjens bis dahin einen operativen Nachteil nicht wirklich eingetragen haben, aber sicherlich belastete auch dieses Vorkommnis ihn innerlich, und er mußte sich Gedanken machen, warum nun sein Flaggschiff, anders als *Prinz Eugen*, diese Funksprüche nicht auf dem ursprünglichen Wege erhalten, vielleicht jemand im Funkraum auf *Bismarck* versagt hatte? Seine eigene, laufend wiederholte[3] Funkmeldung von 06.32 Uhr über die Versenkung der *Hood* schien ja auch nicht in der Heimat anzukommen, und alle diese Faktoren zusammen mögen sein Vertrauen in die funktechnischen Anlagen *Bismarcks* erschüttert haben, auf deren einwandfreies Funktionieren während einer auf mehrere Monate angelegten Operation im Atlantik er entscheidenden Wert legen mußte.

Und warum nun ausgerechnet St. Nazaire?

Zum Aufsuchen eines Stützpunktes standen Lütjens grundsätzlich vier verschiedene Wege zur Wahl.

Der kürzeste führte nach Norwegen zurück, und zwar südlich an Island vorbei bis nach Bergen. Er war elfhundert Seemeilen lang. Ginge man von dort sogleich nach Drontheim weiter, so würden es dreizehnhundert Seemeilen sein. Eine dritte Möglichkeit war die Rückkehr dorthin durch die Dänemarkstraße. Auf diesem Weg lag Drontheim vierzehnhundert Seemeilen entfernt.

Von den Wetterbedingungen her gesehen, hätte sich vorzugsweise wiederum der Weg durch die Dänemarkstraße mit ihrer verbreiteten Unsichtigkeit angeboten. Aber hatte Lütjens es nicht gerade erlebt, daß auch schlechte Sicht den britischen Fühlunghaltern keinerlei Abbruch tat? Könnte ein erneutes Durchlaufen der Dänemarkstraße nicht leicht zu einer bloßen Wiederholung der Verfolgung werden, dieses Mal in umgekehrter Richtung? *Suffolk* und *Norfolk* standen doch weiterhin ganz in der Nähe. Welche Streitkräfte würden sie dieses Mal heranführen können? Jetzt, nachdem die britische Heimatflotte nun schon voll alarmiert war? Wo standen überhaupt im Moment weitere schwere Einheiten Toveys? Irgendwo zwischen ihm und Scapa Flow – mehr wußte Lütjens wohl auch nicht. Und mußte er nicht erneut bedenken, wie unzutreffend er nur zwei Tage zuvor von seinen Heimatdienststellen über die Feindlage informiert worden war? »Durchbruch vom Feind bisher noch unbemerkt« – »Belegung Scapa Flows mit schweren Schiffen dem Vortag gegenüber unverändert« hatte es da geheißen. Daß all dies gar nicht stimmte, hatte ihn dann das Auftauchen von *Hood* und *Prince of Wales* gelehrt. Und daß am 23. Mai wegen »Wetterlage« eine Luftaufklärung über Scapa Flow überhaupt nicht möglich gewesen war, hatte ihm noch am gleichen Abend ein Funkspruch der Gruppe Nord mitgeteilt. Keine oder unzutreffende Aufklärung über den Feind, durch Gefechtsschäden verminderte eigene Höchstgeschwindigkeit, über Tag und Nacht durchgehende Helligkeit zu dieser Jahreszeit in den nördlichen Gewässern, die über dem Nordmeer mögliche britische Luftaufklärung, der verräterische Ölstreifen im Kielwasser, die erwiesene gute britische Funkmeßortung, das erneute Risiko eines Ausbruchs in den Atlantik nach beendeter Reparatur – nein, es war wahrhaftig keine Vielfalt guter Vorzeichen. Da würde es schon besser sein, auf eine Rückkehr nach Norwegen in dieser Lage zu verzichten.

Erst eine spätere Rekonstruktion der Gesamtlage durch das Oberkommando der Kriegsmarine sollte ergeben, daß die Rückkehr durch die Dänemarkstraße der günstigste Weg für den Flottenchef gewesen wäre, doch dafür hatte nachträgliches Wissen über die Verteilung der britischen Seestreitkräfte zur Verfügung gestanden, das Lütjens nicht hatte und auch nicht hatte haben können.

St. Nazaire war zwar noch einmal sechshundert Seemeilen weiter entfernt als Drontheim. Aber die Fahrt dorthin würde nach Süden führen, wo es dunkle und auch längere Nächte gab, und in ausgedehntere Seeräume. Dort war die Aussicht größer, den Verfolgern doch noch einmal zu entkommen. Vielleicht konnte man unterwegs auch noch eine Unterstützung durch eigene U-Boote erlangen oder zwischendurch von einem unserer im Atlantik stationierten Versorgungstanker Heizöl übernehmen. Auch gab es in St. Nazaire ein der Größe *Bismarcks* entsprechendes Trockendock. Und schließlich konnte dieser geographisch so günstig am Atlantik gelegene Hafen als ein guter Ausgangspunkt für die späteren Handelskriegsoperationen dienen.

Daß Lütjens die »Rheinübung« nach beendeter Reparatur überhaupt fortsetzen wollte, kann ich zwar auch nur wieder annehmen, aber doch wohl mit einem sehr hohen Grad von Wahrscheinlichkeit. Das gesamte vorangegangene Verhalten des Admirals beweist sein kontinuierliches Festhalten an der Aufgabe: die unmittelbare Fortsetzung der Unternehmung nach dem Tag im Grimstad Fjord trotz der bekanntgewordenen Alarmierung des Feindes – das weitere Durchhalten nach der ersten Begegnung mit den britischen Kreuzern in der Dänemarkstraße, statt Umkehr wie in der entsprechenden Phase einer gleichartigen Unternehmung mit den Schlachtschiffen *Gneisenau* und *Scharnhorst* drei Monate zuvor – der Abbruch der Verfolgung von *Prince of Wales* zugunsten der Hauptaufgabe »Handelskrieg«. All dies spricht für die große Beharrlichkeit von Lütjens in der Durchführung seiner Mission und mithin dafür, daß St. Nazaire für ihn nur eine Unterbrechung der »Rheinübung« bedeuten, nicht aber deren Ende sein sollte. Daß nach der Reparatur dort die Unternehmung »fortgesetzt« werden sollte, sprach sich dann auch allmählich im Lauf des Tages an Bord herum.

Logischerweise führen uns die Überlegungen zu St. Nazaire nun auch noch einmal kurz zu der bereits oben erwähnten Meinungsdifferenz zwischen Lütjens und Lindemann zurück. Erinnern wir uns, daß Lütjens den von Lindemann zur Erleichterung von Behelfsreparaturen im Vorschiff gemachten Vorschlag abgelehnt hatte, mit der Fahrt herunterzugehen und das Schiff nacheinander nach beiden Seiten zu krängen. Eine Begründung für diese Ablehnung ist mir niemals bekanntgeworden. Ich kenne auch den genaueren Zeitpunkt nicht, zu dem sich Flottenchef und Kommandant hierüber ausgetauscht haben. Aber sicherlich war dies erst der Fall, nachdem Lütjens sich bereits für das Anlaufen von St. Nazaire entschieden hatte. Denn nunmehr würde jede durch Fahrtminderung bewirkte Verzögerung seinem neuen Ziel raschester Reparatur im Hafen nur noch unnütz im Wege stehen. Gewiß mochte es möglich sein, die beiden Schlußlöcher vorn im Zug einer Sofortreparatur in See wieder zuzuschweißen und damit den momentanen Grund für die Beeinträchtigung der Höchstgeschwindigkeit zu beseitigen. Aber würde dies einen Sinn haben, wenn man bedachte, wie leicht der drohende und knapp vierundzwanzig Stunden später auch tatsächlich eingetretene Ausfall der zwei Heizkessel im Backbord vorderen Kesselraum diesen Gewinn auf der Stelle wieder entwerten konnte? Dafür das Risiko einer Senkung der Marschgeschwindigkeit auf eine vielleicht längere Dauer eingehen und das auch noch in fortgesetzter Sicht der Fühlunghalter, die neue schwere Einheiten heranführen konnten? Nein, ein solches Reparaturmanöver in See würde wohl in mancher Hinsicht auf schwachen Füßen stehen. Und falls Lütjens es so gesehen haben sollte, ich kann es ihm nachempfinden.

Die Detachierung des Kreuzers *Prinz Eugen*

Kurz vor 10.00 Uhr setzte sich der weiterhin vorn laufende *Prinz Eugen* auf Befehl des Flottenchefs hinter *Bismarck*, um jetzt dessen Ölspur einmal genauer zu überprüfen. Während bei dem Nummernwechsel die Schiffe aneinander vorbeizogen, bat Lindemann seinen Crewkameraden Brinkmann, ihm das Ergebnis seiner Beobachtungen herüber zu signalisieren. Das Öl war immer noch in breiter Front in unserem Kielwasser zu sehen, wobei sich die dort in Verlust geratene Menge wegen ihrer raschen Ausbreitung auf der Meeresoberfläche nicht einmal annähernd abschätzen ließ. Jedenfalls schien der verräterische Streifen mit uns bleiben zu wollen, und in der Tat hatten bereits ein bald nach Gefechtsende von Island gekommenes, über unserem Kielwasser außerhalb Flakreichweite hin und her pendelndes »Sunderland«-Flugboot und die *Suffolk* diese Ölspur wahrgenommen und weiter gemeldet. Gegen 11.00 Uhr kehrte *Prinz Eugen* auf seine Spitzenposition zurück, um mit seinem vorderen Funkmeßgerät weiterhin in vorlicher Richtung für die Kampfgruppe aufzuklären.

Während des Vormittags hielten zunächst *Suffolk* und *Norfolk* und ab Mittag auch die durch ein »Catalina«-Flugboot wieder herangeführte *Prince of Wales* auf hohe Entfernung Fühlung. Alle unsere Kurs- und Fahrtänderungen wurden weiterhin von ihnen sofort erkannt und als Funkmeldung weitergegeben. Langsam fanden wir uns damit ab, die drei zu unserer ständigen Begleitung zu zählen. Daß wir sie je abschütteln würden, erschien immer weniger wahrscheinlich. Doch litt die Stimmung an Bord darunter nicht, im Gegenteil! Die Besatzung blieb optimistisch, jedenfalls schien es so. Irgendwie würden die Beschatter ja einmal verschwinden.

Gegen 08.30 Uhr teilte die Gruppe Nord, noch in Unkenntnis des Island-Gefechtes[1], Lütjens mit, daß sie es als seine Absicht ansehe, die britischen Fühlungshalter mit dem Ziel wegzudrücken, *Prinz Eugen* eine Ölergänzung in See zu ermöglichen und im übrigen den Gegner auf eigene Unterseeboote zu ziehen. Durch die feindlichen Fühlunghaltermeldungen sei der Befehlshaber der Unterseeboote bereits über den Standort der Kampfgruppe informiert. Die Gruppe bemerkte außerdem, daß ab 12.00 Uhr die operative Führung der »Rheinübung« auf die Gruppe West übergehen werde – was dann auch geschah. Weitere Funksprüche der Gruppe Nord im Lauf des Vormittages übermittelten dem Flottenchef Erkenntnisse des Beobachtungsdienstes über die Erfolge der britischen Fühlungshalter, die ihm die bisherige lückenlose Überwachung seiner Kampfgruppe durch *Suffolk*, *Norfolk* und *Prince of Wales* nur noch einmal bestätigten.

Gegen 11.00 Uhr wurde das Wetter plötzlich schlechter, Seegang kam auf. Strichweiser Regen begann mit Dunst abzuwechseln, und voraus traten breite Nebelbänke in Erscheinung. Ab und zu brach die Sonne durch, aber nur, um rasch wieder hinter dunklen Regenwolken zu verschwinden. Bei dem so wechselhaften Wetter schwankte die Sicht jetzt ständig zwischen achtzehn und zwei Seemeilen hin und her. Die auf etwa dreihundert Hektometer Abstand operierenden britischen Fühlunghalter sollten es entsprechend schwerer haben, aber der Kontakt riß deshalb nicht ab. Gegen 12.30 Uhr ermäßigte *Bismarck* seine bisherige Geschwindigkeit von 28 auf 24 Knoten, um dadurch die im Vorschiff immer noch anhaltenden provisorischen Dichtungsarbeiten zu unterstützen.

Kurz vor 14.00 Uhr meldete Lütjens an die Seekriegsleitung und die Gruppe West: »*King George V* mit Kreuzer hält Fühlung. Absicht: falls kein Gefecht, versuchen, nachts abzusetzen.« Dieser Wortlaut läßt erkennen, daß der Flottenchef die *Prince of Wales* noch immer für deren Schwester- und Flottenflaggschiff *King George V* hielt. Und wenn er von nur einem statt der in Wirklichkeit zwei Fühlung haltenden Kreuzern sprach, so kann dies nur anzeigen, daß einer von ihnen – in der Tat die *Norfolk* – über längere Zeit hinweg durch Nebelbänke laufen mußte und dann unsichtbar blieb, was beispielsweise gegen 14.00 Uhr der Fall war.

In einem Winkspruch an *Prinz Eugen* gab Lütjens um 14.20 Uhr die folgenden Einzelheiten zu der – laut Funkspruch von 08.01 Uhr an die Gruppe Nord vorgesehenen – Detachierung des Kreuzers zur selbständigen Kriegführung bekannt: »Beabsichtige Fühlung wie folgt abzuschütteln: während Regenböen läuft *Bismarck* mit Westkurs ab. *Prinz Eugen* hält Kurs und Fahrt durch, solange bis er abgedrängt wird oder drei Stunden nach Ablaufen von *Bismarck*. Anschließend entlassen zum Ölen bei *Belchen* oder *Lothringen*, danach selbständig Kreuzerkrieg führen. Durchführung auf Stichwort *Hood*.«

Seine sonstigen Absichten ergaben sich aus einem kurz danach abgesetzten Funkspruch an den Befehlshaber der Unterseeboote. Dieser wurde angewiesen, seine Westboote in einem südlich der Südspitze Grönlands gelegenen Seeraum in einer Standlinie sammeln zu lassen. Über sie hinweg wollte Lütjens dann am Morgen des 25. Mai die britischen Fühlunghalter ziehen, als Angriffsziele für unsere Unterseeboote. Die relativ weit westlich angesetzte Standlinie zeigt an, daß Lütjens erst noch einmal kräftig in den Atlantik auszuholen beabsichtigte, bevor er sich dann, der feindlichen Luftaufklärung möglichst verborgen, in einem großen Bogen von Südwesten her St.Nazaire näherte. Den Brennstoffvorrat seines Flagschiffes hat Lütjens demnach zu diesem Zeitpunkt als noch für einen solchen Umweg ausreichend angesehen.

Um 15.08 Uhr meldete Lütjens der Seekriegsleitung und Gruppe West weitere Einzelheiten zum Island-Gefecht: »*Hood*« heute früh 06.00 Uhr durch Artilleriegefecht innerhalb fünf Minuten vernichtet. *King George V* nach Treffern dann abgedreht. *Bismarck* Fahrt beschränkt. Tiefertauchung vorn infolge Vorschiffstreffer.«

Etwa um diese Zeit kam plötzlich achteraus ein Flugboot in Sicht. Es wurde zunächst als ein deutsches Dornier-Boot angesprochen, und einige Männer behaupteten später übereinstimmend, daß es auf unseren Anruf sogar mit dem zutreffenden deutschen Erkennungssignal geantwortet habe. Woher diese reichlich fragwürdige Darstellung stammte, habe ich nicht mehr feststellen können. Als die Maschine auf etwa viertausend Meter herangekommen war, erkannte sie jedenfalls der Leiter der Flak an Bord, Kapitänleutnant Karl Gellert – mein guter Kamerad von der Vor-Crew, vertraut von gemeinsamen Artillerieleiterlehrgängen und fröhlichen Stunden – eindeutig als ein Flugboot amerikanischer Bauart. Es war eine Catalina. Auf der Stelle löste Gellert »Fliegeralarm« aus, fast gleichzeitig fielen unsere Flakbatterien ein. Die Catalina drehte ab. Einige Male danach versuchte sie noch, auf nähere Entfernung Fühlung zu halten, wurde aber jedes Mal wieder durch Beschuß vertrieben. Gegen 16.30 Uhr verschwand sie – wie heute bekannt ist, wegen Motorschadens – endgültig.

Mittlerweile waren wir wieder in eine dichte Regenbö geraten. Die Sicht schwand, und Lütjens hielt den Moment zur Detachierung des *Prinzen* für gekommen. Um 15.40 Uhr ließ er Signal geben: »Ausführung *Hood*.« *Bismarck* drehte unter Fahrterhöhung auf 28 Knoten nach Steuerbord in westlicher Richtung ab, während *Prinz Eugen* Kurs und Fahrt beibehielt. Doch sollte der Versuch nicht gelingen. Die Regenbö war nicht genügend breit. Wir kamen nur zeitweise außer Sicht und stießen zudem sofort auf einen unserer Verfolger. Also blieb *Bismarck* einfach weiter in der Drehung und schloß, mit hoher Fahrt von achtern kommend, gegen 16.00 Uhr wieder beim *Prinzen* auf. Und optisch wurde dieser unterrichtet: »*Bismarck* staffelt wieder heran, da an Steuerbord ein Kreuzer.«

Nach Eintauchen in eine Nebelbank gab Lütjens um 18.14 erneut das Stichwort *Hood*. *Bismarck* verfuhr wie schon zuvor und trennte sich, nunmehr endgültig, vom *Prinzen*. Zunächst auf Westkurs und dann auf Nordkurs drehend, kamen wir in einer Regenbö außer Sicht, ohne daß der Gegner die Auflösung unserer Kampfgruppe bemerkte.

Der II. Artillerieoffizier des *Prinz Eugen,* der damalige Kapitänleutnant Paul Schmalenbach, schilderte später die Trennung so: »Um 18.14 Uhr folgt zum zweiten Mal das Signal zur Ausführung des Befehls über die Trennung der beiden Schiffe. Wieder legt sich *Bismarck* hart nach Backbord über, während die See ruhiger geworden ist. Regenböen hängen wie schwere Vorhänge von tiefliegenden Wolken herunter. Es ist eine düstere Stimmung, in der ›der große Bruder‹ vorübergehend verschwindet. Dann ist er wieder sichtbar, nur für die Minuten, während er mit dem Mündungsfeuer seiner Artillerie See, Wolken und Regenböen blitzartig in ein dunkles Rot taucht. Der nachfolgende braune Mündungsqualm verdüstert das Bild nur noch stärker. Allem Anschein nach dreht das Schiff noch etwas nördlicher.

Im Feuer der achteren Turmgruppe werden noch einmal die Umrisse des mächtigen Schiffes deutlich, der lange Rumpf, der Turmmast mit dem Schornstein, der jetzt wie ein massiger, wuchtiger Aufbau wirkt, der achtere Mast, wo im Topp die Flagge des Flottenchefs wehen muß. Doch ist diese bei der schnell wachsenden Entfernung nicht mehr auszumachen. Darunter weht an der Gaffel die Kriegsflagge, gerade eben noch als Pünktchen zu erkennen.

Dann schließt sich der Vorhang der Regenböen zum letzten Mal. Der ›große Bruder‹ ist verschwunden für die vielen Augen, die ihm vom *Prinzen* aus nachsehen. Mit viel Sorge und mit den allerbesten Wünschen. Befehlsgemäß – ein Winkspruch hatte es noch angeordnet – verringert *Prinz Eugen* die Fahrt. Wir sollen uns mit gleichbleibendem Kurs und etwas geringerer Fahrt sacken lassen, um so *Bismarck,* der in der Geschwindigkeit herabgesetzt ist, das Entkommen aus der britischen Fühlungnahme zu erleichtern.«

Auch uns auf *Bismarck* fiel der Abschied vom getreuen *Prinzen* schwer. Nur ungern überließen wir ihn einem unabhängigen Schicksal, doch war angesichts der auf *Bismarck* erlittenen Gefechtsschäden die Trennung unausweichlich geworden. Im Rückblick muß sie sogar als eine glückliche Entscheidung angesehen werden, denn gegenüber der Massierung schwerer britischer Einheiten in den kommenden Tagen hätten wir uns gegenseitig wohl auch nicht mehr viel helfen können. Wahrscheinlich hätten wir am 27. Mai dann nicht nur *Bismarck,* sondern auch noch den *Prinzen* dazu verloren. So aber sollte er, vom Gegner nicht bemerkt, am 1. Juni unversehrt den Hafen von Brest erreichen.

Die Fühlunghalter hängen weiter an
Direkter Kurs auf St. Nazaire

Das Geschützfeuer auf *Bismarck,* von dem Schmalenbach spricht, rührte von der Bekämpfung der uns ja fortgesetzt folgenden *Suffolk* her, auf die wir im Zug der Drehung gestoßen waren. Auf eine Entfernung von 180 Hektometer hatten wir das Feuer auf den sofort abdrehenden und einen Rauchschleier legenden Kreuzer eröffnet, dem die weiter abstehende *Prince of Wales* mit ihrer schweren Artillerie dann zu Hilfe kam. Noch während dieses Artillerieduells drehten wir wieder auf unseren ursprünglichen südlichen Kurs zurück und führten das Gefecht, schließlich nur noch gegen *Prince of Wales,* im Ablaufen weiter. Bei der hohen Gefechtsentfernung von 280 Hektometer, der durch die Meeresoberfläche verstärkten Blendwirkung der jetzt wieder scheinenden Sonne und wegen Behinderung durch Schornsteinrauch war aber die Beobachtung vom Hauptartilleriestand im Vormars so schwierig, daß Schneider nur in größeren Zeitabständen einzelne Salven schießen konnte. Da der Gegner achteraus stand, gab er mir schließlich den Befehl, die Feuerleitung von meinem Achteren Stand aus zu übernehmen. Er durfte vermuten, daß ich dort bessere Beobachtungsverhältnisse hatte. Doch war dies nicht der Fall. Bei der hohen Entfernung konnte auch ich nicht verläßlich beobachten, und auf meine entsprechende Meldung an Schneider kam nach einigen von mir geschossenen Salven der Befehl zum Feuereinstellen. Treffer waren bei diesem sporadischen Salvenaustausch von keiner Seite erzielt worden. Um 19.14 Uhr meldete Lütjens an die Seekriegsleitung: »kurzes Gefecht mit *King George V*[1] ohne Ergebnis. *Prinz Eugen* zum Ölen entlassen. Gegner hält Fühlung.«

Seit der Trennung von *Prinz Eugen* drang die Tatsache, nunmehr allein zu sein, erst allmählich voll in unser Bewußtsein, und die allgemeine Spannung im Schiff stieg, welche Überraschungen uns die nächsten Stunden und Tage bringen würden. Einiges konnten wir uns immerhin selbst sagen. Die Briten würden, schon um die Scharte des Verlustes der *Hood* wiedergutzumachen, *alles* aufbieten, um überlegene schwere Schiffe auf unsere Fährte zu setzen. Wie viele und welche das sein würden, wo sie im Moment standen und in welcher Zusammensetzung – dies waren eben die Ungewißheiten, die die Spannung ausmachten und den wichtigsten Gegenstand unserer damaligen Spekulationen an Bord bildeten. Vieles, wenn nicht gar alles würde jetzt darauf ankommen, die Fühlunghalter endlich abzuschütteln und den beabsichtigten großen Bogen nach Westfrankreich möglichst ungesehen zu durchlaufen. Unser Kurs führte weiter nach Süden, die Marschfahrt war aus Rücksicht auf die im Vorschiff abgeschnittenen eintausend Tonnen Heizöl auf wirtschaftliche 21 Knoten heruntergesetzt worden. Wir konnten hoffen, mit Glück unser Ziel St. Nazaire unangefochten zu erreichen.

Die am frühen Vormittag vom Flottenchef an die Heimatdienststellen gefunkte Absichtserklärung, mit *Bismarck* St. Nazaire anzusteuern und *Prinz Eugen* zum Kreuzerkrieg zu entlassen, beantwortete die Gruppe West kurz vor 19.00 Uhr damit, daß sie einverstanden sei und für *Bismarck* entsprechende Vorbereitungen in St. Nazaire und Brest[2] habe treffen lassen.

Von sich aus bezeichnete sie es außerdem als ratsam, daß *Bismarck* sich vorerst einmal in entlegene Seeräume absetze, falls es zuvor gelinge, die feindliche Fühlung abzuschütteln. Ganz offensichtlich erhoffte sich die Gruppe davon eine ermattende Wirkung auf die britischen Verfolger. Der Gedanke erscheint plausibel genug, und es ist durchaus wahrscheinlich, daß auch Lütjens ihn eine Zeitlang erwogen hat. Aber der Gruppe waren die Auswirkungen der Gefechtsschäden auf die Brennstofflage des Schiffes nicht bekannt – sie waren ihr auch gar nicht mitgeteilt worden. Und um so überraschter muß sie gewesen sein, den Funkspruch von Lütjens von 20.56 Uhr zu erhalten: »Abschütteln Fühlung wegen feindlicher Funkmeßgeräte unmöglich. Wegen Brennstoff ansteuere St. Nazaire direkt.«

So unvermittelt, so plötzlich auf den schützenden Umweg durch den Atlantik verzichten?

Warum Lütjens am Abend des 24. Mai die Brennstofflage *Bismarcks* so viel ernster beurteilte als noch am Nachmittag – ich weiß es nicht. Vielleicht war ihm erst nach und nach endgültig klar geworden, daß an das im Vorschiff abgeschnittene Heizöl trotz aller Versuche nicht mehr heranzukommen ist und es für den Verbrauch unwiderruflich abgeschrieben werden muß.

Die Entscheidung des Flottenchefs für »St. Nazaire direkt« hatte eine sofortige wichtige Folge. Der Befehlshaber der Unterseeboote gab die für den Seeraum südlich Grönlands vorgesehene U-Bootstandlinie auf und paßte sich mit ihr dem neuen Kurs *Bismarcks* auf die westfranzösische Küste an. Entsprechende Anweisung erging an die U-Boote *U93*, *U43*, *U46*, *U557*, *U66* und *U94*. *U556* wurde als Aufklärer auf einen passenden Standort befohlen.

Flugzeuge des Trägers *Victorious* greifen an

Seit dem ergebnislosen Gefecht mit *Prince of Wales* kurz nach 19.00 Uhr hatte *Bismarck* seinen südlichen Kurs unverändert beibehalten. Bald danach war Meldung über die Schiffsfernsprecher gekommen, daß mit der Nähe eines Flugzeugträgers zu rechnen sei. Alle Flakwaffen waren sofort in den vollen Alarmzustand übergegangen.

Da, gegen 23.30 Uhr, es war noch taghell[1], entdeckten wir plötzlich an Backbord voraus mehrere Rotten von Radflugzeugen. Deutlich formierten sie sich an der Unterkante einer Wolkenschicht zu einem Angriff auf *Bismarck*. Es waren, wie wir damals natürlich noch nicht wissen konnten, Maschinen des zum Verbande Toveys gehörenden Flugzeugträgers *Victorious*, dem Verband, der am Abend des 22. Mai mit dem Ziel aus Scapa Flow ausgelaufen war, die deutsche Kampfgruppe südwestlich von Island abzufangen. Dort abzufangen: allerdings nur in dem ursprünglich nicht als wahrscheinlich angesehenen Fall, daß das nach dem Eingreifen des Vice Admiral Holland mit *Hood* und *Prince of Wales* überhaupt noch nötig sein würde. Es war.

Fliegeralarm! Und in Sekunden waren alle Flakwaffen auf *Bismarck* abwehrbereit. Und dann flogen sie auch schon an, neun Swordfish-Flugzeuge, Torpedos unter den Rümpfen, nacheinander, teilweise zugleich, alle von Backbord her kommend, tollkühn mitten hinein in unser Abwehrfeuer, näher heran an den feuerspeienden Berg *Bismarck*, immer näher und noch näher. Im Achteren Stand beobachtete ich die Angriffe durch meinen Zielgeber, der an sich für Seeziele konstruiert war, sehr stark vergrößerte, dafür aber nur ein kleines Gesichtsfeld hatte. So konnte ich niemals das gesamte Geschehen, sondern nur einzelne Szenen beobachten und auch diese nur, soweit vorbeiziehender dunkler Pulverqualm unserer Geschütze es zuließ. Aber was ich sehen konnte, war noch aufregend genug.

Unsere Flakbatterien schossen, was die Rohre hergaben. Hin und wieder feuerte ein 38er Turm, häufiger ein 15er dazwischen, sie zielten vor den Flugzeugen in die See. Da stiegen dann wuchtige Wassersäulen hoch, wie von unten kommende Geschosse. In sie hinein zu geraten, mußte das Ende eines jeden Angreifers bedeuten. Und dann die Flugzeuge selbst, sie schienen geradezu fliegende Anachronismen zu sein, so langsam, als ob sie in der Luft stillständen. Unglaublich, wie die Piloten ihre Angriffe in selbstmörderisch anmutender Weise so anlegten, als ob kein Träger sie je zurück erwarte.

Wir hatten die Fahrt inzwischen auf 27 Knoten erhöht und liefen in starken Zickzackbewegungen. Es galt, den nacheinander ins Wasser klatschenden Torpedos auszuweichen – bei den auf nächste Entfernung und aus niedrigster Höhe abgeworfenen Geschossen eine fast unmögliche, aber vom Kommandanten und dem von der offenen Friedenssteuerstelle aus fahrenden Gefechtsrudergänger, dem Matrosenhauptgefreiten Hans Hansen, immer wieder glänzend gelöste Aufgabe. Einige Maschinen flogen nur noch zwei Meter über der See und auf vier- bis fünfhundert Meter an uns heran, bevor sie ihre Torpedos ausklinkten. In meinem Zielgeber sah es manches Mal so aus, als ob sie nach dem Angriff auch noch über uns hinwegziehen wollten. Der Höhepunkt der Frechheit, dachte ich.

Bei dieser Angriffstaktik steuerten natürlich fortlaufend mehrere Torpedos aus verschiedenen Richtungen zugleich auf uns zu, und einem Torpedo auszuweichen, konnte jetzt leicht bedeuten, in einen anderen hineinzulaufen. *Bismarck* kurvte förmlich hin und her, und auf einmal mischte sich in das Toben unserer Geschütze das übertönende scharfe Geräusch einer Detonation, die *Bismarck* leicht erzittern ließ. Im Moment nahm ich nur wahr, daß sie vorlich meines Standes stattgefunden haben mußte. Und das empfand ich sofort, trotz aller inneren Verwünschung dieses offensichtlichen Torpedotreffers, als noch relativ günstig. Denn dieser zweifellos auf allernächste Entfernung abgeworfene Torpedo hatte sicherlich nicht mehr auf seine eingestellte, uns gefährliche Tiefe steuern können, sondern war vermutlich an oder knapp unter der Oberfläche dort auf unseren Gürtelpanzer geprallt, wo er am stärksten ist: in der Wasserlinie um die Schiffsmitte. Und dieser Panzer, dachte ich, würde schon mit einem kleinen Flugzeugtorpedo fertig werden! Dennoch, ein rascher vorsorglicher Blick auf Fahrtmeß- und Ruderlagenanzeiger. Beide Aggregate zeigten Maschine und Ruder als weiterhin intakt – Gott sei Dank!

Der Matrosengefreite Georg Herzog am Backbord Dritten 3,7-cm-Flakgeschütz hatte kurz vor Beginn des Flugzeugangriffes drei Maschinen an Backbord gesehen. »In 240° Anflug dreier Flugzeuge« hatte er gemeldet und schon bald danach Flugzeuge von allen Seiten auf *Bismarck* zufliegen sehen. Zuerst hatten unsere Flakwaffen geschossen, dann einer der vorderen 38er Türme und schließlich die Mittelartillerie. »Ich hatte das Gefühl«, sagte er später, »daß die Briten bei diesem Angriff alles versuchten und mit einem unerhörten Schneid darauf losflogen, um ihre Torpedos anzubringen. Mir war es, als seien sie bis auf fünfzehn Meter an das Schiff herangekommen, bevor sie wieder abdrehten.«

Der Matrosengefreite Herbert Manthey am Steuerbord Fünften 2-cm-Flakgeschütz hatte beobachtet, wie die Flugzeuge zunächst einen geschlossenen Angriff an der Backbordseite versucht, sich aber dann auf Angriffe aus den verschiedensten Richtungen verteilt hatten. Auf seine Frage hatte ihm sein Flakabschnittsleiter Oberleutnant zur See Sigfrid Dölker geantwortet, daß insgesamt drei Staffeln Torpedoflugzeuge am Angriff beteiligt seien. Das Zickzackfahren zum Ausweichen vor den Torpedos hatte auch an seiner Waffe das Richten sehr erschwert. Und gegen Ende des Angriffs hatte er dann das Detonationsgeräusch an Steuerbord vernommen.

Was war geschehen? Ein Torpedo, es mag der letzte dieses Angriffes gewesen sein, hatte, tatsächlich als Oberflächenläufer, Steuerbord mittschiffs den Gürtelpanzer getroffen und war dort unter Erzeugung einer hohen Wasserglocke detoniert. Ein Flugzeug hatte diesen Angriff nach Trennung von seiner Rotte und unter dem Blendschutz der untergehenden Sonne, von uns unbemerkt, vorgetragen. Der Luftdruck hatte unseren, in der Nähe des Detonationsortes gerade Munition mannenden Oberbootsmann Kurt Kirchberg gegen einen festen Schiffsteil geschleudert, und Kirchberg war sofort tot gewesen: der erste Gefallene auf *Bismarck*. Seine Leiche wurde in Segeltuch eingenäht und in ein Verkehrsboot gelegt. Sein Tod, als Sterben eines einzigen in der Wirkung auf die Umwelt um so stärker, bedrückte besonders alle diejenigen, die ihn im täglichen Dienst als einen zwar strengen, aber tüchtigen und verständnisvollen Vorgesetzten kennengelernt hatten.

Unter Deck hatte sich der Treffer als eine gewaltige Detonation bemerkbar gemacht. Es hatte geschienen, als ob das Schiff mit großer Wucht nach der Seite geschleudert worden war, viel stärker als bei den Granattreffern am Morgen und bei den Abschüssen der eigenen Artillerie. In der Kommando- und Leckwehrzentrale war das Licht für ein bis zwei Minuten ausgefallen, hatte jedermann zunächst gedacht »jetzt ist es aus!«. Dann war das Schiff in die normale Schwimmlage zurückgekehrt, hatten die Leck- und Feuerwachen ihre Bereiche überprüft, waren ihre Meldungen über die Telefone zur Leckwehrzentrale geschwirrt. Etwas blaß waren die Männer dort immer noch, sonst aber ruhig, »seht ihr, nur der liebe Gott kann unser Schiff versenken«, hatte ihnen Sagner aufmunternd zugerufen. Lediglich der junge seemännische Befehlsübermittler in der Kommandozentrale hatte die Nerven ein klein wenig verloren, seine Schwimmweste umgelegt, diese aufblasen wollen, fahrig herumgeturnt, all dies unter den Augen des Ersten Offiziers. Dessen Donnerwetter kam dann auch, aber der Seemann war so durch den Wind, daß er von alledem gar nichts mehr mitbekam – Kameraden hatten ihn dann erstmal in einen Nebenraum als Verweilstation gebracht, wo er sich beruhigen konnte. In der Rekordzeit von drei Minuten hatte dann die Schiffsführung über den Zustand aller Räume Bescheid gewußt. Sachschäden hatte es so gut wie gar nicht gegeben, aber einige Personalverletzungen. Das durch den Detonationsdruck des Torpedos verursachte plötzliche Anheben des Schiffes und die dadurch ausgelösten schockartigen Deckserschütterungen hatten bei dem Artillerieobermechaniker Heinrich Juhl und fünf weiteren Männern zu Knochenbrüchen geführt. Im E-Gefechtsstand im Unteren Plattformdeck der Abteilung IX hatte die Erschütterung den Maschinengefreiten Budich quer durch den Raum bis zur Hauptschalttafel geschleudert. Verdutzte Stille hatte geherrscht. In sie hinein hatte Obermaschinist Barho gefragt: »Aber Budich, wo wollen Sie denn so eilig hin?« Befreiendes Gelächter und einlaufende Meldungen hatten die augenblickliche Spannung rasch gelöst.

Überall an Bord war die Stimmung nach dem Angriff, dessen Ende am Abebben und schließlichen Aufhören des Flakschießens leicht abzulesen war, ausgezeichnet. War der Besatzung doch auch noch der Abschuß von fünf feindlichen Flugzeugen bekanntgemacht worden. In Wahrheit war allerdings keines abgeschossen worden.

Aber ganz folgenlos war der sonst glimpflich überstandene Flugzeugangriff für den Zustand des Schiffes doch nicht geblieben. Infolge der bei dem Angriff auf 27 Knoten erhöhten Geschwindigkeit, der damit verbundenen höheren Fahrtdrücke und des kräftigen Hin- und Herkurvens zum Ausweichen vor den Torpedos waren die am Vorschiff angebrachten Lecksegel gerissen. Ein erneuter Wassereinbruch mit dadurch noch einmal verstärkter Tiefertauchung vorn war die Folge gewesen. Außerdem hatten die durch das Abwehrfeuer aller Kaliber bewirkten Erschütterungen die Risse in der abgedichteten Schottwand zwischen dem am Morgen nach dem Artillerietreffer vollgelaufenen Kraftwerk und dem Kesselraum Backbord 2 wieder derart vergrößert, daß dieser nunmehr ebenfalls vollief und endgültig aufgegeben werden mußte. Wieder waren einige hundert Tonnen Seewasser mehr im Schiff. Vorübergehend ermäßigte *Bismarck* die Fahrt auf 16 Knoten, damit die Lecksegel am Vorschiff wieder abgedichtet werden konnten. Der Marsch nach St. Nazaire wurde währenddessen fortgesetzt.

In die Heimat meldete Lütjens nach Mitternacht: »Angriff durch Torpedoflugzeuge. Torpedotreffer an Steuerbord«, und gegen 02.00 Uhr früh: »Torpedotreffer ohne Bedeutung.«

Bald nach dem Flugzeugangriff gerieten wir noch in ein kurzes Seegefecht. *Prince of Wales* war wieder am Horizont aufgetaucht und feuerte auf etwa 150 Hektometer zwei Salven. Schneider erwiderte mit der schweren Batterie zwei oder drei Male. Im nachlassenden Licht war aber die Beobachtung für beide Seiten zu schwierig. *Prince of Wales* drehte ab, und das ergebnislose Intermezzo war vorüber.

Die Admiralität in London trifft energische Entscheidungen

Mit dem Angriff der *Victorious*-Flugzeuge auf *Bismarck* um die Mitternacht zum 25. Mai war ein Katalog von Maßnahmen zu Ende gegangen, die Tovey noch vor seinem Auslaufen aus Scapa Flow am Abend des 22. Mai getroffen oder eingeleitet hatte. Diese Maßnahmen hatten trotz imponierender Leistungen von *Suffolk* und *Norfolk* im Fühlunghalten nicht zu dem angestrebten Erfolg geführt. Die deutsche Kampfgruppe war weder vernichtet, noch in ihrer Geschwindigkeit so entscheidend herabgesetzt worden, daß es ohne weiteres möglich sein würde, andere schwere Schiffe auf sie anzusetzen. Dazu waren die Einheiten der britischen Flotte im Moment geographisch zu ungünstig verteilt. Und es war nicht nur dieser Fehlschlag, der Tovey und die Admiralität in London bedrückte. Mit *Hood* war nicht irgendein Schlachtkreuzer verloren worden, sondern ein in der Königlichen Marine, ja dem ganzen Volk als leibhaftige Verkörperung britischer Seemacht angesehenes Schiff. Sein Verlust wog doppelt schwer und forderte die Seelords in erhöhtem Maß heraus. Die lakonische Meldung des an die Stelle des gefallenen Holland als örtlicher Seebefehlshaber getretenen Wake-Walker auf *Norfolk:* »*Hood* ist in die Luft geflogen« hatte wie ein Blitz in London eingeschlagen. Und wenn es vorher notwendig gewesen war, *Bismarck* zu versenken, dann war es jetzt, nach dem Verlust der *Hood,* doppelt notwendig.

Mit seinem aus *King George V*, dem Schlachtkreuzer *Repulse*, dem Flugzeugträger *Victorious*, mehreren Kreuzern und Zerstörern bestehenden Verband hatte Tovey am Abend des 23. Mai etwa 550 Seemeilen südöstlich der deutschen Kampfgruppe gestanden. Er hatte einen mittleren nordwestlichen Kurs steuern lassen, um die theoretischen Möglichkeiten abzudecken, daß die deutschen Schiffe nach dem zu erwartenden Gefecht mit dem Verband Hollands entweder durch die Dänemarkstraße zurückgehen oder, zumindest aber schwerwiegend beschädigt, doch noch in den Atlantik ausbrechen. Für beide Fälle hatte er sich gute Abfangchancen ausgerechnet. Nun war alles ganz anders gekommen, und Tovey hatte nur geringe Aussicht, die deutsche Kampfgruppe zu stellen, solange sie mit unverminderter Geschwindigkeit nach Südwesten in den Atlantik weiterlief.

Welche Absichten konnte der deutsche Flottenchef unter den veränderten Umständen haben? Drei Möglichkeiten zeichneten sich für den Chef der britischen Heimatflotte ab: Entweder steuert der deutsche Verband einen Versorgungstanker vor der Westküste Grönlands oder nahe den Azoren an. Oder aber *Bismarck* ist, obwohl Meldungen darüber nicht vorliegen, doch nicht ohne Beschädigungen aus dem Gefecht mit Hollands Schiffen hervorgegangen und muß einen westfranzösischen Hafen zur Reparatur aufsuchen. Die dritte Möglichkeit wäre, daß Lütjens in die Heimat zurückkehrt. Dort könnten etwa notwendige Reparaturen am besten ausgeführt werden, aber wichtiger noch: Die deutsche Propaganda könnte den heimkehrenden

Sieger gut für ihre Zwecke gebrauchen – eine Alternative, die Winston Churchill im späteren Rückblick als für die Deutschen damals bestmögliche bezeichnen sollte. Da alle drei Alternativen gleich viel Wahrscheinlichkeit für sich hatten, hatte sich Tovey nunmehr zu einem mittleren Kurs auf die Südspitze Grönlands entschlossen. Mit ihm wollte er vor allem die in seinen Augen gefährlichste Eventualität abdecken: einen Ausbruch der deutschen Schiffe in den Atlantik, dorthin, wo die lebenswichtigen Zufuhrgüter für Großbritannien verkehrten. Und wo *Bismarck* Schäden bewirken konnte, die er sich im einzelnen lieber nicht vorstellen mochte.

Mittlerweile kristallisierten sich in der Londoner Admiralität nach pausenlosen Beratungen seit der Katastrophenmeldung des Morgens gewichtige und weitreichende Entscheidungen heraus. In diesen Tagen verkehrten im Nordatlantik insgesamt zehn, von Schlachtschiffen, Kreuzern und Zerstörern gedeckte Geleitzüge. Diese nunmehr ihres Schutzes zu berauben, mochte für sie angesichts der jetzt wieder frei operierenden deutschen Kampfgruppe zur tödlichen Bedrohung werden, aber es zählte nicht. Was jetzt zählte, war nur noch der Ansatz aller, wo auch immer im Atlantik befindlichen oder dorthin zu beordernden Kriegsschiffe von in Frage kommendem Gefechtswert auf *Bismarck,* und sie wurden angesetzt – alle![1]

Die unter dem Befehl des Vice Admiral Sir James Somerville stehende, aus dem Schlachtkreuzer *Renown*, dem Flugzeugträger *Ark Royal,* dem Kreuzer *Sheffield* und sechs Zerstörern zusammengesetzte und in Gibraltar stationierte sogenannte »Force H«, im Moment für den Schutz eines Truppengeleites im Atlantik vorgesehen, wurde von dieser Aufgabe entbunden und angewiesen, nach Norden auf die deutsche Kampfgruppe zu operieren. Kreuzer *London,* gerade Geleitschutz auf dem Wege von Gibraltar nach Großbritannien leistend, erhielt – den einige Stunden später allerdings widerrufenen – Befehl, auf Abfangkurs für *Bismarck* und *Prinz Eugen* zu gehen. Kreuzer *Edinburgh,* der kurz zuvor bei den Azoren ein deutsches Handelsschiff aufgebracht hatte, wurde ebenfalls und ohne weitere Rücksichtnahme auf seine Brennstofflage umgehend auf den deutschen Verband angesetzt. Hunderte von Seemeilen im Nordwesten hatte sich das Schlachtschiff *Ramillies* von einem Geleitzug zu trennen und auf Abfangkurs für die deutsche Kampfgruppe zu gehen. Tausende von Meilen im Westen wurde das in Halifax liegende Schlachtschiff *Revenge* angewiesen, den Schutz des von *Ramillies* verlassenen Geleitzuges zu übernehmen. Das im Geleitdienst nach den Vereinigten Staaten und gerade westlich Irlands stehende Schlachtschiff *Rodney* erhielt Befehl, nunmehr ebenfalls auf *Bismarck* und *Prinz Eugen* zu operieren. Für seine neue Aufgabe wurden ihm drei Zerstörer als Sicherung zugeteilt. Zu diesen zählte auch die *Tartar,* auf der der damalige Sub-Lieutenant Ludovic Kennedy am Vorabend als Wachoffizier auf der Brücke aus der Hand eines Signalgasten die erste von *Norfolk* eingegangene Meldung über das Sichten der deutschen Kampfgruppe in der Dänemarkstraße erhalten hatte – Ludovic Kennedy, späterer Autor des Buches *Versenkt die Bismarck* und Sohn des Captain E. C. Kennedy, der als Kommandant des Hilfskreuzers *Rawalpindi* im November 1939 vor unseren Schlachtschiffen *Gneisenau* und *Scharnhorst* einen tapferen Seemannstod gestorben war, als ich, wie jetzt wiederum auf *Bismarck,* Artillerieleiter im Achteren Stand auf *Scharnhorst* gewesen war.

Somit war nur sechs Stunden nach dem Verlust der *Hood* die folgende britische Flottenstärke unmittelbar auf uns angesetzt: vier Schlachtschiffe, zwei Schlachtkreuzer, zwei Flugzeugträger, drei Schwere Kreuzer, zehn Leichte Kreuzer und einundzwanzig Zerstörer. Und es begann eine Verfolgung, die nach der Größe des einbezogenen Raumes, nämlich über einer Million Seemeilen im Quadrat, und nach Anzahl und Stärke der aufgebotenen Schiffe ihresgleichen in der Seekriegsgeschichte kaum finden dürfte. Nach den Fehlschlägen des 24. Mai war Tovey nunmehr ganz auf die Wirksamkeit des gegen die deutsche Kampfgruppe neu ausgelegten, wenn auch vorerst sehr weitmaschigen Abfangnetzes angewiesen.

Die Fühlung reißt ab. Zwei Funksprüche des deutschen
Flottenchefs. *Bismarck* – vom Gegner erneut eingepeilt

Auf *Bismarck* ahnten wir innerhalb des jüngeren Offizierskorps natürlich so rasch nichts von den neuen britischen Maßnahmen. Erst zum Mittag des 25. Mai, also vierundzwanzig Stunden später, sollte der Flottenchef die Besatzung in allgemeiner Form in die sich so wesentlich ändernde Feindlage einweihen. Bis dahin deckte sich der Wissensstand jedes einzelnen mit seinem persönlichen Vorstellungsvermögen – und meine eigenen Vorstellungen erinnere ich als reichlich schemenhaft. Doch hatte dies zweifellos auch seine gute Seite; denn eine allzu genaue Kenntnis über die sich jetzt zusammenziehende feindliche Armada hätte nicht unbedingt stimmungsfördernd im Schiff gewirkt. Da war es schon nicht nur nachteilig, wenn einiges im Verborgenen blieb und die Stimmung zwischen Hoffnung und Gleichmut pendeln konnte – sollte dann eine kritische Situation eintreten, so würden wir uns schon, wie bisher, nach besten Kräften mit ihr auseinandersetzen. Zudem war unsere junge Besatzung grundsätzlich optimistisch. Und solchen Optimismus so lange als möglich zu schonen, konnte sicherlich nur gut sein.

Lütjens seinerseits hatte zur Feindlage am Nachmittag des 24. Mai von der Gruppe West, aus spanischer Quelle[1], auch nicht mehr erfahren, als daß *Renown, Ark Royal* und ein Kreuzer der *Sheffield*-Klasse (mit anderen Worten: die »Force H«) am Vorabend mit unbekanntem Kurs aus Gibraltar ausgelaufen seien. Und wenn diese Schiffe auch ursprünglich zum Zweck des Geleits eines Truppentransportes in See gegangen waren – inzwischen galt ihr Einsatz unserer Kampfgruppe. Lütjens wird es von vornherein nicht anders aufgefaßt haben. Ob ihm darüber hinaus die B-Dienstgruppe an Bord noch am gleichen Nachmittag weitere Erkenntnisse zur Feindlage vermittelt hat, weiß ich allerdings nicht.

Inzwischen war die Mitternacht zum Sonntag, den 25. Mai, dem Geburtstag Admirals Lütjens, überschritten. Über die Lautsprecheranlage des Schiffes gratulierte die Besatzung ihrem Flottenchef mit herzlichen Worten. Immer noch liefen wir auf Südkurs weiter, gefolgt von den Fühlunghaltern *Suffolk, Norfolk* und *Prince of Wales,* die in der inzwischen eingetretenen Dunkelheit wiederum ganz besonders auf das höherwertige Funkmeßgerät der *Suffolk* angewiesen waren.

Es muß nun bald nach 03.00 Uhr früh gewesen sein, daß *Bismarck* unter Fahrterhöhung nach Steuerbord abdrehte und dann zunächst einen westlichen, danach nordwestlichen und nördlichen Kurs steuerte, bevor das Schiff schließlich unter allmählicher Vollziehung eines fast vollen Drehkreises auf seinen neuen Generalkurs Südost in Richtung St. Nazaire ging. Ich selbst habe dieses Kursmanöver bewußt nicht miterlebt. Entweder hatte ich die allmähliche Drehung in der Dunkelheit von meinem rundum geschlossenen Leitstand aus gar nicht beobachten können oder aber war ich zu der fragli-

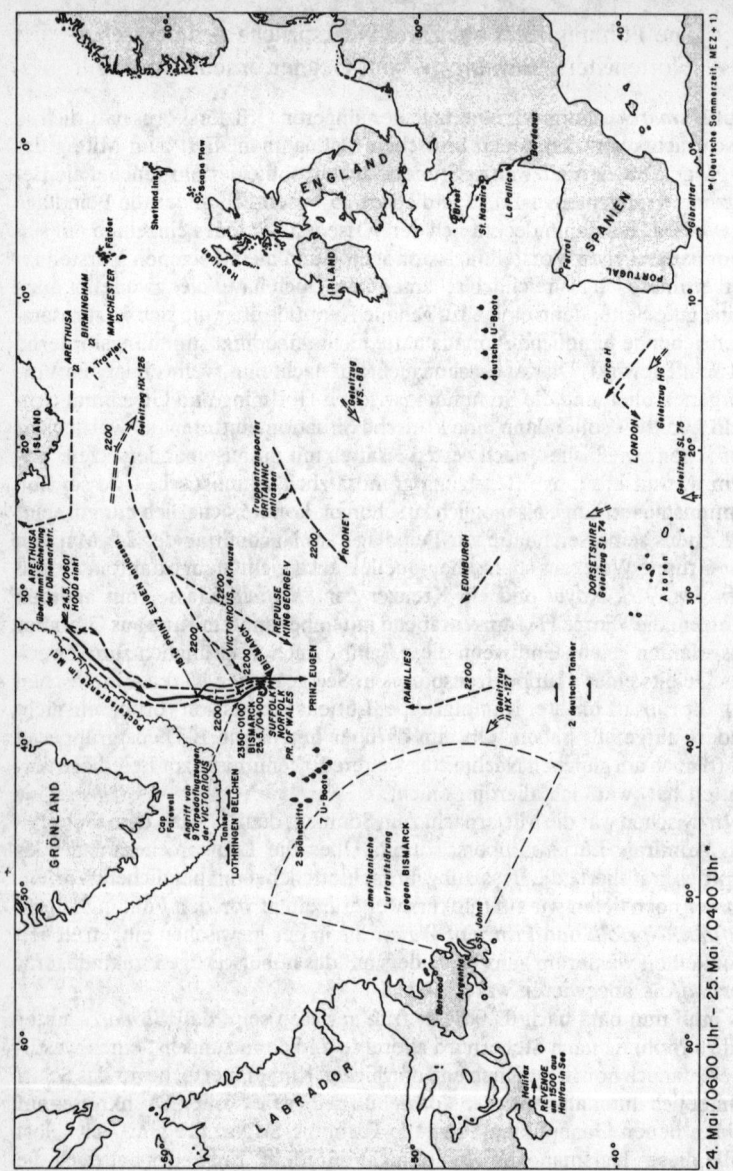

Bewegungen auf beiden Seiten nach dem Island-Gefecht bis zum Verlust der Fühlung an *Bismarck* in der Frühe des 25. Mai.

chen Zeit auf Freiwache. Formal gesehen war das Manöver die Ausführung der bereits am Vortag an die Seekriegsleitung und die Gruppe West gefunkten und seither immer dringlicher gewordenen Absicht: »falls kein Gefecht, versuchen nachts abzusetzen«.[2] Nun, die abendlichen Gefechte mit *Suffolk* und *Prince of Wales* waren längst vorüber, die Flugzeugangriffe von seiten der *Victorious* soeben glücklich überstanden. Ein Gegner war im Moment nicht in Sicht. Der Versuch zum Absetzen war überfällig.

Die drei Fühlunghalter waren bisher auf unserer Backbordseite gefolgt.[3] Der Abstand zu der uns am nächsten stehenden *Suffolk* war gelegentlich bis auf zehn Seemeilen gesunken. Kein Verfolger hatte sich auf unserer Steuerbordseite befunden, und sicherlich war Lütjens auch bekannt, daß unsere Horch- und Funkmeßgeräte diese Seiten vom Feinde frei zeigten. Unser Kursmanöver nach Steuerbord mußte dann also zwangsläufig zu einer Vergrößerung des Abstandes zum Feind und unser allmähliches Vollziehen eines Drehkreises dazu führen, daß dieser achterlich umlaufen wurde. Mit Glück konnte Lütjens darauf hoffen, auf diese Weise die lästigen Anhänger ein für allemal abzuschütteln. Und tatsächlich schien das Schicksal für den Flottenchef ein Geburtstagsgeschenk bereitzuhalten – gegen 03.30 Uhr erwies sich auf *Suffolk* die Fühlung zu *Bismarck* als abgerissen, endgültig abgerissen! Der zur Abwehr möglicher deutscher U-Bootangriffe unausgesetzt Zickzackkurse steuernde Kreuzer war längst daran gewöhnt gewesen, bei seinen den Abstand zu uns vergrößernden Auswärtskursen die Fühlung auf die dann jeweils höhere Entfernung zu verlieren, um sie regelmäßig alsbald auf seinen Einwärtskursen wieder zu erlangen. Dieses Mal aber, um 03.30 Uhr, war die zuletzt um 03.06 Uhr vorhandene und jetzt zur Rückgewinnung fällige Fühlung ausgeblieben. *Bismarck* hatte bereits abgedreht, und welche neuen Suchkurse *Suffolk* auch immer steuern mochte, der Anschluß war und blieb verloren. Lütjens' große Chance zum Entkommen war da!

Aber er erkannte sie nicht. Warum nicht, ist nachträglich nicht mehr restlos aufzuklären. Lütjens sah *Bismarck* trotz seines Kursmanövers weiterhin als von den Fühlunghaltern laufend georten an. Und dementsprechend sah er auch keine Notwendigkeit, wegen der Einpeilbarkeit verschlüsselter Klartextfunksprüche und der daraus für den Gegner möglichen Bestimmung des Standortes von *Bismarck* Funkstille zu wahren oder auf den damals noch nicht einpeilbaren Funkverkehr im »Kurzsignalverfahren« auszuweichen. Seit der ersten Begegnung mit *Suffolk* und *Norfolk* war *Bismarck* nun schon über vierundzwanzig Stunden kompromittiert. Weiteres, selbst länger andauerndes Funken würde dem Gegner also wirklich nichts Neues über den Standort seines Flaggschiffes anzeigen. Anders kann Lütjens kaum gedacht haben.

Denn um 07.00 Uhr früh funkte er an die Gruppe West: »ein Schlachtschiff, zwei schwere Kreuzer halten weiter Fühlung.«[4]

Es sei hier eingeblendet, daß die um 07.00 Uhr von Lütjens als fortgesetzt erfolgreiche Fühlunghalter eingeschätzten Kreuzer *Suffolk* und *Norfolk* bereits seit Stunden in südwestliche und westliche Richtungen gelaufen waren. Sie waren nach dem Verlust der Fühlung der Annahme Wake-Walkers auf *Norfolk* gefolgt, daß *Bismarck* inzwischen nach Westen ausgebrochen sei, und hatten ihre Suchkurse zum Wiederauffinden des deutschen Schlachtschiffes dementsprechend in westlicher Orientierung angelegt. Wenn nun schon gegen 03.30 Uhr für das bis zu 240 Hektometer leistungsfähige Funkmeßgerät der *Suffolk* der Abstand zu *Bismarck* zu groß gewesen war, um wieviel zu groß muß er dann erst um 07.00 Uhr früh gewesen sein, nachdem *Bismarck* inzwischen in divergierender Richtung nach Südosten gelaufen war? Und was das von Lütjens gemeldete Schlachtschiff betrifft, so hatte die *Prince of Wales* bereits gegen 06.00 Uhr den Befehl erhalten, zu *King George V* zu stoßen. Dieser Befehl hatte auch für die *Prince of Wales* einen zu *Bismarck* divergierenden, nämlich südlichen Kurs bedeutet. Auch *Prince of Wales* hatte sich also von *Bismarck* weiter entfernt und kann diesen folglich um 07.00 Uhr kaum noch georret haben.

Und kurz nach 09.00 Uhr funkte Lütjens – mit einer Sendedauer von über dreißig Minuten – noch die folgende Botschaft an die Gruppe West: »Vorhandensein Funkmeßgerät beim Gegner, Reichweite mindestens 350 Hektometer[5], beeinträchtigt Operationen im Atlantik in stärkstem Maß. Schiffe wurden in Dänemarkstraße in dichtem Nebel geortet und nicht mehr losgelassen. Loslösung mißlang trotz günstigster Wetterbedingungen. Ölübernahme allgemein nicht mehr möglich, wenn nicht durch höhere Geschwindigkeit Absetzen durchführbar. Laufendes Gefecht zwischen 208 und 180 Hektometer. *Hood* durch Explosion nach fünf Minuten vernichtet, danach Zielwechsel auf *King George V*, der nach sicher beobachtetem Treffer unter Schwarzqualmen abdrehte und mehrere Stunden außer Sicht war. Eigener Munitionsverbrauch: 93 Schuß. *King George V* nahm Gefecht danach nur noch auf größte Entfernung an. *Bismarck* zwei Treffer von *King George V*. Davon einer durch Unterschießen Seitenpanzer Abt. XIII-XIV. Treffer Abt. XX-XXI minderte Geschwindigkeit und verursachte ein Grad Tiefertauchung vorn und Ausfall Ölzellen. Lösung *Prinz Eugen* durch Ansatz Schlachtschiffes in Nebel gegen Kreuzer und Schlachtschiff ermöglicht. Eigenes Funkmeßgerät störanfällig, besonders durch Schießen.«[6]

Die ersten vier Sätze dieses Funkspruches, sie zeigen die bestürzende neue Dimension an, die Lütjens während des Marsches durch die Dänemarkstraße für die Operationen unserer schweren Schiffe im Atlantik hatte heraufdämmern sehen.[7]

Einen ganz anderen, nämlich zutreffenden Eindruck von der Szene um *Bismarck* an jenem Sonntagmorgen hatte im Lauf der Stunden hingegen die Gruppe West gewonnen. Die dort ausgewerteten britischen Fühlunghaltermeldungen hatten nach der Auflösung unserer Kampfgruppe zunächst eine

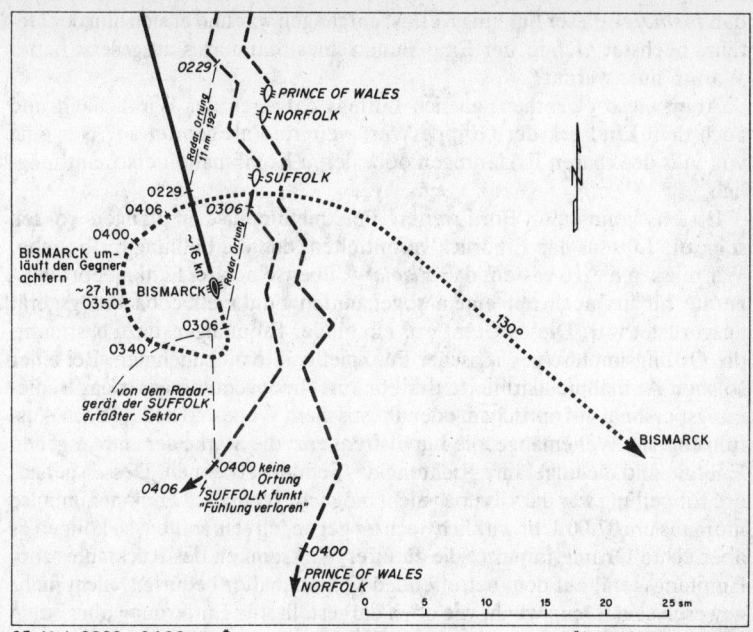

25. Mai 0229 – 0406 Uhr* *(Deutsche Sommerzeit, MEZ+1)

Kursmanöver *Bismarcks*, das zum Verlust der Fühlung führt.

gewisse Verwirrung des Gegners erkennen lassen. Noch gegen 22.30 Uhr am 24. Mai war Fühlung an *Bismarck* und *Prince Eugen*[8], von dann ab bis 02.13 Uhr früh aber nur noch an *Bismarck* gemeldet worden. Danach waren die Fühlunghaltermeldungen erloschen. Und nachdem dieser Zustand einige Stunden angehalten hatte und eindeutig geworden zu sein schien, daß die Fühlung abgerissen war, funkte die Gruppe um 08.46 Uhr an Lütjens: »Letzte Fühlungmeldung Feind 02.13 Uhr *Suffolk*. Danach Anhalten dreistelliger taktischer Funksprüche, aber keine offenen Standortmeldungen mehr. Es besteht Eindruck, daß Fühlung abgerissen.«

Wie unverständlich muß es für die Gruppe gewesen sein, nach 09.00 Uhr die beiden Funksprüche des Flottenchefs über das Anhalten der Fühlung zu empfangen!

Und ebenso unverständlich erschienen die Funksprüche *Bismarcks* in dieser Phase dem nach der Trennung am Vorabend mittlerweile in einem entfernten Seeraum stehenden, doch immer noch mithörenden *Prinz Eugen!* Dort hatte die eingeschiffte B-Dienstgruppe durch Entzifferung des britischen Funkverkehrs längst begriffen, daß die Briten die Fühlung an *Bismarck* verloren hatten. Dort hatte man die qualvolle Gewißheit gewonnen, daß *Bismarck* dieser Fühlungsverlust entgangen war und er sich nun der Gefahr, höchster Gefahr der Einpeilung seines Standortes ausgesetzt hatte. Warum nur, warum?

Aber wieso eigentlich sah sich Lütjens entgegen der Wirklichkeit und auch dem Eindruck der Gruppe West weiterhin als geortet an? Nur eine von vier denkbaren Erklärungen oder deren Kombination erscheint möglich.

Erstens könnten an Bord weitere Funkmeßimpulse empfangen worden sein, die Lütjens den Eindruck vermittelten, daß die Fühlung fortbestehe. Wir müssen hierzu wissen, daß *Bismarck* über seine drei Funkmeßortungsgeräte hinaus noch mit einem sogenannten Funkmeßbeobachtungsgerät ausgerüstet war. Dieses Gerät war ein bloßer Empfänger, dazu bestimmt, die Ortungsimpulse gegnerischer Funkmeßgeräte aufzunehmen. Bei einer solchen Aufnahme alarmierte das Funkmeßbeobachtungsgerät das Bedienungspersonal auf optischem oder akustischem Wege und ließ, je nach Ausführung, die Wellenlänge, die Impulsfrequenz, die Stärke der empfangenen Energie und die ungefähre Richtung des Senders erkennen. Dessen genauere Einpeilung war damals noch nicht möglich. Wenn nun Funkmeßimpulse morgens um 07.00 Uhr wirklich noch eingegangen sein sollten, so können es aber echte Ortungsimpulse, die zu ihrer Wirksamkeit des Rücklaufes zum Empfangsgerät auf dem betreffenden Fühlunghalter bedürfen, nicht mehr gewesen sein. Denn wenn, wie oben dargestellt, die Entfernung über einen Rücklauf zur *Suffolk* bereits gegen 03.30 Uhr zu groß gewesen war, dann hätte sie angesichts der seither auseinanderführenden Kurse um 07.00 Uhr erst recht zu groß sein müssen. Es könnte sich allenfalls um Impulse gehandelt haben, die über den Wirkungsbereich des britischen Ortungsgerätes – bei *Suffolk* also bis zu 240 Hektometer – hinaus auf *Bismarck* zwar noch aufzunehmen waren, aber, eben wegen der hohen Entfernung, nicht mehr reflektiert wurden. Nicht immer zeigen also aufgefangene Impulse an, daß wirksam geortet wird. Der Funkmeßbeobachter wird in diesen Grenzbereichen besonders sorgfältig zu beobachten und zu werten haben: Ortungsimpulse oder belangloses Echo? Dazu bedarf es natürlich einer guten fachlichen Ausbildung und Praxis – ob bei dem Funkmeßpersonal auf *Bismarck* beide Voraussetzungen erfüllt waren, kann ich aus eigener Anschauung nicht sagen. Ich bin selbst kein Fachmann auf diesem Gebiet. Zu bedenken ist auf jeden Fall, daß das Funkmeßwesen in seiner Gesamtheit damals noch neu und einschlägige Erfahrungen erst noch zu sammeln waren. Doch letztlich lasse ich den Komplex dahingestellt. Ich meine vielmehr, daß um 07.00 Uhr früh am 25. Mai unsere Entfernung zu *Suffolk*, *Norfolk* und *Prince of Wales* selbst für das Auffangen von Impulsen jenseits der jeweiligen Suchweiten schon zu groß gewesen sein muß. Das wiederum bedeutet, daß um diese Zeit überhaupt keine Impulse mehr hatten empfangen werden können. Und außerdem: Die drei früheren Fühlunghalter hatten doch angenommen, daß *Bismarck* in westlicher Richtung ausgebrochen sei, sie hatten ihre eigenen Suchkurse in entsprechender westlicher Orientierung angelegt. Sollten sie dann ihre Funkmeßgeräte nicht auch vorwiegend nach Westen zu haben suchen lassen, statt nach Osten hin, wo *Bismarck* in Wahrheit stand? Es fällt mir schwer anzunehmen, daß um 07.00 Uhr auf *Bismarck* noch Funkmeßimpulse registriert worden sind.[9]

An nächster Stelle wäre denkbar, daß der Eindruck von Lütjens, weiterhin geortet zu sein, auf der Beobachtung des laufenden feindlichen Funkverkehrs beruht hatte. Möglicherweise waren die auf *Bismarck* wahrgenommenen Funksignale der ehemaligen Fühlunghalter fortgesetzt so lautstark empfangen worden, daß Lütjens eben einfach von ihrer unveränderten Nähe überzeugt war. Die Möglichkeit ist rein theoretisch. Konkret ist mir hierzu nichts überliefert.

Drittens wäre es möglich, daß die B-Dienstgruppe an Bord Lütjens in jenen Stunden Unterlagen geliefert hatte, die dieser als einen Hinweis für fortgesetztes Fühlunghalten verstand oder verstehen mußte. Hatte der Beobachtungsdienst britische taktische Signale oder Operationsfunksprüche irrtümlich interpretiert? Hatte er sonst eine Rolle in diesem Zusammenhang gespielt? – auszuschließen ist das ja nicht. Sollte aber auch dies nicht der Fall gewesen sein, so bliebe als vierte und letzte Möglichkeit nur noch übrig, daß Lütjens sich deshalb als weiterhin geortet ansah, weil er sich, fortgesetzt im Bann der vermeintlichen hohen Überlegenheit der britischen Funkmeßgeräte, anderes gar nicht mehr vorzustellen vermochte. Der Entschluß zur Abgabe seiner beiden Funksprüche am Morgen des 25. Mai wäre dann also nur noch aus Resignation, einer reinen Geisteshaltung heraus zu erklären? Wie gesagt, denkbar. Angesichts der ersten vier Sätze seines zweiten Funkspruches sogar wahrscheinlich. Oder wahr?

Aus vier so selbständigen Alternativen einen überzeugenden Schluß zu ziehen, fällt schwer. Die Alternative eins möchte ich ausschließen. Die Alternative zwei und drei kann ich weder behaupten noch ausschließen. Für sie fehlt mir das eigene Erlebnis, und überliefert ist nichts. Zur Alternative vier fehlt mir der persönliche, unmittelbare Eindruck von Lütjens während der insoweit kritischen Operationsphase, also vom Beginn der Verfolgung durch *Suffolk* und *Norfolk* in der Dänemarkstraße bis zum Morgen des 25. Mai. Sie kommt daher über den Bereich des Denk-, des Vorstellbaren nicht hinaus.

Aus meiner Sicht muß letztlich ein Schleier darüber bleiben, warum Lütjens damals *Bismarck* als weiterhin geortet und infolgedessen das zu erwartende Einpeilen der verschlüsselten Klartextfunksprüche durch den Gegner nicht als eine neue, ernste Gefahr für das Schiff angesehen hat.

Als dann *Bismarck* ab 10.00 Uhr endlich Funkstille wahrte, wird der Gruppe West klargeworden sein, daß ihr Funkspruch von 08.46 Uhr Lütjens zu guter Letzt über seinen grundlegenden Irrtum aufgeklärt hatte.

Lütjens sollte aber mit seinen beiden Funksprüchen mehr bewirkt haben, als nur Zeugnis über seinen Irrtum im Punkt Fühlunghalten abzulegen. Und auch die Korrektur dieses Irrtums durch das schließliche Einhalten von Funkstille sollte nicht mehr ausreichen, den durch das Absetzen der Funksprüche angerichteten Schaden wiedergutzumachen.

Gegen 10.30 Uhr, also knapp anderthalb Stunden nach dem Absetzen des zweiten und längeren Funkspruches durch Lütjens, erhielt Tovey ein dringendes Signal von der Admiralität in London. Sie teilte mit, daß um 08.52 Uhr die Funkpeilung eines Schiffes, vermutlich des *Bismarck*, aufgenommen werden konnte, und übermittelte ihm die entsprechenden Peilstrahlen. Daß sie nicht sofort das fertige Auswertungsergebnis, also unseren danach berechneten Standort mit angab, beruhte auf einem Wunsch Toveys. Dieser hatte sich schon vor seinem Auslaufen aus Scapa Flow der Admiralität gegenüber grundsätzlich vorbehalten, Auswertungen dieser Art an Bord seines Flaggschiffes vorzunehmen.

Die ihm nunmehr übermittelten, von Stationen in Großbritannien, Island und Gibraltar stammenden Peilstrahlen konnte sein Navigationsoffizier, Captain Frank Lloyd, allerdings nur auf gewöhnlichen Mercatorkarten auswerten, da es verabsäumt worden war, das Flaggschiff mit den für solche Zwecke an sich notwendigen gnomonischen Karten auszustatten. Die Folge war, daß das auf *King George V* erzielte Ergebnis keineswegs eindeutig war. Angesichts mehrerer danach für *Bismarck* möglichen Standorte entschied sich Tovey schließlich für den nördlichsten als wahrscheinlichsten.

Er lag in der Tat so weit im Norden, daß Tovey daraus auf die Rückkehr *Bismarcks* in die Nordsee schloß. Als er ihn seinen Einheiten mitteilte und damit den Befehl zu entsprechender Suchfahrt verband, drehten die meisten Schiffe, allen voran *King George V*, auf nördliche oder nordöstliche Kurse, die von der wahren Position *Bismarcks* wegführten.

Wiederum schien sich für uns eine Chance anzubahnen, dem Gegner zu entkommen. Eine zweite Chance, am gleichen Tag, dem 25. Mai?

Aber die Admiralität in London ließ sich auf Dauer dann doch nicht von einem nördlichen Kurs *Bismarcks* überzeugen. Am Nachmittag teilte sie als Ergebnis von Nachberechnungen Tovey einen südlicheren und eindeutig auf dem Weg in die Biskaya liegenden Standort *Bismarcks* mit. Auch Tovey hatte mittlerweile seine eigene Peilauswertung noch einmal überprüfen lassen und dabei den schweren Fehler vom Vormittag erkennen müssen. Nach weiterem Gedankenaustausch mit der Admiralität, innerem Zögern und dem vorübergehenden Steuern eines Kompromißkurses nach Osten ließ er sich schließlich vollends davon überzeugen, daß *Bismarck* die westfranzösische Küste ansteuere. Und kurz nach 18.00 Uhr ließ er demgemäß auf Südostkurs drehen. Sieben Stunden lang hatte er Zeit und Seeraum verschenkt, stand jetzt einhundertundfünfzig Seemeilen hinter *Bismarck* in Richtung auf St. Nazaire. Noch um 04.00 Uhr früh hatte er einhundert Seemeilen vorlich in dieser Richtung gestanden! Wie würde die weitere Verfolgung unter den so zu seinem Nachteil veränderten Umständen ausgehen?

Ein Tag des Schicksals hinter den Kulissen

Um die Mittagsstunde des 25. Mai wandte sich Lütjens mit einer Ansprache an die Besatzung des *Bismarck*. Die Aufforderung, sich an den Lautsprechern zu versammeln, kam kurzfristig und erreichte mich als Kriegswachleiter der Schweren Artillerie im Vorderen Leitstand. Ich entließ das Standpersonal zum Anhören der Rede, blieb aber meinerseits zurück, um die Artillerie nicht ganz ohne Ausguck zu lassen.

Das später rekonstruierte Kriegstagebuch des *Bismarck* enthält den folgenden, auf Angaben von Überlebenden beruhenden Wortlaut der Ansprache von Lütjens[1]:

»Soldaten vom Schlachtschiff *Bismarck!* Ihr habt euch großen Ruhm erworben! Die Versenkung des Schlachtkreuzers *Hood* hat nicht nur militärischen, sondern auch moralischen Wert, denn *Hood* war der Stolz Englands. Der Feind wird nunmehr versuchen, seine Streitkräfte zusammenzuziehen und auf uns anzusetzen. Ich habe daher *Prinz Eugen* gestern mittag entlassen, damit er eigenen Handelskrieg im Atlantik führt. Ihm ist es gelungen, dem Feind zu entweichen. Wir dagegen haben Befehl erhalten[2], in Anbetracht der erhaltenen Treffer einen französischen Hafen anzulaufen. Auf dem Weg dorthin wird sich der Feind sammeln und uns zum Kampf stellen. Das deutsche Volk ist bei euch, und wir werden schießen, bis die Rohre glühen und bis das letzte Geschoß die Rohre verlassen hat. Für uns Soldaten heißt es jetzt: Siegen oder Sterben!«

Noch heute sehe ich meinen Ersten Zielgeberunteroffizier mit allen äußeren Anzeichen der Niedergeschlagenheit von den Lautsprechern zurückkehren, höre noch seine Bemerkung, daß es nun wohl aus sei. Er und auch die anderen von der Ansprache zurückkehrenden Männer hielten die Aussicht, noch nach Frankreich durchzukommen, für kaum mehr gegeben. Der Gegner, so gaben sie mir die Ausführungen des Admirals wieder, ziehe seine gesamte Hochseeflotte zusammen, und er hole sie nicht nur aus den Heimatgewässern, sondern auch aus allen Teilen des Atlantik. Angesichts einer solchen Zusammenballung von Macht könne das Schicksal *Bismarcks* nur noch »Sieg oder Untergang« sein.

Deutlich war der Unterton aus den Sätzen der Männer spürbar gewesen. Sie hatten beide Worte ausgesprochen: »Sieg« und »Untergang«. Aber vor sich sahen sie nur den Untergang. Es war nicht leicht, sie zu beruhigen und ausgleichend zu wirken. Ich sagte etwa, daß sich die Dinge vielleicht doch nicht so heiß anlassen würden und erinnerte sie an den Blitzsieg über die *Hood*. Warum sollten wir mit unseren Waffen nicht noch einmal ähnliches leisten? Aber ein Schatten blieb auf der Stimmung der Männer zurück. Schließlich hatte ja der Flottenchef persönlich gesprochen.

Der Turbineningenieur des Schiffes, Kapitänleutnant (Ing.) Gerhard Junack, berichtete später, daß sich nach der Ansprache eine zunehmende Niedergeschlagenheit unter der Besatzung ausgebreitet habe, und zwar deutlich erkennbar von oben nach unten drückend. Offiziere des Flottenstabes hätten nunmehr die Schwimmwesten umgebunden getragen. Ältere Offiziere des Schiffes hätten es im Kreis jüngerer Kameraden offen ausgesprochen, daß sie an keinen Ausweg mehr glaubten. Oberfeldwebel seien mit umgebundenen Schwimmwesten auf ihren Stationen erschienen, obwohl eindeutig deren Tragen im Beutel befohlen gewesen sei. Gegen diese um sich greifende gedrückte Stimmung hätten sich vor allem die Divisonsoffiziere gewandt, denen es auch allmählich gelungen sei, ihre Männer wieder etwas aufzumuntern. Der hohe Gefechtswert, den das Schiff am Vortag bewiesen habe, sei aber unwiederbringlich verloren gewesen.

Junack fährt wörtlich fort: »Ob der Flottenchef sich nur in der Wahl seiner Worte vergriffen oder seine innerste Auffassung der Besatzung aufgeprägt hat, das muß offenbleiben. Ich brauche nicht ausdrücklich festzustellen, daß alle weitergehenden Gerüchte über Gehorsamsverweigerungen usw. aus der Luft gegriffen sind. Die Stimmung war gedrückt, nicht mehr aber auch nicht weniger. Welche taktischen Auswirkungen diese Niedergeschlagenheit gehabt hat, wer will das ermessen?«

Der Leckwehrgruppenführer 1, Stabsobermaschinist Wilhelm Schmidt, sagte: »Es ist verständlich, daß nach dieser Ansprache zunächst eine drückende Belastung auf einem Teil der Besatzung lag. Die Mannschaft war noch so jung, ein Teil von ihr seit der Ankunft aus den Ausbildungsabteilungen erst sechs Wochen an Bord. Da haben wir Unteroffiziere im Vertrauen auf unsere noch verbliebene Kampfkraft und eine rechtzeitige Entlastung durch unsere Fernbomber alles getan, um die Stimmung der Mannschaften wieder zu heben und aufrechtzuerhalten.«

Und noch einige andere Stimmen. Ein Oberleutnant zur See von der Flak: »Der Flottenchef hätte die Sache nicht so kraß ausdrücken sollen.« Ein Matrosengefreiter von der Mittelartillerie: »Die Kameraden erschienen mir niedergeschlagen und sagten, der Flottenchef hätte schön gesprochen, sie hätten aber seinen Worten entnommen, daß wir schon verloren wären.« Ein Maschinengefreiter von der Werkstatt-Abwehrgruppe: »Die Ansprache hatte bei der Besatzung eine gedrückte Stimmung zur Folge. Da diese vor der Rede sehr gut und zuversichtlich gewesen war, herrschte allgemein die Ansicht, daß es besser gewesen wäre, nichts über die Lage des Schiffes zu hören.« Ein Maschinenmaat aus einem Turbinenraum: »Die Worte des Flottenchefs wirkten vollkommen niederschmetternd auf uns, muteten sie uns doch als sicheres Todesurteil an, während wir uns schon ausgerechnet hatten, wann wir in Frankreich sein würden. Keiner schaute den anderen an, um sich keine Schwäche anmerken zu lassen. Tiefe Niedergeschlagenheit bemächtigte sich der ganzen Besatzung.«

Ganz offenbar hatte der Kommandant sofort die Gefahr begriffen, die Wortwahl und Tonfall des Flottenchefs für Stimmung und Geist seiner Besatzung bedeuten mußten. An Bord raunte man bereits von Differenzen zwischen beiden. Jedenfalls hielt Lindemann gegen 13.00 Uhr über die Lautsprecher eine kurze Ansprache an die Besatzung, bei der er das gerade Gegenteil sagte: es gelte, dem Feind ein Schnippchen zu schlagen, und bald würde ein französischer Hafen erreicht sein. Darüber hinaus trat er in Gesprächen mit einzelnen Besatzungsgruppen der Wirkung der Worte von Lütjens entgegen. Es gelang ihm, die Mißstimmung aufzufangen, die Männer taten wieder mit Lust und Freude ihren Dienst. »Ich sehe heute noch Gesichter«, schrieb mir später ein Überlebender, »die nach der Ansprache des Kommandanten sich aufhellten, Gesichter, die anzeigten, daß die Männer wieder Mut faßten.« Und ein anderer: »Im Rückblick erscheinen die Worte Lindemanns als die fromme Lüge eines erfahrenen Mannes, der vielen Besatzungsangehörigen das Sterben hatte erleichtern wollen. Ehre seinem Andenken!«

Der von Junack unter Deck gewonnene Eindruck, daß nach der Ansprache von Lütjens die Niedergeschlagenheit von oben nach unten drückte, bestätigt nur noch einmal, daß unsere durchschnittlich sehr junge Besatzung von Natur her überwiegend optimistisch eingestellt war. Einige der Jüngeren hatten sich daher zunächst von den Warnungen des Flottenchefs auch gar nicht so sehr bedrücken lassen. Später sagten sie dazu: »Wir waren alle jung und siegesgläubig« oder »Uns ist bei der Ansprache des Flottenchefs zunächst gar keine Spur eines Gedankens gekommen, diesem starken Schiff könne etwas passieren.« Ein anderer mußte erst Zeuge eines nach der Ansprache von Lütjens geführten Gespräches zwischen zwei lebensälteren Bordangehörigen werden, »um zu verstehen, daß uns Schwerstes bevorstand und die nähere Zukunft gar nicht so rosig aussah, wie es uns jungen Soldaten schien«.

Das rekonstruierte Kriegstagebuch *Bismarck* schließt dazu, wie folgt, ab: »Nach dieser Ansprache des Flottenchefs, welcher die Besatzung über die Lage des Schiffes und Absichten der Führung orientierte, soll die bis dahin ausgezeichnete Stimmung der Besatzung eine gewisse Einbuße erlitten haben.«

Die der Formulierung der Ansprache im einzelnen zugrundeliegenden Informationen über die neuesten britischen Flottendispositionen waren Lütjens offenbar im Lauf des Tages von dem heimischen Beobachtungsdienst, vermutlich auch von der B-Dienstgruppe an Bord zugegangen. Er erlangte derartige Informationen auch weiterhin und ließ die Besatzung in Zeitabständen darüber unterrichten. »Überhaupt muß unsere Führung durch aufgefangene und entschlüsselte Funksprüche sehr gut über die britischen Positionen und Absichten orientiert gewesen sein«, sagte später ein Überlebender. So erfuhr die Besatzung unter anderem von dem Anlaufen der Kampfgruppe »H« aus Gibraltar, davon, daß das am 24. Mai von uns im Kampf beschädigte britische Schlachtschiff nicht die *King George V,* sondern die

Prince of Wales gewesen sei und daß *Bismarck* jetzt von *King George V, Rodney, Ramillies, Repulse* sowie von Kreuzern und Zerstörern gesucht und verfolgt werde, um die Scharte des Verlustes der *Hood* auszuwetzen.

Im Lauf des Tages erhielt Lütjens noch zwei persönliche Botschaften aus der Heimat. Die eine kam von Raeder und lautete: »Herzlichste Glückwünsche zu Ihrem Geburtstag. Mögen Ihnen nach der letzten großen Waffentat im Neuen Lebensjahr weitere solche Erfolge beschieden sein – Oberbefehlshaber der Kriegsmarine.« Die andere, distanziert und dürr, stammte vom »Führer«: »Beste Wünsche zu Ihrem Geburtstag – Adolf Hitler.«

Während meiner Kriegsfreiwache am Nachmittag suchte ich die Schiffsbrücke auf, um, mit wem auch immer, drängende Gedanken über unsere Lage auszutauschen. Auch hoffte ich, dort vielleicht Näheres zu den von Lütjens nur in allgemeiner Form gegebenen Lageumrissen zu erfahren. Als Wachhabenden Offizier traf ich den Divisionsoffizier der 7. (Funktionärs-) Division, Kapitänleutnant Karl Mihatsch, an. Noch heute sehe ich uns nebeneinander in der Steuerbord Brückennock stehen und unser mächtiges Schiff bei achterlichem Wind vor der See herlaufen.

Nun, an Tatsachen wußte Mihatsch auch nicht mehr als ich, und wir konnten daher nur in allgemeiner Form sprechen. Wir meinten beide, daß trotz der verschärften Abfangdispositionen des Gegners der Ausgang unseres Durchbruchversuches nach St. Nazaire nach wie vor zumindest gänzlich offen sei. Ja, daß wir bei unserer vorlichen Stellung zur britischen Hauptmacht und unserem bis zu 28 Knoten Geschwindigkeit intakten Schiff sogar eine bessere als fünfzigprozentige Chance hätten. Gewiß würden jetzt außer den achterlich stehenden Verfolgern und der von vorn zu erwartenden Kampfgruppe »H« weitere Einheiten, wenn nicht gar Verbände, noch aus anderen Richtungen anmarschieren. Aber alles hinge doch davon ab, welche Einheiten es überhaupt und wie schnell sie seien, wo sie im Moment stünden und über welchen Fahrbereich sie zur Zeit noch verfügten. Nur *eines* dürfe nicht geschehen: *Bismarck* dürfe nicht durch irgendeinen Umstand in seiner Geschwindigkeit oder Manövrierfähigkeit herabgesetzt werden. Denn dann würde es auch den vorläufig noch achteraus stehenden, langsameren, aber schwerer bewaffneten britischen Einheiten möglich werden, aufzuschließen und eine artilleristische Gesamtfeuerkraft auf uns zu vereinigen, der wir nicht mehr gewachsen sein konnten. Und dieses *eine* drohe natürlich in erster Linie von einem Flugzeugangriff, wie wir ihn am Abend zuvor von seiten der *Victorious* erlebt hatten. Aber, ob ein anderer Flugzeugträger nahe genug dafür stehe? Das sei doch die große Frage. Von anderer Seite meinten wir etwas sorglos, weniger befürchten zu müssen, und britische Unterseeboote bezogen wir als allenfalls erst dicht vor der französischen Küste drohende, sekundäre Gefahr in unsere Überlegungen nicht ernsthaft ein. Und so endete unser kleiner »Kriegsrat«. Sensationelles hatte er nicht erbracht, aber es war gut gewesen, sich im Gespräch zu erleichtern.

Und wie sah sonst dieser Tag an Bord aus? Nun, *eine* Tatsache hatte sich seit dem späten Vormittag blitzartig herumgesprochen: Die Fühlung ist abgerissen! – abgerissen nach langen, ununterbrochenen einunddreißig Stunden! Es war die schönste Nachricht gewesen, die unter den Verhältnissen denkbar war, eine wahre Wohltat für Zuversicht und Stimmung. Wie diese Überraschung im einzelnen zustande gekommen war, wo die britischen Schiffe im Augenblick genau standen, wir wußten es nicht. Wir wußten nicht, daß gegen 04.00 Uhr früh Toveys Kampfgruppe unseren Kurs einhundert Seemeilen vor uns und zwei Stunden später *Victorious* nebst vier Kreuzern ihn hinter uns geschnitten hatten. Und daß wir gegen 08.00 Uhr nunmehr östlich nicht nur von diesen beiden Verbänden, sondern auch von den uns im Westen suchenden Kreuzern *Suffolk* und *Norfolk* gestanden hatten. Wir hätten all dies wahrscheinlich auch gar nicht so genau wissen wollen und begnügten uns gern mit der Freude über die vorerst glückliche Fügung. Gegenseitig drückten wir uns immer wieder den Wunsch aus, bis St. Nazaire den Gegner nicht wieder zu Gesicht zu bekommen.

Mit wachsendem zeitlichen Abstand von der Ansprache Lütjens' und als der lange Tag in die Nacht überging, wurden dann auch die Gedanken aller nicht laufend und näher in die Feindlage Eingeweihten allmählich wieder mehr von der Vorstellung beherrscht, daß die Fühlung doch wohl endgültig und mit allenfalls nur noch äußerst geringer Aussicht auf ihre Wiederherstellung abgebrochen sei. Dazu hatte auch die mit dem Geschützlärm des Vortages so wohltuend kontrastierende Ruhe des Sonntages beigetragen. Dafür sorgte schließlich auch die menschliche Natur. Sie ließ Negatives rascher verblassen und bot uns Hoffnung als willkommene Stütze.

Und welche Bedeutung hatte dieser 25. Mai im Ganzen? Was hatte er für den Fortgang der »Rheinübung« insgesamt erbracht?

Nun, gemessen an den dramatischen Gefechten des Vortages war er an äußerem Geschehen arm geblieben. Es hatte keine erregenden Aktionen gegeben, und bis zum Einbruch der Nacht hatten wir nicht einen einzigen Gegner auf See oder in der Luft erblickt. Auch die Nacht zum 26. Mai über sollte das noch so bleiben. Aber, hinter den Kulissen, im großen Spiel des Ansatzes britischer Seestreitkräfte hätte es spannender und schicksalsträchtiger kaum zugehen können. Wir brauchen nur noch einmal die Ereignisse des Tages stichwortartig aneinanderzureihen:

In der Frühe ging die Fühlung verloren – Lütjens erkannte dies nicht und setzte zwei Funksprüche ab – Gruppe West teilte ihren Eindruck mit, daß Fühlung nicht mehr bestehe – Lütjens übernahm diese Erkenntnis und wahrte Funkstille – seine vorherigen Funksprüche waren aber vom Gegner eingepeilt worden – jedoch wurden diese Funkpeilungen auf *King George V* falsch ausgewertet, und unsere Verfolger fuhren in die verkehrte Richtung – Toveys Verlust an Zeit und Seeraum war unser Gewinn – nachmittags kam Tovey wieder auf richtigen Kurs – das britische Abfangnetz zog sich weiter

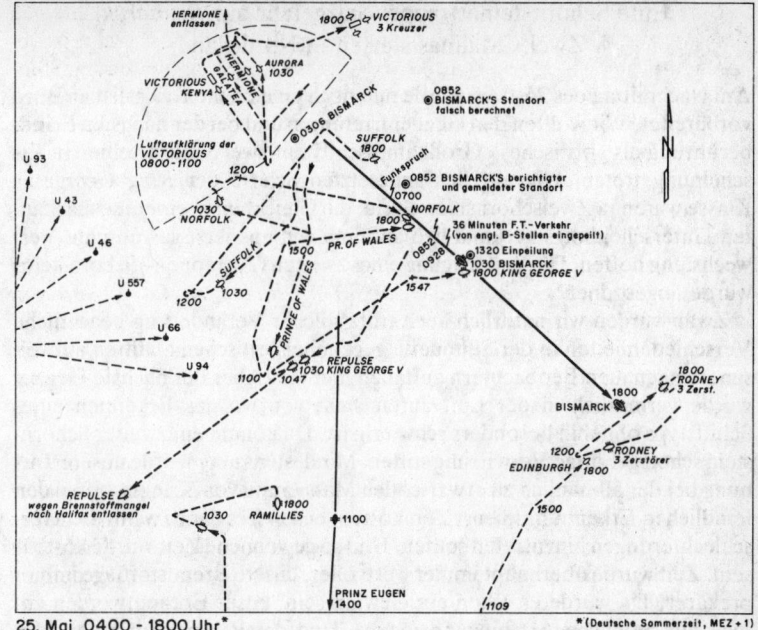

25. Mai 0400 - 1800 Uhr* *(Deutsche Sommerzeit, MEZ + 1)

Bewegungen auf beiden Seiten nach dem Verlust der Fühlung und den danach von Admiral Lütjens abgesetzten zwei Funksprüchen.

zusammen – Luftaufklärung nach *Bismarck* wurde nach nunmehr zutreffenden Standortvermutungen vorbereitet – unsere Aussicht, St. Nazaire zu erreichen, stieg am Morgen und sank am Nachmittag, blieb aber bei Tagesausklang reell bestehen.

Eine Schornsteinattrappe. Salzgefahr auf *Bismarck*.
Zwei Catalinas starten in Nordirland

Am Nachmittag des 25. Mai wurde nun noch eine kleine Kriegslist an Bord vorbereitet. Wir wollten den Gegner irreführen und bei der nächsten Feindberührung als »britisches« Großkampfschiff mit zwei Schornsteinen in Erscheinung treten. Die auf uns angesetzten Schiffe der *King George V-*Klasse waren ja Zweischornsteinschiffe, die Gleichheit in einem so markanten Unterscheidungsmerkmal ließ auf eine von uns jetzt gewünschte Verwechslung hoffen. Die Anfertigung eines zweiten (Attrappen-)Schornsteins wurde angeordnet.

Zwar würden wir natürlich auch trotz solcher Veränderung beachtliche Verschiedenheiten in der Silhouette gegenüber britischen Schiffen aufweisen, die genauen Beobachtern auffallen mußten. Aber der nächste Gegner würde vermutlich in der Luft auftauchen, von wo das Erkennen eines Schiffstyps ohnehin besonders schwierig ist. Da konnte ein zweiter Schornstein schon gehörige Verwirrung stiften. Mindestens aber würde unsere Tarnung bei der allmählich zu erwartenden Massierung von Kriegsschiffen den feindlichen Erkennungsdienst Zeit kosten, besonders dann, wenn Sichtverschlechterungen hinzutreten sollten. Und so gewonnene Zeit würde kostbar sein. Zeit wurde überhaupt immer wertvoller, unsere Brennstofflage immer prekärer. Da würde es schon ein Gewinn sein, unser Erkanntwerden auf jede nur mögliche Art hinauszuzögern. Und damit gleichzeitig den Moment, in dem *Bismarck,* erkannt, gezwungen sein mochte, zur Abwehr hohe, unseren knappen Brennstoffvorrat noch eher aufzehrende Fahrtstufen zu laufen, wenn nicht gar Ausweichkurse, die Umwege bedeuteten, zu steuern. Alles, wirklich alles zählte – und nicht zuletzt konnten Toveys Schiffe, je länger sie auf ungewissen Suchkursen bleiben mußten, desto eher selbst in Brennstoffnot geraten, so daß vielleicht der eine oder andere unserer Verfolger aufgeben mußte.

Gewiß war die Schornsteinattrappe von vornherein nur ein schwaches Mittel zur Irreführung. Schwach auch schon deshalb, weil wir zu seiner Wirksamkeit die bei Begegnungen notfalls abzugebenden optischen Erkennungssignale der Briten hätten kennen müssen. Ob unsere Schiffsführung sie kannte, weiß ich nicht. Darüber hinaus aber konnte schon das Fehlen jeglichen Zerstörerschutzes um *Bismarck* die feindlichen Aufklärer leicht stutzig machen. Ein im freien Seeraum operierendes britisches Schlachtschiff wurde üblicherweise von Zerstörern begleitet. Aber ein schwacher Versuch war besser als gar keiner.

Wie bitter mag es Lütjens jetzt angekommen sein, eine Beölung im Grimstad Fjord oder aus der *Weißenburg* unterlassen zu haben. Seit Entdeckung der Brennstoffnot am Vorabend, seit nunmehr zwanzig Stunden, hatte *Bismarck* eine wirtschaftliche Marschfahrt von nur zwanzig statt der maschinell möglichen achtundzwanzig Knoten laufen müssen. Einhundertundsechzig Seemeilen hätten wir sonst dichter an St. Nazaire heranstehen und sicherlich schon im Schutzbereich der deutschen Luftwaffe sein können.

Unter Verwendung eines Holzgestells, von Blech und Segeltuch wurde nun eine Schornsteinattrappe gebaut und gleich dem Hauptschornstein grau angestrichen. Für die Aufstellung wurde das Flugzeugdeck vorlich der Flugzeughalle vorgesehen. Die Männer der Werkstattgruppe arbeiteten bis zum Eintritt der Dunkelheit mit Schwung und Begeisterung, diese ungewöhnliche Aufgabe war für sie eine belebende Abwechslung von der langen Kriegswachroutine. Auch der Leitende Ingenieur, Korvettenkapitän (Ing.) Walter Lehmann, interessierte sich persönlich für den Fortgang.

Ja, Walter Lehmann würde sich bestimmt selbst davon überzeugen wollen, wie seine Männer einen solchen »Schornstein« zusammenbrachten. Zu ihnen hatte er sich ja von Anbeginn ein besonders enges und vertrauensvolles Verhältnis geschaffen, zu dem sicherlich auch seine sehr persönliche Art beigetragen hatte, »Palaverstunden«, gewöhnlich in der Nähe von Turm »Dora«, abzuhalten, wenn jemand einmal oder wieder einmal etwas »ausgefressen« hatte. Er pflegte dann den betreffenden Mann an der Hand zu nehmen und zu knurren: »Kein Männchen!« – damit also schon von vornherein der »Delinquent« nicht etwa »stillstand« und dadurch vielleicht gehemmt war. Und dann »mußte man«, wie ein Überlebender es später ausdrückte, »mit ihm um den Turm kreisen und konnte reden, wie einem der Schnabel gewachsen war.« Ein junger Heizer hatte in Gotenhafen, während der dem Auslaufen vorangehenden Urlaubssperre, erfahren, daß es mit seiner Mutter zu Ende gehe. Der Junge war regelrecht verstört gewesen, und einer seiner mitempfindenden Kameraden hatte ihn an der Hand stracks zu Lehmann geführt. Vor diesem hatte er dann sein »Männchen« gemacht und gesagt: »Bitte, Papa...«, und, über sich selbst betroffen, sogleich geschwiegen. »Nun segg schon Papa, is wurscht, was haste auf'm Herzen?« hatte Lehmann nur gemeint. Und das allein hatte schon geholfen in diesem großen Kummer. »Papa Lehmann« – diesen Namen hatten ihm seine Männer dann auch sehr bald gegeben.

»Papa Lehmann« kam also und schaute zu. »Nun«, sagte er, »da müssen wir dann wohl noch einige Raucher hineinsetzen, damit das Ding auch ordentlich qualmt.« Seine spaßige Idee wurde sogar von der Schiffsführung aufgenommen und über die Lautsprecher verbreitet: »Freiwache vor der Kammer des Ersten Offiziers Zigarren empfangen zum Rauchen im zweiten Schornstein!« Über diesen »Befehl« wurde natürlich viel gelacht, und er trug auf seine Weise merklich zur Hebung der Stimmung bei. Klar zum Setzen blieb die Attrappe aber vorerst an Deck liegen. Erst auf besonderen Befehl sollte sie errichtet werden. In der Zwischenzeit wurden mehrere Morsesprüche in Englisch zur etwaigen Abgabe im Fall einer Feindberührung vorbereitet. Ich selbst war an der Abfassung dieser Texte beteiligt.

In der Hauptsache galt die Sorge des Leitenden Ingenieurs an diesem Tag nicht so sehr dem im Vorschiff abgeschnittenen Heizöl und der dadurch verschärften Brennstofflage des Schiffes als vielmehr der Salzgefahr. Durch den Wassereinbruch im Kesselraum Backbord 2 war nicht nur der Speisewasserkreislauf des Turbokraftwerkes Nr. 4 versalzen worden, die gleiche Gefahr bedrohte jetzt auch das Kraftwerk Nr. 3. Wenn aber Seewasser über den Speisewasserkreislauf in die Heizkessel gelangt, ist zu befürchten, daß der in die Antriebsturbinen strömende Dampf unverdampftes Wasser mitreißt. Und mitgerissene Wassertropfen können in kürzester Zeit die Turbinenschaufeln zerstören, den gefürchteten »Schaufelsalat« herbeiführen. In allen Turbokraftwerken mußte daher jetzt sofort das Speisewasser gewechselt werden. Die Speisewassererzeugung hielt aber mit den Anforderungen nicht Schritt, denn die Hochdruckanlage verbrauchte zuviel Wasser. Nur noch mit äußerster Kraft konnten die vier Frischwassererzeuger und der behelfsmäßig herangezogene Hilfskessel ausreichend Speisewasser erzeugen. Erst am Abend des 25. Mai war die Gefahr endgültig beseitigt.

Nachmittags ging *Bismarck* zur Erleichterung der im Vorschiff immer noch andauernden Reparaturarbeiten auf 12 Knoten Fahrt herunter. In Taucherkleidung stiegen Männer der Pumpenmeistergruppe in die vorn vollgelaufenen Abteilungen, öffneten unter schwierigsten Bedingungen die Ventile der Ölzellen. So standen wieder einige hundert Tonnen mehr an Heizöl zur Verfügung.

Im übrigen lehnte an diesem Tage die Schiffsführung einen Vorschlag des Marinebaurates Heinrich Schlüter ab, die vorderen Anker und Ankerketten rauschen zu lassen. Schlüter hatte mit dieser Gewichtserleichterung des Vorschiffes dem seit dem Wassereinbruch während des Island-Gefechtes noch immer anhaltenden Trimm nach vorn begegnen wollen. Die Gründe für die Ablehnung sind mir damals nicht bekannt geworden. Vermutlich rechnete die Schiffsführung mit der Notwendigkeit von Ankermanövern bei dem beabsichtigten Einlaufen in St. Nazaire. Und es wäre sicherlich fatal gewesen, dann kein Ankergeschirr mehr an Bord zu haben.

Mittlerweile war die Nacht zum Montag, dem 26. Mai, angebrochen, und nichts deutete darauf hin, daß der Gegner einen Anhalt für unseren augenblicklichen Standort wiedergewonnen hatte. Gegen 19.30 Uhr teilte die Gruppe West dem Flottenchef mit, daß für das Einlaufen von *Bismarck* starke Luftverbände zum Einsatz zur Verfügung ständen, Kampfverbände bis 14° West, Aufklärer bis 15° und schwache, weitreichende Aufklärung bis 25° West. Für das Einholen ständen drei Zerstörer zur Verfügung. Die Außenwege Brest und St. Nazaire seien unter verschärfter Kontrolle. Notfalls sei ein Anlaufen von La Pallice möglich. Der Flottenchef möge das Überschreiten des Längengrades von 10° West frühzeitig melden.

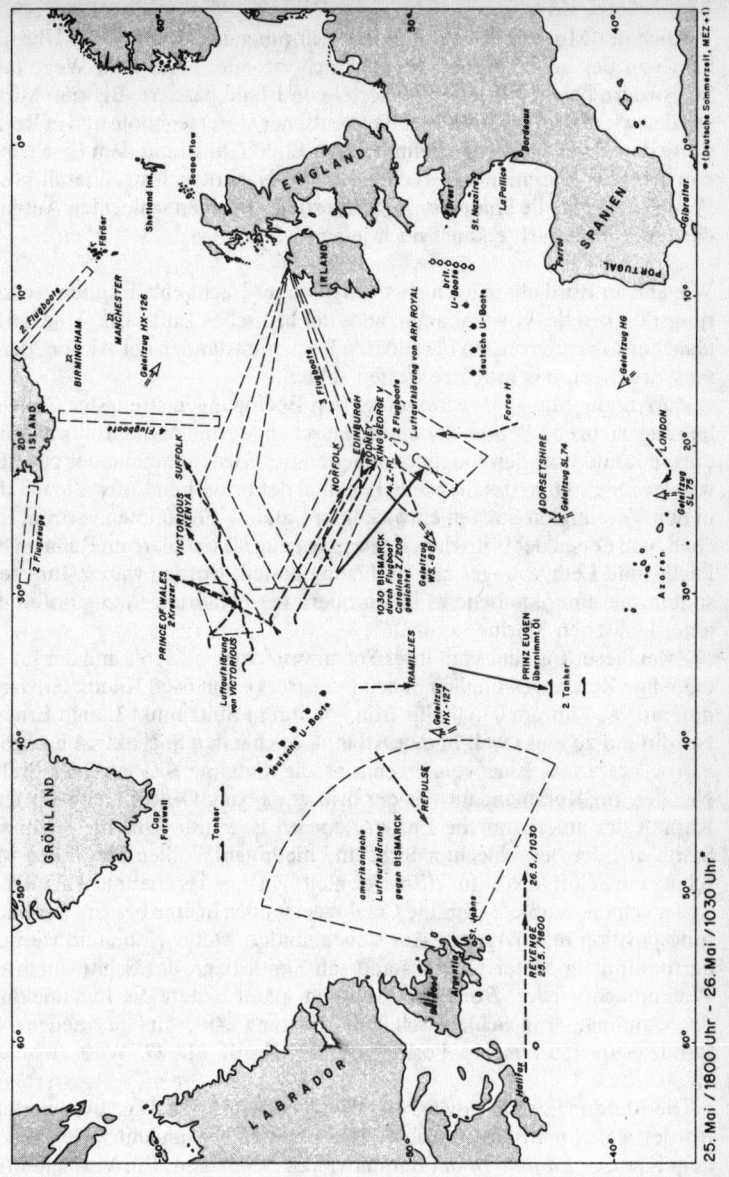

Nach einem Tag ohne Sichten des Gegners wird *Bismarck* am 26. Mai um 10.30 Uhr wieder entdeckt.

Auch der Morgen des 26. Mai ließ sich ruhig an. Gegen 04.30 Uhr früh kam von der Schiffsbrücke die Nachricht an alle: »Auf dem Wege nach St. Nazaire haben wir jetzt dreiviertel von Irland passiert. Bis zum Mittag werden wir uns im Operationsgebiet deutscher Unterseeboote und in Reichweite deutscher Flugzeuge befinden. Ab 12.00 Uhr ist mit dem Erscheinen von Kondor-Maschinen zu rechnen.« Die Nachricht löste überall große Freude aus, und die Stimmung im Schiff stieg. An einen schlechten Ausgang der Operation dachte kaum noch jemand.

Wie alle an Bord ahnte ich nichts von der über Nacht entwickelten Aufklärungstätigkeit des Küstenkommandos der britischen Luftwaffe. Und natürlich ebensowenig von den besonderen Begleitumständen der Aktion, deren Auswirkungen uns in Kürze treffen sollten.

Zu Anfang Mai 1941 waren unter den Bedingungen strengster Geheimhaltung[3] siebzehn Piloten der amerikanischen Marine nach Großbritannien entsandt und dort den Flugbooteinheiten des Küstenkommandos zugeteilt worden. Sie sollten das fliegende Personal der britischen Luftwaffe mit den in den Vereinigten Staaten entwickelten Catalina-Flugbooten vertraut machen, von denen der britischen Regierung einige Exemplare im Rahmen des Pacht- und Leihvertrages zur Verfügung gestellt worden waren. Ihrerseits sollten die amerikanischen Piloten operative Erfahrungen zugunsten der amerikanischen Marine sammeln.

Zwei dieser Catalinas mit ihrer Spannweite von 35 Meter und der für die damalige Zeit ungewöhnlich hohen Flugstrecke von 6400 Kilometer waren nun am 26. Mai um 03.00 Uhr früh von ihrem Stützpunkt Lough Erne in Nordirland zu einer weit in den Atlantik reichenden Suchaktion nach *Bismarck* gestartet. Eine von ihnen war die Catalina »Z« aus der Staffel Nr. 209. Ihr Kommandant war der britische Flying Officer Dennis Briggs, Kopilot der amerikanische Ensign Leonard B. Smith. Um 10.15 Uhr sah Smith aus der bei schlechter Sicht und niedrigen Wolken fliegenden Maschine ein Schiff, das er für *Bismarck* hielt. Da ihm das aber nicht genügend sicher schien, mußte Briggs die Catalina erst noch in eine bessere Beobachtungsposition manövrieren. Aus siebenhundert Meter Höhe und vierhundertundfünfzig Meter Querabstand sah Smith dann das Schiff durch ein Wolkenloch wieder. *Bismarck?* Minuten später lautete die Funkmeldung der Catalina: »Ein Schlachtschiff in Richtung 240°, fünf Seemeilen Abstand, Kurs 150°, meine Position 49° 33′ Nord, 21° 47′ West, Uhrzeit: 10.30 Uhr.«

Die Meldung zeigte Tovey, wie knapp *Bismarck* am Tag zuvor verfehlt worden war: von *Rodney* und ihren Begleitzerstörern um fünfzig Seemeilen, dem Kreuzer *Edinburgh* um fünfundvierzig Seemeilen. Ein Verband britischer Zerstörer hatte *Bismarcks* Kielwasser in einem Abstand von nur dreißig Seemeilen geschnitten. *King George V* stand nunmehr einhundertfünfunddreißig Seemeilen nördlich, *Rodney* einhundertundfünfundzwanzig Seemeilen nordöstlich und *Renown* einhundertundzwölf Seemeilen ostsüdöstlich des noch etwa siebenhundert Seemeilen von St. Nazaire entfernten deutschen Schlachtschiffes.

Bismarck vom Gegner wieder entdeckt

Bismarck hatte Kurs und Fahrt auf die westfranzösische Küste zu unverändert beibehalten. Der vergangenen Nacht gleich waren auch die Morgenstunden des 26. Mai ohne Besonderheiten verlaufen. Um 10.25 Uhr funkte die Gruppe West an Lütjens, daß die eigene Luftaufklärung planmäßig gestartet sei, die Wetterlage in der Biskaya aber zur Zeit einen vorgeschobenen Einsatz von Sicherungsstreitkräften verhindere. Daher werde vorläufig nur eine enge Luftsicherung möglich sein.

Da, plötzlich, um 10.30 Uhr ertönte der Ruf von der Schiffsbrücke »Flugzeug an Backbord!«...»Fliegeralarm!« Unser aller Augen flogen in die angegebene Richtung, und in der Tat war dort deutlich ein Flugboot zu erkennen, das bei der niedrigen und starken Wolkendecke nur sekundenweise in Sicht kam, bevor es wieder verschwand. Bei dem ersten längeren Wiederauftauchen eröffneten wir ein sofort sehr gut liegendes Flakfeuer. Das Flugboot entzog sich ihm, kam in den Wolken rasch gänzlich außer Sicht und wurde auch nicht wieder gesehen. Wir vermuteten, daß es sich weiter im Schutz der Wolken hielt, um möglichst ungesehen unsere Position fortlaufend zu beobachten und zu melden. Eine Zeitlang wurde auf der Brücke erwogen, unsere Bord-Arados gegen die Catalina anzusetzen. Aber klein[1], wie sie nun einmal waren, wären sie einem so großen und kampfstarken Gegner niemals gewachsen gewesen, und Lindemann ließ ihren Start gar nicht erst zu. Unser Beobachtungsdienst entschlüsselte bald die Aufklärungsmeldung der Catalina, und auch die Gruppe West funkte sie um 11.56 Uhr an Lütjens: »Englisches Flugzeug meldet an 15. Aufklärungsgruppe: 10.30 Uhr ein Schlachtschiff, Kurs 150°, Fahrt 20 Knoten. Mein Standort ist 49° 20' Nord, 21° 50' West.«

Wir waren wieder entdeckt.

Offensichtlich war das große Flugboot von einem weit entfernten Landstützpunkt gekommen. Ich nahm daher zunächst an, daß es noch eine geraume Zeit dauern könne, bis dessen Aufklärungsmeldung zu sichtbaren Weiterungen führen würde. Aber meinen Irrtum sollte ich rasch erkennen. Schon gegen 12.00 Uhr, nur anderthalb Stunden nach unserer Begegnung mit der Catalina, funkte Lütjens an die Gruppe West: »Feindflugzeug hält Fühlung; Radflugzeug; mein Standort ungefähr 48° Nord, 20° West.«[2]

Ein Radflugzeug, dachte ich – nun stand also doch schon ein Flugzeugträger ganz in der Nähe. Und bei diesem würden weitere, wahrscheinlich auch schwere Einheiten sein. Bevor wir aber auf diese stoßen, würden wohl erst einmal wieder Kreuzer oder Zerstörer Fühlung aufnehmen? Und würden wir die so glücklich beendete Verfolgung durch *Suffolk* und *Norfolk* jetzt in Neuauflage erleben?

Auf *Bismarck* brach sich die Erkenntnis Bahn, daß sich das Blatt wieder einmal gewendet hatte. Nach einunddreißig Stunden fast ununterbrochenen

Fühlunghaltens waren jetzt einunddreißig Stunden abgebrochener Fühlung, vielleicht unwiderruflich, zu Ende gegangen – eine jeweils gleiche Stundenzahl, wie merkwürdig! War das Trägerflugzeug wirklich der Auftakt einer entscheidenden Wendung? Die Stimmung sank um einiges bei denjenigen, die die Hintergründe der neuen Zeichen zu lesen vermochten.

Daß wir mit dem Radflugzeug allerdings mehr vor Augen hatten als einen mehr oder weniger zufälligen Erfolg gegnerischer Aufklärung, das freilich wußten wir innerhalb der Besatzung damals noch nicht. Nichts ahnten wir von der vorwiegenden Ursache dieses Erfolges, der Abgabe zweier Funksprüche durch Lütjens am Vortag, deren Einpeilung durch feindliche Landstationen. Der beiden Funksprüche, deren zweiter und schon durch seine bloße Länge einer Fremdeinpeilung besonders dienliche allenfalls für eine spätere Auswertung in der Heimat interessant sein würde. Die aber beide im Zeitpunkt ihrer Abgabe operativ ohne Konsequenz waren und nur das Schicksal von Schiff und Besatzung besiegeln halfen.

An Bord lag die Schornsteinattrappe immer noch am Ort ihrer Herstellung auf dem Flugzeugdeck. Sie war nicht aufgestellt worden, und ich habe auch niemals authentisch erfahren, warum nicht. Wenn sie überhaupt jemals den ihr zugedachten Sinn hätte erfüllen sollen, dann hätte sie natürlich in der Zeit gesetzt werden müssen, in der die Fühlung abgerissen war. Bei der nächsten Feindberührung wäre *Bismarck* dann sofort als ein Zweischornsteinschiff in Erscheinung getreten. Nun aber hatten wir statt des Versuches, dieses Mittel auszuprobieren, dem Feind im Gegenteil durch unser Flakfeuer sofort unsere Identität bestätigt. Wie heute bekannt ist, hatten wir ihm damit auch noch die Mühe abgenommen, sich seinerseits erst einmal vollends über uns zu vergewissern! Es hatte also der Verzicht auf die Hilfsmittel der Attrappe und der vorbereiteten Signalsprüche von vornherein bei uns gelegen, und ich konnte mir damals nur denken, daß eine gewisse Stimmung innerhalb des Flottenstabes diese Unterlassung hervorgerufen hatte. Wahrscheinlich hatte sie in der von ihr immer prekärer empfundenen Gesamtlage den Tarnversuch nicht mehr für aussichtsreich gehalten. Aber es war keine Zeit und Gelegenheit, Fragen zu stellen, und ich behielt meine Verwunderung für mich.[3]

Am Nachmittag gesellte sich dem fühlunghaltenden Radflugzeug ein Catalina Flugboot zu. Es war die Rottenmaschine unseres Entdeckers vom Vormittag, der seinerseits aus Brennstoffrücksichten die Operation hatte abbrechen müssen. Sie pendelte längere Zeit außerhalb der Flakreichweite über unserem Kielwasser hin und her. Gelegentlich suchten beide Flugzeuge sich uns zu nähern, wurden aber jedes Mal durch Flakfeuer vertrieben. Von der Brücke kam durch, daß ein Flugzeugträger in der Nähe sei, und alle Ausgucks wurden angewiesen, genau aufzupassen, in welcher Richtung die Radflugzeuge ablösen, damit der Standort des Trägers festgestellt werden könne. Gegen 18.00 Uhr verschwand das Flugboot, doch hielten um diese Zeit bereits Trägerflugzeuge laufend und kurz danach auch der neu ins Bild getretene Kreuzer *Sheffield* Fühlung. Dessen Standort meldete Lütjens der Gruppe West um 18.24 Uhr, wobei er als Kurs der *Sheffield* 115° und als deren Geschwindigkeit 24 Knoten mitteilte.

Um 19.03 Uhr funkte er an die Gruppe: »Brennstofflage dringend. Wann kann ich mit Ergänzung rechnen?« Die Zusatzfrage in diesem Signal mußte die Gruppe sicherlich verdutzen. Denn wie sollte sie bei den vielen Unbekannten in der Lage *Bismarcks* beantworten, wann und wo ein Nachschubtanker inmitten des Operationsgebietes bereitstehen könne? Erst später wurde ihr klar, daß Lütjens im Grunde nur seine kritische Brennstofflage hatte mitteilen wollen. Er hatte, um seine Funkmeldung knapp zu halten, das Kurzsignalheft zur Verschlüsselung verwendet. Und dieses hatte die Meldung über die Brennstofflage nur in Kombination mit der Frage nach dem Zeitpunkt der Ergänzung zugelassen.

Interessehalber sei hier noch des ebenfalls nach dem Kurzsignalheft verschlüsselten Signals gedacht, das die von Lütjens zur selbständigen Kriegführung detachierte »Prinz Eugen« am 25. Mai in vergleichbarer Brennstofflage aus ihrem Seeraum abgesetzt hatte: »Brennstofflage dringend, mein Standort ist . . .« Auf Grund dieses von der Gruppe West sofort aufgenommenen Signals wurde »Prinz Eugen« und dem Tanker »Spichern« per Funkspruch der entsprechende Treffpunkt übermittelt, so daß der Kreuzer bereits am nächsten Morgen Heizöl übernehmen konnte. Wenn »Bismarck« die gleiche Kurzsignalgruppe, also unter Standortangabe, abgesetzt hätte, wäre der Gruppe West der ungefähre Standort des Schlachtschiffes bekannt geworden, ohne daß freilich auf Grund der operativen Lage Heizöl hätte ergänzt werden können. Aber die Kenntnis des ungefähren Schiffsstandortes hätte der Gruppe für die einzuleitenden Hilfsmaßnahmen von Wert sein können.

Nur noch *Ark Royal*
könnte Admiral Tovey Erfolg bringen

Inzwischen hatten sich auf der britischen Seite einige Schiffe wegen allmählich eingetretener Brennstoffnot ihrer Verfolgungsaufgabe in der neuen Richtung auf die französische Westküste zu nicht mehr gewachsen gezeigt. Das Schlachtschiff *Prince of Wales,* der Flugzeugträger *Victorious,* deren Begleitzerstörer und Kreuzer *Suffolk* waren aus dem Rennen geschieden. Recht günstig stand aber der Kreuzer *Norfolk.* Dieser war durchgehend von der Annahme ausgegangen, daß *Bismarck* Brest ansteure, und hatte daher die Suchkurse nach Norden zu gar nicht erst aufgenommen. Noch vorteilhafter plaziert war das Schlachtschiff *Rodney.* Es hatte in der gleichen Annahme wie die *Norfolk* taktiert, allerdings auch schon von vornherein so weit südlich gestanden, daß es an eine Verfolgung nach Norden zu niemals mehr Anschluß gefunden hätte. *Rodney* und *Norfolk* standen aber eben auch nur relativ günstig und gleich *King George V* in Richtung auf die westfranzösische Küste viel zu weit achtern, um einem mit nicht wesentlich verminderter Geschwindigkeit weiterlaufenden *Bismarck* noch gefährlich werden zu können. Das ursprünglich nicht ungünstig stehende, aber alte und langsame Schlachtschiff *Ramillies* war durch die Admiralität inzwischen von der weiteren Verfolgung *Bismarcks* entbunden und mit anderen Aufgaben betraut worden.

Für einen möglichst raschen Ansatz auf das deutsche Schlachtschiff verblieb Tovey im Moment also nur noch die im Süden stehende Kampfgruppe »H« Somervilles. Diese Kampfgruppe und Toveys eigener Verband waren ja praktisch seit dem 24. Mai aufeinander zugelaufen. Hatte Tovey aber anfänglich noch gemeint, daß Kampfgruppe »H« viel zu weit südlich stehe, um jemals noch in die Verfolgung *Bismarcks* eingreifen zu können, so sah er es jetzt anders. Im Gegenteil, nur noch Somervilles Verband konnte zum Hindernis für *Bismarck* werden, zum einzigen und letzten! Und zwar nicht so sehr durch den Schlachtkreuzer *Renown* und den Schweren Kreuzer *Sheffield.* Nach der Erfahrung mit der *Hood* würde es sich nicht mehr empfehlen, diese beiden Schiffe ohne schwerste Rückendeckung auf *Bismarck* anzusetzen. Aber die Flugzeuge des Trägers *Ark Royal* würden den Erfolg bringen müssen! Diese würden *Bismarck* durch Torpedos lahmzuschießen und die Voraussetzung dafür zu schaffen haben, daß seine eigenen schweren Einheiten zum Entscheidungsgefecht aufschließen können – eine unerläßliche und bei der jetzt gegebenen Annäherung an den Wirkungsbereich der deutschen Luftwaffe umgehend zu erfüllende Voraussetzung! Ihr Eintreten würde durch einen rücksichtslosen Einsatz der Trägerflugzeuge zu forcieren sein. Und in diesen sah Tovey nunmehr auch die einzige ihm noch verbliebene Chance vor der trostlosen Alternative, die tagelange Verfolgung über den Atlantik am Ende erfolglos einstellen zu müssen. Er mußte sich zwar eingestehen, daß der Angriff der Trägerflugzeuge der *Victorious* am 24. Mai erfolglos geblieben war. Aber die Flugzeugbesatzungen dieses Trägers waren jung und unerfahren gewesen. Auf *Ark Royal* hingegen würden die am besten ausgebildeten und erfahrensten Flugzeugbesatzungen der britischen Marine zur Verfügung stehen – hier waren doch von vornherein die Aussichten viel günstiger!

Vice Admiral Somerville war bereits seit dem Vormittag des 25. Mai nach der Annahme verfahren, daß *Bismarck* Brest ansteuere. Aufgrund fortlaufend erhaltener Meldungen über den Standort des deutschen Schlachtschiffes hatte er am Morgen des 26. Mai zehn »Swordfish« Flugzeuge der *Ark Royal* zur Luftaufklärung starten lassen. Ihnen waren sechs weitere, zur Vergrößerung des Flugbereichs mit Zusatztanks ausgestattete »Swordfish« beigegeben worden. Diese sollten *Bismarck* beschatten, sobald er erst einmal gefunden sein würde. Nach ihrem Start gegen 08.30 Uhr hatten die Aufklärer erst einmal zwei Stunden lang geschwiegen. Aber dann plötzlich, gegen 10.30 Uhr, hatten die Funkgasten auf *Renown* und *Ark Royal* eine einkommende Meldung niedergeschrieben, das Aufklärungsergebnis eines Flugzeuges: »Ein Schlachtschiff auf 49° 33' Nord, 21° 50' West, Kurs 150°.« Es war zwar nicht, wie man auf dem Träger ehrgeizig gehofft hatte, die Meldung eines »Swordfish« der *Ark Royal,* sondern die der Catalina gewesen. Doch hatte dies den Grad ihrer Willkommenheit um nichts gemindert. Und als dann die Catalina nach ihrem Beschuß durch *Bismarck* die Fühlung wieder verloren hatte, war diese schließlich von einem »Swordfish« der *Ark Royal* wiedergewonnen und auch weiter gehalten worden!

Danach hatte Somerville angestrebt, die »Swordfish« zu Torpedoangriffen gegen *Bismarck* starten zu lassen. Die erste Gelegenheit dazu hatte sich ihm scheinbar am frühen Nachmittag geboten. Um 14.50 Uhr waren trotz schlechten und stürmischen Wetters fünfzehn Maschinen angriffsbereit gestartet. Etwa zur gleichen Zeit hatte Somerville die *Sheffield* zum Fühlunghalten an *Bismarck* entsandt, da es ihm bei der sich laufend weiter verschlechternden Wetterlage zu unsicher erschienen war, nur von der Beobachtung aus der Luft abzuhängen. Der Kommandant der *Ark Royal,* Captain L.E. Maund, hatte aber von dieser Detachierung der *Sheffield* rechtzeitige Kenntnis nicht erhalten. Seinen Piloten hatte er im Gegenteil als Anhalt mitgegeben, daß zwischen *Ark Royal* und *Bismarck* kein weiteres Schiff in Sicht kommen werde. Und daher waren die »Swordfish«, als sie unterwegs im Funkmeßgerät ein Schiff ausgemacht hatten, durch die Wolken heruntergestoßen und hatten ihre Torpedos ausgelöst. Nur drei Piloten hatten im letzten Moment ihr treues altes Übungszielschiff *Sheffield* erkannt und ihre Torpedos zurückgehalten. Doch sollte der Irrtum auch seine guten Seiten gehabt haben. Denn die meisten Torpedos waren infolge Versagens der gewählten Magnetzündung schon beim Auftreffen auf die Wasseroberfläche detoniert. Beim nächsten Angriff würde man daher wieder auf die altbewährte Aufschlagzündung zurückgreifen. Den wenigen Torpedos, die einwandfrei gelaufen waren, hatte *Sheffield* glücklicherweise mit Höchstfahrt ausweichen können. Aber die Flugzeugbesatzungen waren in düsterer Stimmung zur *Ark Royal* zurückgekehrt. Sie wurden damit getröstet, daß der Angriff noch am gleichen Abend wiederholt werden sollte.

Für Admiral Tovey war die Meldung über den ergebnislosen Angriff von der *Ark Royal* aus eine bittere Nachricht gewesen. Er hatte dann auch nicht mehr so recht daran glauben wollen, daß eine Wiederholung des Angriffes noch am gleichen Abend erfolgreicher verlaufen würde.

Noch einmal hatte er die gesamte Situation überdacht. Sollte *Bismarck* vor Einbruch der Dunkelheit am 26. Mai nicht mehr lahmgeschossen werden, dann würde er in der Frühe des 27. Mai so gut wie entkommen sein. Ein erneuter Angriff der Trägerflugzeuge am Abend würde in der Tat die allerletzte Chance sein. Von Nachteinsätzen der Zerstörer erwartete er bei dem sich laufend weiter verschlechternden Wetter nicht allzuviel. Bliebe aber *Bismarcks* Geschwindigkeit unvermindert, dann würde er auch noch eine andere schwerwiegende Entscheidung treffen müssen. Auf *King George V* und allmählich auch auf *Rodney* drohte der Brennstoffvorrat zur Neige zu gehen. Beide Schiffe näherten sich den Grenzen ihrer Fahrbereiche. Brächten die nächsten Stunden keine drastische Wende, so würde *King George V* aus dem Rennen zu scheiden haben. Und Tovey signalisierte um 18.20 Uhr an Somerville, daß *King George V* zur Ölergänzung werde einlaufen müssen, falls *Bismarck* nicht bis Mitternacht in seiner Geschwindigkeit herabgesetzt sei. *Rodney* könne, allenfalls ohne Zerstörer, die Verfolgung fortsetzen.

Es war Tovey hart angekommen, dieses Signal herausgehen zu lassen. Vier Tage und Nächte lang, über zweitausend Seemeilen hinweg, hatte er *Bismarck* mit einem großen Aufgebot von Schiffen ab der Dänemarkstraße bis fast hin zur Biskaya verfolgt. Sollte diese riesige Anstrengung wirklich umsonst gewesen sein?

Um 17.40 Uhr hatte die von Somerville detachierte *Sheffield* das deutsche Schlachtschiff an der Grenze der Sichtweite ausgemacht. Nach anderthalb Tagen, seit *Suffolk*, *Norfolk* und *Prince of Wales* die Fühlung verloren hatten, hatte nun wieder ein Schiff Sichtverbindung zu *Bismarck*. *Sheffield* vermied alles, um ihrerseits von uns gesehen zu werden. Ihre Rolle sollte es ja nur sein, der zweiten Angriffswelle der Trägerflugzeuge bei dem Auffinden des Zieles zu helfen und selbst die Fühlung zu behalten.

Auf *Ark Royal* waren indes die Vorbereitungen für den zweiten Angriff fieberhaft vorangegangen. Die Torpedos hatten statt der Magnetzünder Aufschlagpistolen erhalten. Es war zwar nicht mehr möglich gewesen, die zunächst beabsichtigte Startzeit von 18.30 Uhr einzuhalten, aber gegen 19.15 Uhr war es dann soweit. Bei niedriger Wolkendecke, wechselnden Sichtweiten und gegen Nordweststurm starteten die fünfzehn »Swordfish«, eine nach der anderen. Gegen 20.00 Uhr erreichten sie den Luftraum über der *Sheffield*. Diese wies die Maschinen ein, aber zunächst fehlerhaft; denn schon nach dreißig Minuten waren sie, ohne *Bismarck* gesichtet zu haben, zurück. Erneut eingewiesen, flogen sie wiederum davon. Und daß die Richtung dieses Mal stimmte, zeigte sich der *Sheffield* durch den bald aufkommenden Lärm deutschen Flakfeuers an.

Die »Swordfish« der *Ark Royal* greifen an.
Ein verhängnisvoller Rudertreffer

Auf *Bismarck* war indes der Tag in den frühen Abend übergegangen. Die Dämmerung wollte herabsinken, und wir konnten uns das Dunkel der Nacht gar nicht eilig genug herbeiwünschen. Trotz aller erlebten Vervollkommnung der gegnerischen Aufklärungsmittel waren wir, zumal als das Objekt einer so intensiven Verfolgung, doch immer noch geneigt, die Nacht als einen gewissen Schutzmantel zu empfinden, der Erleichterung bringen würde. Natürlich, am Vormittag hatte uns eine Catalina wieder entdeckt. Danach hatten Radflugzeuge fast ununterbrochen Fühlung gehalten. Aber die sich dadurch abzeichnende Nähe eines Flugzeugträgers hatte nun auch schon wieder seit acht Stunden, entgegen begründeter Erwartung, zu einem Angriff auf uns nicht geführt. Was konnten wir schon über das Intermezzo der »Swordfish« mit der *Sheffield,* den dadurch bedingten Zeitverlust auf britischer Seite wissen? Vielleicht waren die Radflugzeuge besonders weitreichende Fernaufklärer gewesen? Stand der Träger selbst doch noch zu weit ab für einen Angriff? Und vielleicht würden wir einen solchen heute, am 26. Mai, dann doch nicht mehr erleben?

Auch unter Deck war wieder froher Mut eingezogen, überall war die Stimmung gut. Es hatte sich herumgesprochen, daß uns ein feindlicher Verband in etwa einhundert Seemeilen Abstand folgte, aber ohne wesentlichen Geschwindigkeitsüberschuß, da konnten wir wohl kaum noch eingeholt werden? Anhand von Karten berechneten einige, daß wir am nächsten Morgen zweihundert Seemeilen vor der Küste, im schützenden Bereich der deutschen Luftwaffe stehen würden. Die Meldung kursierte, daß ein Versorgungstanker *Bismarck* bereits entgegenlaufe, alle Brennstoffnot würde ein Ende haben. Hoffnung keimte wieder auf. Noch einmal mußte ich an das Gespräch mit Mihatsch denken: War in der Tat der Ausgang unseres Durchbruchversuches nach St. Nazaire nicht immer noch offen? Warum schließlich sollten wir dem Gegner nicht auch jetzt noch entkommen?

Die Antwort auf diese Schicksalsfrage kam gegen 20.30 Uhr – »Fliegeralarm!«

Meldung lief durch das Schiff, daß sechzehn Maschinen im Anflug seien. Gleich darauf überflogen sie uns in großer Höhe von achtern, unterließen aber jeden Angriff, wollten sich dazu wohl erst einmal richtig formieren. Dann waren sie auch schon wieder außer Sicht, und es hieß: »Freiwache wegtreten, Flakwache Ruhe an den Geschützen.« Ruhe, aber nicht für lange. Schon nach wenigen Minuten gab es erneuten Fliegeralarm und dieses Mal ein anderes Bild. Aus tiefhängenden Wolken stießen Flugzeuge herab, einzeln und in Rotten, und dann flogen sie an, aber wie! Tollkühn und verwegen, noch rücksichtsloser als wir es zwei Tage zuvor bei den Flugzeugen der *Victorious* erlebt hatten. Jeder Pilot schien zu wissen, worauf es

Tovey ankam. Dies war nun die letzte Möglichkeit, *Bismarck* zu treffen und ihn danach den Schlachtschiffen zu überlassen. Und sie nutzten sie.

Wiederum verwandelte sich *Bismarck* in einen feuerspeienden Berg, bellten die Flakgeschütze, schossen die 38er und 15er Türme dazwischen, vor den Angreifern in die See, auf die Blasenbahnen anlaufender Torpedos, und wiederum konnte ich im begrenzten Gesichtsfeld meines Zielgebers und vor lauter Pulverqualm nur jeweils kleine Gefechtsausschnitte sehen. Da hingen sie doch förmlich in der Luft, zum Greifen nah, schienen manches Mal direkt still zu stehen, diese so altertümlich wirkenden »Swordfish«, fünfzehn insgesamt. Offensichtlich war dies kein von allen Richtungen her kommender, synchronisierter Massenangriff, der unsere Abwehr von vornherein hätte aufsplittern und schwächen müssen. Wahrscheinlich hatte die hohe und direkt über uns besonders dichte Wolkenschicht eine solche Taktik gar nicht erst zugelassen. Aber die »Swordfish« kamen so rasch nacheinander und aus so verschiedenen Richtungen, daß unsere Abwehr es auch nicht leichter hatte als gegenüber einem wohlkoordinierten Angriff. Sie flogen tief an, so tief, daß der Gischt der hochgehenden See ihre Radgestelle einhüllte, diese gar die Gipfel der Wellenberge zu streifen schienen. Näher heran, noch näher und mitten hinein in unser Abwehrfeuer aller Kaliber. So, wie jemand fliegt, der den Befehl ausführt: »Erziele Treffer oder kehre nicht zurück!«

In meinem Stand zeigte mir wechselndes Überliegen des Schiffes unsere ununterbrochenen Ausweichbewegungen gegenüber den massenhaft abgeworfenen Torpedos an. Der Ruderlagenanzeiger kam nicht zum Stillstand, und die Fahrtmeßanlage verriet einen beträchtlichen Geschwindigkeitsverlust aufgrund unserer fortgesetzten Drehungen. An den Fahrständen unten in den Turbinenräumen hatten die Männer alle Hände voll zutun, es galt, mit allen Sinnen dabeizusein. »Äußerste Kraft voraus« – »stopp« – »Äußerste Kraft zurück« – »voraus« – »stopp« – dauernd wechselten die Kommandos, mit Ruder- und Turbinenmanövern versuchte Lindemann, den verderbenbringenden »Aalen« zu entgehen.

Gebannt horchte ich, ob sich in den Lärm unserer Abschüsse etwa wieder jenes unangenehme Geräusch eines detonierenden Torpedos mischen würde. Es konnte ja auch einmal schlimmer ausgehen als zwei Tage zuvor. Gewiß, nach dieser Erfahrung mochte ein Treffer vorlich meines Standes hinzunehmen sein, aber in Richtung auf das Heck zu? Denn bei der achterlichen Lage meines Leitstandes im Schiff war es nicht mehr weit bis zu dessen empfindlichen Antriebs- und Steuerorganen. Und daß diese das bevorzugte Ziel der Angreifer waren, ließ sich an der Anflugtaktik der Piloten leicht ablesen. Es waren vielleicht fünfzehn Minuten seit Angriffsbeginn vergangen, als in vorlicher Richtung ziemlich rasch zwei Torpedodetonationen aufeinander folgten. Glück im Unglück! dachte ich in relativierender Weise, wenn es nun schon sein muß – diese beiden werden uns hoffentlich wiederum nicht

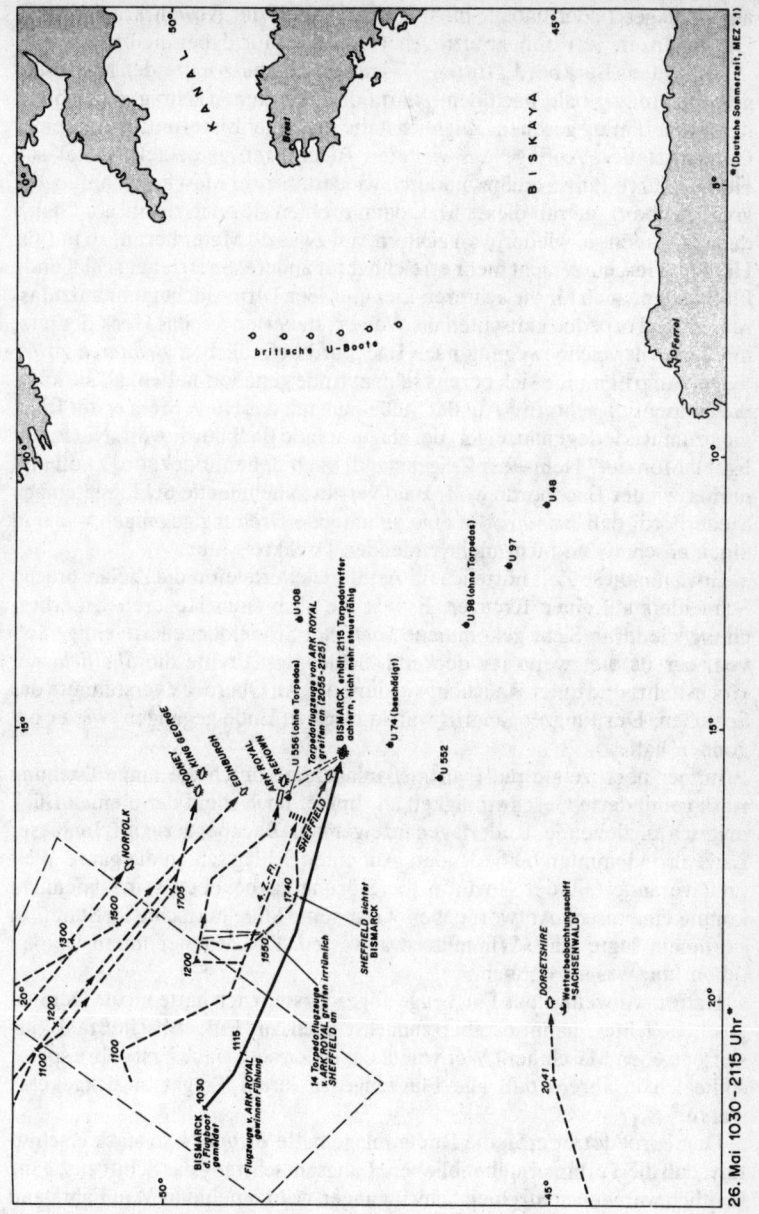

Bewegungen auf beiden Seiten bis zu dem verhängnisvollen Rudertreffer auf *Bismarck*.

allzusehr geschadet haben, mein Vertrauen auf die Abwehrkraft unseres Gürtelpanzers war unbegrenzt. Aber, wenn es nur dabei bleibt!

An seinem Backbord Dritten 3,7-cm-Flakgeschütz hatte der Matrosengefreite Herzog bald nach dem Alarm drei Maschinen schräg von achtern her im Tiefanflug gesehen. Zugleich hatte der Befehlsübermittler auf seiner Gefechtsstation Anflüge aus weiteren Richtungen gemeldet. Später sah Herzog durch Pulverqualm hindurch wiederum zwei Maschinen anfliegen, von Backbord querab dieses Mal, dann drehten sie nach rechts ab. Gleich danach kamen sie wieder, von achtern, auf zwanzig Meter heran, zu tief für Herzogs Geschütz, nicht mehr erreichbar für andere, Sperrfeuer schießende Flakwaffen, auch für die achteren 15er und 38er Türme nicht mehr aufzufassen. Zwei Torpedos klatschten ins Wasser, steuerten auf das Heck des jetzt in einer Ausweichbewegung nach Backbord befindlichen *Bismarck* zu.

Der Angriff mußte sich bereits seinem Ende genähert haben, als sie kam, die Detonation achtern.[1] Auf der Stelle sank mir das Herz. Mein erster Blick ging zum Ruderlagenanzeiger, der zeigte gerade Backbord zwölf. Nur zufällig, im Moment? Nein – der Zeiger stand, blieb stehen, Backbord zwölf und immer wieder Backbord zwölf. Bald verriet zunehmende Schlagseite nach Steuerbord, daß *Bismarck* in eine anhaltende Drehung gegangen war und einen anscheinend nicht mehr endenden Drehkreis fuhr.

Etwa um diese Zeit hörte ich im Artillerieleitertelefon die Zielansprache Schneiders auf einen Kreuzer. Es war die nach einer längeren Unterbrechung wieder in Sicht gekommene *Sheffield*. Schneider feuerte einige Salven, bereits die zweite lag deckend. Schleunigst drehte die *Sheffield* mit Höchstfahrt und unter Rauchentwicklung ab. An Oberdeck verstummte das Schießen. Der Flugzeugangriff war so rasch zu Ende gegangen, wie er begonnen hatte.

Immer noch zeigte die Fahrtmeßanlage eine durch die lange Drehung stark geminderte Geschwindigkeit an. Immer noch stand der meinen Blick magisch anziehende Ruderlagenanzeiger auf Backbord zwölf. In dieser Lage also klemmten beide Ruder. Auf einen Schlag schien die ganze Welt fatal verändert. Oder – würde die Störung zu beheben sein? Niemand konnte eine rasche Antwort geben. Gespannte Stille herrschte im Stand. In sie hinein sagte ich: »Wir müssen abwarten. Die Männer unten werden schon tun, was sie können.«

Hatten wir wenigstens Flugzeuge abgeschossen? Ich hatte nichts Derartiges beobachtet, nahm es aber zunächst doch an. Eine Abschußzahl kursierte: sieben Maschinen! Wer wußte das schon so genau? Erst Jahre später sollte ich erfahren, daß alle Flugzeuge zu ihrem Träger zurückgekehrt waren.[2]

Der Torpedotreffer in die Ruderanlage hatte *Bismarck* so stark erschüttert, daß die Turbinen stehenblieben. Langsam schwang das Schiff aus, ganz deutlich waren die einzelnen Schwingungen wahrzunehmen. Am Fahrstand des Steuerbord-Turbinenraumes war das durch die Erschütterung zugeschlagene Sicherheitsventil sogleich wieder geöffnet worden, und es gab erneut Dampf. Doch regelte sich nunmehr dieses Ventil nicht mehr selbsttätig, so daß es zunächst vom dortigen Telefonposten mittels eines Drahtseiles offengehalten werden mußte. Als auch alle weiteren Versuche zu seiner Normalisierung fehlgeschlagen waren, wurde es schließlich unter Inkaufnahme eines erheblich erhöhten Betriebsrisikos in geöffnetem Zustand mit dem Seil an der Gräting festgebunden. Im Turbinenraum Mitte waren die Flurplatten etwa einen halben Meter hoch geschleudert worden, Wasser drang ein aus dem Backbord-Wellentunnel. Der Raum konnte aber schnell abgedichtet und gelenzt werden.

Als achtern, im Leckwehrbereich 1, der harte und metallische, das Heck abrupt anhebende Schlag ertönte, waren Personalverletzungen dort weitgehend dadurch vermieden worden, daß auf den fürsorglichen Befehl des Stabsobermaschinisten Wilhelm Schmidt die Männer seit Beginn des Flugzeugangriffes auf Hängematten, gegen Erschütterungen abgefedert, gesessen hatten. Nach dem Schlag war das Achterschiff mehrfach auf- und niedergewippt, bevor es wieder zur Ruhe kam. Schmidt meldete an die Leckwehrzentrale: »Vermutlich Torpedotreffer im Achterschiff.« Er befahl dann seinen Leckwehrposten, den Zustand der Räume, Bunker und Zellen zu melden, damit ein Gesamtbild über das Ausmaß der Trefferfolgen möglich wurde. Resultat: In den Schiffsboden war ein so großes Loch gerissen worden, daß alle Räume der Ruderanlage vollliefen. Das Personal dort hatte seine Stationen auf der Stelle verlassen müssen. In den Räumen pumpte jetzt das Seewasser im lebhaften Rhythmus der Stampfbewegungen des Schiffes bei Seegang fünf auf und ab.

Um ein Eindringen des Wassers in weitere Räume zu verhindern, wurde das zur Untersuchung geöffnete Panzerluk zur Ruderanlage nun wieder geschlossen. Dann aber brach das achtere Tiefgangspeilrohr, und Wasser strömte auch in das Zwischendeck. Als Folge vermutlich undicht gewordener Schottkabeldurchführungen und von Querschottrissen achtern machten der Obere und Untere Wallgang in Abteilung III auf der Backbordseite und der Mittlere Wellentunnel Wasser. Nunmehr wurde versucht, mittels Leckpumpe einen Handruderraum zu lenzen. Es fiel aber sogleich deren elektrischer Teil aus, so daß auf Ersatzstromkreis umgeschaltet werden mußte. Aber auch danach versagte die Pumpe. Ihr Selbstanlasser im Niedergang zur Ruderanlage war durch Seewasser zerstört. Sie mußte aufgegeben werden.

In Anwesenheit der inzwischen herbeigeeilten Ingenieuroffiziere Kapitänleutnant Gerhard Junack und Oberleutnant Hermann Giese traf nun die Leckwehr mit Unterstützung einer Zimmermeistergruppe weitere Abwehrmaßnahmen. Das Querschott zum Niedergang in die Ruderanlage wurde abgestützt, das gebrochene Tiefgangspeilrohr wieder abgedichtet. Männer der Reparaturgruppen drangen vom Batteriedeck aus durch den Notausgang nach unten bis zum Panzerluk über der Ruderanlage vor. Unter Benutzung von Tauchgeräten wollten der Zimmermeister und ein Meistersmaat in das Obere Plattformdeck gelangen, dort die Rudermotorenkupplung ausrücken. Ganz vorsichtig öffneten sie das Luk. Aber da schoß ihnen auch schon Seewasser entgegen, schoß weiter hinauf in den Notausgang, wurde beim nächsten Anheben des Hecks im Seegang reißend wieder abgesaugt, verschwand. Dann, wie ein fallender Stein, schlug das Heck nieder in das nächste Wellental. Wieder schoß Seewasser nach oben, drohte den Notausgang zu überfluten, würde auf dem nächsten Wellenberg wieder abgesaugt werden und verschwinden. Der hierbei aufsichtführende Offizier, Giese, wurde nun aber auch noch von seiner Arbeit durch laufende Rückfragen des Ersten Offiziers aus der Kommandozentrale abgelenkt, der fast ununterbrochen den Fortgang wissen wollte und wann das Schiff endlich wieder Fahrt aufnehmen könne. Verhängnisvoll schien auch zu sein, daß nicht genügend Fachleute mit den Örtlichkeiten im Rudergeschirr- und Rudermotorenraum vertraut waren, Tauchgeräte nicht ausreichend zur Verfügung standen und die aufgebotenen Freiwilligen diese technisch nicht beherrschten. Für einiges hatte die verkürzte Ausbildungszeit des Schiffes eben nicht mehr ausgereicht... So war weiteres Bemühen zwecklos. Nichts blieb, als das Panzerluk wieder zu schließen. Niemand konnte in die Ruderanlage eindringen. Und noch viel weniger hätte man sich unten bewegen, dort arbeiten können. Der Versuch war gescheitert.

Erst nach Stunden sollte es gelingen, wenigstens ein Handruder auf das Rudergeschirr einzukuppeln. An die Bedienungsmannschaft des Steuerbord Dritten 15er Turmes erging darauf der Befehl: »Handruderraum besetzen.« Aber die Artilleriemannschaft gelangte gar nicht erst dorthin. Im Handruderraum umherwirbelndes Seewasser und Öl verwehrten jeden Zutritt. Die Turmbedienung kehrte auf ihre Gefechtsstation zurück, meldete der Brücke das Scheitern ihres Versuches. Danach wurden die Bedienungen des Steuerbord Zweiten und Dritten 15er Turmes angewiesen, von der Schanze aus ein Lecksegel über das Trefferloch in der Außenhaut anzubringen. Aber der hohe Seegang schloß diese Arbeit aus, und auch diese Männer mußten unverrichteter Dinge auf ihre Gefechtsstationen zurückkehren. Anscheinend war die Ruderanlage auch bei bestem Willen nicht wieder funktionsfähig zu machen. Was blieb?

Droben im Achteren Artillerieleitstand konnten wir nicht mehr tun, als unablässig inneren Anteil an der schweren Arbeit der Männer in der Ruderanlage zu nehmen. In Zeitabständen fragten wir immer wieder an, was getan wurde und mit welchem Erfolg. Die einkommenden Antworten beschränkten sich meist auf knappe Mitteilungen wie etwa die, daß etwas Wasser aus dem Schiff gepumpt worden sei. Ob entscheidende Fortschritte gemacht wurden oder in Aussicht standen, ließ sich daraus niemals entnehmen. Ich fühlte die Versuchung, selbst einmal an Ort und Stelle den Schaden zu besehen, unterdrückte sie aber. Mit Ausnahme der beauftragten Gruppen hatte selbstverständlich jedermann auf seiner Gefechtsstation zu verbleiben. Denn, wenn auch der Flugzeugangriff vorüber war, so konnte immer noch ein weiterer folgen, konnten Seestreitkräfte des Gegners auftauchen. Der Alarmzustand hielt an. Die artilleristische Abwehrkraft des Schiffes mußte in jeder Minute voll gewährleistet sein.

Eine Zeitlang wurde dann – an den Vibrationen des Schiffskörpers war es deutlich zu merken – der Versuch gemacht, *Bismarck* mit Hilfe der Schrauben zu steuern. Nach den aufgrund der Ruderstörung unfreiwillig gefahrenen Kreisen waren wir von unserem Südostkurs nach St. Nazaire völlig abgekommen und bewegten uns nun in den Wind hinein in entgegengesetzter, nordwestlicher Richtung. »Backbordmaschine halbe Fahrt voraus, Mittel- und Steuerbordmaschine stopp« – »Backbord- und Mittelmaschine halbe Fahrt voraus, Steuerbordmaschine langsame Fahrt zurück« – »Backbordmaschine große Fahrt voraus, Steuerbordmaschine stopp« – so etwa lauteten die Kommandos Lindemanns auf der Brücke. Maschinenmanöver mit »Äußerster Kraft« folgten. Unten, in den Maschinenräumen, galt es jetzt, die Turbinen genauestens zu regeln. Statt der üblichen zwei mußten jeweils drei Mann an den Fahrständen stehen, einer am Vorwärtsfahr-, der andere am Rückwärtsfahrventil, der dritte mußte zuspringen, wenn die anderen beiden nicht mehr nachkamen. Rücksicht darauf, daß von »Stopp« bis auf »Äußerste Kraft« eine Mindestzeit vorgeschrieben war, gab es nicht mehr. Unter Auf- und Zudrehen der metergroßen Handräder wurde nur noch nach Kesselbelastung gefahren, solange bis der »rote Strich« bei 220 die zulässige Höchstbelastung anzeigte. Aber überschossen wurde er gelegentlich schon, es war einfach unvermeidbar. Und das Ganze in Lederkleidung bei einer infolge anhaltenden »Schotten dicht«-Zustandes allmählich auf 50° C angestiegenen Raumtemperatur!

Doch nichts half. Welche Fahrtstufen, welche Schraubenkombinationen auch immer Lindemann wählte, es gelang nicht, auf Dauer vom Winde abzufallen, wieder auf den früheren Kurs zurückzusteuern. Laufend zunehmender Wind und Seegang erschwerten das Manöver zusätzlich. Dabei mußten wir es noch als einen glücklichen Umstand ansehen, daß die Schiffsschrauben trotz ihrer Nähe zum Detonationsherd überhaupt keinen Schaden gelitten hatten und für solche Kraftmanöver noch ungemindert zur Verfügung standen. Am Ende aber mußte der Schraubensteuerversuch als aussichtslos aufgegeben werden. Die klemmenden Ruder waren zur höheren Gewalt geworden. *Bismarck* drehte von selbst wieder an den Wind, auf nordwestlichen Kurs.

Später, etwa eine Stunde nach dem Torpedotreffer, sprach es sich bis zu uns im Achteren Stand herum, daß ein Vorschlag überlegt werde, die beiden klemmenden Ruder einfach abzuschneiden oder abzusprengen. Das sollte sich praktisch dann so auswirken, als ob die Ruder in Mittschiffsstellung klemmten, was das Steuern mit den Schrauben erheblich erleichtern mußte. Von der Schanze aus untersuchten der Leitende Ingenieur und sein Fachpersonal die in Frage kommenden Möglichkeiten. Auch Lindemann soll sich zeitweise an den dortigen Beratungen beteiligt haben, doch ist dies nicht eindeutig verbürgt. Zu denken war etwa daran, durch Taucher die Ruder abschneiden zu lassen. Oder daran, die Ruderschäfte von innen her nach unten herauszusprengen. Doch schließlich verwarf man beide Gedanken.

Von außen mit Unterwasserschneidegeräten an die Ruder heranzugehen, wurde wegen des Seeganges und der starken Sogwirkung unter dem Heck als von vornherein aussichtslos beurteilt. Zwar hatten sich Freiwillige unter vollem Einsatz ihres Lebens für diese Aufgabe gemeldet. Sie waren bereit, nur durch eine unter dem Heck durchzunehmende starke Leine gesichert, die Ruderschäfte abzuschneiden. Aber konnte sich bei den heftigen Stampfbewegungen des Schiffes, der gegen das Heck schlagenden See dort überhaupt jemand halten? Bevor möglicherweise Menschen geopfert wurden, mußte doch eine erkennbare Erfolgschance bestehen. Eben diese war aber nicht zu sehen. Ein solches Opfer durfte einfach nicht angenommen werden.

Das Absprengen der Ruderschäfte von innen wurde kategorisch abgelehnt, um die davor gelegenen Schiffsschrauben und sonstige Schiffsteile nicht zu gefährden. Es erschien als ein unvertretbares Risiko, die Sprengladung so genau zu bemessen, daß sie nicht weniger, aber auch nicht mehr als den beabsichtigten Erfolg bewirken, im letzteren Fall also noch größeren Schaden anrichten würde.

Eine weitere Arbeitsgruppe stand bereit, das Tor des Flugzeugschuppens aus seiner Halterung zu lösen und Steuerbord achtern an der Außenhaut anzuschweißen, in ausreichender Tiefe und einem Anstellwinkel, der etwa der Ruderlage von Steuerbord 15 entsprechen sollte. Der Gedanke war, hierdurch die Wirkung der in Backbordlage klemmenden Ruder aufzuheben, also das Steuern mit den Schrauben zu erleichtern. Aber auch dieser Versuch wurde von der Schiffsführung als bei der schlechten Wetterlage unausführbar und aussichtslos abgelehnt.

Unsere Rolle in dem ja hoch über der Störungsstelle gelegenen Achteren Stand beschränkte sich jetzt auf diejenige räumlich distanzierter Zeugen von Reparaturversuchen, die nacheinander sämtlich fehlzuschlagen schienen. Wir konnten uns nur Gedanken machen, abwarten und uns gegenseitig Hoffnung und Zuversicht aussprechen. Der Rudertreffer war schon schlimm genug, aber er war nicht das Schlimmste. Das eigentliche Verhängnis wollte ich den Männern im Stand gegenüber gar nicht aussprechen. Warum sie noch mehr belasten? Es lag darin, daß der *Bismarck* vom Wind aufgezwungene und offenbar durch kein Mittel mehr zu ändernde Generalkurs Nordwest mit jeder Minute ein Stück unseres so glücklich erlangten und eben noch so aussichtsreich erschienenen Wegvorsprunges nach St. Nazaire in sein direktes Gegenteil verkehrte. Und mehr als das. Er führte uns genau auf die *Bismarck* nachlaufende britische Übermacht zu. Ohnmächtig nahmen wir Tovey auf diese Weise auch noch seine Verfolgungsaufgabe ab. Es hatte nun natürlich auch keinen Sinn mehr, unser maschinell noch vorhandenes hohes Fahrtvermögen voll auszunutzen. Eine hohe Geschwindigkeit hätte die unerwünschte Feindberührung nur noch rascher herbeigeführt. Wir liefen nur soviel Fahrt, als zur Vermeidung eines steuerlosen Umhertreibens notwendig war, zwischen fünf und sieben Knoten. Unser Kurs glich einer gegen den Wind gerichteten Schlangenlinie.

Ja, überhaupt der Wind auf dieser Unternehmung! Er blies von achtern auf allen unseren Generalkursen, seit dem Auslaufen aus den Schären Norwegens bis hin zum bitteren Ende. Am 22. Mai hatte er Regenböen mit uns ziehen lassen, uns vor unerwünschter Sicht eingehüllt, sich als eine wahre Wohltat erwiesen. Während der nächsten Tage und Nächte war die Windrichtung ein mehr oder weniger belangvoller Begleitumstand gewesen. Aber an diesem Abend des 26. Mai sollte sie zum Verhängnis werden – der Nordwester, die Nacht über zum vollen Sturm aufbrisend, zwang *Bismarck* unwiderstehlich zum Aufdrehen, dazu, von seinem angestrebten schützenden Hafen fort, seinem eigenen Ende entgegenzulaufen!

Aus der Ruderanlage kamen dann später wieder, wenn auch in großen Zeitabständen, Meldungen über den Stand der anhaltenden Reparaturversuche, die uns neuen Auftrieb gaben. Jemand hatte es tatsächlich fertiggebracht, das Steuerbord-Ruder auszukuppeln – der Maschinengefreite Gerhard Böhnel hatte es von achtern über den Maschinengefreiten Hermann Budich, Befehlsübermittler im E-Gefechtsstand, an den Obermaschinisten Oskar Barho gemeldet. Andere Meldungen besagten Gegenteiliges und dämpften alle Erwartungen. So war man zwar mehrfach auch in die Backbordruderanlage eingedrungen, hatte es aber lange nicht vermocht, die Kupplung zu erreichen. Durch das Loch in der Außenhaut gurgelte das Seewasser herein und heraus. Als es unter unsäglichen Mühen dann einem Taucher doch gelungen war, an die Kupplung heranzukommen, war diese nicht mehr zu bedienen, alle Gestänge waren verklemmt. Einige Taucher waren zusammengebrochen, nachdem man sie aus den Ruderräumen herausgezogen hatte. Ein Maschinenmaat, der in der Backbordruderanlage getaucht hatte, war zur Berichterstattung in der Kommandozentrale erschienen. Nach seinem Vortrag hatte Oels erkannt, daß in der Ausstattung des Schiffes mit Tauchgeräten eine erhebliche Schwäche lag. Am sogenannten Kleinen Taucheranzug hatten sich dessen Schläuche immer wieder ineinander verfangen und so die vom auf- und abstampfenden Wasser geschüttelten, auch noch gar nicht voll ausgebildeten Taucher zusätzlich behindert. Immer wieder waren ihnen die Luftschläuche abgeklemmt worden, die Gesichter blau angelaufen, hatten sie an Stickstoffvergiftung gelitten. Der sogenannte

Flottenatmer war nur in hüfthohem Wasser, keineswegs aber in den ganz vollgelaufenen Räumen zu gebrauchen. Nur Tauchretter[3], so resümierte Oels, hätten den Männern die nötige Bewegungsfreiheit und bessere Sicht nach allen Seiten vermittelt – aber die hatte es an Bord nicht gegeben.

Ein eindeutiges Bild über die Erfolgsaussichten der Reparaturversuche war niemals zu gewinnen und, wie es nur natürlich war, sank mit verstreichender Zeit die Hoffnung. Mondlose, finstere Nacht war längst über uns hereingebrochen. Manövrierunfähig schlichen wir der zu unserer Vernichtung anlaufenden Übermacht entgegen – eine grotesk verhängnisvolle, kaum faßbare Lage, ein förmliches Zu-Kreuze-Kriechen. Und die ersterbende Hoffnung auf ein doch irgendwie noch mögliches Lösen vom Feind wurde im Lauf der Stunden von der wachsenden Gewißheit verdrängt, daß wir unter gar keinen Umständen mehr würden entkommen können. Mit der Verbreitung der Meldung nach Mitternacht »Die Arbeiten am Ruder sind eingestellt« wurde diese Gewißheit absolut.

Der Ruderschaden:
Wurden alle Reparaturmöglichkeiten erschöpft?
Die 4. Zerstörerflottille wird zur Unterstützung Toveys befohlen

In der Literatur zum Schlachtschiff *Bismarck* ist seither – ich bin es auch persönlich – wiederholt gefragt worden, ob in jener letzten Nacht an Bord wirklich das Menschenmögliche zur Behebung der Ruderstörung getan wurde oder nicht. Auf diesen Punkt einzugehen, sehe ich ohnehin als geboten an, und die vielen Fragestellungen können mich darin nur bestärken.

In besonders eindringlicher Form ist die Frage zuerst von Junack gestellt worden, der an den Reparaturversuchen zum Teil persönlich beteiligt war und auch sonst auf seiner Unterdeckstation den Dingen als Zeuge räumlich näher gestanden hat. Er sagte: »Man fragt immer wieder, wurde wirklich in dieser Nacht alles getan, jede Möglichkeit erschöpft, um das Schlachtschiff *Bismarck* trotz allem zu retten? Wenn gegen alle Marinetradition der Wachhabende Offizier vom Maschinenleitstand aus gefahren oder der Leitende Ingenieur neben dem Kommandanten auf der Brücke gestanden hätte, mit unmittelbarer Verbindung zum Turbinenmaschinisten? Mit Äußerste-Kraft-Manövern über den Maschinentelegraphen ging es bestimmt nicht. Wenn man im Achterschiff ohne Rücksicht auf die Schrauben doch gesprengt hätte? *Mit* Schrauben und klemmenden Rudern ging es ja auch nicht. Wenn man ein U-Boot zum Kursstabilisieren in Schlepp genommen oder auch nur den Heckanker, an Schwimmkörpern aufgehängt, nachgeschleppt hätte? Drei Schrauben mit 28 Knoten standen noch zur Verfügung, und nichts sollte übriggeblieben sein, als mit kleiner Fahrt auf den Feind zuzulaufen? Wer will ermessen, was bei ungebrochenem Kampfgeist möglich gewesen wäre?«

Die Punkte seien ihrer Reihenfolge nach behandelt.

Wie Junack sich die Funktion des vom Maschinenleitstand aus fahrenden Wachhabenden Offiziers im einzelnen vorstellt, hat er nicht gesagt. Ich selbst kann sie mir nicht vorstellen und meine, daß der Wachhabende Offizier nun einmal grundsätzlich an die Schiffsbrücke gebunden ist. Seine Stationierung unter Deck hätte ihn seiner wichtigsten Aufgabe entzogen, das Schiff mit der unerläßlichen Sicht von oben zu fahren. Was hätte er am Maschinenleitstand besser als auf der Schiffsbrücke bewirken können?

Auch zu dem Gedanken, daß der Leitende Ingenieur neben dem Kommandanten auf der Brücke mit unmittelbarer Verbindung zum Turbinenmaschinisten hätte stehen sollen, sagte Junack nichts über die sich dann etwa ergebenden Vorteile. Zweifellos hätten auch dann die Maschinenkommandos einander gejagt – und daß dabei der Befehlsweg über das Telefon besser gewesen wäre als der über den Maschinentelegraphen, kann ich nicht sehen, nicht ohne weiteres.

Und im Achterschiff ohne Rücksicht auf die Schrauben sprengen? Wir hatten gesehen, daß nach dem Vollaufen der Ruderräume das Wasser dort im Rhythmus des mächtigen Seegangs auf und ab pumpte. Spätere Versuche, zu Reparaturarbeiten dort wieder einzudringen, waren an der Gewalt des Wassers gescheitert. Aus diesem Grunde hatten ja auch die Handruderräume nicht mehr besetzt werden können.

Wenn also alle Räume der Ruderanlage nicht mehr zu betreten waren – wie hätte dann eine, nur von innen her mögliche Sprengung an den Ruderschäften überhaupt vorbereitet und ausgeführt werden können? Hatten nicht sogar Taucher einen relativ so einfachen Handgriff wie das Ausrücken einer Kupplung erst nach stundenlangen Bemühungen, am Rande eigener Erschöpfung ausführen können? Hat Junack irgendwo glaubhaft behauptet, daß es trotz allem möglich gewesen wäre, in die Rudergeschirräume einzudringen, dort Sprengladungen zu montieren? Als besorgter Fragesteller hätte er sicherlich jede solche Möglichkeit aufgespürt, sie in überzeugender Argumentation verwertet. Das hat er aber nicht getan. Der Beweis fehlt, selbst die Wahrscheinlichkeit.

Nehmen wir dennoch, um den Punkt auszudiskutieren, einmal an, daß es möglich gewesen wäre, die Rudergeschirräume zu forcieren und dort »ohne Rücksicht auf die Schrauben« zu sprengen.

Wenn das bedeuten soll, die Sprengladung bedenkenlos so zu dimensionieren, daß, womöglich unter der Begleiterscheinung weiterer Wassereinbrüche, der Verlust der Schrauben hätte in Kauf genommen werden sollen, nur um auf jeden Fall die klemmenden Ruder loszuwerden, so erschiene mir dies als ein bloßer Rat der Verzweiflung. *Bismarck* hätte dann nur noch treiben können und wäre in seinem vom Feind umstellten Seeraum jeder Zufälligkeit ausgesetzt worden. Eine noch für 28 Knoten intakte Antriebsanlage auf diese Weise zur Impotenz reduzieren? Wäre dies ein verantwortliches Handeln gewesen?

Dagegen ließe sich allerdings einwenden, daß die vorlich unterhalb der Ruderschäfte gelegenen Schrauben durch eine Sprengung kaum, wenn überhaupt gefährdet worden wären. Jedenfalls dann nicht, wenn es sich um wohlbemessene Sprengladungen gehandelt hätte. Denn Druckwellen pflanzen sich im Wasser bekanntlich in erster Linie nach oben, in die Zonen geringeren Wasserdruckes fort. Und von den hochgelegenen Sprengzentren an den Ruderschäften her wären mithin die in größerer Wassertiefe befindlichen Schrauben kaum in Mitleidenschaft gezogen worden. Ich weiß zwar heute nicht mehr, mit welchem Grad von Genauigkeit die Sprengladungen an Bord hätten dosiert werden können. Aber nehmen wir an, eine der Lage angepaßte, korrekte Dosierung wäre möglich gewesen.

Dann hätte die Schiffsführung *Bismarck* also doch etwas zur Verbesserung der Lage unterlassen? Ja, aber nur dann, wenn gleichzeitig mit dieser Unterlassung solide Aussichten auf den gewünschten Erfolg verschenkt worden wären. Und wie sah es damit aus? Bei den früheren Probefahrten in

1 Schloß Puschkeiten bei Königsberg; Sitz der Preußischen Linie der von Müllenheim-Rechberg 1647 bis 1742.

2 Vizeadmiral Sir Thomas Troubridge, als Captain von 1936 bis 1939 britischer Marineattaché in Berlin; ein scharfsichtiger Beobachter der deutschen politischen Szene.

3 *Bismarck* bei der Fahrt elbaufwärts im Dezember 1940 zur Ausführung von Restarbeiten bei Blohm & Voß. Der Vormars trägt bereits die Entfernungsmeßdrehhaube und die Funkmeßantenne, die beide am Vorderen Gefechtskommandostand noch fehlen.

4 Der Verfasser, Adjutant Lindemanns und Vierter Artillerieoffizier auf *Bismarck,* als Oberleutnant zur See, 1936.

5 Kapitän zur See Ernst Lindemann, Kommandant des Schlachtschiffes *Bismarck*. In der Ausbildungs- und Erprobungszeit fordert er seiner Besatzung viel ab, gewinnt aber dabei ihre Bewunderung und ihren Respekt.

6 *Bismarck* auf der Bauhelling bei Blohm & Voß.

7 Vor dem Stapellauf des *Bismarck* am 14. Februar 1939. Das Schiff wird von der Enkelin des Fürsten Otto von Bismarck, Frau Dorothea von Loewenfeld, getauft (rechts oben).

8 *Bismarck* am Ausrüstungskai bei Blohm & Voß, den er erstmals am 15. September 1940 verläßt. Nach ersten Erprobungen kehrt das Schiff am 9. Dezember 1940 zwecks der Ausführung von Restarbeiten zur Bauwerft zurück (rechts unten).

9 Zwei Signalmaate stehen bereit, zum erstenmal auf *Bismarck* die Kriegsflagge zu heißen. 24. August 1940.

10 Unmittelbar nach dem Anbordkommen schreitet Kapitän zur See Ernst Lindemann die Front der angetretenen Ehrenwache ab. Hinter Lindemann der Verfasser mit Adjutantenschnur. 24. August 1940.

11 Am Tag der Indienststellung schreitet Kapitän zur See Ernst Lindemann, gefolgt vom Ersten Offizier, Fregattenkapitän Hans Oels, und dem Verfasser die Front einer angetretenen Division ab. 24. August 1940.

12 Am Tag der Indienststellung wird zum erstenmal auf *Bismarck* die Kriegsflagge gehißt. Sowohl die horizontalen und vertikalen Streifen als auch das Eiserne Kreuz in der oberen Ecke erinnern an die Flagge der früheren Kaiserlichen Marine. 24. August 1940.

13 Ein Blick von der Back auf die beiden vorderen schweren Geschütztürme. Hinter und über Turm »Bruno« befinden sich die offene Navigationsbrücke und der gepanzerte Vordere Gefechtskommandostand. Oberhalb davon zeigen die großen Fenster die Admiralsbrücke an.

14 Der Flottenchef, Admiral Günther Lütjens. Er behält seine taktischen Überlegungen und Absichten gern für sich (s. vorhergehende Seite).

15 Kapitän zur See Harald Netzbandt, Chef des Stabes der Flotte.

18 *Bismarck* zeigt seine schnittige, moderne Silhouette in der Kieler Bucht, Ende 1940. Durch Wegretouchieren der Funkmeßantenne im Vormars hat ein Zensor das Erscheinungsbild des Schiffes leicht geändert.

19 Das Bemühen der deutschen Seekriegsleitung um einen unbemerkten Ausbruch der Kampfgruppe erleidet einen Rückschlag. Hier werden die Schiffe (vorn *Bismarck* und *Prinz Eugen*, dahinter zwei der drei Zerstörer) von Angehörigen des norwegischen Untergrundes entdeckt, gemeldet und – fotografiert! Dieses einzigartige Bild stammt von dem Ornithologen und späteren Professor Edvard K. Barth, der damals auf der Insel Heröya, südwestlich von Kristiansand, Möwenforschung betrieb. Ebenfalls Mitglied einer geheimen Widerstandsgruppe, erschien ihm nichts natürlicher, als die deutsche Kampfgruppe auf ihrem Vormarsch aufzunehmen.

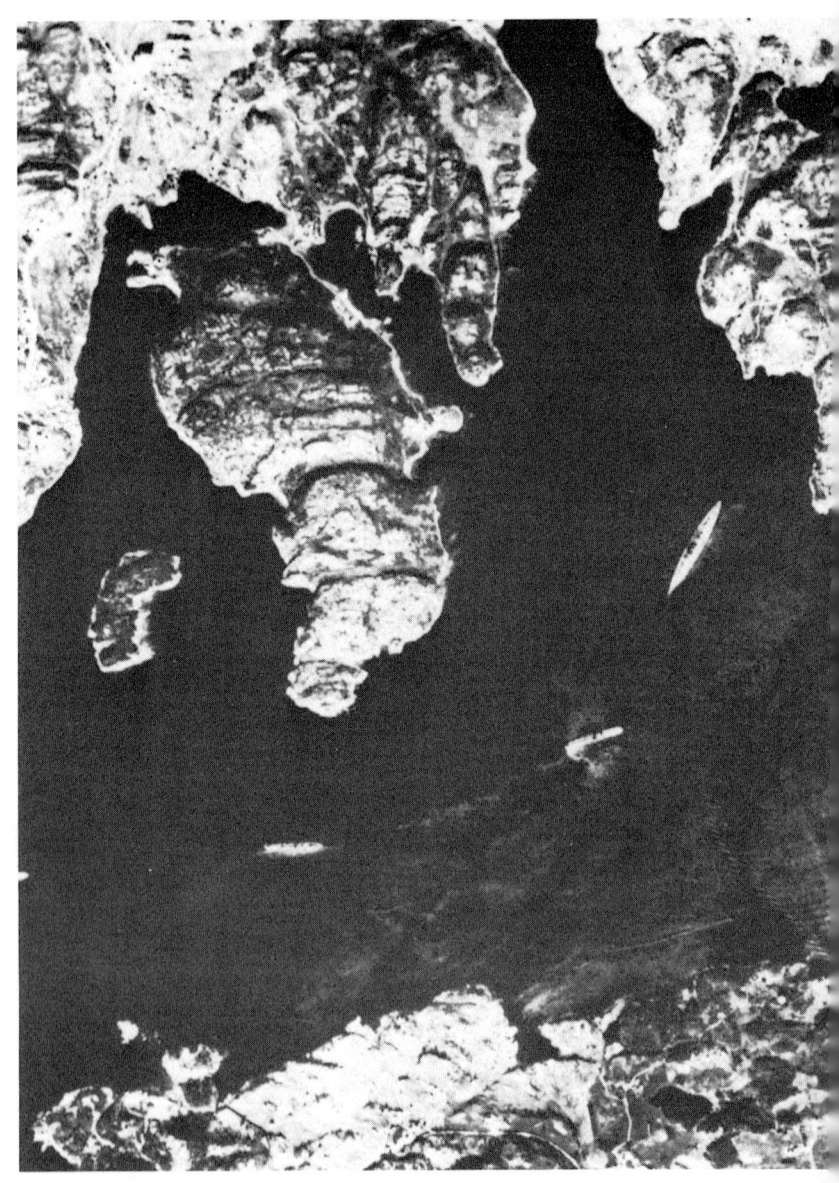

20 Luftaufnahme des *Bismarck* im Grimstad-Fjord, gemacht von Flying Officer Michael Suckling vom RAF Coastal Command. Die Aufnahme bestätigt den britischen Verdacht, daß deutsche Überwasserschiffe unmittelbar vor einem Ausbruch in den Atlantik stehen. 21. Mai 1941.

21 Die deutsche Kampfgruppe auf dem Vormarsch. *Bismarck,* von *Prinz Eugen* aus gesehen. Mai 1941 (s. vorhergehende Seite, oben).

22 *Bismarck* und *Prinz Eugen* in den Fjorden bei Bergen. 21. Mai 1941 (s. vorhergehende Seite, unten).

23 Der zur *County*-Klasse gehörende Schwere Kreuzer *Suffolk,* der *Bismarck* mit Radar vom Abend des 23. Mai bis zum frühen Morgen des 25. Mai beschattet. Die Aufnahme zeigt ihn im Tarnanstrich auf einer Aufklärungsfahrt im Nordatlantik. Frühjahr 1941.

der Ostsee war doch bereits deutlich in Erscheinung getreten, wie schlecht *Bismarck* mit den Schrauben allein zu steuern war. Es lag auf der Hand, daß es im aufgewühlten Atlantik am 26. Mai so gut wie unmöglich sein würde, das riesige Schiff auch noch vor achterlicher See auf Kurs nach St. Nazaire zu halten. Wäre die Sprengung nicht bereits technisch unausführbar gewesen, sie hätte auch ihrer Zielsetzung nach keinen rechten Sinn gehabt.

Ein U-Boot zum Kursstabilisieren in Schlepp nehmen? Dafür hätte doch erst einmal ein solches in erreichbarer Nähe stehen müssen. Es ist aber seither bekannt, daß das nicht zutraf. Und wäre es der Fall gewesen – wie hätte man die Schleppverbindung herstellen und halten sollen? Arbeitete *Bismarck* schon beträchtlich in der bewegten See, um wieviel unruhiger hätte erst einmal ein kleines U-Boot gelegen?! Und dessen Männer hätten dann noch schwere Trossen übernehmen, auf kleinster, glatter Oberdeckfläche mit ihnen arbeiten, sie befestigen und das Boot selbst hätte manövrieren sollen? Und hätte Lindemann, damit all dies bei voller Dunkelheit vor sich gehen kann, vielleicht zur notwendigen Erhellung der Arbeitsplätze an Deck auch noch einen Scheinwerfer anstellen lassen, dem Gegner so noch einen besseren Anhalt für unseren Standort, genauere Schußunterlagen für seine Artillerie und vor allem für seine Torpedowaffe liefern sollen?

Zu der notwendigen, laufenden Überwachung der Schleppverbindung hätte zudem eine ständig zum Eingreifen fähige Mannschaft auf *Bismarcks* Schanze postiert werden müssen. Diese Männer wiederum hätten bei der jederzeit zu erwartenden Notwendigkeit einer artilleristischen Bekämpfung plötzlich auftretender Ziele leicht den verzugslosen Einsatz unserer achteren schweren Türme ausschließen können. Ohne eine geräumte Umgebung hätten diese Türme nicht aus dem ersten Alarm heraus schießen können – schließlich hätte bei achterlichen Schußrichtungen das dort stehende U-Boot auch seinerseits gefährdet und *Bismarck* daher gezwungen sein können, auf seine achteren Türme ganz oder teilweise zu verzichten. Eine solche Einschränkung unserer Abwehrkraft wäre aber schon von vornherein nur unter schwersten Bedenken in Kauf zu nehmen und sicherlich auch kaum durchzuhalten gewesen. Aber selbst, wenn das Herstellen und Halten der Schleppverbindung geglückt wäre, so hätte der über fünfzigtausend Tonnen schwere *Bismarck*, vor dem inzwischen zum Sturm aufgebristen Nordwester herlaufend, kaum jemals von einem, sagen wir, Fünfhundert-Tonnen-U-Boot auf Kurs nach St. Nazaire gehalten werden können. Bei ruhiger See und ohne Feindnähe, vielleicht. So aber halte ich den Gedanken für utopisch, und dies mag darüber hinwegtrösten, daß ein U-Boot, wie gesagt, gar nicht zu Verfügung gestanden hätte.

Den Heckanker, an Schwimmkörpern aufgehängt, nachschleppen? Hier wäre das Mißverhältnis der beiderseitigen Massen noch viel größer gewesen als im Fall eines U-Bootes. *Bismarck* hätte auf den Heckanker überhaupt nicht reagiert. Kein praktikabler Gedanke.

Die Antwort auf Junacks abschließende Frage: »Wer will ermessen, was bei ungebrochenem Kampfgeist möglich gewesen wäre?« folgt aus den Stellungnahmen zu seinen einzelnen Vorschlägen.

Nicht eine der von ihm aufgezeigten Alternativen war auszuführen, und zwar weder einzeln noch in Kombination mit einer anderen. Entweder waren sie an harten Tatsachen gescheitert, wie der Sogwirkung unter dem Heck, der Unzugänglichkeit der Ruderräume und dem Fehlen eines U-Bootes, oder es hatten ihnen vernünftige Überlegungen entgegengestanden, wie bei seinen Gedanken, den Wachhabenden Offizier am Maschinenleitstand oder den Leitenden Ingenieur auf der Brücke zu stationieren, den Heckanker nachzuschleppen und ohne Rücksicht auf Verluste am Ruder zu sprengen. Weder bei der Schiffsführung kann ich ein Versäumnis erkennen, noch anderswo. Und sonstige konkrete Umstände im Sinn seines stillen Vorwurfs hat Junack nicht geltend gemacht, noch weniger belegt. Nein, der Kampfgeist auf *Bismarck* war nicht gebrochen. Schon in der rhetorischen Fragestellung liegt eine Übersteigerung des Anspruchs.

Brennecke[1] erwähnt noch andere, nachträglich von dritter Seite vorgetragene Möglichkeiten der Behebung der Ruderstörung auf *Bismarck*. Danach hätte auch daran gedacht werden können, Trossen oder eine der schweren Ankerketten außenbords zu bringen. Mit deren Hilfe wäre es vielleicht möglich gewesen, vor der achterlichen See den Kurs des Schiffes zu stabilisieren. Der theoretisch möglichen Gefahr, daß Kette oder Trossen in die Schiffsschrauben geraten und so nur noch mehr Unheil stiften, hätte man – so wird hinzugefügt – vielleicht durch eine achtern auf einer Seite über die Bordwand hinausragende Spier begegnen können. Einer anderen Überlegung zufolge hätte die Außenhaut auf der Steuerbordseite »aufgerauht« werden können. Das soll heißen, man hätte durch das Überbordgehen sperriger Teile den Strömungswiderstand für das Seewasser auf dieser Seite erhöhen können. Auf diese Weise wäre es vielleicht möglich gewesen, die Wirkung der Backbordruderlage auszugleichen oder zu mindern.

Aber auch gegen diese späteren Überlegungen dürften die bereits gegen die »Hilfsmittel« U-Boot und Heckanker vorgebrachten Bedenken durchschlagen. Einerseits wären sowohl bei Ankerkette und Trossen als auch bei dem Sperrmaterial die beiderseitigen Massen wiederum viel zu unterschiedlich gewesen. Und andererseits hätten bei der gegebenen Feindnähe auch die Sicherheitsbedürfnisse des Schiffes, die zu fordernde ständige artilleristische Abwehrbereitschaft und das Wahren des Abblendezustandes gegen das auch in diesen Fällen notwendige Postieren von Arbeitsgruppen an Oberdeck und gegen künstliches Arbeitslicht in der nächtlichen Dunkelheit gesprochen.

Auch der bei Brennecke a. a. O. ausgeführte weitere Gedanke, *Bismarck* hätte funktelegraphisch auf dem Weg über die Seekriegsleitung mit Strömungsfachleuten in der Heimat darüber beratschlagen sollen, wie der

Ruderstörung am besten zu begegnen sei, dürfte zu sehr vom Schreibtisch her gesehen sein.

Von allen nachträglichen Überlegungen zu der Frage, was *Bismarck* damals hätte tun sollen, erscheinen mir, jedenfalls grundsätzlich, diejenigen von Kapitän zur See a. D. Alfred Schulze-Hinrichs[2] noch als die plausibelsten. Dieser anerkannte Fachmann auf dem Gebiet der Seemannschaft hat die Frage zur Diskussion gestellt, ob *Bismarck* nicht versucht haben sollte, durch ein geschickt arrangiertes, gegenläufiges Drehen seiner drei Schiffsschrauben St. Nazaire über den Achtersteven zu erreichen.

Die interessanten seemännisch-technischen Argumente von Schulze-Hinrichs möchte ich hier im einzelnen nicht behandeln. Eine solche Betrachtung würde eher in ein Fachblatt gehören. Nachdem das seiner Idee entsprechende Manöver seinerzeit gar nicht erst versucht worden ist, kann ich nachträglich darauf ohnehin nur noch nach den gesamten Umständen in jener Nacht, der Feind- und Wetterlage sowie unserer allgemeinen Erfahrung mit den Steuereigenschaften von *Bismarck* eingehen.

Daß die Schiffsführung von solchem Schraubensteuerversuch Abstand genommen hat, wird man schon angesichts ihrer damaligen Bedrängnis durch den Feind verstehen und auch akzeptieren müssen. Ich bezweifle, daß die Feindlage es ihr gestattet haben würde, einem so delikaten Manöver die ja fortgesetzt notwendige, konzentrierte Aufmerksamkeit zu widmen – und das dann auch noch über Stunden, Hunderte von Seemeilen vor sich, in pechschwarzer, keinerlei Kimm anzeigender, kein Gestirn als Orientierungshilfe bietender Nacht! Schließlich war aber auch, wie wir sahen, von den früheren Erprobungen *Bismarcks* in der Ostsee her bekannt, daß das Schiff mit den Schrauben allein nur sehr schlecht zu steuern war. Bei Achterausfahrt pflegte es, darin wohl den meisten anderen Schiffen gleich, eine starke Tendenz aufzuweisen, mit dem Heck in den Wind zu drehen. Am 26. Mai im Atlantik würde dies aber im Effekt den gleichen unerwünschten Kurs nach Nordwesten bedeutet haben, zu dem wir ohnehin schon über den Vorsteven verurteilt waren! Und auch diese frühere Erfahrung mag die Schiffsführung damals veranlaßt haben, in der Atlantikdünung erst recht von vornherein auf den Versuch zu verzichten, St. Nazaire über den Achtersteven anzusteuern.[3] Ausschließen möchte ich aber nicht, daß sie ihn vielleicht doch einmal ausprobiert hätte, wenn ein solches Manöver bei früherer Gelegenheit häufiger, auch bei schlechtem Wetter, geübt worden wäre. Doch hatte die unter den Kriegsumständen verkürzte Gefechtsausbildung dies nicht mehr erlaubt.

Angesichts der tatsächlichen Lage *Bismarcks* in jener Nacht trägt auch der sonst bemerkenswerte Gedankengang von Schulze-Hinrichs einen zu theoretischen Charakter.

Die Frage, ob seinerzeit auf *Bismarck* das Mögliche zur Behebung der Ruderstörung unternommen wurde, ist also auch unter Berücksichtigung der nachträglich von dritter Seite vorgebrachten Argumente zu bejahen. Alles in Verantwortung zu Unternehmende, also Sinnvolle, ist damals versucht worden. Auch von daher spricht nichts dagegen, daß der Kampfgeist an Bord ungebrochen war. Ich kann Brennecke, der insoweit gleicher Meinung ist, dann aber differenzierend nach dem vorhandenen Siegeswillen weiterfragt, in dieser letzteren Hinsicht nicht folgen. Was heißt hier »Siegeswille«?[4]

Wie Admiral a. D. Erich Förste zutreffend feststellt[5], konnte es damals Lütjens' Ziel nur sein, einen Hafen zu erreichen und dann nach Reparatur und Brennstoffergänzung die Unternehmung fortzusetzen. Wenn es dann auf dem Weg nach St. Nazaire unvermeidbar zu einem weiteren, in unserer Lage natürlich doppelt unerwünschten Gefecht kommen sollte, so würde auch dieses mit der gebotenen Festigkeit durchgestanden werden. Daß der Kampfgeist wirklich ungebrochen war, dürfte schließlich auch der Verlauf des Endkampfes einen Tag später, am 27. Mai, bewiesen haben. Und zum Geist der Besatzung nach dem Rudertreffer liegt sogar das Zeugnis eines Überlebenden vor. Der Maschinengefreite Hermann Budich vom E-Hilfsgefechtsstand sagte: »Auf unsere Verfassung wirkte sich die Manövrierunfähigkeit des Schiffes nicht einmal sonderlich belastend aus. Wir hatten zwar aufgrund eines Sonderbefehls des Korvettenkapitäns (Ing.) Freytag vom Auslaufen ab ohne personelle Verstärkung in unserem Schaltraum II die Arbeit des E-Gefechtsstandes zu verrichten und waren deshalb völlig übermüdet. Aber wir waren voller Hoffnung und Vertrauen in unseren Kommandanten, dem wir aufgrund seiner Persönlichkeit sehr ergeben waren.«

Nein, die Ursache dafür, daß das einsame Schiff in seiner Manövrierunfähigkeit hilflos im Atlantik bleiben mußte, dürfte nicht in Bordumständen, sondern anderen Zusammenhängen zu suchen sein. Eine wirkliche Hilfe in jenen Stunden hätte nur noch in einer durchschlagenden Einwirkung auf die Feindverbände durch andere deutsche Kampfeinheiten bestehen können. In einer Einwirkung, die den weiteren Ansatz der schweren britischen Schiffe auf *Bismarck* verhindert oder entscheidend verzögert haben würde.

Aber eine solche Hilfe gab es nicht. Die in Brest liegenden Schlachtschiffe *Scharnhorst* und *Gneisenau* waren wegen Kriegsschäden nicht auslaufbereit. Die dortigen Zerstörer konnten gegen den Nordweststurm gar nicht erst auslaufen und sich lediglich in Bereitschaft halten. Bei dem schlechten Wetter hätten sie auf dem Gefechtsfeld ohnehin wenig ausrichten können – sollten wir es in der Nacht zum 27. Mai doch noch erleben, *wie* schwer sich die britischen Zerstörer in der hochgehenden See taten. Von den in letzter Minute zur Hilfeleistung für *Bismarck* befohlenen, in der Biskaya stehenden U-Booten *U 73, U 556, U 98, U 97, U 48, U 552, U 108* und *U 74* hatten *U 556* und *U 98* auf vorheriger eigener Unternehmung bereits ihre Torpedos verschossen. *U 74* war durch Wasserbombendetonationen beschädigt worden und nur noch beschränkt manövrierfähig. Die intakten Boote erhielten den Befehl zum Sammeln auf *Bismarck,* als sie noch weitab standen. Sie gelangten nicht mehr rechtzeitig auf den Gefechtsschauplatz. Für ein Auslaufen voll ausgerüsteter U-Boote aus einem westfranzösischen Stützpunkt war es ohnehin zu spät. Und sonst? Da gab es noch das Troßschiff *Ermland* und Hochseeschlepper, die zwischen zwanzig und vierzig Stunden gebraucht hätten, um von der Küste aus zu uns zu gelangen. Wie hätten sie auch helfen können? Selbst zur Rettung Überlebender wären sie schon zu spät gekommen.

Unsere Marinedienststellen an Land haben damals sicherlich alle für *Bismarck* überhaupt noch denkbare Hilfe mobilisiert. Was noch getan werden konnte, sie haben es getan. Aber es war zu wenig und zu spät.

Und sonst hätten wohl nur noch unsere in Frankreich stationierten Luftkampfverbände helfen können. Aber natürlich auch nur nach rechtzeitiger Abstimmung und Vorbereitung. Nichts davon war offensichtlich gegeben.

Unvermeidlich klingt an dieser Stelle noch einmal die drei Wochen vor dem Beginn der »Rheinübung« in Berlin zwischen Raeder und Lütjens besprochene Frage des optimalen Zeitpunktes der Operation und vor allem der zweckmäßigsten Zusammensetzung der Kampfgruppe an. Hatte Lütjens damals nichts weniger als seinen vorrangigen Wunsch ausgesprochen, als er zu Raeder bemerkte, daß durchaus gewichtige Gründe dafür sprächen, zumindest die Operationsbereitschaft der noch in Reparatur befindlichen *Scharnhorst,* wenn nicht gar der neuen *Tirpitz* abzuwarten? Hätte nach seinem Empfinden die Entsendung einer größeren Kampfgruppe nicht mit hoher Wahrscheinlichkeit der Einsamkeit vorbeugen können, in der sich sein Flaggschiff in hoffnungsloser Lage jetzt befand? War eine derart verstärkte Kampfgruppe also das, was er im Grunde erstrebt, aber angesichts der von der Seekriegsleitung so offensichtlich gewünschten sofortigen Operation mit nur einem Schlachtschiff nicht allzusehr hatte betonen mögen? Und dies deshalb nicht, weil er das Drängen Berlins nach möglichst pausenlosen atlantischen Überwasserunternehmungen eben nur zu gut kannte, zum anderen aber auch, um sich als Flottenchef nicht dem etwaigen Vorwurf des Zögerns und mangelnder persönlicher Einsatzbereitschaft auszusetzen? Ich möchte dies vermuten und bin geneigt, in der Entsendung der kleinen Kampfgruppe *Bismarck-Prinz Eugen* ganz überwiegend, wenn nicht ausschließlich, das Konzept Raeders, nicht das von Lütjens zu sehen. Doch würden ausgreifendere Untersuchungen hierzu den Rahmen eines Überlebendenberichts sprengen.

Verabschieden wir uns also von diesen Gedanken mit der Erkenntnis, daß *Bismarck* nach dem Rudertreffer am 26. Mai ein Schicksal aufgebürdet blieb, das er aus eigener Kraft nicht mehr wenden konnte.

Als Tovey am Nachmittag des 25. Mai erkannt hatte, daß *Bismarck* einen westfranzösischen Hafen ansteuert, war ihm klargeworden, daß mit der Annäherung an die Küste die deutsche U-Bootgefahr für seine Schlachtschiffe in bedrohlicher Weise zunehmen mußte. Es hatte ihn entsprechend bedrückt, daß seine Sicherungszerstörer wegen Brennstoffmangels inzwischen hatten aufgeben müssen und *King George V* nun schon seit dem Morgen ohne Begleitschutz verblieben war. Zwar standen bei der ihm zwischenzeitlich unterstellten, aber noch nicht herangeschlossenen *Rodney* noch drei Zerstörer. Aber es war ganz unklar gewesen, wie lange diese mit ihrem Brennstoffvorrat noch durchhalten würden.

Am Abend hatte Tovey daher bei der Admiralität angefragt, ob *King George V* und *Rodney* ein neuer Zerstörerschutz beigegeben werden könne. Als diese Anfrage eintraf, hatte die Admiralität aber schon von sich aus das Problem erkannt und Dispositionen überlegt. Die bei der Knappheit an Zerstörern nicht leicht zu findende Lösung hatte schließlich im Rückgriff auf die 4. Zerstörerflottille (*Cossack, Maori, Zulu, Sikh* und *Piorun*[6]) bestanden. Diese Flottille, unter dem Kommando des Captain Philip Vian, hatte am Abend des 25. Mai als Schutz für einen Geleitzug etwa dreihundert Seemeilen voraus von *King George V* und mithin so günstig gestanden, daß ihre Vereinigung mit Toveys Schlachtschiffen am frühen Nachmittag des 26. Mai herbeigeführt werden konnte. Und so hatte Vian am 26. Mai um 2.00 Uhr früh den Befehl erhalten, mit *Cossack, Sikh* und *Zulu* zu *King George V* zu stoßen, *Maori* und *Piorun* zur Vereinigung mit *Rodney* zu entsenden. Umgehend hatten die Zerstörer den Geleitzug verlassen. Unterwegs hatte Vian dann die Meldung der Catalina über die Wiederentdeckung *Bismarcks* mitgelesen, dessen Standort als südöstlich von ihm selbst ausgemacht, sich vor der Frage gesehen, ob er dem Befehl der Admiralität weiterhin strikt folgen oder einfach auf den Feind zuhalten solle. Er hatte sich für das letztere entschieden. Vielleicht konnten auch seine Zerstörer noch mithelfen, *Bismarck* auf dem Marsch nach Frankreich abzufangen. Mit Höchstfahrt hatte er auf Verfolgungskurs abdrehen lassen, aber bei dem Sturm und der hohen See von achtern hatte die Geschwindigkeit nicht gehalten werden können. Gegen 22.00 Uhr hatte er dann die kurz zuvor von *Bismarck* beschossene, nun nach Norden ablaufende *Sheffield* gesichtet und sich von dieser noch einmal die genaue Peilung *Bismarcks* geben lassen. Und gegen 22.30 Uhr war es soweit gewesen: zunächst hatte *Piorun,* danach *Zulu* den *Bismarck* entdeckt. Die Operationen seiner Zerstörer gegen das deutsche Schlachtschiff konnten beginnen.

Die letzte Nacht auf *Bismarck*

Die Nacht der Zerstörerangriffe

Um *Bismarck* herum war nach dem Flugzeugangriff die engere Kampfzone für etwa anderthalb Stunden verwaist gewesen, als wir vor 23.00 Uhr das Auftauchen der Zerstörer bemerkten. Alarm! Und in gewohnter Weise waren unsere 38er und 15er Türme in Sekunden abwehrbereit. »Feuererlaubnis« – und heraus gingen die Salven beider Kaliber auf den am nächsten stehenden Zerstörer, die *Piorun*, wie ich später erfuhr. Unsere Artillerie lag anscheinend sofort sehr gut, denn der Gegner drehte ab und lief außer Reichweite.

Wie viele Zerstörer jetzt um uns herum standen, wenige, die immer wieder neu auftauchten, oder viele und welche überhaupt, wir wußten es damals nicht. In der pechschwarzen Nacht und den vielen Regenböen konnten wir Genaues nicht erkennen, und schon gar nicht die Einzelheiten von Silhouetten. Klar war uns nur, daß wir laufend Torpedoangriffe zu erwarten hatten. An Bord kam es daher auf äußerste Wachsamkeit und ein tadelloses Entfernungsmessen an. Soweit wir es im Lauf der Zeit erkannten, griffen aber die Zerstörer niemals synchronisiert, also zu gleicher Zeit aus verschiedenen Richtungen an. Eine solche Taktik hätte uns zu Batterieteilungen gezwungen, die Abwehr erheblich erschwert – gut, daß sie nicht angewendet wurde. Wahrscheinlich behinderten Sturm und Seegang, die schon *Bismarck* zu schaffen machten, die Zerstörer in noch viel stärkerem Maß. Allein brückenhoher Gischt und überkommende Seen – ich kannte das ja von deutschen Zerstörern her – zwangen ihnen vermutlich des öfteren niedrigere Geschwindigkeiten auf, sicherlich auch gerade dann, wenn sie aus taktischen Gründen hohe Fahrt hätten laufen müssen. So aber trugen sie je nach Lage, und soweit Wind und Wetter es ihnen erlaubten, ihre Angriffe auf uns einzeln vor.

Unsere Funkmeßortung arbeitete ganz ausgezeichnet. Von 80 bis herunter auf 30 Hektometer wurde jeder Zerstörer erfaßt und laufend gemessen. Mit großer Spannung nahmen wir in unserem Stand die kontinuierlich einkommenden Entfernungen auf: 70 Hektometer... 65... 40... und wie sie wieder wuchsen. Aber auch in meinem Zielgeber konnte ich trotz der Finsternis der Nacht die Bewegungen der schwarzen Angreiferschatten verfolgen. Wie sie näher und näher kamen, zum Torpedoangriff aufdrehten – »jetzt zischen die Torpedos aus den Rohren«, dachte ich dann jedes Mal – und wieder abliefen. Immer setzte im rechten Moment unsere Artillerie schlagartig ein. Ihre Salven lagen – auch nach späterem britischen Zeugnis – so rasch am Ziel, daß die Zerstörer sich niemals länger in der Nähe hielten. Und dabei hatte unsere Feuerleitung die Nachteile gelegentlich heftigen

Schlingerns bei quer einkommender See, vor allem aber unserer Manövrierunfähigkeit zu überwinden. Ein Artilleriegefecht setzt ja auch voraus, daß das schießende Schiff einen einigermaßen geraden Kurs steuert. *Bismarck* aber kurvte infolge seiner klemmenden Ruder fortlaufend hin und her, zwischen Nordwesten und Nordosten, um achtzig Kompaßgrade schwankten seine Kurse. Die auf die kurze Entfernung ohnehin schon rasche Seitenauswanderung der Ziele wurde dadurch noch mehr beschleunigt, und so manches Mal wanderte während ein und desselben Abwehrgefechts, auch durch Schraubenmanöver bedingt, der Gegner von einer Schiffsseite auf die andere. Für Albrecht im Vorderen Stand bedeutete das bei den auf die Steuerbord- und Backbordseite des Schiffes verteilten 15er Türmen immer wieder einen Batteriewechsel. Erschwerend für ihn und Schneider im Vormars war aber auch die wegen der vielen ziehenden Regenböen verschlechterte Beobachtung. Dazu traten die Massen von Pulverqualm, die bei den auf so niedrige Entfernungen kurzen Geschoßflugzeiten im Moment des Aufschlags oft noch nicht abgezogen waren, nicht abgezogen sein konnten. Ich selbst, ständig auf Übernahme einer Teilbatterie vorbereitet, beobachtete natürlich mit und sah gelegentlich erhebliche Flammenwirkung beim Gegner. Treffer konnte ich aber niemals zweifelsfrei erkennen. In so gespannten Momenten ist die Gefahr von Wunschbeobachtungen ja immer groß, sie locken, und man muß sich vor ihnen hüten, wenn man es vermeiden möchte, sich selbst zu täuschen.

Wenn die Männer in den Turbinenräumen nach den Erfahrungen zweier Flugzeugangriffe gemeint haben sollten, schon unter vollster Beanspruchung der Maschinen gefahren zu sein, so wurden sie jetzt eines Besseren belehrt. Bei den Versuchen, mit Hilfe der Schrauben den Torpedos der Zerstörer auszuweichen, erfuhren sie jetzt, was aus den Turbinen herauszuholen war. Von »Äußerste Kraft voraus« ging es nun ohne Übergang auf »Äußerste Kraft zurück«, war das Vorwärtsfahrventil kaum geschlossen, als schon zwei Mann das Rückwärtsventil aufrissen. Noch nachträglich will es kaum möglich erscheinen, daß die Maschinen eine solche Belastung aushielten.

Den Männern selbst hatte es auch gereicht. Der Schweiß brach ihnen aus allen Poren, alle hatten sie kaum noch einen trockenen Faden am Leib. Um den Kopf ein Schweißtuch, im rechten Mundwinkel eine Zitronenscheibe, im linken eine Zigarre oder Pfeife – da mögen sie schon komisch ausgesehen haben, und so war ihnen auch zumute.

Einmal, gegen 01.00 Uhr, nach einem erneuten Zerstörerangriff, wurde der Steuerbord Turbine »Stopp« befohlen – für drei Minuten, vier Minuten. Aber was war das? Die Umdrehungsanzeiger der Mittel- und Backbord Turbine zeigten für beide Maschinen »Fahrt voraus« an. Die Steuerbord Turbine hätte also, durch den Fahrtstrom bedingt, leer mitdrehen müssen, das tat sie nicht. Also kam Befehl, doch einmal kurz anzustoßen. Der zweite

Maat gab Dampf für »Voraus«, erst zwei, dann drei, vier und fünf Atmosphären. Nichts! Die Turbine stand. Auch bei zehn, zwanzig und dreißig Atmosphären sprang sie nicht an. Nun Meldung an den Maschinenleitstand, daß die Turbine nicht mehr dreht. »Versuchen Sie das Äußerste!« lautete der neue Befehl, und dann hieß es eben »Dampf rauf, auf Biegen und Brechen«. Vierzig – achtundfünfzig Atmosphären, nun war eine Düse auf, wurden die Laufräder der Turbine einseitig belastet – mit achtundfünfzig Atmosphären Druck bei etwa 400° C und an der Gräting festgebundenem Sicherheitsventil! Weiter Dampf! Jetzt bekam die zweite Düse Druck: fünf, zehn, zwanzig Atmosphären, und siehe da, bei dreißig sprang die Turbine an, ohne Bruch, ohne Schaufelsalat. Von dann ab hat sie sich bis zum Moment des Untergangs am Vormittag weiter gedreht.

Bei dem offensichtlich so hinderlichen Seegang konnte es uns auf *Bismarck* nicht wundern, daß zwischen den einzelnen Angriffen längere Pausen entstanden. Entweder strebten die Zerstörer dann neuen Angriffspositionen zu, oder sie beschränkten sich darauf, uns zu beschatten. Aber wir empfanden diese Pausen doch jedes Mal wieder als willkommene Momente der Ruhe, wenn auch nur einer sehr scheinbaren. Immer keimte dann, wider alle Vernunft, neue Hoffnung auf, daß die Fühlung doch noch einmal abreißen würde, wir trotz allem doch noch einmal entkommen könnten. Nach St. Nazaire? Auf unserem Zwangskurs nach Nordwesten? Aber dann waren sie doch immer wieder zur Stelle, die Zerstörer, wurde der Lärm unserer Geschütze wieder zur gnadenlosen Wirklichkeit. Und so ging es über Stunden: wir sichten den Gegner; dieser greift an; unsere Artillerie tritt in Abwehr; das Bewußtsein der Manövrierunfähigkeit belastet uns, wir befürchten Torpedotreffer; wir haben noch einmal Glück gehabt; der Gegner kommt außer Sicht, und wieder die Hoffnung.

Nach 01.00 Uhr früh kam eine neue Variante in das Spiel. Plötzlich hing eine von einem Zerstörer abgefeuerte Leuchtgranate am Himmel, und ihre bloße Erscheinung wirkte wie ein Menetekel. Es war eine Granate, die hoch oben in der Luft krepierte, wonach ein an einem Fallschirm hängender Leuchtkörper langsam herniederschwebte und die Szene in weitem Umkreis erhellte. Dann aber meinten wir, daß sie doch noch recht weit ab war und dem Gegner kaum helfen würde, unseren Standort genau zu bestimmen. Die nächsten Leuchtgranaten lagen nicht viel besser. Aber allmählich, wenn auch in lang erscheinenden Zeitabständen, änderte sich das. Bis schließlich eine ganz in der Nähe hing, wie ein Ausrufungszeichen: »Halt, ihr entkommt uns nicht!« Weitere folgten und belebten Angriffe und Abwehr aufs neue. Und trotzdem riß zwischendurch, wenn Dunkelheit herrschte, die Fühlung wieder ab – oder dachte ich das nur? Plötzlich erschien, nach längerer Pause, eine Leuchtgranate ziemlich genau über uns, sank auf das Schiff zu, immer weiter. »Feuer auf der Back« war der nächste Ruf an Bord, und ein Trupp lief eiligst nach vorn, um es zu löschen. Die dort

»gelandete« Leuchtgranate hatte kräftig weitergebrannt.[1] Wir fühlten uns nun wieder entdeckt, aber auch nur vorübergehend, und das Suchen und Finden sollte sich fortsetzen.

Daß ab 2.30 Uhr früh das periodische Schießen von Leuchtgranaten auf einem besonderen Befehl Toveys beruht hatte, sollte ich erstmalig nach meiner späteren Rettung von dem Kommandanten des Kreuzers *Dorsetshire,* Captain B.C.S. Martin, erfahren. Tovey hatte sich darüber gesorgt, daß die navigatorischen Standortberechnungen seiner Schlachtschiffe allzusehr von denen der Zerstörer abweichen könnten. Und so hatte er sich von diesem Aufklärungsmittel eine bessere laufende Vergewisserung über die Position *Bismarcks* erhofft.

Dennoch erstarb aber schon gegen 03.00 Uhr das Leuchtgranatenschießen. *Bismarck* hatte den jeweils feuernden Zerstörer unter sofortigen Beschuß genommen, mit offensichtlich durchschlagender Wirkung. Das Risiko für die Zerstörer, die die Leuchtgranaten ja nur auf eine relativ nahe Entfernung schießen konnten, war zu hoch geworden.

»Als meine Aufgabe«, schrieb Vian später an Tovey, »sah ich es an, Ihnen unter allen Umständen den Feind zu übergeben, und zwar zu dem von Ihnen gewünschten Zeitpunkt. Zweitens wollte ich versuchen, *Bismarck* in der Nacht durch Torpedos zu versenken oder zum Stoppen zu bringen, vorausgesetzt, daß diese Angriffe nicht zu schweren Verlusten unter den Zerstörern führen.«

Nun, bei der offensichtlich hoffnungslosen Lage *Bismarcks* hatte er eine fortgesetzt zu hohe Selbstgefährdung seiner Boote sicher nicht mehr für nötig gehalten und das Schießen von Leuchtgranaten einstellen lassen. Uns war es recht, daß dann wieder Dunkelheit herrschte, auch die Fühlung wieder abriß. Jedenfalls dem Anschein nach, denn ich konnte lange keine Zerstörer mehr in meinem Zielgeber beobachten.

Erst bei aufkommendem Tageslicht kurz vor 06.00 Uhr sah ich sie wieder auf ihren Positionen um *Bismarck* herum. Dämmerung hatte gerade eingesetzt, und fortschreitend zog sie Nebelschichten wie einen Vorhang nach dem anderen fort. Und so entdeckten die Zerstörer ihre gefährliche Nähe zu *Bismarck* jetzt recht plötzlich. Mit hoher Fahrt gingen sie auf »gebührenden« Abstand und fanden dabei Schutz in den immer noch zahlreichen Regenböen. Dann aber kamen sie rasch außer Sicht und blieben verschwunden.

Und das Ergebnis der nächtlichen Gefechte?

Über Lautsprecher war bekanntgegeben worden, daß wir einen Zerstörer versenkt und zwei weitere in Brand geschossen hätten. Aber es sollten Wunschbeobachtungen gewesen sein, verständliche, wie sie im Krieg auf allen Seiten immer wieder vorkommen. Um 07.00 Uhr früh war das Ergebnis jedenfalls: kein Torpedotreffer auf *Bismarck*[2], keine direkten Artillerietreffer auf den Zerstörern trotz vieler deckender und dicht einschlagender Salven. Auf der *Zulu* hatte der im Krähennest stationierte midshipman B.J. Hennessy, der anfänglich zugleich mit der *Piorun* den *Bismarck* ausgemacht hatte, unsere erste Salve zwischen der *Maori* und der *Cossack* ins Wasser gehen sehen. Später hatte *Zulu* in deckenden Aufschlägen des *Bismarck* gelegen, waren zahlreiche Splitter an Bord eingeschlagen, hatten den Artillerieoffizier, Lieutenant James Galbraith, verwundet, dessen Zielgeber beschädigt. Hin und wieder hatte Hennessy unsere Weitsalven über seinen Kopf hinwegrauschen hören, hatte über unser »unglaublich« gutes Schießen gestaunt. Alle Zerstörerkommandanten hatten ihre Angriffe in dichtem deutschen Feuer mit höchstem Schneid gefahren, die Torpedooffiziere beim Zielen die Nachteile schwersten Schlingerns und Stampfens, sowie die Blendwirkung der Abschüsse *Bismarcks* überwinden müssen. Die vielen artilleristischen Lichterscheinungen mochten beiderseits Erfolge suggeriert haben, die niemals eingetreten waren und für die Briten auch schon deshalb kaum eintreten konnten, weil die Zerstörertorpedooffiziere die Geschwindigkeit *Bismarcks* durchweg zu hoch eingeschätzt und entsprechend falsche Zielvorhalte eingestellt hatten. Doch wußte damals noch keiner der Gegner um die auf der anderen Seite ausgebliebene, entscheidende Wirkung.

Die Zerstörer habe ich am gleichen Tag nicht wiedergesehen. Sie kümmerten mich auch nicht mehr. Sie hatten uns nachts erfolgreich beschattet, viele Torpedos auf uns abgeschossen und sicherlich am Morgen Tovey noch einmal unseren letzten Standort gemeldet. Unsere Gedanken und Aufmerksamkeit galten jetzt schon ausschließlich den britischen Schlachtschiffen. Deren Stunde schien gekommen, und mit ihrem Erscheinen rechnete ich von Minute zu Minute. Die Episode der Zerstörer war vorüber.

Die Nacht der letzten Funksprüche

Um 19.54 Uhr funkte die Gruppe West an Lütjens, daß das im benachbarten Seeraum stehende *U 48* Befehl erhalten habe, mit Höchstfahrt auf den Kreuzer *Sheffield* zu operieren.

Über die Flugzeugangriffe meldete Lütjens um 20.54 Uhr an die Gruppe West: »Angriff von Trägerflugzeugen.«

Seine weiteren Meldungen lauteten:
21.05 Uhr: »habe Torpedotreffer achtern«
21.15 Uhr: »Torpedotreffer mittschiffs«
21.15 Uhr: »Schiff nicht mehr steuerfähig«
21.40 Uhr: »an das Oberkommando der Kriegsmarine und Gruppe West: »Schiff manövrierunfähig. Wir kämpfen bis zur letzten Granate. Es lebe der Führer.«

Wir hatten gesehen, daß zur Zeit der Abgabe des letzten Funkspruchs, eine halbe Stunde nach dem Treffer achtern, die Versuche an Bord zur Reparatur des Ruderschadens noch keineswegs abgeschlossen waren. Man kann sich daher fragen, was Lütjens zu dieser insofern vorzeitigen, seinen Stab und die Funkmannschaft sicherlich zusätzlich bedrückenden Meldung gebracht hatte. Die Frage ist nicht mehr authentisch zu beantworten, andererseits aber zuzugeben, daß ihr Inhalt letztlich zutraf.

Um 22.05 Uhr teilte die Gruppe West Lütjens mit, daß die in der Nähe stehenden (8) U-Boote Befehl erhalten hätten, auf *Bismarck* zu sammeln.

Um 23.25 Uhr meldete Lütjens: »Bin umgeben von *Renown* und leichten Streitkräften.«

Tatsächlich war der Schlachtkreuzer *Renown* an den Aktionen der Zerstörer gar nicht beteiligt. Ich erinnere mich auch nicht, ein Schiff seiner Größenordnung in der Nacht jemals gesehen zu haben. Entweder war Lütjens hier einer optischen Täuschung unterlegen oder aber hatte seine B-Dienstgruppe irrtümlicherweise die *Renown* in der Nähe festgestellt.

Die Nacht hindurch tat die Schiffsführung alles, um die Besatzung über die Geschehnisse auf dem laufenden zu halten. Nachrichten wurden, so oft es nur ging, über Lautsprecher und Telefone an alle Stellen gegeben. Kurz nach Mitternacht wurden die vorstehenden Funksprüche verlesen. Mit der Bekanntgabe des weiteren Funkverkehrs wurde dies fortgesetzt:

23.03 Uhr Gruppe West an Flotte: »Lückenlose Luftaufklärung am 27. Mai zwischen 46° und 48° 30′ Nord und Sektor von Brest Nordwest. Frühestmöglicher Start 04.30 Uhr, Kampfverband 06.30 Uhr.«

23.58 Uhr Flottenchef an den Führer des Deutschen Reiches Adolf Hitler: »Wir kämpfen bis zum Letzten im Glauben an Sie, mein Führer, und im felsenfesten Vertrauen auf Deutschlands Sieg.«

23.59 Uhr Flotte an Gruppe West: »Schiff ist waffenmäßig und maschinell voll in Takt. Läßt sich jedoch mit Maschinen nicht steuern.«

00.04 Uhr Oberbefehlshaber der Gruppe West an Flottenchef: »Unsere Wünsche und Gedanken sind bei den siegreichen Kameraden.«

00.14 Uhr Oberbefehlshaber der Kriegsmarine an Flottenchef: »Alle unsere Gedanken sind bei Ihnen und Ihrem Schiff. Wir wünschen Ihnen Erfolg in Ihrem schweren Kampf.«

01.13 Uhr Gruppe West an Flotte: »Schlepper werden in Marsch gesetzt. Drei Focke-Wulf 200 bei Hellwerden Nähe *Bismarck*. Drei Kampfgruppen Start zwischen 05.00 und 06.00 Uhr.«

Bald nach der Bekanntgabe dieses Funkspruches kursierte die Nachricht im Schiff, daß bei Tagesanbruch einundachtzig Junkers 88-Maschinen in Frankreich starten würden, um uns durch Bombenangriffe auf die britische Flotte zu entlasten. Wo diese so genauen Angaben herstammten, habe ich nie mehr erfahren können. Aus dem Wortlaut des zitierten Funkspruches lassen sie sich allenfalls indirekt folgern. Vielleicht hatte der Luftwaffenoffizier im Flottenstab, Hauptmann Fritz Grohé, Lütjens gegenüber die Stärke einer Kampfgruppe auf siebenundzwanzig Flugzeuge beziffert, so daß Lütjens dann auf dieser Grundlage die Besatzung unterrichtet hatte. Grohé wäre dann also von der normalen Sollstärke einer Kampfgruppe ausgegangen, hatte aber nicht berücksichtigt und wohl auch nicht berücksichtigen können, daß die effektive Einsatzstärke geringer war. Jedenfalls verbreitete die Nachricht große Hoffnung unter der Besatzung.

Und weiter der Funkverkehr:

01.47 Uhr Gruppe West an Flotte: »*Ermland*[3] ausläuft 05.00 Uhr La Pallice zur Hilfeleistung.«

01.53 Uhr Adolf Hitler an Flottenchef: »Ich danke Ihnen im Namen des ganzen deutschen Volkes.« – Und an die Besatzung Schlachtschiff *Bismarck*: »Ganz Deutschland ist bei euch. Was noch geschehen kann, wird getan. Eure Pflichterfüllung wird unser Volk im Kampf um sein Dasein stärken.«

02.17 Uhr Flottenchef an Oberbefehlshaber der Kriegsmarine: »Beantrage Verleihung Ritterkreuz an Korvettenkapitän Schneider für Versenkung *Hood*.«

02.21 Uhr Gruppe West an Flotte: »0 und 30 Minuten jeder Stunde für jeweils fünf Minuten Peilzeichen senden für U-Boote auf 852 Meter.«

02.35 Uhr Oberbefehlshaber der Gruppe Nord an Flottenchef und *Bismarck*: »Wir gedenken Ihrer aller in Treue und Stolz.«

03.51 Uhr Oberbefehlshaber der Kriegsmarine an Korvettenkapitän Schneider, nachrichtlich Flottenchef: »Der Führer hat Ihnen für Versenkung Schlachtkreuzer *Hood* Ritterkreuz verliehen. Herzlichen Glückwunsch.«[4]

04.19 Uhr Gruppe West an Flotte: »Für Luftwaffe zweistündlich Wettermeldung mit Wolkenhöhe. Erste Meldung sofort erwünscht.«

04.43 Uhr Gruppe West an Flotte: »Für Kampfflugzeuge Peilzeichen senden um 15 und 45 Minuten jeder Stunde, jeweils für fünf Minuten auf 443 Khz. Erstmalig ab 06.15 Uhr.«

05.00 Uhr Flotte an Gruppe West: »halb bedeckt, Untergrenze 600 Meter, Nordwest 7.«

05.42 Uhr Gruppe West an Flotte: »Zwei Focke-Wulf 200 gestartet 03.30 Uhr. Aufklärung 04.45 bis 05.15 Uhr. Drei Kampfgruppen 05.30 Uhr.«

06.52 Uhr Flotte an Gruppe West: »Lage unverändert. Windstärke 8–9.«

07.45 Uhr Gruppe West an Flotte: »51 Kampfflugzeuge 05.20 Uhr bis 06.45 Uhr gestartet, eintreffen ab 9.00 Uhr.«

08.35 Uhr Gruppe West an Flotte: »Heute, etwa 11.00 Uhr auslaufen El Ferrol vorsorglich zur Hilfeleistung (zum Standort *Bismarck*) spanischer Kreuzer *Canarias* und zwei Zerstörer. Fahrt 20 bis 22 Knoten.«

Eine Bekanntgabe des letzten Funkspruches an Bord erinnere ich nicht mehr. Bei seinem Eingang muß *Bismarck* bereits in dem um 08.47 Uhr begonnenen Endkampf gegen *King George V* und *Rodney* gestanden haben. Das Entgegenkommen des neutralen Spanien beruhte auf einem Ersuchen, das der Chef des Stabes der Seekriegsleitung, Admiral Otto Schniewind, über den deutschen Marineattaché in Madrid, Kapitän zur See Kurt Meyer-Döhner, an die spanische Marine hatte übermitteln lassen.

09.00 Uhr Gruppe West an Flotte: »Für Luftwaffe ist wichtig: Was ist wo in Sicht?«

Dieser Funkspruch wurde von der Flotte nicht mehr beantwortet.

Die Nacht des langen Wartens

Die Angriffe der Zerstörer, ihre Beschattungsmanöver und ihr Leuchtgranatenschießen bedeuteten für uns an Bord natürlich immer wieder spannungsreiche, erregende Minuten. Sie nahmen unsere Aufmerksamkeit ganz in Anspruch, und wir konzentrierten uns in Handlung und Gedanken voll auf die Abwehr. Auch die von Flottenchef und Schiffsführung an die Besatzung durchgegebenen Nachrichten beschäftigten uns intensiv, lenkten von unserer im Grunde aussichtslosen Lage ab, hoben die Stimmung und belebten sinkende Hoffnungen. Aber im großen und ganzen blieben Zerstörerabwehr und Nachrichtenverkehr mit der Heimat doch nur kurze Episoden, denen lange, ja endlos erscheinende Perioden äußerlicher Inaktivität folgten. So hatten wir Zeit, uns auf unseren Gefechtsstationen zu unterhalten oder unseren Gedanken nachzuhängen.

In den Abwehrpausen, die uns die Zerstörer ließen, liefen wir meist nur sehr geringe Fahrt. Verschiedentlich lagen wir auch schon mal gestoppt. In solchen Momenten kam *Bismarck* quer zur See zu liegen und schlingerte ganz erheblich. Mit Ausnahme der Zerstörerabwehr kam es freilich auch nicht mehr darauf an, ob wir Fahrt machten oder nicht. Toveys Schlachtschiffe würden uns bei Tageslicht am 27. Mai so oder so finden. Eine gewisse Mindestgeschwindigkeit sollte uns nur noch vor dem Treiben bewahren, auch war sie aus maschinellen Gründen nötig.

In meinem Stand befanden sich außer dem dort eingeteilten Fähnrich zur See, den Zielgeberunteroffizieren und einem Artilleriemechanikergasten noch einer der besonders für die »Rheinübung« eingeschifften Kriegsmarineberichter und zwei Prisenoffiziere. Ein Journalist, der gleich seinen an

Bord befindlichen Kollegen nach acht Tagen in See bereits so viel an dramatischem Stoff für die Öffentlichkeit daheim hatte ansammeln und nun seine Berichte niemals mehr würde schreiben können. Und Prisenoffiziere, denen es das Schicksal bereits verwehrt hatte, jemals ein aufgebrachtes feindliches Handelsschiff mit wertvoller Ladung in einen deutschen Hafen zu überführen. Wir unterhielten uns, wie konnte es anders sein, über die Aussichten, unsere Lage doch noch zum besseren zu wenden. Sie waren recht hoffnungsfroh und gaben sich überzeugt davon, daß wir Frankreich noch irgendwie erreichen würden. Obwohl ich ihre Hoffnungen nicht teilte, stimmte ich ihnen zu. Auch der Besatzung im Stand gegenüber war solcher zur Schau getragener Optimismus notwendig. Sie alle hatten die Hilfszusagen der Heimat gehört und lebten in der Erwartung ihrer Erfüllung. »Unsere Bomber werden in der Frühe schon aufräumen«, meinten sie. Negative Äußerungen hätten da niemandem gedient, auch galt es ja, für das bevorstehende Endgefecht die Kampfmoral intakt zu halten. Wie ich persönlich unsere Lage einschätzte, war freilich eine andere, in mir selbst auszutragende und trotz innerlich drängender Sorge keinem Dritten mitzuteilende Sache.

Als eine Gefechtspause es erlaubte, es mir allmählich auch etwas eng im Stand geworden war, trat ich einmal nach draußen auf den offenen achteren Scheinwerferleitstand. In der Dunkelheit waren die Umrisse der Schiffsaufbauten gerade noch zu erkennen, auf See nichts zu sehen. Es war zufällig ein Moment, in dem wir quer zur See gestoppt lagen und kräftig schlingerten. In einiger Entfernung war unter mir an Oberdeck ein schweres Schott nicht geschlossen, hart und metallisch schlug es mit den Bewegungen des Schiffes auf und zu, schier endlos, es konnte einem auf die Nerven gehen. Symptom einer sich auflösenden Disziplin? Aber natürlich nein. Symbol eines Totengonges für unser Ende am kommenden Morgen? Schon eher. Gnädig schloß es endlich jemand aus der Nachbarschaft.

Gedanken stürmten auf mich ein. Da waren wir nun, vierhundert Seemeilen westlich von Brest im Atlantik, das modernste und stärkste deutsche Schlachtschiff seiner Zeit. Ein hochgezüchtetes technisches Werk, wie es seinesgleichen damals in der Welt kaum gegeben haben dürfte. Ein kleiner Schiffsteil nur, das Ruder, war die Ursache für unsere Lage. Es war doch merkwürdig, unser Prinzip, für wichtige Schiffseinrichtungen Reserven zu führen, schien für das Ruder nicht zu gelten. Es hatte sich als eine wahre Achillesferse erwiesen. Sonst war *Bismarck* noch hinreichend intakt, die Waffen und die Antriebsanlage voll, und der Schiffskörper soweit, um noch einen Hafen zu erreichen. Hätten wir doch nur irgendein Reserveruder, ein Bugruder oder ein in tiefem Wasser aus dem Kiel nach unten ausfahrbares Ruder gehabt! Ja, hätten wir! Dann hätten wir uns vielleicht in dieser mondlosen Nacht noch unbemerkt vom Gegner lösen und entkommen können. Doch was nutzte diese hypothetische Betrachtung? Sie war nur Wunschdenken, geboren aus der Fülle der Zeit, der Ohnmacht im Handeln.

Die ganze Nacht über nahm der Nordwestwind ständig zu, jagte niedrige Regenwolken immer schneller über die See. Daß am nächsten Morgen Tanker und Schlepper Entlastung bringen könnten, hielt ich für ausgeschlossen. Und die Luftwaffe, die angeblichen einundachtzig Junkers 88? Bei solchem Wetter und an der Grenze ihrer Reichweite? Nicht einmal finden würden sie uns. Aber auch hierzu behielt ich meine Zweifel für mich. Plötzlich briste es geradezu stoßartig auf. In Sekundenschnelle schienen zwei oder drei Windstärken hinzugekommen zu sein, Windstärke 9 mußte es jetzt wohl sein. Ausgerechnet, dachte ich, auch noch diese Erschwerung. Jaulend fuhr der Sturm durch die Signalleinen. Bevor ich in den Stand zurücktrat, warf ich noch einen Blick nach oben zum Flakleitstand »C« des Leutnants zur See Hans-Joachim Ritter, wo ein Ausguck Wache hielt. Wie zugig mußte es dort erst sein! Kamerad dort oben, schoß es mir merkwürdigerweise durch den Kopf, für uns beide wird das Ende am 27. Mai gekommen sein. Jetzt stand es fest. Im Morgengrauen würden die britischen Schlachtschiffe erscheinen, lange bevor eigene Unterstützung auch nur in unsere Nähe gelangen konnte.

Aber bis dahin sollte es noch dauern. Vorerst schlichen die Minuten förmlich dahin. Sie schien niemals enden zu wollen, diese unheimliche Nacht des Wartens – nichts als Wartens auf das Ende. Diese Nacht, so bedrückend durch ihre aufgezwungene Untätigkeit und die Gewißheit des bevorstehenden Untergangs. Das Ende mußte und würde ja kommen, aber es kam in quälender Zeitlupe. Nur noch Aktion konnte vor der fast unerträglichen Spannung befreien.

Und wie empfangen die Männer die Situation? Auch sie lebten ja nun schon seit Tagen nur noch auf ihren Gefechtsstationen, in kleinen Gemeinschaften, waren in ihren Abteilungen und Türmen von der großen Mehrheit der Kameraden abgeschlossen und weitgehend mit sich allein. Auch sie mußten sich über ihr Schicksal in hohem Maße eigene Gedanken machen. Zwar hatten sie alle, zwei Tage zuvor, die Ansprache von Lütjens gehört. Dessen Schilderung der Lage ihres Schiffes hatten sie als gemeinsames Erlebnis erfahren. Aber die düstere Art des Flottenchefs hatte bei ihnen etwas zurückgelassen, mit dem sie nun wiederum selbst fertig werden mußten. Sicherlich hatten die nachfolgenden Worte Lindemanns getröstet, hatte die Zeit seither vieles kuriert – aber doch nur solange, bis der Rudertreffer ein bedrückendes neues Signal gesetzt hatte. Zwar wurden sie über alle Versuche zur Reparatur des Schadens unterrichtet, aber in unvermeidlich knappster Form und nur in längeren Zeitabständen. Viel Positives hatten sie da nicht heraushören können und ihr sich jetzt abzeichnendes Schicksal erneut innerlich verarbeiten müssen. Als dann nach Mitternacht die Durchsage kam: »Die Arbeiten am Ruder sind eingestellt«, schwanden letzte Hoffnungen, begriffen besonders die Älteren die Nachricht als das sichere Todesurteil für Schiff und Besatzung. Und auch das mußte jeder mit sich selbst abmachen, jeder einzelne auf seine Weise. Einige gerieten in eine Stimmung, in der ihnen alles gleich war, sie nichts mehr erschüttern konnte.

In der Leckwehrzentrale hatte Kapitänleutnant (Ing.) Jahreis in ein plötzlich entstandenes Schweigen hinein gesagt: »Wir haben jetzt etwas Zeit, laßt uns noch einmal an die Heimat denken!«, und Pumpenmeister Sagner hatte hinzugefügt: »Ja, und vor allem an Frauen und Kinder.« Danach hatte Sagner seinen Kopf auf den Tisch gelegt und vollkommen abgeschaltet, absolute Stille hatte im Raum geherrscht. Statz hatte bereits gemeint, niemals mehr aus der Zentrale herauszukommen, aber nach ein bis zwei Minuten war in gewohnter Weise alles wieder rundgegangen. Am Ersten Offizier hatten, nach der Mitteilung vom Einstellen der Ruderreparatur, wie immer in kritischen Momenten, alle Blicke gehangen. Aber, ebenfalls wie immer, war von diesem kein Wort gekommen, kein Wort der Beruhigung, irgendwelcher Aufmunterung – nur seine dienstlichen Anweisungen, wie man ihn eben kannte. Ein Bild der Pflichterfüllung, kein Zweifel, ein Soldat wie im Bilderbuch. Ein Blick von ihm genügte, und jeder machte seine Arbeit weiter. Innerlich hatten sich die Männer in seiner Umgebung von ihm verlassen gefühlt.

Später in der Nacht gab die Schiffsführung alle Proviantvorräte frei. Jedermann durfte sich soviel geben lassen, wie er mochte. Auch dies ein deutliches Zeichen, daß die Schiffsführung das Ende als gekommen ansah. Und um so mehr klammerten sich nun die Männer, vor allem die jüngeren, an die Funksprüche aus der Heimat, die zugesagten Hilfen, die Flugzeuge, die U-Boote, den Tanker und die Hochseeschlepper. Immer wieder kam es über die Bordlautsprecher: »auf eigene Flugzeuge achten« – »auf eigene U-Boote achten.« Immer wieder schöpften viele von daher neue Hoffnung.

Hoffnung, so nützlich und so zerbrechlich, wie oft war sie gekommen und gegangen in diesen Tagen und Nächten?

Unten in den Turbinenräumen, wo während der Zerstörerangriffe Äußerstes geleistet worden war, war es morgens etwas ruhiger geworden. Die ungeheure Spannung und seelische Belastung der letzten Stunden wich einer verständlichen Erschlaffung und Müdigkeit. Viele Heizer an den Pumpen konnten sich kaum noch auf den Beinen halten, legten sich, wo sie standen, schliefen den Schlaf der Erschöpfung. Vier Tage lang ohne Pause waren zuviel gewesen, und dann diese zermürbende Nacht! An sich war es verboten zu schlafen, aber die Übermüdung war nicht mehr zu beherrschen. Einige sollten erst vom Lärm der eigenen Abschüsse und einschlagenden feindlichen Granaten während des Endkampfes am Vormittag hochgerüttelt werden.

Das Kriegstagebuch der Flotte und *U 556*

In der Frühe des 27. Mai entschloß sich Lütjens dazu, das Kriegstagebuch der Flotte nach Frankreich in Sicherheit bringen zu lassen. Dieser Entschluß war eine Folge aus der unvermeidlichen Erkenntnis, daß *Bismarck* den bevorstehenden Endkampf nicht mehr überstehen werde. Es mußte nunmehr sowohl für die Seekriegsleitung als auch für jede spätere Auswertung der »Rheinübung« von unschätzbarem Wert sein, die Lagebeurteilungen, Überlegungen und Entscheidungsprozesse des Flottenchefs in den kritischen Operationsphasen wenigstens als Vermächtnis auf dem Tisch zu haben. Die Nachwelt würde dann authentisch wissen, warum Lütjens

– im Atlantikkrieg erfahrener und erfolgreicher Flottenchef, den ihm am Abend des 21. Mai von Reichard vorgelegten Funkspruch der deutschen Beobachtungsleitstelle über die Alarmierung des Gegners nicht auch als Warnzeichen für eine verstärkte britische Aufklärung in der Dänemarkstraße aufgefaßt und sein weiteres Verhalten danach eingerichtet hat (oder hatten die Funksprüche der Gruppe Nord vom 22. Mai über den anscheinend unbemerkt angetretenen Weitermarsch aus Norwegen etwaige solche Zweifel in ihm wieder gelöscht? Hatte er diese Funksprüche bedenkenlos als die volle Wahrheit angesehen?),

– bei der ersten Begegnung mit *Suffolk* und *Norfolk* nicht umgehend kehrtmachte und die »Rheinübung« verschob, so wie er es in der entsprechenden Phase seiner Operation mit *Gneisenau* und *Scharnhorst* drei Monate zuvor erfolgreich getan hatte,

– wenn er nun schon durchhielt, die Vernichtung der Fühlunghalter nicht in rücksichtsloser Offensive angestrebt hat,

– die Verfolgung der offensichtlich schwer angeschlagenen *Prince of Wales* aufgegeben und damit die Aussicht auf einen vermutlich leicht zu erzielenden weiteren und bedeutenden Sieg verschenkt hat,

– schon so rasch nach dem Island-Gefecht die »Rheinübung« unterbrochen und mit *Bismarck* einen Hafen angestrebt hat,

– die Brennstofflage *Bismarcks* am Abend der 24. Mai unvermittelt als so kritisch angesehen hat, daß St. Nazaire *direkt* angesteuert werden mußte, das heißt auf kürzestem Weg und unter Verzicht auf jedes, vielleicht rettende Ausholen in den Atlantik,

– sich bis in den Vormittag des 25. Mai entgegen der Wirklichkeit als weiterhin vom Gegner geortet angesehen hat.

Bekannt wäre dann auch, wann genau in der Nacht zum 25. Mai und in welcher zeitlichen Abfolge *Bismarck* jene allmähliche Kursänderung nach Steuerbord vollzogen hat, die zum Abreißen der bis dahin durch *Suffolk* gehaltenen Fühlung führte.

Um das Kriegstagebuch zu befördern, wurde zwischen 05.00 und 06.00 Uhr eines der Bordflugzeuge auf das Katapult gesetzt und startklar gemacht. Bei unserer Entfernung zur westfranzösischen Küste mochte die Reichweite einer Arado 196 gerade langen. *Bismarck* manövrierte mit äußerster Maschinenkraft, um das Steuerbordende des Katapultes in den Wind zu drehen. Und dann sollte es losgehen. Aber der Startmechanismus funktionierte nicht. Es wurde entdeckt, daß sich die Preßluftleitung zum Katapult verbogen hatte. Nach einem weiteren vergeblichen Versuch zeigte sich, daß auch die Gleitvorrichtung, ja der Kran selbst unbrauchbar waren. Mit Bordmitteln war das nicht zu reparieren, und nach Beratung wurde auf den Start verzichtet. Die Arado konnte natürlich nicht auf dem Katapult stehenbleiben, wo sie im Gefecht die Brandgefahr nur noch erhöht hätte. So wurde sie bis an dessen Ende geschoben und mit beigeklappten Flügeln über Bord gekippt. In ihre Schwimmer hatte man vorher noch Lecks geschlagen. Auf den Flügeln treibend, sah ich sie entschwinden.

Wann und wodurch war die Katapultanlage beschädigt worden? Ich weiß es nicht. Vermutlich war der Schaden eine spät entdeckte Folge des Treffers durch das nah dem Katapult festgezurrte Verkehrsboot während des Island-Gefechtes.[1]

Inzwischen war es nahe an 06.00 Uhr und schon recht hell geworden. Welch anderen Weg, das Kriegstagebuch in Sicherheit zu bringen, würde es in der bis zum Endkampf verbleibenden, kurzen Zeit noch geben?

Um 07.10 Uhr funkte Lütjens an die Gruppe West: »U-Boot schicken zum Wahrnehmen Kriegstagebuch.« Es sollte sein letzter Funkspruch in die Heimat gewesen sein.

Ein U-Boot schicken! Dies war jetzt die letzte Hoffnung, die letzte vage Möglichkeit, das Kriegstagebuch doch noch zu retten. Mit dem Versagen der Katapultanlage waren die Eigenmittel *Bismarcks* insoweit erschöpft. Und nach der Abgabe des Funkspruches konnte Lütjens für die Erfüllung seines Wunsches nichts weiteres mehr tun, als auf den erbetenen Dienst von außen zu warten. Warten und warten.

Doch ist ein U-Boot im Lauf des Vormittags nicht mehr erschienen. Das Kriegstagebuch sollte mit dem Schiff versinken. Vermutlich, so dachte ich damals, hatte eben kein Boot nahe genug gestanden oder aber wegen Brennstoffnot einen Umweg in Kauf nehmen können.

Zunächst freilich durfte Lütjens durchaus auf das Eintreffen eines U-Bootes hoffen. Um 08.01 Uhr teilte ihm die Gruppe West mit: »*U 556* abholt Kriegstagebuch.«

Ja, wenn es so war, warum kam das Boot dann nicht?

Um es zu verstehen, blenden wir um einen Tag zurück. Verfolgen wir ab dann den Weg von *U 556*.

Am 26. Mai waren im Zuge unterstützender Dispositionen für den in immer kritischere Lage geratenden *Bismarck* neue Weisungen auch an die in der Biskaya befindlichen U-Boote ergangen. Eines von ihnen war *U 556* gewesen, und dessen Kommandanten, Kapitänleutnant Herbert Wohlfarth, war befohlen worden, nahe dem neuesten Standort von *Bismarck* aufzuklären und zu operieren. Wohlfarth hatte sich auf der Heimkehr von einer eigenen Operation befunden, zu der er am 1. Mai ausgelaufen war und bei der er bereits alle seine Torpedos verschossen hatte. Sein Brennstoffvorrat war dementsprechend verbraucht, weshalb er auf den jetzt für *Bismarck* zu fahrenden Umwegen mit dem Restbestand äußerst sparsam verfahren mußte.

In die engere Kampfzone um *Bismarck* war Wohlfarth auf seinen neuen Kursen dann schon am Abend des 26. Mai geraten. Gegen 19.50 Uhr hatte er von achtern her und mit hoher Fahrtstufe aus dem Dunst heraus Schlachtkreuzer *Renown* und den Flugzeugträger *Ark Royal* in Sicht bekommen – das Gros der Kampfgruppe »H«! Alarm und nichts als weggetaucht! »Gegner Bug rechts, Lage zehn, ohne Zerstörer, ohne Zickzackkurs«, so schilderte Wohlfarth es später. Nicht einmal mehr anlaufen hätte er müssen zum Torpedoschuß! Er hatte schon vorlich und ganz richtig gestanden. Nur noch sich zwischen *Renown* und *Ark Royal* legen, dann schießen, auf beide fast gleichzeitig! Ja, wenn er noch Torpedos gehabt hätte! Vielleicht hätte er *Bismarck* helfen können. Ja, vielleicht – so hat er es damals empfunden. Auf dem Flugdeck des Trägers hatte er übrigens deutlich Betrieb erkannt. Es war der Betrieb *nach* dem Start der zweiten und entscheidenden Angriffswelle auf *Bismarck* gewesen. *Nach* dem Start! Wohlfarth hätte uns vor dem Rudertreffer also auch dann nicht mehr bewahren können, wenn er noch Torpedos gehabt hätte. Die »Swordfish« hatten längst nahe der *Sheffield* gekurvt, unmittelbar vor dem erfolgreichen Angriff auf *Bismarck* gestanden!

Was blieb, war dennoch eine verpaßte einzigartige Gelegenheit zu einer Torpedierung zweier schwerer Schiffe! Dreißig Minuten später, um 20.39 Uhr, war Wohlfarth aufgetaucht und hatte Funkmeldung erstattet: »Feind in Sicht, ein Schlachtschiff, ein Flugzeugträger, Kurs 115°, Feind läuft hohe Fahrt, Position 48° 20′ Nord, 16° 20′ West. Mit der Meldung hatte er nebenher bezweckt, daß seine Kameraden auf nahestehenden Booten unterrichtet werden und zu Angriffen heranschleichen konnten. Dann war er über Wasser mit äußerster Kraft hinter *Renown* und *Ark Royal* hergelaufen. Deren Kurs hatte fast genau mit seinem eigenen auf *Bismarck* zu übereingestimmt. Zwischendurch hatte er getaucht, Horchpeilungen der beiden genommen, aber nach 22.00 Uhr nichts mehr hören können. Das Rennen zwischen seinem kleinen Boot und den großen Pötten war dann doch eine zu ungleiche Sache.

Um 23.30 Uhr hatte Wohlfarth, vierhundertundzwanzig Seemeilen westlich von Brest, erneut Alarm gegeben. Aus dem Dunst war ein Zerstörer herangebraust. Also wieder rasch getaucht. Dreißig Meter Tiefe hatte er erreicht, als der Gegner vorbeirauschte. Teuflisch, diese Schraubengeräusche! Erleichtert hatte er im Kriegstagebuch vermerkt: »Da war der Daumen wieder dazwischen, keine Wasserbomben!«

Welcher Zerstörer hatte ihn so beunruhigt? Wohl einer aus Vians Flottille. Aber diese war im Moment wahrlich nicht auf deutsche U-Boote aus gewesen. Sie hatte voll mit *Bismarck* zu tun, ihn zu beschatten, zu torpedieren.

Und weiter aus Wohlfarths Kriegstagebuch: »27. 5., 00.00 Uhr, Nordwest 5, Seegang 5, Regenböen, mäßige Sicht, sehr dunkle Nacht. Aufgetaucht. Was kann ich nur für *Bismarck* tun? Ich beobachte Leuchtgranatenschießen und Abwehrfeuer von *Bismarck*. Es ist ein schreckliches Gefühl, in der Nähe zu sein und nichts tun zu können. Ich kann jetzt nur noch aufklären und Torpedoträger heranführen. Ich halte an der Grenze der Sicht Fühlung, melde Standort und sende Peilzeichen, um die anderen Boote heranzuholen.«

Um 03.52 Uhr: »Ich ziehe mich an der Ostseite nach Süden, um in der Richtung des Treibens zu stehen. Bald ist die Grenze dessen erreicht, was ich aus Brennstoffgründen noch tun kann. Ich komme sonst nicht mehr nach Hause.«

04.00 Uhr: »Die See wird immer höher. *Bismarck* kämpft immer noch. Für Luftwaffe Wetter gemeldet.«

Gegen 06.30 Uhr hatte Wohlfarth dann *U 74*, eines der anderen alarmierten Biskaya-Boote, in der Nähe gesichtet. Dessen Kommandanten, Kapitänleutnant Eitel-Friedrich Kentrat, hatte er optisch und per Megaphon die Aufgabe zum weiteren Fühlunghalten übertragen: »*Bismarck* steht nach meinen nächtlichen Leuchtgranatenbeobachtungen ungefähr in der und der Richtung. Habe ihn nicht direkt gesehen. Übernehmen Sie weiter die Fühlung. Ich habe keinen Brennstoff mehr.« Und nach einem Kentrat zugewinkten Gruß hatte Wohlfarth abgedreht.

In das Kriegstagebuch trug er ein: »Um 06.30 Uhr letzte Fühlunghaltermeldung abgegeben, *U 74* gesichtet, optisch an *U 74* Aufgabe des Fühlunghaltens abgegeben. Ich kann mich mit Elektromaschinen bei kleiner Fahrt noch am besten auf der Stelle halten. Über Wasser brauche ich Brennstoff und muß Rückmarsch laufen.«

Bei seiner prekären Brennstofflage hatte Wohlfarth die Überwasserfahrt danach auch sofort abbrechen müssen. Er war dann sechs Stunden unter Wasser geblieben, hatte den zwischen 07.00 Uhr und 08.00 Uhr an ihn gefunkten Befehl zum Abholen des Kriegstagebuchs *Bismarck* wegen seines Tauchzustandes gar nicht empfangen können! Er erhielt ihn erst beim Wiederauftauchen um 12.00 Uhr mittags, einer Zeit, zu der Funksprüche regelmäßig wiederholt wurden. Auf der Stelle bat er den Befehlshaber der Unterseeboote durch Gegenfunkspruch, diese Aufgabe Kentrat zu übertragen, da er selbst keinen Brennstoff mehr habe.[2] Daß *Bismarck* inzwischen gesunken war, wußte er ebensowenig wie die Heimatdienststellen um diese Stunde. Er hatte zwar unter Wasser im Lauf des Vormittags eine Reihe von Detonationen gehört, sie aber nicht voll ausdeuten können.

Kentrat hat den durch Wohlfarths Gegenfunkspruch ausgelösten Funkbefehl dann auch noch erhalten. »U-Kentrat Kriegstagebuch *Bismarck* abholen«, so lautete er. Aber auch Kentrat konnte ja in dieser Lage nur noch vergeblich suchen.

Noch heute möchte ich mehr als einen bloßen Zufall darin sehen, daß der in den Morgenstunden des 27. Mai erteilte Befehl, das Kriegstagebuch von *Bismarck* abzuholen, ausgerechnet an *U 556* ergangen war. Denn *U 556* war für uns an Bord kein beliebiges U-Boot gewesen, nicht irgendeines von vielen. Im Gegenteil, es hatten ganz besondere, enge Bande zwischen dem kleinen Boot und dem Schlachtriesen bestanden. Beide waren bei Blohm & Voß entstanden und im Sommer 1940 so manches Mal dort auch Liegeplatznachbarn gewesen. Zum Beispiel bei der Indienststellung von *U 556*. Da hatte der mächtige Bug von *Bismarck* hoch und weit über das kleine Boot hinweggeragt. Und Wohlfarth, in Marinekreisen als »Ritter Parzival« bekannt, war eine Idee gekommen. Er hatte gemeint, daß zu einer richtigen Indienststellung ja auch eine Schiffskapelle gehöre. Und eine solche hatte ein U-Boot ja nun gewiß nicht an Bord. Was hätte also näher gelegen, als sie bei dem großen Nachbarn auszuborgen? Aber als Wohlfarth dann Lindemann deshalb aufgesucht hatte, war er nicht als bloßer Bittsteller erschienen. Im Austausch hatte er *Bismarck* die »Patenschaft« seines Bootes angeboten. Gern hatte Lindemann sie angenommen. Wohlfarth hatte seine Kapelle bekommen, und auf *Bismarck* hatte seitdem die von ihm künstlerisch entworfene Patenschaftsurkunde gehangen.

Lindemann und Wohlfarth waren Freunde geworden. Zu Anfang 1941 hatten sich *Bismarck* und *U 556* bei Artillerieschießübungen in der Ostsee wiedergetroffen und dabei einmal sogar ein und dieselbe Zielscheibe benutzen wollen. *U 556*, dem Lindemann bei den Anläufen den Vortritt gelassen hatte, hatte mit zehn Treffern die Scheibe so schwer zerstört, daß *Bismarck* sie am gleichen Tage gar nicht mehr verwenden konnte. Aber Lindemann hatte das überhaupt nicht übelgenommen und Wohlfarths Besorgnis über eine ungnädige Reaktion rasch zerstreut: »Ich gönne Ihnen das herzlich gern und wünsche Ihnen, daß Sie im Atlantik genau so viel und schnell Erfolg haben und das Ritterkreuz dazu.« Erleichtert hatte Wohlfarth geantwortet: »Hoffe, daß wir gemeinsam das Ritterkreuz im gemeinsamen Kampf im Atlantik erhalten.«

Auf seiner jetzigen Operation hatte Wohlfarth am 24. Mai über den Funk von der Versenkung der *Hood* erfahren. Erst hatte er es gar nicht glauben wollen, so überraschend war die Nachricht gekommen. Und nun, zwei Tage später, war *Bismarcks* Lage so gänzlich anders, fast schon hoffnungslos. Wie hatte es doch noch in seiner Patenschaftsurkunde geheißen? »Wir *U 556* (500 Tonnen) erklären hiermit vor Neptun, dem Herrscher über Ozeane, Meere, Seen, Flüsse, Bäche, Teiche und Rinnsale, daß wir unserem großen Bruder, dem Schlachtschiff *Bismarck* (42 000 Tonnen) in jeder Lage zu Wasser, zu Lande wie in der Luft beistehen wollen. Hamburg, den 28. Januar 1941. Kommandant und Besatzung *U 556*.« Die eine der begleitenden Zeichnungen hatte gezeigt, wie »Ritter Parzival« mit dem Schwert in der rechten Hand angreifende Flugzeuge und mit dem linken Daumen Torpedos von *Bismarck* fernhält. In der anderen Zeichnung war *Bismarck* im Schlepp von *U 556* zu sehen.

Ja, gerade der Hilfe bei der Abwehr von Flugzeugen und Torpedos, und danach des Abschleppens hatte *Bismarck* bedurft, als er, ausgerechnet er, der Pate Wohlfarth ihm jetzt so nahe war. Fast könnte man an Wohlfarths Sehergabe glauben, in jener Stunde, als er die Urkunde angefertigt hatte. Aber als die Wirklichkeit dann mehr und mehr seinen Zeichnungen glich, hatte er tatenlos abwarten müssen. Keine Torpedos mehr, kaum noch Brennstoff, und sein »Schützling« von allzu vielen Gegnern umstellt. Nein, es gab wirklich nichts, was er für *Bismarck* noch hätte tun können. Schwer lastete das Gefühl schicksalhafter Ohnmacht auf ihm.

Ein letzter Besuch auf der Schiffsbrücke

Allmählich war es 08.00 Uhr und längst taghell geworden. Ich wunderte mich und konnte es kaum verstehen, daß von den feindlichen Schlachtschiffen noch nichts zu sehen war. Hatten sie über Nacht nicht genügend Zeit gehabt, an uns heranzukommen? Wo blieben sie nur?

Da im Moment besondere Befehle der Schiffsführung nicht vorlagen, und nichts Wesentliches meine fortgesetzte Anwesenheit im Achteren Artillerieleitstand erforderte, wollte ich mich noch etwas umhören und ging zunächst einmal in die Offiziersmesse. Erst beim Eintreten dort kam mir so recht zum Bewußtsein, daß wir Schlagseite nach Backbord hatten. Innerhalb dieses geschlossenen Raumes wirkte sie, eigenartig, sehr viel stärker als vorher. Um einen Tisch saßen einige wenige Offiziere, als dienstältester der Korvettenkapitän (Ing.) Wilhelm Freytag. Die Namen der anderen sind mir entfallen. Auf der gegenüberliegenden Seite der Messe stand eine hohe Terrine. Ihre Schöpfkelle hing in eine süße Mehlsuppe, die mit dem Schlingern des Schiffes hin und her schwappte. Jeder konnte sich bedienen. Am Tisch herrschte Schweigen, unterbrochen von jeweils hingeworfenen Bemerkungen, einsilbig, ohne Hoffnung. Wie hätte es auch anders sein sollen? Waren wir doch in kleinstem Kreis unter uns – wozu also noch Versteck spielen? Über das Kommende gab es keine Zweifel, nichts mehr war fraglich. Schließlich sagte einer: »Heute wird meine Frau Witwe, sie weiß es nur noch nicht.« Die Luft erschien nunmehr vollends schwer wie Blei, und wer vielleicht noch etwas hatte bemerken wollen, dem blieb jetzt das Wort im Halse stecken. Es war bedrückend. Zu bedrückend, um länger dort zu bleiben.

Weiter ging ich auf die Schiffsbrücke, die mir ziemlich verlassen vorkam. Es schien aber nur so, denn die Männer ruhten in den Winkeln aus. Im Vorderen Kommandostand stand Lindemann. Er trug seine Schwimmweste in aufgeblasenem Zustand, und ich mußte zweimal hinschauen, um es zu glauben.[1] Sein Steward Arthur Meier reichte ihm gerade das Frühstück und während er es einnahm, schien er in merkwürdiger Weise von seiner Umgebung isoliert zu sein. Denn er hatte mich wohl kommen sehen, aber er erwiderte meinen Gruß nicht, auch dann nicht, als ich diesen verlängerte und ihn in der Hoffnung auf ein Wort von seiner Seite intensiv ansah. Nein, er erwiderte den Gruß nicht, sagte auch kein Wort, vermied es überhaupt, mich noch einmal anzublicken. Und dabei blieb es. Es berührte und verwunderte mich doch sehr. Schließlich war ich früher sein persönlicher Adjutant gewesen, und unsere Lage erschien mir doch außergewöhnlich genug für eine Bemerkung. Viel hätte ich um ein Wort von ihm gegeben, ein klärendes, eines, das die Entwicklung der Operation aus seiner Sicht beleuchtete. Aber es gab nur Schweigen, und ich blieb allein mit meinem Versuch, es zu deuten.

Das war in dieser Stunde nicht der Lindemann, den wir alle kannten. Ich mußte zurückdenken. Im Jahr zuvor hatte Lindemann mich in vertrauteren

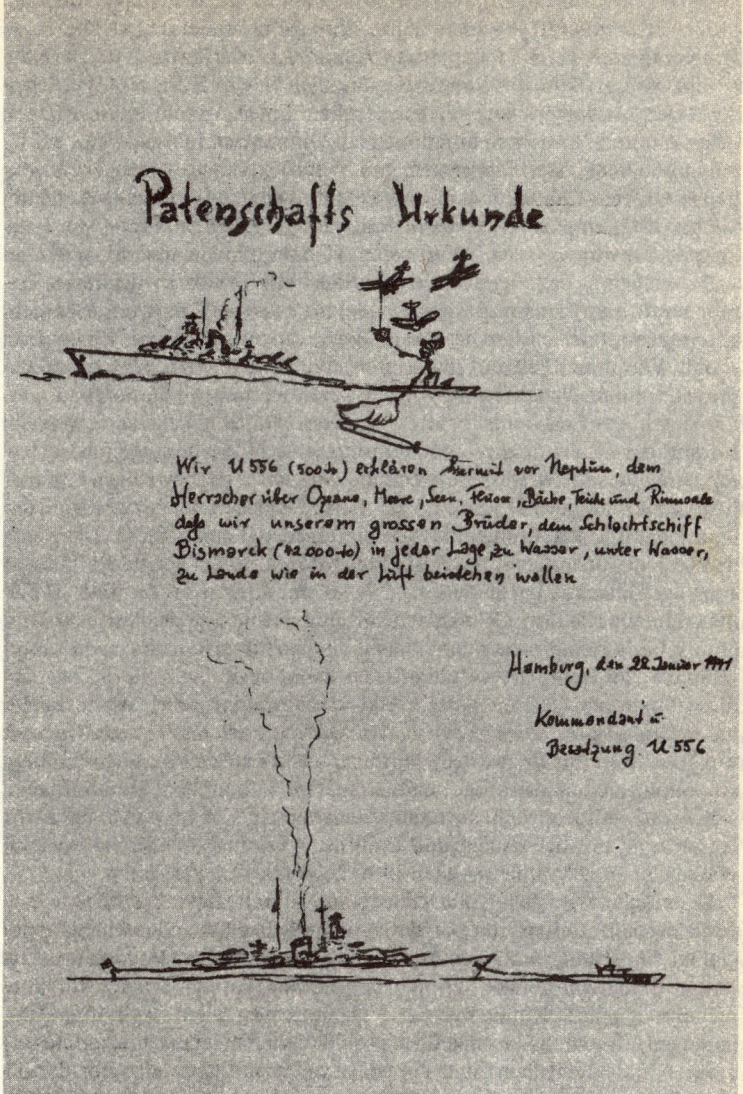

»Patenschaftsurkunde« des U 556 für Bismarck.

Gesprächen wissen lassen, wie sehr er sich immer das Kommando über ein großes Schlachtschiff gewünscht hätte. Und wie besonders er sich über seine Ernennung zum Kommandanten des *Bismarck* gefreut hatte. Zwar, so hatte er hinzugefügt, hätte das Kommando über ein Flaggschiff seinen Wünschen nicht eben am vollkommensten entsprochen. Einen Admiral an Bord haben – das konnte in kritischen Situationen zu Differenzen führen, die es auf einem »braunen«[2] Schiff eben nicht gab. Natürlich hing das weitgehend von den beteiligten Charakteren ab. »Wie geht es denn mit Lütjens?« hatte ihn Anfang 1941 einmal ein Crewkamerad gefragt. »Nicht einfach«, war seine knappe Antwort gewesen. Aber wenn, so hatte Lindemann mir weiter gesagt, sein Schiff, das Flaggschiff des Flottenchefs, jemals vermeidbar in Gefahr gerate, nun, dann werde das dem Admiral und nicht ihm zur Last fallen. Klar und deutlich kehrten diese seine Worte zu mir zurück, als ich ihn jetzt so sah: War dieser Fall nun eingetreten? Wollte er durch sein ganzes Gebaren seine innere Distanzierung von der Verantwortung für die durch Lütjens herbeigeführte Lage seines Schiffes anzeigen? Hätte er nicht dann, wenn im Verlauf der »Rheinübung« neue Führungsentschlüsse herausgefordert waren, zumindest teilweise anders entschieden, unter den jeweiligen Alternativen anders ausgewählt als Lütjens? Beispielsweise nach der Meldung der deutschen B-Leitstelle über die Alarmierung des Gegners am 21. Mai, nach dem ersten Auftreffen auf *Suffolk* und *Norfolk,* in der Frage der Fortsetzung des Gefechtes gegen *Prince of Wales* am Morgen des 24. Mai? Müßte ihm mein sehnsüchtiger Wunsch nach Kenntnis seiner Gedanken jetzt nicht atmosphärisch spürbar werden, ihm die Lippen öffnen und ihn sagen lassen: »Müllenheim, wenn Sie dies überleben, dann sagen Sie in Berlin, wie *ich* diese Operation geleitet hätte.« Und dann würden seine Worte fallen, knapp und präzise, würden sich in mein Gehirn gravieren, bis zum Tage der Meldung in Berlin. Ja, würden, würden... Nur eine einzige Entscheidung, am Anfang anders getroffen, und der weitere Verlauf der Operation, man weiß es ja, hätte ein vielfach anderer sein können. Gewiß – auch das keine Garantie gegen Rückschläge und Verluste. Aber das Ende *Bismarcks* wäre doch nicht *so* gekommen – nicht in so zehrender Endlosigkeit!

Sicherlich hatten auch Unterschiede im Naturell beider Seeoffiziere eine Rolle gespielt. Lütjens war von der vermeintlichen hohen Funkmeßüberlegenheit der Briten stark beeindruckt, wohl auch zwischen Draufgängertum und Niedergeschlagenheit hin- und hergerissen worden. Lindemann hatte nüchterner geurteilt und war der Niedergeschlagenheit des Flottenchefs entgegengetreten, bis er schließlich in soldatischem Gehorsam kapitulierte.

Einen ganz ähnlichen Eindruck von Lindemann hatte übrigens damals auch Junack gewonnen. Gegen Morgen, so hat er es vom Mittleren Turbinenraum aus später geschildert, hätten allmählich die »Äußerste Kraft«-Maschinenkommandos aufgehört, und es sei etwas ruhiger im Schiff geworden. Da habe Lehmann ihn zum Maschinenleitstand gerufen, um dort für kurze Zeit die Wache zu übernehmen. In diesem Moment sei von der Brücke das Kommando gekommen: »Alle Maschinen stopp.« Da danach längere Zeit kein weiteres Kommando gefolgt sei, habe er befürchtet, daß sich die Turbinen nach den voraufgegangenen Überbeanspruchungen durch Wärmespannungen verziehen könnten. Er habe daher den Kommandanten an den Fernsprecher gebeten, ihm seine Bedenken gemeldet und ein Maschinenkommando für »kleine Fahrt« erbeten. »Ach, machen Sie, was Sie wollen«, hatte dieser – im Grunde an die Adresse von Lütjens – geantwortet. Nein, auch das war nicht der Lindemann gewesen, den Junack kannte.

Nur vier Stunden zuvor hatte Lindemann noch ganz anders auf seine Umgebung gewirkt. Gegen 04.00 Uhr früh hatte er, zunächst schweigsam, in einer Brückennock neben Schneider gestanden. Dann war er fortgegangen, aber nur um sogleich zurückzukehren und, herzliche Freude verratend, auf Schneider zuzugehen. Es war soeben der Funkspruch über die Verleihung des Ritterkreuzes an Schneider eingegangen, und Lindemann gratulierte seinem Ersten Artillerieoffizier! Ruhig und gelassen, wie immer – nichts an ihm hatte seine schweren Sorgen verraten. Doch nun, am Vormittag, hatte er seit dem Rudertreffer, Zerstörerangriffen ausgesetzt, auch schon wieder elf ununterbrochene Stunden auf der Brücke seines hilflosen Schiffes gestanden. Es war zuviel gewesen, in jeder Hinsicht.

Empfand er die Dinge so, wie es den Anschein hatte? Hatte ihm Lütjens durch seine Art der Unternehmensführung den *Bismarck* vorzeitig aus der Hand geschlagen? Erzwangen in diesen Momenten die bevorstehenden Menschenverluste sein bedrücktes Schweigen, rechnete er innerlich noch sehr viel weitergehender ab, mit seinem Leben, dem Schicksal, das ihm nach dreißig Berufsjahren seinen Wunsch aus Jugendzeiten nach einem Schiffskommando für nur neun Aktionstage erfüllt hatte, kurze neun, auch noch von deprimierenden Differenzen mit seinem Vorgesetzten überschattete Tage? Die Antworten auf diese Fragen hat er zwei Stunden später mit sich genommen.

Bevor ich weiterging, warf ich einen letzten Blick auf Lindemann und den immer noch vor ihm stehenden Meier. Den guten Arthur Meier, der früher einmal Geschäftsführer eines Lokals in Hannover gewesen war. Täglich war ich ihm während meiner Zeit als Adjutant Lindemanns begegnet, wenn er seinen Kommandanten umsorgte, ihm seine bevorzugten »Three Castles«-Zigaretten brachte. Zu einem kleinen Schwätzchen war Meier immer aufgelegt gewesen. Ja, er hätte sich Schöneres vorstellen können als Krieg und Kriegsdienst, aber irgendwo, so hatte er resignierend gemeint, müsse man ja dienen. Und da war ihm seine Verpflichtung auf den *Bismarck* doch schon sehr recht gewesen. So ein großes Schiff und solch ein starker Panzer! Da könne ihm wohl so leicht nichts passieren. Wie oft hatte er es gesagt. Und nun war sein letzter Morgen angebrochen.

Vom Kommandostand aus ging ich den schmalen Niedergang hinunter in das Schiffskartenhaus. Fast gespenstisch wirkte es, als ich eintrat. Eine grelle Lampe bestrahlte die vereinsamte Seekarte, auf der es keine große Navigation mehr zu betreiben gab. Der Rest des Raumes lag im Dunkel, anscheinend war niemand anwesend. Dort, auf der Seekarte, war der Ort markiert, wo wir am Vorabend den Rudertreffer erhalten hatten. Dort hatte der Kurs nach St. Nazaire geendet, danach zeigte eine Schlangenlinie den pendelnden Kurs *Bismarcks* nach Nordwesten an, in den Wind hinein. Sie endete dort, wo wir jetzt etwa stehen mußten. Navigatorisch war alles auf dem laufenden. War wirklich niemand auf Station? Doch – in einem Winkel unten an Deck ruhten zwei Männer. Nun, sie hatten ja im Moment wirklich nichts Besseres zu tun. Rasch verließ ich den Raum.

Innerhalb des Mastes stieg ich hinab und kam auf dem Aufbaudeck wieder ins Freie. Auf meinem Weg an den schweren Flakgeschützen vorbei, zurück zu meiner Gefechtsstation, erblickte ich plötzlich Lütjens. Seit dem Beginn der »Rheinübung«, dem 19. Mai, hatte ich ihn überhaupt nicht mehr gesehen. Das fortgesetzte Leben auf den Gefechts- und Kriegswachstationen, die nur kurzen Ruhepausen dazwischen hatten das so mit sich gebracht. Und nun auf einmal in dieser Situation! Was würde er zu mir sagen? Denn sagen würde er ganz bestimmt etwas! Vielleicht, im Blick auf unsere langjährige Bekanntschaft: »Na, Müllenheim, jetzt sind wir auch noch zum Ende zusammen« – oder ähnliches. Begleitet von seinem II. Admiralstabsoffizier, Fregattenkapitän Paul Ascher, kam er mir direkt entgegen, ganz offensichtlich auf dem Weg zur Admiralsbrücke. Der Platz zum Passieren war eng, ich blieb also stehen und grüßte. Lütjens sah mich an, kurz, aufmerksam, nicht anders als im friedlichen Alltag, und erwiderte den Gruß. Aber auch von ihm kein Wort, kein erhofftes Wort, kein Zeichen über die Besonderheit unserer Lage – obwohl wir fast auf Tuchfühlung aneinander vorbei mußten. Und schon hatten beide Herren passiert. Enttäuschung, ja Unglauben über soviel Sprachlosigkeit und die Gewißheit, Lütjens und Ascher nicht mehr wiederzusehen, zwangen mich förmlich auf dem Absatz herum, und ich blickte ihnen noch nach, solange ich es vermochte.

Günther Lütjens, Flottenchef und mein früherer Kommandant auf dem Kreuzer *Karlsruhe* während dessen Auslandsreise nach Nord- und Südamerika 1934/35. Welche Erinnerungen verkörperte er doch!

Auf *Karlsruhe* war ich als Leutnant zur See Entfernungsmeßoffizier und Zugoffizier in einer seemännischen Division gewesen. Lütjens hatte damals weit häufiger, als ich es bei anderen Kommandanten je erlebte, dem Divisionsunterricht durch Offiziere beigewohnt. Als früherer Leiter des Marinepersonalamtes im Reichswehrministerium (1931 bis 1934) hatte er sich fortgesetzt ein besonderes Interesse für die Leistungen seiner jüngeren Offiziere auch auf diesem Gebiet bewahrt, sich immer wieder davon überzeugen wollen, wie diese ihre Mannschaften ausbildeten. 1936 war er sogar Chef des Personalamtes im Oberkommando der Kriegsmarine geworden.

Weitere Bilder tauchten auf. Die schlanke, hohe Gestalt, die gemessenen Bewegungen des *Karlsruhe*-Kommandanten, wenn er auf Besuchen im Ausland als ein würdevoller Abgesandter seines Landes bei repräsentativen Anlässen auftrat. Im großen und ganzen freilich war er kein Kommandant gewesen, den die jüngeren Offiziere mehr als nötig von sich aus aufgesucht hätten. Dafür war er zu reserviert, fast düster erschienen. Dennoch hatten wir erkannt, daß das so eigentlich gar nicht zutraf. Im Grunde strahlten seine Erscheinung, sein ganzes Wesen hohe Lauterkeit und Vertrauenswürdigkeit aus.

Und jetzt als Flottenchef? Dienstlich hatten sich unsere Wege nicht direkt berührt, hatte ich ihn nicht unmittelbar erlebt. Aber daß er das Vertrauen Raeders in hervorragendem Maß besaß, das wußten wir im Offizierskorps. Über seine kurz zuvor beendete Unternehmung mit *Gneisenau* und *Scharnhorst* sollte Raeder später schreiben: »Die Führung des Verbandes im Atlantik durch Admiral Lütjens war in jeder Beziehung überlegen. Er beurteilte die Lage immer richtig und hatte entsprechende Erfolge.«

Lütjens und Ascher waren längst entschwunden, und ich sah auf die Uhr. 08.30 Uhr vorbei. Und nun schon mehr als zwei Stunden taghell. Zu merkwürdig, wo blieben nur die Briten? Spätestens zur Morgendämmerung hätten sie doch da sein müssen? Ihr scheinbares Zögern war wirklich nicht mehr zu verstehen. Aber kaum hatte ich dies gedacht, als schrill die Alarmglocken gellten. Sie gellten und wollten gar nicht mehr aufhören.

Auf zum letzten Gefecht für *Bismarck*!

Admiral Tovey bestimmt den Zeitpunkt
des Endkampfes

Auf *King George V* hatte Tovey nach dem Ende des zweiten Flugzeugangriffes gegen *Bismarck,* etwa um 21.30 Uhr, von dem Führer der Angriffswelle, Lieutenant-Commander Tim Coode, die Meldung erhalten: »Vermutlich keine Treffer.« Es war für ihn eine bittere Nachricht gewesen, die seine letzte Hoffnung begraben wollte, das deutsche Schlachtschiff doch noch zu stellen. Als eigenartig hatte er es allerdings empfunden, daß *Sheffield* ihm noch kurz zuvor als neuen Kurs *Bismarcks* 340° gemeldet hatte. Kurs Nordwest, auf seinen eigenen Verband zu? Sehr unwahrscheinlich, und eigentlich auch schon unglaubwürdig. Mit der Fehlanzeige Coodes war dann einer so einschneidenden Kursänderung *Bismarcks* auch noch jeder vernünftige Grund entzogen worden, und Tovey hatte, etwas beißend, zu seiner Umgebung geäußert: »Larcom ist wohl dem Klub der Reziproken beigetreten?!«[1] Aber kaum hatte er dies gesagt, als auch schon neue Aufklärung kam, dieses Mal aus der Luft: »*Bismarck* steuert Nordkurs.« Wirklich? Hatte Larcom doch recht gehabt? Und dann, neun Minuten später, hatte weitere Luftaufklärung *Bismarck* wiederum auf nördlichem Kurs beobachtet. Schließlich hatte auch *Sheffield* das noch einmal bestätigt. Also doch? Also doch!

Aber wenn *Bismarck* einen Torpedotreffer nicht erhalten hatte, warum in aller Welt dann dieser selbstmörderische Kurs auf sein Gros zu? Also mußte *Bismarck* doch getroffen, sogar schwer beschädigt worden sein! Eine andere Erklärung war doch gar nicht mehr möglich gewesen. Nun liefen also die Gegner mit fast vierzig Knoten aufeinander zu. Ein Gefecht mußte sogar noch vor Einbruch der Finsternis am gleichen Abend möglich sein. Und Tovey hatte *King George V* und *Rodney* auf Südkurs, *Bismarck* entgegen, drehen lassen.

Erst gegen 22.30 Uhr waren alle Flugzeuge der zweiten Angriffswelle auf *Ark Royal* zurückgekehrt. Die Vernehmung ihrer Besatzungen durch den Kommandanten des Trägers, Captain L.E. Maund, hatte erbracht, daß doch ein Treffer auf *Bismarck* beobachtet worden war, und zwar mittschiffs. Eine entsprechende Meldung war kurz darauf an Tovey abgegangen. Aufgeklärt hatte sie die Situation allerdings nicht. Denn wenn der Treffer wirklich mittschiffs erzielt worden war – wie sollte er dann *Bismarcks* Ruder beschädigt haben?

Nach und nach war volle Dunkelheit hereingebrochen. Tovey hatte erkannt, daß die letzten Luftaufklärer wohl inzwischen zur *Ark Royal* hatten zurückkehren müssen, und weitere Meldungen aus dieser Quelle nicht mehr zu erwarten seien. Aber er hatte sich damit getröstet, daß Vians Zerstörer an *Bismarck* weitere Fühlung halten würden. Und deren spätere Meldungen hatten ihn dann auch voll davon überzeugt, daß *Bismarck* viel zu schwer beschädigt war, um jemals wieder seinen jetzigen Generalkurs zu ändern.

Ganz offensichtlich stand das Schiff unter dem Zwang, gegen den Wind zu laufen, und dieser – welch glücklicher Umstand! – blies von Toveys Standort her auf *Bismarck* zu.

Nein, nun würde ihm sein deutscher Gegner nicht mehr entkommen. Und er hatte entschieden, das Gefecht nun doch nicht mehr unverzüglich, sondern erst zur Dämmerung am kommenden Morgen herbeizuführen. Denn die abendlichen Positionen sowohl *Bismarcks* als auch der ebenfalls im Süden stehenden Kampfgruppe »H« waren ihm immerhin als nicht so eindeutig geklärt erschienen, als daß nicht doch bei plötzlichen Schiffsbegegnungen mit unliebsamen, gar fatalen Zwischenfällen zu rechnen war, zumal in dieser pechschwarzen Nacht. Und um den für die Verschiebung des Gefechtes jetzt erforderlichen Umweg herauszufahren, war er mit *King George V* und *Rodney* gegen 22.30 Uhr auf Kurs Nordnordost und später auf nördliche und westliche Kurse gegangen. Er hatte damit erreichen wollen, in der Frühe, von Nordwesten her kommend, *Bismarck* als dunkle Silhouette vor dem östlichen, helleren Morgenhorizont und damit günstigste Verhältnisse für die britische Artilleriebeobachtung zu haben.

Kaum war die erste Kursänderung ausgeführt, als neue Aufklärung von Somerville eingetroffen war. Ihr zufolge hatte *Bismarck* wahrscheinlich sogar noch einen zweiten Treffer erhalten, und zwar Steuerbord achtern. Steuerbord *achtern*! Es war die Meldung gewesen, die Tovey sich nun schon so lange ersehnt hatte. Zeigte sie doch endlich klar an, daß *Bismarck* an Ruder oder Schrauben beschädigt, so gut wie manövrierunfähig war. Nun würde gar nichts mehr das Gefecht am 27. Mai verhindern können, das Gefecht, dessen Stunde er jetzt selbst bestimmen konnte. Und er hatte das folgende Handschreiben an den Kommandanten seines Flaggschiffes, Captain W.R. Patterson, gesandt: »An KGV: Die Versenkung des *Bismarck* kann eine Auswirkung auf den Krieg als Ganzes haben, die für den Feind weit mehr bedeutet als nur den Verlust eines Schlachtschiffes. Möge Gott mit Ihnen allen sein und Ihnen den Sieg gewähren. T.26/5/41.«

Schließlich hatte Tovey dann noch kurz vor 01.00 Uhr die letzte Aufklärungsmeldung von *Ark Royal* erhalten. Danach hatte *Bismarck* unmittelbar nach dem Flugzeugangriff zwei volle Drehkreise geschlagen, war dann auf Nordkurs gestoppt liegengeblieben. Wenn es überhaupt noch letzte Zweifel an der Manövrierunfähigkeit des deutschen Schlachtschiffes gegeben haben sollte, jetzt waren auch diese beseitigt. Und unermeßlich war die Erleichterung Toveys und seines Stabes nach langen Tagen und Nächten der Hochspannung gewesen. Nur sieben Stunden zuvor hatte er die Hoffnung, *Bismarck* noch zu stellen, so gut wie aufgegeben. Die Vorzeichen dagegen hatten wie »tausend zu eins« gestanden. Nur ein Wunder hatte den Erfolg noch bescheren können. Ein Wunder, das ihm jetzt erlauben würde, den Zeitpunkt des Endkampfes fast auf die Minute zu diktieren und dem verkrüppelten Gegner gegenüber die eigene Gefechtstaktik nach Belieben zu wählen.

Was allerdings das Kalkulieren mit minimalen Erwartungen betrifft, so hatte nicht nur Tovey am 26. Mai seinen Tag gehabt. Seiner schon fast geschwundenen Hoffnung hatte auf unserer Seite eine nur äußerst geringe Befürchtung entsprochen, jemals einen Treffer ausgerechnet in die Ruderanlage zu bekommen. Wie wahrscheinlich war das denn überhaupt? Da war in der Ausbildungszeit doch verschiedentlich das Gefechtsbild »Treffer in der Ruderanlage« geübt worden. Man hatte unterstellt, daß dort zwei oder drei Abteilungen voll Seewasser gelaufen seien. Dabei hatten die Männer in den »vollgelaufenen« Abteilungen verbleiben müssen. »Aber wie«, so hatten sie damals ihren Ausbildungsoffizier gefragt, »ist denn das im Ernstfall? Wenn dort ein Treffer einschlägt, sind wir doch gar nicht mehr am Leben?!« »Na ja«, hatte der Offizier gemeint, »ihr solltet euch eigentlich tot stellen. Setzt also die Mützen verkehrt herum auf! Dann geltet ihr als Tote.« Und nach einer Gedankenpause hatte er noch bemerkt: »Aber die Aussicht, einen solchen Treffer zu erhalten, steht eins zu hunderttausend, sie ist praktisch gleich Null.«

Und nun waren innerhalb einer Sekunde eine schon halb begrabene britische Hoffnung fast zu einem Wunder, und auf deutscher Seite ein unwahrscheinliches Risiko zu einer Katastrophe geworden!

Kurz nach Erhalt der Meldung, daß *Bismarck* zwei volle Drehkreise geschlagen habe, war Tovey dann doch wieder auf einen etwas südlicheren Kurs gegangen. Sonst hätte sein Abstand zum Gegner vielleicht zu groß werden können, das hatte er verhindern wollen. Somerville hatte er befohlen, sich mit seiner Kampfgruppe mindestens zwanzig Seemeilen entfernt von *Bismarck* zu halten. Das würde nahe genug für weitere Flugzeugoperationen der *Ark Royal,* andererseits aber weit genug sein, um *Renown* nicht der überlegenen Artillerie *Bismarcks* auszusetzen. Gegen 02.30 Uhr hatte Tovey dann, wir wissen es schon, Vian angewiesen, seine Zerstörer zur besseren laufenden Überwachung der Position *Bismarcks* periodisch Leuchtgranaten schießen zu lassen. Aber als Vian diese Form der Aufklärung nicht lange hatte durchhalten können, war das ein besonderer Verlust für Tovey auch nicht gewesen. In den vielen Regenböen hatte von *King George V* aus ohnehin kaum jemand die Leuchtschirme sehen können.

Später, während der Morgendämmerung, hatte Tovey sich aber wieder unsicherer über den genauen Standort *Bismarcks* gefühlt. Daher und wegen der anhaltend dürftigen Sichtverhältnisse hatte er sich entschlossen, das Gefecht nun doch nicht mehr unverzüglich herbeizuführen, sondern noch ein bis zwei Stunden nach Eintritt des vollen Tageslichtes vergehen zu lassen.

Und so sollte es schließlich 08.43 Uhr werden, bis *King George V* und *Rodney* ihren Feind sichteten. 08.43 Uhr am 27. Mai!

Das war sozusagen der vierte Termin, den Tovey während der letzten Tage für diese Begegnung erstrebt hatte. Der erste, 09.00 Uhr vormittags am 25. Mai, hatte verstreichen müssen, da wenige Stunden zuvor die Funkmeßfühlung der *Suffolk* an *Bismarck* abgerissen war. Der zweite, am Abend des 26. Mai, war verstrichen, da *Bismarck* den entscheidenden Torpedotreffer nicht mehr rechtzeitig erhalten hatte. Die Morgendämmerung am 27. Mai hatte aus Navigations- und Wetterrücksichten vergehen müssen. Nun wurde es also der Vormittag des gleichen Tages. Toveys Verschiebungen seit dem Abend des 26. Mai waren jeweils wirklich nur geringfügig gewesen – aber mir sind sie damals wie Ewigkeiten erschienen.

Außer *King George V*, *Rodney* und der Kampfgruppe »H« strebten in jenen Morgenstunden aber noch zwei weitere britische Schiffe der Szene des kommenden Endkampfes zu.

Von Norden her war es die *Norfolk,* unsere alte »Freundin« aus der Dänemarkstraße. Trotz zunehmender Brennstoffnot hatte sie den ganzen 26. Mai über noch Anschluß an der Verfolgung halten können. Nun wollte sie natürlich auch bei der Entscheidung dabeisein. Sie sichtete uns bereits um 07.53 Uhr, im Südosten, in einem Abstand von neun Seemeilen. In anfänglicher Annahme, hier auf die *Rodney* gestoßen zu sein, befahl ihr Kommandant, Captain A.J.L. Phillips, die Abgabe des optischen Erkennungssignals. Dann begriff er, daß er mit zwanzig Knoten Geschwindigkeit direkt auf *Bismarck* zulief. Sofortiges, hartes Abdrehen brachte sein Schiff aus der Gefahr. Im Ablaufen sah Phillips dann *King George V* und *Rodney* über den Horizont kommen, half ihnen nun bei der Herstellung der Sichtverbindung zu *Bismarck*. »*Bismarck* peilt 130°, Abstand sechzehn Seemeilen«, signalisierte er an Tovey. Und Tovey erkannte, daß er noch etwas zu weit nördlich stand, änderte seinen Kurs nach Süden.

Von Westen her war es der Schwere Kreuzer *Dorsetshire,* der zuvor einen nach Norden laufenden Geleitzug geschützt hatte. Am 26. Mai, gegen 11.00 Uhr vormittags, hatte er den Funkspruch der Admiralität über die Wiederentdeckung *Bismarcks* durch die Catalina aufgefangen. Den gemeldeten Standort des deutschen Schlachtschiffes hatte der Kommandant, Captain B.C.S. Martin, als dreihundertsechzig Seemeilen nördlich von *Dorsetshire* ausgemacht. Und er hatte sofort seine guten Aussichten erkannt, *Bismarck* abzufangen, falls dieser wirklich die westfranzösische Küste ansteuere. Ohne jeden Befehl von oben, ausschließlich auf eigene Initiative, hatte Martin sich dann zum Eingreifen entschlossen, war mit hoher Geschwindigkeit auf östlichem Abfangkurs vor achterlicher See auf *Bismarck* zugelaufen. Als er dann unerwartet auf dem Kampfplatz eintraf, hielten Toveys Einheiten sein Schiff zunächst einmal für *Prinz Eugen*! So wäre *Dorsetshire* fast auch noch von der Heimatflotte beschossen worden!

Als Tovey schließlich mit *King George V* und *Rodney Bismarck* entgegensteuerte, tat er es in der Hoffnung, daß der Anblick zweier anlaufender Schlachtschiffe die Nervenkraft der deutschen Artillerieleiter und Entfernungsmesser vollends erschüttern würde. Hatten sie doch schon vier bange Tage und Nächte hinter sich!

Der Endkampf

Die Alarmglocken läuteten noch, als ich, von der Schiffsbrücke zurückkehrend, wieder auf meiner Gefechtsstation eintraf. Ich nahm das Leitertelefon um, hörte darin die Ankündigung: »Zwei Schlachtschiffe Backbord voraus«, drehte meinen Zielgeber in die angegebene Richtung und: da waren sie auch schon, zwei dunkle, massive Silhouetten, *King George V* und *Rodney*, nicht zu verkennen, Entfernung etwa 240 Hektometer. In Dwarslinie mit geöffnetem Querabstand liefen sie auf uns zu, ganz direkt, auf schnurgeradem Kurs, so unbeirrbar, als ob sie zu einer Exekution schreiten wollten. Über unsere Artillerietelefone liefen die Kommandos, die Sekunden tickten, Spannung und Erwartung im Schiff strebten einem Höhepunkt zu. Aber nicht im Sinne der Hoffnung Toveys. Die Nerven derer zerrütten, die jetzt den Gegner anlaufen sahen, der Führungsstäbe, Artillerieleiter, Geschützführer und Entfernungsmesser? Nein – dafür waren die Voraussetzungen längst nicht mehr gegeben. Nach der letzten, so ausweglosen Nacht konnte jeder Kampf nur noch Erlösung sein. Schon die erste Salve würde sie bringen. Die Zahl der anmarschierenden Schiffe spielte keine Rolle mehr, sie würden eine Übermacht sein, so oder so, und mehr als zusammengeschossen werden konnten wir nicht.

Unseren acht 38-cm-Rohren standen jetzt neun 40,6-cm- und zehn 35,6-cm-Rohre, unseren zwölf 15-cm-Rohren achtundzwanzig 15,2-cm- und 13,3-cm-Rohre gegenüber. Ein britisches Gesamtgeschoßgewicht von 18 448 kg (unter Hinzurechnung der mit sechzehn 20,3-cm-Rohren auch noch eingreifenden Schweren Kreuzer *Norfolk* und *Dorsetshire*: 20 306) gegen ein deutsches von 6904 kg.[1]

Mit gewohnt ruhiger Stimme gab Schneider im Vormars seine Kommandos. Seine Zielansprache galt der *Rodney*, die weiterhin an Backbord voraus stand und dort spitz auf uns zuhielt. An die Schiffsführung meldete er: »Schwere und Mittelartillerie fertig – Frage Feuererlaubnis?« Aber es war die *Rodney*, auf der um 08.47 Uhr die erste Salve fiel. Ihr folgte um 08.48 Uhr die *King George V*. Und um 08.49 Uhr antwortete *Bismarck* mit einer Teilsalve vorn gegen *Rodney*. Für unsere achteren Türme war das Ziel zunächst noch außerhalb der Bestreichungswinkel.

Bei der inzwischen unter 200 Hektometer gesunkenen Entfernung betrugen die Flugzeiten der Geschosse weniger als eine Minute. Doch während ich die Aufschläge der Gegnersalven erwartete, schienen sie sich auf ein Vielfaches dieser Zeitspanne zu dehnen. Endlich schossen sie hoch, die weißen Pilze, Tonnen von Wasser, die schwere Granaten beim Auftreffen auf die See bis zu siebzig Meter Höhe in die Luft jagen. Noch standen sie aber recht weit von uns ab. Seine eigenen ersten drei Salven hatte Schneider in der Reihenfolge »kurz«, »deckend« und »weit« beobachtet, ein vielversprechender Auftakt, den ich am Telefon miterlebte, als das Hin- und Herkurven *Bismarcks* dem Achteren Stand die Sicht auf den Gegner vorübergehend genommen hatte. Dann wieder sah ich *Rodney* und *King George V,* konnte teilweise erneut mitbeobachten. Schneider feuerte weiterhin auf *Rodney* – *King George V* blieb vorerst unbeschossen. Eine Batterieteilung wurde offensichtlich nicht erwogen.

Während die Granaten im Luftraum aneinander vorbeirasten, konzentrierte ich mich darauf, etwa einkommende Treffer von eigenen Abschüssen zu unterscheiden. Und es war wohl infolge dieser gespannten Erwartung, daß mir die Zeit bis zu den ersten Einschlägen an Bord sehr, fast unverständlich lang vorkam. Waren es zehn Minuten – fünfzehn? Und auch wenn es weniger waren, *Rodney* benötigte *viel* Zeit, um sich einzuschießen. Frühere Messegespräche mit britischen Seeoffizieren über Entfernungsmeßsysteme schossen mir plötzlich in den Sinn. Sie hatten ihre Schnittbildgeräte gepriesen, ich unser Raumbildverfahren. Hatten wir am Ende doch das bessere Prinzip?

Nicht lange nach Gefechtsbeginn drehte *King George V* abschnittsweise, etwas später *Rodney,* dann gleich in einer durchgehenden Bewegung, nach Steuerbord auf Südkurs, um den weiteren Artilleriekampf als Passiergefecht auf unserer Backbordseite zu führen. Die ballistische Entfernung verminderte sich dadurch außerordentlich rasch, und genau darauf schien es Tovey anzukommen. Ja, ein solches Kursmanöver ausführen, Fahrtstufen ändern, den taktischen Verlauf des Gefechtes derart bestimmen, zumindest beeinflussen, das konnte Lindemann mit seinem *Bismarck* nun nicht mehr. Manövrierunfähig, konnten wir weder Kurse wählen, noch Geschoßaufschlägen ausweichen, konnte Tovey vielmehr unseren Zwangskurs in den Wind hinein als ständige und verläßliche Unterlage in seine taktische Rechnung einsetzen. Aber auch diesen Kurs konnten wir nicht einmal zugunsten unserer Artillerie ordentlich steuern. Schwerfällig pendelten wir um ihn als Mittelachse herum. Unsere Türme mußten ihre Seitenrichtungen deshalb laufend auch noch zusätzlich korrigieren.

Die sich nun rapide verringernde Gefechtsentfernung sollte rasch zu einer gewaltigen Massierung des Geschehens führen. Hatte ich zu Beginn des Gefechtes Einschläge an Bord noch »vermißt«, so gab es deren bald übergenug. Allmählich und stetig verwandelte sich unser Oberdeck in einen wahren Hexenkessel. Und konnte ich auch aus dem Inneren meines voll panzerumschlossenen Leitstandes die nähere Umgebung gar nicht beobachten, so war es doch bei den nun fast unaufhörlich einkommenden Treffern nicht schwer sich auszumalen, wie sich das Bild draußen verändern mußte. Je mehr die Kampfentfernung abnahm, desto pausenloser prasselten die Einschläge, erhöhte sich der Gefechtslärm, nahmen die Verwüstungen an Bord zu. Längst hatte auch die beiderseitige Mittelartillerie in den Kampf eingegriffen. Nur für unsere Flakgeschütze ergaben sich keine ihrer Zweckbestimmung entsprechenden Aufgaben. Luftziele waren nicht vorhanden, und für die Seezielbekämpfung kamen sie im Nahkampf der Schlachtriesen nun doch nicht in Frage. Die Flakbedienungen wurden als Reserve für Personalausfälle auf anderen Gefechtsstationen bereitgehalten. Bis sie so gebraucht wurden, hielten sie sich in verschiedenen, als Unterstände vorgesehenen Schutzräumen auf. Aber diese »Schutzräume«, soweit sie an Oberdeck lagen, waren ungepanzert. Schon gegen Geschoßsplitter war ihr Wert beschränkt, von Volltreffern erst gar nicht zu reden.

Seit Gefechtsbeginn waren vielleicht zwanzig Minuten vergangen, und ich suchte von meinem Steuerbord Zielgeber aus den Horizont nach weiteren Gegnern ab. Nach vorn zu entdeckte ich einen Kreuzer – es war die *Norfolk* –, der aber, wohl zufällig, gerade eine Feuerpause hatte. Von uns wurde er ohnehin nicht beschossen, denn Schneider und Albrecht waren fortgesetzt auf den Hauptgegner konzentriert. Ich wollte mich gerade fragen, ob bei der Vielzahl der britischen Schiffe die Schiffsführung nicht allmählich eine Batterieteilung erwägen werde, als ich auch schon eine rasche Antwort erhielt, indirekt. Cardinal kam über das Leitertelefon und sagte, daß der Hauptartillerieleitstand im Vormars außer Gefecht, jedenfalls eine Verbindung mit ihm nicht mehr zu bekommen sei, auch die Türme »Anton« und »Bruno« seien ausgefallen, und ich müsse nun die Leitung der Türme »Caesar« und »Dora« von achtern aus übernehmen. Über die Lage im Vorderen Artillerieleitstand sagte Cardinal nichts. Der, dachte ich, leitete wohl noch die Mittelartillerie, wenn er nicht auch schon, bei der deutlichen Massierung der Treffer im Vorschiff, ausgefallen war. Zeit zu langen Fragen war nicht, eine Zielanweisung erhielt ich auch nicht und hatte nun insofern also völlig freie Hand.

Ich befahl erst einmal »Gefechtsschaltung achtern«[2] und suchte mit dem Backbord Zielgeber, vorn beginnend, den Horizont ab. Merkwürdig, keine Spur von *Rodney,* die ich ja eben an Steuerbord auch nicht gesehen hatte. Offenbar war sie wieder einmal im vorderen, toten Winkel meines Standes. Aber da, etwas achterlicher als querab, war *King George V,* auf Gegenkurs, in etwa 110 Hektometer Abstand – zum Greifen nahe, fast wie bei einer Übung in der Ostsee! »Passiergefecht an Backbord, Ziel ist das Schlachtschiff in 250°«, kommandierte ich jetzt der Achteren Rechenstelle[3] und, auf die Fertigmeldung von unten: »Eine Salve«. Rums! ging diese hinaus, und während sie etwa zwanzig Sekunden lang in der Luft sein würde, kommandierte ich ergänzend: »Schlachtschiff Bug links, zwei Dez ab, Gegner Fahrt 20 Knoten«.

Sicht- und Beobachtungsverhältnisse waren ausgezeichnet und mußten das bei dem starken Achterauswandern des Zieles doppelt wichtige rasche Einschießen bedeutend erleichtern – dachte ich. »Achtung, Aufschlag«, meldete die Rechenstelle. »Zwei fraglich rechts, zwei rechte Kante, fraglich weit«, beobachtete ich, kommandierte »zehn mehr links, vier zurück, eine Salve«. Rums! ... »Achtung Aufschlag« ... »Weit Mitte« ... »Vier zurück, eine Salve«... »Achtung Aufschlag«... »Kurz Mitte«... und, voll Erwartung: »Zwei vor, gut schnell!« Dann wieder Aufschlag, und die vier Wassersäulen begannen, wie immer, zu steigen... ein Viertel hoch, ein halb... dreiviertel und beobachtungsfähig »Drei weit, einer kurz«, aber die volle Höhe der Wassersäulen sollte ich nicht mehr erleben!

Der Zielgeber war erzittert, meine beiden Unteroffiziere und ich wurden mit den Köpfen hart an die Okulare geschleudert. Was war denn das gewesen? Als ich mein Ziel wieder beobachten wollte, war da nichts mehr, nur noch ein »Blau« zu sehen, ein unnatürliches, umfassendes, totales Blau. Es war dies wohl die Wirkung jenes zur Steigerung der Klarheit des Bildes auf Linsen- und Spiegelflächen aufgedampften »Blaubelages«. Normalerweise trat er für den Beobachter farblich gar nicht in Erscheinung, jetzt aber zeigte er mir die Zerstörung meines Zielgebers an. Verdammt! Eben hatte ich mich eingeschossen und nun dies? Niemand von der Standbesatzung hatte Schaden genommen, nichts war den vielen Geräten anzusehen. Ja, was war denn überhaupt geschehen? Nun, ganz offensichtlich war eine schwere Granate dicht oberhalb unseres Leitstandes passiert, hatte dort alle nach oben herausragenden Gegenstände abrasiert. Ein rascher Blick zur Probe in die verschiedenen Optiken zeigte es: alle Objektive fehlten. Ich trat unter den Einstieg in die Drehhaube, sah hinauf zu den Entfernungsmessern, dem großen Basisgerät. Aber da war nichts mehr. Gar nichts! Die eben noch so volle Gefechtstätigkeit dort oben – spurlos verschwunden. Eine gezackte Ruine gab jetzt den Blick auf trüben Himmel frei. Mitten durch die Drehhaube war die schwere Granate gerast. Von *Rodney, King George V*? Wer will es wissen? Es war ja jetzt auch gleichgültig. Mein Gott, sagten wir uns, das war knapp. Nur zwei Meter tiefer, es wäre unser Ende gewesen. Gegen einen Volltreffer hätte auch der Panzer unseres Leitstandes nicht geschützt.

Mich persönlich hatte der Ausfall meines Standes in einem vielversprechenden Moment getroffen. Für das Schiff aber bedeutete er den Anfang vom artilleristischen Ende, eine bittere Schwächung seiner noch vorhandenen Abwehrkraft, nach den vorherigen Ausfällen der vorderen Leitstände das Ende jeder zentralen Feuerleitung an Bord. Ich besprach mich mit den beiden Rechenstellen, aber sie konnten eine Leitverbindung vorn nicht wiederherstellen. Es blieb nichts anderes übrig, als die Türme »Caesar« und »Dora« einzeln weiterschießen zu lassen. Ich gab den Befehl dazu und mußte es, blind wie mein Stand jetzt war, den Turmkommandeuren überlassen, sich ihre Ziele selbst zu suchen. Das taten sie dann auch, aber wie kaum anders zu erwarten, wurde ihr Schießen bald unregelmäßig. Es hielt auch nicht mehr lange an. Trefferschäden zwangen ihnen nach und nach das Ende auf. Zuerst stellte Turm »Caesar« und danach »Dora« ein. Es war 09.31 Uhr, als die Schwere Artillerie auf *Bismarck* endgültig verstummte.

Eingeschlossen in unseren Stand, in der Unmöglichkeit, ihn wegen des rundum tobenden Infernos zu verlassen, wurde es immer schwerer, sich ein zutreffendes Bild von der Lage an Bord, besonders aber in den Befehlszentralen zu machen. War die Schiffsführung noch im Vorderen Kommandostand, hatte Lindemann sie noch inne? Meldungen darüber, Paroleanfragen waren nicht eingetroffen, es war seit Gefechtsbeginn überhaupt nichts von vorn durchgekommen, aber es lag bei der riesigen Zahl der Treffer nahe, daß einschneidende Veränderungen stattgefunden haben mußten. Plötzlich hörte ich im Artillerieleitertelefon die Stimme Albrechts. »Der Vordere Stand muß wegen Gas- und Rauchschwaden verlassen werden«, sagte er. Seine Mitteilung war knapp, und er selbst, jede Rückfrage ausschließend, auch sofort wieder aus der Leitung. Ich war überrascht. Wegen der vorangegangenen Übertragung der Feuerleitung an mich hatte ich den Vorderen Stand längst für ausgefallen gehalten. Hatte Albrecht von dort aus noch die Mittelartillerie geleitet? Hatte sein Stand nur noch als Schutzunterkunft gedient? Näheres sollte ich erst sehr viel später erfahren.

Die Schlagseite *Bismarcks* hatte sich während des Gefechtes etwas vergrößert. Durch unseren Stand zogen nach 09.30 Uhr Gas und Rauch, so daß wir zeitweise die Gasmasken aufsetzten. Über alle Fernsprechanlagen versuchte ich jetzt, soviel als möglich über die Lage im Schiff zu erfahren, rief, wo ich konnte, an. Es antwortete aber niemand mehr – mit einer Ausnahme. Am Leckfernsprecher meldete sich der »Läufer Leckzentrale«. Ich fragte: »Wer hat und wo ist die Schiffsführung? Sind neue Befehle in Kraft?« Aber der Mann war in äußerster Eile. Er sagte nur, daß Erster Offizier und Leckingenieur soeben die Leckwehrzentrale verlassen hätten. Er sei als einziger noch im Raum und müsse hinterher. Dann hängte er auf, mehr war nicht zu erfahren. Es sollte meine letzte Verbindung mit dem Vorschiff gewesen sein.

Gegen 10.00 Uhr erschienen in meinem Stand immer mehr Männer, die sich von ausgefallenen Gefechtsstationen oder aus zerstörten Schutzräumen hierher retteten, und für die dieser Stand jetzt zu einer letzten Zuflucht wurde. Zum größten Teil kamen sie über den engen Notausgang, der von der Achteren Artilleriereserveschaltstelle senkrecht herauf führte. Auf dessen Steigeisen kletterten sie nach oben, Gesunde und Leichtverletzte. Aber auch so Schwerverwundete und fast Bewegungsunfähige, daß man nur staunen konnte, wie sie dies fertiggebracht hatten. So geriet mein Stand gegen Ende der Beschießung in eine ganz natürliche Funktion als Unterstand und Rettungsinsel.[4] Und es blieb unser großes Glück, daß er auch weiterhin keinen Volltreffer hinnehmen mußte. Seine beiden nach außen führenden Luken hatte ich bei der immer massierteren Beschießung, vorsorglich, etwas aufkurbeln lassen. Ich hatte mir gedacht und auch die Männer davon überzeugt, daß es besser sei, einige Splitter zu riskieren als einen etwa später durch Treffer verklemmten Öffnungsmechanismus, ein selbstbereitetes Grab. Tatsächlich sind wir von jeglicher Spreng- und Splitterwirkung verschont geblieben.

Daß um diese Zeit das Versenken und Verlassen des Schiffes bereits angeordnet worden war, wußte ich damals noch nicht. Ein solcher Befehl hat mich auch niemals erreicht. Aber daß er in Kraft sein mußte, war bei der Lage an Bord zwingend anzunehmen. Nichtsdestoweniger hielt ich alle Männer weiter im Stand zusammen, solange noch Granaten auf dem Aufbau- und Oberdeck unaufhörlich detonierten oder Bereitschaftsmunition in die Luft ging. Jeder vorzeitige Aufbruch wäre reiner Selbstmord gewesen. Ich gab den Befehl zum Verlassen des Standes erst, als lange nach dem Verstummen unserer eigenen Artillerie auch der Gegner sein Feuer eingestellt hatte, das Ende der Beschießung als gekommen anzusehen war. Den Männern, die sich bei der jetzt voll erkennbaren Verwüstung der oberen Decks niemals mehr würden geschlossen bewegen können, riet ich, das Oberdeck, Steuerbord achtern, aufzusuchen. Wir hatten inzwischen schwere Schlagseite nach Backbord, und die Steuerbordseite war die Leeseite. Es war klar, daß die Männer nur noch von dort aus relativ ungefährdet in die See würden springen können.

Als letzter trat ich dann selbst aus dem Stand heraus, nach vorn zu, auf den Achteren Scheinwerferleitstand. Oder, besser gesagt, dorthin, wo dieser einmal gewesen war. Gab es hier ein Durchkommen, noch etwas zu tun? Der Anblick, der sich mir bot, war nicht mit einem Mal aufzunehmen, ist sehr schwer zu beschreiben. Es war ein wahres Chaos von Zerstörung und Vernichtung. Keine Spur mehr von den Flakgeschützen und Scheinwerfern, die einmal meinen Stand umgeben hatten. Wo sich Waffen, Geräte, sonstige Einrichtungen befunden hatten, nichts als Leere, auf den bisher freien Stellen des Aufbaudecks lag Schrott. Der Schornstein war durchlöchert, aber aufrecht. Vom Achteren Leitstand bis hin zum Vorderen Gefechtsmast erstreckte sich, einem Bodennebel gleich, eine durchgehende Zone weißlichen Rauches. Sie zeigte Brände an, die unten wüten mußten. Und sie verhüllte alles, was sich sonst noch auf dem Aufbaudeck befunden haben mochte. Aber aus dem Rauch hob sich klar und, dem Anschein nach, äußerlich unbeschädigt, der Gefechtsmast selbst empor. Wie gut er in seiner grauen Farbe doch noch aussieht, dachte ich, merkwürdig, fast so, als ob er an dem Gefecht gar nicht teilgenommen habe. Auch der Vormars und der Obere Flakleitstand sahen so intakt aus, aber ich wußte ja, daß das Gegenteil zutraf. Männer liefen oben herum – würden sie sich je noch retten, durch das Mastinnere den Anschluß nach unten finden können? Ich entdeckte nun, daß es durch die Trümmer auf dem Aufbaudeck ein weiteres Durchkommen nach vorn nicht mehr gab, und kehrte in den Achteren Stand zurück. Aber nur, um ihn sogleich nach achtern zu wieder zu verlassen. Auch hier war kein Weg mehr. Ich mußte klettern und springen, über Löcher im Deck, herumliegende Schiffsteile aller Art. Auf dem Aufbaudeck sah ich die Leiche eines Stabsoffiziers vom Flottenstab. Er lag friedlich, keinerlei Verletzung war ihm anzusehen. Offensichtlich war er nach dem Befehl zum

Verlassen des Schiffes von seiner Gefechtsstation vorn noch im feindlichen Feuer aufgebrochen. Turm »Caesar« wies mit seinen Rohren nach achteraus, äußerlich ganz unbeschädigt, tadellos in Farbe. Wie unwirklich konstrastierte doch sein helles, glänzendes Grau mit der Verwüstung ringsum! Der Ausfall des linken Rohres hatte den Turmkommandanten, Leutnant zur See Günter Brückner, zum Feuereinstellen gezwungen. Dann hatte Brückner an seine Turmbesatzung die Worte gerichtet: »Kameraden, wir haben das Leben geliebt; wenn es jetzt nicht mehr anders geht, wollen wir als anständige Seeleute sterben« und ihr danach das Verlassen des Turmes befohlen. Vom Aufbaudeck hangelte ich auf das Oberdeck hinab und sah jetzt Turm »Dora«, tief rauchgeschwärzt, nach Backbord voraus weisend. Sein rechtes Rohr war durch einen Rohrkrepierer zu Zacken zerfetzt, danach hatte der Geschützführer, Oberbootsmannsmaat Friedrich Helms, mit dem linken Rohr noch zwei Schuß abgefeuert, doch dann war der Mechanikersmaat Ernst Moog aus dem Turminneren gekommen, hatte geschrien »Turm D brennt«, und die gesamte Mannschaft, noch unversehrt, hatte diesen verlassen, der Turm selbst schweigen müssen. Später war dann noch eine Granate, wahrscheinlich im Zwischendeck, detoniert und hatte den Deckel des Munitionsschachtes zur Munitionskammer hochgeschleudert. Durch die nach oben geschossene Stichflamme hatten Helms und andere Verbrennungen an Gesichtern und Händen erlitten.

Als ich, weitergehend, nach Steuerbord achteraus über die See blickte, prallte ich auf einmal förmlich zurück. Erst wollte ich meinen Augen nicht trauen. Da lag doch, nur etwa fünfundzwanzig Hektometer entfernt – die Artilleristen nennen so etwas »Kartoffelschmeißentfernung« – *Rodney* mit ihren noch mißtrauisch auf uns gerichteten neun 40,6-cm-Rohren. Direkt in ihre Mündungen konnte ich hineinsehen. Wenn das die letzte Gefechtsentfernung anzeigte, dachte ich, dann hatte sicherlich kein Geschoß mehr fehlgehen können. Doch jetzt schwiegen diese Rohre, und ich rechnete auch nicht damit, daß sie noch einmal in Tätigkeit treten würden.

Eine kleine Gruppe Überlebender war bereits an Steuerbord, vorlich von Turm »Dora« versammelt, wartete dort den Moment ab, über Bord zu springen. Offensichtlich war dieser Platz vorläufig der beste Aufenthalt. Weiter nach vorn zu waren die Zerstörungen zu stark, belästigte unerträglicher Rauch. Die Schanze kam nicht mehr in Frage, *Bismarck* war schon zu achterlastig geworden, gleichzeitig hatte sich seine Schlagseite weiter verstärkt, rollten laufend schwere Brecher von Backbord achtern her über das Oberdeck des sinkenden Schiffes. Wehe denen, die versehentlich in diese Richtung sprangen oder dorthin über Bord gespült wurden. Sie wurden unweigerlich von der See gegen harte Schiffsteile zurückgeschleudert, mit meist fatalen Konsequenzen.

Ich unterdrückte eine innere Versuchung, noch einige Privatsachen aus meiner nicht weit entfernt liegenden Kammer auf der Backbordseite an

Oberdeck zu holen, und trat zu der kleinen Gruppe vor dem Turm. Die Männer waren sich nicht ganz schlüssig, wann sie springen sollten, sahen sie doch bereits viele Schwimmer in der See. Aber ich sagte: »Abwarten, noch ist Zeit. Wir sinken langsam. Die See läuft hoch, schwimmen müssen wir noch lange. Wir springen so spät als möglich. Ich werde das Zeichen geben.« Und so warteten wir erst einmal auf den Moment, den uns zweifellos das Schiff selbst bald anzeigen würde.

Noch bevor ich zu der Gruppe getreten war, hatte ich *King George V* und *Rodney* in Kielwasserlinie nach Norden ablaufen sehen, sie damit für die Beteiligung an einer Rettung unserer Überlebenden innerlich abgeschrieben. Aber daß andere Schiffe dies schon übernehmen würden, davon war ich fest überzeugt. Ich sagte den Männern: »Irgendein Schiff wird schon kommen und uns retten.« Aber welches es sein würde, ahnte ich nicht. Hatte ich eine Illusion verbreitet? Würde wirklich noch ein Schiff kommen? Um uns herum sah ich weit und breit nur einen leeren Ozean.

Den Ozean. Ja, der würde uns sogleich aufnehmen, nach aller Voraussicht das Ende bringen. Sollte das nun, dieser Tod für Hitler und, wie ich es sah, gegen Deutschland, alles, wirklich *alles* gewesen sein – dieses gnadenlose Scheitern meiner einstigen, als so selbstverständlich empfundenen Annahme, einmal einem wenigstens normalen Staatswesen zu dienen? Waren die braune Pervertierung des nationalen Lebens, das Austrocknen Deutschlands zu einer geistigen Wüste, der erzwungene Marsch unseres Volkes in einen säkularen Abgrund als Folge irrwitziger Übersteigerungen eines von mir als abseitig begriffenen Diktatorengehirns und das Verglühen aller eigenen Vorstellungen für den deutschen Weg die wirkliche, die Endbilanz des Lebens? Ich mochte es nicht glauben, Gott würde es nicht zulassen, würde mir noch eine Chance geben, mein Leben nicht als sinnlos vertan ansehen zu müssen. *Er* würde es. Und von der Sekunde an zweifelte ich an meiner Rettung nicht mehr.

Auch nach Berlin gingen meine Gedanken noch einmal. Dort würde Hitler jetzt in seiner Reichskanzlei sitzen, jemand würde ihm in Kürze den Untergang des *Bismarck* melden. Wie würde er sich ärgern – hatte er dem Raeder nicht oft genug gesagt, seine wenigen großen Schiffe doch lieber zu Hause zu lassen, statt sie gegen die überlegene britische Flotte auf den Weltmeeren zu hetzen und sie dann auch noch, besonders unsympathisch, gegen Handelsschiffe antreten zu lassen? Aber der Großadmiral hatte ja nicht hören und mit seinen dicken Pötten immer wieder etwas rausbeißen wollen. Und nun dieser Verlust, zudem eines Schiffes mit dem Namen des Reichsgründers, welch unnötige Einbuße an Prestige – sie würde ihn richtig wütend machen. Zweitausend Mann würden mit dem Schiff sterben. Würde man ihm auch *dies* sagen, würde ihn überhaupt interessieren, ob da fünfzig, fünfhundert oder fünftausend Mann auf einen Schlag sterben? Ich glaubte es nicht. Dazu hatte ich, außer der Hitlerschen Theatralik, die damals gerade erschienenen *Gespräche Rauschnings mit Hitler* noch zu gut im Kopf. »Wenn ich«, so hatte Rauschning eine Äußerung Hitlers aufgezeichnet, »die Blüte der Deutschen in die Stahlgewitter des (!) kommenden Krieges schicke, ohne auch nur um das kostbare deutsche Blut, das vergossen wird, das leiseste Bedauern zu verspüren...«. Für die Erhaltung seiner persönlichen Macht würde ihm gewiß kein Menschenopfer zu viel sein. »Eigenartig ist«, sollte in jenen Wochen der Major Gerhard Engel, Heeresadjutant bei Hitler, in sein Tagebuch eintragen, »wie wenig F. [Führer], der selbst darauf zu sprechen kommt, das Schicksal des *Bismarck* zu berühren scheint.«... Nein, wenn ich über Bord gehen werde, dann bestimmt ohne »Sieg Heil«, ohne »Heil Hitler«, ohne zum Nazigruß erhobenen Arm, ohne jedwede Geste, die an den schlimmsten Feind gemahnen würde, den Deutschland jemals hatte. Stärkeres als dieses verborgene quid pro quo gab ja die eigene Ohnmacht nicht her.

Auf der Gefechtsstation Junacks, dem Turbinenraum Mitte, unter dem Panzerdeck in Abteilung VIII gelegen, kam schon bald nach Gefechtsbeginn viel Wasser durch die Luftschächte. Es war ein Anzeichen dafür, daß das Feuer des Gegners dicht am Schiff lag. Nach einiger Zeit saugten die Lüfter rotgelben Qualm in den Raum, so daß die dortige Besatzung Gasmasken anlegen mußte. Allmählich wurde aber der Gefechtslärm, Abschüsse waren von den Einschlägen gar nicht zu unterscheiden, immer unregelmäßiger, bis es schließlich nur noch vereinzelt krachte. Die Maschinentelegraphen wurden von der Brücke kaum noch bedient. Da erhielt Junack über den Maschinenleitstand den Befehl: »Schiff klarmachen zum Versenken.« Es war der letzte Befehl, der ihn auf *Bismarck* erreichte. Gleich danach fielen alle Befehlsübermittlungsanlagen aus. Jede Verbindung mit der Schiffsführung, dem Maschinenleitstand, war abgerissen. Jetzt wurde die Sprengladung am Kühlwassereintritt angebracht. Als es oben immer ruhiger wurde, schickte Junack seinen besten Unteroffizier zum Maschinenleitstand mit der Frage nach weiteren Befehlen. Der Unteroffizier kam aber nicht wieder. Junack sah sich nun gezwungen, auf eigene Verantwortung zu handeln. Noch ein letztes Mal ging er durch den Raum, ließ alle Schottüren zu den Wellentunneln öffnen. Dann schickte er seine Männer in das Zwischendeck und befahl dem Turbinenobermaschinisten, die – mit neun Minuten Verzögerung arbeitende – Sprengladung zu zünden. Als letzter verließ Junack selbst den völlig klaren, hellerleuchteten Turbinenraum, während die Maschinen noch immer gemäß dem letzten Kommando »kleine Fahrt voraus« liefen.

Auch das Zwischendeck war hell erleuchtet, dort schien richtige Sonntagsstimmung zu herrschen. Erst im Batteriedeck sah er die Auswirkung des

Kampfes, Einschußlöcher und Brände. Als er dort passierte, hörte er nun auch die Detonation der Sprengladung im Turbinenraum.

Nach voraus war kein Durchkommen. Nach achteraus zu stieß Junack auf eine große, ziemlich kopflose Menschenschar, die offenbar auch nicht weiterkam. Er arbeitete sich hindurch und mahnte zur Ruhe; und die Männer reagierten sofort, als sie den Offizier erkannten. Ein Panzerluk klemmte in halboffener Stellung, die Männer konnten sich mit ihren Gasmasken und aufgeblasenen Schwimmwesten nur mühsam hindurchzwängen. Erst als Junack die Schwimmwesten abnehmen und die übrige Gefechtsausrüstung wegwerfen ließ, ging es fließend weiter. Mit raschem Überblick hatte er eine chaotische Situation gemeistert. Als letzter stieg er dann selbst an Oberdeck.

Dort hatten sich in der Nähe der achteren Türme inzwischen fünf jüngere Offiziere und mehrere hundert Mann versammelt, die sich zum Überbordgehen klarmachten. Der Feind schoß kaum noch. In der Mitte des Schiffes stand eine Rauchwand, niemand konnte erkennen, was davor war. Die Flagge wehte noch immer vom achteren Mast. Nur vereinzelt waren Gefallene zu sehen und ganz wenige Verwundete. Inzwischen sank das Schiff immer tiefer. Bei strahlendem Sonnenschein spülte die See schon über das Achterdeck, und es war deutlich zu spüren, daß *Bismarck* allmählich kentern wollte.

Im Achterschiff nahm der Leckwehrgruppenführer 1, Stabsobermaschinist Wilhelm Schmidt, jeden Abschuß der eigenen Artillerie als eine starke Erschütterung wahr. In seinem Leckwehrbereich kamen im Lauf der Zeit etwa fünf schwere Treffer durch das Oberdeck hindurch in Batterie- und Zwischendeck ein, wo sie heftig detonierten. Ein Treffer schlug in die Abteilung I, ein anderer in das Zwischendeck der Abteilung II, wo er einen riesigen Feuerschein auslöste und zum Eindringen nitroser Gase, durch die geschlossenen Panzerschotten hindurch, in die Nähe des Leckwehrgruppenführerstandes in Abteilung III führte. Der dritte Treffer landete im Batteriedeck der Abteilung III an Steuerbord. Herumfliegende Granatsplitter setzten die Beleuchtung und Zwischendecksüfter außer Betrieb. Treffer vier und fünf schlugen in die Abteilung IV und rissen dort die Niedergänge weg. Auch hier fiel die Beleuchtung aus, und nur ein Teil der Notbeleuchtung brannte weiter. Verbrennungsgase zogen durch alle Räume. Plötzlich traf ein Läufer aus der Leckwehrzentrale mit dem Befehl für Schmidt ein, einen Teil seiner Mannschaft zur Bekämpfung eines Brandes auf dem achteren Aufbaudeck abzuzweigen. Schmidt entsprach dem Befehl – keiner seiner Männer kehrte zurück. Auch schon vorher hatte seine Leckwehrgruppe durch Granatsplitter Personalverluste erlitten. Später stürzte ein Oberfeuerwerker auf Schmidt zu: »Turm ›Dora‹ sofort fluten, Brand in Turm ›Dora‹«. Und Schmidt stellte die Leckpumpe 2 um, auf Fluten der Munitionskammern im Bereich dieses Turmes.

Auch die weiter entfernt vom Leckwehrbereich 1 einschlagenden Treffer waren zu hören. Immer wieder erreichten Schmidt Meldungen über Brände auf dem Aufbaudeck, in den Batterie- und Zwischendecks der verschiedenen Abteilungen.

Schließlich kam von der Schiffsführung der Befehl an alle Stellen: »Schiff versenken«. Schmidt stellte jetzt die in seinem Bereich noch klaren Leckpumpen auf das Fluten der Räume um. Er hörte später, wie in den Maschinen- und Kesselräumen die Kondensatoreintritte und Bodenseeventile gesprengt wurden. Ein weiterer Befehl kam durch Läufer: »Alle Mann an Oberdeck«. Aber in seiner Umgebung waren im Zwischen- und Batteriedeck alle Panzerluken verklemmt, gab es ja keine Niedergänge mehr. Der Aufstieg an Oberdeck gelang nur noch durch einen Teil der engen Munitionsaufzüge. Einmal oben, traten Schmidt und seine Männer zu den anderen Überlebenden auf der Schanze. Treibend lag *Bismarck* mit Schlagseite in der schweren See. Feuer und beißende Rauchsäulen drangen aus den Aufbauten. Weit und breit war vom Gegner nichts mehr zu sehen, nur einige Radflugzeuge kreisten. Alle Mann legten jetzt ihre Schwimmwesten an, bereit zum Überbordgehen.

Schon bald nach Gefechtsbeginn massierten sich die Treffer auf dem Vorschiff ganz gewaltig, wüteten dort Brände, flogen schwerste Stahl- und Eisenteile durch die Luft. Einige besonders harte Erschütterungen schüttelten *Bismarck,* als es kurz nach 09.00 Uhr bei den vorderen Türmen einschlug, der Vordere Artillerieleitstand getroffen und der Gefechtsmast durchschossen wurde. Bald danach schlug, etwas weiter achterlich, eine schwere Granate in das Deck unter dem Flugzeugkatapult. Es hatte den Bedienungsmannschaften der Schweren Flak als Schutzraum gedient, dort hatte auch Bereitschaftsmunition gelegen. Diese hatte sich nach dem Einschlag entzündet, alle unterstehenden Männer waren gefallen. Später, gegen 9.40 Uhr, war dem in einer Seitenrichtung blockierten Turm »Bruno« die ganze Rückwand weggeblasen worden, war Feuer im Turm ausgebrochen. Kurz vor Ende der Beschießung hatten helle Flammen sekundenlang auf der Geschützplattform von Turm »Anton« gelodert.

Als Angehöriger der dem Achteren Flakleitstand zugeteilten Munitionsmannergruppe für die Schwere Flak hatte Musikmaat Josef Mahlberg seine Gefechtsstation in einer Pulverkammer in Abteiung IX. Nachdem das Gefecht geraume Zeit angehalten hatte, öffnete sich plötzlich das Schott seines Raumes, und herein trat, mit eigenartigem Gesichtsausdruck, der Bootsmaat Rolf Franke von der Achteren Flakrechenstelle. Mahlberg kannte ihn gut, hatten sie doch stets einen großenteils gemeinsamen Weg zu ihren Gefechtsstationen gehabt. Franke rief aus: »Es ist gerade durchgekommen: Schiff verlassen, Schiff wird gesprengt!« Mahlberg und seine Männer versuchten zunächst, über die Munitionshilfheißaufzüge zum Aufbaudeck zu gelangen. Nachdem sich dies als unmöglich erwies, kehrten sie zurück und verließen die Kammer durch die Schottür in Richtung der Decks. Dort war es, im Gegensatz zu ihrer bisher so hell erleuchteten Kammer, sehr dunkel. Nur Taschenlampen brannten hier und dort. Mahlberg und seine Männer verloren sich bald aus den Augen, und jeder war nun auf sich selbst angewiesen.

Mahlberg gelangte zunächst zum Batteriedeck in Abteilung X, wo sich auf dem Weg nach oben Hunderte zusammendrängten. Plötzlich vernahm er die vertraute Stimme des Ersten Offiziers, dieses Mal sehr schroff und bestimmt: »Was drängt ihr euch so, geht zum Vorschiff und helft dort mit löschen. Wir sind noch lange nicht verloren. Ist denn hier kein Offizier, der dies regeln kann?« Aber nach vorn war kein Durchkommen, und Mahlberg erreichte schließlich irgendwie die Steuerbordseite des Oberdecks in Höhe des Flugzeugkranes. Erst jetzt erkannte er die Lage des Schiffes voll. Nichts war zu sehen außer Trümmern, nichts mehr von dem einst so stolzen Schiff. Er versuchte nun, zum Vorschiff zu kommen, scheiterte damit aber bei dem Mittleren 15-cm-Turm. Überflutendes Wasser in der dortigen Decksbucht versperrte ihm den weiteren Weg, und er kehrte um in Richtung Schanze, vorbei an Turm »Dora«. Einige Männer dieses Turmes saßen oder lagen mit schweren Verbrennungen an Oberdeck. Da die Schanze teilweise schon unter Wasser stand, stieg Mahlberg auf die Turmdecke hinauf. »Seht euch nur meinen Turm an!« sagte zu ihm der gerade dort oben sitzende Oberstückmeister Friedrich Alfred Schubert, der selbst starke Verbrennungen aufwies, »geht fort, gleich wird er in die Luft fliegen!«, und Mahlberg kletterte wieder zur Schanze herunter.

Der Maschinenmaat Wilhelm Generotzky im Steuerbord Turbinenraum nahm Einschlag auf Einschlag wahr, während unsere eigenen Geschütze nur noch sehr unregelmäßig schossen. Er und seine Männer wußten noch nicht, wie es inzwischen auf den oberen Decks aussah, aber, daß das Ende bevorstand, das hatten sie nicht mehr übersehen können. Waidwund, wie eine Zielscheibe, schien *Bismarck* dem Feuer des Gegners ausgeliefert zu sein. Der zweite Maat seiner Wache, im Gesicht weiß wie eine Kalkwand, rief ihm im Vorbeigehen zu: »Es ist vorbei, alles vorbei!« Er kannte den jung und glücklich verheirateten Maaten gut, es war schon bitter. Noch einmal rief er jetzt die einzelnen Posten seiner Gruppe an, und von jedem kam ein »Alles klar« zurück. Nirgendwo war in seinen Raum oder auch sonstwo unter Panzerdeck eine Granate eingedrungen, sollte es auch bis zum Ende nicht, und Generotzky war noch einmal so recht stolz auf deutsche Schiffbaukunst und deutsche Wertarbeit.

Aus den zu den Dieselmaschinen hinunterführenden Lüftungsschächten hörte er ein Poltern, als ob Erbsen auf einer Trommel tanzten. Es waren Granatsplitter, die an Oberdeck in wahren Schauern niedergingen.

Plötzlich kam von Steuerbord ein Heizer herüber und rief in höchster Erregung: »Herr Maschinenmaat, Umformerraum I brennt. Sie sollen hinuntergehen!« Generotzky setzte seinen Flottenatmer in Betrieb, faßte einen Feuerlöschschlauch und stieg den Niedergang hinunter. Unten öffnete er vorsichtig das Schott zum Umformerraum – nichts, weder Qualm noch Feuer schlug ihm entgegen. Weiter – das Schott öffnen zum Dieselraum, auch hier war alles klar. Dennoch, hatte er beim Abstieg nicht Rauch bemerkt? Aber woher? Jetzt kontrollierte er alle am Niedergang gelegenen Räume, darunter eine 10,5-cm-Granat- und Pulverkammer. Als er ihr Schott aufriß, kam ihm beißender gelber Qualm entgegen, sah er einen rötlichen Schein. In Windeseile riegelte er das Schott wieder zu, sauste hinauf aufs Deck, zum Ferngestänge des Flutventils, das an der Wand befestigt war und sich nur mittels der sogenannten Knarre oder Ratsche drehen ließ. O Gott, wie lange dauerte das nur, eine halbe Umdrehung hin, eine halbe her – und unter ihm die brennende Munition! Endlich auf! Nun schnell hinüber zur Leckpumpe. Schieber »Von See« aufdrehen, Schieber »Nach Flutleitung« etwa drei Gang auf und Leckpumpe anstellen! Nun den Schieber zur Flutleitung weiter aufdrehen. Halt, das ging ja nicht, der Wasserdruck lastete ja davor! Also Leckpumpe nochmals abstellen, Schieber öffnen und Pumpe schließlich wieder anlaufen lassen. Endlich, endlich rieselte das Wasser über die brennende Munition. Ihm zitterten Hände und Knie, Schweiß lief ihm in Strömen vom Gesicht. Nun schnell dem Leckwehrführer den Vollzug melden. Gerade als er die Meldung abgab, kam sein Divisionsoffizier von der Maschinenleitung und befahl, Flutgruppe 4 zu fluten. Im gleichen Augenblick aber berichtete ein Maat von der Leckgruppe 4, daß die Gruppen 4 und 5 schon geflutet seien. Es hatte in mehreren Munitionskammern gebrannt. Generotzky und seine Männer wußten ja noch nicht, daß alle 10,5-cm-Geschütze wegrasiert, alle 15er Türme von Treffern durchlöchert, deren Rohre fast sämtlich weggeschossen waren!

Als dann der Befehl zum »Schiff verlassen« kam, stieg Generotzky nach oben in das Batteriedeck der Abteilung X, wo etwa schon sechzig Mann standen, die gleich ihm den Niedergang zum Oberdeck benutzen wollten. Von dort aus waren die Einschläge oben schon deutlicher zu hören. *Bismarcks* Artillerie schwieg längst. Am Niedergang standen der Erste Offizier und der Divisionsoffizier der 11.Division, Kapitänleutnant (Ing.) Albert Hasselmeyer. Fregattenkapitän Oels sagte: »Kameraden, geht hier nicht hoch. Es ist euer sicherer Tod. Geht lieber ins Vorschiff, helft die Brände löschen!« Aber das war ja sinnlos! Die Zündungen für die Sprengladungen an den Kühlwasserleitungen waren doch längst abgezogen, die Detonationen mußten jeden Augenblick folgen.

Generotzky stand jetzt etwa noch fünf Meter vom Niedergang entfernt, vor ihm eine Mauer wartender Kameraden. Da schlug sie ein, die Granate, unmittelbar am Niedergang – ein Feuerschein, ein dröhnender Knall, und er wurde hochgeschleudert, landete hart auf dem Rücken. Über ihn stolperten

Kameraden, einer half ihm auf, und beide rannten nach achtern zur Abteilung VIII, fanden aber nur einen verklemmten Niedergang zum Oberdeck. Da machte der Maschinenmaat Heinrich König den Hilfsmunitionsförderschacht der dortigen 10,5-cm-Granaten- und Pulverkammer klar. Es war die Kammer, die Generotzky selbst kurz vorher geflutet hatte. Vierzig Mann, einer hinter dem anderen, warteten nun darauf, durch den schmalen Förderschacht, nur 50 cm breit, nach oben zu gelangen. Die Beleuchtung war jetzt ausgefallen, einzelne hatten Taschenlampen in den Mund gesteckt. Alle warteten geduldig. Kein Vordrängeln, keine Unbeherrschtheiten. Der Vordermann wurde von dem jeweils folgenden hochgehoben, bis er die erste Sprosse der Steigeisen fassen konnte. Von unten trieben die dumpfen Detonationen der Sprengladungen zu äußerster Eile. Endlich war auch Generotzky an der Reihe. Er wurde am Hosenboden gepackt, ins Rohr hineingeschoben, erreichte die Sprossen, hangelte hinauf. Sein erster Griff an Oberdeck war in eine Blutlache. Dann stand er oben, Tote ringsum inmitten völlig zerstörter Aufbauten. Aber, er war herausgekommen, aus dem furchtbaren Sarg, zu dem *Bismarck* geworden war. Hier oben war Licht, zeigten weiße Schaumkronen des Meeres wieder das Leben. Doch immer noch vergrößerten Einschläge das Chaos, türmten weitere Leiber von Gefallenen aufeinander, und er hoffte jetzt, in der Flugzeughalle Schutz zu finden, die durch ein riesiges Loch aufgerissen war. Aber als er dort ankam, prallte er vor den vielen Toten zurück; zu viele schon hatten dort Deckung finden wollen, umsonst. Vom Aufbaudeck sprang er nun auf das Oberdeck hinunter, auch dort Tote, zu dreien und vieren übereinander, wie sie gefallen waren. Weiter lief er, nach achtern, wo aber die See bereits das Oberdeck überspülte, kletterte wieder hinauf zum Aufbaudeck. Endlich stellte der Feind das Feuer ein. Er blickte jetzt in etwas mehr Ruhe um sich und sah »ein Bild des Schreckens, einen grausigen Tummelplatz aller entfesselten Kräfte einer hochgezüchteten Kriegsmaschinerie«.

Auf dem Weg nach oben begegnete der Maschinengefreite Bruno Zickelbein von der Maschinenleckwehrgruppe VI im Batteriedeck der Abteilung XIII dem Ersten Offizier: »Kameraden«, hörte er Oels ausrufen, »unsere Artillerie kann nicht mehr schießen, außerdem haben wir keine Munition mehr. Unsere Stunde ist gekommen. Wir müssen unser Schiff verlassen. Es wird von uns versenkt. Alle Mann an Oberdeck.« Im Gefolge von Oels gingen Zickelbein und einige Kameraden nach achtern zur Abteilung IX weiter, von wo Verwundete an Oberdeck zu bringen waren. Acht Männer hatten jetzt vier Verwundete zu transportieren und gingen zum Niedergang bei dem Flugzeugkatapult, der als einziger passierbar war. Aber als Zickelbein mit seiner Last bereits halb oben war, schlug eine Granate ein und schleuderte ihn in das Batteriedeck zurück. Ein weiterer Treffer tötete einige Männer, auch die Verwundeten. Jetzt war der Niedergang zertrümmert, und durch ein breites Loch im Boden sah Zickelbein bis in das Zwischendeck hinunter. »Hier liegen sie alle«, sagte der Maschinenmaat Erich Vogel zu ihm, »nur wir beide sind übriggeblieben.« Sie machten jetzt keinen weiteren Versuch mehr, dort an Oberdeck zu kommen, und gingen statt dessen zur Abteilung X. Da traf Befehl ein: »Maat Silberling mit seiner Gruppe sofort zum Maschinenleitstand!« Hans Silberling gab Zickelbein die Hand und sagte: »Wir sehen uns nicht wieder, denn das ist das Ende! Grüß die Heimat von mir.« Beide hielten für einen Augenblick einander die Hände, Tränen rollten über ihre Backen. Zickelbein war damals erst neunzehn Jahre alt, und Silberling mit seinen fünfundzwanzig Jahren ihm eine Art väterlicher Freund gewesen. Aber es nutzte nichts, Silberling führte seinen letzten Befehl aus.

Weitere Einschläge kamen, das Licht fiel aus. Taschentücher vor Mund und Nase zum Schutz gegen den starken Rauch, versuchten Zickelbein und seine Kameraden nunmehr, den Niedergang bei der Mannschaftskantine hochzugehen. Auch hier sollten zuerst wieder Verwundete nach oben gebracht werden. »Laßt sie unten, hier können sie besser einschlafen«, hörte er jetzt aber den Marinestabsarzt Dr. Arvid Thiele sagen. Jeder wußte, daß das Ende gekommen war. Da zerfetzte eine Granate auch den Kantinenniedergang, tötete Umstehende. Weiter vorn schienen alle Niedergänge unbrauchbar zu sein, und so stauten sich die Kameraden jetzt nach achtern zu. Alle wollten versuchen, über den zerstörten Niedergang an Oberdeck zu gelangen. Die See strömte schon von oben herein. Bis zum Bauch stand Zickelbein im Wasser, als er den Niedergang erreichte.

Der Maschinenobergefreite Hans Springborn vom Kraftwerk 2 im Unteren Plattformdeck der Abteilung VIII kontrollierte kurz vor dem Sprengen des Schiffes noch einmal die Generatoren und die Dieselmotoren. Die Lichtversorgung mußte bis zum Schluß intakt bleiben, und sie blieb es auch. Später sah er auf dem Oberdeck, inmitten all der Verwüstung, Verwundete in Transporthängematten. Eigentlich hatten sie noch weitertransportiert werden sollen, zu den Verbandsplätzen unter Deck, aber die massierten Einschläge hielten an, und die Zeit wurde immer knapper. Ärzte liefen umher und gaben Beruhigungsspritzen.

Oben glich *Bismarck* jetzt einem Schrotthaufen, Brände an allen Ecken und Enden. Unter Treffern liefen Kameraden hin und her, suchten Hilfsmittel zur Rettung. Aber die Beiboote, Rettungsinseln und Flöße waren längst zerstört, alle.

Der Maschinengefreite Hermann Budich, Befehlsübermittler im E-Gefechtsstand im Unteren Plattformdeck der Abteilung IX, wurde verwundet zum Achteren Gefechtsverbandsplatz gebracht. Als nur leicht Verletzten legte man ihn in ein Deck davor. »Nur die schweren Fälle bleiben im Raum«, hatte er einen Arzt noch sagen hören. Dann gab es einen fürchterlichen Knall, ein Volltreffer war in den Verbandsplatz gefahren. Nichts mehr rührte sich dort. Ganz knapp war Budich ihm entgangen.

Es mag zwischen 09.10 und 09.15 Uhr gewesen sein, als die bisherigen Aufgaben von Oels und Jahreis endeten. Die Verwüstungen an Bord, die riesigen Wassermassen im Schiff hatten es mittlerweile sinnlos gemacht, weitere Treffer zu registrieren, ihre Auswirkungen zu umgrenzen, zu bekämpfen. Das Gegenteil war zu tun: zerstören, was nicht mehr zu halten war. Seit 09.15 Uhr spätestens war *Bismarck* tödlich verletzt, hatten Ausfälle und Munitionsmangel das Ende signalisiert. Jetzt war das Sprengen des Schiffes zu veranlassen, zu überwachen, dafür zu sorgen, daß die Männer durch das Chaos im Zwischen- und Batteriedeck nach oben gelangen, sich retten konnten. »Maßnahme Versenken, alle Mann außenbords!« befahl Oels, und diesen Befehl an alle Stationen durchzugeben, sollte zur letzten Handlung der Besatzung in der Kommandozentrale geworden sein. Danach formierte sie sich in einer Reihe, um durch ein Schott in den Verbindungsschacht zu gelangen, der, senkrecht nach oben führend, in den Vorderen Kommandostand oberhalb der Schiffsbrücke mündete. »Kommen Sie mit!« forderte Sagner den Maschinengasten Statz auf, aber der erwiderte: »Nein, ich bleibe hier unten«, aber warum er das sagte, wußte er eigentlich selber nicht, wohl aus Angst, denn draußen prasselten die Einschläge ja unvermindert weiter. Jahreis sah ihn erstaunt an, grüßte die Männer durch Handanlegen an die Mütze und trat in den Verbindungsschacht. Oels ging durch das an Backbord liegende Schott, nach achtern zu, rief beim Hinausgehen: »Wir haben neun bis zehn Minuten Zeit!«

Oels, gefolgt von einigen Männern aus seiner Zentrale, erreichte über die Abteilungen XIII und X im Batteriedeck, wo – wir wissen es schon – Zickelbein, Mahlberg und Generotzky ihm begegneten, die Abteilung VIII dieses Decks, stieß dort auf etwa dreihundert Männer, eine wogende Menschenmenge, sich drängend und schiebend, hin zu den Aufgängen nach oben. Gelbgrüne, beißende Verbrennungsgase zogen durch das Deck, Erstickungshusten schüttelte all die, die keine Gasmaske zur Hand hatten. In der Mitte klemmte das Ausstiegsluk nach oben. »Los, los«, rief Oels mit heiserer, sich überschlagender Stimme, »alle Mann aus dem Schiff. Das Schiff ist gesprengt. Nach vorn kann keiner mehr durch. Vorn brennt alles.« Und kaum waren diese Worte verhallt, da zischte eine grüne Erscheinung vorbei, zerplatzte zu einem Feuerball, detonierte mit Donnergetöse. Männer taumelten, wurden hochgeschleudert, fielen hart zu Boden, über hundert waren tot, auf einen Schlag. Auch Oels lebte nicht mehr. Zwischen Kantine und Niedergang hatte er gestanden, als der Einschlag kam. Von überall her drang das Stöhnen und Wimmern der Verletzten.

In der Leckwehrzentrale war Statz am Tisch stehengeblieben. Sein Blick war auf die Schiffssicherungstafel gefallen, hatte ihn die schlimme Lage seines Schiffes noch einmal unbarmherzig erkennen lassen. Rot, die Farbe für Wassereinbruch, bedeckte fast die gesamte Backbordseite; Grün, für »geflutet«, zeigte sich für die Munitionskammern an Backbord und fast die gesamte Steuerbordseite – die dortigen Flutzellen waren ja längst geflutet worden. Weiß, »gelenzt« anzeigend, leuchtete nur für die Maschinenräume unterhalb der Panzerung. Statz leerte erst einmal seine Taschen, darüber bestand ja ein Befehl, legte seinen Maschinengefechtsgürtel ab, auch den Maschinengefechtshammer, den die Männer nach dessen Konstrukteur auf »Junackschen Gefechtshammer« getauft hatten. Junack war ja der Vater der Schiffssicherung auf *Bismarck,* und um so unerklärlicher war ihm, daran mußte er jetzt noch einmal denken, dessen so abrupter Wechsel auf den Posten des Turbineningenieurs erschienen, kurz vor dem Auslaufen, im Austausch mit Jahreis. Dann legte er seine Schwimmweste um, unaufgeblasen natürlich, aber was nun? Er war jetzt ganz allein in der Zentrale, das Licht brannte, als ob nichts geschehen sei, Nervosität ergriff ihn – sollte, wollte er nun auch nach achtern, wie Oels es ihm angezeigt hatte? Er versuchte es, trat aus dem Schott der Kommandozentrale, aber viel weiter kam er nicht. Absolute Finsternis und dichter Rauch hier draußen verhinderten jeglichen Durchblick, er stand bereits knietief im Wasser im Oberen Plattformdeck des mittlerweile schwer schlagseitigen Schiffes. An den Flutventilen für die 15-cm-Munitionskammern hielt er inne. Zu denken, daß er diese vor knapp dreißig Minuten, zusammen mit Sagner, aufgedreht hatte. 80° C Außentemperatur hatten die Kammern aufgewiesen und Sagner hatte befohlen, sie alle zu fluten, Statz eingewendet: »Aber da sind doch noch Leute drin!«, jedoch Sagner, nachdem die Kammerschotten sich nicht hatten öffnen lassen, darauf bestanden: »Für Führer, Volk und Vaterland, es muß sein, sonst fliegen wir alle in die Luft.« Mein Gott, fliegen wir jetzt wirklich in die Luft? schoß es in seinen Kopf ... dann doch lieber erst einmal fort von hier, zurück in die vertraute Zentrale.

Wiederum war er jetzt allein, in seiner nach wie vor hell erleuchteten, gewohnten Umgebung, von der er sich längst hätte lösen sollen, es aber auf eine fast unbegreifliche Weise nicht konnte. Während er noch überlegte, was zu tun sei, schrillte in die Stille hinein der Leckfernsprecher. Wer kann jetzt noch anrufen, Himmel, nach solchem Inferno? dachte Statz, nahm den Hörer ab und hörte die Fragen des Vierten Artillerieoffiziers aus dem Achteren Stand: »Wer hat und wo ist die Schiffsführung? Sind neue Befehle in Kraft?« Von den in seinem Kopf kreisenden letzten Worten Oels', daß der Besatzung für die eigene Rettung nur knappe zehn Minuten blieben – wieviel davon mochten schon verstrichen sein? – von allem überhaupt innerlich noch ganz durcheinander, disziplinierte er sich, antwortete rasch und kurz: »Erster Offizier und Leckwehroffizier haben nebst Raumbesatzung die Zentrale verlassen, ich muß hinterher.« Und hatte durch meinen Anruf begriffen: Da oben lebt noch jemand, ist noch Hoffnung, nun aber nichts wie raus! Kaum hatte er den Hörer eingehängt, als auf einmal zwei Mann die Zentrale betraten, die Maschinenobergefreiten Heinz Moritz und Erich Seifert, letzterer niemand anders als sein Backskamerad »Fietje«. Als zwei alte

Hasen von der Baubelehrung, die jeden Schlich an Bord kannten, kamen sie von achtern, hin zum Verbindungsschacht zum Vorderen Stand. Aber Fietje, einstmals immer so voll guter Ratschläge, war, wie er nun dastand, barfuß, nur mit einem Unterhemd bekleidet, gar nicht mehr ansprechbar, stierte Statz nur noch an, zeigte keinerlei Reaktion. Mit Moritz ließ sich reden, Statz fragte ihn: »Wollen wir es versuchen durch den Verbindungsschacht, sieben Decks nach oben, dann wieder vier von dort hinunter zum Oberdeck?« Nur ganz verschwommen lag dieser Weg vor ihm. Einer Antwort gleich schoß Fietje regelrecht in den Schacht, Moritz hinterher, Statz »ich, der Zögerer« – als letzter nach.

Innen, im engen Verbindungsschacht, war der Anstieg für die drei eine wahre Plage. Die Steigeisen waren an der Steuerbordseite angeschweißt, aber *Bismarck* hatte ja längst eine ständig weiter zunehmende Schlagseite nach Backbord, so daß die Männer, an den Eisen hintüber hängend, dabei sich auch noch fortgesetzt an Kabelschellen verhakend, mit dreifachem Kraftverbrauch klettern mußten. Dieses komplizierte Hochsteigen, die wüsten Begleitumstände, die den Hals zuschnürende Angst, wie das alles ausgehen soll, verwirrten Statz vollkommen. Jedesmal, wenn er, nach oben blickend, an den Männern über ihm vorbei einen Blick auf das Ende des Schachtes erhaschen konnte, dort Licht sah, fragte er sich: »Ist das nun der Himmel, ist das Wasser?« Je weiter er nach oben gelangte, wo der anhaltende Gefechtslärm ohrenbetäubender, das Licht dort immer heller wurde, wo der Vordere Stand Dunkel hätte verbreiten müssen, desto klarer wurde ihm, daß »mit dem Stand etwas passiert sein muss.«

Und in der Tat, beim Ausstieg aus dem Schacht – Statz war bereits bis zur Gürtellinie draußen – schlug erneut ein Volltreffer in den Stand, zerfetzte dessen letzte Aufbauten, spie Metallbrocken über Bord. Jetzt waren nur noch die früheren Umrisse des Standes ganz schwach zu erkennen, kurze Panzerblechsegmente auf dem Deck, das war alles. Die Einschläge hatten den Tod auch für viele Offiziere bedeutet, die dort massiert ihre Gefechtsstationen gehabt hatten, sie lagen in ihren blauen Uniformen. Statz erkannte Jahreis und Sagner, die erst kurz zuvor von unten gekommen waren, sah sie unweit des Schachtausganges, beide tot, dachte: »Ehre ihrem Andenken!«

Der letzte Volltreffer hatte auch Moritz, Seifert und Statz verwundet, Statz mit einem zwanzig Zentimeter langen Riß an der linken Schulter, zum Glück hatte er Lederzeug an, die beiden anderen hatten dieses nicht. Über glühende Granatsplitter hinweg konnte er sich aus dem Schacht nur noch herauswälzen, als er die vertraute rheinische Stimme seines Freundes Cardinal hörte: »Na, Tünnes, hat es dich erwischt?« Mein Gott, dachte Statz, lebt hier oben also doch noch jemand. Und dann standen beide, Cardinal und er, nebeneinander, die zwei ganz allein, weit und breit kein Aufrechtstehender zu sehen, wie es vollkommener jenem Gefechtsbild nicht entsprechen konnte, einen Monat zuvor, in See, vor Gotenhafen. »Halb so schlimm mit meiner Verwundung«, sprach er jetzt zu Cardinal, »wir müssen aber schnellstens herunter!« Dann sah er Moritz schwerstverletzt am Boden, mit ganz aufgerissener Brust, und vorsichtig zogen Cardinal und Statz ihn erst einmal hinter die gepanzerte Brückenreling, den einzigen Schiffsteil, der hier oben noch in Ordnung war. Wie er seinem Kameraden überhaupt würde helfen können, das wußte Statz vor lauter Aufregung gar nicht, streichelte ihm nur, wie einem Baby, das Gesicht. Aber Moritz lächelte ihn dankbar an, hauchte noch »Grüß mir Kölle!« und starb.

Entsetzlich waren die Verwüstungen rundum, bis auf die Brückenreling alles abrasiert, Stümpfe zeigten die Säulen an, auf denen einst nautische Geräte geruht hatten, das große Fernglas in der Schiffsmitte auf der Brücke, merkwürdig unbeschädigt; zu beiden Seiten, dicht neben den Brückennokken die Reste von Flakgeschützen, nur deren Richtsitze noch zu erkennen. Cardinal und Statz suchten nun Schutz hinter der Reling, mußten aber dauernd von Seite zu Seite springen, denn die Einschläge kamen weiter, hauptsächlich in den Turmmast und darunter. Die schweren »Koffer« waren gut mit bloßem Auge zu sehen, wenn sie so in der Luft anrauschten. Nach einem Sprung zur Steuerbordseite war Statz überrascht, doch noch ein anderes lebendes Wesen zu erblicken. Da saß, auf dem Brückendeck, mit schwersten Beinverletzungen, bewegungsunfähig, ein Offizier mit vier Ärmelstreifen, ein hoher Stabsoffizier. Die linke Hand an Deck aufgestützt, saß er ganz aufrecht – um ihn herum nur Tote! Richtig interessiert sah er dem Beschuß zu. Welch feine, sauber gescheitelte Frisur er hat, dachte Statz, welch schönes, leuchtend weißes Haar.

Dann aber hielten die Einschläge Cardinal und Statz weiter im Trab, und Statz hoffte stark, daß der Oberleutnant die nächsten Initiativen übernehmen und sagen würde, wie man hier am besten herunterkäme. Doch weit gefehlt, er selbst war es, der nun zu führen hatte – Cardinal war verändert, seine Frage zuvor an Statz: »Na, Tünnes, hat es dich erwischt?« sollten seine letzten Worte überhaupt gewesen sein, danach schwieg er nur noch; er, für Statz immer »der Offizier«, »Vorbild, Könner, Soldat, einer, mit dem man Berge versetzen konnte«.

Statz erkannte ihn nicht mehr wieder. Von ihrem Platz aus hatten die beiden jetzt den Blick ganz frei zu den achterlich beiderseits herausragenden Flakleitständen, wie Finger standen sie in den Himmel, ganz unversehrt, so als ob überhaupt nichts geschehen wäre. Zur höher gelegenen Admiralsbrücke hin qualmten Brände, wälzte sich Rauch in dichten Schwaden. Die Brücke selbst war anscheinend unbeschädigt, die Sichtscheiben intakt, aber kein Mensch zu sehen. Statz sagte: »An Steuerbord gehe ich nicht herunter«, Cardinal nickte nur, es sah ja auch gräßlich hoch aus von hier oben, dazu das Steuerbord Oberdeck auch schon weit aus der See ragend. »Gas«, brüllten mehrere Stimmen unten, dann brachte sie ein Volltreffer unterhalb der Brücke zum Schweigen. »Rauf mit der Gasmaske«, sagte sich Statz, nahm sie über, fühlte sich aber sofort beklemmt, hatte in der Aufregung den Mikrofonanschluß nicht aufgeschraubt, also wieder runter mit der Maske, das Gas war auch schon verweht. Nun schauten Cardinal und er noch einmal nach vorn, zu den schweren Türmen; im Zustand ihrer grauenhaften Zerstörung trieben sie Cardinal die Tränen in die Augen. Dann sahen sie einen britischen Kreuzer herankommen, aus allen Rohren feuernd, in das Brückendeck prasselten wieder die Einschläge. Aber die kleinen Kreuzergranaten waren nicht so schlimm, nicht so wie die 40,6er und 35,6er der Schlachtschiffe, die, wo sie trafen, alles bis zur Unkenntlichkeit zerfetzten. Einem Volltreffer mußte auch der Stabsoffizier zum Opfer gefallen sein – dort, wo er gesessen hatte, war jetzt nichts mehr. Statz sah an Backbord vor dem Flakleitstand eine festgezurrte Strickleiter, sagte zu Cardinal: »Die ist unsere Chance!« Dann hörte, welche Erlösung, der Beschuß plötzlich auf, man konnte sich wieder aufrecht bewegen, quer über das Brückendeck, wo einmal der Kommandostand gewesen war, hin zur Reling. Statz half Cardinal über sie hinüber, der stieg auf die Strickleiter, sauste sofort, wie ein Stein, herunter auf das Untere Brückendeck, die Strickleiter war am Festmacherknoten durchgebrannt. Hier war ja der größte Brandherd, und Statz hangelte irgendwie herunter, auch zum Unteren Brückendeck. Dort die absolute Wüste, nichts mehr zu erkennen. Nun weiter hinab auf das Aufbaudeck, dorthin hangeln, den Rest springen. Und wieder weiter im Sprung auf den Mittleren Backbord 15cm-Turm, dessen Decke noch in Ordnung war, wenn auch sonst nichts mehr an einen Geschützturm erinnerte. Von hier aus sahen sie jetzt die Kameraden, die hinter Turm »D« Schutz gesucht hatten, die ersten Lebenden nach endlos erscheinender Zeit! Sie hörten das Deutschlandlied und ein dreifaches »Sieg Heil«, sahen die Männer in die See springen. Nach vorn zu nirgendwo mehr ein Mensch, außer Cardinal und Statz war niemand der Hölle dort entkommen.

Einige Männer konnten das Schiff nicht mehr verlassen. Luken nach Oberdeck zu ließen sich nicht mehr öffnen, weil sie klemmten oder schwerste Trümmer auf ihnen lagen. In Abteilung XV bei der Vorderen Kantine im Batteriedeck waren zweihundert Mann unter klemmenden Luken gefangen. Dann tötete ein Treffer sie alle. Brände schnitten das gesamte Vorschiff ab. An einem 15er Turm an Steuerbord hatten Treffer die Zugangsluken verklemmt. Alles Rütteln von innen und außen nützte nichts. Der Turm war für seine Besatzung zum Sarg geworden. Weiter achtern fielen zwei Männer, die schon an Oberdeck gelangt waren, in dichtem Rauch durch Löcher im Deck wieder in die Brände nach unten. Beispiele, dies nur...

Andere wollten nicht aussteigen. Junge Soldaten, Unteroffiziere, auch Männer der Prisenkommandos, erfahrene Seeleute. Es habe ja doch keinen Zweck mehr, meinten sie.

Und als unsere Waffen, eine nach der anderen, schweigen mußten und immer mehr Verwundete der Versorgung bedurften, da war auch die Stunde der Ärzte und Sanitäter gekommen – und in welcher Dimension! Hunderte von Verletzten – sie lagen, wo es sie getroffen hatte, im Vormars, auf den Brücken, Leitständen, an den Geschützen, an Oberdeck, in Batterie- und Zwischendeck. Krankenträger, darunter Angehörige des zivilen Personals, brachten sie im Granathagel vom Oberdeck – Ärzte und Sanitäter, wieviel mehr konnten sie bei diesen Zahlen überhaupt noch tun als lindernd einzugreifen, Morphium zu geben? Kein Zeuge hat überlebt, der länger beobachten konnte, was sie auf den Verbandsplätzen und Verwundetensammelstellen im einzelnen geleistet haben.

Als nach und nach die Gefechtstationen zerstört wurden und deren Überlebende an weiteren Kampfhandlungen nicht mehr teilnehmen konnten – als die große Mehrzahl der Besatzung nach dem Befehl zum »Schiff verlassen« zur eigenen Rettung schreiten konnte und durfte, da wuchs den Ärzten und Sanitätern ihre Aufgabe erst so richtig zu. Von Minute zu Minute drängte und forderte sie mehr – band sie unsere ärztlichen Helfer immer unverrückbarer an ihren Platz, ließ es gar nicht zu, daß sie überhaupt noch an sich selbst denken konnten. Und was sie leisteten, sie taten es unter den fortgesetzten schweren Einschlägen, gegen die der Zitadellpanzer des Batterie- und Zwischendecks einen Schutz nicht bieten konnte. An jedem Verwundeten erfuhren sie das um sie selbst tobende Grauen in der Verdopplung, ihr eigenes Schicksal im voraus. Sie erlebten in konzentriertester Form, was damalige britische Gefechtsbeobachter so empfunden und formuliert haben: »Wie es im Innern von *Bismarck* aussehen mußte, das war schon in der Vorstellung nicht zu ertragen; seine Geschütze zerstört, Brände überall, die vielen Verwundeten, und sicher ähneln sich alle Menschen, wenn sie verwundet sind« und »Möge Gott mich niemals wissen lassen, was die im Innern von *Bismarck* detonierenden Geschosse angerichtet haben.«

Und sie durchlebten auch die unerbittlichen fünfundvierzig Minuten der Kanonade, nachdem unsere eigenen Geschütze schon hatten schweigen müssen. Die Phase, von der der Kommandant der *Rodney*, Capitain F.H.G. Dalrymple-Hamilton, sagen sollte: »Ich kann nicht behaupten, daß mir dieser Teil meiner Aufgabe noch sehr zusagte, aber ich konnte nichts anderes tun.« Auch Capitain W.R. Patterson auf *King George V* hätte sein Feuer eher eingestellt, wenn er das Inferno auf *Bismarck* früher erkannt hätte. Aber die unaufhörlich dichte Wand von Geschoßaufschlägen an *Bismarcks* Backbordseite habe eine Feststellung dessen erschwert, was nun auf dem deutschen Schlachtschiff in Wahrheit vor sich ging.[5]

Sie durchlitten sie und halfen solange, bis sie selbst einem Treffer zum Opfer fielen. Wann und wie sie starben, ich weiß es nicht. Überliefert ist der eine schwere Einschlag in den Achteren Gefechtsverbandsplatz.

Des Marineoberstabsarztes Dr. Hans-Günther Busch, der Marinestabsärzte Dr. Hans-Joachim Krüger und Dr. Arvid Thiele, des Marineassistenzarztes der Reserve Dr. Rolf Hinrichsen, ihrer Sanitäter und Hilfsmannschaften sei hier mit besonderem Respekt gedacht.[6]

Soweit der Endkampf des *Bismarck*, wie ich ihn nach eigenem Erleben und anderen Zeugnissen rekonstruieren kann. Wir Überlebenden, die wir die Möglichkeit, ja auch die Pflicht zur Berichterstattung haben, können nur in schwachen Worten das schwere Schicksal von über zweitausend deutschen Seeleuten am 27. Mai 1941 andeuten. Vieles muß der Vorstellung überlassen bleiben. Alles Erlebte, alle Überlieferung beweist, daß die Besatzung bis zum bitteren Ende ihre Pflicht erfüllt hat. Deutlich tritt die schon anfängliche Massierung von Treffern im Vorschiff hervor, läßt sich so die frühzeitige Lähmung des Führungsmechanismus auf *Bismarck* verstehen. Mir selbst wurde erst nachträglich so recht klar, warum damals seit Gefechtsbeginn kein Befehl, keine einzige Durchsage der Schiffsführung zu mir in den Achteren Stand gedrungen ist. Mochten uns Teilnehmern damals die einzelnen Gefechtsphasen subjektiv auch viel, viel länger erschienen sein, als es der Wirklichkeit entsprach – so waren doch eben schon zwischen 09.02 und 09.10 Uhr, reichlich fünfzehn Minuten nach dem Fallen der ersten Salve, die entscheidenden Ausfälle vorn eingetreten: des Vormars, des Vorderen Artillerieleitstandes, der Türme »Anton« und »Bruno« – und das heißt von über fünfzig Prozent unserer Artillerie. Von diesen vorderen Gefechtsstationen hat niemand überlebt; mein Bericht, von achtern aus gesehen, kann nur ein Bruchstück sein.

Kein Überlebender hat während des Endkampfes den Flottenchef gesehen. Ich nehme an, daß Admiral Lütjens und sein Stab auf ihren Gefechtsstationen gefallen sind.

Der Endkampf aus britischer Sicht

King George V und *Rodney* hatten die Szene des kommenden Gefechtes mit Kurs 110°, 19 Knoten Fahrt, in Dwarslinie, Querabstand zwölfhundert Meter, *Rodney* auf der Backbordseite von *King George V*, angesteuert. *Rodney* hatte ihre Konstruktionsgeschwindigkeit von 22 Knoten bereits mehrere Jahre lang nicht mehr erreicht, aber während der letzten drei Tage immerhin noch einen Durchschnitt von 20 bis 21 Knoten herausgefahren. Durch die damit verbundenen Vibrationen hatte sie einige Schiffskörpernieten verloren, mit der Folge, daß laufend Heizöl in die See austrat, welches ihr Kielwasser nunmehr in dünner Schicht bis hin zum achteren Horizont bedeckte. Um 08.43 Uhr war im Südosten auf 250 Hektometer der auf 10 Knoten Fahrt geschätzte *Bismarck* als spitz zuliegende graue Silhouette aus dunkler Regenbö heraus in Sicht gekommen, und Dalrymple-Hamilton, ein Mann knapper Ausdrucksweise, hatte nur fünf Worte an seine Besatzung gesprochen: »Going in now – good luck!« Dann hatte *Rodney*, darin eine Minute später von *King George V* gefolgt, das Feuer eröffnet. Eine weitere Minute später hatte *Bismarck* geantwortet.

Auf *Rodney* war man sich bewußt, ein zwar manövrierunfähiges, doch artilleristisch noch voll kampffähiges deutsches Schlachtschiff vor sich zu haben, und auf diesem einen Artillerieoffizier, der wohl hoffen mochte, die ausschließlich auf dem Vorschiff seines Hauptgegners montierte und daher bei diesem direkten Zulaufen auf *Bismarck* gefährlich exponierte schwere Batterie rasch auszuschalten und vielleicht insgesamt, wie drei Tage zuvor gegen *Hood*, nur wenige Salven zu benötigen. Denn würde Schneider, in Kenntnis der fürchterlichen Durchschlagkraft der mehr als tonnenschweren Geschosse *Rodneys*, nicht die Entscheidung schnell erzwingen müssen, um zu überleben? Es war dies aber auch ein ihm nur dann erreichbarer Erfolg, wenn es ihm bei der in der anfänglichen Gefechtsphase so schmalen Silhouette *Rodneys* glücken sollte, sofort der Seite nach beobachtungsfähig an das Ziel zu kommen.

Die erste gegen *Rodney* gefeuerte Vierersalve *Bismarcks* hatte sechshundert bis neunhundert Meter kurz gelegen. *Bismarcks* zweite Salve war deckend angekommen, wobei zwei Granaten in Höhe der Brückenaufbauten *Rodneys* etwa zwanzig Meter kurz, und die beiden anderen etwa dreihundertundfünfzig Meter weit ins Wasser gegangen waren. Sprengstücke der beiden Kurzgänger hatten *Rodneys* Brückenaufbau an drei Stellen und die Außenhaut an einer Stelle oberhalb des Seitenpanzers durchschlagen. Die dritte deutsche Salve hatte weit gelegen.[1] *Rodney*, von Tovey taktisch nicht so starr geführt wie *Prince of Wales* drei Tage vorher von Vice Admiral Holland, hatte nach jeder deutschen Salve auf deren Aufschlagsentfernung zugedreht – in der sicheren Annahme, daß die nächste Salve *Bismarcks* mit einer Standkorrektur fallen, ihr Ziel dann also verfehlen werde.

Die unterdes ihr Feuer auf *Bismarck* fortsetzende *King George V* war unbeschossen geblieben. Um 08.54 Uhr hatte auch die an Steuerbord voraus von *Bismarck* stehende *Norfolk* mit ihrer 20,3-cm-Batterie auf 200 Hektometer in das Gefecht eingegriffen. Wenige Minuten später war *Rodneys* Mittelartillerie miteingefallen. Und danach hatte *Bismarck* unter dem konzentrierten Feuer dreier Schiffe gestanden. Diese Massierung hatte die Feuerkraft der deutschen Artillerie so stark beeinträchtigt, daß *Rodney* bald nicht mehr ernstlich durch sie gestört worden war.

Später wurde erkannt, daß die Ursache für die so rasch zutage tretende Schwäche der deutschen Artillerie der Ausfall des Hauptleitstandes im Vormars, vermutlich um 09.02 Uhr oder kurz danach, gewesen war. Jedenfalls hatte *Rodney* um diese Zeit einen spektakulären Treffer auf dem Vorschiff von *Bismarck* beobachtet. Und danach war der Kampf für die britische Seite fast zu einem ungestörten Scheibenschießen geworden.

Um die gesamte Batterie der zunächst spitz angelaufenen *King George V* zur Geltung zu bringen, hatte Tovey sein Flaggschiff noch vor 09.00 Uhr bei einer Gefechtsentfernung von einhundertundfünfzig Hektometer sukzessive auf Südkurs drehen lassen. Dieser neue Kurs hatte zu einem Passiergefecht an Backbord geführt. *Rodney* hatte sich etwas später diesem Kurs angeschlossen, und danach hatten alle schweren Türme beider Schiffe freies Schußfeld gehabt.

Inzwischen war auch *Dorsetshire* auf dem Gefechtsfeld angelangt und hatte um 09.04 Uhr auf eine Entfernung von 180 Hektometer in das Gefecht miteingegriffen. Mit geringen Unterbrechungen, bedingt durch schwierige Beobachtung infolge der Vielzahl der Geschoßaufschläge, hatte *Bismarck* ab dann unter Beschuß aus allen Richtungen gestanden.

Um 09.10 Uhr hatte sich *King George V* erstmalig unter dem deutschen Feuer gesehen. Ihr hatten ja jene Salven gegolten, die ich nach dem Ausfall unserer vorderen Leitstände von achtern aus geleitet hatte. Lieutenant-Commander Hugh Guernsey hatte auf diesem Schiff meine vierte und letzte Salve noch heranheulen hören und sie mit »ein Aufschlag kurz, drei weit« genau so beobachtet wie ich selbst. Er hatte sich gefragt, ob die nächste deutsche Salve wohl treffen würde, und war unwillkürlich einen Schritt zurück unter Splitterschutz getreten. Aber dann hatte er rasch eingesehen, daß dieser gegen einen Volltreffer doch nicht verfangen würde, und war auf seinen früheren Platz zurückgekehrt.

Auf dem Südkurs hatte der Wind den Pulverqualm von *King George V* und *Rodney* auf *Bismarck* zugetrieben und die britische Artilleriebeobachtung behindert. Gleichzeitig war bei der nunmehrigen Gefechtsentfernung zwischen *King George V* und *Bismarck* von nur noch 110 Hektometer *Bismarck* sehr stark achteraus gewandert. Um 09.16 Uhr hatte daher *Rodney*, und um 09.20 Uhr *King George V* auf nördlichen Kurs gedreht. Noch davor hatte *Rodney* auf etwa einhundert Hektometer sechs Torpedos auf *Bis-*

marck geschossen, die aber alle fehlgelaufen waren, ebenso wie die vier Torpedos, die *Norfolk* etwa zur gleichen Zeit auf einhundertundfünfzig Hektometer gefeuert hatte.

Auch auf dem nördlichen Kurs hatten die schweren Batterien beider Schlachtschiffe wiederum freies Schußfeld gehabt. In den Trümmern auf *King George V* waren dann allerdings vorübergehend Störungen aufgetreten, wie drei Tage zuvor auf dem Schwesterschiff *Prince of Wales*. Doch war *Bismarck* zu dieser Zeit bereits so geschwächt, daß dem Flaggschiff nachteilige Konsequenzen daraus erspart geblieben waren. Andererseits hatte dessen Mittelartillerie inzwischen in das Gefecht eingreifen können. Für die jetzt an *Bismarck* näher heranstehende *Rodney* war die Entfernung mittlerweile auf 75 Hektometer gesunken.

Auf dem nördlichen Kurs war die zuvor hinter *King George V* stehende *Rodney* zum Spitzenschiff geworden. Grenfell hat hieran die Vermutungen geknüpft, daß *Bismarck* vielleicht aus diesem Grunde sein Feuer wiederum auf *Rodney* verlagert habe.[2] Dies trifft aber nicht zu. Durch den Ausfall aller Optiken im Achteren Stand »blind« geworden, hatte ich den Turmkommandeuren »Caesar« und »Dora« eine Zielanweisung gar nicht mehr geben können, ihnen vielmehr die Auswahl des Zieles selbst überlassen müssen. Weshalb nun hatten sie *Rodney* gewählt? Vermutlich deshalb, weil *King George V,* längere Zeit als *Rodney* Südkurs steuernd, inzwischen mit immer schmalerer Silhouette weiter ab stand und die jetzt nähere *Rodney* als Ziel viel leichter aufzufassen und zu halten war.

Das letzte Schießen der deutschen achteren Türme hatte nicht schlecht gelegen, einige Geschosse waren dicht um *Rodney* herum eingeschlagen. Und dann hatte, um 09.27 Uhr, einer der vorderen Türme auf *Bismarck*, »Anton« oder »Bruno«, noch einmal eine Salve, seine letzte, geschossen.[3] Danach hatte die schwere Batterie vorn für immer geschwiegen, und *Norfolk* hatte noch die beiden Rohre von »Anton« in die tiefste Senkstellung fallen sehen, wie etwa nach einem Treffer in die Höhensteuerungsanlage. Die Rohre des in einer Seitenrichtung erstarrten Turmes »Bruno« hatten hoch in die Luft gewiesen. Zwischen 09.19 und 09.31 Uhr hatte auf *Bismarck* nur noch Turm »Caesar«[4] geschossen. *Bismarcks* allerletzte Salve war um 09.31 Uhr beobachtet worden. Danach hatte das deutsche Schlachtschiff geschwiegen.

Etwa von 09.36 Uhr bis zum Einstellen ihres Feuers um 10.16 Uhr hatte sich *Rodney* ständig vorlicher als querab von *Bismarck* gehalten und – auch mit Rücksicht auf U-Bootgefahr – Zickzackkurse entlang dem Generalkurs *Bismarcks* gesteuert. Dementsprechend hatte sie abwechselnd nach Backbord und Steuerbord feuern müssen. Auf 63 Hektometer hatte sie noch einmal zwei Torpedos geschossen, die aber nicht trafen. Dann war die Entfernung zu *Bismarck* immer weiter gesunken, bis herunter zu 25 Hektometer. Im Durchschnitt hatten sich schließlich die Schußentfernungen zwischen diesem Wert und 41 Hektometer bewegt, und *Rodney* und *King George V* hatten mit Unterstützung von *Norfolk* und *Dorsetshire* während der letzten sechsunddreißig Minuten der Beschießung mit allen Seezielkalibern auf *Bismarck* gehalten. In den Worten des Gefechtsbeobachters auf *Rodney* liest sich das so: »Von ungefähr 09.36 Uhr bis zum Feuereinstellen um 10.16 Uhr dampfte *Rodney* bei *Bismarck* auf Entfernungen zwischen 41 und 25 Hektometer auf und ab und feuerte während dieser Zeit Salve auf Salve mit ihren 40,6 und 15 cm Geschützen.« Die Flugbahnen der Geschosse waren jetzt fast gestreckt und die Verwüstungen auf *Bismarck* gut zu beobachten gewesen. Mehrere Brände wüteten auf dem deutschen Schlachtschiff, die hintere Wand des Turmes »Bruno« fehlte. Die Aufbauten waren zerstört, Männer waren an Deck hin und her gerannt und hatten sich, dort vergeblich Deckung suchend, dem Feuerhagel nur noch durch Überbordspringen entziehen können.

Gegen 10.00 Uhr war *Bismarck* nur noch als ein Wrack erschienen. Seine Geschützrohre hatten in alle Himmelsrichtungen gewiesen, schwarzer Rauch aus dem Schiffsinneren war mit dem Wind gezogen. Glühende Flammen der Brände in den unteren Decks *Bismarcks* hatten durch Löcher in Oberdeck und Zitadellpanzer hindurch geleuchtet.

Tovey war es fast unglaublich erschienen, daß *Bismarck* nach 10.00 Uhr noch schwamm. Als immer dringender empfand er die Notwendigkeit, ihn unter Wasser zu bringen, denn jeden Moment rechnete er mit dem Erscheinen deutscher Fernkampfbomber oder deutscher U-Boote. Zudem war die Brennstofflage seines Flaggschiffes, aber auch auf *Rodney* inzwischen alarmierend geworden. Wiederholt hatte er Patterson aufgefordert: »Näher heran an *Bismarck*, näher heran! – ich kann nicht genügend Treffer sehen.« Um das Ende *Bismarcks* zu beschleunigen, hatte *Rodney* zuletzt mit ihrer 40,6-cm-Batterie in Vollsalven, drei bis vier Treffer pro Salve, und auf 27 Hektometer auch noch ihre letzten beiden Torpedos auf *Bismarck* geschossen. Auch *Norfolk* hatte, auf 36 Hektometer, noch ihre vier letzten Torpedos gefeuert – trotz allem, *Bismarck* schwamm.

Auf *Rodney* hatte der Senior Lieutenant and Air Defense Officer Donald C. Campbell den gesamten Gefechtsablauf kontinuierlich beobachten können. Er hatte auf seiner sturmumtosten Gefechtsstation am hochgelegenen, ungepanzerten Fla-Zielgeber, als »höchster Mann« an Bord, eine unbehinderte Rundsicht gehabt, von der ihn dann auch keine deutschen Flugzeuge mit etwaigen Angriffen ablenken sollten. *Rodneys* erste Salve hatte er – vermutlich als Folge einer vom Artillerieleiter viel zu hoch eingegebenen Geschwindigkeit *Bismarcks* – als seitlich weit herausliegend ausgemacht. Auch die zweite eigene Salve hatte der Seite nach nur wenig besser gelegen, und erst die dritte war als kurz einwandfrei zu beobachten gewesen. *Bismarcks* Feuerleitung hatte ihn sofort als in jeder Hinsicht ausgezeichnet beeindruckt und zunächst fast eine Wiederholung der *Hood*-Katastrophe befürchten lassen. Die erste deutsche Salve war um etwa 180 Meter kurz angekommen und hatte *Rodney* ganz in hochgeschleudertes, übelriechendes Seewasser eingehüllt. Die zweite, anrauschend wie fünfzig D-Züge, war etwa 300 Meter auf der Weitseite mit betäubendem Getöse ins Wasser geschlagen. Campbell hatte von Beginn an mit bloßem Auge die eigenen 40,6-cm-Geschosse in ihren Flugbahnen verfolgen können, schwarze, mit zunehmender Entfernung kleiner werdende Punkte. Und so auch die der aus fünf Rohren abgefeuerten vierten Salve *Rodneys*, deren Geschoßzahl sich unversehens in der Luft zu verdoppeln schien, als *Bismarcks* dritte Salve herangeheult kam, in einem beiderseitigen Wettrennen um Sekunden, Panzer und Moral des Gegners als erster zu brechen, einem atemberaubenden Duell, das über Leben und Tod entscheiden würde – und das *Rodney* gewinnen sollte, als ihre fünf Geschosse nur drei Wassersäulen erbrachten und *Bismarcks* Turm »Bruno« nach dem Einschlag zweier Geschosse ganz hinter Flammen und Rauch verschwunden war, während Campbell gleichzeitig die anrasenden Granaten *Bismarcks* als immer größere Punkte erschienen waren, er schon den Glanz ihrer kupfernen Führungsringe gesehen, nur noch an das Schicksal der *Hood* gedacht und, in sinnloser Reaktion, seinen Kopf geduckt hatte. Und dann war sie eingeschlagen, unsere dritte Salve, deckend, perfekt deckend, gleichgewichtig auf beiden Seiten *Rodneys*, schmutzige Wasserwände an Bord schleudernd, aber ohne direkten Treffer, *Rodney* nur um Haaresbreite verfehlend. Lediglich einer der vielen herumfliegenden Splitter, ein faustgroßes Stück rotglühenden Eisens, hatte Campbells Zielgeber hart aufgerissen, Instrumente, Geschützmeldelampen, Ferngläser und die Zentralabfeuerung für die angeschlossenen Fla-Geschütze zerschmettert, war schließlich mit einem Donnerschlag zur Ruhe gekommen, hatte aber, Gott sei Dank, niemanden von seiner fünfköpfigen Standbesatzung verletzt. Niemanden – das heißt, solange bis sein Standkamerad Hambly (»stupid boy«) das Stück hatte aufheben wollen, um es sofort mit einem Aufschrei des Verbrennungsschmerzes wieder fallen zu lassen. Campbell hatte den Ausfall seines Zielgebers an die Fla-Leitung gemeldet, örtliche Feuerleitung an seinen Geschützen befohlen, danach wahrgenommen, wie *Rodney* durch scheußlich nahe Aufschläge *Bismarcks* hindurchfuhr, vorliche, achterliche, Längsseit-Lagen, aber wiederum kein Treffer darunter, hatte auf 60 Hektometer erlebt, wie *Bismarcks* Turm »Anton« lodernd explodierte, also nun seine beiden vorderen Türme nicht mehr existierten und nur noch die deutsche Mittelartillerie weiter schoß. Danach hatte *Rodney* ungefährdet vor dem nicht mehr verteidigungsfähigen Vorschiff *Bismarcks* manövrieren können. Vom Inferno des anhaltenden Vernichtungswerkes entsetzt, halb gelähmt, hatte Campbell die schweren Geschosse *Rodneys* den Zitadellpanzer *Bismarcks* wieder und wieder durchbohren, eine Granate der Mittelartillerie auf der Schiffsbrücke *Bismarcks* wie ein Ei zerschellen sehen, hatte beobachtet, wie eine andere die Decke des *Bismarckschen* Hauptartillerieleitstandes im Vormars gleich der Kappe einer großen Mülltonne durch die Luft segeln ließ – eine weißgelbe Flamme hatte dort wie ein sengender Blitz ihren eigenen Rauch verzehrt, hatte Lebende und Tote eingeäschert. Bei all dem hatte *Bismarcks* Flagge noch geweht, und Campbell aufgeschrien: »Mein Gott, warum hören wir nicht auf?« Und dann war, gleichsam in Erwiderung, der Befehl zum Feuereinstellen gekommen. Danach hatte Campbell nur noch das Rauschen des Windes in den Flaggleinen, das der See am Schiffskörper vernommen, als *Rodney,* mit Geschütztürmen, deren Farbe vom neunzigminütigen Schießen abgeblättert war, mit durch die harten Geschützrückstöße aufgerissenen Decks und vom Gasdruck der Kanonen verbogenen Geländern vom Kampfplatz ablief – *Bismarck* zurücklassend, sein Heck unter Rauch tief im Wasser, vorn und achtern brennend, zerstört, aber immer noch ein schönes Schiff.[5]

Auch Flugzeuge der *Ark Royal* hatten noch in den Kampf eingreifen wollen. Um 09.26 Uhr waren zwölf »Swordfish« vom Träger gestartet. Als sie auf der Gefechtsszene eingetroffen waren, hatten sie aber erkennen müssen, daß ein Angriff auf *Bismarck* für sie selbst viel zu riskant sein würde. Vier Schiffe hatten dort von mehreren Seiten zugleich das deutsche Schlachtschiff auf kürzeste Entfernung beschossen. Und eine so niedrige Entfernung bedeutete natürlich flache Geschoßbahnen. Bei der notwendigen geringen Operationshöhe war es da wohl besser gewesen, einen Angriff zu unterlassen.

Tovey irritierte es mittlerweile mehr und mehr, daß *Bismarck* absolut nicht sinken wollte. Das Schiff hatte einen Granathagel ertragen, wie er es sich nicht vorzustellen vermocht hatte. Wieviel mehr würde es noch hinnehmen? Aber wieviel weitere Zeit würde das auch ihn selbst noch kosten? Und eben die hatte er nicht. Sein Brennstoffvorrat war fast erschöpft, jedes längere Verweilen am Ort würde seine eigene Rückkehr gefährden. Noch einmal musterte er *Bismarck* scharf durch sein Doppelglas. Tief und schwerfällig lag er im Wasser, würde niemals mehr, das schien jetzt gewiß, einen Hafen erreichen. Und diese Überzeugung mußte ihm nunmehr genügen. Um 10.15 Uhr befahl er *Rodney,* sich auf nordöstlichem Kurs mit 19 Knoten Fahrt in Kiellinie an *King George V* anzuhängen. Es war Kurs Heimat.

Lesen wir jetzt noch das Protokoll des Gefechtsbeobachters auf *Rodney* im Wortlaut. Dieser oberhalb der Navigationsbrücke stationierte Offizier hatte während des Endkampfes keine andere Aufgabe, als dessen Verlauf festzuhalten. Gerade in seiner knappen Ausdrucksweise ist das Protokoll recht eindrucksvoll:

Bericht über das Gefecht zwischen *H.M.S. Rodney* und dem deutschen Schlachtschiff *Bismarck* am Dienstag, dem 27. Mai 1941:
08.44 Uhr Feind in Sicht, 5° an Steuerbord voraus

08.47 Uhr *Rodney* feuert erste Salve
08.48 Uhr *King George V* feuert erste Salve
08.49 Uhr *Bismarck* erwidert, Aufschläge 300 Meter kurz
08.52 Uhr Aufschlag von *Bismarck* 300 Meter weit
08.53 Uhr Aufschlag von *Bismarck*, kurz, dicht an Steuerbord von *Rodney*
08.54 Uhr Aufschlag von *Bismarck*, weit, dicht an Backbord von *Rodney*
08.56 Uhr Aufschläge von *Bismarck*, weit
08.57 Uhr Aufschläge von *Bismarck*, weit
08.58 Uhr *Rodney* in deckender Salve von *Bismarck*. *Bismarck*, beständig feuernd, zieht sich quer vor dem Bug von *King George V* vorbei. *Rodneys* Mittelartillerie feuert. Schwere und Mittelartillerie *Rodneys* beschießen die Backbordseite *Bismarcks*
09.02 Uhr Treffer auf dem Oberdeck von *Bismarck*. *Bismarcks* Aufschläge kurz
09.05 Uhr Aufschlag von *Bismarck*, 300 Meter weit
09.06 Uhr Aufschlag von *Bismarck*, 50 Meter weit
09.10 Uhr Geschlossener Salvenaufschlag von *Rodney* achteraus von *Bismarck*. *Bismarck* dreht ab und beschießt *King George V*[6,7]
09.13 Uhr Gute Deckendlage auf *Bismarck*, der dabei völlig verdeckt wurde
09.14 Uhr *Rodneys* Aufschläge fallen weit
09.15 Uhr *Bismarck* passiert an *Rodneys* Backbordseite
09.16 Uhr *Rodney* dreht hart Steuerbord, *Bismarck* passiert das Heck *Rodneys*
09.17 Uhr Gute Deckendlage auf *Bismarck*, ein Treffer beobachtet. *Bismarck* schießt nur noch selten und ungenau
09.19 Uhr *Bismarck* schießt eine Salve mit den achteren Türmen
09.21 Uhr Gute Deckendlage mit *Bismarck*
09.22 Uhr *Bismarcks* achtere Türme beschießen *Rodney*. *Rodneys* Steuerbordseite nur knapp verfehlt
09.23 Uhr Treffer auf *Bismarck*
09.24 Uhr *Bismarck* feuert noch mit den achteren Türmen
09.24 Uhr *Bismarck* dreht auf *Rodney* zu
09.26 Uhr Deckendlage auf *Bismarck*
09.27 Uhr Salve aus *Bismarcks* vorderen Geschützen
09.28 Uhr *Bismarck* dreht auf *Rodney* zu. Ein Treffer schlägt auf *Bismarck* achterlich vom Schornstein ein
09.29 Uhr *Bismarck* auf Parallelkurs, wird erneut getroffen
09.30 Uhr Treffer auf *Bismarck*
09.31 Uhr Die achteren Türme auf *Bismarck* schießen eine Salve (Parallel hierzu berichtete Lieutenant-Commander (US) Wellings[8]:
»Um 09.02 Uhr wurde ein Treffer auf dem Vorschiff *Bismarcks*

beobachtet. *Bismarck* hatte bis dahin regelmäßig gefeuert, bis zwischen 09.02 und 09.08 Uhr sein Feuer ungenau wurde und zeitweilig aussetzte. *Bismarcks* Türme »A« und »B« müssen in dieser Zeitspanne beschädigt worden sein, denn nur eine einzige Salve dieser vorderen Türme wurde später noch beobachtet, und zwar um 09.27 Uhr. Von etwa 09.19 bis 09.31 Uhr schoß auf *Bismarck* nur noch Turm »C«, anscheinend unter seinem Turmkommandeur und sehr erratisch. Seine letzte Salve überhaupt feuerte *Bismarck* um 09.31 Uhr.«)

09.32 Uhr *Bismarck* weiterhin auf Parallelkurs zu *Rodney,* Entfernung 3700 Meter
09.37 Uhr In Richtung 40° an Steuerbord kommt ein Schiff in Sicht, das Feuer eröffnet, wahrscheinlich *Dorsetshire*
09.38 Uhr *Bismarck* passiert achteraus, erscheint auf der Backbordseite von *Rodney,* Entfernung immer noch 3700 Meter
09.40 Uhr Brände im Vor- und Achterschiff von *Bismarck*
09.41 Uhr Vorschiffstreffer auf *Bismarck*. *Bismarck* dreht auf *Rodney* zu
09.42 Uhr Feuer im Turm »B« auf *Bismarck*
09.44 Uhr *Bismarck* passiert achteraus von *Rodney*. *Rodney* dreht nach Steuerbord und beschießt *Bismarcks* Steuerbordseite
09.46 Uhr Mindestens vier Treffer auf *Bismarck* während dieses Passierens an Steuerbord. *Bismarck* hat nicht gefeuert
09.48 Uhr Dieselbe Taktik. *Bismarck* passiert achteraus von *Rodney*. Zwei weitere Treffer auf *Bismarck* während der letzten zwei Minuten
09.49 Uhr *Rodney* dreht hart Backbord. Backbordseite von *Bismarck* wird beschossen
09.51 Uhr Gefecht an Backbord wird fortgesetzt[9]
09.55 Uhr Torpedo an Backbordseite gefeuert. Kein Ergebnis beobachtet
09.57 Uhr Torpedo an Backbordseite gefeuert, läuft zwei Drittel seines Weges über Wasser
09.58 Uhr Torpedotreffer Steuerbord mittschiffs auf *Bismarck*[10]
09.59 Uhr *Bismarck* dreht nach Steuerbord
10.00 Uhr Gefecht an Steuerbord, *Bismarck* dreht ab
10.02 Uhr »County Class« Kreuzer, vielleicht *Norfolk,* Steuerbord voraus von *Rodney* stehend, greift *Bismarck* an. *Dorsetshire* (?) Backbord voraus von *Rodney*

(Der Schwere Kreuzer *Dorsetshire* nahm von 09.04 bis 09.13 Uhr und von 09.20 bis 09.24 Uhr am Gefecht teil. Danach schoß er wieder von 09.35 bis 09.38 Uhr und von 9.54 bis 10.18 Uhr auf *Bismarck*. Insgesamt verfeuerte er 254 Granaten. Die jeweiligen Unterbrechungen beruhten auf der Schwierigkeit, bei der Vielzahl von Aufschlägen um das deutsche Schlachtschiff herum die eigenen zu identifizieren und auszuwerten. Während der Unterbrechungen leistete *Dorsetshire* den Schlachtschiffen *King George V* und *Rodney* Beobachtungshilfe. In seinem späteren Gefechtsbericht nahm der Kommandant der *Dorsetshire,* Captain B.C.S. Martin, vor 10.02 Uhr keinen Treffer für sein Schiff in Anspruch. Es muß bezweifelt werden, daß die Artillerie der *Dorsetshire* wesentlichen Schaden auf *Bismarck* anrichtete.)

10.03 Uhr Pause im Gefecht. *Bismarck* brennt überall. Schwarze Rauchwolken von den Bränden achtern

10.05 Uhr *Bismarck* dreht langsam herum und passiert unter schwerer Rauchentwicklung *Rodneys* Steuerbordseite in einer Entfernung von 2700 Meter

10.06 Uhr Treffer auf *Bismarcks* Steuerbordseite mittschiffs. *King George V,* fünf Seemeilen achteraus, feuert bei Gelegenheit

10.07 Uhr *Bismarck* passiert achteraus. *Rodney* dreht hart Backbord, setzt Gefecht auf Backbordseite fort. Viel schwarzer Rauch auf *Bismarck*

10.11 Uhr Eine Salve *Rodneys* bricht Stücke aus dem Heck von *Bismarck* und erzeugt Brände mit grauweißem Rauch

10.12 Uhr *King George V* voraus von *Bismarck*

10.13 Uhr Eine Salve von *Rodney* detoniert mittschiffs auf *Bismarck*

10.14 Uhr Drei Sekunden lang schlagen große Flammen aus Turm »A« auf *Bismarck*. Widerschein einer detonierenden Granate auf dem Vormars von *Bismarck*

10.16 Uhr *King George V* nähert sich *Rodney* von Backbord her, dreht auf Parallelkurs und feuert mit Turm »Y« auf *Bismarck*

10.19 Uhr Schwere Rauchentwicklung auf *Bismarck*. Bestreichungswinkel der Türme *Rodneys* reichen nicht aus

Um 10.22 Uhr befahl Vice Admiral Somerville, mit Kampfgruppe »H« außerhalb Sichtweite im Süden stehend, der *Dorsetshire, Bismarck* zu torpedieren. Aber deren Kommandant hatte bereits in eigener Initiative gehandelt. Auf dreitausend Meter hatte Captain Martin um 10.20 Uhr zwei Torpedos gegen *Bismarcks* Steuerbordseite geschossen. Ein Treffer in Brückenhöhe war beobachtet worden, der andere weiter achtern. Danach ging *Dorsetshire* nach Backbord herüber und torpedierte um 10.36 Uhr auf zweitausendzweihundert Meter *Bismarck* ein drittes Mal. Dieser Torpedo war das letzte aller am 27. Mai gegen *Bismarck* abgefeuerten Geschosse.

24 Korvettenkapitän Adalbert Schneider, Erster Artillerieoffizier auf *Bismarck*. Von seiner Station im Vormars aus leitet er das Feuer, das zur Versenkung der *Hood* und Beschädigung der *Prince of Wales* führt.

25 Die *Hood* ist in die Luft geflogen. Eine gewaltige Rauchsäule und Trümmer auf der Meeresoberfläche zeigen den ehemaligen Standort des Schlachtkreuzers an. Links davon ist Geschützqualm der *Prince of Wales* zu sehen.

26 *Bismarck* hat während des Island-Gefechtes nach Steuerbord gedreht. In Schußrichtung Backbord achteraus hat er soeben eine Salve gefeuert. Rechts zieht Mündungsqualm seiner vorherigen Salve ab, wiederum rechts davon ist die Wassersäule nach einem Geschoßaufschlag der *Prince of Wales* zu sehen. Die Wassersäulen schwerer Geschoßaufschläge können eine Höhe von 70 Meter erreichen.

27 *Bismarck* hat während des Island-Gefechtes nach Backbord zurückgedreht und soeben eine Salve auf die Kampfgruppe des Vice Admiral Holland abgefeuert. Die weiße Bugwelle und der aus dem Schornstein hoch in die Luft gejagte dünne Dampfstrahl bezeugen die hohe Geschwindigkeit des deutschen Schlachtschiffes.

28 Links am Horizont brennen noch an zwei Stellen die Überreste der *Hood*. Rechts davon liegt inzwischen *Prince of Wales* unter dem Feuer der deutschen Kampfgruppe. Bei *Prince of Wales* Geschoßaufschläge und nach rechts abziehende Qualmwolken.

29 Der mächtige Schlachtkreuzer HMS *Hood,* zwei Jahrzehnte lang der Stolz der Royal Navy. Die eleganten Linien des Schiffes treten auf dieser Aufnahme vom April 1938 klar hervor. Im Mai 1941 sieht *Hood* ziemlich ähnlich aus, allerdings hat man alle 5,5-Zoll-Geschütze von Bord genommen, oben sind zahlreiche Fla-Geschütze montiert worden, und das Schiff ist mit einem dunkleren Grau angestrichen.

30 Während des Island-Gefechtes feuert *Bismarck* eine Salve etwa in Schußrichtung Backbord querab (nächste Seite, oben).

31 In Schiffsrichtung 310° feuert *Bismarck* mit den beiden achteren Geschütztürmen auf die *Prince of Wales*. Zu beachten ist auch die Stellung der Vormarsdrehhaube. Inzwischen hat *Prinz Eugen* das Feuern mit seiner Schweren Flak gegen *Prince of Wales* eingestellt, da die Entfernung zu groß geworden ist. Die Flakgeschütze befinden sich in »Zurrstellung«, ihre Bedienungen in Feuerlee (nächste Seite, unten).

34 Korvettenkapitän (Ing.) Walter Lehmann, Leitender Ingenieur, von seinen »Männern in freundschaftlicher Verehrung »Papa Lehmann« genannt.

35 Kapitänleutnant (Ing.) Emil Jahreis, Turbineningenieur und während der »Rheinübung« Erster Leckwehroffizier. Seinen Freunden als »Seppel« bekannt.

32 Nach dem Island-Gefecht hat *Bismarck* wieder in das Kielwasser von *Prinz Eugen* eingeschwenkt und den Abstand verringert. Die Geschütztürme stehen wieder auf »Null«. 24. Mai 1941 (vorhergehende Seite, oben).

33 *Bismarck* an Backbord von *Prinz Eugen* während des Nummernwechsels nach dem Island-Gefecht. Lange Dünung im Atlantik. *Prinz Eugen* soll die Ölspur überprüfen, die *Bismarck* als Folge zweier Artillerietreffer von der *Prince of Wales* hinter sich her zieht. Letzte Aufnahme des *Bismarck* von deutscher Seite (vorhergehende Seite, unten).

36 Das Innere eines Seezielfeuerleitstandes auf *Bismarck*, das einen Eindruck von der Gefechtsstation des Verfassers im Achteren Leitstand vermittelt. Vorn an der Decke, in heller Farbe, das Beobachtungsgerät für den Entfernungsmeßoffizier. Das dunklere große Gerät dahinter ist ein Zielgeber.

37 Flying Officer Dennis Briggs, Pilot und Flugzeugkommandant des Catalina Flugbootes, das *Bismarck* am 26. Mai wieder auffindet. Diese Entdeckung stellt eine Fühlung wieder her, die einunddreißig Stunden lang verloren gewesen ist.

38 Ein Torpedo-Aufklärungsflugzeug vom Typ »Swordfish« kehrt nach einem Torpedoangriff auf *Bismarck* zur *Ark Royal* zurück. Zum Torpedoangriff fliegt die Maschine mit 75 Knoten Geschwindigkeit und in einer Höhe von 16 Meter oder niedriger an.

39 Das Kielwasser des *Bismarck* verläuft in Schlangenlinien, nachdem das deutsche Schlachtschiff am Abend des 26. Mai einen Torpedotreffer in die Ruderanlage erhalten hat.

40 Die beiden zur »Achillesferse« gewordenen Ruder des *Bismarck*. Dahinter sind die drei Schiffsschrauben zu sehen.

41 »Swordfish«-Torpedoflugzeuge über Schlachtschiff *King George V* am Vormittag des 27. Mai. Die *Ark Royal* hat zwölf Maschinen zu einem erneuten Angriff auf *Bismarck* gestartet. Dieser Angriff unterbleibt jedoch, nachdem die Piloten erkennen, daß das Artilleriefeuer der schweren Schiffe ihren eigenen Maschinen gefährlich werden kann.

42 Während des Endkampfes am 27. Mai feuert *King George V* in bewegter See eine Salve auf *Bismarck*. Zur Linken zeigen eine Rauchfahne und Geschoßaufschläge die Position *Bismarcks* an.

43 Während des Endkampfes feuert *Rodney* eine Salve auf *Bismarck*. 27. Mai 1941.

44 Schlachtschiff *Rodney* feuert eine Salve auf *Bismarck* während des Endkampfes am 27. Mai.

45 *King George V* und *Rodney* im Salvenaustausch mit *Bismarck* während des Endkampfes am 27. Mai.

46 Der Verfasser als Leutnant zur See auf dem Kreuzer *Königsberg,* 1934.

47 Kapitänleutnant (Ing.) Gerhard Junack, während der »Rheinübung« Turbineningenieur, auf Gefechtsstation im Mittleren Turbinenraum. Junack beteiligt sich am Abend des 26. Mai 1941 an den Versuchen zur Reparatur der Ruderanlage. Er ist einer der wenigen Überlebenden. Nach dem Kriege dient er in der Bundesmarine, wo er den Dienstgrad eines Kapitän zur See erreicht. Das Bild stammt aus der Zeit im Kriegsgefangenenlager Nr. 30, Bowmanville, Ontario, Kanada.

49 Das ehemalige Combined Services Detailed Interrogation Centre (CSDIC), Verhörlager für neu eingetroffene deutsche Kriegsgefangene, lag in Cockfosters, im Norden Londons, innerhalb des Trent Parks.

50 Das ehemalige Kriegsgefangenenlager Nr. 15, in der Nähe von Penrith, Cumberland, gelegen. Heute wieder, wie vor dem Kriege, das Shap Wells Hotel.

48 Überlebende des *Bismarck* werden von der *Dorsetshire* übernommen. Die Gesamtzahl der zur »Rheinübung« auf *Bismarck* Eingeschifften beträgt 2221. Nur 115 werden gerettet (s. vorhergehende Seite).

51 Kapitän zur See a. D. Günther Paschen, erfolgreicher Erster Artillerieoffizier auf Schlachtkreuzer *Lützow* während der Skagerrakschlacht am 31. Mai 1916, von 1929 bis 1936 Artillerielehrer an der Marineschule Mürwik, stand dem Nationalsozialismus schon frühzeitig ablehnend gegenüber, 1943 vom »Volksgerichtshof« ermordet.

52 Oberleutnant (Luftwaffe) der Reserve Franz Schad, in der Staatsverwaltung erfahrener Volljurist, geistig in der katholischen Jugend- und Studentenbewegung beheimatet, war in den verschiedenen Kriegsgefangenenlagern als »Kronjurist und wissenschaftlicher Gärpilz« renommiert.

53 Generalleutnant Hans von Ravenstein, als Kommandeur der 21. Panzerdivision in Libyen in Kriegsgefangenschaft geraten, genoß als Lagerführer in Grande Ligne, Quebec, bei Deutschen und Kanadiern ein gleichermaßen hohes Ansehen.

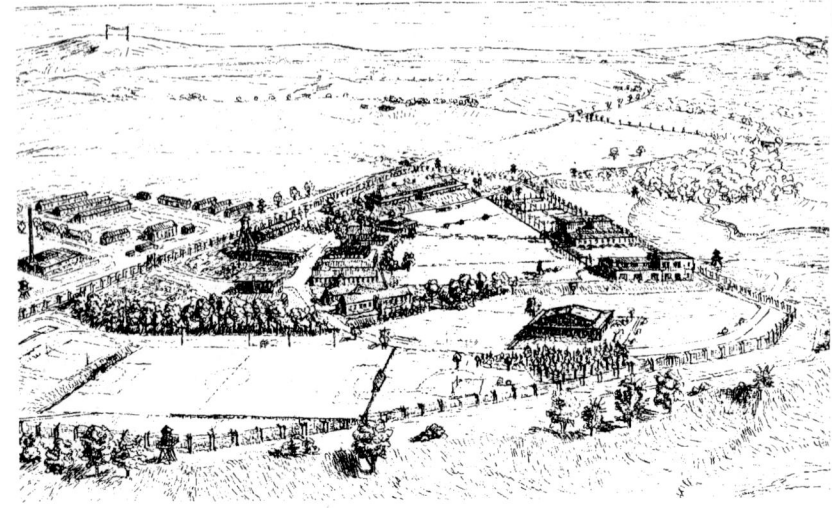

54 Skizze des Kriegsgefangenenlagers Nr. 30 in Bowmanville, Ontario, Kanada. Das »unstreitig schönste Lager diesseits und jenseits der Ozeane«.

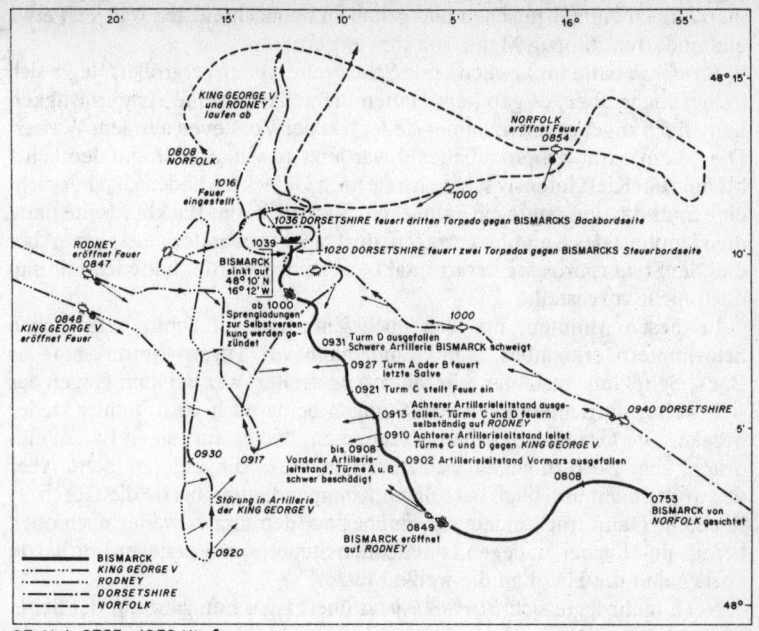

Der Endkampf am Vormittag des 27. Mai 1941.

Bismarck sinkt.
Als Schwimmer im Atlantik

Während unsere kleine Schar vorlich von Turm »Dora« abwartete, war *Bismarck* achterlastiger geworden, hatte seine schon vorher beträchtliche Schlagseite nach Backbord zunächst fast unmerklich, dann deutlicher erhöht. Mehr und mehr trat die Außenhaut der Steuerbordseite aus dem Wasser. »Es wird Zeit«, sagte ich, »Schwimmwesten aufblasen, klar zum Springen.« War es bisher darauf angekommen, nicht zu früh über Bord zu gehen, so durfte es wegen des allmählich heraufkommenden Schlingerkiels und des bald zu erwartenden Soges auch nicht zu spät werden. Der Moment war da. »Einen Gruß an die gefallenen Kameraden«, rief ich, wir rissen die Hand an die Mütze, richteten den Blick zur Flagge – und sprangen. Glücklicherweise frei von allen Hindernissen.

In der See fanden wir uns in dichten Ballen gedrängt wieder, wie die Korken auf- und niedergehend. Wir schwammen zunächst in kräftigen Stößen vom Schiff fort, um erst einmal Abstand zu gewinnen, dem Sog des sinkenden Schiffes zu entgehen. Dann hielt ich an und drehte mich um, um *Bis-*

marck noch einmal zu sehen und genau zu beobachten. Ich war jetzt etwa einhundertundfünfzig Meter von ihm entfernt.

Bismarck hatte inzwischen seine Schlagseite weiter vergrößert, legte sich immer mehr über, es gab kein Halten mehr. Auch seine Achterlastigkeit hatte noch zugenommen, immer steiler trat der Vorsteven aus dem Wasser. Die gesamte Steuerbordaußenhaut war jetzt zu sehen, klar und deutlich – bis hin zum Kiel. Intensiv suchte ich sie nach Gefechtsschäden ab, aber nicht eine Spur davon konnte ich entdecken. Sicherlich, die Backbordseite hatte die Hauptlast des Kampfes getragen, dort mochte es anders aussehen. Aber daß die Steuerbordseite derart intakt erscheinen würde, hatte ich mir nun doch nicht vorgestellt.

In diesen Minuten, nur den noch ganz nah am Schiff befindlichen Schwimmern erkennbar, stand Lindemann vor Turm »Anton« auf der Back. Sein Gefechtsläufer, ein Matrosengefreiter, war bei ihm. Gegen das sich weiter aufrichtende Vorschiff gingen beide nach vorn, immer steiler bergan. Die Gesten Lindemanns zeigten an, daß er auf seinen Läufer eindrang, über Bord zu gehen, sich zu retten, wie es die anderen taten. Aber der wollte nicht und blieb bei seinem Kommandanten, bis sie die Gösch erreichten. Dann trat Lindemann hinüber auf den immer weiter nach oben heraus und flacher zu liegen kommenden Steuerbord Vorsteven, verharrte dort, nahm die Hand an die weiße Mütze.

Noch mehr legte sich *Bismarck* jetzt über, lag schon ganz auf der Seite, noch stärker war sein Heck abgesackt, ragte der Vorsteven fast senkrecht empor. Dann ging das Schiff langsam, langsam mit dem grüßenden Lindemann in die Tiefe. Wer von uns wußte in diesem Moment schon, daß sich hier die dämonisch anmutende Jugendsehnsucht eines Mannes erfüllte, der im Alter von 13 Jahren eine Versessenheit auf die Marine entwickelt und es damals im Kreise seiner Brüder und Freunde wiederholt als seinen »höchsten Wunsch« geäußert hatte, einmal sein eigenes Schiff zu kommandieren und auf ihm »mit wehender Flagge unterzugehen«? »Ich dachte immer«, schrieb später ein Maschinengefreiter, der dies beobachtet hatte, »so etwas stehe nur in den Büchern, und nun habe ich es selbst erlebt.«

Der Anblick des sinkenden *Bismarck*, der Gedanke an die vielen gebliebenen Kameraden schnitten tief ins Herz.

Auch daran mußte ich denken, daß in diesem Moment ein Lenbach-Original vom Fürsten mit dem Schiff versank. Das Porträt des Reichsgründers und Namenspatrons hatte vor den Räumen des Kommandanten gehangen, dort, wo der »Posten Kajüte« seine Wache zu gehen pflegte. Lindemann war das Mitführen dieses Bildes auf einer Atlantikoperation persönlich zuwider gewesen, und er hatte vor der Ausfahrt dessen Vonbordgabe beantragt. Doch war dieser Antrag abgelehnt und das Verbleiben des Gemäldes auf *Bismarck* ausdrücklich angeordnet worden. Kurze drei Wochen zuvor hatte Lindemann Hitler während dessen Besuches an Bord auf diese »Leihgabe« noch besonders hingewiesen. In seinen Worten war deutliche Sorge über deren mögliches Kriegsschicksal angeklungen. Aber Hitler hatte abgewinkt. »Wenn dem Schiff wirklich einmal etwas zustoßen sollte«, so hatte er gemeint, »nun, dann mag auch das Bild verloren sein.« Jetzt war es soweit.

Noch ein Gedanke kam. War hier vor meinen Augen soeben ein Schiff versunken, das nicht nur den Namen eines großen Staatsmannes, sondern auch den eines entschiedenen Flottenförderers getragen hatte, eines Befürworters mächtiger Schlachtschiffe, so wie *Bismarck* eines gewesen war? Wohl kaum! War doch, wie ich es aus meiner Schulweisheit erinnerte, die Führung des Deutschen Reiches zu Bismarcks Zeiten von wesentlich kontinental-binnenländischen Vorstellungen beherrscht gewesen, hatte Bismarck einmal gar von dem »beinah krankhaften Flottenenthusiasmus von 1848« gesprochen und hatte er doch 1897 dem Staatssekretär des Reichsmarineamtes, Admiral Alfred von Tirpitz, bei dessen Besuch in Friedrichsruh nicht die von diesem erhoffte Absegnung der damals in großem Maßstab beginnenden deutschen Rüstung zur See erteilt. Tirpitz hatte er erklärt, daß er von großen Kriegsschiffen nichts halte, man brauche eher viele kleine, und dessen Gedanken, daß Deutschland durch eine starke Flotte seine Bündnisfähigkeit würde erhöhen können, hatte er fast entrüstet zurückgewiesen. Nein, Bismarck hatte noch bis an sein Lebensende seine politischen Bedenken gegen den Bau einer großen deutschen Schlachtflotte gewahrt, getreu seiner früheren Konzeption, daß England gegenüber, in Abstimmung mit Frankreich, ein gewisses Gleichgewicht zur See zu wahren, ein Krieg gegen England niemals zu wünschen sei. Ein so großes Schlachtschiff wie *Bismarck* oder gar eine Vielzahl davon wäre seine Sache gewiß nicht gewesen. Eine von Tirpitz anläßlich dessen Besuchs in Friedrichsruh überbrachte Einladung zur Teilnahme am Stapellauf des Panzerkreuzers *Fürst Bismarck* hatte er aus Alters- und Krankheitsgründen abgelehnt.

Für uns im Wasser wechselten die Bilder schnell. Schwimmer, die eben noch in Gruppen zusammen waren, fanden sich bald auseinandergerissen und in neuen Gruppen wieder. Auch diese blieben jeweils nur kurz beieinander. Auf die Entfernung sah ich die vertrauten Gesichter von Kapitänleutnant (Ing.) Werner Schock (Divisionsoffizier der 12. Division und Zweiter Leckingenieur) und Oberleutnant (W) Gerhard Hinz (Divisionsoffizier der 8. Division und Artillerietechnischer Offizier des Schiffes). Aber auch nicht längere Zeit, dann waren sie außer Sicht, für immer. Plötzlich entdeckte ich neben mir den Artilleriemechanikergasten meiner früheren Gefechtsstation. »Vorsicht, Vorsicht«, rief er mir zu, »kommen Sie mir nicht versehentlich zu nahe, ich habe einen Fuß verloren.« »Hören Sie«, erwiderte ich, »wir werden gleich auf einem Briten einsteigen. Dort wird man sich um Ihre Verletzung kümmern.« Doch bald danach war auch er in der Dünung verschwunden, und ich habe ihn niemals wiedergesehen.

Wie Spielbälle trieben wir nun auf dem aufgeregten Atlantik. Nur von den Wellenbergen aus konnten wir jeweils sekundenlang den Horizont sehen. Waren irgendwo britische Schiffe? Würden sie sichtbare Anstalten treffen, uns zu retten? Vorerst war da gar nichts. Aber innerlich war ich ganz sicher, daß sie kommen würden. Immer wieder rief ich nahen Schwimmern zu: »Zusammenbleiben; sobald ein Schiff kommt, schwimmen wir darauf los und gehen an Bord.« Es war den Männern nur ein schwacher Trost, aber, dachte ich, besser als gar keiner.

Noch heute, wenn ich an dieses Schwimmen im Atlantik denke, kommt es mir merkwürdig vor, daß ich die Wassertemperatur damals überhaupt nicht empfunden habe. Sie betrug 13° Celsius, kühl genug. Aber die volle Kleidung war doch ein guter Wärmeschutz. Und, wichtiger noch, äußere Begleitumstände traten zurück hinter der anhaltenden Spannung und Erregung: Wie geht es weiter, was kommt nun? Nichts anderes spielte in unserer Hilflosigkeit eine Rolle. Da vergingen die Minuten wie im Flug, und die Wassertemperatur war für mich ohne Bedeutung.

Ein allerdings nicht zu übersehender, ja scheußlicher Umstand war das Heizöl unseres gesunkenen *Bismarck*. Es trieb in breiter und hoher Schicht auf dem Meer, und sein Geruch stach geradezu widerlich in die Nasen. Es verschmierte und verklebte die immer schwärzer werdenden Gesichter, drang in Augen, Nasen und Ohren. Welch ein Glück, dachte ich, daß es nicht auch noch brennt, obwohl bei dem schweren Öl diese Gefahr kaum wirklich gegeben war. Meine Armbanduhr war auf 10.31 Uhr stehengeblieben – Salzwasser und Heizöl, diese Kombination war meiner Tissot doch zuviel geworden. Und so schwammen, trieben wir weiter in hoher Dünung. Immer noch war von britischen Schiffen nichts zu sehen.

Über die Schlußphase und das Sinken *Bismarcks* sagt das Protokoll des Gefechtsbeobachters auf *Rodney*:

10.21 Uhr *Bismarck* recht achteraus von *Rodney*
10.23 Uhr In Schiffspeilung 215° sechs Flugzeuge[1]
Heftiger Regenguß von Backbord voraus
In Schiffspeilung 215°: ein nicht identifiziertes Schiff beschießt die Flugzeuge[2]
10.26 Uhr *Dorsetshire* in 130° Schiffspeilung. *Bismarck,* noch schwer rauchend, passiert achteraus auf die Backbordseite
10.27 Uhr Plötzlicher roter Feuerschein an *Bismarcks* Heck
10.28 Uhr *Bismarck* jetzt etwa fünf Seemeilen achteraus
10.29 Uhr *Bismarck,* eine rauchende Masse, in langsamer Fahrt voraus. *Dorsetshire* geht um seinen Bug herum
10.38 Uhr *Bismarck* verschwindet in einer Rauchwolke, sinkt, Bug oder Heck ragt zeitweilig aus dem Wasser empor
10.39 Uhr *Bismarck* gesunken

Um 10.34 Uhr meldete Martin an Tovey: »*Bismarck* sinkt« und um 10.39 Uhr: »*Bismarck* gesunken«. Um 11.07 Uhr ergänzte er: »Ich torpedierte *Bismarck* auf beiden Seiten, bevor er sank. Er lag gestoppt, aber seine Flagge wehte noch.« Und Tovey meldete um 11.01 Uhr der Admiralität in London: »*Bismarck* auf 48° 09' West gesunken.«

Auch an Lütjens waren um diese Zeit, noch bis zum Mittag, Funksprüche unterwegs, alle von der Gruppe West.

10.35 Uhr »nach Funkaufklärung haben ein *King George* und ein Kreuzer, die seit Gefecht Dänemarkstraße Fühlung hielten, *Bismarck* in Sicht.«[3]
11.06 Uhr »BE 2979 durch Luft gesichtet ein Träger, ein Kreuzer, zwei Zerstörer. 30°, hohe Fahrt. Versuch Kampfverband heranzuführen.«
11.33 Uhr »1. Möglichst Meldung über in Sicht befindliche Feindkräfte für Luft, 2. 11.00 Uhr ein Zerstörer BE 6218, Ost, hohe Fahrt.«
12.06 Uhr »11.00 Uhr Flugzeugmeldung BE 5337 mit Kurs 40°: zwei Schlachtschiffe, ein Träger, hohe Fahrt. 11.00 Uhr meldete FX 5 Bombenangriff BE 3774, desgleichen Schwerer Kreuzer 1 UY ohne Standort.«
12.57 Uhr »für Ansatz weiterer Kampfverbände melden, welche Feindstreitkräfte in Sicht sind.«
13.22 Uhr »Reuter meldet: *Bismarck* versenkt, sofort Lage melden.«

Aber dort, wo bisher solche Funksprüche empfangen und beantwortet wurden, war jetzt nur noch die blanke See.

Endlich, nach weiterem Schwimmen erblickte ich von der Höhe eines Wellenberges aus einen Kreuzer mit drei Schornsteinen, die Flagge steif im Wind, die *Dorsetshire*. Ich ermunterte meine Nachbarschaft, darauf zuzuhalten, rief: »Los, dort werden wir nun einsteigen.« *Dorsetshire* steuerte die dichteste Ansammlung Schwimmender an und stoppte kurz davor. Bald lag sie quer zur See, trieb mit dem Wind und schlingerte ganz gewaltig. Ich selbst hatte noch ein gut Stück Weges bis zu ihr hin. Meinen Nachbarn riet ich, unter allen Umständen die Backbordseite des Schiffes, die Leeseite, zu gewinnen und auch ja dort zu bleiben. Schließlich hatte ich es geschafft und war dicht am Kreuzer. Durch dessen Treiben wurde die ohnehin schon starke Ölschicht weiter zusammengeschoben und verdickt. Gegen ihr Eindringen in Augen, Nase, Mund und Ohren gab es jetzt kaum noch eine Abwehr.

Zur Rettung hatte *Dorsetshire* Taue herabgelassen, die unten frei pendelten. Einige von ihnen trugen einen Palstek, das heißt eine feste Schlinge, in die man hineinfassen konnte. Aber alles Tauzeug wurde durch das treibende Öl so glitschig, daß man es nur schwer ergreifen, kaum damit hantieren konnte. Andere Rettungsmittel gab es nicht – meiner Phantasie erschien jetzt das Wunschbild eines breit herabhängenden Netzes, in dem viele zugleich, wie in Wanten, hochsteigen konnten. Aber es blieb ein Wunschbild. Schließlich jedoch ließ *Dorsetshire* eine viereckige Holzinsel herab. Mit ihr konnten wir uns zwar nicht retten, aber zum Verpusten daran festhalten.

Um mich herum sah ich vorwiegend Männer der technischen Divisionen, von ihrer Ausbildung her kaum mit dem Gebrauch von Tauwerk vertraut. Da sich mit den Tauen, soweit sie Knoten oder Schlinge nicht trugen, selbst für einen erfahrenen Seemann wenig anfangen ließ, gab ich also, wo ich konnte, durch Zuruf den Rat, solche mit Palstek zu wählen, sich dann in die Schlinge zu setzen oder zu stellen. Aber auch das war leichter gesagt als getan. Erschwerte schon die aalige Glätte des Tauzeugs den Zugriff, so hingen auch noch infolge des heftigen Schlingerns der *Dorsetshire* die Tauenden einmal ins Wasser hinein, Sekunden später aber schon wieder so weit über ausgestreckten Händen, daß sie nicht mehr zu fassen waren. Es gehörte also schon ein beträchtliches Geschick dazu, im richtigen Moment »einzusteigen«. Bald stellte sich aber heraus, daß allen gutgemeinten Ratschlägen eine Grenze gesetzt war. An einigen Stellen bildeten sich Menschentrauben, jeder einzelne schien ausgerechnet an das gleiche Tau zu wollen, nicht weit davon blieben Taue unbeachtet. Ich selbst wollte noch etwas warten, fühlte mich auch kräftig genug dazu. Dann jedoch entdeckte ich, daß einige Taue fast ständig frei blieben. Ich machte andere darauf aufmerksam und schwamm selbst zu einem, das einen Palstek trug. Wie viele Versuche ich machen mußte, um in diesen einzusteigen, heute weiß ich es nicht mehr. Wie oft hatte ich nicht für den Bruchteil einer Sekunde die Schlinge vielversprechend in Fußnähe und gleich danach wieder hoch oben außer Reichweite. Ich wollte den Versuch schon für aussichtslos halten, aber dann hatte ich Glück. Genau in der Umkehrphase einer Schlingerbewegung bekam ich einen Fuß fest in die Schlinge, umschloß mit beiden Händen das bereits wieder aufschlingernde Tau und gab den beiden britischen Seeleuten oben das Zeichen zum Heißen. Sie taten es, und langsam ging es höher, ruckweise, an grauer Außenhaut entlang, an Bullaugen vorbei – wie hoch kann doch solch ein Schiff sein – bis Oberdeckshöhe erreicht war. Mit einer Hand griff ich nun nach der Relingskette, wollte mich festhalten, an Bord klettern. Gedacht, aber nicht getan. Mein Griff löste sich, die Kraft nur eines Armes reichte nicht mehr für den Halt am Tau, ich fiel zurück ins Wasser. Glücklicherweise niemandem auf den Kopf. Nicht, daß es weh tat, ich hatte mich nicht verletzt, aber es deprimierte doch. Hatte ich mich so über meine Kraftreserven getäuscht? Also, mit dem zweiten Versuch nicht erst lange warten! Nach kurzem Verschnaufen suchte und fand ich wiederum ein Tau mit Palstek. Ein Blick nach oben, und? Dieselben beiden Seeleute! Ganz zufällig war ich an das gleiche Tau geraten! Und dann heißten sie mich wieder. Dieses Mal aber löste ich keine Hand mehr, sagte nur: »Bitte, zieht mich an Bord.« Sie taten es, und dann stand ich an Oberdeck, achterlich des Backbord zweiten Kutters, kriegsgefangen, in ölverschmierter Uniform. Als erstes ein langer Blick über See, zu den noch schwimmenden Kameraden. Da waren ja noch Hunderte von ihnen, Hunderte der gelben Schwimmwesten, so deutlich zu sehen. Vielleicht noch achthundert, schätzte ich rasch. Das würde ja noch eine gute Weile dauern, sie alle an Bord zu nehmen. Und gerettet werden würden sie alle, daran zweifelte ich nicht. Aber lange konnte ich nun dort nicht verweilen, andere waren jetzt die Herren meiner Zeit. Auch hatten ja die britischen Seeleute ihr Rettungswerk fortzusetzen.

Einer von ihnen, Tom Wharam, damals junger Funkgast, führte mich auf Befehl eines Offiziers nach unten, in die Fähnrichsräume. Als er mich dort verließ, ahnte ich nicht, daß er knapp ein Jahr später selbst ein Überlebender der von japanischen Sturzbombern im Indischen Ozean versenkten *Dorsetshire* sein würde. Er ist mir nach dem Kriege ein guter Freund geworden, ganz im Sinn jener übergreifenden Kameradschaft, die, wie er mir einmal schrieb, die Männer vereint, die damals auf beiden Seiten kämpften.

Unter Deck sah ich einige vor mir an Bord gekommene Kameraden. Sie waren in verschiedenen Stadien des Umkleidens. Trockenes und warmes Zeug war ihnen sofort zur Verfügung gestellt worden. Auch ich bekam meinen Anteil, den Zivilanzug eines offenbar sehr großen und breitgebauten Offiziers. Schnell schlüpfte ich in ihn hinein.

Als *Bismarcks* Backbordschlagseite immer mehr zunahm, ging Obermaschinist Wilhelm Schmidt über das Heck ins Wasser. Etwa drei- bis vierhundert Mann waren um ihn herum, von ihren Schwimmwesten anscheinend gut getragen. In einhundert Meter Abstand sah er *Bismarck* kentern, den Kiel nach oben kommen, letzte Luftblasen von unten aus dem Schiff aufsteigen – dann versank es. Nach längerem Schwimmen tauchten am Horizont Mastspitzen auf. Sie gehörten zur *Dorsetshire,* die sich, quer zur See liegend, langsam auf die Schwimmer zutreiben ließ. Mit vielen anderen zusammen befand sich Schmidt bald an der Backbordseite des Kreuzers, der Leeseite. Mittschiffs entdeckte er eine dicke Manilaleine, mit einem Auge am unteren Ende. Einige Kameraden waren schon geheißt worden, als es auch ihm gelang, Halt an der Leine zu finden und nach oben zu kommen.

Musikmaat Josef Mahlberg sah *Bismarck* auf etwa einhundert Meter Abstand kentern. An der Steuerbordaußenhaut des Schiffes konnte er weder Spuren von Torpedotreffern noch sonstige Gefechtsschäden entdecken.

Maschinenmaat Wilhelm Generotzky, noch auf dem Aufbaudeck stehend, sah viele Kameraden ins Wasser springen, darunter auch seinen besten Freund. Er sah auch, wie Fliegerfeldwebel sich an der Reling erschossen, hörte die Worte eines Obermaschinisten: »Ja, wenn ich jetzt eine Pistole hätte, ich täte dasselbe.« Dann plötzlich ertönten Schreie »Schiff sinkt« und »Turm ›Dora‹ fliegt in die Luft.« Er merkte, wie das Aufbaudeck eigenartig unter ihm weggleiten wollte. Das Backbord Seitendeck stand ja voll unter Wasser! Er und andere sprangen nun nach Steuerbord hinunter, auf das Oberdeck, von dort gleich weiter in die See. Und noch fast im gleichen Moment kam die Steuerbordseite des Schiffes ganz heraus, legte sich das Schiff auf den Rücken. Mancher mußte bei diesem Sprung sein schnelles Ende gefunden haben. Generotzky selbst war tief unter Wasser gekommen, ruderte in kräftigen Stößen nach oben, dachte: »Nun muß es doch bald hell werden« – und es wurde endlich hell. Oben schoß er mit seinem Körper halb aus dem Wasser, sog tief die köstliche Luft in die leeren Lungen. In etwa einhundert Meter Entfernung trieb jetzt *Bismarck* kieloben. Aus den Kühlwassereintritten am Rumpf stiegen zischend bis zu fünfzig Meter hohe Wasserluftfontänen empor. Dann sackte das Heck weiter durch, der Bug richtete sich auf, wie zu einem letzten Gruß, und mit gurgelndem Geräusch glitt *Bismarck* schräg nach unten.

Nun waren da nur noch Hunderte hilfloser Menschen, die einen letzten verzweifelten Kampf mit den Elementen ausfochten, solange bis die Kräfte erlahmten und auch dieser Kampf ein stilles Ende fand. An Rettung dachte Generotzky überhaupt nicht. Er spürte, wie die Kälte allmählich tiefer in seinen Körper drang. Die Strümpfe hatte er verloren, und langsam entwich seinen Beinen das Gefühl. Auf Gesicht und Händen brannte das treibende Heizöl, drang versehentlich auch in seinen Mund. Nach etwa vierzig Minuten war er vor dem Bug der *Dorsetshire,* geriet dort auf die Steuerbordseite, wurde durch eine Welle nach der Backbordseite geworfen, sah die vielen Taue. Endlich erwischte er eines. Er ließ sich von der nächsten Welle heben und hielt sich fest. Aber im Wellental rutschte er wieder ab, kraftlos nach dem kalten Bad. Noch einige Male versuchte er es, vergeblich. Mehr und mehr Kameraden kamen jetzt ans Schiff, ein Kampf ums Überleben entbrannte. Oft hingen zwei oder drei Mann am gleichen Tau, dann schaffte es keiner. Im allgemeinen Durcheinander trat ihm jemand auf den Kopf, er wurde von einer Welle unter Wasser gegen den Schiffsrumpf geschleudert, erlitt eine schwere Prellung am Bein. Jetzt ließ er sich nach achtern zu treiben, sah wie die britischen Seeleute auf den guten Gedanken kamen, Augen in noch mehr Taue einzuarbeiten. In einem solchen hing er plötzlich mit dem Fuß fest, klammerte sich mit beiden Händen an das Tau. Seeleute zogen ihn an Bord.

Der Backbord mittlere 15 cm-Turm war bereits zu einem Drittel im Wasser, vom Oberdeck längst nichts mehr zu sehen. Cardinal und Statz schauten einander an, der Oberleutnant sprang in die See. Statz, der Zögerer, den Moment verpassend, ließ erst die jetzt erneut auflaufenden Wassermassen passieren, sprang, als sie wieder abliefen. Cardinal wurde mit einem Wellenberg abgetrieben und, als beide wieder zusammengespült wurden, sah

Statz Cardinals Kopf schlaff herunterhängen. Der Oberleutnant hatte eine Pistole mit sich geführt, sie auf dem Wellenberg benutzt. Statz trieb jetzt parallel zum Schiff nach achtern, wurde, welch Glück, von der See nicht wieder an Bord zurückgeschleudert, sah die gewaltige Schlagseite des *Bismarck* und war knapp am Schiff vorbei, bevor es kenterte. Die gesamte Steuerbordaußenhaut lag jetzt vor seinen Augen, er konnte an ihr keinerlei Beschädigung entdecken, auch an der Backbordseite nicht, nicht über ein Drittel der Schiffslänge hinweg zur Mitte. Trotz seiner Nähe zum sinkenden Schiff verspürte er irgendeinen Sog nicht, konnte sich ohne Schwierigkeit in eine weitere Entfernung absetzen. *Bismarck* lag nun kieloben, seine Schrauben drehten sich weiter, langsam und stetig, dann versank er über den Achtersteven. Nun war Statz ganz allein im Wasser, dessen Kälte er noch nicht einmal spürte; einzig das auf der Oberfläche treibende Heizöl machte ihm zu schaffen. Erst jetzt merkte er, wie gut es gewesen war, das Lederzeug anzubehalten. Die sich darin, insbesondere an den Armen und Knien bildenden Luftsäcke trugen wunderbar, übernahmen die Funktion seiner von Granatsplittern völlig zerfetzten Schwimmweste. Leider hatten viele andere den darüber bestehenden Schiffsbefehl »Nichts ausziehen!« nicht befolgt. Plötzlich sah er ein Schiff auf sich zukommen, ganz dicht, konnte nur durch gewaltige Schwimmstöße verhindern, unter dieses zu geraten, trieb schließlich an dessen Steuerbordseite an. An der Gösch sah er eine übergroße britische Flagge, an Oberdeck Männer mit Stahlhelmen hin und her laufen, erkannte, daß es derselbe Kreuzer war, den er zuletzt vom Brückendeck auf *Bismarck*, aus allen Rohren feuernd, gesehen hatte. »Kriegsgefangenschaft«, dachte er jetzt, »mein weiteres Schicksal«, erinnerte sich an eine unlängst gesehene Wochenschau, die deutsche Soldaten in britischer Kriegsgefangenschaft, in britischen Uniformen mit auf den Rücken eingesetzten farbigen Vierecken gezeigt hatte. »Über Kriegsgefangenschaft«, sinnierte er, »sind wir ja nun überhaupt nicht aufgeklärt.« Mittlerweile kamen Kameraden aus allen Richtungen angeschwommen, solche, wie er später feststellte, die gleich ihm in letzter Minute von Bord gegangen waren; die vorzeitig Gesprungenen waren hoffnungslos außer Reichweite für eine Rettung durch die Briten abgetrieben worden. Nun entdeckte er die vom Schiff herabhängenden Taue, die oben an Deck zum Heißen bereitstehenden britischen Seeleute, wurde von erlösender Hoffnung beflügelt, endlich gerettet zu werden. Erst kam aber noch der Kampf um einen Halt am öldurchtränkten, glitschigen Tauwerk – unmöglich ihn zu finden, immer wieder glitten seine Hände ab. Nach schließlichem Sichtkontakt mit einem Retter warf dieser ihm eine Strickleiter zu. Statz konnte sie fassen, hielt sie eisern fest, wurde hochgezogen auf das Oberdeck der *Dorsetshire*. Ein letzter Blick auf das Meer zeigte ihm an, daß noch viele Schwimmer im Wasser waren. »Wie leicht«, dachte er, »hätte Cardinal jetzt neben mir stehen können, wenn er nicht ....«

Der Fähnrich (B) Hans-Georg Stiegler hatte während des Gefechtes, seinem Auftrag gemäß, zusammen mit zwei Mann, die achtern an Steuerbord unter Deck verlegten Elektrokabelgänge überwacht. Er und seine Männer hatten längst wohl zu unterscheiden gelernt zwischen eigenen Abschüssen (Erschütterung seitlich), den Einschlägen feindlicher Granaten (Erschütterung von oben) und erhaltenen Torpedotreffern (Erschütterung von unten). Einer extremen Situation hatte er sich während des Gefechtes nicht gegenüber gesehen; bis zum Befehl »Schiff verlassen!« hatten seine Anlagen voll funktioniert, hatte nirgendwo Panik geherrscht, beim Passieren nach oben hatte er den ersten Menschenstau im Zwischendeck erlebt. Auf welchem Weg er das Steuerbordoberdeck schließlich erreicht hatte, wußte er später nicht mehr so recht zu sagen, dort hatte er über sich ein Beiboot brennen sehen, war ihm durch Rauch der Blick und ein Weitergehen nach vorn versperrt gewesen. Dann hatte sich das Schiff immer weiter nach Backbord übergelegt. Unter den Männern hatte er Ratlosigkeit beobachtet, sie vom vorzeitigen Vonbordspringen abgehalten, war erst im geeigneten Moment zusammen mit ihnen etwa mittschiffs die Außenbordwand an Steuerbord heruntergerutscht und ungefährdet in die See gelangt. In der schweren Ozeandünung sah er viele Köpfe, ein Kapitänleutnant trieb an ihm vorbei; dann zog er, warum eigentlich, seine Schuhe mit der unerfreulichen Wirkung aus, daß seine Beine nun hochkamen und er in eine labile Schwimmlage geriet. Nicht lange danach, so schien es, tauchte der Bug der *Dorsetshire* auf, er konnte einen von ihr herabhängenden Tampen ergreifen, ließ sich daran hochziehen, verlor aber Kraft und Halt, fiel wieder ins Meer, versuchte es erneut, schlang sich diesmal den Tampen eng um den Oberschenkel, hielt sich krampfhaft daran fest, nun klappte es, seine Retter zogen ihn an Bord.

Bismarcks Steuerbordseite war schon weit aus dem Wasser getreten. Der Maschinenobergefreite Hans Springborn sah viele Kameraden mit einem Kopfsprung von Bord gehen, am Schlingerkiel aufschlagen und mit gebrochenem Genick ins Wasser fallen. Das sollte ihm nun nicht geschehen, und er rutschte vom Oberdeck die Außenhaut hinunter bis zum Schlingerkiel, sprang von dort in die nahe See. Als Wärmeschutz hatte er sein Lederzeug anbehalten. Als *Bismarck* sich ganz auf die Seite legte, zogen ihn plötzlich Strudel nach unten. Erst nach kraftvollem Drehen unter Wasser gelangte er wieder nach oben und beeilte sich jetzt, vom Schiff fortzukommen. Um sich herum sah er Hunderte von Kameraden.

Nach etlicher Zeit tauchte über den Wellenbergen ein britischer Zerstörer, die *Maori,* auf. Springborn hatte das Glück, genau mittschiffs angetrieben zu werden. Nach mehreren Versuchen konnte er sich an einer ausgeworfenen Leine festhalten. Zwei Seeleute packten ihn, brachten ihn in Sicherheit.

Kriegsgefangen auf *H.M.S. Dorsetshire* und *H.M.S. Maori*.
U 74 und *Sachsenwald* retten fünf Überlebende

Ich war mit dem Umkleiden noch nicht fertig, als der Schiffskörper der *Dorsetshire* auf einmal heftig zu vibrieren begann. Was war denn das? Lief der Kreuzer etwa schon ab, und auch noch mit äußerster Maschinenkraft?

Jetzt, mitten im Rettungsmanöver? Drohte plötzlich Gefahr? Aber woher? Deutsche Unterseeboote sind doch wohl nicht zur Stelle? Denn daß sie es nicht sind, hatten wir es nicht noch auf *Bismarck* zur Genüge erlebt? War nicht noch morgens das zum Abholen des Kriegstagebuches angeforderte U-Boot ausgeblieben? Wenn das kein gültiges Anzeichen dafür war, daß U-Boote nicht in der Nähe standen! Auch nachtsüber und während der Dämmerung hatte doch zu keiner Zeit irgendein U-Boot zugunsten *Bismarcks* eingegriffen, war nicht einmal eine Meldung über beabsichtigte U-Booteinsätze bis zu mir in den Achteren Leitstand gedrungen. Nein, ein U-Boot konnte diesen überstürzten Aufbruch kaum ausgelöst haben. Was aber sonst? Deutsche Flugzeuge? Aber diese hätten ja an Bord Fliegeralarm ausgelöst, und davon war nun wirklich keine Rede. Ich zerbrach mir den Kopf, aber nichts blieb als hilfloses Entsetzen über dieses Todesurteil für unsere Männer im Wasser, Hunderte, unter deren Augen *Dorsetshire* jetzt buchstäblich in letzter Minute fortlief. Mein Gott, wie knapp war ich selbst diesem Schicksal entgangen. Nichts gab es, was ich in der Ohnmacht eines Kriegsgefangenen tun konnte.

Nach einer gewissen Zeit wurden alle Geretteten in die Offiziersmesse geführt, zu heißem Tee. Wir saßen um den großen Tisch, noch benommen und nicht gerade sehr gesprächig. Das Getränk tat jedenfalls gut. Danach wurden wir zur Unterbringung an Bord neu verteilt. Die Mitglieder der Offiziersmesse kamen in ein achteres Deck, Unteroffiziere und Mannschaften nach vorn. Achtern fanden wir uns dann zu vieren wieder: Kapitänleutnant (Ing.) Junack, Fähnrich zur See Hans-Georg Stiegler, der Nautische Assistent Lothar Balzer und ich. Vier von neunzig Mitgliedern der Offiziersmesse auf *Bismarck*. Vorn trafen sich einundachtzig Unteroffiziere und Mannschaften. Die *Maori* hatte fünfundzwanzig Mann übernommen. Von der über zweitausend Mann starken Besatzung *Bismarcks* waren also einhundertundzehn gerettet, ungefähr fünf Prozent.

Captain Martin meldete an Tovey:

10.56 Uhr: »nehme Überlebende auf. Zu stürmisch, um Beiboote zu verwenden. Hunderte von Männern im Wasser.«

11.46 Uhr: »während der Aufnahme Überlebender wurde ein verdächtiges Objekt gesichtet. Es hätte ein getauchtes Unterseeboot sein können. Daher schloß ich mich mit *Maori* Ihnen wieder an.«

Nachmittags ruhten wir uns in unseren Quartieren aus. Ich lag auf meiner Koje, in einem merkwürdigen Zustand zwischen Schlafen und Wachen. Die letzten Stunden lagen wie hinter einem Dunstschleier, konnten nicht recht in das Bewußtsein eindringen. War alles überhaupt Wirklichkeit gewesen? Vom Verstand her war es gar nicht möglich gewesen, das vernichtende Stahlgewitter zu überleben. Es wollte mir nicht gelingen, die schrecklichen Erlebnisse zu sortieren und zu verarbeiten. So viele ausgezeichnete Männer waren gefallen. Warum sie und nicht ich? Ich wußte nur, daß Gott mich gehört hatte, vom Oberdeck auf Schlachtschiff *Bismarck*.

Als dienstältester Überlebender erhielt ich am Morgen des 28. Mai einen handschriftlichen Brief des Kommandanten der *Dorsetshire*:

»Lieber von Müllenheim, es würde mich freuen, wenn Sie heute vormittag zusammen mit meinem Ersten Offizier Ihre Männer besuchen und danach mit ihm zu mir auf die Brücke kommen würden.

Lassen Sie es mich bitte wissen, falls Sie irgend etwas für Ihre persönlichen Bedürfnisse benötigen.

Ich hoffe, daß Sie gut geschlafen haben und daß Ihr Schwimmen Ihnen nicht geschadet hat. Aufrichtig Ihr B.C.S. Martin.«

Und so geschah es. Geleitet vom Ersten Offizier, Commander C.W. Byas, überzeugte ich mich von der sehr ordentlichen Unterbringung der Männer. Sie wurden gut behandelt. Sofort nach dem Anbordkommen hatten sie alle warme und trockene Sachen bekommen. Einige hatten nach dem Schwimmen einen Schüttelfrost gehabt. Besonders Geschwächte waren sofort in weißbezogene Kojen gesteckt worden. Und alle erhielten das gleiche Essen wie die Besatzung, fünf Mahlzeiten am Tag und von hervorragender Qualität. Dazu gab es für die Raucher zwanzig Zigaretten.

Auf *Maori* war es nicht anders. Die Männer dort wurden umgehend versorgt, der Bordarzt sah nach den Verletzten.

Auf der Brücke begrüßte mich Captain Martin in offener und nicht unfreundlicher Manier und stellte mir erst einmal einen Whisky hin. Ich empfand seine Geste als sehr positiv, war aber innerlich noch viel zu sehr von seinem vorzeitigen Aufbruch während der Rettungsaktion am Vortage erfüllt, um recht darauf einzugehen. »Warum«, so drängte es aus mir heraus, »haben Sie Ihre Rettungsmaßnahmen so plötzlich abgebrochen und Hunderte unserer Männer dem Tode des Ertrinkens überlassen?« Martin anwortete, daß ein deutsches U-Boot gesichtet, ihm jedenfalls gemeldet worden sei. Da habe er selbstverständlich nicht länger gestoppt liegen und sein Schiff aufs Spiel setzen können. Ich hatte hierzu meine Überlegungen ja bereits angestellt und widersprach. Alle Erfahrung auf *Bismarck* in der Nacht auf den 27.Mai und in der Frühe dieses Tages habe, so hielt ich ihm entgegen, gegen die Nähe, jedenfalls die operative Nähe von U-Booten gesprochen. Weiter entfernt, vielleicht, aber auf Schußentfernung zur *Dorsetshire*? Niemals! Schließlich sagte ich noch, daß man im Krieg ja oft Dinge sieht, mit denen man, selbst wenn nur unbestimmt, rechnet, die aber nicht wirklich da sind.

Und so türmten wir unsere Argumente gegeneinander, unnachgiebig, außerhalb jeder Möglichkeit einer Einigung. »Überlassen Sie«, so schloß Martin unsere Auseinandersetzung brüsk ab, »das mal mir. Ich bin wohl der Ältere und fahre länger zur See. Ich kann das besser beurteilen.« Ich schwieg. Was hätte ich auch noch sagen können? Schließlich war er der Kommandant und für sein Schiff verantwortlich.

Vermutlich hatte er irgendein treibendes Objekt als Sehrohr oder einen Schaumstreifen auf der See als Torpedolaufbahn angesprochen. Dergleichen kann im Krieg vorkommen. Wie es nun in diesem Fall gewesen war, das konnte ich mir damals nur ungefähr vorstellen. Seither bin ich aber davon überzeugt, daß Martin in kritischer Verantwortung für sein Schiff so gehandelt hat, wie er es tat. Bei aller Trauer um unsere so plötzlich ihrem Schicksal überlassenen, ihrer Rettung scheinbar schon so nahen Männer wird ihm ein gültiger Vorwurf für sein Verhalten kaum zu machen sein.

Bis heute ist allerdings nicht erhärtet, daß ein deutsches U-Boot gegen Mittag des 27. Mai tatsächlich auf Angriffsentfernung zu *Dorsetshire* gestanden hat. Von den - mir damals noch unbekannterweise - in eine Standlinie zum Schutz *Bismarcks* befohlenen U-Booten mögen *U 556* (Wohlfarth) und *U 74* (Kentrat) ihr relativ noch am nächsten gestanden haben. Aber eben nur relativ. Absolut war ihre Entfernung zu hoch. Nicht einmal am fernen Horizont haben *U 74* und *U 556* damals die *Dorsetshire* zu Gesicht bekommen. Wohlfarth, der ja selbst *Bismarck* am 26. und 27. Mai nicht ein einziges Mal direkt gesehen hatte, schrieb mir im Februar 1978: »Ich glaube nicht, daß ein deutsches U-Boot in der Nähe der *Dorsetshire* gewesen ist, denn, da alle Boote[1] heimgekehrt sind, wäre dies doch irgendwie gemeldet worden oder heute bekannt. Die Briten müßten es ja eigentlich wissen, da sie sämtliche Kriegstagebücher der U-Boote im Besitz haben.«

Und Kentrat hatte nach Eingang des Funkbefehls: »Nach Überlebenden suchen. Mit dem Untergang *Bismarcks* ist zu rechnen« den restlichen Tag über verzweifelt gesucht. Aber bis 19.00 Uhr hatte er nichts gesehen. Weder Freund noch Feind. Noch Feind – also auch keine *Dorsetshire*.

Captain Martin berichtete später auf dem Dienstweg über seine Maßnahmen nach dem Untergang des *Bismarck:*

»Nachdem *Bismarck* gesunken war, ging ich dicht an den Untergangsort heran. Hunderte von Männern waren im Wasser zu sehen.

Dann forderte ich eines der gerade in der Nähe befindlichen Flugzeuge der *Ark Royal* auf, intensive U-Bootüberwachung um mich herum zu fliegen, während ich Überlebende aufnahm.

Zu dieser Zeit stand H. M. S. *Maori* in der Nachbarschaft, und ich befahl ihr, nach Luv von mir zu gehen und bei der Rettung der Männer zu helfen.

Diese Operation war nicht leicht, da das Schiff bei sehr hohem Seegang stark schlingerte. In vielen Fällen konnten sich die Überlebenden selbst nicht helfen. Viele von ihnen starben längsseits des Schiffes.

H.M.S. DORSETSHIRE.

28/6.

Dear von Müllenheim,

I will be glad if you will visit your men this morning with my commander and then come to the bridge with him to see me.

If there is anything you require for your personal needs please let me know.

I hope you slept well and feel none the worse for your swim.

Yours sincerely,

B. Martin

Brief des Captain Martin von *H.M.S. Dorsetshire* an den Verfasser, 28. Mai 1941.

Als ungefähr achtzig Überlebende gerettet waren und ich mich gerade in der Backbord Brückennock zur Leitung der Operation auf dieser Seite befand, erhielt ich eine Meldung des Leutnant-Commander Durant vom Kompaßdeck, daß an Steuerbord querab, in etwa zwei Seemeilen Abstand, eine verdächtige Rauchentwicklung beobachtet werde.

Ich ging zum Kompaßdeck und sah dieses selbst.

Mir schien, daß die Erscheinung durch ein U-Boot verursacht sein konnte, und daher und wegen anderer Anzeichen, daß feindliche U-Boote und Flugzeuge höchstwahrscheinlich in der Nähe operierten, sah ich mich widerstrebend gezwungen, einige hundert Männer des Feindes ihrem Schicksal zu überlassen.

Ich befahl ›Äußerste Kraft voraus‹, unterrichtete *Maori* über das Sichten eines verdächtigen Objektes, und sie folgte meinen Bewegungen.«[2]

Am gleichen Tag, um 11.00 Uhr vormittags, berichtete Churchill im Unterhaus über den Endkampf gegen *Bismarck*. »Heute morgen«, so sagte er, »wurde kurz nach Tageslicht der fast gestoppt liegende und auf sich allein gestellte *Bismarck* von den ihn verfolgenden britischen Schlachtschiffen angegriffen. Ich kenne den Ausgang des Gefechtes noch nicht. Es scheint aber im Moment so, daß *Bismarck* nicht durch Artilleriefeuer versenkt wurde, sondern noch torpediert werden wird. Ich nehme an, daß dieses gerade vor sich geht und daß es bis zur Vernichtung des Schiffes nicht mehr lange dauern kann. Wie groß auch der Verlust der *Hood* für uns ist, *Bismarck* muß als das mächtigste ebenso wie das neueste Schlachtschiff der Welt betrachtet werden.« Kaum hatte Churchill sich wieder gesetzt, als ihm ein Zettel überreicht wurde. Er erhob sich noch einmal und verkündete, daß *Bismarck* gesunken sei. »Das Haus schien zufrieden«, schrieb er später dazu.

Und an Roosevelt telegraphierte er einen Tag später: »Ich werde Ihnen später den genauen Bericht über den Kampf gegen *Bismarck* zusenden. Er war ein gewaltiges Schiff, eine Meisterleistung im Kriegsschiffbau. Sein Verschwinden erleichtert die Lage unserer Schlachtschiffe, da wir sonst *King George V*, *Prince of Wales* und die beiden Schiffe der ›Nelson‹-Klasse praktisch an Scapa Flow hätten binden müssen, um uns gegen Ausbrüche von *Bismarck* und *Tirpitz* zu schützen; denn diese hätten ihre Zeit frei wählen können, während wir ständig einem unserer Schiffe Gelegenheit zur Überholung hätten bieten müssen. Jetzt ist es anders.«

Nach dem Gespräch mit Captain Martin hielt ich mich noch eine Zeitlang auf der Brücke der *Dorsetshire* auf.[3] Bereitwillig zeigte man mir auf meinen Wunsch die Seekarte im Navigationsraum. Von dem dort markierten Untergangsort des *Bismarck* stand ich kurz mit meinen Gedanken allein. Von Martin erwirkte ich dann die Erlaubnis, unsere Männer täglich einmal in ihren Quartieren zu besuchen und mich um ihre Belange zu kümmern. Diese Besuche habe ich dann auch regelmäßig abgestattet.

Nach seinem Anbordkommen hatte der Fähnrich Stiegler, wie er es später ausdrückte, »dem Feind zum ersten Mal wehrlos gegenübergestanden«. Seine Gedanken dabei, schwer zu beschreiben, waren aber »anders als bei seinen Kameraden, da er bereits – im Unterschied zu ihnen – den Polenfeldzug mit Nachtgefechten durchgemacht hatte«. Nachdem er unter Deck geführt worden war, mußte den Briten seine Fähnrichslitze aufgefallen sein, denn es kam ein Arzt auf ihn zu, dessen Worte von den anderen Geretteten nicht verstanden worden waren. Diese riefen ihm zu: »Herr Fähnrich, die wollen uns jetzt mit ihren Spritzen vergiften. Wir sind aber froh gerettet zu sein und mögen nur eine Zigarette.« Stiegler spielte dann den Dolmetscher, und nun nahmen einige Männer die angebotene Beruhigungsspritze an. Dann wurde Stiegler schwach. Er fand sich bald in einer Offizierskammer wieder, wo er baden und schlafen konnte, trockenes und warmes Zeug erhielt. Aus der Fähnrichsmesse des Schiffes bekam er seine erste Mahlzeit. Später hatte Captain Martin ihn auf die Brücke bestellt. »Was hat es denn mit dem zweiten Schornstein als Attrappe auf sich gehabt?« forschte er. Aber Stiegler konnte »aus reinem Gewissen« antworten, daß er davon an Bord zwar wohl einmal gehört, aber niemals etwas gesehen habe. Er habe seinen Dienst durchweg unter Deck versehen und sei erst nach dem Ende des Gefechtes am 27. Mai an Oberdeck gekommen.

»Warum mußten so viele unserer Seeleute auf See zurückbleiben?« hatte Statz seinen Verhöroffizier auf *Dorsetshire* bald nach Anbordkommen gefragt, und dieser geantwortet: »Seien Sie froh, daß Sie gerettet wurden, für die Verhöre haben wir genügend aufgenommen« – »dieser Verhöroffizier«, so empfand es Statz, »war kein Seemann«. Die britischen Seeleute hatten ihm beim Ausziehen geholfen, ihn in einen Raum gebracht, wo schon mehrere Kameraden, in Decken gehüllt, gelegen hatten. Aber dann hatten sie ihn noch einmal gemustert, sorgfältig, ihm dann bedeutet, wieder mitzukommen, Statz hatte gar nicht verstanden, warum – ins Schiffslazarett. Sie hatten seine Verwundung entdeckt und ihm auf den Operationstisch geholfen, wo dann sein Riß an der Schulter genäht wurde.

Unter den Geretteten hatte sich auch der Maschinengefreite Gerhard Lüttich befunden. Er war schwer verwundet auf die *Dorsetshire* gelangt. Er hatte einen Arm eingebüßt und trug die Spuren furchtbarer Brandverletzungen. Es war uns allen ein Rätsel, wie er es überhaupt fertiggebracht hatte, an Bord zu kommen. Er lag im Schiffslazarett, war aber zu keiner Zeit mehr vernehmungsfähig. Schon am 28. Mai starb er. Am folgenden Tage gewährte ihm das Schiffskommando ein militärisches Begräbnis. Der Bordpfarrer amtierte, und eine Ehrenwache schoß drei Salven. In feierlicher Weise wurde sein Körper der See übergeben.

Die Erkennungsmarke Lüttichs sollte viele Jahre später auf einem recht ungewöhnlichen Weg an mich gelangen. Zu Ende der sechziger Jahre war ich Generalkonsul der Bundesrepublik in Toronto. Bei einem gesellschaftlichen Zusammentreffen übergab sie mir der damalige Assistant Editor der *Financial Post,* Philip Mathias – mit dem freundlichen Gruß seines Vaters Arthur, der im Mai 1941 als Master-at-Arms auf *Dorsetshire* für die Überwachung der Kriegsgefangenen an Bord verantwortlich gewesen war. Nach dem Tod Lüttichs hatte er dessen Erkennungsmarke erst einmal an sich genommen.

Während *Dorsetshire* und *Maori* mit uns einhundertundzehn Überlebenden an Bord nach Norden liefen, trieb weit entfernt im Süden ein Schlauchboot auf dem Atlantik. Seine Insassen waren die Matrosengefreiten Georg Herzog, Otto Höntzsch und Herbert Manthey. Diese drei Männer hatten gegen Ende der Beschießung Schutz vor den Einschlägen hinter Turm »Dora« gesucht. Dort hatten sie ein herumliegendes Schlauchboot erblickt und es mit Hilfe anderer Kameraden hinter den Turm gezerrt. Bald darauf wurden sie und auch dieses Schlauchboot, so sagten sie später, durch Wassermassen, die der Kurzaufschlag einer Granate ausgelöst hatte, über Bord gerissen. Das Schlauchboot hatte nicht allzuweit von ihnen getrieben, und die drei waren darauf zugeschwommen. Nach etwa fünfzehn Minuten hatten sie es erreicht und sich an Bord gezogen. Ganz in ihrer Nähe hatten sie ein Floß mit einem Verwundeten und einem anderen Kameraden an Bord entdeckt. Ihr Schlauchboot war dann ins Treiben geraten und *Bismarck* nur noch für jeweils kurze Sekunden von Wellenbergen aus sichtbar gewesen, dann aber bald ganz entschwunden. Statt dessen waren zwei britische Einheiten erschienen, die, noch feuernd, auf den letzten Standort *Bismarcks* zugehalten hatten.

Im Lauf der Zeit war dann das Floß mit den zwei Kameraden außer Sicht gekommen und die Sonne allmählich in den Zenit gerückt. Die drei hatten eine deutsche Condor oder Focke-Wulf 200 gesichtet und ihr zugewinkt – umsonst. Herzog war am Fuß verletzt, alle waren sehr müde, ihre Hoffnung auf Rettung war immer mehr gesunken. Dann aber, gegen 19.30 Uhr, gewahrten sie in der Nähe ein U-Boot.

Das unter dem Kommando des Kapitänleutnants Eitel-Friedrich Kentrat stehende *U 74* gehörte zu den am Abend des 26. Mai zwecks Hilfeleistung für *Bismarck* alarmierten Biskaya-Booten. In einer sehr dunklen Nacht mit stark wechselnder Sicht, bei immer stärker auffrischendem Wind und immer höher werdender Dünung hatte Kentrat zwischen 00.00 und 04.00 Uhr am 27. Mai am Horizont Artillerieschießen, darunter Leuchtgranaten beobachtet und darauf zugehalten. Er war Zeuge der nächtlichen Zerstörerabwehr durch *Bismarck* geworden. Auf Kreuzkursen hatte er dann versucht, sich *Bismarck* zu nähern, war aber kaum gegen die schwere Dünung angekommen. Seine Kommandobrücke hatte andauernd unter Wasser gestanden, so daß er so gut wie keine Beobachtungsmöglichkeit mehr gehabt hatte. Gegen 04.30 Uhr hatte er auf der Gegenseite von *Bismarck* in etwa einhundert Hektometer Entfernung eine Silhouette – er hatte sie für einen Großen Kreuzer oder gar ein Schlachtschiff gehalten – in spitzer oder stumpfer Lage ausgemacht. Kentrat hatte sofort darauf zugedreht, aber bei der schlechten Sicht das Objekt wieder verloren. »Es ist eine scheußliche Nacht. Bei dieser Dünung kann kein Torpedo laufen«, hatte er im Kriegstagebuch vermerkt. Um diese Zeit hatte er auch drei Detonationen im Boot verspürt, davon eine besonders heftig. Später, gegen 06.30 Uhr, hatte er optische Verbindung mit Wohlfarths *U 556* bekommen, und Wohlfarth hatte ihm – wir wissen es bereits – die Aufgabe des Fühlunghaltens an *Bismarck* übertragen. Eine Stunde danach hatte er vor zwei, auf fünfzig Hektometer direkt von vorn aus einer Regenbö herausstoßenden Schiffen, einem Kreuzer und einem Zerstörer, Alarm geben und tauchen müssen. Von 09.00 bis 09.40 Uhr hatte Kentrat laufend schwere und mittlere Detonationen gehört, aber beim Wiederauftauchen um 09.22 Uhr optisch nichts ausgemacht. Die Detonationen hatte er zunächst als eine Folge des Eingreifens der angemeldeten deutschen Luftkampfverbände angesehen, später aber dann zutreffend im Kriegstagebuch vermerkt: »Es muß der Endkampf des *Bismarck* gewesen sein.«

Für 12.00 Uhr mittags zeigt das Kriegstagebuch von *U 74* die Eintragung: »Abholen Kriegstagebuch *Bismarck* kann nicht mehr durchgeführt werden.« Danach hatte Kentrat gemäß einer Funkweisung des Befehlshabers der Unterseeboote die Suche nach Überlebenden des *Bismarck* aufgenommen.

Etwa sieben Stunden später, gegen 19.30 Uhr, wurden von *U 74* aus drei Überlebende in einem Schlauchboot gesichtet. Kentrat ließ sie an Bord nehmen, ein bei der hohen Dünung und der schweren See nicht einfaches Unterfangen. Und kaum waren Herzog, Höntzsch und Manthey im Turmluk verstaut, als ein Flugzeug an Steuerbord passierte. Kentrat wartete ab, die Maschine entfernte sich wieder, nach achtern zu. Dann setzte er die Suche nach weiteren Überlebenden fort, ging mit langsamer Fahrt auf Nordwestkurs, um bei Helligkeit am 28. Mai die Untergangsstelle *Bismarck* anzusteuern und von dort aus wieder die See abzusuchen.

Gegen 01.00 Uhr früh trat starker Heizölgeruch auf, um 03.00 Uhr früh sah der Wachhabende Offizier nach Südosten zu, aber noch unter der Kimm, einen roten Stern. »Diese Meldung«, vermerkte Kentrat im Kriegstagebuch, »wird von mir nicht aufgenommen, da ich übermüdet bin. Schade, vielleicht hätten wir noch einige Kameraden retten können.« Nach der vorangegangenen, riesigen Anspannung kein Wunder, diese Übermüdung. Die weitere Suche verlief ohne Erfolg. Zusammen mit *U 48* und *U 73* sollte *U 74* noch einen Suchstreifen bilden, aber die beiden anderen Boote kamen zu der erwarteten Zeit gar nicht in Sicht, auch von *Bismarcks* Untergang wurde eine weitere Spur nicht mehr entdeckt. Kentrat mußte annehmen, die Untergangsstelle navigatorisch verfehlt zu haben. Am Nachmittag sah er treibende Leichen, Trümmer, Bretter und Flöße, aber keine Überlebenden mehr. Bis 24.00 Uhr hielt er die Suche noch durch, dann trat er den Rückmarsch an. Für den 28. Mai, 24.00 Uhr sagt sein Kriegstagebuch: »Das Wetter ist inzwischen langsam abgeflaut, die Dünung wird immer ruhiger. Als wäre die Natur mit ihrem Vernichtungswerk zufrieden. Der 27. und 28. Mai wird für mich immer eine bittere Erinnerung sein. Machtlos und mit gebundenen Händen standen wir gegen die entfesselten Naturgewalten, ohne unserem tapferen *Bismarck* helfen zu können.«

Kentrat steuerte Lorient an, wo Herzog, Höntzsch und Manthey bereits von Abgesandten der Gruppe West erwartet wurden. Sie wurden nach Paris gebracht und erstatteten dort erste Augenzeugenberichte über das Ende des *Bismarck.*

Um die gleiche Zeit wie *U 74* suchte, noch weiter im Süden, das deutsche Wetterbeobachtungsschiff *Sachsenwald* nach Überlebenden von *Bismarck*. Das unter dem Kommando des Leutnants zur See (S) Wilhelm Schütte stehende Schiff hatte sich am 27. Mai, nach fünfzig Tagen Seereise, auf der Heimkehr befunden. Da war an diesem Tage um 02.00 Uhr früh der Funkbefehl gekommen, sofort mit höchster Fahrt in die Nähe von *Bismarck* zu gehen. Das hatte bedeutet, bei Nordnordwest 6 bis 7 direkt gegen die See anzudampfen. Um 06.00 Uhr war ein neuer Befehl eingetroffen, sich nunmehr auf der Stelle zu halten. Zwischen 11.00 und 12.00 Uhr hatte die *Sachsenwald* deutsche Flugzeuge gesichtet und kurz nach 14.00 Uhr Befehl erhalten, eine wiederum andere Position anzusteuern. Wind und Wetter nahmen immer mehr zu. Um 20.10 Uhr erschien an Steuerbord eine britische »Bristol Blenheim«. Aus elfhundert Metern Entfernung beschoß sie die *Sachsenwald* aus einem Maschinengewehr, traf aber nicht.

Noch den ganzen 28. Mai über suchte Schütte nach Überlebenden. Um 13.00 Uhr tauchten dann dünne Ölstreifen auf, denen er auf nördlichen Kursen nachfuhr. Kurz danach kamen die Blechhülse einer deutschen Gasmaske und, Minuten später, zahlreiche Leichen in Schwimmwesten, Wrackteile und leere Schwimmwesten in Sicht. Hin und her durch das Trümmerfeld fuhr die *Sachsenwald,* Überlebende waren aber nicht zu entdecken. Und weiter dampfte Schütte auf und ab, sah aber immer nur wieder Leichen, Wrackteile und Schwimmwesten. Bei Dunkelwerden, gegen 22.30 Uhr, standen plötzlich drei rote Leuchtsterne am nahen Himmel. Als die *Sachsenwald* darauf zudrehte, konnte Schütte durch sein Nachtglas ein Floß mit zwei Mann an Bord erkennen. »Seid ihr Deutsche?« rief er, als die *Sachsenwald* nahe genug heran war, und zurück schallte es: »Ja, hurra!« Um 22.45 Uhr war das Floß längsseits, und über Jakobsleitern wurden die zwei erschöpften Männer an Bord geholt. Es waren der Matrosengefreite Otto Maus und der Maschinengefreite Walter Lorenzen.

Da nach beider Aussagen noch ein Gummifloß in der Nähe sein sollte, suchte Schütte an Ort und Stelle weiter, sogar noch den 29. Mai über.

Große Schläge fuhr er nach Ost und West, bei jeder Drehung ging er, der Richtung von Wind und See folgend, fünf Seemeilen nach Süden. Um 18.00 Uhr wurde ein leeres Schlauchboot entdeckt und übernommen. Maus erkannte, daß es von *Bismarck* stammte.

Am 30. Mai, gegen 01.00 Uhr früh sah Schütte, noch im Suchgebiet stehend, den spanischen Kreuzer *Canarias*.[4] Durch Morsezeichen wurden die Schiffsnamen ausgetauscht. Gleich darauf trat Schütte den Rückmarsch in den Hafen an, der Schiffsproviant war nach der langen Seereise fast ausgegangen, auch versprach weiteres Suchen keinen Erfolg mehr.

Am 1. Juni erreichte die *Sachsenwald* die Gironde und lief weiter nach Le Verdon. Noch auf der Fahrt dorthin wurden Maus und Lorenzen von Bord abgeholt, zur Meldung bei der Gruppe West in Paris.

Der Kreuzer *Canarias* barg am Vormittag des 30. Mai zwei tote Besatzungsangehörige des *Bismarck*. Es wurden anhand von Erkennungsmarken und Kleidung der Musikgefreite Walter Grasczak und der Marinesignalgast Heinrich Neuschwander identifiziert. Beide wurden, eingehüllt in die deutsche Flagge, mit militärischen Ehren am 31. Mai um 10.00 Uhr auf 43°46' Nord und 08°34' West seebestattet.

Die Zeit auf *Dorsetshire* verging rasch, und am 30. Mai lief sie in Newcastle ein. *Maori* hatte sich von ihr schon vorher getrennt, um in den Clyde zu gehen. In unserem letzten Gespräch an Bord wies mich Commander Byas noch darauf hin, daß unsere Behandlung bei der Armee, die uns in Newcastle in Gewahrsam nehmen werde, nicht so gut wie auf der *Dorsetshire* sein würde. Mit dieser Eröffnung überraschte er mich nicht. Von vielen Begegnungen in Friedenszeiten her kannte ich die traditionell guten und kameradschaftlichen Beziehungen zwischen den Angehörigen unserer beiden Marinen. Unterschwellig hatte diese solide Grundhaltung auch im Krieg nicht ganz zu existieren aufgehört und brach sich bei Gelegenheit Bahn. Die Art, wie *Bismarck* bis zum bitteren Ende gekämpft hatte, war von den britischen Seeleuten respektiert und sicherlich als eine solche Gelegenheit empfunden worden. Diese Haltung hatte sich zweifellos in unserer guten Unterbringung und Behandlung an Bord niedergeschlagen. Anlaß zu Beanstandungen hat es nach meiner Kenntnis weder auf *Dorsetshire* noch auf *Maori* gegeben. Vielleicht hatte es auch eine Rolle gespielt, daß Captain Martin selbst während des Ersten Weltkrieges Kriegsgefangener in Deutschland gewesen und dort gut behandelt worden war. Auf seinen Rundgängen zu unseren Männern sagte er immer wieder: »Solange ihr hier bei mir an Bord seid, werdet ihr es genauso gut haben.« Und die Haltung seiner Besatzung entsprach dem voll. Stets traten die britischen Seeleute anständig und hilfsbereit in Erscheinung. »Heute ihr, morgen wir«, sagten sie. Und bis dahin sollte es dann auch gar nicht mehr lange dauern. Am 4. April 1942 wurde die *Dorsetshire* unter ihrem neuen Kommandanten, Captain A.W.S. Agar, südöstlich von Ceylon durch japanische Bomben versenkt.

Am Morgen des 31. Mai wurden zunächst die Unteroffiziere und Mannschaften ausgeschifft und abtransportiert. Danach folgten wir Offiziere. Beim Vonbordgehen erhielten wir die dem Friedenszeremoniell entsprechenden Ehrenbezeugungen. Es wurde Seite gepfiffen, die Schiffswache präsentierte das Gewehr.

Der Weg in die Kriegsgefangenenlager begann.

Die »Rheinübung« im Rückblick

In der Seekriegsgeschichte lebt das Schlachtschiff *Bismarck* in erster Linie durch seine Artilleriekämpfe am 24. und 27. Mai 1941 fort.

Am 24. Mai bewies es seine hervorragende Schlagkraft. Auf eine durchschnittliche Gefechtsentfernung von einhundertundneunzig Hektometer versenkte es im Lauf von nur sechs Minuten und mit einem Aufwand von nur dreiundneunzig schweren Granaten den größten und berühmtesten britischen Schlachtkreuzer seiner Zeit. Dieser blitzartige, sogar die kühnsten Erwartungen übertreffende Erfolg wies *Bismarck* als einen Höhepunkt der deutschen Schiffsartillerie aus.

Am 27. Mai zeigte *Bismarck* eine fast unglaubliche und auch in dieser Beziehung die höchsten Erwartungen übertreffende Standkraft – *Bismarck* erwies sich als ein Höhepunkt auch des deutschen Schiffbaus. Es hatte auf britischer Seite des Zusammenwirkens von insgesamt fünf Schlachtschiffen, drei Schlachtkreuzern, zwei Flugzeugträgern, vier Schweren, sieben Leichten Kreuzern und einundzwanzig Zerstörern bedurft, um *Bismarck* zu stellen und schließlich zu vernichten. Darüber hinaus hatten über fünfzig Flugzeuge des Coastal Command an den Operationen gegen das deutsche Schlachtschiff teilgenommen.

Auf Gefechtsentfernungen, die bis auf fünfundzwanzig Hektometer heruntergingen und dementsprechend hohe Trefferraten erbrachten, wurde am 27. Mai die folgende Munition gegen *Bismarck* verschossen:

ARTILLERIE
Rodney   380 40,6-cm-, 716 15,2-cm-Granaten
King George V   339 35,6-cm-, 660 13,3-cm-Granaten
Norfolk   527 20,3-cm-Granaten
Dorsetshire   254 20,3-cm-Granaten
insgesamt also 2876 Granaten im Lauf von neunzig Minuten.

TORPEDOS
Rodney   12, davon Treffer: 1 (beansprucht)

Norfolk 8, davon Treffer: 1 (als möglich beansprucht)
Dorsetshire 3, davon Treffer: 2 (und möglicherweise ein dritter)

In den Tagen vor dem und in der Nacht zum 27. Mai waren an Torpedos gegen *Bismarck* verschossen worden:

24./25. Mai Flugzeuge der *Victorious:* 8, davon 1 Treffer
26. Mai Flugzeuge der *Ark Royal:* 13, davon 2 Treffer, möglicherweise ein dritter.
Nacht zum 27. Mai:
Zerstörer *Cossack* 01.40 Uhr: 3, kein Treffer
Zerstörer *Cossack* 03.35 Uhr: 1, kein Treffer
Zerstörer *Maori* 01.37 Uhr: 2, kein Treffer
Zerstörer *Maori* 06.56 Uhr: 2, kein Treffer
Zerstörer *Zulu* 01.21 Uhr: 4, kein Treffer
Zerstörer *Sikh* 01.28 Uhr: 4, kein Treffer

Mit keiner Granate waren *Rodney* und *King George V* am 27. Mai durch den Gürtelpanzer oder das Panzerdeck in die lebenswichtigen Räume *Bismarcks* eingedrungen[1], und Tovey hatte beim Ablaufen seines Verbandes nach dem Endkampf an Somerville funken müssen: »kann *Bismarck* mit Granaten nicht versenken«.

Später ist viel darüber diskutiert worden, ob *Bismarck* nun als Folge der von *Dorsetshire* in der Schlußphase geschossenen drei Torpedos oder der Selbstversenkungsmaßnahmen an Bord gesunken sei.

Ich persönlich habe, obwohl ich im Zeitpunkt der Schußabgabe der ersten zwei Torpedos der *Dorsetshire,* gegen 10.20 Uhr, noch an Bord war, von den hierdurch ausgelösten Detonationen nicht das mindeste wahrgenommen, sie möglicherweise im allgemeinen Gefechtslärm überhört. Doch sei hiervon einmal abgesehen, da das ja für die Wirkung der Torpedos nichts besagt.

Ganz zweifelsfrei ist meine nach dem Verlassen des Achteren Artillerieleitstandes gegen 10.20 Uhr gemachte Beobachtung, daß *Bismarck* um diese Zeit bereits sank, wenn auch sehr, sehr langsam. Das stark achterlastige Schiff verhielt sich so, als ob ganz allmählich, aber unaufhaltsam eine Abteilung nach der anderen vollief, es zeigte vollkommen die Wirkung an, wie sie nach den – ja auch von mehreren Zeugen bestätigten – Selbstsprengungen und nach dem Öffnen aller Seeventile, etwa ab 10.00 Uhr, zu erwarten war. Tiefgang, Achterlastigkeit und Backbordschlagseite nahmen dann nach 10.30 Uhr rascher zu, und der in dieser Phase nun schon aus äußerst geminderter Stabilität gefeuerte dritte Torpedo der *Dorsetshire* dürfte das Ende des *Bismarck* allenfals beschleunigt, nicht aber verursacht haben. Es ist mein bestimmter persönlicher Eindruck, daß *Bismarck* auch ohne diese

Torpedotreffer gesunken wäre, als bloße Folge der Selbstversenkung, nur dann wahrscheinlich noch etwas langsamer.[2]

In seinem späteren Abschlußbericht über die »Rheinübung« schrieb Tovey: »*Bismarck* hat gegen eine riesige Übermacht einen äußerst tapferen Kampf geführt, würdig der vergangenen Tage der Kaiserlich Deutschen Marine, und sie ist mit wehender Flagge untergegangen.«

Und die Wirkung der deutschen Artillerie bei dem Gegner, wenigstens zu Beginn des Endkampfes? »Keine Personalverluste, keine Schäden auf den britischen Schiffen am Vormittag des 27. Mai«, sagte Tovey in seinem Bericht. Dieses Ergebnis mag Wunder nehmen, wenn wir uns an die raschen Deckenlagen des ausgezeichneten Artilleristen Schneider in den ersten zehn Minuten des Gefechtes, zwischen 08.50 und 09.00 Uhr, erinnern. Aber wir müssen dessen eingedenk bleiben, daß sich mit dem verkrüppelten *Bismarck* ein solider Gefechtskurs nicht mehr steuern ließ, das ständig nach Backbord überliegende Schiff statt dessen unberechenbar kurvte und *Rodney* sich den im voraus abzuschätzenden Aufschlaglagen *Bismarcks* durch vorbeugende Kursmanöver entziehen konnte. Und dann waren schon um 09.02 Uhr, knapp fünfzehn Minuten nach eigenem Feuereröffnen, sowohl Schneiders Leitstand im Vormars als auch unsere beiden vorderen schweren Türme »Anton« und »Bruno« durch Trefferwirkung ausgefallen. Anscheinend war um die gleiche Zeit auch Albrechts Vorderer Artillerieleitstand, wenigstens vorübergehend, außer Gefecht gesetzt worden. Insgesamt besagt dies, daß schon zu Beginn des neunzigminütigen Gefechtes fünfzig Prozent unserer schweren Batterie und mit dem Vormars das »Gehirn« unserer Artillerie ausgefallen waren. *Bismarcks* Hauptartillerieleitstand war nicht genügend geschützt. Aber er teilte insoweit nur das Schicksal der Vormarsleitstände auf allen Schlachtschiffen seiner Zeit: aus Stabilitätsgründen ließen sich schwere Panzergewichte nun einmal nicht so hoch oben anbringen. Es war dies eine strukturelle Schwäche im Schlachtschiffbau.

Erinnern wir uns, daß ich ab 09.10 Uhr von achtern aus mit den Türmen »Caesar« und »Dora« bis zum Ausfall meines eigenen Leitstandes insgesamt nur vier Salven hatte feuern können. Der Ausfall war in dem Moment gekommen, als ich mich auf mein Ziel, die *King George V*, eingeschossen hatte. Danach hatten »Caesar« und »Dora« turmweise weitergeschossen, gut am Ziel gelegen, aber ohne die Hilfe eines Feuerleitapparates Treffer auch nicht mehr erzielen können.

Sicherlich hatte *Bismarck* über eine erstklassige, überlegene und von Schneider und Albrecht hervorragend geleitete Artillerieanlage verfügt. Aber bei der Vielzahl der feindlichen Einheiten, deren dreifachen Überlegenheit im Geschoßgewicht und bei den immer kürzer werdenden Gefechtsentfernungen waren entscheidende Ausfälle auf *Bismarck* rasch und fast gleichzeitig eingetreten.

Toveys Formulierung »keine Schäden auf den britischen Schiffen« verdeckte freilich den Umstand, daß *Rodney* durch ihr eigenes Schießen schiffbaulich nicht unerheblich gelitten hatte. Die Salvenluftdrücke ihrer mit nur geringen oder gar ohne Rohrerhöhungen abgefeuerten schweren Geschütze hatten das Decksgefüge schwer beschädigt, und mehrere Geschütze waren aus ihren Wiegen gesprungen. Ausgelöst worden waren diese niedrigen Rohrstellungen durch den Wunsch der Schiffsführung, Treffer in oder unter der Wasserlinie *Bismarcks* zu erzielen. (Diese Erfahrungen sollten zu baldigen entsprechenden Verbesserungen im britischen Schlachtschiffbau führen.) Ein weiterer Hinweis zum Zustand der *Rodney* nach dem Gefecht erreichte mich später noch von dem US-Staatsangehörigen George C. Seybolt. Seybolt, 1943 als Lieutenant junior gerade USNR in der US Navy zum »Intelligence Volunteer Special«-Dienst nach London versetzt, will damals dort erfahren haben, daß infolge des anhaltenden Vollsalvenschießens der Kiel der *Rodney* auf volle Länge dejustiert worden sei. Er hatte daraus gefolgert, daß *Rodney* entweder niemals auf Vollsalvenschießen hin konzipiert worden war oder aber die entsprechenden Berechnungen fehlerhaft gewesen seien. Seybolts Hinweise sind mir aus anderer Quelle allerdings niemals bestätigt worden, und ich möchte sie daher mit einem erheblichen Zweifel versehen. Jedenfalls ging *Rodney* im Juni 1941 zu Überholungs- und Reparaturarbeiten in die Marinewerft in Boston, USA. Ihr Einlaufen dort wurde von dem damals 16jährigen Amerikaner John Love beobachtet, der mir 1983 schrieb, daß das Schiff, obwohl offensichtlich nicht direkt getroffen, an seiner Steuerbordseite Gefechtsschäden, vermutlich von Nahaufschlägen her, aufwies.

Wenn an unser drängendes Gewissen eine Frage übrigbleibt, so ist es wohl die nach dem Grund, aus dem Lütjens das immer schrecklichere und schließlich aussichtslose Gemetzel im Endkampf nicht durch ein Sich-Ergeben zu beenden versucht hat, beispielsweise durch das Angebot an Tovey: »Feuer einstellen, *Bismarck* versenkt sich selbst, Sie retten unsere Überlebenden.« Wie Tovey hierauf reagiert hätte, muß ich offenlassen. Für das Verhalten eines deutschen Kriegsschiffkommandanten oder Seeverbandsführers im Kampf, das müssen wir hierzu wissen, galt in solcher Lage ein – durch die Selbstversenkung des gefechtsgeschädigten Panzerschiffes *Admiral Graf Spee* vor Montevideo ausgelöster – Erlaß Raeders vom 22. Dezember 1939, der im Auszug besagte: »Das deutsche Kriegsschiff kämpft unter vollem Einsatz bis zur letzten Granate, bis es siegt oder mit wehender Flagge untergeht«, ein Erlaß, dessen Wortlaut etwa das Zeigen der weißen Flagge ausschloß, wie es der Kleine Kreuzer *Emden* im November 1914 in der Endphase seines Kampfes gegen den australischen Kreuzer *Sydney* ohne Minderung seines geschichtlichen Rufes getan hatte. Und ein Erlaß, dem der 21.40-Uhr-Funkspruch Lütjens am 26. Mai fast wörtlich entsprach. Prinzipiell war die Raedersche Weisung gewiß so verbindlich, wie sie sich las, dennoch aber war es wohl letztlich eine Frage der Persönlichkeit des jeweiligen örtlichen Befehlshabers, ob ihr buchstabengetreu entsprochen wurde oder nicht. Ich selbst neige zu der Annahme, daß Lütjens nicht der Mann gewesen wäre, sich über sie hinwegzusetzen, aber uneingeschränkt behaupten kann und will ich das nicht. Es fehlt mir hierzu schon die Kenntnis des genauen Zeitpunktes des Todes oder etwa einer Verwundung von Lütjens, um zu wissen, ob er überhaupt noch physisch in der Lage gewesen wäre, derart zur Beendigung der Beschießung beizutragen. Auch ist mir nicht bekannt, wie rasch beispielsweise Lindemann vom etwaigen Ausfall des Flottenchefs erfuhr, um möglicherweise stellvertretend zu handeln. Insgesamt gesehen, bleibt hier schon faktisch zu vieles im unklaren, so daß ich diesen Komplex letztlich auf sich beruhen lassen muß.

Das rasche Erkennen des Beginns der »Rheinübung« durch den Gegner und die dadurch bedingte frühzeitige, fast durchgehende Feindberührung haben für die deutsche Kampfgruppe ausschließlich zu Begegnungen mit schweren britischen Kriegsschiffen geführt, kulminierend in den spektakulären Seegefechten *Bismarcks*, seinem Blitzsieg am 24. und seinem langsamen, qualvollen Sterben am 27. Mai. Fast könnte die schiere Dramatik des Geschehens vergessen lassen, daß die Vernichtung feindlicher Kriegsschiffe kein erstrangiges operatives Ziel für deutsche Überwasserstreitkräfte im Atlantik war, daß die »Rheinübung«, strategisch gesehen, schon mit dem Auslaufen aus Norwegen zu einem Fehlschlag wurde. Der Erfüllung seiner Hauptaufgabe »Handelskrieg« ist *Bismarck* nicht ein einziges Mal auch nur nahegekommen.

Es erscheint notwendig, hierzu einen Blick auf das von der Seekriegsleitung mit der Entsendung *Bismarcks* eingegangene allgemeine Risiko und die von Lütjens im Verlauf der Unternehmung angenommenen einzelnen Risiken zu werfen.

Hören wir zum allgemeinen Risiko den berufensten Zeugen, den damaligen Chef der Seekriegsleitung, Großadmiral Raeder. Er schrieb später dazu[3]:

»Mit der Entsendung des *Bismarck* stand ich vor einem außerordentlich schweren Entschluß. Die Voraussetzungen, von denen die Seekriegsleitung ursprünglich ausgegangen war, waren zum Teil nicht mehr gegeben. Der Vorstoß von *Bismarck*, der zuerst im Rahmen eines großen operativen Planes gedacht war[4], wurde jetzt zu einer isolierten Einzelunternehmung, bei der der Gegner die Möglichkeit hatte, seine gesamten Kampfmittel auf diese eine Gruppe zu konzentrieren. Das Risiko stieg dadurch erheblich. Dem aber stand gegenüber, daß die Kriegslage ein Zurückhalten und bewußtes Schonen einer so starken Kampfeinheit nicht gestattete. Wenn man mit der Durchführung der Unternehmung warten wollte, bis die Schlachtschiffe *Scharnhorst* und *Gneisenau* wieder fahrbereit waren, konnte das unter Umständen den völligen Verzicht auf die offensive Atlantikverwendung des neuen Schlachtschiffes bedeuten. Nachdem *Scharnhorst* und *Gneisenau* in den nordfranzösischen Häfen den immer wiederholten Angriffen der britischen Luftwaffe ausgesetzt waren, bestand nur geringe Wahrscheinlichkeit, einen Zeitpunkt erfassen zu können, zu dem diese beiden Schiffe voll aktionsbereit sein würden. Tatsächlich sind auch beide Schiffe bis zu ihrer Rückverlegung im Februar 1942 nicht mehr zum Einsatz in See gekommen. Falls aber die Durchführung des Unternehmens noch weiter hinausgeschoben wurde, bis *Tirpitz* einsatzbereit war, hatte dies mindestens ein halbes Jahr der Inaktivität zur Folge – eine Zeit, in der der Gegner nicht untätig sein und die Lage auf dem Atlantik sich schon durch die Haltung der USA wahrscheinlich verschlechtern würde.

Ein überaus starkes psychologisches Moment für meine Entscheidung war das große Vertrauen, das ich zu der Führung durch Admiral Lütjens hatte. Admiral Lütjens war ein Offizier, der den Seekrieg und seine Taktik genauestens kannte. Bereits als junger Offizier hatte er im Ersten Weltkrieg von Flandern aus eine Torpedobootshalbflottille geführt. Er war später Flottillenchef, Kreuzerkommandant und Führer der Torpedoboote gewesen und war lange Zeit in Stäben verwendet worden. Als mein Personalchef hatte er sich in den Jahren der Zusammenarbeit mein besonderes Vertrauen erworben. Während eines Teils der Norwegenunternehmung hatte er in Vertretung des erkrankten Flottenchefs die schweren Streitkräfte geführt und schließlich bei der Atlantikoperation von *Scharnhorst* und *Gneisenau*[5] sein großes Können bewiesen.

Der Entschluß, den endgültigen Befehl zur Durchführung der Unternehmung zu geben, wurde mir durch Hitlers Einstellung sehr erschwert. Als ich ihn von meinen Plänen unterrichtete, war er zwar nicht ablehnend, doch war ihm anzumerken, daß er damit nicht voll einverstanden war. Aber er überließ mir die Entscheidung. Anfang Mai hatte Hitler in Gotenhafen eine längere Aussprache mit Admiral Lütjens[6], der ihm über seine Erfahrungen bei der Atlantikfahrt der Schlachtschiffe *Scharnhorst* und *Gneisenau* vortrug und seine Ansichten über den taktischen Einsatz von *Bismarck* erläuterte. Der Flottenchef hat hierbei auch von der Gefährdung gesprochen, der das Schlachtschiff durch die feindlichen Flugzeugträger ausgesetzt sein könnte.

Nach sorgfältigster Abwägung aller Umstände befahl ich die Durchführung.«

Es war nun zweifellos im Bewußtsein des durch die Einzelentsendung *Bismarcks* stark erhöhten Risikos, daß Lütjens am 26. April 1941 in Berlin Raeder gegenüber gewisse Bedenken geäußert hatte. Erinnern wir uns an seine damals vorgebrachten Überlegungen, mit der Operation doch vielleicht besser bis zur Wiederherstellung der Kriegsbereitschaft von *Scharn-*

horst, ja möglicherweise sogar bis zum Hinzutreten der neuen *Tirpitz* zu warten. Er war zwar danach wieder von sich aus zu dem ursprünglichen Operationsgedanken der »Rheinübung« zurückgekehrt, daß es doch wohl richtiger sei, *Bismarck* und *Prinz Eugen* unverzüglich zu entsenden. Doch nehme ich an, daß er hiermit in erster Linie der Grundeinstellung Raeders entsprechen wollte. Das war es schließlich, was die Seekriegsleitung so deutlich erkennbar anstrebte, und mit ihr wünschte er in Harmonie zu verbleiben. Waren nicht seine beiden Vorgänger als Flottenchef im Unfrieden mit der Seekriegsleitung aus dem Kommando geschieden?[7] Da stellte er eben, so lese ich das Verhalten von Lütjens, seine bessere innere Überzeugung zurück, daß ein sofortiger »teelöffelweiser« Einsatz unserer Schlachtschiffe die deutschen Wirkungsmöglichkeiten auf dem Atlantik nur mindern könne. Und genau so wie er, sahen es später auch die Briten. Grenfell schrieb[8]: »Zu unserem Glück entschlossen sich die Deutschen, ihre Schlachtschiffe in kleiner Münze auszugeben.«

Zum Ausgang der »Rheinübung« schrieb Raeder: »Für den Einsatz des neuesten deutschen Schlachtschiffes trage ich ebenso die Verantwortung wie für alle militärischen Einsätze während der Zeit meiner Tätigkeit als Oberbefehlshaber der Kriegsmarine. Ich trage sie allein. Von niemandem bin ich gezwungen worden, die Unternehmen durchzuführen. Einzig die Notwendigkeit, den Gegner im Kriege mit jedem Mittel und nach allen Regeln der Kriegskunst zu bekämpfen und dafür die eigenen Kräfte einzusetzen, hat meinen Entschluß bestimmt.« Eine persönliche Konsequenz aus so pointiert empfundener Verantwortung hat Raeder allerdings nicht gezogen.

Hatte der schon zu Beginn des Zweiten Weltkrieges erzielte britische Einbruch in den deutschen Marinegeheimschlüssel bei der Verfolgung und Vernichtung des *Bismarck* eine Rolle gespielt? Anlaß zu solcher Vermutung gibt eine neuere Literatur, die diesen noch lange Jahre nach dem Krieg diskret behandelten Vorgang in zum Teil aufsehenerregender Weise beschrieben hat.[9] Den britischen Fachleuten war es seinerzeit gelungen, einen Teil des deutschen operativen Funkverkehrs so rasch zu entschlüsseln, daß die Admiralität in London entsprechende Gegenoperationen rechtzeitig einleiten und mitunter die Absichten der deutschen Seekriegsleitung vereiteln konnte. Bis zum Ende der »Rheinübung« am 27. Mai waren die Briten aber noch nicht in der Lage, den geheimen Funkverkehr zwischen *Bismarck* und den einheimischen Dienststellen mitzulesen – wenn sie damals auch nur einen einzigen Tag vor dem Datum stehen sollten, zu dem ihnen solches gelang. Es trifft zwar zu, daß sie in der zweiten Maiwoche Funkmeldungen der deutschen Luftaufklärung – die allerdings, den beschränkten Schlüsselmitteln eines Flugzeuges entsprechend, nur leicht verschlüsselt worden waren – entziffern und daraus auf einen bevorstehenden Ausbruch deutscher Seestreitkräfte in den Atlantik schließen konnten. Auch erfuhren sie noch am 25. Mai durch einen deutschen Funkspruch von der Absicht Lütjens', Westfrankreich anzulaufen, aber nicht durch einen direkt von *Bismarck* stammenden, und auch nur noch als eine Bestätigung dessen, was sie bereits aus anderer Quelle wußten. Der Chef des Generalstabes der Luftwaffe, Generaloberst Hans Jeschonnek, war an diesem Tag in Athen gewesen und hatte aus privatem Interesse von dort aus in Berlin nach den momentanen Absichten des deutschen Flottenchefs angefragt. Die Antwort, *Bismarck* steuere St. Nazaire oder Brest an, hatte nicht auf sich warten lassen, sie war im einfachen Luftwaffenschlüssel und über diese Hintertür sofort zur Kenntnis der britischen Aufklärung gekommen. Weiterhin konnten die Briten aus wiederum nur leicht verschlüsselten Funkmeldungen der Luftwaffe die von Frankreich her beabsichtigte Bereitstellung einer Luftsicherung für *Bismarck* ab dem 26. Mai herauslesen. In der Hauptsache waren es aber noch die damaligen konventionellen Aufklärungsmethoden, denen die Briten ihre Erfolge gegen die »Rheinübung« verdankten. Diese hatten mit den Operationen gegen *Bismarck* ihren Höhepunkt erreicht, jenseits dessen der ständig vervollkommnete Einbruch in den deutschen Marinegeheimschlüssel die konventionellen Mittel mehr und mehr überflüssig machen sollte.

Und nun zu den einzelnen Risiken, die Lütjens im Verlauf der »Rheinübung« in Kauf nahm oder nicht abwenden konnte. Gehen wir sie in zeitlicher Reihenfolge durch:

Der britische Nachrichtendienst hatte Ende April 1941 erfahren, daß *Bismarck* beim Flottenkommando die Anbordgabe von – in Gotenhafen nicht erhältlichen – Seekarten für einzuschiffende Prisenkommandos beantragt hatte. Er war dadurch in seiner bereits bestehenden Annahme bestärkt worden, daß eine atlantische Unternehmung des Schlachtschiffes bevorstehe.

Der britische Nachrichtendienst hatte sein Wissen durch die Entschlüsselung des Funkspruches erlangt, mit dem *Bismarck* die Seekarten angefordert hatte. Er war zu solcher Entschlüsselung in der Lage gewesen, nachdem die Briten kurz zuvor bei einem Angriff auf die Lofoten den bewaffneten deutschen Fischdampfer *Krebs* beschädigt und auf ihm die deutsche Schlüsselmaschine *Enigma* nebst Schlüsselunterlagen erbeutet hatten. Daraufhin hatte der britische Nachrichtendienst einige bereits früher aufgefangene deutsche Sprüche entschlüsseln können, darunter den besagten.

Das Absetzen eines mit »Enigma« verschlüsselten Funkspruches von einem in See befindlichen Schiff ist an sich eine normale Angelegenheit. Daß in diesem Fall der die Seekarten anfordernde Spruch von den Briten gelesen werden konnte, weil sie die Schlüsselunterlagen des Fischdampfers *Krebs* erbeutet hatten, war ein besonders unglücklicher, von Lütjens kaum vorherzusehender Umstand. Das darin liegende Risiko hatte er folglich nicht abwenden können.

In der zweiten Maiwoche 1941 hatten die Briten eine erhebliche Verstärkung der deutschen Luftaufklärung über Scapa Flow bis hin zur Dänemarkstraße festgestellt. Sie hatten in Verbindung hiermit auch einige Funksprüche der deutschen Luftwaffe entziffert und daraufhin einen Ausbruch *Bismarcks* als unmittelbar bevorstehend angesehen. Admiral Tovey hatte die Kreuzer *Suffolk* und *Norfolk* zu intensiver Aufklärung in der Dänemarkstraße angewiesen.

Es war dies ein unvermeidbares Risiko. Mit ihm mußte die Seekriegsleitung leben, wenn sie sich atlantische Vorstöße nicht unangemessen beschneiden lassen wollte. Sicherlich mußte Lütjens in Rechnung stellen, daß unsere verstärkte Luftaufklärung bei den Briten nicht ganz unbemerkt bleiben würde, der Gegner ein gewisses Warnzeichen erhalten hatte.

Unsere Seekriegsleitung wußte seit spätestens Mitte April, und Lütjens müßte es dementsprechend gewußt haben, daß der britische Marineattaché in Stockholm im März 1941 eine Organisation zur Beobachtung der Durchfahrten im Großen Belt eingerichtet hatte.

Ob Lütjens dieses Risiko tatsächlich gekannt hat, muß ich offenlassen. Ein Schaden ist unserer Seekriegführung, soweit ich weiß, durch das Passieren des Belts in der Nacht vom 19. auf den 20. Mai nicht entstanden. Entweder hatten wir Glück gehabt oder aber die Organisation des Gegners war noch zu unvollkommen gewesen.

Am 20. Mai legte der starke Schiffsverkehr im Kattegat die Befürchtung nahe, daß feindliche Agenten die Bewegung der deutschen Kampfgruppe erfassen und weitermelden würden. Das entsprechende Risiko trat, nur noch einmal verstärkt, bei dem Insichtkommen der *Gotland* in Erscheinung.

Wie Lütjens die allgemeine Agentengefahr in den skandinavischen Gewässern beurteilte, ist mir nicht bekannt. Das Auftauchen der *Gotland* wertete er jedenfalls, wie wir ja aus seiner Funkmeldung wissen, als bedenklich. Daß er sonstige Konsequenzen nicht daraus zog, mag der Stellungnahme des Generaladmirals Carls zu dieser Funkmeldung mit zuzuschreiben sein. Im Ergebnis haben dann die Meldung der *Gotland* und deren Weiterleitung nach London zu dem Verlust *Bismarcks* am 27. Mai geführt. Mit dem Passieren des Kattegats am 20. Mai war letztlich das Schicksal des deutschen Schlachtschiffes besiegelt.

Am Abend des 20. Mai hatte der der norwegischen Untergrundbewegung angehörige Viggo Axelsen von der Küste bei Kristiansand aus den Vormarsch der deutschen Kampfgruppe beobachtet. Seine anschließende Funkmeldung hatte der Admiralität in London den vorangegangenen Bericht Denhams noch einmal bestätigt.

Ob Lütjens ein Risiko dieser Art in Rechnung gestellt hatte, entzieht sich meiner Kenntnis. Selbst wenn der Meldung Axelsens der Wert einer Neuheit also nicht mehr zukam, so war sie immerhin auch als Bestätigung für die Admiralität von weitreichender Bedeutung.

Nach dem Einlaufen in die Fjorde um Bergen verblieb die deutsche Kampfgruppe einen Tag lang stationär im Bereich der britischen Luftnahaufklärung. Tovey schrieb hierzu später[10]: »Es gab Anzeichen dafür, daß *Bismarck* und *Prinz Eugen* einen Vorstoß auf die ozeanischen Handelsrouten beabsichtigten, obwohl es, wenn das zutreffen sollte, unwahrscheinlich war, daß sie dann an einem für die Luftaufklärung so bequem gelegenen Platz wie Bergen Halt machen sollten.«

Es war dies ein Risiko, das Lütjens in Kauf nahm. Und so haben dann auch die Briten durch Luftaufklärung um die Mittagsstunde des 21. Mai *Bismarck* und *Prinz Eugen*[11] identifiziert und durch weitere Luftaufklärung am Abend des 22. Mai das Wiederauslaufen der Kampfgruppe aus Norwegen festgestellt.

Bei dem abendlichen Auslaufen aus den Fjorden am 21. Mai erfuhr Lütjens von der Anweisung einer britischen Flugfunkstelle an die britischen Luftstreitkräfte, nach zwei deutschen Schlachtschiffen und drei Zerstörern Ausschau zu halten, die am Vortag auf Nordkurs gemeldet worden waren.[12]

Lütjens setzte, offenbar unbeirrt, seinen Vormarsch fort. Er nahm hier das Risiko in Kauf, daß der einmal alarmierte Feind seine Suchaktionen auch in die von seiner Kampfgruppe zu passierenden nördlichen Breiten ausdehnen würde.

In den Abendstunden des 23. Mai machte Lütjens nach der ersten Begegnung mit der *Suffolk* nicht kehrt. Er hielt auch nach dem späteren Auftauchen der *Norfolk* durch und setzte den Vormarsch, von den beiden Fühlunghaltern gefolgt, weiter fort.

Lütjens hatte es ja bereits im Lauf der Kommandantensitzung auf *Bismarck* am 18. Mai ausgesprochen, daß etwa im Wege stehende feindliche Kreuzer und Hilfskreuzer (nur) unter Umständen anzugreifen, vornehmlich jedoch *Bismarck* und *Prinz Eugen* zu schonen seien, damit sie möglichst lange auf ihrer Unternehmung aushalten könnten. Wenn er diesen Grundsatz im gegebenen Fall zugunsten des kampflosen Durchhaltens seiner Schiffe anwendete, so durfte er hierbei zwar die nach seinen früheren Erfahrungen nicht unbegründete Hoffnung haben, *Suffolk* und *Norfolk* noch im Lauf der Nacht wieder abzuschütteln. Doch trug er unvermeidlicherweise das Risiko, daß ihm das nicht gelang und, im Gegenteil, die Kreuzer auch noch schwerere feindliche Einheiten heranholten.[13]

Am 24. Mai führte die Ausbruchtaktik von Lütjens zu dem Seegefecht bei Island. Es brachte einen brillanten Erfolg, aber die deutsche Kampfgruppe der Erfüllung ihrer Hauptaufgabe nicht näher, es entfernte sie im Gegenteil davon.

Die dem Feind rechtzeitig bekanntgewordene
- Ausgabe neuer Seekarten an *Bismarck*
- verstärkte deutsche Luftaufklärung im Norden in der zweiten Maiwoche
- Bewegung der deutschen Kampfgruppe durch das Kattegat
- Anwesenheit der Kampfgruppe in den Fjorden um Bergen
- Auslaufbewegung der inzwischen identifizierten deutschen Schiffe aus Norwegen
- Passage der deutschen Kampfgruppe durch die Dänemarkstraße,

und der gut geheimgehaltene Anmarsch zweier britischer Schlachtschiffverbände auf die Atlantikausgänge um Island –
all dies bewirkte, daß der von der eigenen Luftaufklärung nur unzureichend unterstützte, über die Schiffsbelegung in Scapa Flow an den entscheidenden Tagen irreführend unterrichtete und folglich von der Gruppe Nord zum angeblich ungefährdeten Weitermarsch animierte Lütjens, ohne es zu ahnen, mit seiner Kampfgruppe in ein offenes Messer lief.

Nach dem Island-Gefecht war Lütjens die Freiheit taktischer Entscheidung genommen, wie er sie bis zur Begegnung mit *Suffolk* und *Norfolk* am Vorabend noch besessen hatte. Nunmehr bestimmte die Wirkung der von *Prince of Wales* auf *Bismarck* erzielten Artillerietreffer den weiteren Verlauf der »Rheinübung«. Sie zwang Lütjens zur Unterbrechung der Operation, dazu, mit *Bismarck* auf die westfranzösiche Küste zuzulaufen – durch Seeräume, dicht genug an Großbritannien, um noch der feindlichen Luftfernaufklärung ausgesetzt zu sein. Die dann beginnende, an Spannungsgehalt kaum zu überbietende Verfolgung *Bismarcks* auf seinem jetzt noch mehr als siebzehnhundert Seemeilen langen Weg nach St. Nazaire führte für beide Seiten zu erregenden Wechselfällen des Glücks, nacheinander steigenden und fallenden Hoffnungen, dem fortgesetzten Pendeln zwischen hohem Optimismus und abgrundtiefer Enttäuschung. Der Feind verlor die Fühlung an *Bismarck* und gewann sie wieder, die Trefferwirkung von *Prince of Wales* und unterlassenes Nachbeölen in Norwegen oder aus der *Weißenburg* verschärften die Brennstofflage *Bismarcks,* verhinderten das Laufen höherer, vielleicht rettender Fahrtstufen und ein Ausholen in den Atlantik. Es folgten die Verkrüppelung des Schiffes durch den Rudertreffer und der Untergang – am Ende eines fast dreitausend Seemeilen langen Weges, der *Bismarck* seit seiner Entdeckung in Norwegen schon zu neun Zehnteln an sein Ziel in Frankreich herangeführt hatte.

Der Verlust des Schiffes und fast seiner gesamten Besatzung war ein bitterer und die Herzen zutiefst bewegender Schlag. Er blieb aber, und das muß um der geschichtlichen Wahrheit willen auch gesagt werden, im Rahmen der damals von der Seekriegsleitung und Lütjens bewußt eingegangenen Risiken, war keine Folge eines unvorhersehbaren Schicksals, auch war er nicht im klassischen Sinne tragisch, nicht in der Persönlichkeit des Flottenchefs angelegt.

Die Folgen des Untergangs von *Bismarck* waren für die Führung des Seekrieges einschneidend. Kurz danach versenkten britische Seestreitkräfte im Anschluß an eine erfolgreiche Suchaktion sechs zur Nachschuborganisation für die deutsche Atlantikkriegführung gehörende Dampfer, die Organisation selbst wurde dadurch entscheidend getroffen. Größere und auf längere Dauer angelegte Operationen unserer Überwasserstreitkräfte im Atlantik waren nun nicht mehr möglich. Toveys Wort vom 26. Mai: »Die Versenkung des *Bismarck* kann eine Wirkung auf den Krieg als Ganzes haben, die für den Feind weit mehr bedeutet als nur den Verlust eines Schlachtschiffes« hatte sich erfüllt.

Es ist mehr als fünfundvierzig Jahre her, seit *Bismarck* um 10.39 Uhr am 27. Mai 1941 sank. Er liegt noch immer auf 48° 10′ Nord und 16° 12′ West, nicht weit und doch eine Ewigkeit von seinem damaligen Ziel St. Nazaire entfernt. Mit seinem Untergang dämmerte schon das Ende des Zeitalters der Schlachtschiffe herauf, das er als ein triumphales Werk der Technik verkörpert hatte und das von ihm und seiner tapferen, gefallenen Besatzung zwar nur kurz, aber doch in unauslöschlicher Weise mit geprägt worden war.

Kriegsgefangenschaft in England und Kanada

Der Weg in die Kriegsgefangenschaft führte Junack und mich von Newcastle zunächst nach London. Nach der Bahnfart in einem zwecks Absonderung vom Reisepublikum angenehmerweise zugestandenen Erster-Klasse-Abteil gelangten wir im Stadtteil Kensington in eine Durchgangsstation, den »London District Cage«, den sogenannten »Londoner Käfig«. Dieser war in der sonst als »Millionaires Row« bekannten, an der Westseite der am Hyde Park entlangverlaufenden Kensington Palace Gardens Road gelegen und ließ es sich damals nicht ansehen, daß er heute einmal der sowjetischen Botschaft als Kanzlei dienen würde. Betrieben wurde der »Käfig« von der britischen Armee zur Ersteinschleusung von Kriegsgefangenen. Er unterstand einem Major burischer Abkunft, einem untersetzten, grauhaarigen, hartgesotten und verschlossen wirkenden Mann mit dünnem Oberlippenbart, der ein sehr gutes, gutturales Deutsch sprach. Zur Vernehmung Kriegsgefangener war er selbst nicht berechtigt, sollte sich allerdings von Anfang an selbstherrlich über diese Beschränkung hinwegsetzen. Die Royal Navy und Air Force mußten es immer wieder rügen, daß der Major den ersten Befragungen durch ihre Vertreter beiwohnte, unbeantwortet Gebliebenes für sich registrierte und anschließend den betreffenden Kriegsgefangenen mit Holzhammermethoden zusetzte. Einige Kriegsgefangene wurden dabei umhergestoßen, auch schon mal geschlagen. Es gelang dem Major zwar auf diese Art, die eine oder andere Antwort zu bekommen, sehr häufig aber auch die falsche. Auf jeden Fall wurden derart behandelte Kriegsgefangene für spätere Vernehmungen »verdorben«, so daß der Major in manche Auseinandersetzung über seine Methoden mit der Navy und der Air Force verwickelt werden sollte. Im Fall kriegsgefangener Marineangehöriger entschieden Vertreter der Royal Navy darüber, ob diese sofort in ein reguläres Lager überführt oder erst einmal Verhören unterworfen werden sollten. Bei ihren Besuchen im »Käfig« pflegten sie die Gefangenen nicht schon eigentlich, und schon gar nicht hart zu vernehmen. Sie registrierten lediglich die von Natur aus Redseligen, die bisherigen Inhaber bedeutender Kommandos und diejenigen, die sich offen zur Zusammenarbeit mit den

Briten bereit erklärten. Letztere waren übrigens ausnahmslos Mannschaftsdienstgrade, einige von ihnen waren von der Handelsmarine gekommen und innerlich Kommunisten geblieben. Angehörige dieser drei Kategorien waren Kandidaten zur Verbringung in die Verhörzentrale, das im Stadtteil Cockfosters gelegene »Combined Services Detailed Interrogation Centre« (CSDIC). Als dienstältester Überlebender des *Bismarck,* als einer der Artillerieoffiziere des Schiffes hatte ich von vornherein kaum einen Zweifel, daß man mir in der Verhörzentrale Fragen stellen würde.

Diese Zentrale, von uns immer nur »Cockfosters« genannt, lag innerhalb des Trent Parks, nahe der nördlichsten Station der U-Bahnlinie Picadilly. Gegenüber dem Bahnhof breiteten sich, der Öffentlichkeit unzugänglich, auf sanft abschüssig gewelltem Gelände herrliche Rasenflächen, die mit Wald, einem See, Golf- und Tennisplätzen den beherrschend gelegenen Herrensitz aus dem 18. Jahrhundert harmonisch ergänzten, der nach Kriegsbeginn zu einer Verhörzentrale umgewandelt worden war. Das Anwesen hatte einst Sir Philip Sassoon gehört, dem Kunstkenner, der das Haus mit erlesenen Möbeln und Gemälden eingerichtet hatte, die die Armee jetzt durch eine einfache amtliche Ausstattung ersetzt hatte. Aber dem Besitz war immer noch anzusehen, daß hier zu Friedenszeiten die Oberen Zehntausend galante Feste gefeiert hatten, bei denen sich die Gäste, von ungeladenen Augen gut abgeschirmt, in den Gewändern von Schäfern und Schäferinnen des 18. Jahrhunderts, auf das ausgelassenste bewegten. Jetzt hatten die britische Marine, die Armee und die Luftstreitkräfte ihre jeweiligen Räume im Parterre, im ersten Stock befanden sich die Verhörräume und im zweiten und dritten Stock die Zellen für die Gefangenen.

»180 cm groß, schlank, hohe Stirn« und andere mir geltende Beschreibungsfetzen hörte ich nach der Ankunft in Cockfosters von einer lauten Stimme. Sie gehörte einem kräftigen Endfünfziger von geradezu teutonischem Aussehen, mit Borstenhaarschnitt, der offensichtlich Routine in rascher Abfertigung hatte. Und so befand ich mich bald, allein und, wie sich noch herausstellen sollte, auf Monate von den anderen *Bismarck*-Überlebenden getrennt, in einer recht geräumigen Zelle im obersten Stock. Ihr vergittertes Fenster erlaubte einen vollen Ausblick auf Rasen, See und Wald – eine scheinbare Insel idyllischen Friedens in einer kriegerischen Welt. Am fernen Horizont freilich riefen Fesselballons über London die Wirklichkeit zurück. In meiner Zelle aber waren nur ich und die Zeit – Zeit in schier endloser Perspektive. Bücher mußten erst einmal über sie hinweghelfen. Im Flur vor den Zellen lag eine kleine Leihbibliothek aus, in Deutsch und Englisch. Sie war sehr gemischt – Max Brods *Tycho Brahes Weg zu Gott,* Pitigrillis *Jungfrau von 18 Karat* sah ich dort, und was sonst noch. Doch bald schon wurde ich zu Vernehmungen abgeholt, für sie war ja schließlich das Lager in Cockfosters in der Hauptsache eingerichtet.

Bis zum Mai 1941 hatten die Briten drei Methoden zum Aushorchen von

Kriegsgefangenen entwickelt. Die erste, am häufigsten angewendete und auch in Cockfosters bevorzugte, war die der direkten Befragung. Wenn der jeweilige Gefangene, entweder von vornherein oder durch gewissen Druck dazu gebracht, kooperativ war, war sie die wirksamste Methode. Ihr Erfolg hing weitgehend vom bereits vorhandenen Informationsstand des Verhörenden ab, seiner Erfahrung und seinem Geschick im Umgang mit dem Gefangenen. Er war in der Regel bereits vorher über dessen militärische Einheit, deren leitende Persönlichkeiten und technische Entwicklungsstände unterrichtet. Solches Wissen stand meist aus der Befragung anderer Gefangener oder aus geheimen Quellen zur Verfügung. In Cockfosters nun hatten die Briten seit Kriegsbeginn durch Verhöre kriegsgefangener Besatzungen eine beachtliche Kenntnis der deutschen U-Bootwaffe erlangt und Routine im Umgang mit deren Angehörigen entwickelt. Aber von deutschen Schlachtschiffen hatte dort bisher niemand eine Ahnung, und der »Schreck« über die sich so plötzlich abzeichnende Vernehmung von vielleicht ein- bis zweitausend *Bismarck*-Überlebenden war gewaltig. Was, um Himmels willen, sollte man sie nur fragen? Da war es dann wie eine »Erlösung«, als nur wenig mehr als einhundert Mann eintrafen.

Ich selbst wurde von zwei sich jeweils abwechselnden Dolmetschern verhört. Der eine war Lieutenant Commander Bertram Cope, der kräftige Endfünfziger, der bei meinem Einzug in Cockforsters meinen »Steckbrief« erstellt hatte. Er hatte sein Deutsch einst in der Gepäckabfertigung von Thomas Cook erlernt, war etwas rauh, doch nicht unpassabel im Umgang. Der andere war Dick Weatherby, etwa 24 Jahre alt, doch älter wirkend, mittelgroß, mager, mit pechschwarzem, glattem Haar. Er entstammte einer guten Wiltshire Familie, die als erbliche Verwahrerin des *Stud Book,* des Registers reinrassiger englischer Rennpferde, einen Namen in der Gesellschaft hatte. Er hatte ein akademisches Studium der deutschen Sprache und auch einen Vorkriegsaufenthalt in Deutschland hinter sich. Bei Kriegsausbruch war er, bis dahin noch ohne Beruf, der Royal Naval Volunteer Reserve beigetreten und hatte dort einen sechsmonatigen Seefahrtslehrgang für jüngere Offiziere absolviert. Zur See war er aber danach nicht gegangen, statt dessen wurde er dem Stab des Naval Intelligence Department zugeteilt, das damals einen verzweifelten Bedarf an deutschsprachigen Marinesachverständigen hatte. Gleich den anderen Vernehmungsoffizieren war er niemals speziell für solche Tätigkeit ausgebildet, sondern auf gut Glück derart verwendet worden. Es mochte wohl sein, daß sein etwas bedrohlich wirkendes Äußeres ihm dabei half – »Kopf und Hals wie bei einer Kobra«, sagten manche. Und auch sein Charakter und Temperament: freundlich, überredungsstark, gelegentlich aufbrausend, ohne daß er die demonstrierte Wut wirklich empfand. Als Vernehmer war er ein Naturtalent, wohl der beste in Cockfosters.

An die in wiederholten »Sitzungen« von Cope oder Weatherby gestellten

Fragen erinnere ich mich heute im einzelnen nicht mehr. Eines war bei *Bismarck* von vornherein ganz anders als bei der Mehrzahl der von Verlust und Gefangennahme ihrer Besatzungen betroffenen deutschen U-Boote. Gaben diese in der Regel schon durch ihre häufige Unsichtbarkeit Rätsel über ihre Missionen im besonderen auf, und galt hartnäckige britische Neugier daher erst einmal ihrem Woher und Wohin, so war das große Schlachtschiff seit seiner Ankunft im Kattegat am Morgen des 20. Mai bis zum Untergang am 27. Mai, 400 Seemeilen westlich von Brest, fast durchgehend von den Briten geortet und ja auch mehrfach in Gefechte verwickelt worden. Standorte und Kurse des *Bismarck* lagen dadurch mehr oder weniger offen zutage. Einer Antwort auf die Frage nach dem Auftrag des Schiffes entzog ich mich. Sie zu erraten war für die Briten ohnehin nicht schwer. So betrafen die Fragen in erster Linie technische Einzelheiten zu *Bismarck*. Zwei von ihnen wurden mit großer Beständigkeit wiederholt. Die erste: »Wie groß war *Bismarck*?« – von mir stets mit »35 000 Tonnen« beantwortet. Die zweite: »Trifft es zu, daß einige unserer Torpedos beim Auftreffen auf *Bismarck* wirkungslos zurückprallten?« – von mir mit »Nichtwissen« abgewiesen. Letztere Frage war der Sorge entsprungen, daß Deutschland im Lauf der Zeit irgendeine Vorrichtung entwickelt haben könnte, die die britischen Torpedos unschädlich macht. Die jedenfalls hatten wir auf *Bismarck* nicht gehabt.

Die zweite Methode zum Aushorchen von Kriegsgefangenen bestand in der Anzapfung ihrer Zellen durch versteckte Mikrophone. So war es beispielsweise möglich, Gespräche unter den Angehörigen gleicher deutscher Einheiten abzuhören, bevor sie zum ersten Mal direkt vernommen wurden. Diese Methode sollte sich für die Briten als besonders ergiebig erweisen. Zum einen durch dabei gewonnenes Sachwissen. Und zum anderen durch die daraus folgenden verbesserten Ansätze für weitere Direktbefragungen. Der Nachteil war, daß die Gespräche nicht von außen gesteuert werden konnten. In gewisser Weise vorbereitet werden konnten sie dennoch, gelegentlich bereits im »Londoner Käfig«. Dort behandelten die Vernehmer sie interessierende, aber nicht unmittelbar zu klärende Punkte nachdrücklich, aber nicht aufdringlich. Sie erwarteten, daß diese in der Erinnerung der betreffenden Kriegsgefangenen haftenbleiben und später Gespräche darüber unter Zellengenossen auslösen würden.

Auch in Cockfosters erbrachte diese Methode den Briten die weitaus reichsten Resultate, obwohl es damals dort nur zwei oder drei angezapfte Zellen gab. Deren geringe Zahl war durch die relativ vielen Armeeangehörigen bedingt, die pro Zelle über 24 Stunden hinweg gebraucht wurden: Abhörer, Abschreiber und Übersetzer. Deren Arbeit war langweilig und ermüdend. Länger als zwei Stunden hintereinander war sie niemandem zuzumuten.

Donald McLachlans Buch *Raum 39* zufolge sind Kriegsgefangene bereits beim Einzug in ihre Zellen auf das Abhörrisiko hingewiesen worden. Bei mir persönlich war das keineswegs der Fall. Ich nahm es aber als ohnehin gegeben an und wurde darin auch durch meine Erfahrungen in der Folgezeit bestärkt. Tage des Alleinseins wechselten ab mit solchen in der Gesellschaft anderer Kriegsgefangener. Für einige Zeit quartierte man Wohlfarth bei mir ein, der einen Monat nach dem Untergang *Bismarcks* sein *U 556* durch Wasserbomben einer britischen Geleitkorvette verloren hatte. War das eine Freude und Überraschung, unseren »Ritter Parzival« wiederzusehen. Unseren »Paten«, der in den letzten verzweifelten Stunden am Abend des 26. Mai so gar nichts mehr für seinen »Schützling« *Bismarck* hatte tun können. »Uns beide zusammen – na, die werden uns ja richtig aushorchen wollen«, sagte ich ihm bei seinem Einzug. »Halten wir uns bloß zurück!« Wir spielten einen Dauerskat. Nach Wohlfarth kam ein Offizier eines im Atlantik verlorenen deutschen Hilfsschiffes, dann ein Jagdflieger. Es blieb ein bunter und mir auch nicht unwillkommener Wechsel. Immer wieder sollten wir zu weiteren, für unsere Abhörer ergiebigen Gesprächen angeregt werden. Stets warnte ich meine jeweils neuen Einquartierungen vor dieser Gefahr. Und ich meine auch nicht, daß wir uns jemals als eine Geheimnisquelle für unsere Wärter erwiesen haben.

Die dritte Aushorchmethode bestand in der Plazierung sogenannter Lockvögel. Ursprünglich aus Emigranten-, später auch aus deutschen Kriegsgefangenenkreisen rekrutiert, wurden sie sorgfältigst für die Rolle präpariert, in der sie das Vertrauen des jeweils anzuzapfenden Kriegsgefangenen gewinnen und ihn zur Gesprächigkeit animieren sollten. Von der britischen Armee ausgebildet, 49 im Verlauf des Krieges, erwiesen sie sich durchweg als erfolgreich. Sie posierten jedoch niemals als Angehörige der Waffengattung des auszuforschenden Kriegsgefangenen – da wäre die Enttarnungsgefahr zu groß gewesen. Ich persönlich bin mit diesem System in Cockfosters niemals konfrontiert worden.

Alle den deutschen Kriegsgefangenen entlockten Informationen wurden an die Unterabteilung »Deutsche Kriegsgefangene« in der Abteilung »Deutschland« des Naval Intelligence Department in London weitergeleitet. Der Chef dieser Unterabteilung war der Colonel Royal Marines B. F. Trench, der – es mag am Rande interessieren – 1910 wegen Spionage in Deutschland zu vier Jahren Festungshaft verurteilt worden war, nachdem man ihn bei einem allzu genauen Betrachten von Geschützen der Festung Borkum ertappt hatte. Trench seinerseits legte dieses Material, überarbeitet, dem Chef der Abteilung »Deutschland« vor, von dem es nach Überprüfung anhand sonstiger Quellen an den obersten Chef der Dienststelle gelangte, den Director of Naval Intelligence, Rear Admiral John Godfrey in seinem später zu historischem Ruhm gelangten »Raum 39« in der Admiralität, einen scharfsinnigen und energischen Mann, der größte Anforderungen an seine Umgebung stellen und verletzend ungeduldig werden konnte, selbst aber höchste Ansprüche erfüllte. In und um »Raum 39« herum war die Crème des britischen Nachrichtendienstes versammelt, Marinespezialisten, Zivilsachverständige der Marinereserve, Universitätslehrer, Wissenschaftler, Ingenieure und Juristen. Hier wurden eingegangene Nachrichten abschließend analysiert, angenommen oder verworfen, darüber entschieden, was an die Operationsabteilung »zur weiteren Veranlassung« zu leiten sei und was nicht.

Zwei Beispiele mögen für Erfolge stehen, die »Cockfosters« dem »Raum 39« einbrachte, und drei für Rückschläge, dadurch entstanden, daß »Raum 39« Erkenntnisse von »Cockfosters« verwarf.

Die Erfolge. Die von mir mit »Nichtwissen« abgewiesene Frage meines Vernehmers nach dem »Zurückprallen« gegen *Bismarck* abgefeuerter Torpedos, nach deren offensichtlich vermuteter Wirkungslosigkeit, hatte ihre, mir damals unbekannte Vorgeschichte auf den Gebieten der Torpedoversager und Torpedoabwehr. Die ersten deutschen U-Bootgefangenen in britischer Hand hatten sich seinerzeit untereinander bitter über die vielen Zündversager ihrer Torpedos beklagt. Gegenseitig hatten sie sich in der Erwartung neuer, akustischer, auf die Schraubengeräusche feindlicher Zielschiffe ansprechender Torpedos getröstet, mit denen die deutschen U-Boote demnächst ausgerüstet werden sollten. »Cockfosters« leitete diese abgehörte Selbstenthüllung an »Raum 39« weiter. In der Folge entwickelten die Briten nun eine Schutzvorkehrung gegen die künftige Bedrohung, den sogenannten »Foxer«. Er bestand aus nicht mehr als zwei Stahlstäben, die die britischen Schiffe in einem gehörigen Abstand hinter sich herschleppten. Ihre metallenen Geräusche beim Aneinanderschlagen sollten die akustischen Torpedos von den Schiffsschrauben ab-, auf die Stäbe zulenken und sie derart in sicherer Entfernung vom Schiff detonieren lassen. Der »Foxer« war fertig, bevor die Deutschen ihre akustischen Torpedos an der Front hatten. Trotz gewisser, mit ihm noch verbundener technischer Unvollkommenheiten trug er eine Zeitlang zur Rettung so manchen alliierten Schiffes bei.

Bei der regelmäßigen Zensur der Post kriegsgefangener deutscher Marineoffiziere war dem Naval Intelligence Department schon frühzeitig aufgefallen, daß die U-Bootfahrer sich in ihren Briefen eines einfachen, auf den Symbolen der Morsesprache aufgebauten Verschlüsselungscodes bedienten. Die Strich- und Punktzeichen des Morsealphabetes sowie die Trennungszeichen zwischen dessen Buchstabensymbolen wurden jeweils durch drei Buchstabengruppen wiedergegeben, in die man das Alphabet zu diesem Zweck eingeteilt hatte. In den Anfangsbuchstaben der Textworte in den Briefen waren die geheimen Nachrichten versteckt. Diese Art von Schlüssel schränkte zwar den Briefschreiber in seinen Ausdrucksmöglichkeiten ein, beließ ihm aber doch noch genügend Freiheit, einigermaßen natürlich wirkende Texte zu verfassen, die nicht von vornherein die offensichtliche Verschlüsselung einer ganz anderen Art von Botschaft anzeigten als der äußerlich mitgeteilten. Die U-Bootfahrer sollten auf solche Weise ihrem Befehlshaber u. a. berichten, wie sie ihre Boote verloren hatten und in Kriegsgefangenschaft geraten waren. All diese Nachrichten ließ »Cockfosters« aber zunächst ungeschoren durchgehen – in der Hoffnung auf einen »größeren Fisch«. Und der sollte dann auch kommen.

Im Sommer 1943 hatte ein deutscher U-Bootoffizier aus dem Lager Bowmanville in Kanada mittels des Briefcodes den Befehlshaber der U-Boote um die Entsendung eines U-Bootes an die Ostküste des Landes gebeten. Es sollte dort nach einem beabsichtigten Massenausbruch aus dem Lager mehrere Offiziere aufnehmen und zur erneuten U-Bootkriegverwendung nach Deutschland zurückbringen. Der Bittbrief war kein Meisterwerk unverdächtiger Formulierung gewesen, hatte eine Anzahl von Substantiven gekünstelt aneinandergereiht, auffallend genug, aber der Vertreter des Naval Intelligence Department in Ottawa hatte nichts gemerkt! Nichts gemerkt – trotz langjähriger Einweisungen in den Code durch London! So hatte der Brief, von Ottawa ganz unbeobachtet, seine Wirkung entfalten und die entsprechende Zusage des Befehlshabers auslösen können, dazu auch gleich die Übermittlung der organisatorischen Daten. Der Antwortbrief des Befehlshabers war im Unterschied zum Bittbrief äußerst geschickt in der Wortwahl gewesen, ganz natürlich wirkend, hervorragend unverdächtig. Kein Wunder, daß Ottawa an ihm erst recht nichts bemerkt, ja ihn nicht einmal grob überprüft hatte. Da kam den Briten der pure Zufall zu Hilfe.

Seit 1942 bildete der Lieutenant Commander der Royal Naval Volunteer Reserve und Angehörige des Naval Intelligence Department in London, Ralph Izzard, als Gastlehrer in Washington amerikanische Offiziere als Vernehmer deutscher Kriegsgefangener aus. Da nun der Antwortbrief des Befehlshabers der U-Boote von Dönitz persönlich stammte, hatte ihn Ottawa aus eben diesem und keinem anderen Grunde als vermutlichen Gegenstand allgemeinen Interesses für den üblichen Postverteilerkreis vervielfältigt und eine Kopie davon auch an Izzard in Washington gesandt. Dieser, der seinen Hörern zufällig gerade das System des Briefcodes erklärt hatte, begann sofort, den Brief zu entschlüsseln, aus bloßer Routine, als Lehrbeispiel, ja angesichts des offensichtlich harmlosen Inhalts ohne besondere Erwartung, in selbstverständlicher Gewißheit, daß das sachlich zuständige Ottawa ihm längst auf den Grund gegangen war. Aber, welche Überraschung! Da schälte sich heraus, erschien es weiß auf schwarzer Tafel, daß *U 536* in der Chaleurbucht an der kanadischen Ostküste erscheinen würde, um deutsche U-Bootoffiziere nach einem Lagerausbruch aufzunehmen. Das genaue Datum würde noch folgen. Glückwunsch Izzards an Ottawa: »Das habt ihr fein gemacht!« – aber in Ottawa war gar nichts »fein gemacht«, ja war der Brief inhaltlich übergangen worden. Izzards Glückwunsch klärte dort überhaupt erst einmal über die alarmierende Lage auf!

Nun aber hieß es für die alliierten Planer rasch eine Falle bauen, um die zu erwartenden Ausbrecher zu stellen, *U 536* abzufangen, zu vernichten, besser noch zu kapern. Das Naval Intelligence Department, die kanadische Armee und Marine gingen zu Werke. Sie wollten den deutschen Plan sich ungehindert entwickeln lassen, im Verborgenen ihre Gegenmaßnahmen treffen, dann im letztmöglichen Moment mit der Aussicht auf maximalen Erfolg »zuschlagen«. Für die Deutschen, die sich weiterhin als völlig unbeobachtet ansahen, schien alles zu klappen – wenn aus lagerinternen Gründen auch schließlich nur einem einzigen Offizier, Wolfgang Heyda, am 24. September der Lagerausbruch gelingen sollte. Aber als der am Treffpunkt an der Küste ankam, um *U 536* das verabredete, von der britisch-kanadischen Regie mit gespanntem Vergnügen erwartete Lichtzeichen zur Entsendung eines Schlauchbootes an den Strand zu geben, legte sich die schwere Hand der kanadischen Küstenwacht auf seine Schulter: »Sie sind festgenommen!« Nichts hatte diese, eine ganz eigenständige Organisation, von der laufenden Aktion gewußt, nichts von der Falle, die die kanadische Armee und Marine den Deutschen gerade hatten bereiten wollen, der Falle, die sie jetzt selbst, in Unkenntnis des geplanten Ablaufs der Dinge, zerstörte. Ottawa hatte es versäumt, die Küstenwacht zu unterrichten. Was anderes also hatte der Einzelgänger Heyda unter diesen Umständen für sie sein können als ein verdächtiger Unbekannter im militärischen Sperrgebiet? Und so kam es, daß *U 536,* in der Chaleurbucht pünktlich eingetroffen, niemals mehr das mit den Ausbrechern verabredete Lichtzeichen erhielt. Sondern statt dessen die Funkaufforderung »Komm! Komm!« des britischen Seeoffiziers, der mittlerweile von der Küste aus mit Hilfe einer ganzen Gruppe von Zerstörern die Gesamtoperation gegen *U 536* und die Ausbrecher leitete und der Heyda auch schon mit der Frage begrüßt hatte: »Na, dann sind Sie ja wohl der Herr, der hier von einem deutschen U-Boot abgeholt werden soll?« Staunend hatte Heyda das »Aus« für sich begriffen. »Komm, Komm?« hatte Rolf Schauenburg, Kommandant auf *U 536,* sich dann gefragt, »das war doch beileibe nicht der ausgemachte Funktext, dazu auch noch auf falscher Welle!« Auf einer ganz anderen Welle hätte ihm doch der Geheimsender aus Bowmanville den geglückten Ausbruch melden sollen! Aber nichts davon, und nun auch nicht das Lichtzeichen vom Strand her. Mißtrauisch geworden, hielt er ein, drehte ab, Furcht vor Überraschungen ließ ihn mit seinem Boot tauchen, auf Grund gehen, dort liegen, abwarten – nur keine Geräusche vom Boot aus jetzt! Und dann waren sie auch schon herangebraust, die U-Jagdzerstörer, widerlich nah hatten ihre Schrauben gedröhnt, hatten Wasserbomben gekracht. Aber zu guter Letzt war er entkommen, mit viel Geduld und Geschick. Wieder hinaus dann in die offene See, mit praktisch unbeschädigtem Boot, und klar für neue Operationen, in anderem Seegebiet. Aber warum nur hatte sich ihm sein Operationsziel so geheimnisvoll entzogen? Warum?

Doch die Operation war ja auch für die Briten im wesentlichen gescheitert, in wahrhaft letzter Minute, an der unterlassenen Einweisung der Küstenwacht. Rote Gesichter in Ottawa! Die Situation sollte für London und Ottawa letztendlich erst dann etwas weniger blamabel ausgehen, als *U 536* kurz danach, am 20. November 1943, bei einem Angriff auf einen alliierten Geleitzug nordöstlich der Azoren von britischen und kanadischen Zerstörern versenkt wurde.

»Raum 39« hatte den schon zu Beginn des U-Bootkrieges gelungenen Einbruch in den deutschen Briefcode zu einer Frucht, die zählte, reifen lassen wollen. Ohne die Panne in Ottawa wäre sie vermutlich auch gereift, hätte Heyda in der Chaleurbucht die verabredeten Lichtsignale mit *U 536* austauschen können, wäre danach ebenso der alliierte Zugriff auf Boot und Ausbrecher gelungen. Der britische Grundgedanke hatte gewiß seine Richtigkeit behalten, den großen Erfolg schon fast in die Haustür geholt. Es war »Künstlerpech«, daß das Versäumnis eines Alliierten ihn im entscheidenden Moment coupiert hatte. Da war die spätere Versenkung von *U 536* bei den Azoren wenigstens noch als ein nachträglicher »Trost« gekommen.

Die Rückschläge. Schon bald nach Beginn des Krieges hatte »Cockfosters« durch Verhöre erkannt, daß deutsche U-Boote tiefer als 185 Meter tauchen konnten. Der britische U-Bootleitungsstab und britische U-Bootkonstrukteure hatten jedoch diese Erkenntnisse als unrealistisch abgetan, und die britischen Wasserbomben waren weiterhin auf Tiefen bis höchstens 185 Meter eingestellt geblieben. Deutsche U-Boote profitierten davon, konnten sich den zu flach eingestellten Wasserbomben entziehen. Dann aber, im August 1941, kam den Briten ein unverhoffter Glücksfall zu Hilfe. Sie kaperten *U 570* unversehrt. Dessen Schiffskörper ließ Stahlstärken erkennen, deren Verwendung im U-Bootbau sie bisher nicht für möglich gehalten hatten. Nun erst, nach dem Verstreichen verlorener Zeit, folgte die Admiralität der früheren Erkenntnis von »Cockfosters« und ließ Wasserbomben bis zu Tiefen über 200 Meter einstellen. Später, gegen Ende des Krieges, wollten die Briten die Tauchgrenze eines dem – inzwischen durch Havarie verlorenen – *U 570* typgleichen VII-C Bootes ganz genau erfahren. Sie unternahmen einen entsprechenden Versuch. Das Boot erreichte eine Tiefe von 270 Metern bevor es zerbrach.

Ein weiterer Fall von Ungläubigkeit der Admiralität gegenüber den Erkenntnissen von »Cockfosters« betraf die artilleristische Bewaffnung unserer Narvik-Klasse-Zerstörer. Deutsche Kriegsgefangene hatten von deren Ausrüstung mit 15 cm- anstelle der bisher auf Zerstörern üblichen 12,7 cm-Geschützen gesprochen, die Admiralität aber hatte eine solche bei einer Schiffsgröße von nur 2400 Tonnen für glatt unmöglich gehalten und die Heimatflotte gar nicht erst davon unterrichtet. Im Jahre 1944 sollte ein Zerstörer der Narvik-Klasse in britische Hände fallen. Seine Untersuchung ergab, daß die britischen Sachverständigen zu Unrecht gezweifelt hatten.

Im dritten Fall hatte sich »Cockfosters« durch Abhören von Gesprächen einiger Mannschaftsdienstgrade des *Bismarck* untereinander eine sensationell anmutende Information erlauscht. Die Seekriegsleitung hätte ursprünglich beabsichtigt, *Bismarck* nach seiner Reparatur in einem westfranzösischen Hafen durch den Ärmelkanal nach Deutschland zurückzuholen. »Cockfosters« hatte danach spekuliert: Dieses Mannschaftswissen beruhe vermutlich auf Dingen, die einst an Bord besprochen worden sind. Gewiß, den *Bismarck* gab es nun nicht mehr – aber könnten derlei Gedankengänge, offensichtlich Frucht seit längerem gepflegter, ernsthafter Vorüberlegungen, nicht auch einmal für andere deutsche Schiffe in die Praxis umgesetzt werden? »Raum 39«, darüber ins Bild gesetzt, befand den Gedanken aber für absurd und hielt auch ihn zurück. Ohne solche Übervorsicht hätte die britische Operationsabteilung vielleicht Dispositionen getroffen, die dem späteren Kanaldurchbruch unserer Schiffe *Scharnhorst, Gneisenau* und *Prinz Eugen* im Wege gestanden hätten.

»Guten Morgen, wie geht es Ihnen heute?« sagte, in Deutsch, eine große, schlanke Erscheinung von unaufdringlicher Eleganz und weltmännischem Gebaren, nachdem sie an einem Tag im frühen Juni meine Zelle betreten hatte. Es war Ralph Izzard – den wir bereits in seinem späteren Wirken in Washington erlebt haben – Lieutenant Commander der Royal Naval Volunteer Reserve, der Vorkriegskorrespondent der *Daily Mail* in Deutschland, Kenner Berlins und seiner Gesellschaft, der damals persönlich freundschaftliche Beziehungen auch zu unserem früheren Kronprinzen entwickelt hatte, von diesem einmal zum Wintersport nach Cortina eingeladen worden war. Izzard wußte lässig und unterhaltsam zu plaudern, in seiner Gesellschaft konnte man sich rasch wohl fühlen. Ich gewöhnte mich bald an ihn und freute mich immer, wenn er kam. Und er kam auch hin und wieder während deutscher Nachtluftangriffe auf London, wollte dann wohl sehen, wie seine Gefangenen reagierten, wenn sie ihre Luftwaffe einmal gegen sich hatten. Bei seinem ersten Besuch dieser Art sagte er: »Ihre italienischen Bundesgenossen kauern bereits in den Ecken ihrer Zellen und beten den Rosenkranz.« Dann lauschten wir eine Zeitlang gemeinsam dem Gefechtslärm draußen. Aber ich hatte in jenem Sommer 1941 niemals den Eindruck eines für Cockfosters wirklich bedrohlichen Luftangriffes. Ein anderes Mal kam er auf meine frühere Zeit als Gehilfe unseres Marineattachés in London zu sprechen. »Na, Sie wissen ja noch, Ihre Autoreise nach Nordengland und Schottland im Frühjahr 1939. Da haben wir zu jeder Zeit Ihre Stand- und Aufenthaltsorte ganz genau gekannt«, sagte er bedeutungsvoll. »Anders hatte ich es auch gar nicht erwartet«, brummte ich, ohne das nun weiter zu vertiefen, ohne allerdings auch über meine äußerlich völlig korrekt verlaufene Informationsfahrt im April 1939 irgendwelche Gewissensbisse empfinden zu müssen. Sie hatte mich seinerzeit, zum Kennenlernen des Landes,

u. a. nach Manchester, Glasgow und Edinburgh geführt. Selbstverständlich hatte ich auch unser Konsulat in Glasgow besucht. Eine Gesprächsäußerung unseres damals dort amtierenden Konsuls werde ich niemals vergessen. »Sie können ein gutes Werk tun«, hatte er gemeint, »wenn Sie möglichst viele junge Luftwaffenoffiziere dazu bringen, ihren Urlaub demnächst in und um Glasgow zu verbringen. Dann nämlich könnten sie sich ihre Bombenziele in diesem wichtigen Industrierevier gleich selbst aussuchen. Ich werde Ihnen gern dabei behilflich sein.« »Bomben auf England!« – Als diese Worte fielen, hatte Hitler das deutsch-britische Flottenabkommen von 1935 noch nicht gekündigt, lag der von ihm ausgelöste Zweite Weltkrieg noch fast fünf Monate in der Zukunft. Doch ein mehrjähriges Regime der Gewalt im Reich, seine Praxis außenpolitischer Ultimaten hatte auch bei einigen seiner diplomatischen Repräsentanten die geistigen Barrieren gegen Kriege, selbst vom Zaum gebrochene, längst abgebaut.

Seine einzige Erfahrung zur See hatte Izzard bislang in der Rolle eines Able Seaman Gunlayer 2nd Class auf einem Tanker im Atlantik erworben. Eine persönliche Intervention des früheren britischen Marineattachés in Berlin, Troubridge, hatte ihn aus dieser Stellung befreit. Seine Kenntnis des Deutschen hatte ihm dann unmittelbar eine Offiziersstelle im Naval Intelligence Department verschafft. Dort war er dem »Raum 39« unterstellt und nach Cockfosters abgeordnet worden. Hier gehörte er jetzt dem mit Marineverhören beauftragten Stab an, nahm solche in der Regel allerdings nicht selbst vor. Als ehemaligem Journalisten oblag ihm das Abfassen der für das Naval Intelligence Department bestimmten auswertenden Berichte.

Unter seinem Familiennamen lernte ich ihn damals allerdings nicht kennen – er trat vielmehr als Lieutenant Daly auf, einem Decknamen, den er damals gleich den anderen Verhöroffizieren in Cockfosters trug. Gedacht war dieser zu deren persönlichem Schutz im Fall einer erfolgreichen deutschen Invasion. Die deutschen Kriegsgefangenen sollten dann nicht durch Kenntnis der wahren Namen ihrer Verhöroffiziere deren Identifizierung erleichtern können. Denn mit der Möglichkeit einer solchen Invasion rechnete die britische Regierung sehr stark, seit dem Ende des Frankreichfeldzuges bis hin zum Überfall Hitlers auf die Sowjetunion. Und bei der ständigen Massierung unserer gefangenen U-Boot- und Fliegerasse in Cockfosters hielt man dieses Lager sogar für ein bevorzugtes deutsches Operationsziel. Diese Asse würden dann gewiß sofort befreit werden sollen. Deshalb auch hatte die britische Armee, die alle Kriegsgefangenenlager verwaltete, in Cockfosters eine besonders starke Kampfgruppe stationiert.

Aus ihrer sich im Hintergrund vollziehenden Lagerverwaltung heraus trat die Armee für mich nur hin und wieder direkt und dann, ich sage es gern, angenehm in Erscheinung. Ein Fürsorgeoffizier brachte, in der Regel an Sonnabenden, Zigaretten, Schokolade und, mir am wichtigsten, Zeitungen! Ich erinnere mich an die erste, so zu mir gelangte *The Times* – sie enthielt einen

Nachruf auf den am Vortag in Doorn verstorbenen deutschen Ex-Kaiser. Ein Major holte mich des öfteren zu Spaziergängen durch den großen Park um das Haus ab. Er war ein Kenner der britischen Literatur, über die wir uns meist unterhielten. Sein großer Favorit war der schottische Dichter Robert Burns, dessen Gesellschaftskritik zugunsten der Armen und dessen Naturlyrik er pries. Burns werde viel zu wenig gelesen, meinte er immer wieder.

Es war der 22. Juni 1941, vormittags gegen 10.00 Uhr, in meiner Zelle. Mein Blick fiel auf Ralph Izzard, und ich hörte ihn sagen: »Ja, wissen Sie schon, daß Sie Krieg gegen Rußland haben?« Seine Worte machten mich wie benommen. Aber das kann doch gar nicht sein, ich will es nicht glauben, dachte ich. Nicht etwa, daß Hitler davor zurückschrecken würde, einen von ihm selbst geschlossenen Nichtangriffspakt zu brechen, beiseite zu fegen, nein, Pakte und Verträge bedeuteten diesem Manne gar nichts. Das hatte ja spätestens der Einmarsch in Prag im März 1939, der Bruch des Münchner Abkommens vom 30. September 1938 gelehrt. Und daß Hitler etwa präemptiv zugeschlagen habe, schloß ich bei der bislang erlebten Vertragstreue der Russen gedanklich sofort aus. Aber daß die Erfahrung Napoleons, der Verlauf des Ersten Weltkrieges ihn nicht davon abgehalten haben sollten, einen Zweifrontenkrieg auf dem Kontinent zu beginnen! – Schließlich war der Krieg im Westen ja noch nicht zu Ende. Da hatte sich dann wohl doch seine Ländergier, sein Drang nach Eroberung von »Lebensraum« im Osten übermäßig, rücksichtslos in ihm durchgesetzt. »Nein«, sagte ich schließlich, »ich weiß es nicht, woher denn auch?« »Ja«, fuhr Izzard fort, »heute mußte Goebbels wieder einmal ganz früh aufstehen und dem deutschen Volke erzählen, daß die Russen doch große Schweine sind.« Wenn das im Osten, dachte ich jetzt, bestenfalls zum Patt kommt, der Krieg im Westen aber weitergeht, sind mir zehn bis fünfzehn Jahre hinter Stacheldraht sicher – die egoistische Vision eines Kriegsgefangenen in Einzelhaft hatte mich auf der Stelle angesprungen.

Die britische Presse der nächsten Tage brachte Einzelheiten. In einer Sondersendung des »Großdeutschen Rundfunks« hatte Goebbels um 05.30 Uhr am 22. Juni den Aufruf des »Führers« an das Deutsche Volk verlesen, der die »verräterischen Machenschaften« Moskaus nach Abschluß des Nichtangriffsvertrages vom 24. August 1939 »enthüllte« und den Aufmarsch der deutschen, finnischen und rumänischen Heere an der Front vom Nordkap bis zum Schwarzen Meer bekanntgab. Die »jüdisch-bolschewistischen Machthaber« seien an allem schuld, so Hitler. Sie hätten ihn durch einen bedrohlichen Aufmarsch russischer Kräfte an unserer Ostfront und andauernde Grenzverletzungen an der »radikalen Beendigung des Krieges im Westen« gehindert. Sie hätten ihn erpreßt und die »europäische Kultur und Zivilisation« bedroht. Nun aber sei die Stunde gekommen, diesem Komplott der jüdisch-angelsächsischen Kriegsanstifter und der gleichfalls jüdischen Machthaber der bolschewistischen Moskauer Zentrale entgegenzutreten. Die Abwehr dieses »russisch-englischen Komplotts« gegen das Reich, ja gegen ganz Europa, war das – unglaubwürdige – Kernstück der im übrigen qualvoll langatmigen Proklamation Hitlers vom 22. Juni 1941. Und ohne jede Kriegserklärung hatte er dann im Osten zugeschlagen.

Worum es ging, das hatte ja auch Goebbels in seiner Rede an die Belegschaft von Blohm & Voß in Hamburg am 17. Dezember 1940 bereits klargestellt: »...die Fehler aus 400 Jahren deutscher Geschichte wiedergutzumachen, den gebührenden Anteil an den Reichtümern der Welt zu erlangen.« Und von wem anders hatte Goebbels die politischen Vorgaben als von seinem Meister Hitler? Wir brauchen hier gar nicht noch einmal bis hin zu dessen vor hohen Offizieren 1935 in Berlin geäußerten Worten zurückgehen: »Ja, meine Herren, einen europäischen Krieg muß ich noch führen.« So richtig konkret hören wir Hitler vor den in die Reichskanzlei zusammengerufenen Oberbefehlshabern der drei Wehrmachtsteile am 23. Mai 1939. Ich hatte davon anläßlich eines kurzen Besuches in Berlin im Juni 1939, aber nur am Rande und ohne Einzelheiten, erfahren. Hitler zu den Oberbefehlshabern: »Die 80 Millionen-Masse [der Deutschen] hat die ideellen Probleme gelöst. Die wirtschaftlichen Probleme müssen auch gelöst werden... Zur Lösung der Probleme gehört Mut. Es darf nicht der Grundsatz gelten, sich durch Anpassung an die Umstände einer Lösung der Probleme zu entziehen. Es heißt vielmehr, die Umstände den Forderungen anzupassen. Ohne Einbruch in fremde Staaten oder Angreifen fremden Eigentums ist dies nicht möglich... Danzig ist nicht das Objekt, um das es geht. Es handelt sich für uns um die Erweiterung des Lebensraums im Osten und Sicherstellung der Ernährung... Es entfällt also die Frage, Polen zu schonen und bleibt der Entschluß, bei erster passender Gelegenheit Polen anzugreifen. An eine Wiederholung der Tschechei ist nicht zu glauben. Es wird zum Kampf kommen. Aufgabe ist es, Polen zu isolieren. Das Gelingen der Isolierung ist entscheidend... Es darf nicht zu einer gleichzeitigen Auseinandersetzung mit dem Westen kommen... Grundsatz: Auseinandersetzung mit Polen ist nur dann von Erfolg, wenn der Westen aus dem Spiel bleibt. Ist das nicht möglich, dann ist es besser, den Westen anzufallen und dabei Polen zugleich zu erledigen... Der Krieg mit England und Frankreich wird ein Krieg auf Leben und Tod... Wir werden nicht in einen Krieg hineingezwungen werden, aber um ihn herum kommen wir nicht.«[1]

Wie mochte sich wohl seinerzeit diese Ansprache Hitlers dem teilnehmenden Großadmiral Raeder, meinem Oberbefehlshaber, dargestellt haben? Lesen wir in seinem *Mein Leben*, Band II, auf Seite 163/4: »Am 23. Mai hielt Hitler in kleinem Kreise eine Ansprache, in der er zu dem Problem Polen merkwürdig widerspruchsvolle Gedanken äußerte. [Die Ansprache] hatte nach meinem Eindruck nur einen bestimmten Zweck, nämlich die Einsetzung eines kleinen Studienstabes außerhalb der Generalstäbe. Die Schlußfolgerung, die Hitler im übrigen selber zog, war die, daß das Schiffbauprogramm in der bisherigen Weise weitergeführt und die sonstigen Rüstungsprogramme... auf die Jahre 1943/4 abgestellt werden sollten. Eine Sinnesänderung Hitlers gegenüber England [des bisherigen Sinnes von »Krieg vermeiden«] war bei dieser Gelegenheit nicht zu erkennen. Im Anschluß hat mir Hitler [noch] erklärt, er habe die Dinge politisch fest in der Hand. Er sei überzeugt, daß wegen seiner letzten Revisionsforderung, des polnischen Korridors, nicht mit einem Krieg gegen England zu rechnen wäre... Nach diesen Zusicherungen trug ich keine Bedenken, das Schlachtschiff *Gneisenau* im Juni 1939 in den Atlantik zu entsenden... Die außenpolitische Situation in diesem Sommer [1939] schien mir trotz der im Frühjahr vorhergegangenen Ereignisse [deutscher Einmarsch in Prag, Hitlers Kündigungen des deutsch-polnischen Nichtangriffsvertrages und des deutsch-britischen Flottenabkommens von 1935, d. Verf.] und trotz der englisch-französischen Garantieerklärung für Polen nicht gefahrdrohend.«

Daß Raeder die außenpolitisch gemeinten »Zusicherungen« Hitlers so einfach hingenommen hat, fällt mir schwer nachzuvollziehen. Außenpolitische Entwicklungen »fest in der Hand haben«! Mit Krieg gegen England »ist« nicht zu rechnen! So einfach, so bestimmbar ist das alles? Nun weisen Raeders Lebenserinnerungen ihn zwar schon generell als einen politischen Verharmloser von Graden aus. Aber seine Interpretation der Hitler-Ansprache vom 23. Mai läßt darüber hinaus doch den geradezu markerschütternden Mangel eines Oberbefehlshabers an politischem Gespür erkennen, das ihn von einem bloßen Ressortverwalter hätte absetzen sollen und müssen. Hatte sich zudem die Marine nicht immer wieder ihrer überlegenen Kenntnis des Auslandes und der Ausländer gerühmt? War nicht aus Kreisen der anderen Waffengattungen die Marine oftmals um ihren Vorsprung in internationaler Informationsmöglichkeit beneidet worden? Und mußte das nicht in ganz besonderem Maße für das so nahe gelegene, uns traditionell in der Seefahrt verbundene Großbritannien gelten? Sollte Raeder bei seiner langen Berufserfahrung da nicht zu einer realistischeren Einschätzung britischer Reaktion auf die sich neuerlich abzeichnende Gewalt Hitlers in Europa, nunmehr gegen Polen, fähig gewesen sein? Ließ er sich diese Einschätzung einfach von Hitler verordnen, der bekanntlich die britische Mentalität niemals verstanden hat? Mit ihm, Raeder, hatte Hitler wahrlich leichtes Spiel. Wie weit war ihm doch in politischer Weltsicht der Heeresoffizier Ludwig Beck voraus.

Und es sollte bezeichnenderweise wieder eine eklatante Fehleinschätzung sein, die Hitler dazu brachte, Großbritannien gegenüber jetzt die Posaune des »ersehnten Kreuzzuges«, des »heiligen Krieges« gegen den Bolschewismus zu blasen. Die deutsche Presse und der deutsche Rundfunk erledigten das. Deren Niederschlag sah ich nun in den Londoner Tageszeitungen. Hitler wollte auf diese Weise die angelsächsischen Mächte dazu bringen, sich mit Deutschland als dem Retter vor dem Bolschewismus zu verbünden. Winston Churchill antwortete ihm, am Abend des 22. Juni 1941, in einer berühmt gewordenen Rede über den britischen Rundfunk. Er sagte: »Heute um 04.00 Uhr früh fiel Hitler in Rußland ein. Alle Formalitäten der Treulosigkeit waren genau eingehalten worden. Ein Nichtangriffspakt war unterzeichnet und von Deutschland keine Klage wegen dessen Nichterfüllung erhoben worden... Hitler ist ein Ungeheuer an Verruchtheit, unersättlich in seiner Blut- und Raubgier... Die schreckliche Militärmaschine, die wir und der Rest der zivilisierten Welt in törichter, gedankenloser und unvernünftiger Weise der Nazibande Jahr für Jahr fast aus dem Nichts aufzubauen erlaubten, kann nicht ungenutzt bleiben, wenn sie nicht verrosten oder zerfallen soll... Das Naziregime läßt sich von den schlimmsten Erscheinungen des Kommunismus nicht unterscheiden. Es ist bar jeden Zieles und Grundsatzes, es sei denn Gier und Rassenherrschaft... Wir haben nur eine Absicht, wir haben nur ein einziges, unverrückbares Ziel. Wir sind entschlossen, Hitler und jede Spur des Naziregimes zu vernichten. Und davon wird uns nichts abhalten – nichts! Wir werden niemals mit Hitler oder irgendeinem aus seiner Bande verhandeln oder unterhandeln. Wir werden ihn bekämpfen zu Lande, wir werden ihn bekämpfen zur See, wir werden ihn bekämpfen in der Luft, bis wir mit Gottes Hilfe die Erde von seinem Schatten und die besiegten Völker von seinem Joch befreit haben. Jeder Mensch und jeder Staat, der gegen das Nazitum kämpft, wird unsere Hilfe haben. Jeder Mensch und jeder Staat, der mit Hitler marschiert, ist unser Feind.«

Hiermit hatte Churchill aber nicht nur auf der Stelle Hitlers Gedanken von einem »gemeinsamen Kreuzzug gegen den Bolschewismus« beantwortet. Er hatte auch schon im voraus die Gedanken derjenigen Deutschen in das Reich der Illusionen verwiesen, die sich im April 1945 der Hoffnung auf eine Umkehr der Allianzen in letzter Minute hingeben sollten: Die Westmächte nunmehr an der Seite Deutschlands gegen die Sowjetunion! Deutschlands, des durch die Unzuverlässigkeit und außenpolitische Aggressivität des NS-Regimes längst nach allen Seiten hin bündnisunfähig gewordenen? Eine Seifenblase, spätestens seit dem 22. Juni 1941 als solche erkennbar.

Der Krieg in Rußland hing als ständiger Schatten ab nun auch in meiner Kriegsgefangenenzelle in Cockfosters. Er wollte sich jeglicher Einschätzung seiner Dauer, seines Ausganges entziehen. Er gab einem um Deutschland besorgten Patrioten neue Rätsel auf.

»Wenn Sie mögen«, hörte ich, eines Sommermorgens, die mittlerweile vertraute Stimme Izzards, »können wir heute nachmittag einmal zusammen ausgehen, London wiedersehen und Lokale besuchen. Sie müßten uns allerdings Ihr Ehrenwort geben, keinen Fluchtversuch zu machen. Passende Zivilkleidung würden wir Ihnen zur Verfügung stellen. Damit Sie sich ›national‹ nicht allein fühlen, könnte ein zweiter deutscher Offizier mit von der Partie sein.« Erst dachte ich, nicht recht gehört zu haben. Dann überschlug ich: die willkommene Abwechslung gegen das Risiko, mich im Verlauf einer solchen Tour doch einmal zu versprechen. Wie geschickt, wie intensiv würde man mich aushorchen wollen? Ein falsches Wort, eine falsche Geste könnten heikel werden. Würde ich da bestehen? Was tun? Lieber doch nicht? Dann aber siegten doch die Neugier auf London und der Wunsch, es wiederzusehen. Und meiner selbst fühlte ich mich sicher. »Akzeptiert«, sagte ich.

Und am gleichen Nachmittag fuhren Izzard, Dick Weatherby, ein zweiter deutscher Marineoffizier und ich, wir beide also in geliehenem Zivil, im Dienstwagen mit Chauffeur ins Zentrum der Stadt. Durch vertraute Straßen, an Schauplätzen geringfügiger Bombenschäden vorbei, alles schien so unverändert. Berkeley Hotel, die Bar dort, war unsere erste Adresse. Britisches Publikum, vielfach in Uniformen, die ich im Frieden dort kaum jemals gesehen hatte, »Freie Franzosen« de Gaulles auch, die natürlich erst recht in Uniform. Ein, zwei Getränke, Plaudern über vergangene Zeiten, Unverfängliches, nichts Militärisches. Das gleiche eine Stunde später in der Bar des »Ritz« am Picadilly. In dieser Straße kannte ich noch die Konturen der großen Häuser, war ja 1938/39 hier täglich auf dem Weg zwischen meiner Wohnung am Belgrave Square und der Botschaft in Carlton House Terrace entlanggelaufen. Ein unbeschreibliches Gefühl, wieder hier, in der Szenerie verblaßter, glücklicher Friedenstage zu sein – läge doch nur der verdammte Krieg nicht wie ein Klotz im Wege –, hier wieder frei zu schreiten. Ob jemals wieder? – Das ließ sich nur vage hoffen. »Meine Herren«, regte Izzard nach einiger Zeit an, »jetzt sollten wir zum Abendessen gehen, hier nur um die Ecke übrigens.« Das »Ecu de France«. Wiederum vertraute Lokalität aus früherer Zeit. Auch hier Uniformen, wie anders, wiederum »Freie Franzosen«, diese direkt am Nebentisch. Erstklassiges Essen, guter Wein, nichts auf Kriegsknappheit deutend, bei fortgesetzt lockerem, neutralem Gespräch. Weiter ging es von dort, ohne Nennung des Zieles, durch das mittlerweile stockdunkle London, hin zu einem Untergeschoß irgendwo im vornehmen Chelsea. Britische Marineoffiziere in Uniform, fast atemberaubend viele, standen, wie bei einem Umtrunk üblich, über den Raum verteilt. Ganz so massiv hatte ich mir die kommende Attacke dann doch nicht vorgestellt. In meinem Gehirn gingen alle roten Lampen an. Um Himmels willen, Vorsicht!

Der Form nach zwanglos, eben wie bei einem Umtrunk, äußerlich relativ unaufdringlich, aber verdammt zielstrebig eröffnete man nun das Gespräch mit mir. Die Fragesteller waren, natürlich, sämtlich Spezialisten: Schiffbauer, Ingenieure, Artilleristen, Entfernungsmesser, Funker. »Was war nun die Höchstgeschwindigkeit, wie groß der Fahrbereich von *Bismarck*?« »28 Knoten gewiß, vielleicht auch ein wenig mehr, hatten wir nicht in der

Dänemarkstraße mit Ihrem schnellen Verband gut Schritt gehalten?« »Die Stärke unserer Panzerung, außenbords, unter Deck, an Geschützen und Leitständen?« »Tut mir leid, weiß ich nicht. All dies ist geheim. Irgendwie entsprechen Panzerstärken ja in der Regel den eigenen Artilleriekalibern – das wissen Sie auch.« »Mündungsgeschwindigkeit, Gewicht, Reichweite unseres Hauptkalibers?« »Bedaure, Reichweite, nun ja, wir hatten doch zwei schwere Gefechte mit Ihren Schiffen, da begannen die Schießentfernungen immer so um die 20 km – die Höchstreichweite hat gewiß noch darüber gelegen, aber wie gut kann man dann überhaupt ohne Flugzeughilfe Geschoßeinschläge noch einwandfrei beobachten?« »Entfernungsmessung, immer noch unser Raumbildsystem, nichts darüber hinaus, kein Radar für die Artillerie?« »Über Ihr Schnitt-, unser Raumbildsystem habe ich schon 1936, an Bord des Stationsschiffes der Royal Naval Volunteer Reserve in London, H.M.S. *President*, mit Ihren Kameraden diskutiert. Sie waren von Ihrem, wir von unserem System überzeugt, das ist wohl auch noch heute der Fall. Das Gefecht in der Dänemarkstraße dürfte uns bestätigt haben; beim Endkampf am 27. Mai war Ihre artilleristische Überlegenheit zu groß. Und Radar für die Artillerie? Tut mir leid, davon weiß ich nichts.« In dieser Art verlief das Gespräch für etwa eine Stunde, bis zum Aufbruch zurück nach Cockfosters.

Im Lauf des Abends hatten wir einiges getrunken, uns aber durchweg ausreichend nüchtern gefühlt. Dennoch: Hatten wir die freiwillig angenommene Herausforderung ohne militärischen Schaden für Kriegsmarine und Reich überstanden? Hatten wir irgendwo ein Wort zuviel gesagt? Ich meinte, nein. Aber ohne restliche Zweifel, wie gering auch immer, läßt sich ein solcher Vorgang letztendlich wohl doch nicht durchleben. Das Naval Intelligence Department sollte später, nach Abschluß der Vernehmungen zu *Bismarck* feststellen, daß alle Überlebenden, soweit über geheim zu haltende Dinge befragt, von äußerster Zurückhaltung gewesen seien.

»Sie waren mir doch schon gleich bei der Vorstellung vorhin so bekannt vorgekommen; ich dachte sofort, ich habe Sie doch schon einmal gesehen?!« Der so zu mir sprach, Anfang der sechziger Jahre, auf einem Empfang des Generalgouverneurs von Jamaika, Sir Kenneth Blackburne, auf einer gepflegten Rasenfläche um das King's House in Kingston herum, war der britische Konteradmiral außer Diensten, Keith McNeil Campbell-Walter. Als ehemaliger Schwiegervater des Industriellen Heinrich von Thyssen-Bornemisza, der seine schöne Tochter, das Ex-Modell Fiona, geheiratet hatte, war sein Name in den Gesellschaftsspalten der Presse schon seit langem kein unbekannter mehr. Jetzt waren er und seine Frau zu einem kurzen Urlaub auf der zauberhaften karibischen Insel, wo sie in einem kostbaren Besitztum des Industriellen an der Nordküste der Insel logierten. Sir Kenneth und Lady Blackburne hatten meine Frau und mich dieses Mal nicht nur als das deutsche Botschafterehepaar, sondern auch deswegen eingeladen, damit zwei frühere Seeoffiziere sich vordem bekämpfender Marinen einander begegnen können. Sir Kenneth selbst liebte die See und die Seefahrt, war ein begeisterter und erfolgreicher Segler, Commodore des Königlichen Yachtclubs in Jamaika, an Seekriegsgeschichte interessiert, hatte es sich 1960 nicht nehmen lassen, mit mir zusammen in Kingston den Spielfilm »Sink the Bismarck« anzuschauen. Er war einer von denen, die mich immer wieder ermunterten, doch eines Tages über das deutsche Schlachtschiff zu schreiben. Ich sah Campbell-Walter jetzt noch einmal genau an. »Tut mir leid, Admiral, ich kann das leider nicht zurückgeben.« »Erinnern Sie sich noch«, fuhr er jetzt fort, »an die Cocktailparty in Chelsea, 1941? Ich wollte Sie dort über die Funkanlage, das Funkwesen auf *Bismarck* ausforschen. Unter meinem Rockaufschlag trug ich das Mikrofon, im Keller lief das Aufnahmegerät. Sie haben aber nichts gesagt.«

Und wer hatte sich nun diesen Ausflug nach London überhaupt ausgedacht, ihn im einzelnen geplant? Niemand anders als Ian Fleming, der spätere Autor von James Bond. Ihn, einen früheren Börsenmakler, hell und gewitzt, hatte Godfrey sich sofort als persönlichen Assistenten geholt, nachdem er 1939 seinen Posten als Director of Naval Intelligence angetreten hatte. Fleming, von wacher Intelligenz, gutaussehend, weltgewandt, der sich früher auch schon einmal für den Eintritt in die Armee oder den diplomatischen Dienst vorbereitet hatte, war jetzt als Lieutenant der Royal Naval Volunteer Reserve in den »Raum 39« kommandiert, wo er als »ideas man« galt, als »Referent für Geistesblitze« sozusagen. Zwar ohne jegliche Erfahrung zur See, lockerte er dennoch in seiner Beweglichkeit so manche maritime Orthodoxie um Godfrey herum, belebte das Department mit Einfällen, brauchbaren oder auch schon mal unbrauchbaren. Zwei seien herausgegriffen aus der Anzahl derjenigen, die Frucht trugen: einer von 1941, darauf abzielend, von deutschen Wetterschiffen im Atlantik geheimes Schlüsselmaterial zu erbeuten – später einmal erfolgreich ausgeführt. Der andere: kopiert vom »Vorbild« der deutschen Fallschirmjäger, die 1941 auf Kreta britisches Geheimmaterial entführt hatten – drei Jahre danach in Deutschland von einem Kommandotrupp bewerkstelligt, der Tonnen an Archivmaterial der deutschen Kriegsmarine erbeutete, von unschätzbarem Wert für die britische Admiralität. Dort nun mag sich jemand, während ich in Cockfosters »einsaß«, an meine Tätigkeit im Stabe des Marineattachés an unserer Londoner Botschaft 1938/39 erinnert, wohl meinen »ideologischen Übertritt« auf die britische Seite für denkbar gehalten und dadurch Fleming auf den Gedanken des Ausflugs gebracht haben. Dessen Planung hatte er dem Stellvertretenden Chef der Unterabteilung »Deutsche Kriegsgefangene«, seinem Freunde Eddie Croghan, übertragen. Dieser, ca. 35 Jahre alt, rundlich und schwarzhaarig, hochintelligent, fließend deutschsprechend, ehedem in

London vielgefragter Innendekorateur, hatte insbesondere die Arrangements für den Abend übernommen. Das Abendessen im »Ecu de France«, den »Umtrunk« in Chelsea. Die Inhaber der dortigen Wohnung hatten wohl zu den mondänen Gesellschaftskreisen Flemings und Croghans gezählt. In seine Position als Stellvertretender Unterabteilungsleiter war Croghan ebenfalls durch eine Initiative Flemings gelangt. Er war dort jetzt das für seinen Chef Trench, was Fleming für Godfrey war – der Mann für Geistesblitze. Gewiß, Trench war scharfsichtig, aber auch hausbacken und schlichten Gemütes, sein persönlicher Zeitvertreib lag im Stricken. Also, hatte Fleming gefolgert, braucht auch er einen »Feuergeist«. Diese Rolle spielte also nun Croghan, der im übrigen, bis zum Dienstantritt Izzards in Cockfosters, die Vernehmungsergebnisse der Kriegsgefangenen schriftlich zusammengefaßt hatte. Er selbst vernahm niemals regelmäßig, kam nur dann und wann nach Cockfosters, wenn irgendwelche Punkte abschließend zu klären waren.

Unser Ausflug in die führenden Londoner Etablissements war nicht billig gewesen, bezahlt hatte ihn die Admiralität. Für keinen anderen deutschen Kriegsgefangenen sollte sie jemals wieder aus solchem Anlaß soviel Geld ausgeben – der »Regelausflug« für einen »ideologisch zu Hoffnungen Anlaß gebenden« Kriegsgefangenen führte zu einem Festpreismenu im »Simpson's am Strand«, dessen Reichlichkeit und Qualität zu überraschen pflegten. Und danach in einen Stadtteil, von dem die Luftwaffe gerade behauptet haben mochte, dort weitgehende Zerstörungen angerichtet zu haben. Es blieb dann beispielsweise nicht ohne Eindruck, St. Paul's inmitten von Trümmern wohlerhalten zu sehen. Eine ganz andere Art bevorzugter Behandlung erfuhr jedoch noch, nach meinem Wissen, ein Neffe Martin Niemöllers, U-Bootfahrer. Er war tief religiös und hatte seinen Verhöroffizieren wiederholt seinen Wunsch nach Teilnahme an einem Gottesdienst nahegebracht. Es erging daher Anweisung aus London, ihn zum Kirchgang auszuführen. An drei Sonntagen begleiteten zwei Vernehmungsoffiziere den Neffen Niemöllers und einen weiteren deutschen Offizier zu verschiedenen Kirchen: der St. Albans Abbey, der Stokes Page Kirche (wo der Lyriker Thomas Gray 1750 »Elegy in a Country Churchyard« geschrieben hatte, eines der größten Gedichte in englischer Sprache) und zur St. Georges Chapel im Schloß Windsor. Die beiden deutschen Offiziere kannten jedes Mal alle jeweils gespielten Kirchenlieder und sangen, zur Verlegenheit ihrer britischen Begleiter, deren Texte laut in der Sprache des Kriegsfeindes mit.

Und das Ergebnis der Vorzugsbehandlungen in Richtung auf einen »ideologischen Übertritt« im Falle Niemöller und dem meinen: nil. Immer wieder hatte Churchill dem Naval Intelligence Department in den Ohren gelegen, einen deutschen Offizier zu benennen, den er, als Symbol zusammenbrechender Disziplin im Reich, der britischen Öffentlichkeit hätte präsentieren können. Aber »Cockfosters« konnte immer wieder nur vermelden, daß diese Disziplin sehr hoch blieb. Ein entsprechender deutscher Offizier sollte in Großbritannien erst zu Anfang 1944 – in den USA etwas früher – und bis dahin nur einige Mannschaftsdienstgrade gefunden werden.

Und was hätte überhaupt eine Aufforderung zu »ideologischem Übertritt«, zu keiner Zeit an mich gerichtet, in der Substanz, für mich persönlich bedeutet? Seit 1937/38 hatte ich die Unausweichlichkeit unseres nationalen Verderbens in der »Braunsystemzeit«, die bohrende Notwendigkeit des Verschwindens Hitlers in unserem nationalen Interesse erkannt, dies aber selbstverständlich als ein rein innenpolitisches Problem begriffen. Gewiß hatte es da die seelische Qual erhöht, von Jahr zu Jahr deutlicher sehen zu müssen, daß bei der politischen Apathie der Deutschen dieses Ziel überhaupt niemals innenpolitisch, sondern, jetzt im Krieg, allenfalls über dessen Ausgang zu erreichen sein würde. Das Millionensterben in der Welt, in seinem Sinngehalt verengt auf einen Regierungswechsel im eigenen Land? Es war ein grausames Dilemma. Niemals aber konnte es als Brücke für einen »ideologischen Übertritt« dienen. »Ideologisch«, also im Sinn eines Wandels meiner politischen und verfassungsrechtlichen Grundüberzeugungen, gab es schon längst nichts mehr »überzutreten«. Vom Gift des sogenannten Nationalsozialismus hatte ich mich niemals wirklich infizieren lassen. Und einen »Übertritt« auf die Ebene etwaigen militärischen Geheimnisverrats hätte ich von vornherein und entschieden abgelehnt. – Nein, was den Ausdruck staatsbürgerlicher Grundhaltungen betraf, so würde auch weiterhin nichts bleiben als die Zurückgezogenheit auf mich selbst, das Abwarten der inneren Zerfallzeit des »Braunsystems«. In dessen Natur lag es ja, sich nach innen und außen zu übernehmen, und einmal würde es an seiner Maßlosigkeit in kriegerischer Aggression zugrunde gehen. Daran hatte ich allmählich auch nicht mehr den Schatten eines Zweifels.

»Ich fürchte, da kann ich Ihnen im Moment nicht besonders helfen«, sagte der Stationsarzt von »Cockfosters«, »am besten warten Sie vorerst ab, und wenn es nicht besser werden sollte, können wir ja immer noch mal sehen.« Es war an einem Vormittag im Spätsommer 1941, und der Tag hatte für mich gar nicht so angenehm begonnen. Ganz plötzlich hatte ich unbestimmte Bauchschmerzen empfunden und mich wiederholt erbrechen müssen – scheinbar ohne besonderen Anlaß, so daß ich mir keinen Reim darauf machen konnte. Als die Beschwerden sich nicht hatten legen wollen, hatte ich schließlich über den Flurposten den Besuch des Arztes erbeten. Nach seinen Worten sah ich ihn etwas ratlos an, und dann war er auch schon wieder fort. Als der Nachmittag keine Besserung brachte, verlangte ich erneut nach dem Arzt. Aber dieses Mal kam er nicht mehr selbst, sondern ließ nur ausrichten: »Wenn Sie Schmerzen haben sollten, müssen Sie sie aushalten.« Wer beschreibt meine Überraschung, als kurz vor Mitternacht meine Zellentür förmlich nach innen aufbirst und ein Arzt und sein Stab, wohl fünf Personen, energisch hereinspazieren! »Sofort packen und mitkommen, es geht ins Lazarett, morgen früh werden Sie operiert«, hörte ich nur, bevor ich überhaupt begriff, woran ich eigentlich operiert werden sollte. Und als sich am folgenden Mittag ein Chirurg im weißen Kittel über mein Krankenbett beugte: »Na, das war höchste Zeit gewesen, Ihr Blinddarm war ja fürchterlich entzündet«, dankte ich: »Wie gut nur, daß ich noch rechtzeitig in Ihre Hand gekommen bin.«

Erst allmählich entdeckte ich, wo ich mich überhaupt befand: im »Hatfield House«, dem zu Beginn des 17. Jahrhunderts von Robert Cecil, dem ersten Earl of Salisbury und Premierminister König James' I. gebauten und nunmehr seit fast vier Jahrhunderten im Eigentum der Familie Cecil stehenden Herrenhaus, etwa dreißig Kilometer nördlich von London. Es war von einem großen Park umgeben und nach einem seit den Zeiten Königin Elisabeths I. beliebten Schema errichtet, zwei Flügel durch ein mittleres Bauelement derart verbunden, daß der Grundriß ein »E« bildet, den Anfangsbuchstaben der großen Königin. Zu seinen kostbaren Interieurs zählten herrliche Gemälde, erlesene Möbel, seltene Gobelins, historische Ritterrüstungen und, in der Kapelle, ein original flämisches Buntglasfenster mit biblischen Themen. Jetzt, für die Dauer des Krieges, war dieses Schloß in ein Lazarett umgewandelt. Als deutscher Kriegsgefangener lag ich, abseits von den alliierten Patienten, im obersten Stock des Westflügels. Das Fenster meines geräumigen Zimmers eröffnete einen bezaubernden Blick auf den »Elisabethanischen Garten«, von dem man mir immer wieder sagte, er sehe noch genauso aus wie zur Zeit Elisabeths I. Zu ihrer Zeit hatte hier ein Vorläufer des heutigen Baues gestanden.

In so schöner Umgebung, von zwei sehr hübschen Krankenschwestern gepflegt, konnte ich es gut aushalten, wenn ich auch zunächst infolge fehlenden Appetits alles angebotene Essen ungenossen passieren ließ.

Als es mir wieder besser ging und die Tage länger erschienen, brachte mir auf meine Bitte eine freundliche Hilfskraft aus der Bibliothek des Hauses das Buch von Erskine Childers *The Riddle of the Sands*. Es war 1903 erschienen und hatte Beobachtungen verwertet, die der Autor im Jahr 1897 auf einer Segelfahrt an die deutsche Ostsee- und Nordseeküste gemacht haben wollte. Er hatte damals gemeint, aus dortigen deutschen Aktivitäten eine Invasionsdrohung gegen England herauslesen zu müssen. Diese unglaubliche und später auch von der Londoner Admiralität als absurd bezeichnete These hatte er immerhin so fesselnd beschrieben, daß das Buch sofort ein großer Erfolg geworden war. Faszinierend waren allein seine Schilderungen des täglichen Lebens auf einem kleinen Segelboot. Verschlungen hatte ich dieses Buch erstmalig nach einem Hinweis meines Artillerielehrers an der Marineschule Mürwik im Jahr 1931, des Kapitäns zur See a. D. Günther Paschen. Paschen war auch ein guter Kenner der englischen Literatur. An ihn mußte ich auf einmal in verzehrender Lebhaftigkeit denken, als an einen der eigenwilligsten und stärksten Charaktere, denen ich je im Leben begegnet bin. Nichts ahnte ich damals von seinem späteren ruchlosen Ende.

Günther Paschen, 1880 als Sohn eines Vizeadmirals geboren und mütterlicherseits von Dänen abstammend, war während der Skagerrakschlacht am 31. Mai 1916 der Erste Artillerieoffizier auf dem nach Gefechtsbeschädigungen früh am folgenden Tag in Verlust geratenen Schlachtkreuzer *Lützow* gewesen. Mit raschem und großem Erfolg hatte er die britischen schweren Schiffe *Princess Royal, Black Prince, Indefatigable* und *Warspite* beschossen. »Der Skagerrak-Tag auf *Lützow*« – die gleichzeitig Flaggschiff des Befehlshabers der Aufklärungsstreitkräfte, des Vizeadmirals Hipper gewesen war –, so schrieb er später, »stellt den Höhepunkt meiner maritimen und artilleristischen Laufbahn dar; mit dem Schiff und seiner Besatzung verbinden mich Erinnerungen an eine große und schöne Arbeit im Dienst der geliebten Waffe. In die Gefechtsbereitschaft dieses Schiffes habe ich alles das gewendet, was mir Dienst und Studium an Wissen und Können gegeben hatten.« Als Träger des EK 1 hatte er 1919 den Abschied erhalten und von 1926 bis 1936 als Ausbilder an der Marineschule Mürwik gelehrt. Dort stand er innerlich jetzt wieder vor mir mit seiner hochgewachsenen Gestalt, dem von Geist und Willen beseelten Gesicht beim engagierten Unterricht über seine Lieblingswaffe, bei seinen ballistischen Demonstrationen auf den Rasenflächen der Marineschule. Mit einer Engländerin verheiratet, beherrschte er, den damals in Deutschland mehr und mehr aufkommenden amerikanischen Slang konsequent verabscheuend, die englische Sprache in der Vollkommenheit, pflegte auch gern im Habitus britische Allüren. Den Nationalsozialismus hatte er von Beginn an in seiner Verlogenheit durchschaut; seine Gegnerschaft gegen das Regime war öffentlich hinreichend bekannt, er hatte ja auch sein Herz gelegentlich auf der Zunge getragen – unvorsichtig im Überwachungsstaat. Ende August 1943 ließ er zwei ihm unbekannte Dänen in sein Flensburger Haus ein, die angeblich ein Zimmer bei ihm mieten wollten, jedoch in Wahrheit als NS-»agents provocateurs« gekommen waren, um ihn in verfängliche Gespräche zu verwickeln. Dies gelang auch sehr rasch. Paschen sagte, daß er an einen deutschen Sieg nicht glaube und die »Geheimwaffen des Führers« für einen Propagandabluff halte. Da seine Mutter noch Dänin war, er ihre Sprache sprach, seine Jagd in Nordschleswig hatte und sich viel in Dänemark aufhielt, meinte er auch, daß diesem Land 1864 Unrecht geschehen sei und eigentlich das Reich Schleswig an Dänemark zurückgeben müsse. Einer der beiden Dänen wiederholte später diese Äußerungen gegenüber einer Marinehelferin, zu der er Beziehungen unterhielt. Das genügte dem »Volksgerichtshof«, um Günther Paschen zu verurteilen: Aus der privaten Unterhaltung des Angeklagten im eigenen Haus mit Staatsangehörigen eines besetzten Landes machte er einen öffentlichen Angriff auf die deutsche Wehrkraft und die eines verbündeten Volkes. Günther Paschen wurde am 8. November 1943 von den Schergen Hitlers im Zuchthaus Brandenburg ermordet. Ein Gnadengesuch für sich zu stellen, hatte er abgelehnt.

Im Jahr 1951 schrieb Professor Dr. med. Karl Römer, zu Paschens Zeiten Schiffsarzt auf der *Lützow,* an einen Freund der Familie: »Deine freundliche Karte bewegt mich noch immer sehr. Ach, daß der edle Paschen hingerichtet ist! Aber es sieht diesem aufrechten Mann durchaus gleich. Er war schon auf SMS *Lützow* der starke Charakter. Weißt du, unter allen Offizieren war er für mich immer der, vor dem ich wirklich Achtung hatte. Du hättest ihn kennen müssen, diesen hochgewachsenen Mann mit der Denkerstirn und dem Charakterkopf, der wenig sprach, liebenswürdig und vornehm uns Ärzten gegenübertrat... Jeder sprach von ihm mit Achtung. Jeder wußte, daß er eigentlich der war, der etwas leistete. Wenn er – häufig zu spät – zu Tisch kam, wußte man, daß er von der Arbeit kam... Er war in der Tat menschlich und charakterlich der Beste... Daß er den ersten und zieltreffenden Schuß von der *Lützow* abgab, weißt du wohl. Übrigens hat er auf mich noch in ganz besonderer Weise gewirkt: Im April 1916 war es wohl, als er unter dem Widerspruch anderer Offiziere äußerte, daß die Berichte der Briten richtig, die unseren – na, ich will sagen – gefärbt waren. Damals schon sah er das als einziger; und von da ab war es bei mir sicher, daß wir den Krieg verlieren würden. Und von da ab fühlte ich mich ihm im Stillen verbunden, in diesem Wissen um einen aussichtslosen Kampf. Grüß bitte, herzlich und in Ehrfurcht, seine Frau von mir als von einem, dem ihr Mann auch mit seinem Tode ein leuchtendes Vorbild in der Erinnerung bleibt.« Ein leuchtendes Vorbild, ein aufgeklärter, ein kritischer Patriot, Günther Paschen – Ehre seinem Andenken!

Bei weiterer Lektüre und Gesprächen mit meinem Pflegepersonal verflog die Zeit im »Hatfield House« rasch. Eines Tages entdeckte ich dann auch die Anziehungskraft des köstlichen Essens und ich beschloß, so richtig zuzulangen, bisher Versäumtes nachzuholen. Dies erklärte ich auch meinem visitierenden Arzt. O Weh! Es war eine unkluge Bemerkung. »Wenn Ihnen das Essen so gut schmeckt«, sagte der Herr Doktor, »so sind Sie ja wieder ganz gesund und können auf der Stelle in Ihr Lager zurück.« Und entsprechend schnell hieß es Abschied nehmen von den Fleischtöpfen im »Hatfield House«, wieder zurück in meine Zelle in Cockfosters.

Aber nach meiner Rückkehr vom Hatfield House sollte mein weiterer Aufenthalt in Cockfosters nur noch von kurzer Dauer sein. Meine Zeit dort war abgelaufen. Und bald war ich auf erneuter Reise, nach Norden dieses Mal, in mein erstes reguläres Kriegsgefangenenlager. Es war das Lager Nr. 15, Shap Wells Hotel, in der Nähe von Penrith, Cumberland, ein nur zur Aufnahme kriegsgefangener deutscher Offiziere bestimmtes Lager.

Das Hotel, ein viereckiger Bau aus verwittertem örtlichen Gestein, lag in einer Niederung etwa drei Kilometer abseits der Straße London-Carlisle, wie versteckt. In seiner Geländesenke versprach es angenehme Kühle in heißen Sommern und im Winter Schutz vor den scharfen Winden und dem oftmals durchdringenden Nebel in dieser nördlichen Breite. Seine isolierte Lage ließ es als einen idealen Ort zur Unterbringung Kriegsgefangener erscheinen.

Das Hotel war vor dem Kriege übrigens – und ist es auch jetzt wieder – ein berühmter Ausgangspunkt für Touren in die teils erhabenen, teils eintönigen Landschaften im Lake District und den Yorkshire Tälern. Seine Geschichte ist bemerkenswert. Das heutige Gebäude war stets als ein Hotel geführt und als solches bereits im Jahr 1833 eröffnet worden. Es hatte durchgehend den Earls of Lonsdale gehört, von denen einer, und zwar der wegen der von ihm bevorzugten Farbe seiner Gefährte, der Livreefarbe seiner Diener und der ständigen gelben Nelke in seinem Knopfloch »The Yellow Earl« genannte, den deutschen Kaiser 1910 und 1911 in seinem Stammschloß Lowther Castle, unweit Shap gelegen, zur Jagd zu Gast hatte. Unter dem Namen »Emperor's Lodge« für eine Reihe dortiger Gastresidenzen und »Emperor's Drive« für eine der Auffahrten zum Schloß lebt die Erinnerung an diese Besuche Wilhelms II. auch heute noch fort. Angehörige des britischen Königshauses hatten auf Jagdeinladungen des Earl of Lonsdale hin in den 20er Jahren Shap Wells wiederholt besucht, das bis zum Zweiten Weltkrieg als ein Hotel für die Reichen und Berühmten galt.

Als Kriegsgefangenenlager war Shap Wells Hotel im Februar 1941 eingerichtet und zu seinem ersten Kommandanten der Major G.A.I. Dury, M.C., Grenadier Guards, ernannt worden.

Großes Hallo bei meiner Ankunft, wo ich unter den siebzig Lagerinsassen so manchen persönlichen Bekannten wiedertraf. An erster Stelle den deutschen Lagerführer, einen Korvettenkapitän, von früherer Dienstzeit her vertraut. Offiziere aller drei Wehrmachtsteile befanden sich dort: Unter den Marineoffizieren vor allem U-Bootfahrer, die ihre Boote eingebüßt hatten; Luftwaffenoffiziere als Opfer der vorjährigen Luftschlacht über England und – nur wenige – Heeresoffiziere, die nach der Westinvasion im Mai 1940 in britische Hand gefallen waren. Wer, wie einige U-Bootfahrer, im September/Oktober 1939 in Kriegsgefangenschaft geraten war, empfand sich bereits mächtig als »Altgefangener«; den Neuankömmlingen gegen Ende 1941 wurde bei der damals noch überwiegend erwarteten kurzen Kriegsdauer ein längeres Verbleiben in britischem Gewahrsam schon gar nicht mehr »eingeräumt«. »Was? – Ihr kommt jetzt noch – das lohnt doch gar nicht mehr!« Kein Wunder – die schnellen Siege von 1939 bis zum Sommer 1941 waren ja noch in frischer Erinnerung, so rasch würde es gewiß auch weitergehen!

Über die Unterbringung im Lager konnte ich mich nicht beklagen. Freilich war sie beengter als in meiner geräumigen Zelle in Cockfosters, aber ich teilte meinen Raum in einem der für die Kriegsgefangenen reservierten oberen Stockwerke mit netten Kameraden. Da gab es viel zu erzählen, zu fragen, und das bißchen Platzbeschränkung verlor rasch an Bedeutung. Die Hoteleinrichtungen, auch Bettwäsche, standen uns voll zur Verfügung. Über die vor die Zimmerfenster montierten Eisenstäbe glitten nachts Scheinwerfer, die um das Lager herum aufgestellt waren. Sie sollten das Benutzen der Dunkelheit zu Fluchtversuchen verhindern. Von den Räumen im Erdgeschoß diente der große Speisesaal uns Kriegsgefangenen, im übrigen waren sie von der britischen Lagerverwaltung in Anspruch genommen. Als sehr angenehm empfanden wir den Garten, der sich an das Gebäude anschloß. In ihm konnten wir spazieren gehen, mitunter auch arbeiten. Um Gebäude und Garten herum verliefen zwei Ringe von Stacheldraht, ein ernst zu nehmendes Hindernis gegen ein Ausbrechen von Kriegsgefangenen.

Es war üblich, daß jeder Neuankömmling alsbald vor den Lagerinsassen einen Vortrag über die Umstände seiner Gefangennahme hielt. Der meine galt natürlich dem Kampf und Ende des Schlachtschiffes *Bismarck*. Nach solcher Pflichtübung war man dann, sozusagen vollends, in die Lagergemeinschaft aufgenommen.

Das tägliche Leben der Kriegsgefangenen war dann von einem fortwährenden Gleichmaß der Dinge bestimmt. Die äußere Disziplin folgte einem feststehenden Zeitplan; Wecken, die der Überprüfung unserer Vollzähligkeit dienenden Appelle, Mahlzeiten, abends »Licht aus«. Eine Abwechslung in unserem Dasein ergab sich hauptsächlich aus dem gelegentlichen Eintreffen von »Neuen«, dem Kommen und Gehen der Jahreszeiten und den Eindrücken politischer und militärischer Veränderungen in der Welt. Es würde entscheidend darauf ankommen, uns über unbestimmte Zeit hinweg körperlich und geistig in Form zu halten. Die Freiheit, beides zu tun, hatten wir, gottlob, in Shap Wells in ausreichendem Maß.

An unserem täglichen Essen, ja immer ein empfindlicher Punkt, hatte ich persönlich nichts auszusetzen. In der Menge erschien es schon manchmal knapp, war aber doch ausreichend und in der Qualität gut. Immerhin hatten verschiedentlich Lagerkameraden an erheblichen Magenbeschwerden gelitten und zu leiden, eine offensichtliche Folge davon, daß die uns zugeteilten, U-Bootbesatzungen entstammenden (Hilfs-)Köche nicht alle eben Meister ihres Faches zu sein schienen. Diese Köche hatten in völlig eigener Regie das Rohmaterial zu verarbeiten, das die Briten anlieferten und das den Rationen der britischen Truppen der zweiten Linie entsprach. Aber optimal sollten die Küchenleistungen niemals werden, und Mängel in der Essenszubereitung sich nicht legen. Zu guter Letzt ergriff der in diesem Punkte besonders engagierte Lagerinsasse, Oberleutnant (Lw) der Reserve Franz Schad auf eigene Faust die Initiative. Mit Hilfe des ihn wiederholt besuchenden Geistlichen P. Eduard Griffith mobilisierte er das Verständnis des mit diesem seit langem befreundeten und grundsätzlich wohlwollenden britischen Lagerkommandanten. Major Dury billigte den Schadschen Vorschlag, auf freiwilliger Basis zivilinternierte Köche von deutschen Handelsschiffen für Shap Wells zu verpflichten. Und mit deren Ankunft im November 1941 wurde das Essen großartig, entfielen die bei einigen allmählich chronisch gewordenen Magenbeschwerden.

Wer wollte, konnte im Garten Gymnastik betreiben, Pflanzen hegen oder technische Einrichtungen basteln. Hier waren unsere österreichischen Kameraden besonders erfindungsreich. Das dafür notwendige Werkzeug stand zur Verfügung, eine angenehme Besonderheit in diesem Lager. Interessenten konnten aus den Hotelbeständen Sägen, Feilen, Hammer, Bohrer usw. entleihen. Gegen Quittung und Rückgabe bis spätestens 16.00 Uhr wurden diese Gegenstände herausgegeben – für strikten Liebhabergebrauch, versteht sich. Kein »Mißbrauch« ist je bekannt geworden, der dieser Praxis ein vorzeitiges Ende bereitet hätte. Aber auch körperertüchtigende Spaziergänge außerhalb des Lagers waren möglich. Major Dury, wie wir sahen, ein wohlwollender und gütiger Mensch, vor dem Kriege Schuldirektor, hatte dagegen nichts einzuwenden. »Die Teilnehmer müssen allerdings«, bedeutete er dem deutschen Lagerführer, »ihr Ehrenwort geben, außerhalb des Lagers keinen Fluchtversuch zu unternehmen.« Und wer damit einverstanden war, konnte sich an bis zu drei Nachmittagen pro Woche in der freien Landschaft bewegen. Nicht immer zur ungeteilten Freude der britischen Begleitoffiziere, soweit diese schon älter waren. Denn den jugendlichen deutschen Offizieren machte es nichts aus, Kilometer um Kilometer in dem hügeligen Terrain rasch hinter sich zu bringen.

Für geistige Interessen und Arbeit stand eine Lagerbibliothek zur Verfügung. Doch war auch ein Kauf von Büchern möglich. Die kriegsgefangenen Offiziere erhielten nach ihren Rängen abgestufte monatliche Soldbeträge, mit denen über die Kantine Bücher erworben werden konnten. Ich persönlich beschaffte mir eine Reihe von Oxford University Press Sprachlehr- und Wörterbüchern sowie geschichtliche und verfassungsrechtliche Literatur zum »Gastland« Großbritannien und zum Commonwealth. In seinem Buch *The Government of England* lenkte der Autor A. Lawrence Lowell, ehedem Präsident der Harvard University, erstmalig meine Aufmerksamkeit auf den heutzutage weithin als politischen Prognostiker gerühmten Alexis de Toqueville und dessen Standardwerk *La Démocratie en l'Amérique*, seine Vergleiche nationaler Verfassungen. Eine Minderheit im Lager aber hatte durchaus weitergehende Wünsche für den Aufbau eines geistigen Lebens. Vor allem war es der bereits einmal genannte Franz Schad, im Zivilberuf württembergischer Regierungsrat, in staatlicher Verwaltung erfahrener Volljurist, geistig in der katholischen Jugend- und Studentenbewegung beheimatet, der unverzüglich zur Bildung von geistes- und naturwissenschaftlichen Studienkreisen anregte. Obwohl entsprechende Interessenten vorhanden waren, konnte sich Schad mit seiner Idee nicht durchsetzen. Seine Anläufe zu einem geregelten Studium scheiterten am Widerstand der deutschen Lagerführung. Und damit letztlich an nichts anderem als dem Reflex der in deutschen Landen damals so weitverbreiteten Geistfeindschaft. Längst hatten ja die infizierenden Nazi-Parolen wie »Du bist nichts, dein Volk ist alles«, »Führer befiehl, wir folgen dir«, »Der Führer hat immer recht« und ähnliche Sprüche die Wirkung einer geistigen Seuche erlangt, zu nachgebender Selbstauslieferung des einzelnen an den für den »Staat« gehaltenen Hitler geführt. Kein Wunder, daß sich solche Hingabe vorzugsweise im Leben von Gemeinschaften manifestierte, zumal einer solchen wie in Shap Wells: alles junge Offiziere, die 1939/40 nichts als fulminante Siege erlebt hatten, solche auch weiter bis hin zum »Endsieg« und zu Hitlers »Neuordnung« für Europa »erleben würden« – mußte für sie die plötzliche Hinwendung des einen oder anderen zu einem zivilen Studium mitten im Krieg nicht ein Anzeichen von »Defätismus« sein? Wer sich also in Shap Wells Hoch- oder Fachschulwissen anzueignen wünschte, der mußte den Zugang dazu schon selber finden. Franz Schad, gelehrt und hochbelesen, als »Kronjurist und wissenschaftlicher Gärpilz« bekannt und renommiert, und auch andere, qualifizierte Ingenieure und Mathematiker, standen da gern mit Rat und Tat zur Seite. Interessenten konnten also auch ohne das Bestehen regelrechter Kurse mit Gewinn wissenschaftlich arbeiten.

Am Rande blühte in Shap Wells auch künstlerische Tätigkeit. In dem, im Vergleich zu den Lagern der späteren Kriegsjahre winzigen Lager erwiesen sich einige Offiziere als begabte Maler und Zeichner, Schauspieler und Instrumentalisten. Musikalische Darbietungen und Theateraufführungen brachten hochwillkommene Abwechslung und Freude in so manchen Abend. In besonderer Erinnerung habe ich einen österreichischen Offizier der Luftwaffe, der schon vor dem Kriege sehr gut Violine gespielt hatte. Mit Energie und Konsequenz nahm er in Shap Wells das Geigenspiel wieder auf. Rasch eroberte er Terrain zurück, das er offensichtlich ehedem gemeistert hatte. Später, in größerem Lager in Kanada, sollte er der Konzertmeister und gefeierte Solist des dortigen Symphonieorchesters werden. Dankenswerterweise hat er auch über die Jahre der Kriegsgefangenschaft auf Wunsch Interessenten Nachhilfeunterricht auf der Violine erteilt.

Fast überflüssig zu sagen, wie wichtig die Möglichkeit persönlicher Verbindung mit den Angehörigen daheim war. Den Offizieren waren monatlich drei Briefe zu je 24 Linien und vier Postkarten mit je 7 Zeilen, auf gegen eine Verwendung von Geheimtinte präpariertem Papier, gestattet. Die beiderseitige Zensur löschte die ihr verfänglich erscheinenden Passagen durch Schwarzfärben. Im wesentlichen funktionierte dieser Postverkehr. Kriegsbedingt traten allerdings hin und wieder große Verzögerungen in der Zustellung auf.

Es gab wohl kaum ein deutsches Kriegsgefangenenlager, das nicht im

Lauf der Jahre seine »Ausbrecher« gehabt hätte, und Shap Wells sollte hiervon keine Ausnahme bilden. Es war im November 1941, und ausbrechen wollten die beiden jungen Luftwaffenoffiziere Karl Wappler und Heinz Schnabel. Ich erfuhr von ihrem Plan, als sie mich fragten, ob ich ihnen in einer Beziehung helfen könne. »Gern«, sagte ich, »worum geht es?« »Nun«, erklärten sie, »wir wollen als niederländische Piloten posieren, die für die Ausbildung britischer Flughafenbesatzungen zur Abwehr denkbarer deutscher Luftlandeangriffe kommandiert sind. Die entsprechenden Erfahrungen haben wir ja im Mai 1940, nach Beginn des Westfeldzuges, reichlich erwerben können – und das sollte aus den in Englisch aufzusetzenden Ausweispapieren hervorgehen. Können Sie uns die Texte liefern? Die Ausweise selbst stellen wir dann schon kunstgerecht her.« »Aber gewiß«, sagte ich, »kein Problem.«

Nachdem der deutsche Lagerführer, dem ein solcher Ausbruchsplan natürlich vorzutragen war, diesen genehmigt hatte, machten sich Wappler und Schnabel an die Ausführung. Sie studierten britische Illustrierte, die irgendwie vorhanden waren, entnahmen daraus Machart, Farbe, Knöpfe, Abzeichen abgebildeter niederländischer Uniformen, schneiderten ihre eigenen Sachen um, »besorgten« sich, in taktisch herbeigeführtem Moment, Ausweisformulare aus dem Büro des britischen Lagerkommandanten, vertieften sich in Land- und Wetterkarten sowie Windatlanten. Denn es war ihre Absicht, einen unweit Shap Wells gelegenen Ausbildungsflugplatz zu erreichen, dort ein Flugzeug zu stehlen und mit diesem auf Nimmerwiedersehen in Richtung Kontinent zu entschwinden. Die abenteuerlichen Einzelheiten ihres dann geglückten Ausbruches aus dem Lager sind inzwischen in der Literatur ausführlich geschildert worden und sollen hier nur ganz kurz nachgezeichnet werden. Da Wappler und Schnabel nicht mehr am Leben sind, folge ich hinsichtlich ihrer Fluchterlebnisse außerhalb des Lagers den späteren Veröffentlichungen britischer Autoren.

Am Sonntag, den 23. November, war es soweit. Am Nachmittag versteckten sich Wappler und Schnabel in zwei Hohlräumen innerhalb eines Stapels von Brennholz. Nach Einbruch der Dunkelheit verließen sie ihr Versteck und bewegten sich kriechend auf dem Boden eines von dort zum Grenzdraht führenden Grabens, der der britischen Lagerverwaltung bei seiner Entstehung als ein Mittel der »Gartenverschönerung« deklariert, im Grunde aber von vornherein für die Operation der beiden angelegt worden war. Sich nur jeweils in den dunklen Intervallen der kreisenden Lagerscheinwerfer vorrobbend, erreichten sie glücklich den Stacheldraht, dessen Einzeldrähte sie dann mittels eines selbstgebastelten hölzernen Doppelhebels auseinanderpreßten. Und dann nichts als durch! Danach marschierten sie – sie hatten die notwendige Geländekenntnis während früherer Spaziergänge erlangt – zu einer ihnen als besonders steil vertrauten Gleisstelle der bei Shap verlaufenden

London Midland and Scotland Railway. Dort sprangen sie auf einen auf der Steigung nach Norden keuchenden Güterzug, erreichten mit ihm den Güterbahnhof von Carlisle, wo sie sich ihrer bis dahin über den »Uniformen« getragenen Overalls entledigten, den Zug verließen und erst einmal in einem nahen Kino Zuflucht suchten. Nach der Vorstellung schlossen sie sich einigen alliierten RAF-Angehörigen an, in deren Gefolge sie ihr Ziel, den von hier etwa nur noch drei Kilometer entfernten Flugplatz Kingstown, erreichten. An dessen Haupteingang blendete sie zwar unversehens die grelle Taschenlampe eines Wachtpostens, der sich aber, als er die »niederländischen Offiziere« erkannte, mit einem »Sorry, Sir« entschuldigte. Wappler und Schnabel passierten ganz als das, was sie jetzt dank ihrer »Ausweise« waren, Wappler der »Flight Lieutenant Harry Graven«, Schnabel der »Pilot Officer Georg Henry David«. Die Nacht verbrachten sie hinter einer Flugzeughalle.

Der Morgen kam, und nun galt es, ein möglichst bereits vollgetanktes Flugzeug zu finden. Was ihnen beim vorsichtigen Patrouillieren auf dem Flugfeld gleich einmal günstig zu sein schien: Es waren ganze Scharen von Polen, Tschechen, Holländern und Norwegern in Ausbildung, und entsprechen mußte das Sprachgewirr sein, rudimentäres Englisch würde da kaum sehr auffallen.

Es war ein nebliger Morgen, die Flüge hatten noch nicht begonnen, doch Flugzeuginspektionen waren im Gange. Und weiter schritten sie, hin zum Rande des Platzes, wo sie zwei abgedeckte »Miles Magister« entdeckt hatten, kleine Eindecker, die der RAF als Ausbildungsflugzeuge dienten. »Guten Morgen«, sagte Wappler zu dem jüngeren der hier gerade tätigen Techniker, »der Flugplatzkommandant hat den Start einer dieser beiden Maschinen zur Wettererkundung befohlen. Machen Sie also eine entsprechend klar!« Verwundert über die Auswahl ausgerechnet eines so kleinen Schulungsflugzeuges für diesen Zweck und schon bereit zum Widerspruch, aber von Wappler barsch an die »Unberechenbarkeit des für sein Insistieren bekannten« Platzkommandanten erinnert, gab der Techniker eine Maschine frei. Wappler und Schnabel warfen einen kurzen Blick auf deren Cockpit-Armaturen, nickten sich zu – »damit werden wir schon fertig werden« – und kletterten auf die beiden Sitze. Es war jetzt ungefähr 11.30 Uhr an diesem 24. November. »Anwerfen!«, befahl Wappler dann dem Techniker, und der tat, wie ihm geheißen; der Motor hustete, einmal, zweimal, sprang an, kam auf volle Touren. Und der Weg war frei, zur Startbahn – und in die Luft.

Über den Wolken ahnten die zwei nichts von der Verwirrung, in die sie den inzwischen über ihren Start informierten Flugplatzkommandanten, Wing Commander Francis S. Homersham, gestürzt hatten. Für sie zählten jetzt nur der richtige Kurs nach Deutschland und der Benzinvorrat – ob der wohl reichen würde? Daß der Flugbereich der »Magister« 367 Meilen betrug, wußten sie gar nicht so genau, nur, daß der kürzeste Weg über die Nordsee nach Holland führte und daß es bis dort etwa 365 Meilen waren.

Es war ein Tag launischen Wetters, unangenehm hingen Wolken bis auf sechzig Meter hinab, es gab wenig Erdsicht, die Sicht nach vorn betrug nur etwa zwei Meilen, entsprechend schwierig war die Navigation. Die Lufttemperatur in ihrer Höhe war nur wenig über Null, sie mußten erbärmlich frieren, und Wappler riß der Luftstrom schließlich auch noch die Kopfbedeckung ab. Aus einer kleinen mitgeführten Karte vermeinte er das Überfliegen von Leeds zu konstatieren, dann des Meerbusens Wash in Richtung auf die Küste bei Norfolk, wo die Entscheidung über das Kreuzen der Nordsee fällig wurde. Da aber kam ein Warnsignal von der Benzinanzeige – ihre Nadel stand schon nahe der roten Gefahrenzone. Und da wäre es glatter Selbstmord gewesen, jetzt den Überflug zu starten. Nach nur wenigen Minuten über der See entschlossen sie sich zur Rückkehr nach England, zur Notlandung irgendwo zwecks Benzinergänzung.

Es war 14.50 Uhr, und sie hatten bis dahin ungefähr 325 Meilen geflogen, als Wappler die »Magister« sauber auf eine Wiese in Scratby, nördlich von Great Yarmouth, setzte. Den neugierig zusammenlaufenden Anwohnern tischte er seine Geschichte auf: »Wir sind holländische Piloten auf einem Übungsflug nach Croydon. Leider ist uns das Benzin ausgegangen. Können wir es hier ergänzen?« Eintreffende Polizei, von dem RAF-Abzeichen auf der Maschine und den Ausweisen der beiden beeindruckt, vermittelte Wappler nunmehr ein Telefongespräch mit dem Wachhabenden Offizier auf dem nahe gelegenen RAF-Flugplatz Horsham St. Faith. Aber der konnte Wapplers Bitte um sofortige Starthilfe bei der inzwischen vorgeschrittenen Tageszeit nicht mehr entsprechen. Statt dessen schickte er einen Wagen zur Abholung der beiden. Abholen zu einem Flugplatz der RAF, ins Herz des Waffengegners! Diese Aussicht konnte jemanden in ihrer Lage schon der Panik nahebringen. Aber was half es? Dies war nicht der Moment, den Bluff aufzugeben – noch nicht! »Geben Sie diesen holländischen Offizieren etwas Tee!«, befahl der Wachhabende Offizier auf Horsham St. Faith einem Sergeanten, nachdem er deren Geschichte gehört und geglaubt, ihnen auch schon Unterkunft für die Nacht zugewiesen hatte. Aber er sollte dann doch der letzte britische Offizier gewesen sein, der auf sie hereinfiel. Inzwischen hatte sich der »Abgang« der »Magister« vom Flugplatz Kingstown herumgesprochen, hatte es in den Telefonleitungen nach Südengland geschwirrt. Und Wapplers und Schnabels heißes Bad wurde etwas vorzeitig beendet, als eine Gruppe pistolenbewaffneter Offiziere ihr Zimmer betrat und der Flugplatzkommandant, Group Captain James N. D. Anderson, OBE, sich vernehmen ließ: »I am sorry, gentlemen, you deserved better luck.« Ja, nun half es nichts mehr, Wappler und Schnabel mußten ihre Identität eingestehen. Militärpolizei brachte sie nach Shap Wells zurück, wo sie 28 Tage Arrest, Standardstrafe für Ausbrecher, kassierten. »One has really to take off one's hat to them«, sagte Major Dury in privatem Kreise. Und so wie ihm imponierte der britischen Öffentlichkeit die Verwegenheit und Kaltblütigkeit der beiden. Bewunderung für ihre Phantasie und Mut war bis in die Presse gelangt. Das Unternehmen Wappler und Schnabel dürfte zu den kühnsten und einfallsreichsten Ausbruchsversuchen deutscher Kriegsgefangener im Zweiten Weltkrieg zählen.

Ein deutscher Offizier lebte im Lager Shap Wells außerhalb der Gemeinschaft, hermetisch abgeschlossen. Er wohnte für sich, bekam sein Essen gesondert, ging allein spazieren. Alle anderen Offiziere waren von der deutschen Lagerführung gehalten, nicht mit ihm zu sprechen, jedwede Verbindung mit ihm zu meiden. Der Offizier war geächtet und sollte in derart trostloser Einsamkeit seine ganze Gefangenschaft, in wechselnden Lagern und Kontinenten, verbringen. Es war der Kapitänleutnant Hans Rahmlow, ehemaliger Kommandant von *U570,* des Bootes, dessen Kaperung durch die Briten im August 1941 ich schon erwähnt hatte. Die näheren Umstände des U-Bootverlustes und seiner Gefangennahme lagen damals für mich noch im Dunkel; was er aus seiner Sicht dazu würde vorbringen können, ich wußte es nicht. Es hatte mich innerlich durchaus gedrängt, im Gespräch mit ihm Näheres zu erfahren, Anteil zu nehmen, persönlich hätte ich da gar keine Hemmungen gehabt. Aber ich unterließ es, im Interesse des Lagerfriedens. Bekannt war, daß über den Ersten Wachoffizier Rahmlows, den Oberleutnant zur See Bernhard Berndt, in einem anderen Kriegsgefangenenlager ein aus U-Bootoffizieren gebildeter »Ehrenrat« getagt hatte. Dieser hatte als »Ehrengericht« Berndt als Stellvertreter Rahmlows der »Feigheit vor dem Feinde« für schuldig, für den Verlust, die britische Kaperung des *U570* für mitverantwortlich befunden und ihn im Lager geächtet. »Feigheit vor dem Feinde«, wenn sie hier wirklich vorgelegen haben sollte, galt unter Offizieren als ein ehrenrühriges Delikt. Und wo ein solches in Frage stand, würde ein Gespräch mit Rahmlow, ein eigenmächtiges Durchbrechen der Acht also, lediglich dazu führen, die Stimmung im Lager aufzuheizen, einen Sturm im Wasserglas zu entfachen, der letztlich nichts bewegen würde als sich selbst. Da war es einfach vernünftiger, den Gedanken an ein Gespräch mit Rahmlow aufzugeben. Es war ja schließlich auch vorstellbar, daß er selbst es gar nicht hätte aufnehmen mögen, so coram populo.

Wenn ich mir damals so meine Gedanken über Ramlow machte, das Ehrenrührige des ihm zur Last gelegten Verhaltens, über den Oberbegriff der in jahrhundertelanger monarchischer Tradition ausgeformten »Offiziersehre«, nach dem die Acht über Rahmlow erklärlich war, wenn nicht zwingend erschien, so konnte ich andererseits nur in tiefster Bitterkeit an die schweren Blessuren denken, die der »Führer«, höchstpersönlich und ohne die gebührende Erwiderung, gerade der Welt des Ehrenkodexes der Wehrmacht längst beigebracht hatte. Hitlers Morde an den Generälen von Schleicher und von Bredow im Juli 1934 tauchten wieder vor mir auf, seine unerhörte Beleidigung der Wehrmacht durch die 1938 dem Oberbefehlshaber des Heeres, Generaloberst Frhr. v. Fritsch, schimpflich zugefügte Ehrabschneidung. Von den laufenden Scheinerfolgen Hitlers geblendet, durch die unaufhörlichen braunen Propagandakaskaden innerlich geschwächt und unsicher geworden, hatte die Wehrmacht ihren Ehrenkodex hier nicht mehr zu wirksamer Abwehr mobilisieren können. Soweit der Kodex noch intakt und der Kriegführung dienlich war, würde Hitler sich seiner bedienen, sicher. Im Grunde aber hatte er doch längst Abschied von dem genommen, was er einmal mit Blick auf die Offiziere als »antiquierte Ritter mit verstaubter Ehrauffassung« verspotten sollte. Immer mehr war seine gleisnerische Ideologie in das einstmalige politische Reservat, genannt Wehrmacht, eingedrungen, hatte sich unter anderem in der neuen Verfügung »Wahrung der Ehre« niedergeschlagen. Erstmalig hieß es in ihr, daß der verheiratete Offizier auch für ehrenrühriges Verhalten seiner Frau die volle Verantwortung trage – ein zunächst weitgehend unbemerkter Vorgriff auf die Barbarei der Sippenhaft. Und auch sonst waren neue Formeln für den öffentlichen Ehrenkodex aufgetreten. Ein Motto heißt: »Meine Ehre heißt Treue.« Treue zu wem, zu was? Nun, zum »Führer« allein, der selbstherrlich und in Verantwortung vor nichts und niemand ausgezogen war, die Zivilisation in Europa so weiträumig zu vernichten, wie es ihm die von der Wehrmacht erkämpften Geländegewinne gestatten würden. Und auf das Halten einmal so erworbenen Geländes sollte er dann ja auch später eine solche Besessenheit entwickeln, daß er nicht nur befahl, grundsätzlich, unter *allen* Umständen, koste es *was* es wolle, an ihm festzuhalten, selbst entgegen strategischen Lagen, sondern daß er aus seiner starren Forderung gar einen neuen »Ehrbegriff« für den »deutschen Offizier« ableitete. Er formulierte ihn später: »Möge es dereinst zum Ehrbegriff des deutschen Offiziers gehören ... daß die Übergabe einer Landschaft oder Stadt unmöglich ist und daß vor allem die Führer hier mit leuchtendem Beispiel voranzugehen haben in treuester Pflichterfüllung bis in den Tod.« »Die Übergabe einer Landschaft oder Stadt unmöglich«, Gelände halten auf jeden Fall, ohne Rücksicht auf *irgend etwas,* »Ehre à la Hitler« statt Strategie und Taktik, »Pflichterfüllung« für Hitlers Interessen, die nicht die deutschen waren, toter Gehorsam! Tausend Welten entfernt von dem intelligenten Gehorsam aus Einsicht eines Tauroggen-York, eines Hubertusburg-Marwitz, der »Ungnade wählte, wo Gehorsam nicht Ehre brachte«, eines Obersten Buchholz (Erster Weltkrieg): »Ich kommandiere keine Brandstifter, dieser Befehl wird nicht ausgeführt«, hier waren jetzt Sklaven befohlen. Aber natürlich, jedem deutschen Rückzug, wie vorübergehend auch immer und wie tief im Einzelfall, entsprach ja ein sowjetischer Geländegewinn nach Westen, ein Näherrücken des »Endzeiträchers«, der würde es ja sein, an die kostbare eigene Haut, kostbarer diese als das Reich. Und je näher der Rächer rückte, desto tiefer verbunkerte sich Herr Hitler in persönliche Sicherheit, vor Krieg und Attentat, bis hin zum Ende in Berlin, wo er noch halbe Kinder für sich abschlachten ließ. Wenn nur der Reichsverderber lebt! Man muß es ganz klar sehen: Es war ein solcher Egomane und Nihilist, Verächter des Offizierstandes und dessen »verstaubter Ehrauffassung«, für den letztlich Rahmlow die jahrelange Isolierung im Lager, ein am Ende derart zerstörtes Leben auf sich nehmen mußte.

Zeitungen und Zeitschriften standen in Shap Wells den einzelnen Kriegsgefangenen nicht zur Verfügung, wohl aber eine Auswahl davon der deutschen Lagerführung. Diese hatte auch Zugang zum britischen Rundfunk. Der Lagerführer konnte so, periodisch, im Anschluß an die gemeinsamen Mahlzeiten, zusammenfassend über die Kriegslage berichten. Die Terminologie bei solcher Presseschau war, erklärlicherweise, dem braunen Zeitgeist angepaßt, dabei setzte sie dann auch schon die gängigen antichristlichen Akzente. Wann immer von Winston Churchill die Rede sein mußte, und das ließ sich in England hin und wieder nicht vermeiden, wandelte sich, unvergeßlich, sein Name in »Kirchübel«. Immerhin konnten wir so die Lage an den vielen Fronten ausreichend verfolgen. Das Stagnieren der deutschen Offensive vor Moskau im Vorwinter 1941, der schwere Rückschlag dort im Dezember, der japanische Überfall auf Pearl Harbour am 7. Dezember, Hitlers Kriegserklärung an die USA am 11. Dezember – all dies erfuhren wir praktisch ohne Verzug. Kriegserklärung *an*, nicht *von* Amerika, welch eine Strecke Weges seit dem Hitler vom 5. Mai, auf *Bismarck*: »Einen Eintritt der USA in diesen Krieg halte ich für ausgeschlossen!« Daß uns aber schon damals die Bedeutung des Scheiterns unserer Moskauer Offensive für den Gesamtverlauf des Rußlandfeldzuges voll aufging, das möchte ich auch nachträglich nicht behaupten. Im Dezember meldete der britische Rundfunk noch den Verlust der schweren Schiffe *Repulse* und *Prince of Wales* durch japanische Lufttorpedos im Fernen Osten. Anhaltender Jubel an unseren Tischen begrüßte die Nachricht. Die *Prince of Wales* hatte ja *Bismarck* südwestlich Islands im Gefecht gegenübergestanden, ein halbes Jahr zuvor, meine Erinnerung daran war noch so frisch. Aber auch an die grauenvollen Szenen auf den Decks des *Bismarck,* wenige Tage später. Ähnliches mochte sich nun auf der *Prince of Wales* abgespielt haben. Die bloße Vorstellung dessen erstickte in mir jegliches Jubelgefühl.

Im März 1942 traf eine britische Offiziersabordnung aus London in Shap Wells ein, besprach sich mit Kommandant Dury. Sofort kamen Gerüchte auf, verdichteten sich bis zur Gewißheit, daß wir geschlossen verlegt werden würden – aber wohin? Nach Kanada.

Tatsächlich hatte Großbritannien, in anhaltender Erwartung einer deutschen Invasion, bereits 1940 die meisten der bisher eingebrachten deutschen

Kriegsgefangenen, etwa dreitausend, nach Kanada verschifft. Was uns jetzt also bevorstand, war ein Ozeantransport von rund eintausend Mann, darin eingeschlossen zweihundert Offiziere, nach deren Abreise nur noch etwa zweihundert deutsche Kriegsgefangene in England verbleiben würden. Kein anderer Gewahrsamstaat des Zweiten Weltkrieges sollte übrigens seine Kriegsgefangenen so weitverstreut in der Welt unterbringen wie Großbritannien: außer auf der britischen Insel selbst in Australien, Kanada, USA, Ägypten, Tunesien, Algerien, Frankreich, Belgien, Italien, Österreich, Norwegen, Zypern, Malta, Gibraltar und, zeitweilig, an noch anderen Orten. Nach Kanada sollten bis Ende 1942 noch mehr als zehntausend deutsche Kriegsgefangene aus den Lagern des Nahen Ostens verbracht werden. Die entlegenen Weiten dieses riesigen Landes boten ja den entsprechenden Platz.

Ende März verließen wir Shap Wells, zur Fahrt zum Hafen von Greenock. Eine wahre Armada von Schiffen wurde dort gerade zu einem Geleitzug zusammengestellt, gegen Luftangriffe von unzähligen, in den Himmel stehenden Fesselballons geschützt. Unser Quartier für die nächsten Tage und Nächte wurde der Transporter *Rangitiki* (16 755 Bruttoregistertonnen, 15 Knoten, seit Februar 1941 als Truppentransporter verwendet), auf dem wir durch Stacheldrahtverhaue abgetrennte Decks bezogen. Auch für Tagesspaziergänge an Oberdeck ließ der Stacheldraht noch Raum. Dann brachte uns die *Rangitiki,* im zur U-Bootsicherung Zickzackkurse fahrenden Geleitzug, nach Halifax/Nova Scotia. Die mehrtägige Reise verlief ohne besondere Vorkommnisse, wenn uns gelegentlich auch etwas »mulmig« zumute war. Denn soviel Erfolg man auch seinen eigenen U-Booten wünschen mochte – man hoffte doch, daß sie nicht ausgerechnet desjenige Schiff torpedieren würden, auf dem man gerade selbst fuhr.

Nach mehrtägiger Eisenbahnfahrt ab Halifax, immer wieder durch Halts unterbrochen, hielt der Zug auf freier Wiese, für unsere Begriffe irgendwo in Kanada. Wir waren aber immer noch weit im Osten des Landes. »Ziel erreicht«, hieß es, »alles aussteigen.« Und so stapften wir mit unserem Gepäck, querfeldein, dem Eingangstor unserer neuen »Herberge« zu, deren Namen wir jetzt erfuhren: Bowmanville, als Kriegsgefangenenlager erst 1941 eingerichtet und mittlerweile mit Hunderten deutscher Offiziere belegt. Über 100 deutsche Mannschaften sorgten für das Sauberhalten der Häuser, arbeiteten als Friseure, Schneider, Schuster, Tischler und Köche. Nach dem milden Wetter in England und während der Seereise beeindruckte mich der Schneefall bei unserer Ankunft so sehr, daß ich mir das Datum merkte. Es war der 9. April 1942.

Schon der erste Blick enthüllte Angenehmes. Wir sahen gefällige Flachhäuser, den einen oder anderen höheren Zweckbau, alle aus solidem Stein, und hübsche, baum- und buschbestandene Rasenflächen dazwischen. Als bereits dienstälterer Kapitänleutnant genoß ich den Vorteil, zusammen mit einem Major der Luftwaffe ein Zweierzimmer in einem Langbau beziehen zu können. Außer einem Bett hatten wir jeder unseren Tisch, für uns zwei ein extra Badezimmer mit Wanne und Becken, alles zentralgeheizt, und warmes Wasser aus dem Hahn. Wir lebten in der Tat in einer der Lehrerwohnungen eines vormaligen Landschulheimes für schwer erziehbare Jungen in der Provinz Ontario, etwa 60 Kilometer östlich von Toronto. Die Provinz hatte es der Zentralregierung in Ottawa zur Verfügung stellen müssen, nachdem die vorherige mangelhafte Unterbringung der deutschen Kriegsgefangenen zu scharfen Auseinandersetzungen zwischen der deutschen und kanadischen Regierung und der Androhung von Repressalien deutscherseits geführt hatte. Ich wußte auf Anhieb, daß ich mich jetzt in einem Lager befand, das später, gewiß zutreffend, das »unstreitig schönste diesseits und jenseits der Ozeane« genannt werden sollte. Und ich würde, solange überhaupt in Kanada kriegsgefangen, freiwillig keiner Verlegung in ein anderes Lager folgen. Die Probe auf meinen inneren Schwur kam bald. Eine Anzahl Offiziere sollte in ein anderes Lager innerhalb Ontarios verlegt werden, darunter auch ich. Ich bat die deutsche Lagerführung, bei den Kanadiern dagegen zu intervenieren, da ich mittlerweile in einem wissenschaftlichen Lehrgang fortgeschritten sei. Die Kanadier hatten nichts dagegen. Es mußte nur die Zahl der zu Verlegenden stimmen. Freiwillige gab es für solche Fälle ja immer.

Der wahrhaft komfortablen – für die jüngeren Dienstgrade in den Innenräumen allerdings doch äußerst beengten – Unterbringung entsprachen die sonstigen Lagereinrichtungen: Lese- und Arbeitsräume in den Wohnhäusern, später wurden zusätzlich hölzerne Unterrichtsbaracken gebaut, eine Aula für Veranstaltungen, eine große Turnhalle, daneben ein stets temperiertes Hallenschwimmbad, eine große Küche nebst Speisehalle, ein Lazarett, Hand-, Fuß- und Faustballplätze, eine Rennbahn, Tennisplätze, die winters für Eishockey und Eiskunstlauf hergerichtet wurden, Rasenflächen für Gymnastik, Medizinball etc., Gelände zur Anlage von Kleingärten, Gemüse und Zierpflanzen, ein Treibhaus für tropische Gewächse. Gegen Zusicherung auf Ehrenwort, nicht zu fliehen, waren außerhalb des Lagers geführte Spaziergänge, Baden im nahegelegenen Ontariosee, im Winter Skilauf und Rodeln möglich. Auf Ehrenwort konnten Interessenten auch auf einer benachbarten Lagerfarm arbeiten. Diese lieferte zusätzlich Kartoffeln, Gemüse und Küchenkräuter. Im Lauf der Zeit wurden dort auch Pferde, Kühe, Hühner und Schweine angeschafft. Selbst ein kleiner Zoo, bestehend aus zwei Rhesusaffen, drei Waschbären, einem kleinen Krokodil, zwei zahmen Raben und Schildkröten, befand sich im Lager. Die Bestände der Lagerbücherei waren schon bei meiner Ankunft ansehnlich, sie sollten in den kommenden Jahren noch ganz bedeutend vermehrt werden.

Bowmanville bot also ein gutes Instrumentarium für Geist und Körper und genügend Freiheit in der Wahl von Aktivitäten.

Die Lagerfläche selbst war eingegrenzt von zwei Stacheldrahtzäunen, je 4 Meter hoch, innen davor ein kniehoher Warndraht. Außen standen hohe Postentürme für die kanadische Wachmannschaft, die sogenannten Veteran Guards, diese beeindruckend als ältere, ruhige und anständige Menschen. Nachts wurde diese Sicherheitszone von Tiefstrahlern und Scheinwerfern ausgeleuchtet, nachts durften wir uns verständlicherweise überhaupt nicht außerhalb der Häuser bewegen.

Auch in Bowmanville, wie zuvor in Shap Wells, war es obligat, nach der Ankunft vor den Lagerinsassen einen Vortrag über die Umstände der eigenen Gefangennahme zu halten. Das Lager war mit etwa 500 Offizieren belegt, das ergab dann schon eine stattliche Zuhörerzahl. Vor mir saß, als ich an der Reihe war, ein repräsentativer Teil der soldatischen Blüte unserer Nation, junge Männer im Frühling des Lebens, Marine-, Luftwaffen- und Heeresoffiziere, viele von ihnen Draufgänger, dekoriert, einige hochdekoriert – sie alle in den Jahren 1939 bis 1941 herausgerissen aus Feindfahrt, Feindflug und Landkrieg.

An die tägliche Routine im Lager hatten wir uns bald gewöhnt. Um 07.00 und 18.00 Uhr je ein Vollzähligkeitsappell, die Mahlzeiten zu feststehenden Stunden, in aufeinanderfolgenden Partien, da der Speisesaal nicht alle gleichzeitig faßte. Das Essen war gut, auch in seiner Abwechslung, und reichlich. Weiterhin erhielten wir nach Rängen gestaffelte monatliche Soldbeträge, für mich waren es als Kapitänleutnant 28, später als Korvettenkapitän 32 Dollar. Damit konnten wir in der Kantine zusätzliche Lebensmittel kaufen, Genußwaren, Gebrauchsgegenstände aller Art, sogar nach dem Bestellkatalog des Torontoer Warenhauses Eaton Dinge wie Sportartikel und Liegestühle ordern. Für Zigaretten und Bier galt ein Zuteilungsschlüssel. Stärkerer Alkohol war selbstverständlich vom Kauf ausgeschlossen.

Unsere Verlegung nach Kanada hatte meine seit Hitlers Überfall auf die Sowjetunion gehegte Vorstellung einer sehr langen Kriegsdauer nur noch bestätigen können. Auf jeden Fall wollte ich jetzt die kommende Zeit durch ein sinnvolles Studium ausnutzen und hoffte in dem so großzügig ausgestatteten Lager Bowmanville auf eine solche Gelegenheit. Sie kam rasch und war insbesondere der Vorarbeit zweier Herren zu verdanken. Auf der *Rangitiki* war der bereits mehrfach erwähnte Franz Schad einem weiteren aufgeschlossenen Juristen begegnet: Dr. Walter Seeburg, Major (Lw) der Reserve, im Zivilberuf Oberlandesgerichtsrat am Hanseatischen Oberlandesgericht und Stellvertretender Vorsitzender des Reichsoberseeamtes. Seeburg war ein zurückhaltender, aber dezidierter Demokrat – er und Schad hatten sich sofort gut verstanden. Unter dem Stacheldrahtverhau an Oberdeck, nahe der Kommandobrücke des Schiffes auf und ab gehend, hatten sie in vielen Gesprächen beschlossen, in der Neuen Welt ein Studienprogramm zu starten. Passive Resistenz seitens der deutschen Lagerführung würde, man wußte das ja von England her, zu erwarten sein, aber dieses Mal, so nahmen sie es sich vor, würden sie sie überwinden. In Bowmanville brach dann auch, Schad hatte die Idee geboren, Seeburgs Drohung diesen Widerstand: er werde notfalls gegenüber dem Staatssekretär im Reichsjustizministerium, Dr. Rothenberger, seinem ehemaligen Chef, brieflich die Geistfeindschaft in den Offizierslagern anprangern. Dies wirkte, und das Eis schmolz. Die deutsche Lagerführung überließ den beiden Herren für ihren Studienkurs einen Vorlesungs- sowie einen Bibliotheks- und Arbeitsraum. Die rechtswissenschaftliche Fakultät war geboren. In einem Nebenzimmer der Speisehalle eröffnete am Himmelfahrtstag 1942 Franz Schad den Juristenlehrgang Bowmanville mit einer Vorlesung über Notwendigkeit und Bedeutung des Studiums der Rechtsgeschichte, auch zum Verständnis der verschiedenen Rechtssysteme. Ich hatte mich als Hörer für das volle Studium der Rechtswissenschaften eintragen lassen. Während Schad sprach, lärmte draußen in der Halle »geistfeindlicher« Protest, Teller und Bestecke wurden gegeneinandergeschlagen. Solcher Protest sollte aber bald verstummen, der Mensch gewöhnt sich ja an vieles.

War Seeburg »Dekan« unserer rechtswissenschaftlichen Fakultät und Schad ein Gründungsdozent, so galt es jetzt, weitere Lehrkräfte für das so vielseitige Jurastudium zu gewinnen. Sie fanden sich unter den Reserve-, teils sogar unter den aktiven Offizieren im Lager, spätere Zugänge an Kriegsgefangenen brachten vermehrt Reserveoffiziere, unter ihnen Juristen. Als Dozenten kamen vor allem die kriegsgefangenen Offiziere in Betracht, die die Befähigung zum Richteramt oder zum Höheren Verwaltungsdienst hatten. Aber auch diejenigen, die ihr erstes juristisches Staatsexamen abgelegt hatten und während des Krieges zu Assessoren (K) ernannt worden waren, erwiesen sich zum Teil als hervorragende Dozenten. Zunehmend konnte der Unterricht ausgeweitet, vertieft und es ermöglicht werden, fast alle Teilgebiete eines ordentlichen Rechtsstudiums zu lehren. Vorlesungen, Übungen, Seminare, Klausuren und Hausarbeiten gehörten zur Methodik. Im September 1942 konnte in Bowmanville das zweite Semester mit über 40 Hörern beginnen. Insgesamt währte das Studium dort sechs Semester, bis hin zum Ende des Jahres 1944, als Verlegungen in andere Regionen Kanadas die Auflösung des Lagers Bowmanville, im April 1945, einläuteten.

Wie wichtig die Versorgung des Lagers mit Lehrmaterial für dieses Studium war, braucht nicht extra betont zu werden. Sie war, fortgesetzt, ordentlich bis gut. Gesetzessammlungen, Lehrbücher und Kommentare waren nicht nur vorhanden, sondern pro Kopf so reichlich, daß ich als Student an der Universität in Frankfurt/Main in den Jahren 1947–49 oft sehnsuchtsvoll an die Ausstattung der juristischen Bibliothek in Bowmanville dachte. Auch Fachzeitschriften und das Reichsgesetzblatt waren verfügbar. Wir verdankten diese Versorgung den karitativen und humanitären, durch die Genfer Konvention zum Schutz der Kriegsgefangenen legitimierten Hilfsorganisationen. Insbesondere dem Internationalen Erziehungsamt, Genf – Abteilung Geistige Hilfe für Kriegsgefangene –, dem Internationalen Komitee vom Roten Kreuz, dem Deutschen und dem Schweizer Roten Kreuz, dem Deutschen Caritas Verband und der Young Men's Christian Association. Herzlich und dankbar gedenke ich hier des »Director for Canada of The War Prisoners Aid of the Young Men's Christian Association«, des verstorbenen Schweizer Staatsbürgers Hermann Boeschenstein. Er kam sehr oft in das Lager und mühte sich auf unzähligen Gebieten für die deutschen Kriegsgefangenen. Eine Anerkennung auch für diese seine Tätigkeit folgte, als ich 1970, damals Generalkonsul in Toronto, Boeschenstein das ihm vom Bundespräsidenten verliehene Große Verdienstkreuz des Verdienstordens der Bundesrepublik überreichte. Aber auch auf privatem Kanal konnte Lehrmaterial beschafft werden. In der Beziehung war kaum jemand rühriger als der unermüdliche Schad, der von Beginn seiner Gefangenschaft an bei persönlichen Freunden und amtlichen Stellen in Deutschland und in der Schweiz Literatur angefordert hatte und dies laufend fortsetzte. Engagiert für Forschung und Lehre, wie er es nun einmal war, hatte er allmählich an die sieben Zentner wissenschaftlicher Schriften in seinem Gepäck und durfte diese, bei jeweiliger Verlegung von Lager zu Lager, von Briten und Kanadiern unbeanstandet, mitnehmen, obwohl die Gewahrsamsmacht nur insgesamt einen Zentner pro Offizier zu befördern gehalten war. Ja, Schad und seine Bücher: Als er 1946, von Kanada kommend, 28 Kisten der letzten kanadischen Lagerbibliothek im Gepäck, wieder im britischen Lager eintraf, grüßte ihn der Zuruf seiner dortigen Kameraden: »Ach nein, jetzt kommen die Kanaken und bringen noch 28 Kisten Demokratie!« Unvergeßlich. Aber die Briten hatten immer Verständnis für ihn. Bei seiner eigenen Repatriierung überließ er seine Bücherei seinem letzten Lager in England. Nach dessen späterer Auflösung sandte ihm die britische Regierung diese wiederum zu, an seine Privatanschrift in Württemberg, gratis und franko!

Eine der Voraussetzungen für meine spätere Zulassung zur Fortsetzung des Rechtsstudiums an der Universität Frankfurt/Main, im April 1947, war der Nachweis der von mir in Bowmanville absolvierten sechssemestrigen Studiendauer. Davon rechnete mir die Universität vier Semester auf die Hochschulreife an und gab mir auf, für das erste juristische Staatsexamen ein mindestens dreisemestriges Fortsetzungsstudium an einer deutschen Hochschule nachzuweisen. Die Anrechnung der Bowmanviller Studienzeit war optimal, und ich konnte zufrieden sein. Im Mai 1949 bestand ich in Frankfurt die erste juristische Staatsprüfung. Dankbarkeit erfüllte mich dabei, erfüllt mich noch heute gegenüber unseren Dozenten in Kanada, die Jahre hingebender Mühe auf sich genommen hatten, um Interessenten bei ihrer Vorbereitung auf die Zukunft zu helfen. Einen ganz besonderen Dank dem Studieninitiator Schad und ein treues Gedenken an unseren nach dem

Krieg leider schon früh dahingegangenen Bowmanviller »Dekan«, Dr. Walter Seeburg.

Das Studium in Bowmanville brachte mir, dem Berufsseeoffizier, nun auch die ersten direkteren Einblicke in die zivilisatorischen Verwüstungen, die Herr Hitler zur Durchsetzung seiner Gewaltherrschaft unserem nationalen Leben auf dem Gebiet des Rechtswesens zugefügt hatte und weiterhin zufügte. Es ist dieses ja ein weites Gebiet, über das mittlerweile viel publiziert worden ist und zu dem ich, autobiographisch verbleibend, nur wenige Punkte aus eigener Begegnung erwähnen möchte. Der Bowmanviller Lehrgang sollte gerade beginnen, als erste alliierte Pressemeldungen einen spektakulären und scheinbar neuen Eingriff Hitlers in die deutsche Justizverfassung anzeigten. Dem zugrunde lag seine Rede vor dem – bei dieser Gelegenheit wohl überhaupt zum letzten Mal versammelten – »Großdeutschen Reichstag« am 26. April 1942 in der Krolloper in Berlin. An deren Ende hatte die »einstimmige« Annahme des von Hermann Göring eingebrachten, später als »Übererm ächtigungsgesetz« begriffenen, sogenannten Vollmachtsgesetzes gestanden. Es war nun natürlich nicht so, daß uns Kriegsgefangenen im entfernten Kanada alsbald Einzelheiten, Wortlaute oder amtliche Deutungen zu diesem Ereignis vorlagen. Dergleichen vollständigere Bilder konnten wir uns üblicherweise nur über längere Zeit, oft Monate hin erschließen, auf verschiedene Weise: den kanadischen Rundfunk, die verfügbare alliierte Presse, insgeheim empfangene Funknachrichten aus Deutschland, allmählich eintreffende Gesetzesblätter, Fachzeitschriften und dergleichen. Und so dauerte es auch jetzt etwas länger bis zum vollen Begreifen dieser Reichstagssitzung, von der Auszüge aus der Hitlerrede zunächst nur den an ihm gewohnten Eindruck gewalttätiger Rhetorik und düsterer Drohung vermittelt hatten. Was war daran?

Unter anderem hatte Hitler sich, ich beschränke mich hier auf das Feld der Justiz, zum »Obersten Gerichtsherrn« ausrufen lassen und dies, »ohne an bestehende Rechtsvorschriften gebunden zu sein«. Die seinerzeitige öffentliche Hinnahme seiner nach seinen Morden in der Röhm-Affäre am 13. Juli 1934 abgegebenen Reichstagserklärung »In dieser Stunde war ich verantwortlich für das Schicksal der Deutschen Nation und damit des deutschen Volkes Oberster Gerichtsherr« genügte ihm wohl nicht mehr – spektakulärer Sonderanlässe zum Morden sollte es hinfort offensichtlich nicht mehr bedürfen. Ab jetzt also morden zu jeder Zeit, Regimegegner, Regimekritiker mit oder ohne Justiz morden – was war schon neu daran, was neu an der längst vollzogenen Aufhebung jeglicher Gewaltenteilung? Und im ersten Teil seiner Rede hatte Hitler, wieder einmal, mit Vehemenz auf das »jüdische und auch für diesen Krieg verantwortliche Element« in der Welt eingedroschen, kaum noch zählen ließen sich seine Attacken gegen die »jüdische Weltpest«, ganz in der Art seiner Rede vom 30. Januar 1941, die ich mir seinerzeit ja an Bord des *Bismarck* hatte anhören müssen. Sein Judenfuror schien jetzt einem neuen Höhepunkt zuzusteuern, und tatsächlich hatte er, was ich erst nach dem Kriege erfuhr, damals gerade einen Erlaß »über die planmäßige geistige Bekämpfung von Juden... als kriegsnotwendige Aufgabe« unterzeichnet. In ihm war u. a. das staatliche Beschlagnahmerecht an jüdischen Kulturgütern geregelt, die »herrenlos oder nicht einwandfrei zu klärender Herkunft sind«. Wie die wohl »herrenlos« geworden sein mochten? Nun, kaum anders als durch physische Gewalt, von der ich am 9. November 1938 doch bloß einen kleinen Ausschnitt beobachtet hatte, damals, auf dem Kurfürstendamm. Nur jetzt und im Dunkel kriegerischer Wirren würde alles noch ausgreifender, intensiver geschehen. In seinen Zielen war Hitler ja die Maßlosigkeit selbst, und auf seinen Wegen würde er die Deutschen, wie er sie kannte, schon mitziehen. Denn wer das Pogrom von 1938 als Augenzeuge erlebt und durchschaut hatte, der hatte doch schon Auschwitz vor Augen gehabt, natürlich nicht unter diesem Namen, nicht nach der Zahl der Opfer, nicht nach der Technik des Mordens. Aber als eine von der Szenerie des Schreckens herangeschleuderte Vision grenzenloser Steigerungen der Gewalt, wie sie Herrn Hitler für seine Manien eingebrannt zu sein schienen. Und daß es eben Hitler selbst war, der all dies wollte, das hatte die Mehrheit der Deutschen 1938 immer noch nicht begriffen. »Hitler versicherte mir in... eindringlicher Form, daß die ganze Aktion [des 9. November 1938], die als eine spontane Reaktion des Volkes gegen die Ermordung eines deutschen Botschaftsangehörigen in Paris aufgezogen [sic!] war, in jeder Beziehung seiner Politik... widerspräche. Sie wäre ohne seinen Willen und sein Wissen erfolgt; der Gauleiter [von Berlin, Goebbels] sei ihm aus dem Ruder gelaufen...«, schreibt Raeder in seinen Erinnerungen. Auch heute noch gibt es ja Historiker, die die persönliche Urheberschaft Hitlers an den Judenmorden leugnen. Es sei ihm ja kein entsprechender schriftlicher Befehl nachzuweisen. Solche Historiker haben die damalige Zeit in Deutschland entweder gar nicht oder nicht mit wachen Sinnen erlebt. Denn die Fangarme Hitlers reichten bis in [fast] jeden Winkel im Lande, es war leicht für ihn, Signale unauffällig zu geben, spurenlos konnte sich der Ausgangspunkt seiner Befehle im Irrgarten des dienenden Machtapparates verbergen, Verantwortlichkeiten kaschierend, wenn es denn sein sollte. Ein Ausländer aber hatte Hitler schon früh erkannt: Sir Horace Rumbold, ehedem britischer Botschafter in Berlin. Noch am Tage seines ersten Gesprächs mit Hitler, dem 11. Mai 1933, drahtete er an seinen Außenminister: »Es ist meine Überzeugung, daß Hitler persönlich für die antijüdische Politik der deutschen Regierung verantwortlich ist und daß es ein Irrtum wäre zu meinen, daß dies die Politik seiner radikalen Gefolgsleute sei, die er nur schwer zügeln könne. Jeder, der die Gelegenheit gehabt hatte, [ihn] zum Thema Juden zu hören, konnte nicht umhin, sich so wie ich darüber klarzuwerden, daß er in dieser Sache ein Fanatiker ist. Ebenso ist er überzeugt von seiner Mission, den Kommunismus zu bekämpfen und den Marxismus zu vernichten, letzterer ein Begriff, der all seine politischen Gegner umfaßt.« Nach drei Monaten Hitlerherrschaft hatte der Ausländer Rumbold bereits erfaßt, was Raeder nach fünfeinhalb an führender Stelle in Berlin erlebten Jahren des Regimes noch nicht aufgegangen war.

Konnten mich während des Studiums die in der reichsgerichtlichen Rechtsprechung anzutreffenden Hinweise auf weitestgehend zuerkannte Zuständigkeiten der NSDAP bei privaten Rechtsstreitigkeiten – Reichsgericht: »Mit dem Gedanken der Hausgemeinschaft und der Treuepflicht zwischen Mieter und Vermieter steht keinesfalls im Widerspruch, wenn bei Streit ein Teil sich an die NSDAP wendet: ›Die Partei ist immer zuständig!‹ – fast noch amüsieren, »ja, das möchtet ihr wohl«, so wurden die »braun« tropfenden Lehrsätze einiger Professoren im Reich zum Ärgernis, zur Qual. Otto Koellreutter, Professor der Rechte in München: »Das politische Genie Adolf Hitlers... die neue politische Auslese, politisches Mittel der Führung, schließt politische Organisationen, die andere politische Ideen vertreten, von vornherein aus... Geschlossenheit und Absolutheit geistig-politischer Grundhaltung... Schutz des Volkes in seinem Rassenbestand... Notwendigkeit einer Gesetzgebung zum Schutz des Volkes gegen das Einströmen fremdrassiger Elemente... entarteter Liberalismus.« Reinhard Höhn, Professor der Rechte, Berlin: »Der Nationalsozialismus setzte eine lebendige Gemeinschaft... rassisch gleicher Volksgenossen... die Selbstverwaltung ist wieder ein völkischer Lebensvorgang geworden.« Hans Erich Feine, Professor der Rechte, Heidelberg: »Adolf Hitler... der große Führer... Reinigung des öffentlichen Lebens von rasse- und volksfremden Elementen... Führergrundsatz als gestaltendes Prinzip des deutschen Volks- und Staatslebens.« Theodor Maunz, Professor der Rechte, Freiburg/Breisgau: »Gesetz ist geformter Plan des Führers... Der geformte Plan des Führers ist oberstes Rechtsgebot... Da der Führer vor allen anderen berufen ist, das Recht zu erkennen, kundzutun und zu vollstrecken, ist das Gesetz eine Entscheidung über den Inhalt des völkischen Rechts, gegen die es keine Berufung an eine höhere Instanz der völkischen Ordnung geben kann... sind die Gewalten vereinigt in der Person des Führers... zu einer echten Gesamtgewalt, der Führergewalt... eine Art der Schutzhaft dient der Erhaltung der Volksgemeinschaft... hier wird ein gemeinschaftsstörender Volksgenosse aus der politischen und sozialen Umwelt herausgenommen... Schutzhaft als Abwehr aller Handlungen, die das nationalsozialistische Aufbauwerk stören... vollstreckt wird die Schutzhaft in... Konzentrationslagern... Das Handeln der Polizei nach dem Führerprinzip ist ›normfrei‹, aber nicht ›rechtsfrei‹... es bedeutet einen völligen Umsturz unseres Verfassungslebens, sobald sich die polizeiliche Praxis vom Führerwillen entfernt...« Rechtslehrer Maunz, zu Diensten des Unrechtsstaates, ad libitum. Carl Schmitt, Staatsrechtler, von Hermann Göring 1933 zum preußischen Staatsrat ernannt, Professor der Rechte, Berlin, in seiner Wertung der Hitlerschen Morde am und nach dem 30. Juni 1934: »Der Führer schützt das Recht«, »Tat echter Gerichtsbarkeit des Führers.« Die Leseprobe genügte.

Derart also hatten sich diese Professoren, einstmals der Wahrung abendländischen Rechts verpflichtet, Hitler zur Verankerung des Unrechtsstaates angedient, sie, vom Stande der Juristen, über die der »Führer« immer wieder blanken Hohn ausgoß, über ihre »defekten Persönlichkeiten«, ihre »juristischen Zwirnsfäden«, die seinem politischen Berserkertum doch nur im Wege standen, und von denen »unterstützt« zu werden er im Grunde als lächerlich ansah. Ob sie aus Zwang, Verbohrtheit oder Opportunismus handelten, was tut es? Ich hielt es für ein jammervolles Schauspiel. Von diesen Herren würde man nach dem Kriege hoffentlich auf Lehrstühlen niemals wieder hören. Es war eine vergebliche Hoffnung.

In Gesprächen nach dem Kriege ist mir häufig der mangelnde Widerstand des deutschen Militärs gegen die Anfänge der Hitlerdiktatur vorgehalten worden. Entsprechend der Verteilung der Macht im Staate hätte schon ab Mitte, Ende 1933 tatsächlich nur noch die Reichswehr Hitler Einhalt gebieten können, das trifft wohl zu. »Aber«, pflegte ich zu antworten, »Sie können nicht gerade vom Militär eine demokratische Lackmusfunktion erwarten. Man muß wohl verstehen, daß dieses nach seiner Tradition, zunächst jedenfalls, anfällig gewesen ist für die von den Nazis fliegenfängerisch vermarkteten preußischen Werte: Disziplin, Zucht, Pflicht und Gehorsam, nationale Größe, Unterordnung des einzelnen unter die »Gemeinschaft«. Zum Stoppen der Hitlerbewegung hätte es doch erst einmal der Motivierung des Militärs durch demokratische, christliche und rechtsstaatlich denkende bürgerliche Kreise bedurft, durch Politiker, Kirchen, Universitäten, die Justiz beispielsweise. Von dort kam aber nichts, als es noch hätte Frucht tragen können. Und nach den mir bekanntgewordenen Lehrmeinungen damals führender Juristen war von dort auch nichts zu erwarten.«

Während unserer Bowmanviller Studienzeit kamen Anzeichen, daß nach dem Kriege ein »Volksgesetzbuch« an die Stelle des Bürgerlichen Gesetzbuches treten werde. Dessen noch aus dem 19. Jahrhundert stammende Verfasser wurden von den Braunen ohnehin schon längst mit Häme übergossen. »Individualisten«, »Liberalisten«, »Kapitalisten« schimpfte man sie. Im neuen Gesetzeswerk werde das »gesunde Volksempfinden« à la Hitler Leitlinie der Rechtsprechung sein. Es kam anders. Die militärische Niederlage im Mai 1945 ließ das gute alte Bürgerliche Gesetzbuch überleben.

»...und hat die kanadische Regierung, in Erwiderung des Verfahrens des deutschen Oberkommandos der Wehrmacht, nunmehr die Fesselung namentlich bestimmter Offiziere und Mannschaften des deutschen Heeres in diesem Lager befohlen.« Einen großen Teil der in englischer Intonation hastig heruntergesprudelten deutschen Sätze des kanadischen Lagerdolmetschers hatte der wieder einmal kräftige Wind in Bowmanville fortgeblasen.

Hintergrund und Anlaß der Ansprache des Dolmetschers, der uns nach der Routinezählung eines Abends im Oktober 1942 um ihn hatte versammeln lassen, waren zunächst überwiegend im Dunkel geblieben, Verblüffung herrschte rundum, Empörung machte sich breit. Am Tage danach übergab der kanadische Lagerkommandant dem deutschen Lagerführer eine Liste der betroffenen Heeresangehörigen. Diese hätten sich bis auf weiteres jeden Morgen am Eingangstor zur Fesselung ihrer Hände, des Abends dortselbst zur Entfesselung einzufinden. Die Erregung im Lager stieg, der deutsche Lagerführer protestierte beim Kanadier gegen diese Verletzung des Völkerrechts. Der aber blieb hart, setzte eine Frist für die Ausführung des Befehls seiner Regierung und drohte widrigenfalls mit der Anwendung entsprechender Gewalt. Hart blieb auch der Lagerführer: »Kommandant, unser Widerstand ist Ihnen sicher.«

Die Kette der Ereignisse, die das Kriegsszenario Europas dergestalt nach Bowmanville verpflanzt hatte, war im August des Jahres bei Dieppe am Ärmelkanal ausgelöst worden. Dort hatten damals, schon in Vorbereitung der späteren alliierten Invasion Frankreichs, zwei kanadische Brigaden eine Landung unternommen. Deren Erkundungsziele waren teilweise erreicht, überwiegend aber verfehlt, beiderseits waren nach blutigen Gefechten auch Gefangene gemacht worden. Den deutschen Gefangenen hatten die Kanadier die Hände gefesselt, angeblich, damit sie nicht nach der Gefangennahme noch ihre Papiere vernichten konnten. Das Oberkommando der Wehrmacht und das britische Kriegsministerium waren in eine offene Auseinandersetzung über eine solche Völkerrechtsverletzung eingetreten, Repressalien waren gegenseitig angedroht, Kettenreaktionen ausgelöst worden. Hin und her hatte die Entwicklung geschwankt, bis schließlich das Oberkommando der Wehrmacht anordnete, daß ab dem 8. Oktober viertausend britischen Gefangenen in deutschem Gewahrsam täglich von morgens 08.00 Uhr bis abends 21.00 Uhr die Arme zu fesseln seien. Darauf reagierten die Briten sofort und befahlen u. a., nach Zustimmung Ottawas, die Fesselung der kriegsgefangenen elfhundert deutschen Heeresangehörigen in kanadischem Gewahrsam. Diesen Befehl also hatte der kanadische Lagerdolmetscher nach der abendlichen Zählung verdeutlichen wollen.

Am Tage, an dem unsere Kameraden vom Heer erstmalig hätten gefesselt werden sollen, verweigerten wir alle uns der Routinezählung, hielten uns in unseren Wohnquartieren versteckt, verbarrikadierten uns dort. Es war die offene Rebellion, die glatte Herausforderung unserer kanadischen Bewacher. Würden diese, die Veteran Guards, sie alle ja ältere Männer, ausreichen, unseren Widerstand zu überwinden? Nach spannungserfüllten Stunden kam die Antwort darauf mit dem durch den Lagerzaun hindurch gut zu beobachtenden Eintreffen einer Kompanie junger, aktiver Soldaten. Sie formierten sich draußen, mußten allerdings ihre scharfe Munition abgeben, wurden statt dessen mit Schlagstöcken, Baseballschlägern und ähnlichem ausgerüstet. »Die Gefangenen sind erneut gefangenzusetzen, zu disziplinieren, bis sie sich mit der Fesselung ihrer Heereskameraden abfinden, nicht mehr als das, nicht töten!« – so hatte der Befehl des kanadischen Lagerkommandanten gelautet. Dementsprechend also war die »Bewaffnung«. Und dann kamen sie herein, zur Rückeroberung des Lagers. Es begann, was in den Annalen der Kriegsgefangenschaft fortleben sollte als »Die Schlacht von Bowmanville«.

Das erste Angriffsziel der Kanadier war das dem Lagertor nächstgelegene Küchenhaus, in dem sich auch der große Speisesaal befand. In diesem, einem Steingebäude, hatten sich unsere Mannschaftsdienstgrade verbarrikadiert, deren Holzbaracken für die bevorstehende »Kriegführung« zu schwach gewesen wären. Sie hatten Tische hochkant gegen die Fenster gestellt, sich selbst dahinter postiert, bewaffnet mit Hockeyschlägern, Stuhlbeinen und Suppenkellen; als Wurfgeschosse hielten sie Geschirr, Besteck und Marmeladengläser bereit.

Und dann griffen sie an, die Kanadier. Mit Rammgeräten stießen sie Fensterkreuze heraus, steckten ihre Köpfe vorsichtig ins Küchenhaus, Schläge der Verteidiger auf ihre Stahlhelme bremsten ihren ersten Elan. Dann gelang einem von ihnen ein wagemutiger Sprung ins Haus. Die Übermacht drinnen setzte ihn sofort außer Gefecht, erfreute sich seines Stahlhelmes als Beute. Dann aber entbrannte an allen Fenstern der Kampf, es setzte Schläge auf Köpfe und Schultern. Marmeladengläser und andere Wurfgeschosse flogen, bald gab es Verletzte, auf beiden Seiten blutüberlaufene, teils, zum Verwechseln ähnlich, marmeladenverschmierte Gesichter. Hin und her wogte die Schlacht, aber am Ende gelang den Kanadiern in ihrer Überzahl der entscheidende Einbruch in das Küchenhaus, das Außergefechtsetzen seiner Besatzung, die »Eroberung« ihres Operationszieles. Unter der Besatzung des Küchenhauses hatten sich nun zwar die von den Kanadiern zur Fesselung gesuchten deutschen Heeresmannschaften, aber noch kein einziger Offizier befunden. Die Heeresoffiziere würden erst noch aus den anderen Häusern herauszuholen, ein Haus nach dem anderen zu stürmen sein. Als nächstes Operationsziel hätte sich jetzt das dem Küchenhaus benachbarte Haus VI angeboten. Doch da es als Lazarett diente, wurde es von der »Kriegführung« ausgespart.

Statt dessen griffen die Kanadier nunmehr das dem Haus VI auf der anderen Seite benachbarte Haus V, ein Offiziersquartier, an. Dessen Bewohner hatten sich in den Keller zurückgezogen und dort verbarrikadiert. Die Kanadier hatten daraufhin eine andere Taktik beschlossen. Sie setzten von außen mit Feuerlöschschläuchen den ganzen Keller unter Wasser. Und da nur wenige Kanadier für diese Operation gebraucht wurden, hatten viele von ihnen die unerwartete, willkommene Gelegenheit, sich einmal in den Räumen des Erdgeschosses umzutun. Was es dort nicht alles zu entdecken gab: Biervorräte, Zigaretten, deutsche Orden, Uniformrangabzeichen, Kokarden,

Wertsachen aller Art, Uhren. Vom Biergenuß beflügelt, ließen sie »Souvenirs« zuhauf in ihre Taschen wandern.

Mittlerweile hatte das Wasser den Keller fast gefüllt, seine Wirkung getan, die deutschen Offiziere stiegen herauf, triefend vor Nässe, mit »Händen hoch«, wie es ihnen die Kanadier zugeschrien hatten. Diese, vom Alkohol inzwischen außer Rand und Band, quittierten mit Schlägen, Püffen und Tritten, bereiteten den Deutschen ein regelrechtes Spießrutenlaufen, wollten sich für die Verletzungen ihrer Kameraden bei der Eroberung des Küchenhauses rächen – nein, das war kein sehr sportlicher Ausklang, diese Übergabe des Hauses V. Besonderen deutschen Zorn erregte der Technische Lageroffizier der Kanadier, Captain Brent. Wahllos ließ er sein Offiziersstöckchen auf den Köpfen der nach oben kommenden deutschen Offiziere tänzeln, in alberner Siegerpose.

Und damit ging der erste Tag der Schlacht von Bowmanville zur Neige. Die Kanadier suchten sich die auf ihrer Liste stehenden Heeresoffiziere des Hauses V heraus und fesselten sie. Doch es war ja nur ein Teil der insgesamt zu Fesselnden und die Schlacht selbst noch keineswegs entschieden.

Am Tag danach schlug der kanadische Lagerkommandant dem deutschen Lagerführer erstmal einen Handel vor. Es mögen sich doch alle auf der Liste stehenden Heeresoffiziere freiwillig der Fesselung stellen, dann könnten einige als Sicherheit außerhalb des Lagers festgehaltene Offiziere des Hauses V wieder in ihr Quartier zurückkehren. Doch die Stockschläge des Captain Brent hatten böses Blut hinterlassen. Ihr »Nein« auf den kanadischen Vorschlag verbanden die Deutschen mit der Empfehlung, der Captain möge sich bei ihnen besser nicht mehr sehen lassen. Und was die anderen Heeresoffiziere beträfe, so könnten die Kanadier diese sich schon selber herausholen. Bei solchem Patt blieb es, erst einmal, und auch noch nach dem Besuch eines eiligst aus Ottawa herangereisten Vertreters der Schweizer Schutzmacht. Dessen Vermittlungsvorschläge waren gleichfalls an der inzwischen zu stark aufgeheizten Stimmung gescheitert.

Unter diesen Umständen war es nur noch eine Frage der Zeit, wann der »Krieg« weitergehen würde. Erst einmal aber mußten die Kanadier aus einer anderen Garnison neue Verstärkung heranholen, die durch Verletzungen erlittenen Personalausfälle ausgleichen. Bis es soweit war, hätte der zweite Tag der Schlacht eigentlich ohne besondere Ereignisse verlaufen können. Hätte es nicht ausgerechnet der Captain Brent für nötig befunden, die Warnung der Deutschen zu mißachten und das Lager zu inspizieren. Allerhand Gebäudeschäden hatte er freilich zu besichtigen. Doch seine Stockschläge waren natürlich nicht vergessen, seine Bewegungen von den Deutschen genau überwacht. Und an einer geeigneten, vom nächsten Kontrollwachturm gerade nicht einzusehenden Stelle streckte ihn der Faustschlag eines deutschen Offiziers – »Dies, Captain, ist für Ihre Stockschläge!« – nieder. Im Nu war Brent von einer deutschen Gruppe umringt, mit Stricken gefesselt und wurde als Schaustück durch das Lager bewegt. Das aber war den Turmwächtern dann doch zuviel, und sie schossen scharf, Sand spritzte auf, dicht an der eben noch intakten Gruppe. Nun aber nichts als zurück ins Haus, mit den Einschüssen immer hinterher. Einen Deutschen sollte es schließlich doch noch erwischen. Drei Schüsse hatten schon ihm nah, im Türrahmen und im Mauerwerk des Hauses, gesessen. Und bevor er nach innen entweichen konnte, kam der vierte, glatt durch den Oberschenkel. Eine Aufnahme in das Lazarett entzog ihn weiterer Schlacht. Den Captain Brent aber befreiten jetzt die Veteran Guards von seinen Fesseln. Und für ihn sollte damit der Zwischenfall erledigt sein. Denn er hat in der Folgezeit keinen Drang nach weiterer Vergeltung mehr erkennen lassen.

Der dritte Tag der Schlacht von Bowmanville sollte die Entscheidung im Fesselungskrieg bringen. Ein aktives kanadisches Bataillon traf ein, gab wiederum alle Schußmunition ab, machte sich sturmbereit, mit Stahlhelm auf, mit Bajonetten und Baseballschlägern, wie gehabt. Drei Häuser waren nun noch zu stürmen, die Nummern I, II und IV. Und um sie entbrannte jetzt der Kampf. Verbarrikadiert waren sie ja seit Tagen, an Türen und Fenstern, die Tische und Betten hochkant dagegen, dahinter die Verteidiger, mangels Stahlhelmen Kissen auf die Köpfe gebunden, als Handwaffen Feuerlöschbeile, Zeltstöcke, als Wurfgeschosse Gläser voll Marmelade. Wo die Kanadier Türen und Fenster nicht überwinden konnten, bestiegen sie Dächer, rissen dort Löcher, sprangen herunter zum Nahkampf, es war ein einziger Tumult. Steine, Gläser, Vasen flogen, Löschwasser spritzte aus Schläuchen, Bajonette stachen, Holzknüppel trafen auf Körper, wahllos, Blut floß, Bewußtlose lagen herum, überflutete Schränke spien ihr Wasser wieder aus, Glas splitterte und klirrte.

Sieger blieben, unvermeidlich, die Kanadier. »War es nicht ein wundervoller Kampf?« Der deutsche Offizier, durch einen Bajonettstich verletzt, blickte auf. Am Kanadier, der ihn so gefragt hatte, entdeckte er nur noch ein einziges Auge inmitten einer roten Wüste, die einstmals ein Gesicht gewesen war. »War schon in Ordnung«, gab er zurück.

Vierundvierzig deutsche Kriegsgefangene und achtunddreißig Kanadier zählte die Verwundetenbilanz der »Schlacht von Bowmanville«.

Wenn wir sie nun also auch am Ende verloren hatten, so hatten wir doch Haltung gezeigt und die jetzt einsetzende Fesselung unserer Heereskameraden nicht so einfach hingenommen. Und mit deren Inszenierung war es dann auch gar nicht so wild. Der Ritus verlangte, daß die Betroffenen des Morgens zum Anlegen der Handschellen und des Abends zu deren Entfernung erschienen. So geschah es auch. Nur, daß mit der Findigkeit, die Kriegsgefangene auszuzeichnen pflegt, einer rasch entdeckte, wie man sich selbst entfesseln kann: ein Entlangfahren, beispielsweise, mit der Verbindungskette der Handschellen an der Schiene einer eisernen Bettstelle, eine leichte Drehung der Handgelenke, ein kräftiger Ruck, und die Kette sprang auseinander. Dieses Verfahren steckte an, und die Kanadier mußten bald andere Handschellenmodelle verwenden. Aber auch diese ließen sich abstreifen und lagen tagsüber nutzlos herum. Erst zum Entfesseln am Abend wurden sie wieder angelegt.

Mittlerweile waren zur Beendigung des Fesselungskrieges die internationalen Verhandlungsdrähte warm geblieben. Die beteiligten Kriegführenden, deren Schutzmächte und der Präsident des Internationalen Komitees des Roten Kreuzes, Carl J. Burckhardt, machten einen Vorschlag nach dem anderen, aber jeweils ohne Resonanz. Schließlich hoben die Briten am 12. Dezember den Fesselungsbefehl auf. Am 12. Dezember 1942 um 13.00 Uhr endete so die Fesselungsepisode in Bowmanville. Die deutsche Regierung ihrerseits hielt allerdings hartnäckig an der Fesselung der von ihr ursprünglich ausgesuchten britischen Kriegsgefangenen fest. Und es sollte noch lange dauern, bis sie sich zu entsprechender Verständigung mit Burckhardt bereit erklärte. Erst am 20. November 1943 stimmte Reichsaußenminister Joachim von Ribbentrop der Beendigung der Fesselaktion auf deutscher Seite zu, unter der Voraussetzung strikter Diskretion: Das deutsche Prestige dürfe nicht darunter leiden!

In Bowmanville aber hatte der Fesselungskrieg noch ein bürokratisches Nachspiel. Die Kanadier berechneten den Deutschen eine Schadensersatzforderung für das bei der »Schlacht« zerstörte Staatseigentum. »Von Ihnen 80000 Dollar, zahlbar aus dem laufenden Wehrsold der Offiziere«, schrieben sie der deutschen Lagerführung. »Und von Ihnen 80000 Dollar für Schäden an deutschem Eigentum und ›abhanden gekommene Souvernirs‹«, konterte diese. So ging es eine Weile hin und her. Am Ende aber stand der beiderseitige Verzicht auf alle finanziellen Forderungen aus der »Schlacht von Bowmanville«, urkundlich ausgefertigt, wie es sich formal gehörte.

Was vorerst blieb, waren Löcher in Fenstern und Türen, die Kampfspuren vergangener Tage. Eisig blies kanadischer Wintersturm in die Quartiere, jagte Schnee auf Tische und Betten. Behelfsmäßig dichteten wir ab, soweit es uns möglich war. Aber die Hauptreparaturen konnte nur die kanadische Lagerverwaltung bewirken. Sie tat es, wenn auch mehr als zögerlich. Erst im Frühjahr 1943 waren die letzten Folgeschäden der »Schlacht von Bowmanville« beseitigt.

Rasch und übergangslos war mittlerweile das sonnige Herbstwetter, das noch in den Tagen der »Schlacht von Bowmanville« geherrscht hatte, zu Ende gegangen. Wie es einem kanadischen Winter geziemt, war unser Lager bald unter Schnee begraben. Die Außenaktivitäten gingen zugunsten der Beschäftigung in unseren Quartieren zurück, zugunsten von Unterricht und Studien.

Dafür sorgte freilich auch, daß das Jahr 1942 ein entscheidendes Ergebnis des deutschen Rußlandfeldzuges, ein Ende des Krieges nicht näher gebracht zu haben schien. Alle zeitlichen Perspektiven verloren sich in Ungewißheit.

Es war daher kein Wunder, daß sich mehr und mehr kriegsgefangene Offiziere längerfristigen Studien widmeten, neue Lehr- und Interessengruppen entstanden. Außer unserer juristischen hatten wir bald eine wirtschaftswissenschaftliche »Fakultät«. Auch andere Studiengebiete fanden ihre Liebhaber: Mathematik, Medizin, Botanik, Geschichte, Philosophie, Fremdsprachen und Literatur, Musik, Graphologie, Kurzschrift, um nur einige zu nennen. Solche Tendenzen sollten sich weiterhin ausbreiten, und ein Jahr später, im Winter 1943/44, gab die deutsche Lagerführung jedem Lagerinsassen auf, an einer Winterstudiengruppe teilzunehmen, andernfalls zum kommenden Frühjahr eine selbständige wissenschaftliche Ausarbeitung über ein selbstgestelltes Thema vorzulegen.

Ich selbst beschränkte mich auf das meine Tage hinreichend ausfüllende Jurastudium, nahm allerdings bald noch die Kurzschrift hinzu. Dies schon aus dem Grund, bei den Vorlesungen rascher mitschreiben zu können. Später erlernte ich, sprachlich interessiert, auch noch die englische Stenographie, das sogenannte System Pitman. Dessen phonetisch aufgebaute Methode belohnte mich mit dem zusätzlichen Vorteil eines vervollkommneten Ausspracheunterrichts. Denn die Wiedergabe eines englischen Wortes nach »Pitman« gab auch seine korrekte Aussprache an. Und danach konnte man sich im Einzelfall selber korrigieren.

Bei alledem ruhte unsere sportliche Betätigung keineswegs, im Gegenteil. In der großen Turnhalle wurde an Geräten geturnt, an Tauen geklettert, am Trampolin gesprungen, Gymnastik ohne und mit Medizinball betrieben, der schnelle Basketball gespielt. Was konnte man da ins Schwitzen kommen! Im Nebengebäude, unter Dach zu erreichen, lag das stets temperierte Hallenschwimmbad mit Duschraum, tagsüber ständig zu benutzen. Schwimmwettkämpfe fanden hin und wieder statt. Draußen wurden die in der wärmeren Jahreszeit für Tennis benutzten Plätze zum Eislaufen hergerichtet und dafür sorgfältig instand gehalten. Ein hartes Eishockey war die Regel, ein Platz wurde für die Kunstläufer reserviert. Bei windstillen −5° C und Sonne auf dem Eis zu sein – wahrhaft himmlisch! Auch des Abends konnten wir bei künstlicher Beleuchtung laufen. Skiläufer betrieben den Langlauf im hügeligen Gelände außerhalb des Lagers, auch kleine Abfahrten waren möglich. Ja, wir konnten uns im Lager Bowmanville durchaus in Form halten, körperlich und geistig. Es gab kaum Grund, sich über die Lebensbedingungen dort zu beschweren.

Das geistige Leben wurde, durch Vermittlung unserer internationalen Förderer, bald auch noch durch mehrwöchige Vortragsreihen und Einzelvorlesungen ausländischer Gastdozenten bereichert. Sie kamen meist von der Universität im nur 60 km entfernten Toronto. Ihre Themen: »Die amerikanische Revolution«, »Die Verfassung und Geschichte der USA von 1800 bis 1850«, »Eigenheiten Französisch-Kanadas«, »Indianer in Kanada«, »Geschichte des kanadischen Verkehrswesens«, »Der englische Roman von

Defoe bis Dickens«, »Große englische Schriftsteller«. Nach den Vorträgen gab es jeweils Gelegenheit, Fragen zu stellen. Die Teilnahme an diesen Veranstaltungen war im Durchschnitt rege, ich selbst besuchte sie so ziemlich alle, las dann auch noch gern für mich zu den behandelten Themen. Wenn wir an etwas reich waren, so ja an Zeit. Kein anderer Dozent jedoch hinterließ einen so bleibenden, tiefen Eindruck bei mir wie der vom Ersten Weltkrieg her blinde Professor D.J. McDougall, Historiker an der Universität Toronto. Sein Wissen war immens, völlig verinnerlicht; wenn er sprach, souverän, gab er sich selbst ganz, Mensch und Botschaft waren bei ihm eines. Er referierte, nicht nur im Lager Bowmanville, sondern auch in anderen Lagern, über »Wesenszüge der britischen Verfassung und deren Reformen im 19. Jahrhundert«, »Die britische Regierung und das Kabinettssystem«, »Die Labour Party«, »Cromwell und das Problem der Militärdiktatur«, »Die britische Herrschaft in Indien«, »Verfassungsprinzipien des Commonwealth« – alles vom Standpunkt des Verfassungsgeschichtlers und Soziologen her gesehen. Immer wieder zitierte er den von ihm anerkannten staatstragenden Grundsatz: »That which concerns all should be determined by all«; zeitlebens, dachte ich damals, würde ich diesen Satz nicht vergessen, schon wegen seiner Weltenferne zur Realität im Reich, wo solch Verfassungspostulat spätestens bei den öffentlichen Bücherverbrennungen am 10. Mai 1933 mit verglüht war. Seinen Darlegungen schloß McDougall stets Fragestunden und immer lebhafter werdende Aussprachen an. Und es war auch bei einer solchen Gelegenheit, daß er, in einem privaten Gespräch mit Franz Schad, den deutschen Historiker Franz Schnabel verehrungsvoll erwähnte. Er kannte viele Arbeiten des gebürtigen Mannheimers, vor allem natürlich dessen *Deutsche Geschichte im 19. Jahrhundert,* schätzte die im Autor dieses Werkes fortlebenden liberalen Traditionen des deutschen Westens, dessen Aufgeschlossenheit gegenüber der Weimarer Republik, seine frühe Selbständigkeit im historischen Urteil. Es hatte ihn fasziniert, daß Schnabel deutsche Geschichte nicht national begrenzt, sondern im europäischen Zusammenhang schrieb – Deutschland als europäische Nation, vor dem Hintergrund europäischer Ereignisse. Früher als viele Historiker auf dem nordamerikanischen Kontinent hatte McDougall Schnabels Weisheit und politische Reife erkannt, ihn für einen Mann von der Statur Rankes gehalten. Besonderen Eindruck auf den Humanisten McDougall hatte die die Werke Schnabels durchziehende zutiefst humanistische Denkungsart gemacht, und auf den Angelsachsen McDougall die Sicherheit, mit der Schnabel englische Geschichtsphänomene beschrieben und gedeutet hatte. Daß Schnabels Befürchtungen für die Freiheit des einzelnen im aufkommenden Massenzeitalter nicht den Beifall der braunen Machthaber gefunden hatten, seine »ganze Richtung« 1936 gar zu seiner Zwangsentlassung aus der Stellung als Ordinarius an der Technischen Hochschule in Karlsruhe geführt hatte, konnte ihn in den Augen McDougalls nur heben. Schnabel, so meinte er, habe durch sein Werk die Ehre der deutschen Historiker gerettet. Die Sätze Schnabels waren auch die seinen: »Die echten Werte der Vergangenheit können vorübergehend verdunkelt, niemals vernichtet werden. Denn wer lebt, geht zugrunde; aber die großen Träger des deutschen Staates und des deutschen Geistes haben mehr als nur gelebt; sie haben auch im 19. Jahrhundert sich um ewige Werte gemüht.«[2] Persönlich war McDougall fein und liebenswürdig, er schlug auch Menschen in seinen Bann, die ihm sachlich ferner stehen mochten. Nachdem ich im April 1968 mein Amt als Generalkonsul der Bundesrepublik in Toronto angetreten hatte, drängte es mich, ihn aufzusuchen, ihm noch einmal zu danken, auch im Namen der unzähligen Kriegsgefangenen, die er bereichert hatte. In seiner bescheidenen Art wehrte der Professor ab – er habe nur das Selbstverständliche getan.

Bei aller Studienarbeit und allem Sport hätten wir Jahr um Jahr in Bowmanville ohne einen Zugang zu den schönen Künsten aber doch nur schwer ertragen. Zu den Lagerinsassen zählten Instrumentalmusiker, und bald war ein etwa fünfzig Mann starkes Symphonieorchester gebildet. Die Musikinstrumente und Noten erhielten wir mit Hilfe des Roten Kreuzes in verschiedenen Ländern, des YMCA und der Vertreter unserer Schutzmacht. Diese bemühten sich auch um die Zusendung eigener Instrumente aus der Heimat. Hocherfreut nahm ich im Juni 1943 meine Anfang März aus Deutschland verschickte Geige in Empfang. Wenn die Versorgung mit Noten dennoch einmal schwierig werden wollte, half auch das Symphonieorchester der Stadt Toronto im Einzelfall aus. Ständiger Dirigent und Pädagoge des Orchesters war ein Konzertpianist, der auch selbst komponierte; Konzertmeister war der bereits im britischen Shap Wells in Erscheinung getretene Österreicher, der vor dem Krieg zuhause mehrfach öffentlich aufgetreten war. Ich selbst hatte mich also wieder auf die in der Schulzeit traktierte Geige besonnen, spielte sie jetzt im Orchester, später auch die Bratsche. Zum Üben standen den Interessenten die Zellen des im Lager gelegenen Arresthauses zur Verfügung – sofern nicht ein zufällig einsitzender Delinquent solche Nutzung ausschloß. Jeden Tag ein bis drei Stunden üben, Tonleitern, Stricharten, dann von Etüde zu Etüde. »Mit dieser Konsequenz und jetzigem altersbedingten Verständnis hätte ich mal in jüngeren Jahren üben sollen«, sagte ich mir immer wieder, wenn ich feststellte, wie schwer doch Neues in Finger und Handgelenke eines über Dreißigjährigen zu bringen ist. Wichtig war aber nur, gern zu musizieren. So mancher Probenabend im Orchester ging ins Land, die große Turnhalle war der Ort dafür wie auch für die öffentlichen Aufführungen. Wir spielten Symphonien von Haydn, Mozart, Beethoven, den einen oder anderen Satz von Brahms, Werke von Bach und Händel, auch Kompositionen unseres Dirigenten. Dieser und unser Konzertmeister traten als Solisten auf. Es gab auch Wunschkonzerte. Neben dem großen Orchester bildeten wir auch ein kleineres für Unterhaltungs- und Tanzmusik; die besten Instrumentalisten vereinigten sich in einer Kammermusikgruppe, ein reges musikalisches Leben war entstanden. Die Aufführungen verbreiteten unendliche Freude, manche mögen sie zu den glücklichsten Stunden im Gefangenendasein gezählt haben. Mir selbst ging es so, mit dem Vorteil, auch oft noch die Proben derart zu empfinden – sich von der Welt unserer klassischen und romantischen Komponisten einhüllen und forttragen zu lassen.

Die besonderen Liebhaber konnten auch noch auf Schallplatte Musik auf international höchstem Niveau genießen. Grammophone und Platten ließen sich über die Lagerkantine bestellen. Oft habe ich die damalige Solistenelite der Geiger, Cellisten und Pianisten gehört: Adolf Busch, Bronislaw Hubermann, Mischa Elman, Yehudi Menuhin, Jascha Heifetz, Joseph Szigeti, Emanuel Feuermann, Gregor Piatigorsky, Wladimir Horowitz, Artur Rubinstein und Robert Casadesus, um nur einige zu nennen.

Auch Theater wurde gespielt. Dramen, Komödien, Schwänke und Puppenspiele kamen zur Aufführung. Kulissen, Kostüme, Perücken und sämtliche Requisiten wurden so gut wie aus dem Nichts gezaubert, der Erfindungsreichtum und das handwerkliche Können einzelner feierten wahre Triumphe. Die Schauspieler, sie alle ja Laien, spielten ihre Rollen mit Einfühlung und Hingabe; alle Frauenpartien wurden notgedrungen mit Männern besetzt, es störte überhaupt nicht, erhöhte sogar oft den Reiz. Ich erinnere mich an »Die Piccolomini«, »Wallensteins Tod«, »Der siebenjährige Krieg«, »Die spanische Fliege«, »Der Maulkorb«, »Hokuspokus«, »Der Kaiser von Amerika« und »Das Konzert«; an Puppenspiele wie »Aladdin und die Wunderlampe« und »Das Gespenst von Canterville«. Die Abende waren, vor einem Publikum, das nach jeder Art von Abwechslung hungerte, große Erfolge. Rezitations- und Leseabende fanden ebenso ihre Besucher.

Zwei- bis dreimal pro Woche konnten wir in der Regel deutsche und amerikanische Unterhaltungsfilme sehen, die deutschen brachten oftmals ein Wiedersehen mit vertrauten Streifen. Die amerikanischen machten uns praktisch mit der gesamten damals modernen, uns ja bisher so gut wie verschlossenen US-Filmproduktion bekannt: mit Gesellschafts-, Abenteuer-, Kriminal-, Musik- und Kriegsfilmen. Deren englische Sprachfassung mochte im Einzelfall das Verständnis erschweren, war aber keine wesentliche Barriere. Die Qualitätsspannweite der Filme war enorm groß, von Meisterwerken an Drehbüchern, Regie und Schauspielkunst bis hin zum läppischsten Unsinn. Unvergeßlich geblieben sind mir der Kriegsfilm »The Sullivans«, der das Schicksal fünfer zugleich auf den leichten Kreuzer *Juneau* kommandierter Brüder zeigte, die sämtlich beim Untergang des Schiffes im Pazifik im November 1942 umgekommen waren – und die Tanzfilme mit Fred Astaire. Der bis dahin in Deutschland nur wenig bekannte Meistertänzer eigenen Stils war damals auf dem Höhepunkt seiner Karriere. Ich ließ keine Gelegenheit aus, seine elegant-ästhetischen, durch unerbittliche Arbeitsdisziplin bis ins letzte vervollkommneten Bewegungen zu bewundern.

Sprachlich ein Hochgenuß waren die Filme mit George Sanders. Seine bestechend elegante Erscheinung, sein vollendet kultiviertes Englisch hatten ihn in den 30er und 40er Jahren zu einem der gefragtesten Schauspieler Hollywoods gemacht.

Die Malerei und das Kunstgewerbe wurden von manchen hochbegabten Männern betrieben. Es entstanden vereinzelt brillante Kunst- und kunstgewerbliche Werke, die sich auf Ausstellungen sehen lassen konnten.

Niemals zu kurz, erst recht nicht im Sommer, kam der schon erwähnte Sport. Auf den großzügigen Bowmanviller Anlagen ließ er sich auf vielerlei Art betreiben: Hand-, Fuß- und Faustball, ein für gewöhnlich hartes Hokkey, Tennis, Leichtathletik, Gymnastik. Tagein, tagaus herrschte ein reges Sportleben, Leistungskonkurrenzen, wie Wettläufe, spornten zusätzlich an. Kleingärtner erhielten die Chance, körperliche Arbeit mit der Freude am Werden der Natur zu verbinden, gepflegte Blumen- und Gemüsebeete kündeten davon. Im Pflanzentreibhaus konnte das ganze Jahr über gearbeitet werden. Wer wollte, konnte auf Ehrenwort am Ufer des Ontariosees baden. Ebenfalls auf Ehrenwort waren ausgedehnte Spaziergänge in der dünn besiedelten Nachbarschaft möglich, jede Bewegung außerhalb des Lagers selbstverständlich unter kanadischer Aufsicht.

Als recht extrem erlebten wir das kanadische Klima mit seinem langen Winter und um so kürzeren Sommer. Im Sommer pflegte sich die oft gewaltige Hitze in ungeheuren Gewittern zu entladen. Der Himmel konnte sich unheimlich verfinstern, die grellsten Blitze zuckten durcheinander, Hagelkörner, groß wie Hühnereier, prasselten hernieder. Fußhoch mit Eis bedeckt lag dann schon manches Mal die Erde. Im Winter wurde das Land von Blizzards, rasenden Schneestürmen, heimgesucht. Doch waren wir in unserem »feudalen« Bowmanviller Quartier relativ gut gegen solche Extreme geschützt. An manchen Abenden stand das Nordlicht am Himmel. Seltsam fahlgrüne Strahlen und Bündel spielten, wechselnden Kulissen gleich, am Himmel. Immer wieder fesselte uns diese Erscheinung. Die schönste aller kanadischen Jahreszeiten war der Herbst, der pünktlich in die erste Oktoberhälfte fallende »Indian Summer«. Die das Lager umgebenden Laubwälder, Ahorn und noch einmal Ahorn, erglühten bis zum Horizont in Rot und Gold. Strahlende Sonne lockte in verschlossene Pracht.

Gab es Ausbrüche, wie bereits früher in Shap Wells erlebt und ja auch in allen Lagern an der Tagesordnung? Freilich gab es die, raffiniert eingefädelte, einen davon habe ich im Zusammenhang mit den britischen Überwachungsmethoden in Cockfosters skizziert. Wie jener, blieben sie aber alle ohne den ersehnten Erfolg der Rückkehr nach Deutschland, der Wiedereinreihung in die kämpfende Front. Aufzeichnen will ich sie hier weiter nicht. Denn sie sind längst, ausführlich und höchst spannend, in Reinhart Stalmanns *Die Ausbrecherkönige von Kanada,* teilweise auch in Paul Carells *Die Gefangenen* beschrieben.

Die Zustellung unserer Privatpost nahm in Kanada, durch die Entfernung und Kriegsrisiken im Atlantik bedingt, natürlich weit mehr Zeit in Anspruch als vorher in England. Dazu trat die übliche Verzögerung durch die Zensur. Briefe von Deutschland nach Kanada konnten zwei bis drei Monate brauchen, in der umgekehrten Richung ging es rascher. Gegen Ende des Krieges sollte sich die Zustellungszeit wesentlich verlängern, Post bis zu einem Jahr oder länger ausbleiben, die Verbindung vorübergehend oder ganz abbrechen. Deutsche Fluchtschicksale, Chaos und Vernichtung in der Heimat führten dann zu eigenem beredten Schweigen.

Unsere Möglichkeiten, die Ereignisse des immer weltumspannenderen Krieges, die politischen Veränderungen rund um den Erdball zu verfolgen, waren ausgezeichnet – falls man sie nutzte. Amtliche Nachrichten aus Deutschland waren freilich offiziell nicht zu erlangen. Zeitungen und dergleichen vom Versand ausgeschlossen; es blieb insoweit nur das illegale Anzapfen der Kurzwellensendungen aus dem Reich. Für deren Empfang hatten geschickte Hände, schon bald nach der Einrichtung des Lagers und so gut wie aus dem Nichts, eine Funkstation in das hohle Bein eines selbstgezimmerten Tisches gezaubert. Die Elektrizität dafür wurde, mittels Umformer, dem kanadischen Netz entnommen. Für die gelegentliche Erneuerung von Röhren wurde, unter – stets paratem – plausiblem Vorwand die Gefälligkeit kanadischer Wachsoldaten mit Hilfe kleiner Geschenke mobilisiert. Äußerst brisant war diese Nachrichtenbeschaffung schon, jede Verbindung der auch sendefähigen Station nach außen galt für Kriegsgefangene als gefährliches Vergehen, man durfte sich nie erwischen lassen. Das Geheimhalten des Funkbetriebes war daher oberstes Gebot, und nur unter strengster Sicherung vor unliebsamer Überraschung, mit eigenen Aufpassern vor der Tür, wurde täglich abgehört. Das Aufgenommene diente der quasi lageramtlichen »Presseschau«, die mittags nach dem Essen verlesen wurde.

Wer sich jedoch über diese die Sprachregelungen im Reich wiederspiegelnde »Kost für alle« hinaus informieren wollte, konnte dies tun. Außen an den Wohnhäusern hingen Lautsprecher, an denen von der kanadischen Lagerverwaltung eingestellte Programme des öffentlichen Rundfunks abzuhören waren, Nachrichten und Unterhaltungssendungen. Ein Abonnement alliierter Zeitungen und Zeitschriften war möglich und ließ sich aus unserem Monatssold leicht bezahlen. Einige Kriegsgefangene hielten von solchen Medien freilich nichts. »Alles bloße Feindpropaganda, die wollen wir nicht.« Nachrichten aus alliierter Quelle lehnten sie a limine ab. Andere jedoch abonnierten, ich selbst die konservative Torontoer Tageszeitung *The Globe and Mail,* das britische Wochenblatt *Daily Mail Overseas,* das US-Wirtschaftsmagazin *Fortune* und, statt des letzteren, später die britische politische Monatszeitschrift *The Nineteenth Century and After*. Die *Globe and Mail* brachte regelmäßig auch syndizierte Kolumnen zweier bedeutender amerikanischer Journalisten, des großen weltpolitischen Kommentators Walter Lippman und der Deutschlandkennerin und Humanistin, der unvergeßlichen Dorothy Thompson. Mit Hilfe dieser Publikationen fühlte ich mich über den weiteren Verlauf des Krieges und der Weltpolitik hinreichend und im wesentlichen zutreffend unterrichtet.

Als Gesprächsthema im Lager war für mich freilich Weltpolitik, Politik überhaupt – als kongruent mit dem Thema »Hitler« – so gut wie tabu. Das monströse Schauspiel der Gewaltherrschaft im Reich, die deprimierende Aussichtslosigkeit jedes Versuches, den süchtig gewordenen Opfern brauner Staatspropaganda zu nationaler Einsicht zu verhelfen, hatten mir längst den Mund verschlossen. An Hitler schieden sich die Geister, da fehlte es an jeder Vereinbarkeit gegensätzlicher Standpunkte. Denn unsere Gemeinschaft war ja im Grunde nichts anderes als die wie mit einem Brennglas auf die runde Zahl von fünfhundert verkleinerte deutsche »Volksgemeinschaft«. Ihre Mitte bildete die überwältigende Mehrheit hitlergläubiger Mitläufer. Zu den einander entgegengesetzten Rändern hin fanden sich die Vertreter deutlicherer Standpunkte, auf der einen Seite die extremen, fanatischen Nazis, die sogenannten 150%igen, und auf der anderen, an Zahl verschwindend gering, die entschiedenen Gegner des Regimes. Und konnte es Sinn haben, in Gesprächen mit Andersdenkenden bloß Emotionen aufzuheizen, ohne Ventil sinnvollen Handelns, ja ohne jede Möglichkeit dazu innerhalb des Stacheldrahtes, mitten im Kriege? Sehr gefährlich. Die Folgen könnten nicht zu beherrschen sein. Mord und Totschlag aus politischen Motiven waren in anderen Lagern schon vorgekommen. Besser also den Mund halten und arbeiten. Eines noch so fernen Tages würde man wieder frei sprechen können. Auf unabsehbare Zeit würde Hitler die Deutschen nicht in Fesseln halten können. Zwar mochte er von innen her nichts zu befürchten haben. Aber jetzt bedrohte ihn die Militärmacht fast der ganzen Welt. Er hatte sie ja selbst gegen sich in Gang gesetzt. Er war sein eigener größter Feind.

Den Mund freilich halten, immer und unter allen Umständen, lückenlos sozusagen, das vermochte ich dann doch nicht. Jedes Mal wieder ergriff mich tiefste Erregung, wenn ich in der alliierten Presse, oft nur versteckt, andeutungsweise und als ungesicherte Vermutung, über Mord und Greuel hinter deutschen Kriegsfronten las. Vor dem Hintergrund des in Deutschland gängigen Rassenwahns – den klirrenden Kurfürstendamm des 9. November 1938 niemals aus den Augen – sprangen solche Pressenotizen sogleich wieder in schaudernde Realität. »Wer sind wir, daß wir uns das Richteramt über andere Völker anmaßen, uns zur Entscheidung berufen fühlen über ›Wert und Unwert‹ fremden Lebens, für legitimiert zur Ausrottung ›minderwertiger Existenzen‹?« – ich stieß die Worte förmlich hervor, auf einer meiner Spazierrunden, zu einem der zwei oder drei Offiziere des Lagers, denen ich so etwas überhaupt sagen konnte. »Der deutsche Ruf, unser Anspruch auf Selbstachtung, sie werden unabsehbar verspielt sein, wir erniedrigen uns doch selbst – jeder einzelne Tag Hitlerherrschaft wird einmal sein eigenes Jahr an Rehabilitierung Deutschlands in der Völkergemeinschaft erfordern, und auch das mag nicht ausreichen. Die Perspektiven werden immer schlimmer.« Mein unwidersprochener Monolog hatte mich etwas erleichtert, mehr durfte ich davon auch nicht erwarten. Dann wieder jener Tag, an dem mir, scheinbar ganz plötzlich und wie aus dem Nichts heraus, eine Scheuklappe fiel. »Wir sind doch im Grunde gar keine Nation«, verkündete ich einem Vertrauten. »Denn was mit soviel Druck und Zwang von oben zusammengepreßt und eingeschnürt wird, kann kaum organisch dahin gewachsen sein. Nach eintausend Jahren deutscher Geschichte noch immer nicht dahin gewachsen, noch immer keine selbstverständliche Nation!« Damals, im Jahre zehn der Hitlerherrschaft, empfand ich dies als eine aufwühlende Erkenntnis.

Auch ein anderes Mal konnte ich nicht an mich halten, am Morgen des 21. Juli 1944, dem Tag nach dem fehlgeschlagenen Attentat auf Hitler. Auf der zu früher Stunde sonst noch leeren Lagerstraße begegnete ich, ausgerechnet, demjenigen Offizier, mit dem ich offen reden konnte wie mit keinem anderen. »Verdammt«, riefen wir uns zu, »daß das nicht geklappt hat!« Und sofort darauf, wieder fast gleichzeitig, »Sind wir verrückt, das hier so offen herauszuschreien? Verschwinden wir!« Die erste Erregung hatte uns hingerissen, die blanke Verzweiflung darüber, daß das Schicksal wieder einmal so grausam gegen Deutschland entschieden hatte. Eine bleibende Ansicht über die Folgen des Fehlschlags mochte ich dann aber aus solch erster Aufwallung doch nicht herleiten. Es war schließlich zwischen zwei Übeln zu unterscheiden, innerlich zu wählen. Entweder, wie nun eingetreten, Hitler lebt, und erst der Sieg unserer Kriegsgegner wird das große Sterben und Vernichten beenden. Oder aber, nun zur Spekulation geworden, das Attentat hätte Erfolg gebracht. Dann wäre mir – die Dolchstoßlegende nach dem Ersten Weltkrieg, mein eigenes erstes Hereinfallen auf sie, die ausgeprägte Anfälligkeit meiner Landsleute für politische Legenden vor Augen – eines unvermeidlich erschienen. Die neue Legende würde Hitler von der Verantwortung für die Niederlage befreien und sie den Attentätern, den »Verrätern« anlasten. Die Perspektive der vom lebenden Hitler zu erwartenden Einäscherung Deutschlands war abzuwägen gegen die andernfalls bei den Legendengläubigen späterer Generationen zu befürchtenden staatspolitischen Denkschäden. Jeder möge diese, inzwischen historischen, Alternativen für sich selbst nachvollziehen.

Die Nachricht vom Attentat des Grafen Claus Schenk von Stauffenberg hatte das Lager über unsere geheime Funkstation noch am gleichen Tage erreicht, es wie ein unterirdisches Beben erschüttert. Über die Ereignisse in der »Wolfsschanze« waren alle rasch unterrichtet. Beklommenheit und Lähmung sämtlicher Regungen waren die erste Reaktion, flüsternd und gedämpft nur wurde über die Ereignisse im Reich gesprochen. Bald erfuhren wir auch von den Erschießungen Stauffenbergs und anderer in der Bendlerstraße, der – mich geradezu peinigenden – Ernennung Himmlers zum Oberbefehlshaber des Ersatzheeres. Dann aber kam in Bowmanville die Frage nach etwaigen Sympathisanten der Attentäter auf, wurde weiter hervorgezerrt, ausgewalzt, Verdacht gegen einzelne im Lager geisterte an allen Ecken und Enden. Die Wogen der Erregung gingen immer höher; ob und inwieweit sie sich glätten lassen würden, erschien zunehmend fraglich. In einem anderen Offizierslager schrien in diesen Tagen NS-Fanatiker: »Hängt die Adligen und Katholiken auf!« Und viel anders mag es damals in einigen Bowmanviller Köpfen auch nicht ausgesehen haben. Der Lagerälteste handelte sofort. Generalleutnant Arthur Schmitt, einst dem deutschen Afrikakorps angehörig, als Anhänger Hitlers über jeden Zweifel erhaben und entsprechend auch durch seine jährlichen Ansprachen zum 9. November ausgewiesen, dem Jubiläumstag des 1923 in München gescheiterten Hitlerputsches, versammelte uns zu einem Appell am Abend des 21. Juli. Er verdammte die Attentäter und rief zu weiterer geschlossener Gefolgschaft für den »Führer« auf. Und tatsächlich gelangte das Lagerleben wieder in ruhigere Fahrwasser. Wenigstens äußerlich; Emotionsrückstände, latent explosive Stimmungen blieben bestehen.

Es war am 14. August 1944, als einer unserer Offiziere, ein Hauptmann der Luftwaffe, nennen wir ihn »X«, zu den Kanadiern desertierte. Er hatte einen Aufenthalt außerhalb der Umzäunung dazu benutzt, nicht wieder zurückzukehren und sich der Gewahrsamsmacht zur Verfügung gestellt. Eine wilde Welle der Erregung ergriff das Lager, die vom Attentat auf Hitler her noch aufgeheizte Stimmung schoß auf den Siedepunkt, schwer wie Blei schien die Luft auf uns allen zu liegen, zum Schneiden dick, für einige Tage, nicht enden wollende, qualvolle. Ein selbstgebildetes »Standgericht« verurteilte »X« in absentia »wegen Fahnenflucht zum Tode« und erklärte ihn für »vogelfrei«. Jeder Lagerinsasse, der ihn irgenwo antreffe, sei berechtigt, ihn umzubringen. »Alles Mumpitz«, brummte mir Seeburg bei einer Gelegenheit zu, »niemand hat hier Gerichtsbarkeit.« Die weiteren Fragen stellten dann die extremen Nazis im Lager: »Wer desertiert demnächst noch? Wer hat von dem Plan des ›X‹ vorher gewußt? Mit wem ist ›X‹ früher öfter zusammen gesehen worden? Und was sind das überhaupt für Leute, von Kopf bis Fuß?« Sie »befanden«, daß Schmitt die bisherigen Untersuchungen nicht »knarsch« genug geführt habe, wollten jetzt selber »untersuchen«. Die Lagerdisziplin geriet ins Zwielicht, Femeadvokaten rüttelten am Primat der militärischen Hierarchie, und bevor nun die Dinge gefährlich aus den Fugen gerieten, tat Schmitt das einzig Richtige, unterband den Wettlauf, vernahm und entschied selbst.

Meinerseits erwartete ich nun jederzeit, von Schmitt befragt zu werden, hatte ich mich doch in den vergangenen Monaten auf Spaziergängen gelegentlich mit »X« unterhalten. In der völligen Ablehnung des sogenannten Nationalsozialismus hatte ich mich mit diesem sofort gefunden, wenn auch unsere Motive sehr unterschiedliche waren. Unser Gedankenaustausch war aber stets rein akademisch geblieben; durch keine Silbe, kein Anzeichen hatte ich auf sein Vorhaben einer Desertion aufmerksam werden können. Sich überhaupt Mitwisser zu verschaffen, hätte er ja wohl auch als eine gefährliche Lunte an seinem untergründigen Plan begreifen müssen. Grundsätzlich war meine Haltung zu solchem Frontwechsel seit langem eindeutig: »Vor dem Kriege aus politischer Überzeugung emigriert zu sein, in der Einsicht, die nationale Katastrophe unter Hitler um überhaupt nichts mindern zu können, im Gegenteil, weiter an ihr persönlich mitwirken zu müssen – das kann ich verstehen. Aber 1944, im Kriege, desertieren – nein, niemals!«

»Sie kennen die Ungeheuerlichkeit, die sich zugetragen hat, Müllenheim, und ich habe Ihrer etwaigen Mitwisserschaft an der Desertion des Hauptmanns ›X‹ auf den Grund zu gehen«, sagte mir Schmitt, nachdem er mich am 17. August hatte rufen lassen. »Sie sind ja wiederholt mit ›X‹ zusammen gesehen worden, die Möglichkeit scheint nicht von der Hand zu weisen, daß Sie als Eingeweihter unzulässig geschwiegen haben. »Sie wissen auch«, fuhr er fort, »daß ich persönlich von einigen hyperaktiven Offizieren als angeblich zu unentschlossen in den Untersuchungen um Hauptmann X und unter Verletzung militärischer Formen angegriffen worden bin. Ich ausschließlich führe die Untersuchung, und zwar nach pflichtgemäßem Ermessen. Das Ergebnis werde ich auf einer Lagerversammlung bekanntgeben, bei der ich auch den Herren meine Meinung sagen werde, die mir persönlich zu nahe getreten sind. Was haben Sie zu sagen?« »Es trifft zu, Herr General«, erwiderte ich, »daß ich mit dem Hauptmann X gelegentlich gesprochen habe. Niemals jedoch habe ich von dessen Desertionsabsicht, nicht einmal von derlei Gedanken, Kenntnis erlangt. Ich selbst verurteile seinen Schritt auf das entschiedenste und habe mit ihm absolut nichts zu tun. Dieses versichere ich Ihnen und mehr kann ich dazu nicht sagen.« »Ich nehme das erst einmal zur Kenntnis«, sagte Schmitt, »aber, Müllenheim, es ist noch ein weiteres. Bekannt, und zwar seit langem, sind Ihre wiederholten kritischen Bemerkungen über unsere Regierung, und ich sehe nicht, wie ich allein schon deswegen bei der jetzigen Atmosphäre im Lager das öffentliche Nennen Ihres Namens vermeiden kann.« Es war eine verdammt unwillkommene Enthüllung, und ich mußte erst einmal nachdenken. Gewiß hatte ich mich über die Jahre, ich sagte es ja schon, in politischen Gesprächen zurückgehalten oder sie ganz vermieden. Aber sein Innerstes auf längere Zeit ganz verbergen kann man in einer so eng zusammenlebenden Gemeinschaft kaum. Gesten, Unausgesprochenes zählen da mit. Hatte mir nicht erst kürzlich ein neu ins Lager versetzter Offizier von seiner Eingangsfrage an einen wiedergetroffenen Freund erzählt: »Mit wem kann man in diesem Wolkenkuckucksheim hier offen reden?« Und hatte der nicht geantwortet: »Mit dem Korvettenkapitän von Müllenheim vom *Bismarck*? Und hatten wir nicht bald darauf Gespräche geführt, die er als eine »Oase in der Wüste« bezeichnete? War ich nicht für einige längst der »Objektivist« und »Weltbürger«? Jetzt, vor Schmitt, kritische Bemerkungen über »unsere Regierung« also etwa leugnen zu wollen, wäre mehr als nur taktisch falsch gewesen. »Herr General«, formulierte ich es schließlich, »Ihre Ankündigung ist mir nicht angenehm, und ich würde es bei weitem vorziehen, wenn Sie mich unerwähnt ließen. Mit dem Fall, der hier einzig zur Debatte steht, habe ich ja nichts zu tun, absolut gar nichts.« Schmitt schien zu zögern. »Ich werde sehen und Sie werden weiteres hören«, sagte er noch, bevor die Tür hinter mir ins Schloß fiel. Dann untersuchte er weiter, horchte Dritte über mich aus und vernahm andere. Als er mich am 24. August erneut rief, hatte er den Punkt meiner »Mitwisserschaft an der Desertion« inzwischen fallen lassen, nicht aber den meiner »Kritik an unserer Regierung«. Offensichtlich stand er unter dem ungeheuren Druck der Radikalen im Lager. Doch konnte ich nur meine erste Aussage wiederholen. Er behielt sich seine endgültige Entscheidung noch einmal vor. Weitere Tage in quälender Spannung mußten vergehen, bis ich am Morgen des Tages der Versammlung, dem 28. August, wieder vor dem General stand. »Nein, Müllenheim«, verkündete mir Schmitt, »es tut mir leid, ich kann Sie heute abend in meiner Ansprache nicht auslassen. Ich habe mich umgehört, sehr viel, sehr genau umgehört, und Sie erscheinen durch Ihre kritischen Äußerungen zu stark belastet. Aber eingangs und in der Hauptsache werde ich auf jene Herren eingehen, die ihre Hand an die militärische Disziplin gelegt und mich persönlich schwer verletzt und gekränkt haben. Sie kommen dann erst später an die Reihe.« »Wenn Sie meinen, Herr General, so handeln zu müssen, muß ich es einsehen, hindern kann ich Sie ohnehin nicht«, antwortete ich noch, und meine letzte Vernehmung war beendet. Schmitt hielt Wort. Nach Verurteilung des Deserteurs und Resümierung des »standgerichtlichen Spruches« widmete er den Hauptteil seiner 80minütigen Ansprache seinem Tadel der Herren, die, wenn auch in noch so gut gemeintem Übereifer, die militärischen Formen vergessen hatten. Erst ganz zum Schluß kam er auf mich, die politisch andere Seite sozusagen, zu sprechen, und auch nur sehr kurz. Er bemängelte meine wiederholten Kritiken und empfahl mir, nach dem Kriege meine Uniform auszuziehen, den Abschied von der Wehrmacht zu nehmen. Merkwürdig war mein Gedanke dabei: »Der Kriegsausgang, Herr General, wird dafür sorgen, daß Sie die Uniform vielleicht noch vor mir ausziehen.« Aber mir war alles andere als heiter zumute. Tiefes Schweigen lag über dem Saal, und als ich, nach beendeter Ansprache, wie alle, den gewohnten Klappstuhl unter dem Arm, in mein Haus zurückging, tat ich es wie unter einer Glocke der Isolation. Eine neue Ära im Gemeinschaftsleben mochte für mich begonnen haben. Ich würde es sehen, aber meine Ansichten über Herrn Hitler bestimmt nicht mehr ändern.

»Freuen Sie sich doch, man hat es Ihnen öffentlich bescheinigt, daß Sie anders gedacht haben« – diese überraschenden Worte waren der so unerwartet angenehme Morgengruß am Tage danach. Zu früher Stunde im Lager unterwegs, war ich dem Generalleutnant Hans von Ravenstein begegnet, und er war es, der mich so freundlich angesprochen hatte. Ich sah ihn dankbar an, vermied es aber, ihn bei der noch heiklen Stimmung im Lager in der Öffentlichkeit in ein Gespräch zu verwickeln, das ihm unerfreuliche Konsequenzen bescheren mochte. Ihm wünschte ich das am wenigsten. Aber auch, wenn weiteres unausgesprochen blieb, schien mir unsere Übereinstimmung vollkommen. Nach dem Kriege, so hatte er mir signalisiert, werden wir ein Regierung ohne braune Rückstände haben. Einen späteren Globke/Oberländer-Staat, einen Staat konservativer Restauration und mangelnder politischer Hygiene hatten wir uns damals bestimmt nicht vorgestellt.

Der Generalleutnant von Ravenstein, einer schlesischen, schon in den Kriegen Friedrichs des Großen bewährten Soldatenfamilie entstammend, schlank, mit dem feingeschnittenen Gesicht eines Aristokraten, schon ein wenig nach den Hohenzollern aussehend, war 1943 in unser Lager gekommen, nachdem er als Kommandeur der 21. Panzerdivision in Libyen in Gefangenschaft geraten war. Bald nach seiner Ankunft hatte er sich bei seinem Vortrag über die Schlachten des Deutschen Afrikakorps als ein Redner erwiesen, der seine Hörer bildlich von den Stühlen riß; seine flammenden Worte, sein mehrfaches »In Afrika wird ge-Rommelt« schienen den Schauplatz der Gefechte wahrhaft in das Auditorium verlegt zu haben – wenn jemand Soldaten anzufeuern vermochte, er war gewiß der Mann dafür. Aber hinhören, das mußte man bei ihm schon. Da war das Auslassen von Umständen genau so wichtig für die Kenntnis seiner Wertungen, seines Urteils wie das Gesagte. Im Ersten Weltkrieg für Tapferkeit wiederholt und im Mai 1918 als Hauptmann für besonderes Waffentat mit dem Orden Pour le mérite ausgezeichnet, war er nach dem Krieg jahrelang in hoher Stellung im Kommunaldienst im Ruhrgebiet tätig gewesen. 1934 wieder Soldat geworden, hatte er im Zweiten Weltkrieg in Polen, Frankreich, auf dem Balkan und in Afrika gekämpft, hatte im Juni 1940 das Ritterkreuz erhalten. Seine mitreißende, charismatische Persönlichkeit, seine angeborene und auf wechselvollen Schauplätzen des Lebens verfeinerte Diplomatie sollten ihn später an anderem Ort zu einem Lagerführer machen, der bei Deutschen und Kanadiern gleichermaßen in hohem Ansehen stand.

Am 29. August, dem Tage nach der Ansprache Schmitts, war allgemeines Sportfest im Lager. Jedermann hatte sich zu beteiligen, es sollte kein Leistungswettbewerb sein, auf das Dabeisein kam es an – eine gute Sache. Einer kurzen Anwandlung, im anhaltenden Stimmungstief der vergangenen Tage selbst nicht zu erscheinen, gab ich nicht nach. Nichts wäre verkehrter gewesen. Ich absolvierte alle fälligen Übungen, wenn auch ein bißchen wie unter Glas. Im wesentlichen, das wurde rasch klar, hatten Schmitts Worte reinigend gewirkt, der Lagerdisziplin wieder zu ihrem Recht verholfen. Was freilich, nach aller Turbulenz, in persönlichen Bereichen übrig geblieben sein mochte, nun, das würde sich ja zeigen.

Und in der Tat. Ich bekam Schwierigkeiten für meine weitere Teilnahme am juristischen Lehrgang. Einige Hörer wünschten den Ausschluß eines »politisch Unzuverlässigen«. Der Druck wurde immer stärker, ich bedachte die Lage unter allen Vorzeichen, besprach mich mit einigen wenigen. Seeburg unterstützte von vornherein meine Neigung weiterzumachen, und diese Haltung unseres Dekans gab den Ausschlag. »Dem Druck nachgeben«, sagte ich mir, »nur weil ich politisch zutreffende Ansichten habe? Ich denke nicht daran.« Am 5. September, zu Beginn unseres 6. Studiensemesters, erschien ich wie gewohnt im Hörsaal. In einer Atmosphäre eisiger Ablehnung und ihr gegenüber im Trotz, nahm ich meinen Stammplatz ein. Die Vorlesung begann. Noch viele Vorlesungen begannen. Und den Rest übernahm die Zeit. Sie schliff ab. Wir waren aber schon nicht mehr weit von der Auflösung des Lagers Bowmanville entfernt, von unserer Verlegung in einen anderen Teil Kanadas.

Und sonst? Einige, denen ich über die Jahre persönlich enger verbunden gewesen war, zogen es vor, sich nicht mehr mit mir sehen zu lassen, kapselten sich ab. Einige Freunde waren nur »Freunde« gewesen. Ich mußte und konnte damit leben.

Draußen in der Welt lagen unsere Niederlage in Stalingrad, der Zusammenbruch unseres U-Bootkrieges nun schon über ein Jahr, die alliierte Invasion in der Normandie einige Monate in der Vergangenheit. In der Sowjetunion schienen unsere Armeen nahezu haltlos auf die Grenzen des Reiches zurückzufluten. Wann auch immer die entscheidende Wende des Krieges auf unsere militärische Niederlage zu in Wahrheit eingetreten sein mochte, es bedurfte längst keines Propheten mehr, auch hinter Stacheldraht nicht, sie vorauszusagen. Wie lange auch immer man nun schon mit Visionen einer Apokalypse zu Bett gegangen und aufgestanden sein mochte – das sich jetzt vor unseren Augen vollziehende Ende der deutschen Katastrophe, die schieren militärischen Abläufe, das Zittern des morschen Reiches unter den Schlägen der Weltkoalition, das verzweifelte Mobilisieren vermeintlicher Reserven führten ihre eigene, bedrückende Sprache. Ruhelos trieb es mich oft ins Freie, immer schwerer wurde es, all das schweigend zu ertragen. »Sie sehen doch gewiß auch«, sagte ich Ende 1944, zu einem, der schweigen konnte, »daß der Moment für den Versuch, politisch von Deutschland zu retten, was zu retten ist, Verhandlungen einzuleiten, längst verstrichen ist. Aber verhandeln wird der ›Führer‹ nicht, wer würde überhaupt mit ihm verhandeln? Es geht ihm doch nur noch um die Verlängerung seiner Herrschaft, Verlängerung um Tage, Stunden – was das an Leben und Werten kostet, zählt für ihn nicht. Und wenn, im Fall seines Abtretens, von Deutschland nur noch Asche bleibt, Schöneres könnte er sich doch gar nicht vorstellen. Sie kennen sein Wort vom 8. November 1943? – Ja, es ist schon ein Jahr her.« Mein Begleiter kannte es nicht. »Nun, innerhalb seiner traditionellen Rede zum Jubiläum seines Putsches, im Münchener Löwenbräukeller, sagte er etwa, ich erfuhr es damals über Rundfunk oder Presse, hatte es mir sofort notiert: ›Mir würde es nicht leid tun, wenn das deutsche Volk zusammenbräche, es hätte dann nichts Besseres verdient.‹ Diesen Vorsatz«, fuhr ich fort, »lebt er jetzt, die Kriegsfronten erzählen es Ihnen – ja, wer sich dem Scharlatan ausliefert, braucht um Zynismus nicht besorgt zu sein.« Herabsetzende, beleidigende Ausfälle Hitlers gegenüber seinen deutschen Hörern waren nichts Neues, auch daß sie diese nicht störten, sondern, im Gegenteil, den Jubel der Massen steigerten. So konnte Hitler solche Sätze ohne Risiko für sich selbst sprechen und anscheinend lustvoll machte er davon Gebrauch. Vor den Reichs- und Gauleitern hatte er – ich erfuhr dies allerdings erst später – ähnliches im August 1944 in der »Wolfsschanze« gesagt: Wenn das deutsche Volk in diesem Kampf unterliegen müsse, dann sei es zu schwach gewesen, hätte seine Probe vor der Geschichte nicht bestanden und wäre daher zu nichts anderem als zum Untergang bestimmt. Mit nur etwas anderen Worten hatte er sich schon nach dem Rückschlag vor Moskau im November 1941 einem Ausländer gegenüber geäußert, hatte gesagt, daß er dann dem deutschen Volk keine Träne nachweinen werde. Um zu verstehen, daß Hitler so dachte, brauchte man allerdings solche Äußerungen im Wortlaut gar nicht zu kennen. Sie ließen sich schon aus seiner Politik ablesen. Ende 1944, die von Hitler so offensichtlich in Kauf genommene »Ausradierung« Deutschlands vor Augen, nun, da mochten, dachte ich, ja selbst die Kriegsgegner Gnädigeres für uns im Schilde haben. Wie ließen sich Millionen nur so unentwegt von einem einzelnen sinnlos zur Schlachtbank führen? Sah ich die Jahre 1933 bis 1944 im Zusammenhang, so hatten sie mich eines gelehrt. Staatsphilosophen und Historiker hatten dieses eine als geschichtliche Erfahrung längst herauskristallisiert. Und ich wüßte nicht, wer sie klarer ausgedrückt hätte als, vor über 400 Jahren, der französische Parlamentsrat und Schriftsteller Etienne La Boétie in seiner Abhandlung *Über die freiwillige Knechtschaft*: »Es sind die Menschen selbst, die sich durch ihre Tyrannen mißhandeln, sie sind die Helfershelfer des Diebes, der sie bestiehlt, und sie begünstigen den Mörder, der sie umbringt; sie sind Verräter an ihrer eigenen Sache.« Im Deutschland des 20. Jahrhunderts hatte sich nichts daran geändert.

Andere im Lager zeigten Betroffenheit, natürlich. Einer sagte: »Wir müssen noch viel fanatischer werden, japanischer als die Japaner.« Er hatte die Kamikaze-Flieger im Auge und einen ganz starren Blick dabei. Ein anderer: »Nun ja, jetzt die Rückzüge in Rußland, für mich ist das eigentlich nichts anderes als die reactio auf die actio – Billiardkugeln rollen nach dem Aufprall ja auch erst einmal zurück. Es sieht gewiß böse aus zur Zeit – aber dafür haben wir ja den ›Führer‹. An ihn glaube ich.« Da wäre nichts falscher gewesen als der Hinweis, daß eine Billiardkugel auch bis zu ihrem Ausgangspunkt zurückrollen kann. Einem jeden war seine Art von Trost zu gönnen.

Die Jahreswende 1944/45 wehte erste Gerüchte bevorstehender Umverlegungen und einer Auflösung des Lagers Bowmanville heran. Man hörte von »Kategorisierungen« der Kriegsgefangenen nach ihrer politischen Haltung, sprich Haltung dem Nationalsozialismus gegenüber – so wie die Kanadier sie erkannt, eingeschätzt oder vermutet hatten. Die Mehrzahl würde dabei der Gruppe »B«, den sogenannten »Grauen«, gemeint waren hier die durchschnittlichen Mitläufer, zugeordnet werden. Gruppe »C« sollte aus den »Schwarzen«, den angeblich fanatischen, unverbesserlichen Nazis, und die Gruppe »A« aus den »Weißen«, den sogenannten Demokraten und Antinazis bestehen. Woher die Kanadier ihre Kriterien zur Kategorisierung im einzelnen hatten, wußten wir nicht. Da mußten Verläufe früherer Vernehmungen, der Tenor von Briefpost, Beobachtungen des Wachpersonals, möglicherweise auch Winke des einen oder anderen Deutschen zugrunde gelegen haben. Anfangs Februar 1945 war es soweit, 162 Offiziere, die offensichtlich »Schwarzen«, wurden in das Lager Seebee in Alberta verlegt. Die »Schwarzen« weit in den Westen, die »Grauen« in den Mittelwesten, die »Weißen« in den Osten des Landes – so etwa sollte geographisch der Verteilungsschlüssel sein. Daß einige, in Einzelfällen auch schon einmal schwerste Irrtümer in der Kategorisierung auftraten, wird nicht verwundern. Unsere »Grauen«, 187 an der Zahl, wurden Anfang April nach Wainwright im Mittelwesten, der Rest, die »Weißen«, 174 Offiziere und 32 andere Dienstgrade, darunter auch ich, am 12. April in das Lager Grande Ligne in der Provinz Quebec verlegt. Als wir mittags auf dem Bahnhof Bowmanville unseren Zug erwarteten, traf die Nachricht vom Tode Franklin Delano Roosevelts ein. Unseren Reisetag habe ich daher niemals vergessen.

Da die Gefangenschaft ja andauern würde, verließ ich Bowmanville mit gemischten Gefühlen. Positiv war die dort in so vieler Beziehung für das weitere Leben nützlich angelegte Zeit. Ich hatte sie wirklich nicht verschwenden müssen. Als ebenfalls positiv hatte ich die Einrichtungen, die Lebensumstände überhaupt in diesem schon äußerlich so schönen Lager empfunden. Was all das betrifft, so war nunmehr mit jedem neuen Lager – und es sollten noch einige werden – ein stufenweiser Qualitätsrückgang zu erwarten. Doch war das schließlich nur normal. Dachte ich, im April 1945, an Not und Elend in der Heimat, so mochte mich mein bequemes Leben damals gar beschämen. Andererseits hatte in den letzten Monaten fast unerträglicher seelischer Druck auf mir gelastet. Eine »Atempause« würde willkommen sein. Gewiß waren im Grunde die Kameraden nett und anständig, gab es sehr viele beruflich gewachsene Gemeinsamkeiten. Aber Patriotismus ist nicht für jeden das gleiche. Und was das betrifft, bleibt Deutschland wohl ein schwieriges Vaterland.

Daß ich noch einmal, viele Jahre später, Gelegenheit haben würde, vor öffentlichem Forum in Bowmanville der dort verbrachten Kriegsgefangenschaft zu gedenken – das lag im April 1945, beim Abschied auf dem Bahnhof, gewiß jenseits aller Vorstellung. Der »Rotary Club of Bowmanville« lud mich, seit April 1968 Generalkonsul in Toronto, ein, in der »World Understanding Week« im November jenes Jahres der Gastredner zu sein. Das resultierende Presseecho war ausführlich und positiv. Vom verhaßten Kriegsfeind zum respektierten NATO-Verbündeten, welchen Weg hatten wir doch seither zurückgelegt. Geistiges Rüstzeug für ihn hatten wir auch im Lager Bowmanville erhalten. Nein, diesem Lager blieb wahrlich nichts anzukreiden.

Und was hatten die Kanadier selbst zu den Hintergründen unserer »Kategorisierungen« zu sagen? Wie haben, als politische Wesen unter sich, die Deutschen hinter Stacheldraht auf sie gewirkt? Die der Öffentlichkeit erst spät geöffneten kanadischen Archive enthüllen quantitativ nicht viel, aber immerhin Blitzlichter. Und da sie Typisches anzeigen, will ich einige verzeichnen, nicht nur für das Lager Bowmanville.

Aus Monatsberichten kanadischer Lagerkommandanten nach Ottawa:

»Fort Henry«, Ontario, 1942: »Graf ›A‹ und andere hatten im Vorjahr wegen ihrer Ablehnung des Nationalsozialismus eine Trennung von den nazistischen Elementen im Lager gefordert. Dieses Verlangen war seinerzeit nicht ernst genommen und ›A‹ als ein bloßer Störenfried angesehen worden.«

»Grande Ligne«, Quebec, 1942:
a) »Der von Natur aus ruhige Korvettenkapitän ›B‹ scheint von aggressiven Elementen im Lager immer wieder zur ›Agitation‹ gezwungen zu werden. Kapitänleutnant ›C‹ ist ein fanatischer Nazi.«
b) »Es befindet sich im Lager ein Major der Luftwaffe, der seine Kameraden ständig zum Duell herausfordert.«
c) [kuriositätshalber] »Jüngere kanadische Offiziere im Second Lieutenant Rang mußten getadelt werden, da sie im Beisein hoher deutscher Offiziere Kaugummi gekaut und die Deutschen zu lasch gegrüßt hatten.«

Die Eintragung zu – dem übrigens 1942 geschlossenen – Lager »Fort Henry« mag einen kleinen Exkurs rechtfertigen. Kann man sich als Deutscher doch wohl ohne weiteres die Natur der Differenzen – auf die es jetzt hier im einzelnen nicht ankommt – zwischen dem Grafen »A« nebst Anhängern und seinen nazistischen Lagerkameraden vorstellen, so zeigt die kanadische Wertung des »A« als eines bloßen Störenfriedes ein fast belustigendes Fehlen aber auch jeglicher Witterung für das Wesen des sogenannten Nationalsozialismus. Aber was hatte dieser schließlich, damals noch, für die Kanadier auch viel anderes sein können als ein praktisch unbekanntes transatlantisches Phänomen? Wir dürfen uns darüber kaum wundern. Völker, die den Faschismus nicht an sich selbst erlebt haben, können sich wohl auch gar keine Vorstellung über die Umstände machen, unter denen er die Macht erlangt und behauptet. Hatte das nicht selbst für das der 1939 weithin vollendeten deutschen Rüstung gegenüber noch viel zu schwache und auf einen Krieg unvorbereitete, immer noch intensiv vom Völkerbundgedanken lebende England gegolten? Hatte Chamberlain sich nicht sogar noch *nach* dem Münchner Abkommen, *nach* all dem sichtbar gewordenen Drang Hitlers zu räumlicher Expansion in Europa, an seinen Traum vom »Frieden für unsere Zeit« geklammert? England hatte wohl, darin freilich nicht viel anders als weite Kreise in Deutschland selbst, Hitler viel zu lange ausschließlich als eine, wenn auch ungewöhnliche Figur deutscher Interessenpolitik und nicht als jenen Sadisten der Macht, Eroberungsapostel und Zertreter der Freiheit begriffen, der er in erster Linie war. Zu lange hatten die Briten den Zwang zur Empörung bei denjenigen Deutschen nicht wahrgenommen, nicht wahrhaben wollen, die Hitler von Anbeginn als eine nationale Katastrophe empfanden. Wie noch hatte Fritz Günther von Tschirschky, nach Hitlers Massenmorden im Sommer 1934 vom Gewissen aus Diplomatenberuf und seinem Lande getriebener Patriot, als Emigrant in London britische Meinungen über Nazi-Deutschland, bis in die späten dreißiger Jahre hinein, kennengelernt? »Bei den Unterhaltungen mit bedeutenden Personen des britischen politischen und gesellschaftlichen Lebens schmerzte es mich immer wieder, daß man mir zu verstehen gab: ›Sie und Ihre Gruppe sind mit Ihrer Politik gescheitert. Nun versuchen Sie nur, eine völlig negative Einstellung, ja Haß, gegen das in Deutschland herrschende Regime zu verbreiten.‹ Ich muß ... noch einmal sagen: Es hat mich geschmerzt und zutiefst erschüttert, wie man zur damaligen Zeit in England meist den Kopf in den Sand steckte; man wollte nicht sehen, man wollte nicht glauben, was im Hitler-Deutschland wirklich geschah.« Um wieviel weniger war solche Einsicht erst im entfernten Kanada zu erwarten! Und dann die Natur politischer Differenzen zwischen den Deutschen durch den Zusatzfilter des Stacheldrahtes erkennen, verstehen? Kaum vorstellbar. Doch war all dies ja kein Wunder in einer Welt, die sich längst daran gewöhnt hatte, an Stelle auch jenseitige Verantwortlichkeiten spürender Staatsmänner nur diesseitig orientierte Politiker am Werk zu sehen. Da mußte es wirklich entsprechend länger dauern, eine Hybris dort zu entdecken, wo sie zu finden war – die Empörung über sie dort zu begreifen, wo sie sich zeigte.

Längst schien in Vergessenheit geraten, verloren, was ein Brite schon sehr früh erkannt und ausgesprochen hatte: Sir Horace Rumbold, wir begegneten ihm schon, britischer Botschafter in Berlin von 1928 bis 1933. Er hatte *Mein Kampf* gelesen, rechtzeitig und sehr genau. Nach nur drei Monaten Hitlerherrschaft hatte er, am 26. April 1933, in seiner fünftausend Worte umfassenden »Mein-Kampf-Depesche« seinem Außenminister über Hitler und die Deutschen berichtet, Buch und Wirklichkeit verglichen, analysiert: »... an die Stelle des parlamentarischen Regimes ist ein solches der rohen Gewalt getreten... die Zukunftsperspektive ist beunruhigend... Wiederbelebung des Militarismus... für das Regime beschlossene Sache, sich für alle Zeiten an den Hebeln der Macht einzugraben... Hitler selbst ist... zutiefst von der Leichtgläubigkeit... insbesondere der Deutschen überzeugt... die Aussichten für Europa sind alles andere als friedlich... nur rohe Gewalt kann das Überleben der Rasse sicherstellen... Intellekt ist unerwünscht... was Deutschland brauche, sagt Hitler, sei mehr Land in Europa... in Richtung Rußland... Oberst Hierl[3] war 1929 überraschend offen: ›Die Preisgabe der [Versailler] Erfüllungspolitik... bedeutet nicht sofort, aber auf längere Sicht Krieg.‹... Der jetzige Stand der Dinge erinnert... in merkwürdiger Weise an die Tirpitz-Periode. Das Problem, vor dem die naiven Vertreter der nationalen Revolution stehen, ist sogar schwieriger als das des Admirals von Tirpitz. [Laut] Tirpitz war es 1905 die Aufgabe, eine Hochseeflotte zu bauen, stark genug, England herauszufordern, ohne daß es einschritt, ehe diese Aufgabe gelöst war. Die Aufgabe der jetzigen deutschen Regierung ist komplizierter. Sie muß zu Lande wiederaufrüsten und... ihre Gegner einschläfern...«

Rumbolds realistische Einschätzung des Naziregimes war jedoch von vornherein nicht auf das entsprechende Verständnis bei seiner Regierung und in der britischen Presse und Öffentlichkeit gestoßen. Nach Abschluß des Reichskonkordats mit dem Heiligen Stuhl im Juli 1933 schrieb *The Times*: »Herr Hitler ist gewiß nicht aller Ideale bar. Zweifellos wünscht er, die alten deutschen Tugenden der Loyalität, der Selbstdisziplin und des Dienstes am Staat wiederherzustellen.... Herr Hitler wird wertvolle Unterstützung gewinnen, wenn er sich ernsthaft der moralischen und wirtschaftlichen Gesundung seines Landes widmet.« Rumbolds Warnungen gerieten mehr und mehr ins Abseits. Nach seinem Tode, 1940, schrieb Anthony Eden an seine Witwe: »Ich habe immer die Abberufung von Sir Horace aus Berlin bedauert, wo er so große Arbeit geleistet hatte. Niemand hat die Gefahren klarer vorausgesehen, leidenschaftsloser und weitblickender als er kommende Dinge analysiert. Er hätte viel aufmerksamer gehört werden müssen.«

Doch nun wieder zurück zu den Eindrücken und Berichten der kanadischen Lagerverwaltungen, aus den Akten in Ottawa:

Allgemein zusammenfassend, 1943–44:
Zur laufenden Überwachung des Verhaltens der deutschen Kriegsgefangenen war dem jeweiligen »Camp Security Staff« ein »Intelligence Officer« beigegeben. Deren Monatsberichte enthielten vielfach Auszüge aus Briefen, die für die Kriegsgefangenen aus Deutschland eingetroffen waren. Ganz auffällig widmeten sich die Berichte der Regelmäßigkeit des Besuches der – in etwa Dreiwochenabständen abgehaltenen – Lagergottesdienste durch die Gefangenen. Immer wieder gaben sich die Kanadier betroffen über die mangelnde und unregelmäßige deutsche Teilnahme an diesen Kirchgängen. »Grande Ligne« und »Sorel« – beide in der Provinz Quebec gelegen – schoben sich in den Vordergrund als Lager, in die zu gegebener Zeit die als »weiß« und »leichtgrau« zu klassifizierenden deutschen Kriegsgefangenen zu überführen seien; die Lager »Seebee« (Alberta) und »Wainwright« (Sasketchewan) schälten sich als Plätze zur Aufnahme der »Schwarzen«, alias »unverbesserlichen Nazis« heraus.

»Bowmanville«, 23. Mai 1944:
Der Lagerkommandant: Ein deutscher Kriegsgefangener lebe in »Acht und Bann«. Unbekannt bleibe, ob eine Art Gestapo im Lager existiere, doch füge er eine – heute nicht mehr auffindbare – Liste politischer Scharfmacher bei. Die folgenden seien als »glühende Nazis« zu bezeichnen: Generalleutnant »C«, Oberstleutnant »D«, Fregattenkapitän »E«, Oberstleutnant »F«, die Majore »G«, »H« und »I«.

Die Archive in Ottawa lassen erkennen, daß die Kanadier möglicherweise eine Kopie »geheimer Richtlinien« des Lagerältesten »Bowmanville« zu Fragen von »Verhalten und Disziplinierung« erlangt hatten. Die Trennung der sogenannten »Weißen« von den »Schwarzen« wurde im Herbst 1944 beschlossen: die »schwarzen« Offiziere kamen nach Seebee (Alberta), andere »schwarze« Ränge nach Gravenhurst (Ontario). Laut einem der Berichte wurden im Februar 1945 die »Schwarzen« aus »Grande Ligne« nach »Seebee« verlegt und dafür zweihundert »Weiße«, einschließlich des Generalleutnants von Ravenstein, von »Bowmanville« nach »Grande Ligne«. Damalige kanadische Korrespondenz läßt erkennen, daß dereinst die »Weißen« vor den »Schwarzen« zu repatriieren seien.

»Grande Ligne«, Oktober 1944 – Februar 1945:
Der »Intelligence Officer«: »Im Lager haben sich ›Harakiri-Clubs‹ gebildet. Oberstleutnant ›K‹, Major ›L‹ und Hauptmann ›M‹, alle drei ›Fanatiker‹, beabsichtigen, die ›Weißen‹ zu ermorden und nach der deutschen Niederlage sich selbst umzubringen.«

»Bowmanville«, April 1945:
Betreffend »PoW Security Bowmanville«, »DND-Army-Inter-Office Cor-

respondence Secret« – »Transfer of 174 PoW Officers and 32 other ranks on 12 April 1945.«

Diesen Berichten zufolge haben sich einige Kriegsgefangene intensiv darum bemüht, als »grau« oder »weiß« anerkannt zu werden. »Insbesondere die ›Grauen‹ taten alles, um ihren Status zu erhalten oder zu verbessern. Aus aufgefundenen Tagebüchern waren viele Seiten herausgerissen worden.«

»Einige deutsche Offiziere nahmen [am Tage der Verlegung, dem 12. April 1945] die Gelegenheit wahr, sich mit kanadischen Offizieren zu unterhalten. Letztere waren besonders von der ›whiteness‹ von vier deutschen Offizieren beeindruckt. Die Abteilung für ›Psychologische Kriegführung‹ möge die Beschäftigung dieser vier erwägen [es folgen deren Namen].«

Es war im Jahr 1955, daß ich als Angehöriger der deutschen Delegation zur NATO in Paris einem Kanadier begegnete, der dem Internationalen Stab dieser Organisation angehörte. Er sagte: »Müllenheim – Müllenheim, Ihren Namen erinnere ich noch gut. Wissen Sie, ich war während des Krieges zur Abteilung ›Zentrale Kriegsgefangenenverwaltung‹ in Ottawa kommandiert, als Sie in Bowmanville waren. Wir hatten Sie damals als persönlich gefährdet angesehen und schon Ihre Einzelverlegung aus dem Lager erwogen. Aber dann nahmen wir Abstand – es wäre vielleicht doch keine so gute Idee und Ihnen letztlich abträglich gewesen.« Ich erwiderte: »Ihre Unterlassung war richtig. Auf das Angebot einer Schutzverlegung wäre ich nicht eingegangen. Solche Dinge müssen innerhalb des Stacheldrahtes ausgestanden werden.«

Grau in grau erblickten wir am Tage der Ankunft unser neues Lager »Grande Ligne«, unweit von Montreal. Seine Baulichkeiten, ein dreistöckiges Steingebäude aus Mitteltrakt mit zwei Seitenflügeln und ein kleines Backsteinhaus hatten einst als Internat gedient, ein separates, typisch kanadisches Holzhaus dem Schulleiter als Wohnsitz. Räumlichkeiten im Mittelbau gab es genug: im Erdgeschoß ehemalige Geschäfts- und Unterrichtsräume, eine kleine Bibliothek, ein Arbeitssaal, eine große Aula und ein größerer Aufenthaltsraum (»Roter Ochse« genannt), darunter Eßraum und Küche. Mittelbau und Seitenflügel hatten je ein Treppenhaus. Auf jedem Stockwerk befanden sich mit Nummern versehen kleine Stuben, in denen entweder zwei Stabsoffiziere, drei Hauptleute oder vier Leutnante lebten. Jedem Offizier standen ein Feldbett, ein kleiner Arbeitstisch und ein Stuhl zur Verfügung. Waschräume, Duschen und Toiletten lagen auf jedem Flur. Alles war sauber und übersichtlich. Die Fenster, die im Winter einen Glasvorsatz erhielten, gaben den Blick auf weite Felder und Weiden frei, in der Ferne auch auf Höhen und Wälder. Einige erinnerte das schöne Panorama an ihr Münsterland. Hohe Ränge, Generale und Obersten, lebten in dem separaten Holzhaus, in dem auch ich unterkam, Unteroffiziere und Mannschaften in Baracken hinter einem der Seitenflügel des Mittelbaues. Dort in der Nähe lagen auch Kantine, Handwerkerstuben, Wäscherei, Heizräume, Krankenstuben, die große Turnhalle, vom Haupthaus über einen verdeckten Gang zu erreichen, und die Arrestzellen. Zwischen den Gebäuden lagen Wiesen, ein Korbball- und Tennisplatz. Außerhalb der Umzäunung gab es einen über eine Holzbrücke zugänglichen Sportplatz. Durch das Lagertor war ein etwa drei Hektar großes Farmgelände zu erreichen, wo Landwirtschaft betrieben und Kleingärten gepflegt werden konnten.

»Generalleutnant von Ravenstein jetzt Lagerführer – Gott sei Dank!« hieß es in einem im April 1945 aus »Grande Ligne« nach Deutschland gesandten Brief, und ich teilte dieses Gefühl. Was würde er am 20. April, dem Geburtstag des »Führers«, dem offensichtlich letztmalig zu begehenden, der von ihm in der Turnhalle zusammengerufenen Lagerbesatzung zu sagen haben? Seine Ansprache zählt zu den Denkwürdigkeiten meines Lebens. Der Anlaß und der Name Hitler tauchten überhaupt nicht auf. Von Ravenstein sprach zur Kriegslage, kommentierte vorsichtig, mahnte zum Zusammenhalten, eröffnete Zukunftsperspektiven, verband sie mit seiner Erfahrung aus der Weimarer Zeit, die belege, daß, was auch in den nächsten Tagen geschehe, Deutschland auch weiterhin werde leben können. Schweigend, fast atemlos lauschten wir – still blieb es auch beim Auseinandergehen. Gewiß, es war überhaupt stiller geworden im Lager, seit den »politischen« Verlegungen im Februar 1945. Aber die letzten Tage des Krieges, das persönliche Schicksal Hitlers, jetzt in der Krise, glühten als innerer Zündstoff. Da hatte sich Ravenstein schon auf eine rhetorische Gratwanderung einrichten müssen und sie brillant absolviert. Seine Ansprache zum 20. April 1945 war eine diplomatische Meisterleistung.

Die nächsten Wochen verbrachte ich, leider, im Lazarett, im »Montreal Military Hospital«, wo ich auch vom Selbstmord Hitlers am 30. April und von der deutschen Kapitulation am 8. Mai erfuhr. Die zwei Worte »GERMANY QUITS«, Schlagzeile von seitenfüllender Größe in den Blättern der Straßenhändler, waren schon auf weite Entfernung, selbst von meinem hohen Fenster aus, zu lesen. Ihren Gehalt aber registrierte ich nur noch, einfach so – die inneren Erschütterungen über Deutschlands Schicksal hatte ich in vielen Jahren längst ausgelebt. In »Grande Ligne« gedachte von Ravenstein des Anlasses vor den in der Aula versammelten Lagerinsassen. Auch ein geschlagenes Volk, sagte er, habe seine Chancen. Es gelte, sie zu nutzen und alle Kraft darauf zu verwenden, jetzt schnell nach Hause zu kommen. Und Franz Schad notierte sich: »Schweres ist über uns alle hereingebrochen. Wieder einmal in der Geschichte der Menschheit ist, wie von einsichtigen, gerecht denkenden Menschen... seit Anbeginn befürchtet, der Versuch gescheitert, den Turmbau von Babel zu erneuern. Von dem unsagbaren, millionenfachen Leid und Jammer wollte ich schweigen... wenn sie uns Menschen zu echter Umkehr, zur richtigen Selbstbestimmung führten... aber schon ziehen neue dunkle Wolken herauf...«

In jenen Wochen der Bettlägerigkeit, der vielen Zeit zum Lesen, hing ich an einem im *The Nineteenth Century and After* im März 1945 über die Konferenz von Jalta erschienenen Artikel. Er war eine einzige leidenschaftliche Verurteilung der dort verabschiedeten »Deklaration«, ihres Inhaltes und ihrer Sprache. Sie ziele, so der Autor, auf einen für ganz Europa »diktierten« Frieden und eine nur durch Zwang aufrechtzuerhaltende, im Grunde antieuropäische Ordnung. Die Begriffe »Demokratie« und »demokratisch« seien auf das schändlichste mißbraucht worden. Habe bereits die Konferenz der »Großen Drei« (Roosevelt, Churchill und Stalin) von Teheran im November 1943 zu dem Unglück der vorgesehenen Einteilung Europas in Besatzungszonen geführt, so besiegelte die neue Erklärung dessen Zerstörung als zivilisatorische Einheit. Ganz besonders bewegte den Autor das sich abzeichnende Schicksal Polens: »Polen ist geopfert... der anglo-polnische Beistandspakt geschändet worden.« Eine dringende Warnung vor dem für ein demokratisches Polen unheilvollen und bereits als »Provisorische Regierung Polens« bezeichneten »Lubliner Komitee« folgte, das Ende 1944 auf sowjetischen Druck mit dem Ziel der Ausbootung der polnischen Exil-Regierung in London gegründet worden war. Unter deren Ägide, fiel mir jetzt wieder ein, hatte ja der Zerstörer *Piorun* 1941 gegen das Schlachtschiff *Bismarck* gekämpft und bestimmt nicht für ein westwärts verschobenes, kommunistisches Polen. Mit der Aufforderung, »Jalta ungeschehen zu machen«, endete die aufrüttelnde, von mir mit ungeteilter Zustimmung gelesene Anklage. Daß ein Journalist in Kriegszeiten seine eigene Regierung furchtlos so massiv angreifen kann, dachte ich bewundernd.

Geschrieben hatte den Artikel der langjährige Herausgeber der Zeitschrift selbst, F. A. Voigt, der mir bereits in den Vormonaten durch schonungslose Analysen der aktuellen politischen Lage in den Ländern Südosteuropas aufgefallen war. Voigt brachte für seine Bewertungen hervorragende Voraussetzungen mit, kannte den Kontinent, insbesondere Deutschland, aus langer beruflicher Tätigkeit. Für den *Manchester Guardian* hatte er bereits in den 20er und frühen 30er Jahren Reportagen über deutsche Themen geschrieben, über die Schlägertrupps der SA 1932 im Staate Braunschweig, den Naziterror in Deutschland im März 1933, die Stellung der Juden im Deutschland des Januar 1934 – um nur einige zu nennen. Später hatte er auch längerfristige Missionen in Deutschland ausgeführt. Hochgebildet und zutiefst von der grundlegenden Einheit der europäischen Kultur und folglich davon überzeugt, die Länder des Kontinents stets auch im europäischen Zusammenhang sehen zu sollen, war Voigt in den 30er Jahren zum europäischen Schlüsselreporter des *Manchester Guardian* geworden.

Im intellektuellen und künstlerischen Leben des Weimarer Deutschlands zu Hause, Stammgast im legendären »Romanischen Café« an der Berliner Gedächtniskirche, enger Freund des gesellschaftskritischen Malers Georg Grosz, war er zu einer Autorität für europäische Probleme herangereift, die ihre Ansichten mit glühender Zivilcourage vertrat. Aber seine Attacke gegen »Jalta« erwies sich schon auf der Stelle als das Kind eines noch am alten, historisch bereits vergehenden Europa hängenden Wunschbildes – vorbeigezielt an der neu entstehenden Konstellation der Großmächte, ein Traum aus der Welt von Gestern, der Welt des England einst so teuren europäischen Gleichgewichts. Voigt wußte noch nichts, viele wußten damals noch nichts von dem Durchsetzungswillen, mit dem die vorrückenden Sowjets das Nachkriegskonzept Stalins für ein kommunistisches Osteuropa bereits im Tornister führten. Die Westalliierten hatten damals nicht nur kein eigenes, sie hatten Stalin insoweit noch nicht einmal verstanden und sollten ihn erst später begreifen. Für die Vereinigten Staaten sollten einige Illusionen erst im Jahr 1947 enden. Nachdem er den wahren Charakter der sogenannten »freien« polnischen Parlamentswahlen im Januar jenes Jahres erkannt hatte, trat Arthur Bliss Lane von seinem Posten als erster Nachkriegsbotschafter der USA in Warschau zurück. In seinem Buch *I saw Poland betrayed* hat er später seine tiefe Enttäuschung über die nachgebende Politik Roosevelts gegenüber Stalin ausgedrückt.

Mein Aufenthalt im Montreal Military Hospital sollte leider weitaus länger dauern, als ursprünglich vorgesehen. Da war es erfreulicherweise die ständige und auch ständig wechselnde Gesellschaft von Kameraden aus dem Lager, die Langeweile gar nicht erst aufkommen ließ. Unter ihnen waren Erzähler von Geschichten, Anekdoten und Witzen, ganz besonders aber einer, ein wahres Naturtalent im Schildern von »Begebenheiten« aus dem Leben; wahr oder erfunden, das spielte keine Rolle. Er brauchte nur den Mund zu spitzen, und schon lebte eine Zimmerbelegschaft in amüsierter Erwartung des Kommenden. Sie wurde nie enttäuscht. Auf diese Weise und mit Hilfe eines irgendwie aufgetriebenen Grammophons und Platten von der Klassik bis zum Boogie-Woogie, verflog auch längere Zeit. Anfang Juli kehrte ich schließlich nach »Grande Ligne« zurück, aber nur noch für zwei Wochen. Mitte des Monats erreichte mich, zusammen mit acht anderen Offizieren, die »Versetzung« in das Lager Sorel.

Das neue, sogenannte »Demokraten«-Lager in dem an der Mündung des Flusses Richelieu in den Lorenzstrom gelegenen Ort Sorel war sozusagen ein politisches Experiment. In seiner Zusammensetzung hätte es heterogener kaum sein können. Zusammen fanden sich hier Oberste im Generalstab, Offiziere aller Dienstgrade, Unteroffiziere, Mannschaften, Reservisten aller Ränge, Akademiker, Fremdenlegionäre, Eisenbahner, Lokomotivführer von höchsten Stäben. Das in der Vergangenheit für ganz verschiedenartige Zwecke verwendete Lager diente jetzt erstmalig der Unterbringung und »demokratischen« Schulung von Kriegsgefangenen. Die Wohnverhältnisse waren nicht schlecht. In einer der vielen, durchaus soliden Holzbaracken konnte ich mich in einem relativ großen Raum komfortabel einrichten. Auch die winterliche Kälte war kein Problem, Kanonenöfen erzeugten ausreichende Wärme in Wohnquartieren, Eßraum und Lehrbaracken.

Wo in früheren Lagern über interne Problem- und Zweifelsfälle mehr oder weniger militärisch von oben entschieden wurde, tagte und beschloß in Sorel ein nach demokratischen Grundsätzen gebildeter »Lagerrat«. Dessen Erster Sprecher war gegenüber dem kanadischen Kommandanten zur Vertretung des Lagers befugt. Einer seiner ersten Erfolge war die vom Kommandanten, einem drahtigen Baseballenthusiasten, alsbald gebilligte Heraufsetzung der über die Lagerkantine zu kaufenden Eßwaren. Denn sofort nach dem Tag der deutschen Kapitulation hatte Ottawa die Essensrationen für Kriegsgefangene ganz drastisch herabgesetzt, auf eintausend Kalorien pro Tag, ein jäher Absturz von den bisherigen viertausend. Einige unserer Kameraden waren darüber fast in die Knie gegangen, ja apathisch geworden. Da gab es ein frohes Hallo, als im August 1945 erstmalig Reichhaltigeres, Obst und Wurst, aus der Kantine grüßte. Auch unsere tägliche Grundverpflegung sollte sich allmählich bessern.

Von Beginn an mühte sich der Lagerrat, gelegentlich ergänzt um die Lagervollversammlung, um ein Ausbildungs- und Unterrichtsprogramm für den bevorstehenden Winter. Lehrgänge aller Art bis hin zu kleinsten Studiengruppen wurden gebildet. An Themen und Gremien gab es: Dolmetschen in Englisch, eine juristische Arbeitsgemeinschaft für Spezialgebiete wie das Genossenschaftswesen, Fragen des Christentums, evangelische Arbeitsgemeinschaft, Prinzipien der Demokratie, Verfassungsfragen für Deutschland, Kulturwissenschaften. Auch ausländische Gastprofessoren hielten Vorlesungen über historische Themen sowie über die sich damals bildenden internationalen Organisationen. Als ein hochtouriger Motor für geistiges Arbeiten engagierte sich erneut Franz Schad, den ich bei meinem Einzug hier zu meiner Freude wiedergetroffen hatte. Überzeugt davon, so ungleiche Lagerinsassen nur durch geistige »Lichtträger« auf solidem Kurs halten zu können, mühte er sich unablässig um die Organisierung des Lehrbetriebes einschließlich der Bibliothek – eine wahre Missionsarbeit, wie er sie selber einmal nannte, gegenüber der religiösen Intoleranz und weltanschaulichen Borniertheit der Zeit, der inneren Not und tiefen Unsicherheit des einzelnen hinsichtlich der letzten, entscheidenden Dinge.

Bei all dem kamen wiederum der Sport und die Bewegung im Freien nicht zu kurz. Auf den Lagerplätzen wurden Ballspiele aller Art betrieben; lange Spaziergänge durch die ausgedehnten Wälder der Umgebung wechselten ab mit Baden im nahen Richelieu. Von einem der Waldspaziergänge bewahre ich ein abenteuerliches Bild. Mit einem anglo-kanadischen Begleitoffizier näherte sich unsere Gruppe einer links und rechts des Weges im Walde halb versteckt liegenden Häuserkolonie. Und in die schien plötzlich eine merkwürdige Bewegung zu kommen. In der Tat. Aus den Häusern strömten Männer, mit allen möglichen Schlag- und Stoßinstrumenten, vielleicht auch Gewehren bewaffnet, auf die Entfernung war das nicht so genau zu erkennen. Hallo – wir lebten und wanderten jetzt ja in Franko-Kanada mit seiner ethnisch eng geschlossenen Bevölkerung, die seit 1763 eine Zuwanderung aus Frankreich nicht mehr erfahren und deren ländlicher Teil seitdem wohl etwas luftdicht neben der Welt hergelebt hatte. Und das ergab offensichtlich Überraschendes. Unser Spaziergang, von dem diese Siedlung Wind bekommen hatte, war dort als »Einfall der Teutonen« verstanden worden, zu dessen »Abwehr« die Männer selbstverständlich heraus mußten. Aber als er die Lage erkannte, kehrte unser Begleitoffizier die Marschrichtung sofort um, die »Schlacht im Walde« fand so nicht statt, die Frankokanadier blieben als »Sieger« zurück. Ein Moderduft aus europäischer Geschichte, eine in Quebec versteinert bewahrte Abwehrhaltung Frankreichs gegen die Großmacht Preußen im 18. Jahrhundert hatte die Deutschen des 20. Jahrhunderts aus den Wäldern des kanadischen Ostens angeweht.

Das Kommen und Gehen im Lager hielt durchgehend an. Wir erlebten Neuzugänge, auch schon mal die Rückführung einzelner in die »grauen« oder »schwarzen« Lager, und die frühzeitige Repatriierung von Gruppen mit völkerrechtlich bevorzugtem Status. Ich war von vornherein geneigt, den Aufenthalt in Sorel hauptsächlich als Vorstufe zur Rückkehr nach Deutschland anzusehen und ließ mich auf längerfristig angelegte Studien gar nicht mehr ein. Es machte mir Spaß, mich einigen ausgewählten Gebieten zu widmen. Das von den Lehrkräften des Lagers gebotene Niveau war hoch, ihr Stoff fesselnd. Auch meine Geige kam wieder einmal zu ihrem Recht. Auf das »Kanada-Ade« mußte ich zwar dann doch länger als erst vorgestellt warten, aber Anfang Februar 1946 kam wenigstens ein Signal. Wir erfuhren, daß alle Kriegsgefangenen aus Kanada bald – wir aus Sorel Anfang März – nach Großbritannien überführt werden würden – um allerdings bis auf weiteres erst einmal dort zu bleiben. Immerhin, es war ein Schritt in die gewünschte Richtung. Die Vorfreude darauf bestimmte unsere nächsten Tage.

Anfang März war es dann wirklich soweit. Packen, Gepäckkontrolle, Hauptgepäckkontrolle und nach dreißig auf der Bahn verbrachten Stunden erreichten wir Halifax am Abend des 5. März. Es ging sofort weiter zur *Letitia*[4], bei deren Betreten wir eindrucksvolle Bordkarten erhielten: »Deck D, Kabine 3« stand auf der meinen, aber ganz schön gepfercht war die Unterbringung dann natürlich doch. Erst blieben wir aber noch im Hafen liegen, bis das Schiff endlich in der Frühe des 10. März auslief. Hinter uns versanken langsam die Silhouette der geschäftigen Stadt, die Konturen der Neuen Welt, die uns vier Jahre lang unfreiwillige Herberge gewesen war. Als kleinen Trost nahm ich mit, die Zeit dort nicht völlig verschwendet zu haben. Erinnerung kam noch einmal auf an das Frühjahr 1942, die Überfahrt von England her, das zeitraubende Zickzackfahren, den Geleitschutz vor deutschen U-Booten. All das würde es jetzt nicht mehr geben – Hitlers Krieg war nun fast schon ein ganzes Jahr zu Ende. Andere Ungewißheiten beschäftigten mich jetzt, Hoffnungen für Deutschland...

Ein nur mäßig bewegter Atlantik schien den Kameraden ohne Seebeine gnädig Gelegenheit geben zu wollen, um eine Seekrankheit herumzukommen. Doch nicht allen erging es nach Wunsch, und in den folgenden Tagen sollte es noch ganz gewaltig aufbrisen. Ich selbst genoß, nach so langer Unterbrechung, die rauhe Seefahrt außerordentlich, mir konnte es gar nicht genug stürmen. Wie es sich gehörte, probten wir auch Rettungsmanöver, »Schiffsrollen« nennt sie der Seemann. Wir mußten mit umgebundenen Schwimmwesten in der Nähe der Beiboote an Oberdeck antreten. Und es war bei solcher Gelegenheit, daß sich der Sturm meine langjährige blaue Mütze als persönliches Opfer an den Atlantik holte. Eine Bö hatte sie erfaßt, noch eine Sekunde in Augenhöhe, aber bereits außenbords reiten lassen, bevor sie schräg nach unten segelte, mit raumem Wind. Es war ein schmerzlicher, aber würdiger Abschied. Am vierten Tag der Reise erhielten wir einen unerwarteten Passagier. Eine Schnee-Eule, offenbar verletzt, hatte sich ganz oben auf dem Mast niedergelassen. Gegenstand allseitiger Anteilnahme, blieb sie dort für einige Tage, bevor sie so spurlos verschwand, wie sie gekommen war. Und nach einer hauptsächlich lesend oder Karten spielend verbrachten Überfahrt erreichten wir am 18. März Liverpool und, nach Mitternacht, ein Durchgangslager bei Nottingham.

Tage einer etwas öden Routine folgten, des Zwanges, Zeit totzuschlagen, wie in einem Durchgangslager, in dem man sich auf ein längeres Verweilen ohnehin nicht einrichtet, nicht anders zu erwarten. Einzelne wurden noch einmal von einem »Intelligence Officer« vernommen, politisch »abgeklopft«. Es kam den Briten ja darauf an, die aus Kanada eingetroffenen deutschen Kriegsgefangenen nach ihren Kriterien und möglichst ohne allzu grobe Fehlleitungen in die Hauptlager zu schleusen, die »Schwarzen« und »Dunkelgrauen« in das Lager 17 bei Sheffield, die »Weißen« und »Leichtgrauen« zu dem Lager 18 in Northumberland. Etwas Abwechslung kam aber auch in diese sich hinziehenden Tage. Wir trafen neue Gesichter. Da gab es Gesprächsstoff.

Als ich dann, Angehöriger einer größeren Gruppe, das Lager 18, »Featherstone Park Camp«, unweit Haltwhistle in Northumberland, Ende März 1946 erstmalig erblickte, war auf Anhieb Ungewöhnliches zu entdecken. Da gab es keinen Stacheldraht mehr, keine Postentürme; britische Wachen schienen nur versteckt zu existieren, deutsche Kriegsgefangene sah ich auf das lässigste außerhalb des Lagerareals spazieren, ganz ohne britische »Aufsicht«, ihr bloßes Ehrenwort genügte jetzt wohl. In seiner räumlichen Ausdehnung geradezu riesig, beherbergte das Lager damals etwa 2500 Insassen, und im Lauf der Zeit sollten insgesamt viertausend Offiziere und zwanzigtausend Unteroffiziere und Mannschaften »Featherstone Park« passieren. Die Unterbringung war nicht eben komfortabel in den langgestreckten, niedrigen, überbelegten und nicht immer regendichten – und in diesem Sommer 1946 sollte noch jede Menge Regen fallen – Nissenhütten, die angeblich bis zum Juni 1944 Teilen der europäischen US-Invasionsarmee als Quartier gedient hatten. Welch ein Abstieg von »Bowmanville«, konnte ich nicht umhin zu denken, aber was soll es schon, jetzt, so kurz vor der Heimkehr, nehme ich (fast) alles in Kauf. Unterkunft fand ich in einer ausschließlich von Marineoffizieren belegten Hütte, der »Marinebaracke«. In ihr lebten Ränge vom Kapitän zur See bis zum Fähnrich. Neu- und Altgefangene waren jetzt beisammen, nicht nur in meiner Hütte, sondern natürlich, nach Ankunft der Transporte aus Übersee, im gesamten Lager: Kriegsgefangene aus den Jahren 1939 bis 1945. Wie wirkten die »Deutschen aus Kanada«, die zwischen den Jahren 1939 und 1942 gefangengenommenen Männer, auf ihre britischen Vernehmer im Jahre 1946? Lesen wir deren Berichte:

»In den zwölf Monaten von Februar 1946 bis Februar 1947 trafen 33 400 deutsche Kriegsgefangene aus Kanada in Großbritannien ein. Von allen Kriegsgefangenen, die nach dem Krieg her ankamen, waren sie die ›allernazistischsten‹.

Ihre überwältigende Mehrheit bestand aus Zwanzig- bis Dreißigjährigen, die im deutschen Afrikakorps gekämpft und schon 1941/42 in Gefangenschaft geraten waren. Eine gewisse Anzahl war 1939/40 in den Niederlanden und auf hoher See gefangengenommen worden. All diese Männer haben sich ein Bild des Vorkriegsdeutschlands bewahrt, unfähig, den seitherigen Wandel in materieller und geistiger Beziehung zu begreifen.

Die Kriegsgefangenenlager in Kanada waren nazistischer als Deutschland selbst. Die deutschen Lagerverwaltungen setzten sich aus älteren Unteroffizieren und früheren Parteigenossen zusammen, die der Nazi-Ideologie fanatisch ergeben waren. Schon die geringste Kritik am Nazismus oder ein Ausdruck von Zweifel am deutschen Endsieg wurden mit erbarmungslosem Terror unterdrückt. Als Beleg dient die geheime Verurteilung zweier Antinazis und deren brutale Ermordung im Lager 132, Medicine Hat, in Kanada. Der letztere dieser Morde trug sich im September 1944 zu.

Alle Kriegsgefangenen lebten bis zum Ende des Krieges in einem politischen Vakuum, und der Typ, der an sich längst als ›grau‹ hätte eingestuft werden können, gilt hier in England immer noch als ›schwarz‹. Diese Männer verloren ihr Vertrauen an Hitler erst nach dem Kriege.

Ein ermutigender Faktor ist die Einteilung in ›A-plus‹- und ›A‹-Kategorien. Diese Männer wurden einst aufgrund ihrer mutigen Opposition gegen den Nazismus verfolgt und hatten zu ihrer persönlichen Sicherheit in gesonderte Schutzlager überführt werden müssen.

Ein gewisser, allerdings auf die Offiziere begrenzter erzieherischer Effekt ist zu vermelden: Ein Teil der in Afrika gefangenen zwölfhundert deutschen Offiziere hat von den Bildungsmöglichkeiten in Kanada, insbesondere den Schriften der amerikanischen Journalistin Dorothy Thompson profitiert.«

Und noch ein Eindruck von der Ankunft der »Kanadier« auf andere deutsche Kriegsgefangene, dieses Mal in einem britischen Arbeitslager: »Die Neuzugänge aus den USA und Kanada, insgesamt mehr als 50% der Gesamtbelegung, haben die politische Stimmung hier nachteilig beeinflußt. 95% der Kriegsgefangenen aus Kanada und 60% derjenigen aus den USA sind oder gelten als glühende Nazis. Bei ihrem Eintreffen grüßten viele im Hitler-Stil und legten die Nazi-Insignien nur äußerst widerstrebend ab. Die ›Weißen‹ im Lager waren schockiert und irritiert – sie erkannten, daß die ›Umerziehung‹ auf's Neue zu beginnen habe.«

Galten diese britischen Beobachtungen differenzierter oder sich allmählich differenzierender politischer Einstellungen bei den erst gegen Kriegsende gefangenen Deutschen auch für die in »Featherstone Park« versammelten Marineoffiziere? Würde nicht mindestens der Schock der nach der totalen militärischen Niederlage *allen* sichtbar gewordenen Greuel des Hitlerregimes eine ganz entscheidende innere Umkehr und Neubewertung der vergangenen zwölf Jahre auch bei ihnen geradezu erzwingen? Dies zu erleben, darauf war ich ja selber höchst gespannt. Das Eingeständnis zum Beispiel, sich über ein Jahrzehnt hinweg tödlich geirrt, einem bloßen Götzen und Massenmörder, einem Regime grellster Menschenverachtung und himmelschreiender Unmoral gedient zu haben? Hatte nicht im Lauf der letzten Wochen und Monate ein jeder die Möglichkeit gehabt, sich von dem in »Featherstone Park« ganz besonders reichlichen Informationsmaterial die Augen öffnen zu lassen? All diese Fragen stellen, heißt, sie verneinen zu müssen, von ganz wenigen Ausnahmen abgesehen. Überwiegend verharrte man weiter in einer Art hinhaltenden Trotzes. Und der einzelne Marineoffizier konnte wohl auch »nichts dafür«, daß dem so war. »Einheitlichkeit« des Denkens bei dem Offizierskorps, das in seinem Selbstverständnis von der Meuterei in der Flotte 1918 her immer noch beeinträchtigt war, dessen um so entschiedenere »Ausrichtung« auf verordnete Grundwerte, die immer wieder von einer unter Raeder besonders autoritären Marineführung reklamierte »Geschlossenheit der Marine« nach innen und außen – all dies gehörte zu den Kardinalforderungen der Marine für ihre Offiziere. Verbindliche »Sprachregelungen« förderten solch homogenes Erscheinungsbild – die Marine war und blieb »geschlossen«, bis zuletzt und danach, »geschlossen«

auf falschem Kurs zwar, Hitlerkurs, aber eben »geschlossen«, denn Hitler war nun mal der Ver-Führer der Nation und Geschlossenheit das Markenzeichen der Marine. Ein enges Standesmilieu hatte dem einzelnen rasch seine Musteransichten aufgeprägt, ihn in das als solches nicht erkannte verbrecherische System Hitlers verstrickt, typisch deutscher Untertanengeist und ein mißverstandener Fahneneid hatten ihn zu guter Letzt vollends in das Abseits von den wohlverstandenen Interessen und Bedürfnissen seiner Nation getrieben. Wie hatte noch Großadmiral Raeder die politischen Erfordernisse der Zeit formuliert, in seiner Ansprache vor den Offizieren des Oberkommandos der Kriegsmarine am 30. Januar 1943, anläßlich der Niederlegung seines Oberbefehls? »Ich glaube, Sie werden mir darin zustimmen, daß es mir gelungen ist, im Jahre 1933 die Marine geschlossen und reibungslos dem Führer in das Dritte Reich zuzuführen. Das war dadurch zwangslos gegeben, daß die gesamte Erziehung der Marine in der Systemzeit trotz aller Einflüsse von außen her auf eine innere Haltung hinzielte, die von selbst eine wahrhaft nationalsozialistische Einstellung ergab. Aus diesem Grunde hatten wir uns nicht zu ändern, sondern konnten von vornherein aufrichtigen Herzens wahre Anhänger des Führers werden. Es hat mich mit besonderer Genugtuung erfüllt, daß der Führer mir dies stets hoch angerechnet hat, und ich möchte Sie bitten, alle darauf hinzuwirken, daß die Marine auch in dieser Beziehung eine feste und zuverlässige Stütze des Führers bleibt.« An solchem Postulat einfach vorbeizuleben, solche Worte, verdient, an sich abgleiten zu lassen – das konnte unter den Bedingungen der Marineerziehung nicht vielen gegeben sein. Noch ganz bedrückt von damals gerade gesehenen Schreckensbildern von Auschwitz und Bergen-Belsen, sagte ich in »Featherstone Park« einem von mir als relativ tolerant eingeschätzten Marineoffizier: »Ich halte diesen Kriegsausgang für ein Gottesurteil.« Er stimme mir nicht zu, erwiderte der Betreffende, ganz ruhig bleibend: »Nun, jeder darf seine Ansicht dazu haben«, sagte ich noch, »es ist gegenüber früher immerhin schon ein Gewinn, daß man so etwas sagen kann, ohne sofort eine Explosion auszulösen.«

Eine ganz andere Sache war es freilich, die Marinekameraden auf rein persönlicher Basis wiederzusehen, damals in »Featherstone Park«. Sie lebten nicht nur in der »Marinebaracke«, sondern auch in anderen, über das riesige Lager verstreuten Hütten, in insgesamt stattlicher Anzahl. So gab es viele Wiedersehen, mit Freunden, Bekannten, Teilnehmern an früheren gemeinsamen Operationen, an Seefahrten in Friedenszeiten. Und zu erzählen noch und noch; immer wieder war es so, als ob man erst gestern zum letzten Mal auseinandergegangen sei. Aller Umgang schien so vertraut, die schönsten Seiten der Marinekameradschaft kamen zum Vorschein. Der Beruf des Marineoffiziers war ja überhaupt ein sehr attraktiver, das Leben in der Marine hatte seine singulären Reize – hätte nur nicht der böse Schatten Hitlers über allem und jedem gelegen.

Der Freizügigkeit des Tagesablaufs in »Featherstone Park« entsprach vollkommen die Bereitwilligkeit der britischen Verwaltung zu jedweder vernünftigen Hilfe für die deutschen Kriegsgefangenen. Bald nach der Inbetriebnahme des Lagers war eine Universität, waren akademische und sonstige Arbeitskreise, ein Lagertheater, eine Baracke als »Kirche« für die beiden Konfessionen und ein Symphonieorchester entstanden. Die Universität bot ein komplettes Vorlesungsprogramm in den Rechts- und Staatswissenschaften, Volkswirtschaft, Geschichte, Philosophie und Philologie. Ihr Lehrkörper ließ sich aus der hohen Zahl der Militärreservisten im Lager gewinnen. In den Arbeitskreisen, die von ehemaligen Hochschulprofessoren oder Journalisten geleitet wurden, setzte man sich vorwiegend mit der deutschen politischen Vergangenheit auseinander. Auch ausländische Dozenten lehrten und debattierten im Lager, hielten Vortragsreihen. Einmal exerzierten die Briten uns einen »Brains Trust« vor: »Sie fragen, wir antworten – Wie löst Deutschland die soziale Frage?« Da sprachen radikale Sozialisten, ein junger Mann von gesundem Menschenverstand, ein Advokat staatlich gelenkter Privatwirtschaft, ein objektiv wägender Volkswirt, ein sozialistischer Arbeiter, ein intellektueller Sozialdemokrat und ein christlicher Sozialethiker. All dies hochinteressant und nicht zuletzt ergiebig für die Technik, die Methodik des Diskutierens, geboten von den Vertretern einer Nation mit jahrhundertelanger Erfahrung darin.

Für das Theater waren zwei Gruppen gebildet worden, die eine für die ernsteren Stücke, die andere für Sketche und lustigere Dinge. An Ernsterem wurden u. a. gespielt »Dantons Tod«, »Wilhelm Tell«, »Der zerbrochene Krug« und »Der Hauptmann von Köpenick«. Die herrlichsten Kostüme wurden aus alten Säcken und Farben gezaubert, Rüstungen aus Blechbüchsen. Der im Lager anwesende Sohn eines deutschen Dichters fungierte als Chefdramaturg, half bei der Auswahl und Bearbeitung der Stücke. Frauenrollen wurden gestrichen, nur einmal nicht – für Shakespeares »Troilus und Cressida« mußten die Männer ran. Im Symphonieorchester spielten viele Berufsmusiker, wir erlebten großartige Musikabende, gelegentlich auch schon mal die Aufführung einer Operette.

Von Anfang an hatten die Briten der deutschen Leitung dieses 1945 eingerichteten und von sogenannten »unbelehrbaren Nazis« freizuhaltenden Lagers einen Zugang zur Landespresse ermöglicht. Ein deutscher »Presseoffizier« stellte aus einer Auswahl von Zeitungen eine Presseschau zusammen. Später wurde die Versorgung großzügiger. Jede Baracke konnte ihre Zeitungen bekommen, gelesen wurden beispielsweise *The Times*, *The Manchester Guardian* und die Wochenzeitschrift *The Spectator*. Daraus wurden Presseschauen zusammengestellt und periodisch bekanntgegeben. Ich selbst habe dies eine Zeitlang für die »Marinebaracke« getan. Allmählich erlaubten die Briten auch den Druck einer deutschen, unzensierten Lagerzeitung. Sie erschien unter dem Titel *Die Zeit am Tyne*. Über einen zentralen Presseaushang drangen die ersten politischen Stimmen aus Deutschland zu uns herüber. Keine leidenschaftlicher und bewegter als die von Kurt Schumacher, dem mit nur kurzer Unterbrechung von 1933 bis 1945 in Hitlers Konzentrationslagern Gepeinigten. Ein glühender Antikommunist, jeglicher Zusammenarbeit mit den Kommunisten abgeneigt, trat er vehement für die deutsche Wiedervereinigung und für die Einfügung eines freien Gesamtdeutschlands in ein freies Europa ein. Er hatte ein mir sehr zusagendes politisches Konzept verkündet, war ich doch, national empfindend wie eh und je, untröstlich über den Verlust der Reichseinheit.

Auf britischer Seite verdankten wir die Großzügigkeiten dieses letzten Lagerlebens zunächst einmal dem Kommandanten von »Featherstone Park«, Lieutenant Colonel Vickers. Er war der würdige Exponent eines zur Versöhnung bereiten, ehrenhaften ehemaligen Kriegsgegners. Ihm zur Seite stand »The British Foreign Office Representative for PoW Camps in Northern England«, Colonel Henry Faulk. Für seine schwierige Mission der »Umherziehung« deutscher Kriegsgefangener hatte Faulk sich durch seine Kenntnisse auf dem Gebiet der Gruppenpsychologie empfohlen, er hat später auch darüber publiziert. Damals sah er seine Aufgabe so: »Gemäß der Vereinbarung von Jalta waren die Deutschen zu entmilitarisieren, entnazifizieren und demokratisieren. Großbritannien hat 1945 unverzüglich damit begonnen. Es lag mir ob, die entsprechende Arbeit in den deutschen Kriegsgefangenenlagern zu leisten. Bis dahin war der deutsche Kriegsgefangene kein Mensch, sondern nur ein ›Nazi‹, ein Begriff, der Grauen und Schrecken einflößte. Meine Erfahrung bewies mir aber, daß der deutsche Kriegsgefangene ein Mensch war. Und so endete die ursprüngliche ›Umerziehung‹ in einer begeisterten Zusammenarbeit für unsere gemeinsame Zukunft in einem neuen Europa.« In seiner Tagesarbeit hatte Faulk rasch den in Jalta ursprünglich rein politisch verstandenen Ansatz zur »Umerziehung« der Deutschen als verfehlt erkannt. Einen »Nationalsozialisten«, unbeschadet seiner Zugehörigkeit zum deutschen Volk, in einen »Demokraten« umerziehen? Diese Art von Aufgabenstellung sah er in der Praxis bald als gescheitert an. Faulk: »Das Problem war ein menschliches. Jedermann muß ein Recht auf Gruppenzugehörigkeit empfinden dürfen. Bis zur deutschen Kapitulation bedeutete die Ablehnung des Nationalsozialismus, daß man von der Gruppe ausgestoßen wurde. Nur sehr wenige Deutsche wagten es, sich dieser Gefahr auszusetzen. Deswegen bekannten sich die Kriegsgefangenen bis zum Ende des Krieges fast ausschließlich zum Nationalsozialismus. Nach der Kapitulation war der Nazismus tot, und die Kriegsgefangenen, wie alle anderen Deutschen, brauchten ein neues Gruppensystem. Und zu dieser Zeit begann auf britischer Seite der Versuch, Menschlichkeit, Menschenrecht und Menschenwürde in den Vordergrund der Bemühungen um den Kriegsgefangenen zu stellen. Der Kriegsgefangene sollte das Menschenleben, aber nicht das politische System umdenken. Für diesen neuen

Versuch war es von Nachteil, daß der Kriegsgefangene das Wort ›Umerziehung‹ noch immer unter politischen Vorzeichen sah. Er nahm, dazu ja auch ermuntert, die demokratischen Organisationsformen an, aber nur sehr oberflächlich, eben rein organisatorisch. Der wirkliche politische Einfluß auf diesem Gebiet der ›Umerziehung‹ blieb klein. Dagegen waren aber fast alle Kriegsgefangenen von dem neuen Versuch beeinflußt, das gesamte Problem auf eine menschliche Ebene zu stellen, wobei sie nicht merkten, daß auch dieser Geist nicht ohne Organisationsform wirken konnte. In dem eingeschränkten Lagerleben mangelte es auch den Intelligentesten unter ihnen manchmal an Perspektive, und sie neigten dazu, das allgemeine Bild nach jeweiligen örtlichen Zuständen und persönlichen Beziehungen zu beurteilen. Es kam jedenfalls darauf an, die Kriegsgefangenen möglichst mit den besten britischen Vorbildern in Verbindung zu bringen. Leider gab es von denen nicht genug, und gelegentlich auch glatte Nieten. Aber in allen lebte der gute Wille, der am Ende dazu führte, daß ›andere Menschen‹ die Lager verließen als hereingekommen waren.« Und es war der Colonel Faulk, der damals besonders vielen Kriegsgefangenen zu einem neuen Ansatz im Leben verholfen hat. Er lebt in der dankbaren Erinnerung vieler fort.

In erster Linie aber ist hier eines Mannes zu gedenken, der sich für sein Amt als »Interpreter Officer Featherstone Park Camp« hervorragend, ja ganz außergewöhnlich engagierte, des Captain in the British Army Herbert Sulzbach. Für seine Mission in diesem damals von den Briten als besonders wichtig angesehenen Lager hatte er sich in seinen vorangegangenen Dienststellungen, erst als Staff Sergeant, dann als Lieutenant in dem Kriegsgefangenenlager Comrie/Schottland sozusagen die Sporen verdient. Dort hatten sich Anfang 1945 etwa viertausend Mann befunden, unter ihnen fanatische Nazis und auch Angehörige der Waffen-SS. Sulzbach war seine Aufgabe der »Umerziehung« in unzähligen Einzelgesprächen angegangen, und hatte sich für den 11. November, den »Armistice Day« des Ersten Weltkrieges, etwas Besonderes einfallen lassen. Nachdem er den viertausend vorgeschlagen hatte, an diesem Tage die Toten *aller* Nationen zu ehren, nahm er den auf dem Fußballplatz des Lagers Versammelten den gemeinsamen Schwur ab: »Niemals wieder darf solches Morden einsetzen! Es muß das letzte Mal sein, daß wir uns derart haben täuschen und betrügen lassen. Es trifft nicht zu, daß wir Deutschen eine überlegene Rasse sind; wir haben kein Recht zu der Annahme, daß wir besser sind als andere. Vor Gott sind wir alle gleich, welcher Rasse und Religion wir auch angehören mögen. Endloses Elend umgibt uns, und wir haben erkannt, wohin die Arroganz führt... In dieser Schweigeminute geloben wir, heute am 11. November 1945, daß wir als gute Europäer nach Deutschland zurückkehren und an der Aussöhnung der Völker und der Wahrung des Friedens mitwirken werden...« Nur etwa ein Dutzend der Kriegsgefangenen grollte in den Hütten, während die Mehrheit beim Intonieren des Gefallenengrußes draußen stillstand. Herbert Sulzbachs Kommentar: »Der Nazismus konnte bekämpft und schon 1945 geschlagen werden.« Wer war dieser ungewöhnliche Mann?

Sulzbach wurde 1894 als Sohn jüdischer Eltern in Frankfurt/Main geboren. Sein Großvater hatte dort 1855 das private Bankhaus Gebrüder Sulzbach gegründet, sein Vater es später geerbt. Herbert hatte sich 1914 als Kriegsfreiwilliger gemeldet und war im August in das 63. Feldartillerieregiment einberufen worden. Über seine vier Jahre Krieg im Westen hatte er, zuletzt Kaiserlicher Leutnant, Träger der Eisernen Kreuze beider Klassen und des Frontkämpferehrenkreuzes, 1935 sein Kriegstagebuch *Zwei lebende Mauern* veröffentlicht. Es war von der Rezension, auch derjenigen in der braunen Presse, begeistert begrüßt, das »Judentum« des Autors offensichtlich gar nicht wahrgenommen worden. Aber schon zwei Jahre später, die auch für ihn lebensgefährliche Verfolgung der Juden durch die Nazis war voll im Gange, mußte Herbert Sulzbach auswandern. England war das Ziel seiner Wahl gewesen, wo ein von ihm gegründeter Herstellungsbetrieb im Papiergewerbe, Filiale seiner Berliner Firma, eine bescheidene Lebenshaltung ermöglichen sollte. 1938 mußte er noch einmal das hohe Risiko einer Einreise nach Deutschland, an den Fahndungslisten des Reichssicherheitshauptamtes vorbei, auf sich nehmen. Er hatte ja noch seine Frau Beate, Nichte des großen Dirigenten Otto Klemperer, und deren Schwester nach England zu holen. Spannungsgeladene Atmosphäre die beiden Male bei den Grenzübertritten, aber alles klappte. In der Folgezeit war ihm und seiner Frau die deutsche Staatsangehörigkeit entzogen, sie beide staatenlos und, nach Ausbruch des Krieges 1939, in England »enemy aliens« geworden. Eine anfängliche Internierung auf der Isle of Man, zusammen mit Nazis und Antinazis, ein Alptraum für sie, endete aber schon 1940, nachdem Sulzbach auf seinen Antrag hin in die britische Armee aufgenommen worden war. Verschiedene Verwendungen bei den Pionieren waren gefolgt, bis ihm 1944 ein Armeebefehl zu Gesicht kam: »Es werden händeringend Deutschsprechende gesucht!« – So sehr wuchs die Zahl deutscher Kriegsgefangener im Lande ständig an. Er besprach sich mit seiner Frau. Einerseits meinte er, sich so nützlich machen zu können, andererseits grauste ihm vor dem Wiedersehen mit dem Hakenkreuz, die Deutschen trugen es ja alle auf der Brust! Sulzbach: »Es war meine Frau, die mich eigentlich überredete und mir sagte: ›Du wirst das schon schaffen!‹« Und dann hatte sie begonnen, die große Aufgabe, die ihn auf Jahre engagieren und für den Rest seines Lebens erfüllen sollte, die Aufgabe der Verständigung und Aussöhnung zwischen Deutschen und Briten. Der deutsche Kriegsgefangene in England zwischen 1944 und 1945, so hat er später einmal berichtet, war zum großen Teil noch fanatischer Nazi und im Wahn, daß Hitler den Krieg noch gewinnen werde. »Es gab da aber natürlich auch schon eine Reihe von Zweiflern, ja Antinazis. Da war der furchtbare Mord an einem Hitler-Gegner, einem Feldwebel, der von fanatischen Kameraden totgeschlagen und dann aufgehängt wurde, weil er in seinem Tagebuch, das man durchgestöbert hatte, als er schlief, antinazistische Notizen gemacht hatte. Die Mörder wurden übrigens im Sommer 1945 gehängt. Dann gab es Zweifler und Mitläufer, die natürlich am leichtesten zu bekehren waren.« Und was sagte Sulzbach zu »Featherstone Park«? »Ich ließ zunächst alles auf mich zukommen. Kriegsgefangene betraten mein Büro mit allen möglichen Fragen und Interessen. Mir lag daran, dann stets das Gespräch auf England zu bringen, auf Nazi-Deutschland, und ich versuchte, in knappen Worten den Unterschied zwischen Freiheit und Tyrannei darzulegen. Die Deutschen wurden zutraulich und berichteten wohl in den Baracken von ihren Gesprächen mit mir. Es kamen mehr und mehr, denen ich eher seelischer Berater oder Helfer als etwas anderes sein konnte oder wollte. Schwierigkeiten von britischer Seite her gab es eigentlich kaum. Ich hatte das große Glück, verständnisvolle Lagerkommandanten zu haben, die mir freie Hand ließen, dann den großen Menschen Henry Faulk und, nicht zuletzt, ebenso verständige Herren im Kriegsministerium in London. Es war für mich nicht schwer, verbohrte Nazis, Mitläufer, Opportunisten und Antinazis voneinander zu unterscheiden. Allerdings bin ich als geborener Optimist ab und zu vielleicht hereingefallen. Aber mir war es lieber, den einen oder anderen, der es nicht wert war, früher nach Hause geschickt zu haben als umgekehrt. Auf der anderen Seite habe ich, als ich auch mit den politischen Einstufungen beauftragt wurde, oft ganz bewußt junge Menschen, die noch Nazis waren, in eine Stufe gebracht, die sie zu Nichtnazis stempelte, und der Erfolg war um so größer. Nach Kriegsende war es natürlich leichter, Zweifler und Nazis zu normalen Menschen zu machen. Methoden hatte ich mir eigentlich nicht ausgearbeitet; denn ich sprach individuell mit jedem. Vielleicht ist noch etwas zu betonen: Ich habe als deutscher Emigrant niemals den Briten markiert oder meinen Namen geändert, und das flößte den meisten wohl Vertrauen ein.«

Als ich selbst Sulzbach zum ersten Mal besuchte, hatten wir sogleich ein besonderes Gesprächsthema: das Schicksal meines Londoner Vorkriegseigentums. 1938/39 zum Stabe unseres dortigen Marineattachés zählend, hatte ich meine persönliche Habe nicht mehr vor dem Kriegsausbruch nach Deutschland retten können. Als damaliger möblierter Junggeselle hatte ich freilich nicht allzuviel zurückgelassen. Alles war beschlagnahmt, in amtliche Verwahrung genommen, zu guter Letzt versteigert und mir ein schmaler Erlös gutgeschrieben worden. Es hatte sozusagen seine Ordung. In unserer allgemeinen Unterhaltung bilanzierte Sulzbach eine typische Erfahrung aus seinen vielen Gesprächen mit anderen Kriegsgefangenen. Es gelte, die Deutschen zu »entkrampfen, entkrampfen...«. Ich konnte ihm da nicht widersprechen.

Die Sonne lachte, eine herzerfreuende Landschaft im jungen Grün des frühen Mai rauschte vorbei und ein warmer Zugwind streifte die geöffneten

Fenster des Schnellzuges von Newcastle nach London. In den Abteilen saß eine kleine Gruppe aus »Featherstone«, auf rascher Fahrt nach Süden, im prickelnden Gefühl einer bevorstehenden Abwechslung im doch etwas monotonen Leben eines Kriegsgefangenen. Erst drei Tage zuvor hatte Sulzbach mir, ebenso wie den anderen, die »Versetzung« in ein »Documentation Centre« angekündigt. Was wir dort sollten, erklärte er nicht so genau, aber das würden wir nach der Ankunft sogleich erfahren. Und nach der Abreise aus dem Lager in aller Herrgottsfrühe erreichten wir nachmittags den »King's Cross« in London, weiter ging es nach »Charing Cross« und von dort nach Tonbridge in der Grafschaft Kent. Ein Auto brachte uns ans Ziel, zum Kriegsgefangenenlager Nr. 40, gebaut gleich einer Jugendherberge, in ringsum schönem Panorama; seine Bezeichnung: »Halstead Exploiting Centre«. Es war allmählich gegen 21 Uhr geworden, aber noch hell, und wir erkannten von den Briten erbeutetes deutsches Kriegsgerät, offensichtlich marineartilleristisches – was soll das? dachten wir, ein großes Fragezeichen war aufgerichtet, sofort. Am Tage darauf erläuterte ein britischer Offizier uns unsere neue Aufgabe. Zur dort gestapelten Kriegsbeute gehörten auch unzählige Geheimvorschriften wie Beschreibungen, Verwendungsrichtlinien, Illustrationen usw., alles hochtechnisch, sehr schwierig ins Englische zu bringen – und eben diese Arbeit erwartete man von uns. Sie würde gewiß längere Zeit in Anspruch nehmen, aber wir wüßten ja bereits, daß wir vor Oktober ohnehin nicht repatriiert werden könnten. Wir »Featherstoner« sahen uns betroffen an. Daß wir das nicht übernehmen würden, war den meisten auf der Stelle klar. Formal aber erbaten wir Bedenkzeit. Und am nächsten Vormittag brachten wir unser »Nein« zu diesem Auftrag vor. Nachmittags versuchte dann der britische Lagerkommandant persönlich, uns umzustimmen, vergeblich. Am Tage darauf wollte uns ein extra aus London angereister Major des Kriegsministeriums für das Projekt gewinnen, ebenfalls vergeblich. »Wenn Sie all dies Material nun schon einmal erbeutet haben«, war und blieb unsere Antwort, »ist dessen Auswertung ausschließlich Ihre Sache. Wir wollen damit nichts zu tun haben.« Punktum. Es gab kein böses Blut bei den Briten deswegen, sie nahmen es hin. In einzelnen Unterhaltungen mit ihnen während der folgenden Tage wurden die gegenseitigen Standpunkte noch einmal ventiliert, aber nicht mehr geändert. Unvermeidlich versetzte man uns nach »Featherstone Park« zurück, wo wir Mitte Mai wieder eintrafen. Nach knapp zwei Wochen war das Intermezzo »Halstead« vorüber, hatte uns das übliche Gefangenenleben wieder.

Die kommenden Monate wollten mir nun nur noch als ein Übergang zur Heimkehr nach Deutschland erscheinen. Ich hörte ausgewählte Vorträge, hielt selber welche, besuchte Theater-, Film- und Musikabende, holte die eigene Geige wieder hervor. Ein Dozent für Russisch animierte mich zu einem Anfängerkurs in dieser schwierigen Sprache, so daß zusammen mit einer Weiterbildung im Englischen, auch wieder mittels der »Pitman«- Kurzschrift, meine Tage hinreichend gefüllt waren. Hin und wieder nutzte ich die in »Featherstone Park« schon seit dem Sommer 1945 bestehende Möglichkeit, nach Unterzeichnung einer Erklärung und ohne Bewachung außerhalb des Lagers, vorzugsweise in der Landwirtschaft, zu arbeiten. Täglich konnten dort nämlich Freiwillige auf rund 250 Bauernhöfe und 18 Drainagestellen entsandt werden, und schon im Oktober 1945 war die hohe Zahl von 850 Deutschen pro Tag für solche Außenarbeiten erreicht worden. 1945 hatte man im dortigen Umkreis mehr als 9000 Tonnen Kartoffeln geerntet und einen großen Teil davon zur Versorgung in die britische Besatzungszone Deutschlands geschickt! Einige Offiziere lebten bereits in Bauernquartieren, andere in neugeschaffenen Außenstellen (»hostels«) des Lagers 18. In der Drainage war das Ergebnis eines Jahres an Arbeit gewesen: 450 Kilometer gezogener oder ausgebesserter Gräben, mehr als 2500 Hektar Öd- und Sumpfland in fruchtbares Kulturland umgewandelt! Ich selbst ging zu Bauern, übernahm Gelegenheitsarbeiten wie das Kalken von Ställen, hatte aber die größte Freude an der Drainage in den Torfmooren von Sewing Shields, einer Arbeitsdomäne der »Women's Land Army«. Zusammen mit deren stets lustig aufgelegten, stämmigen Mädchen gab es immer eine Menge Spaß. Niemals gab es von seiten der deutschen und britischen Lagerleitung auf das Annehmen dieser Arbeiten auch nur den leisesten Zwang. Viele persönliche Verbindungen von Deutschen mit der englischen Bevölkerung dort sind damals entstanden, und der deutsche Name hat in Northumberland noch heute einen guten Klang. Aber auch die alten Römer hatten uns Gelegenheitsarbeiten hinterlassen. In der Nähe von »Featherstone Park« verlief als einstige Grenzbefestigung der römischen Provinz Britannien der 120 Kilometer lange, von Kaiser Hadrian (117–138) mit ursprünglich 17 Kastellen, 80 Toren und 320 Türmen angelegte und nach ihm benannte Wall. An ihm hatten die Jahrhunderte genagt, und er war allerorten zu restaurieren. Auch wurde ständig an ihm irgendwo ausgegraben. Einmal durften wir die überaus eindrucksvolle Kathedrale in Durham besichtigen und dort an einem Gottesdienst teilnehmen.

Anfang Oktober 1946 verließ uns eine kleine erste Gruppe zur Repatriierung. Ich selbst erfuhr Anfang November, daß die meine unmittelbar bevorstehe. Und in der Frühe des 5. November wurde ich als Angehöriger einer neuen Heimkehrergruppe in Marsch gesetzt, Zwischenziel: Lager 23, bei Sudbury, wo wir noch einige Tage als Vorstufe zur Einschiffung nach Deutschland zu verbringen hatten. Es waren Tage öder Routine und bloßen Wartens. Aber erwartungsvolle Spannung kam auf, als nach vier Tagen die Namen für den ersten Heimtransport verlesen wurden. Es wechselten Transporte in die »Britische Besatzungszone« Deutschlands ab mit solchen in die amerikanische. Meine Gruppe reiste am 20. November aus Sudbury ab, traf mittags in der Küstenstadt Hull ein, und nachmittags wurden wir eingeschifft: auf der *Empire Spearhead* – welch großer Name, dachte ich, der dürfte wirklich einen Ozeanriesen schmücken! Aber ich war mit unserem bescheidenen Frachter mehr als zufrieden, als uns auf dessen Vorschiff die Sonne beschien, während er langsam aus dem Hafen glitt.

In der Nacht auf der *Empire Spearhead,* der letzten vor dem Wiedersehen mit Deutschland, wollte der Schlaf zu vielen nicht kommen. Wir verbrachten sie in Gesprächen oder hingen Gedanken nach. Einige von uns konnten wenigstens in ihre frühere Heimat, eine gewohnte Umgebung, vielleicht auch zu Freundeskreisen zurückkehren – die aus dem Osten, ich aus Schlesien, konnten das nicht. 1943 hatte meine Mutter wegen des zunehmenden Bombenkrieges Berlin als Wohnsitz aufgegeben und war nach Schlesien zurückgekehrt, nicht nach Hirschberg, Stätte meiner Kindheit, sondern nach Bad Schwarzbach im Isergebirge. Im äußerlich so friedlichen Schlesien war ihr der volle Ernst der Kriegslage bis zum Januar 1945 nicht so recht aufgegangen; der Reichsrundfunk jedenfalls hatte dazu nicht beigetragen. Aber als sie sich eines Januartages beim Stationsvorsteher nach dem Stand des Zugverkehrs erkundigte, sah dieser sie verwundert an. »Ja, wenn Sie hier überhaupt noch herauswollen, der nächste und letzte Zug fährt in einer Stunde.« Und so hatte sie es dann noch geschafft, in fliegender Eile, ein Köfferchen in der Hand, sonst nur mit dem, was sie auf dem Leibe trug, nicht gerade den besten Sachen – die möchte man den Strapazen einer Kriegsevakuierung ja nicht aussetzen. Und über eine Verwandte in Bad Harzburg, bei der sie aber nicht bleiben konnte, war sie weiter ins Hannoversche gelangt, lebte jetzt als Flüchtling im schmalen Zimmer eines Bauernhauses in Leeseringen an der Weser. So gehörte ich also zu den Transporten in die »Britische Zone«.

Am 21. November um 17.30 Uhr legte die *Empire Spearhead* in Cuxhaven an. Wir bestiegen einen in der Nähe des Kais bereitstehenden Zug, erreichten, nach einer dreistündigen Panne der Lokomotive, Munster Lager zwischen 03.00 und 04.00 Uhr in der Frühe. Der Aufenthalt dort dauerte insgesamt nur zwei Tage. »Papierkrieg«, Entlassungsscheine, Stempel, ein Handgeld für die Reisekosten zum Heimatort. Der Eintritt in das zivile Nachkriegsleben war vorbereitet.

Auf Lastkraftwagen ging es am Vormittag des 23. November zum Hauptbahnhof in Hannover, dem Ausgangspunkt aller Entlassungen in die »Britische Zone«. Herunterspringen, Gepäck ergreifen und zusammenhalten – Herr im Himmel, was hatte ich da nicht schon wieder alles an Klamotten: Koffer, Seesack, Buchpakete, Geige, eine schier unglaubliche Menge, jetzt zu retten durch die überfüllte Bahnhofshalle, die lange Schlange am Fahrkartenschalter, über einen Bahnsteig schwarz von Menschen, hinein in einen aus allen Nähten platzenden Zug nach Nienburg. Allein würde ich das niemals schaffen – aber helfende Hände boten sich an, vertrauenerwekkende und solche, die es weniger schienen. Besonders flehentlich der Blick eines Versehrten: der Bedauernswerte schien mit seiner Krücke kaum gehen zu können, aber nach seinem: »Ich helfe Ihnen wirklich gern, ich kann es auch« war er mir willkommen. Oben auf dem Bahnsteig konnte ich jeden Versuch abschreiben, in ein Abteil zu gelangen, zumal mit all dem Gepäck. Also diesen Zug aufgeben und auf den nächsten warten? Halt, war da nicht ein leeres Bremserhäuschen am Ende eines Wagens? In der Tat. »Los«, schrie ich über den Verkehrslärm meinem Begleiter zu, »hier hinauf!« Hastig schoben wir Stück um Stück die schmale Stiege hinauf. Oben, auf engstem Raum, von meinen Sachen halb eingeklemmt, nestelte ich nach meinen Zigaretten, warf meinem Helfer zwanzig zu: Dank, Dank und alles Gute! Und schon rollte der Zug aus der Halle, kam mein Freund unten außer Sicht – es war wirklich höchste Eisenbahn gewesen.

Fast auf den Tag war es fünfeinhalb Jahre her, seit ich Deutschland zum letzten Mal verlassen hatte, damals im Mai 1941, von Gotenhafen aus, an Bord des starken Schlachtschiffes *Bismarck*. Bombenschäden hatte es zu jener Zeit im Osten des Reiches noch nicht gegeben, und auch die im Winter 1940/41 in Hamburg erlebten Nachtangriffe hatten die Hansestadt kaum gezeichnet. Jetzt sah ich erstmalig mit eigenen Augen die grauenhaften Wirkungen des Luftkrieges. Schaudernde Neugier mischte sich mit tiefer Beklommenheit, als mein Zug an Horizonten der Zerstörung entlangrollte, buchstäblicher Erfüllung der Daladierschen Worte vom Spätsommer 1939: »Siegen werden am sichersten die Zerstörung und die Barbarei« – Ruinen rechts, Ruinen links. Ihr bedrückender Anblick baggerte jenen Satz aus dem geschichtlichen Schutt der vergangenen zwölf Jahre: »Gebt mir vier Jahre Zeit, und ihr werdet Deutschland nicht wiedererkennen!« Vier Jahre! – Er hatte sie sogar dreifach bekommen, der große »Führer«. Und er hatte dafür quittiert, mit 50 Millionen Toten, dem deutschen Osten, Trümmern allüberall und der Flucht aus jeglicher Verantwortung. Auch aus der von ihm rhetorisch so strapazierten, der »vor der Geschichte«.

Ende eines Alptraums

> Mein sind die Jahre nicht, die mir die Zeit genommen;
> mein sind die Jahre nicht, die etwa möchten kommen;
> der Augenblick ist mein, und nehm' ich den in acht,
> so ist der mein, der Jahr und Ewigkeit gemacht.
> *Andreas Gryphius*, 1616–1684

Derjenige Deutsche, der durch seine Konstitution dazu verdammt war, das schleichende Gift im sogenannten Nationalsozialismus (ich hielt ihn für weder national orientiert noch sozialistisch) schon frühzeitig zu erkennen, die Spanne 1933 bis 1939 als das zu begreifen, was sie in Wirklichkeit war: die Phase der, nach mörderischer Ausschaltung wirksamer Opposition, unaufhaltsamen Umwandlung Deutschlands in eine geistige, moralische und zivilisatorische Wüste, einen Sammelplatz für kriegerische Aggression, und die Spanne 1939 bis 1945 als Jahre bloßen physischen Nachvollzuges der Gewalt, des peinigenden Bewußtseins, daß der Feind vor den Rohren nur technisch der Feind, der Feind Deutschlands in der Substanz aber der Mann in der Reichskanzlei war – einem solchen Deutschen müssen diese Jahre unter Hitler als ein wahrer Alptraum, ein Fegefeuer für aufgeklärte Patrioten erschienen sein. Er hatte dann zwar am 8. Mai 1945 nicht weniger als andere Deutsche tiefsten Schmerz über den abrupten Sturz seines Landes ins scheinbare Nichts empfunden. Aber wenn ihm nunmehr ein, ja *der* große Trost zuteil geworden war, so der der Befreiung Deutschlands von Hitler und dessen Clique, der endlichen Möglichkeit für sein Volk, sich auch innerlich von dem Irrweg der vergangenen zwölf Jahre, einer geistigen Jahrtausendblamage, zu lösen. Und er durfte das Gefühl haben, tiefer abwärts gehe es mit seinem Lande nun nicht mehr, könne es nicht, es könne nur noch aufwärts gehen. Alles, was ich hinfort beruflich tue, wird nun auch staatsbürgerlichen Sinn haben, ein Beitrag sein können an ein vernünftiges Gemeinwesen. Erstmalig seit 1933! Es war ein unbeschreibliches Gefühl.

Eine große Hoffnung, eine zu große vielleicht? Nachdem wir uns ja nicht aus eigener Kraft von Hitler befreit, diese Befreiung vielmehr ganz und gar den Siegermächten des Zweiten Weltkrieges verdankt hatten? Und nach Jahren der Beobachtung, daß der Nationalsozialismus alles andere als ein »Betriebsunfall der Geschichte« war, er, im Gegenteil, den Deutschen geradezu auf den Leib geschrieben gewesen zu sein schien? Mit seinem raffinierten Appell an jahrhundertelang von deutschen Obrigkeiten auf jeweils ihre Weise bei deutschen Untertanen gehegte Instinkte und Gewohnheiten:

Ordnung und Disziplin, autoritäre Herrschaft und die nunmehr ja als kerniges Schlagwort formulierte (»Du bist nichts, dein Volk ist alles«) Unterordnung des einzelnen unter den Staat, das »Ganze« ! Und hatte solche Forderung nach quasi hierarchischer Formierung des Volkes nicht auch eine ganz besondere Anziehungskraft auf militärische Kreise, die Marine, ausüben müssen? Im Volk schlummernde, jetzt hemmungslos dynamisierte mystische Empfindungen, dunkler, verworrener Glaube, Bücher wie die von Houston Stewart Chamberlain, Rosenbergs schlimmer *Mythus des 20. Jahrhunderts* hatten das ihre zur Verwirrung der Geister in einem Volk beigetragen, das Klarheit und Vernunft in der Politik mehr als alles andere gebraucht hätte. Eine diabolische Staatsregie hatte den Deutschen eine Zukunft unter Hitler in strahlendstem Licht erscheinen lassen. Nicht enden wollen im Lande hatten die Aufmärsche, trunkenen Siegesfeiern und Totenehrungen, das Verklären des Todes überhaupt, die Anlässe für Gefühlsbetontes, Irrationales, Sinnliches und Rauschhaftes. Da war es wirklich kein Wunder gewesen, daß an die Stelle kühler Sezierung staatlicher Politik der blinde Glaube an den »Führer« und seine »Lehre« getreten war – ein Glaube, und das war das Entsetzliche, der sich auch noch als »Wissen« verstand. »Führer befiehl – wir folgen dir« war zu dessen tagespolitischer Münze geworden, Urkunde der geistigen Abdankung einer Nation. Und es war ebenfalls verständlich, daß der Menge die Antennen für Hintergründiges fehlten oder genommen wurden. Wer, wie am Tage des Judenpogroms, dem 9. November 1938, Akte »spontaner Vergeltung« auf offener Bühne erlebt hatte, erspürte nicht mehr, wie solches Grauen erst einmal unterirdisch, im Verborgenen toben mußte!

Daß mir selbst, erzkonservativer Familie entstammend, politische Einsicht in die Natur des Hitler-Regimes schon früh zuteil geworden war, kann ich nun freilich nicht behaupten. Mein Eingangswert für die Beurteilung Hitlers war nicht mehr als sein mich abstoßendes Antlitz gewesen. Einen Sinn für staatsmännische Verantwortung hatte ich niemals aus ihm herauslesen können, und auch rhetorische Mimik vermochte ihm nicht zu verleihen, was ich vermißte. Von dem Träger eines solch elenden Gesichtes, Antlitz eines Psychopathen, Gutes für Deutschland erwarten? – Ich hatte es instinktiv nie können. Von mir mit innerem Widerwillen bei seiner Ankunft im Amt des Regierungschefs beobachtet, hatte ich Hitlers entscheidende Akte zur Zerschlagung unseres Rechts- und Verfassungsstaates in den Jahren 1933/34 noch erlebt, ohne sie überhaupt, als Berufssoldat und Nichtjurist, in ihrer vollen Tragweite zu ermessen. Als ein finsteres Signal, als bitteren Anstoß zum Nachdenken, hatte ich erst die am und nach dem 30. Juni 1934 von Hitler inszenierten politischen Morde erkannt. Nicht etwa, daß ich damals mehr über die blutigen Vorgänge gewußt hätte als die Allgemeinheit. Aber die öffentlichen »Rechtfertigungen«, die Hitler danach verkündet hatte, schienen mir dann doch allzu vieles offengelassen zu haben, hatten mich nicht befriedigt. Zuviel Düsteres war offensichtlich überspielt worden. Mißtrauen war alles, was sie mir vermittelten, ein alarmierendes, zum Anwachsen bereit, jederzeit.

So also hatte bis 1934 der Herr Hitler auf mich gewirkt, der von den Konservativen meines Gesichtskreises so heiß ersehnte. »Diesem Staat kann ich nicht dienen«, hatte einer meiner um die Monarchie trauernden Onkel, Verwaltungsjurist und Kriegsteilnehmer 1914-18, noch nicht fünfzigjährig, sofort nach Errichtung der Weimarer Republik im Familienkreise bekanntgemacht. »Deine Großeltern«, hatte mir eine Tante gegen Ende der zwanziger Jahre verkündet, »wählen nur noch Hitler. Ich habe sie dazu gebracht. Nur von ihm kann Deutschland noch einen Aufstieg erwarten.« Nur mit »langen Zähnen« hatte die Reichsmarine bis 1932 den 11. August, Verfassungstag von »Weimar«, begangen – ihm haftete »Anrüchiges« an; groß zu reden brauchte man darüber nicht, man verstand sich auch so über dieses elende »Weimar«. All diese Standpunkte hatte ich in jungen Jahren beobachtet, ohne sie wirklich zu übernehmen, rational voll begriffen hatte ich sie ohnehin nicht. Denn dafür war mir die Politik ein viel zu entlegenes Feld geblieben, hatte ich, Internatsschüler, dann Soldat, ihr gegenüber eine sichere Grundhaltung längst noch nicht entwickelt. Hitler hatte ich mit voranschreitender Zeit politisch weder »rechts« noch »links« einordnen, sondern nur als eine Erscheinung eigener Art verstehen können – mit besonderer Saugkraft, kein Zweifel, auf die Konservativen, die keine Bremsen zu kennen schienen, in sein Lager überzugehen. Hatte nicht gleich einer der ersten öffentlichen Akte der Nazis, die Bücherverbrennungen in Berlin, München, Köln und Königsberg am 10. Mai 1933, einem gestandenen »Gedankengut« der Rechten zu neuem Höhenflug verholfen? Hatte mir nicht schon einmal, noch in meiner Schulzeit, ein Familienfreund von jenen geistigen Strömungen in der militanten akademischen Rechten, anfangs der zwanziger Jahre, erzählt? Seine Worte hatten ein inneres Glücksgefühl verströmt, aber ich, damals 16jährig, hatte die politischen Hintergründe gar nicht erkannt. »Wir bekämpfen mit allen zu Gebote stehenden Mitteln die Träger jenes jüdischen Geistes, dessen Auswirkungen deutsches Volksbewußtsein zerstört, deutsche Tatkraft ausgemergelt, deutsche Kunst verseucht, deutschen Idealismus im Schlamme des Materialismus erstickt haben. Wir bekämpfen die unglückseligste Hirngeburt unserer Epoche, den selbstentmannenden Pazifismus, und brandmarken ihn wegen seiner die Volkskraft zersetzenden Wirkung als Hochverrat an unserer Nation. Wir werden immer und immer wieder das wahre Wesen der sogenannten Demokratie enthüllen... Wir laufen Sturm gegen den undeutschen Parlamentarismus, der sein Möglichstes getan hat, um das Deutsche Reich zu zertrümmern, und der niemals die Tatkraft aufbringen wird, die für den Neubau des Reiches nötig ist«, hatte es 1923 in einem der schon die Scheiterhaufen von 1933 richtenden Grundsatzpapiere dieser republikfeindlichen Rechten geheißen. Der Ernst Jünger von 1930 hatte noch einmal Nachhilfe gegeben: »Im gleichen Maße... in dem der deutsche Wille an Schärfe und Gestalt gewinnt, wird für den Juden auch der leiseste Wahn, in Deutschland Deutscher sein zu können, unvollziehbar werden, und er wird sich vor seiner letzten Alternative sehen, die da lautet: in Deutschland entweder Jude zu sein oder nicht zu sein.« Welche den damals hervordrängenden Nazis parallelen Feindbilder der Rechten! – Leute »linker« politischer Tendenzen, einige Lehrer aus vergangener Schulzeit, hatte ich da ganz anders in Erinnerung, besonnen kritischer, distanzierter gegenüber allem Massenwahn. Vom erlebten »Hurrapatriotismus« hatten sie oft, verächtlich, gesprochen – nur zehn Jahre vor dessen »sieg-heiliger« Neuauflage in den Foren des »Dritten Reiches«. Bei den »Linken« war da wohl ein etwas mehr differenzierender Patriotismus zugelassen.

Ich selbst hatte mich freilich, in anhaltender innerlicher Auseinandersetzung mit der Figur Hitler, mit meinem persönlichen Unvermögen herumzuschlagen, dessen »Revolution« überhaupt als eine solche zu begreifen. Wenn sich auch aus heutiger Sicht die einschneidenden Folgen seines Regimes für Deutschland, die Beseitigung der alten preußischen Oberschicht und die Notwendigkeit von deren Ersetzung durch eine andere, die Auflösung des Landes Preußen und das Verschwinden des Zentrums Berlin und die Teilung Deutschlands als Ergebnisse eines bewußt revolutionär eingeleiteten Prozesses ausnehmen mögen – bei Herrn Hitler hatte ich einen ernsthaften solchen Ansatz nicht entdecken können. Ein Mann wie Otto Strasser mochte auf wirkliche sozialistische Umgestaltungen der deutschen Gesellschaft hingezielt haben, aber Hitler? Was anderes tat er denn, als für selbstherrliche, nur nach außen messianisch verklärte Ziele alle mit der Republik Unzufriedenen in militanten Organisationen zu sammeln, in dem von ihm mit Hilfe einer mystisch-völkischen Ideologie narkotisierten Volk scheinreligiösen Massenwahnsinn zu entfesseln, Deutschland in einen Zirkus fanatischer Besessenheit, der gnadenlosen Inquisition, und die Deutschen in ein Aggregat politischer Veitstänzer zu verwandeln? Verbargen sich nicht in seinem Auftreten und dem seiner rhetorischen Statthalter, alle nur davon getrieben, Hitler und sich selbst an den Schalthebeln der Macht zu halten, und koste es die Wohlfahrt der Nation, eher die Elemente einer bloß revolutionär getarnten, in Wahrheit aber archaischen, schamlos brutalisierten Reaktion? Nur die Eigendynamik seiner Gewalt, seiner die sozialen Stände und Klassen zu einer »Volksgemeinschaft« plattwalzenden »Gleichschaltung« und des von ihm entfesselten Krieges hatten wohl, in ihrer Gesamtheit, seiner Nachwelt eine Wirkung überlegt eingefädelter sozialer Revolution vermitteln können.

Es war nun allerdings auch nach Hitlers Mordserie im Sommer 1934 keineswegs so, daß ich auf meinem Wege zunehmender Erkenntnis der Verworfenheit des NS-Regimes gradlinig und unbeirrt weiterschritt. In einer täglichen Umwelt der Ergebenheit und Treue Hitler gegenüber wäre das für einen immerhin noch jungen, politisch nicht informierten, im Grunde noch gar nicht gefestigten einzelnen auch nur sehr schwer möglich gewesen. Immer wieder traten da neben Zweifel an Hitler solche an mir selbst. Konnte es denn wirklich sein, daß so viele Deutsche schief und nur so bitter wenige richtig liegen? Und dann immer wieder diese Hitlerschen Rundfunkreden! Ob ich sie nun auf Befehl oder vom bloßen Ton aus dem Lautsprecher magnetisiert anhörte: Welche rhetorischen Kaskaden stürzten da nicht auf mich herunter, welch schwindelerregende Beredsamkeit! Welche eigenen Leistungen hatte er nicht, immer wieder, aufzählen können: das Chaos in Deutschland überwunden und die Ordnung wiederhergestellt, die Arbeitslosigkeit beseitigt und Millionen Erwerbslose wieder in den Produktionsprozeß eingegliedert, das Diktat von Versailles schrittweise abgebaut, die deutsche Wehrhoheit wieder errichtet – alles in sich schlüssige, nicht zu widerlegende Darstellungen. Einmal, Anfang 1936, pries er speziell den deutschen Soldaten als Stütze seines Staates, als den Waffenträger der Nation, umschmeichelte den deutschen Offizier – wie glatt hatten wir ihn doch geschluckt, den ausgelegten Köder! Auch die nie endenden Wiederholungen solcher Erzählungen ermüdeten nicht, ließen höchstens den Glanz erlebter Erfolge noch nachhaltiger in die Zukunft strahlen, derart würde es weiter aufwärts gehen, ganz gewiß. Einer donnernden Brandungswelle vergleichbar, riß mich Hitlers Sprache immer wieder vom Boden scheinbar unerschütterlicher Vorbehalte und Abneigungen, und ich geriet ins Schwimmen; hatte ich mich nicht doch geirrt, mußte ich mich nicht doch grundlegend korrigieren? Aber merkwürdig, solch quälende Ungewißheit dauerte immer nur zwei oder drei Tage, dann hatte ich mich wieder: Nein, seine geifernde Sprache, sein lodernder Fanatismus, seine irrlichternden Zornesausbrüche, das erschien irgendwie unecht, intellektuell fragwürdig, der Mann hat nicht recht; Instinkt mehr als Verstand sagte es mir. Und so konnte ich mich rational nie voll erklären, konnte nichts »beweisen«. Es war ein geisterhaftes Leben, wie zwischen zwei Welten.

»Mein Gott, warum bist du nur so deprimiert?« Es war eine Freundin, die mich das gefragt hatte, als ich, Ende 1937, nach langer Zeit wieder einmal nach Berlin gekommen war. »Wenn du denkst, daß mich ein kürzliches Ereignis bedrückt«, antwortete ich, »nein, das ist es nicht. Ich wüßte ein solches auch gar nicht zu nennen für dieses Jahr, nicht einmal für 1936. Nein, es ist etwas ganz anderes, äußerlich Unscheinbares, wohl längst Alltägliches. Ich glaube, ich habe heute um dasjenige Mal, das das eine Mal zuviel ist, in einer Gaststätte unweit großtönender, du weißt schon, Schwarzuniformierter gesessen, jener Leute, die Körpermaße, Haar- und Augenfarbe für staatspolitische Werte halten. Die den körperlich gezüchteten, »weltanschaulich ausgerichteten« und nationalistisch aufgeputschten Menschen, den »Arier« natürlich, für das Maß aller Dinge, für berechtigt ansehen, die

Welt zu beherrschen und »auszumerzen«, was nicht ihresgleichen ist. Wenn ich nun bedenke, daß seit 1933 solch verbrecherischer Unsinn in junge Gehirne geträufelt, daß das so weitergehen, daß dessen Korrektur in diesem Staat niemals möglich sein wird, dann kann doch nur einmal eine Art von Geschichtskatastrophe solchem Wahn ein Ende setzen. Wann die eintritt und wie, wie kann ich's wissen? Aber sie hängt über uns, wie die Ewigkeit.« Es war damals nur noch ein Jahr bis hin zum großen Judenpogrom, der öffentlichen Aufführung des Rassenwahns. »Ja, wo gehobelt wird, da fallen Späne«, diesen allmählich zum albernsten aller Sprüche gewordenen Satz hatte jemand dann dazu gesagt. Hermann Göring hatte ihn einmal gebraucht, im März 1933, in einer Rede in Essen. Dort waren damals jüdische Warenhäuser staatlich geschlossen, auch ganz Unbeteiligte festgenommen und mißhandelt worden. Letztere waren dann wohl die »Späne« gewesen. Er war danach sehr gesellschaftsfähig geworden, der Spruch, und paßte immer, wenn Opfer brauner Willkür zu beklagen waren. »Gehobelt« wurde dann ja auch, nach Art des »Führers«, zwölf Jahre lang. Und als 1945 der Hobel fiel, da zählten zu den »Spänen« vier Millionen deutscher Kriegstoter, die Einheit des Reiches, eintausend Jahre deutscher Territorialgeschichte, Trümmer über verbliebenem Land. Wenn nur der große Hobler seinen Akt genossen hatte.

Andere, des Weges durch das »Dritte Reich«, aber von aufkeimendem Zweifel über dessen Kurs ergriffen, hatten sich mit ihrem Wort in mein Gedächtnis eingegraben, daß sie mitmachen oder bleiben müßten, um »Schlimmeres« zu verhindern. Individuell Gutes, Verdienstvolles getan haben manche von ihnen, Großartiges sogar, kein Zweifel. Aber, national gesehen, »Schlimmeres« verhindern? Wenn wirklich ja, dann zugunsten leider nur des »Schlimmsten«.

Wenn es ein Wort Hitlers gab, das mir über die Jahre zum regelrechten Ärgernis geworden war, so das, nach dem er für seine Politik die Verantwortung vor der »Geschichte« trage. Aus seinem Munde nichts weiter als ein großer, inhaltsleerer Spruch. Denn ein Regierungschef hat sich den konstitutionellen Richtern seiner Zeit zu stellen. Läßt er, wie Hitler, diese gar nicht erst zu, zerschlägt er sie gar am Beginn seiner Herrschaft, dann erträgt er in Wahrheit keine Kritik, muß sie wohl auch scheuen, entpuppt sich das Wort von der »Verantwortung vor der Geschichte« als fauler Zauber. Wann beginnt sie denn, diese »Geschichte«, wer definiert und wertet sie, und wer besetzt ihren Richterstuhl? Eine der späteren »Historischen Schulen«, eine spätere Regierung qua »Historischem Institut«, aus der Perspektive des Tagesbedarfs? Solange der gescheiterte Politiker lebt, der auf die »Geschichte« verweist, wird sie für ihn noch nicht begonnen haben – eine bequeme Instanz, gar keine nämlich. Und braucht der, der öffentliche Verantwortung gar nicht empfindet, überhaupt eine solche Instanz?

Mein äußerer Lebensweg bis 1945, Abitur, Seeoffizier, Krieg, Sieg und Untergang, könnte wahrlich als ein Regelfall für einen Menschen meiner Herkunft und Erziehung erscheinen, die innere und äußere Herausforderung dabei in schönster Harmonie. Aber der Schein trügt, ab 1934 bröckelte die Harmonie. Innerlich bis in den Grund aufgewühlt, von Jahr zu Jahr Hitler den Idealismus deutscher Jugend, den Patriotismus der erwachsenen Generationen mehr und mehr mißbrauchen zu sehen, ihn als Totengräber des zivilisierten Deutschland zu erkennen, im Vollzug des »Führerwillens« selber als Diener des Staates mit Hand an das Reich legen, am Schutzwall mitwirken zu müssen, hinter dem Hitler um so ungestörter morden konnte, nichts anderes als »Reichsuntergangsgehilfe des Führers« zu sein, vaterländischen »Pflichten« statt Pflichten zu genügen, staatsbürgerlichen »Werten« statt Werten nachzujagen – sah ich in all dem die atemberaubende, die zermürbende Herausforderung meiner Zeit. Gewonnene Einsicht aber, der entsprechend ich nicht handele, die mich am »Mitmachen« nicht hindert, begründet Schuld, persönliche Schuld. Hitlers gnadenlose Tyrannei, sein tödlicher Sicherheitsapparat, die Sinnlosigkeit isolierten Widerstandes, eines Widerstandes ohne Chance, mindern die Schuld. Aber ein Rest bleibt, bis zum Ende meiner Tage. Abtragen kann ich ihn nicht, zu vieles ist unwiderruflich dahin. Als Scham nur und als Trauer kann er weiterleben. Und als auf Lebenszeit verwirkter Anspruch, jemals wieder vor eine deutsche Jugend zu treten.

Ich hatte von Hoffnung für Deutschland gesprochen, Hoffnung nach 1945, einer zu großen vielleicht? Nein, bisher jedenfalls hat sie sich nicht als zu groß erwiesen – das zwölfjährige Warten hatte gelohnt und scheint auch weiterhin zu lohnen. Auf schmerzlich verkleinertem Raum zwar, Hitler hatte gekostet, bitter getrennt von meinem lieben Schlesien, Land meiner Kindertage, bin ich nun schon seit Jahrzehnten Bürger unter der freiheitlichsten Verfassung, die ich in Deutschland politisch bewußt erlebt habe. Bisher haben unsere Bürger sie im großen und ganzen gut gebraucht. Mehr als ein Instrument der Gehirne ist sie aber nicht. Und im Angesicht der in deutsches Bewußtsein tief eingebetteten autoritären Strömungen werden es letztlich nur die Bürger selber sein, die sie zum Instrument einer dauerhaften Demokratie entwickeln – oder nicht.

Nachwort

Der »Nationalsozialismus« war identisch mit der größten Massenbewegung, die Deutschland jemals hervorgebracht hat. Seine geschichtlichen Wurzeln lagen tief und vielfältig, sie hatten es Hitler leicht gemacht, sein so »legal« erworbenes Regime alsbald in jenes diabolische zu verwandeln, das selbst die Obrigkeitsgläubigsten unter uns niemals für möglich gehalten hätten. Es waren über Jahrhunderte vorgeformte Geisteshaltungen, die der große Demagoge manipulierte – aber es waren Geisteshaltungen, und diese wachsen und ändern sich nur langsam. Da wäre es schon ein Wunder, wenn der »Nationalsozialismus« so abrupt und total verschwunden sein sollte, wie der 27. Mai 1941 das Ende des Schlachtschiffes *Bismarck* und unserer Überwasserkriegführung im Atlantik gebracht hatte, so abrupt, wie es die Abfolge äußerlicher Ereignisse nach dem 8. Mai 1945 anzeigen könnte. Und ein solches Wunder ist ja auch weder eingetreten noch hinter der »nächsten Ecke« zu erwarten. Die dunkle Vergangenheit, kraft demokratischer Verfassung ein abgeschlossenes Kapitel, tot und begraben? Nein, leider nicht. Was lang' gereift, braucht länger zum Verdorren.

Für solch rasches Begräbnis hätte es schon an dessen Einleitung gefehlt, als die Zeit dazu war. Aber was stand am demokratischen Beginn? Die für die Rechenschaft über die Folgen des Schurkenregimes zuständige Generation verdrängte weitgehend die Vergangenheit, zog sich in mauerndes Schweigen zurück. Eine ausreichende Aufklärung in den Schulen, der Kinder in den Familien unterblieb, sicher aus Scham. Ein unmittelbar anbrechendes Zeitalter politischer Restauration brachte ehedem führende Nazis in hohe und höchste Stellungen im bundesrepublikanischen Staat. Die demokratisch gebotene, auch juristische Abrechnung mit den »Tätern« des durch die Sieger abgeschafften Regimes wurde zögerlich, halbherzig oder gar nicht betrieben, Jörg Friedrich hat es uns in seiner Abhandlung *Die kalte Amnestie* noch einmal überzeugend nachgewiesen. Richter, Beisitzer am Mordinstrument »Volksgerichtshof« und an den über zwanzig, angeblich für »kriminelle und politische Delikte« zuständigen, in Wahrheit aber der Unterdrückung der politischen Opposition dienenden »Sondergerichten«, wurden selten, wenn überhaupt zur Rechenschaft gezogen, entgingen überwiegend fälliger Sühne für ihre Untaten – sie und andere gnadenlose Verfolger ehedem politisch Oppositioneller und einsichtsvoller Patrioten haben bundesdeutsche Gerichtsbarkeit vielfach als unverdiente Gnadeninstanz empfinden dürfen.

Es ist zwar seit langem davon die Rede, daß unsere Vergangenheit »bewältigt« werden müsse. Aber was heißt schon dieses unglückselige Wort? Seine Phonetik allein rührt eher an unorganisch Gewaltsames, ein Unter-den-Teppich-Kehren alles Schrecklichen und, wenn es geht, bittschön, ohne dessen Wiederhervorquellen. Nur hat sich ein ausreichender Teppich bisher nicht finden lassen, und er wird es nie. Warum also nicht an Stelle des Bewältigungskrampfes ein einfaches, ehrliches Aufarbeiten der Vergangenheit, eine wirkliche Selbstbesinnung? Es wäre der richtige, bisher versäumte Schritt auf dem Wege zu einer selbsterworbenen, statt verordneten Demokratie. So manche unheilvollen Symptome lassen ihn immer dringlicher erscheinen: Der sich wieder vermehrt zeigende Antisemitismus, die Notwendigkeit, die »Auschwitz-Lüge« durch ein – in der Mentalität der »Aufrechnung« mit der späteren Vertreibung verwässertes – Strafgesetz zu bekämpfen, das Unwesen neonazistischer Gruppen, das Schmähen der Opfer des Widerstandes gegen Hitler. Beklemmendstes Beispiel aus jüngerer Zeit: Da muß sich der integre Kölner Generalstaatsanwalt Bereslaw Schmitz gegen die rauhe Kritik von Unionspolitikern an der Rechtspflege im Lande Nordrhein-Westfalen öffentlich zur Wehr setzen. Dagegen, daß seine Unionskritiker der sozialdemokratischen Landesregierung im Fall einer Ermittlung gegen den Bundeskanzler die Erniedrigung der Justiz zum dienenden Instrument der Politik nachgesagt und somit, zum ersten Mal seit 1945, dem üblen Wort von der Justiz als »Dirne der Politik« wieder öffentlichen Auftrieb gegeben hatte. Aber *wer* hatte hier denn, mit solcher Anschwärzung des politischen Gegners, nichts anderes als selber Druck, und zwar einen ganz massiven, nur halt in konservativer bundespolitischer Richtung auf die Landesjustiz ausüben, *wer* in Wahrheit dergestalt die Justiz zur »Dirne der Politik« machen wollen? Der Bürger, der das hier zu Lasten der Rechtspflege betriebene Spiel politischer Machterhaltung durchschaut und ehedem den Nazismus erlebt hatte, konnte gleich wieder bei Goebbels mitlesen: »Die Justiz darf nicht die Herrin, sie muß die Dienerin der Staatspolitik sein...« – Auftakt dies damals, im März 1942, zum Beschluß des »Großdeutschen Reichstages« vom 26. April, der Hitler nun auch formal zum »Obersten Gerichtsherrn« im Reiche machte. Und wer dies erinnert, erinnert auch das Wort Winston Churchills, daß Wachsamkeit der Preis der Freiheit sei. Sie wird es bleiben.

Anhang

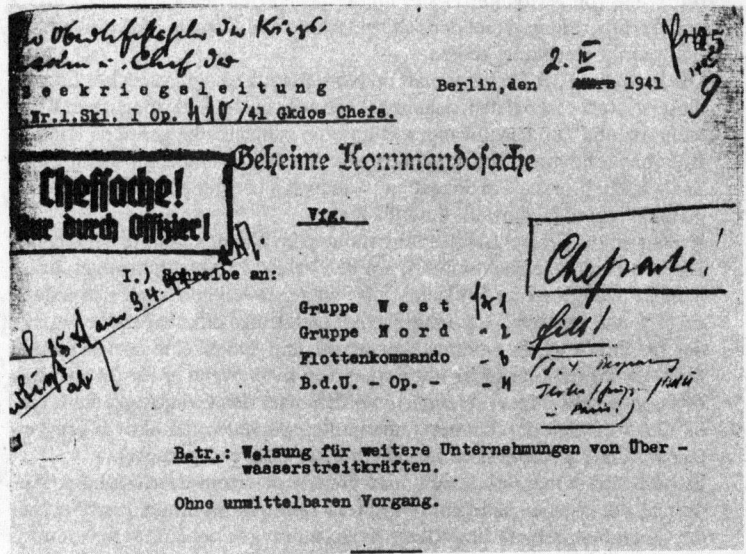

I. Die Kriegführung im vergangenen Winterhalbjahr hat sich im wesentlichen entsprechend den Weisungen der Skl. für die Winter-Kriegführung 40/41 abgespielt (Skl. 1 Op. 2270/41 Chefs.) und in der ersten längeren Schlachtschiffunternehmung im freien Seeraum des Atlantik ihren Abschluß gefunden.

Diese erste Schlachtschiffunternehmung sowie die Unternehmungen des Kreuzers *Hipper* haben neben den beträchtlichen taktischen Erfolgen gezeigt, welche erheblichen strategischen Auswirkungen durch einen derartigen Einsatz der Überwasserstreitkräfte erreicht werden können. Diese strategischen Wirkungen erstrecken sich nicht nur auf den zum Operationsge-

biet gewählten Seeraum, sondern greifen auch auf andere Kriegsschauplätze (Mittelmeer, Südatlantik) über.
Es muß das Bestreben der Seekriegführung sein, durch möglichst häufige Wiederholung derartiger Operationen ihre Wirkung zu erhalten und zu vertiefen. Hierzu müssen die bisher gewonnenen Erfahrungen ausgenutzt und die Operationen selbst noch weiter ausgebaut werden.
Als entscheidendes Ziel der deutschen Seekriegführung im Kampf gegen England muß im Auge behalten werden, daß es darauf ankommt, die englische Zufuhr vernichtend zu treffen. Dieses Ziel läßt sich am besten und wirkungsvollsten nur im Nordatlantik erreichen, wo alle englischen Zufuhrwege zusammenlaufen und wo die nötigste Zufuhr – auch bei Ausfall von Zufuhrwegen in weiter abgesetzten Meeren – England auf dem unmittelbaren Wege von Nordamerika her immer noch erreichen kann. Der Einsatz und das Operationsgebiet der Schlachtschiffe und Kreuzer muß diesem Gesichtspunkt Rechnung tragen.
Die Erringung der Seeherrschaft im Nordatlantik als umfassendste Lösung dieser Aufgabe ist bei dem augenblicklich auf unserer Seite möglichen Kräfteeinsatz und bei dem Zwang, mit unseren zahlenmäßig geringen Kräften hauszuhalten, vorerst nicht erreichbar, eine örtlich und zeitlich begrenzte Seeherrschaft in diesem Seegebiet ist jedoch anzustreben und schrittweise planmäßig und zielbewußt auszubauen.
Bei der ersten Schlachtschiffunternehmung im Atlantik konnte der Gegner unseren beiden Schlachtschiffen auf den beiden Hauptzufuhrwegen in jedem Falle eines seiner Schlachtschiffe entgegenstellen. Es hat sich jedoch gezeigt, daß er mit diesem Schutz seiner Geleitzüge offenbar an die Grenze des für ihn Möglichen herangegangen ist und daß er eine entscheidende Verstärkung der Sicherung nur vornehmen kann, wenn er für ihn wichtige Positionen (Mittelmeer, Heimat) schwächt oder den Geleitzugverkehr einschränkt. (Geleit durch amerikanische Kriegsschiffe oder aktives Eingreifen der USA werden neue Entscheidungen notwendig machen.)
Es muß also darauf ankommen, den Gegner einerseits durch ständige Änderung der eigenen Kriegführungsmethoden und großräumigen Wechsel der Operationsgebiete zu weiterer Zersplitterung seiner Kräfte zu veranlassen, um andererseits mit zusammengefaßter Kraft gegen die so entstehenden Schwächepunkte des Gegners vorzustoßen.
Sobald beide Schlachtschiffe vom Typ *Bismarck* für den Einsatz zur Verfügung stehen, kann es, soweit heute zu übersehen, möglich werden, den Kampf mit der Sicherung feindlicher Geleitzüge bewußt zu suchen und nach ihrer Vernichtung die Geleitzüge selbst zu zerschlagen. Bis zu diesem Zeitpunkt kann dieser Weg jedoch noch nicht eingegangen werden, doch wird es als Zwischenstufe auch jetzt schon möglich sein, durch Waffeneinsatz des Schlachtschiffes *Bismarck* die feindliche Sicherung zu binden, um gleichzeitig mit den übrigen beteiligten Einheiten auf den Geleitzug selbst zu operieren. Hierbei wird zu Beginn der Operation das Moment der Überraschung eine besonders günstige Rolle spielen, da ein Teil der eingesetzten Einhei-

ten erstmalig in Erscheinung tritt und nach den Erfahrungen aus dem bisherigen Einsatz der Schlachtschiffe der Gegner der Auffassung sein wird, daß zum Schutz der Geleitzüge *ein* Schlachtschiff ausreicht.

II. Die Kriegführung im Sommerhalbjahr 1941 wird in ihren Grundzügen beherrscht durch die Bindungen des Falles »Barbarossa«. Die entsprechenden allgemeinen Weisungen sind mit Skl. I op 262/41 Chefs. vom 6. 3. 41 erteilt.
Schwerpunktlage, Kräftezuteilung in großen Zügen und Aufgabe in den Gruppenbereichen gehen aus dieser Weisung hervor.
Im folgenden wird deshalb nur die Weisung für den nächsten Einsatz von Schlachtschiffen und Kreuzern im Atlantik gegeben.

III. Weisung für den Einsatz der Schlachtschiffe *Bismarck* und *Gneisenau* und des Kreuzers *Prinz Eugen* ab Ende April im Nordatlantik
  1.) Zu einem möglichst frühen Zeitpunkt, nach Möglichkeit noch in der Neumondperiode des April, sind unter Führung des Flottenchefs *Bismarck* und *Prinz Eugen* zu einer Zufuhrkriegsunternehmung im Atlantik einzusetzen.
  Zu einem durch die Beendigung der augenblicklichen Reparaturzeit gegebenen Zeitpunkt ist *Gneisenau* ebenfalls im Atlantik anzusetzen.
  2.) Nach den Erfahrungen der letzten Schlachtschiffunternehmung erscheint eine Vereinigung von *Gneisenau* und der *Bismarck*-Gruppe zweckmäßig, jedoch kann vor dieser Vereinigung ein Diversionsstoß der *Gneisenau* in das Seegebiet zwischen Kap Verden und Azoren vorgesehen werden.
  3.) Der Schwere Kreuzer ist im allgemeinen in taktischem Zusammenhang mit *Bismarck* bzw. *Bismarck* und *Gneisenau* einzusetzen.
  Die Nachteile, welche durch die Mitführung des Kreuzers mit geringerem Aktionsradius in Kauf genommen werden, werden aufgehoben durch den Vorteil der Vergrößerung der Suchbreite des Verbandes, durch die Verfügbarkeit eines vor allem zum Ansatz gegen leichte Streitkräfte und Fühlunghalter geeigneten Schiffes und das Vorhandensein einer starken Torpedoarmierung, welche sich sowohl beim Angriff gegen stark gesicherte Geleitzüge, als auch beim Absetzen von überlegenen Feindstreitkräften nützlich erweisen kann.
  Die Erschwerungen durch den geringeren Fahrbereich müssen durch entsprechende Aufstellung der Tanker bzw. zeitweise Entlassung des Kreuzers zur Beölung, notfalls auch durch Brennstoffabgabe *Bismarck* an den Kreuzer, überbrückt werden.
  Eine Entlassung oder Entsendung des Kreuzers zu Sonderaufgaben bleibt der operativen Führung bzw. dem Flottenchef in See freigestellt.
  4.) Im Gegensatz zu der bisherigen Weisung für das Schlachtschiff-Treffen *Gneisenau – Scharnhorst* ist es die Aufgabe dieser Kampfgruppe, auch gesicherte Geleitzüge anzugreifen, wobei es jedoch nicht Aufgabe des

Schlachtschiffes *Bismarck* sein soll, unter starkem eigenen Einsatz gleich starke Gegner niederzukämpfen, sondern vielmehr, sie nach Möglichkeit in einem hinhaltenden Gefecht unter möglichster Schonung der eigenen Kampfkraft so zu binden, daß den anderen Schiffen der Kampfgruppe das Anfassen der Schutzobjekte des Geleitzuges möglich ist.

Hauptaufgabe auch dieser Operation ist die Vernichtung feindlichen Schiffsraumes, die Bekämpfung feindlicher Kriegsschiffe nur so weit, wie es die Hauptaufgabe nötig macht und wie es ohne allzu großes Risiko geschehen kann.

5.) Als Operationsgebiet wird der gesamte Nordatlantik nördlich des Äquators mit Ausnahme der Hoheitsgewässer neutraler Staaten (3 sm Grenze) freigegeben.

Mit einer Achtung der amerikanischen Neutralitätszone braucht zum Zeitpunkt der Operation aller Voraussicht nach nicht mehr gerechnet zu werden. Wegen der Gefahr der Beschattung durch USA-Streitkräfte erscheint jedoch die Aufstellung von Troß- oder Tankschiffen in der bisherigen Neutralitätszone, soweit sie im Bereiche der USA liegt, nicht zweckmäßig.

6.) Die bisherigen Erfahrungen haben gezeigt, daß die vorliegenden Kenntnisse über Geleitzugwege und Fahrpläne zu einem zeitlich und örtlich genau bestimmbaren Erfassen von Geleitzügen, wie zu erwarten, in der Weite des Raumes nicht ausreichen. Erschwerend fallen die Wettergegebenheiten des Atlantik durch Sichtbeschränkung und Ausfall der Bordflugzeugverwendung zeitweise stark ins Gewicht.

Der Wirkungsgrad der Operation muß deshalb durch eine Aufklärung in jeder möglichen Form verbessert werden. Hierfür kommen in Frage:

  a) U-Boote:
  Der Verlauf der letzten Schlachtschiffunternehmung hat gezeigt, daß das gleichzeitige Operieren von Überwasserstreitkräften und U-Booten im gleichen Operationsgebiet für beide Teile Vorteile bringen kann. Hierfür ist eine unmittelbare Nachrichtenverbindungsmöglichkeit zwischen den Überwasserstreitkräften und U-Booten notwendig und in Zukunft vorzusehen. Eine Ergänzung des U-Boot-Kurzsignalheftes und Anbordgabe desselben auf die Schiffe ist vorzunehmen. Beim Einsatz von U-Booten als Aufklärer für Überwasserstreitkräfte wird es sich im allgemeinen nicht empfehlen, diese gemeinsam mit den Schlachtschiffen in einem Aufklärungsstreifen marschieren zu lassen, da hierdurch die Schiffe zu unbeweglich werden würden. Es wird daher zweckmäßig sein, die U-Boote in dem beabsichtigten Operationsgebiet in Form einer Standlinien-Aufklärung anzusetzen und sie mit unmittelbarer Meldung gesichteter Angriffsziele an die Schlachtschiffe und weiterem Fühlunghalten bzw. auch Angriff zu beauftragen.

  Andererseits wird der Verbandschef durch Abgabe von Fühlunghalter-Meldungen und unmittelbare Ansatzbefehle die U-Boote an von ihm gesichtete Geleitzüge heranführen können.

Für die vorgesehene Operation wird – unter der Voraussetzung, daß die demnächst beabsichtigten, der Vorbereitung der Operation dienenden Besprechungen keine anderen, günstigeren Lösungsmöglichkeiten ergeben – zur weiteren Erprobung dieser Zusammenarbeit deshalb folgendes angeordnet:

1.) Das Süd-Operationsgebiet der U-Boote (Freetown-Bereich) ist während der Operationsdauer mit mindestens 2 Booten besetzt zu halten. Diese Boote bleiben dem B. d. U. unterstellt. Sobald sich jedoch Gelegenheit zum unmittelbaren Zusammenoperieren mit den Flottenstreitkräften ergibt, hat der Flottenchef das Recht, den Booten unmittelbare Einsatzbefehle zu geben.

2.) 2 oder mehr Boote der Nordgruppe werden auf dem Halifax-England-Geleitweg soweit nach Westen herausgesetzt, daß sie ein Operieren des Flottenchefs zwischen 30 und 45° West durch Aufklärung und Angriff unterstützen können.
Unterstellung und Befehlserteilung wie unter 1.).

3.) Durch zusätzliche Ausrüstung der Troß- bzw. Begleitschiffe ist eine Versorgungsmöglichkeit dieser U-Boote sowohl mit Betriebsstoff, als auch mit Proviant und Munition vorzusehen. Steuerung der Versorgung durch B. d. U. bzw. Flottenchef.

b) Aufklärungsschiffe:

Außer dem Einsatz von U-Booten besteht die Möglichkeit des Einsatzes von getarnten Schiffen als Aufklärer für den Flottenverband. Dieser Einsatz kann sowohl in taktischen Zusammenhang mit dem Kampfverband als auch in besonderen – abgesetzten – Aufklärungsräumen erfolgen. Für erstere Verwendung eignen sich Schiffe, welche, nach Möglichkeit Ölbrenner, über einen genügenden Fahrbereich und eine Dauergeschwindigkeit von mindestens 12 kn verfügen. Für letztere Teilaufgabe kommen auch Schiffe in Frage, welche mangels dieser Eigenschaft für taktische Zusammenarbeit mit der Flotte im Verband nicht eingesetzt werden können.

Es wird angestrebt, 2 geeignete Schiffe für den Einsatz im erstgenannten Sinne bereitzustellen. Auch die Verwendung von während der Unternehmung aufgebrachten Prisen für diesen Zweck kommt in Frage.

Außerdem wird die Gruppe West beauftragt, den Einsatz einiger der als Prisen eingebrachten Walfanger in erstgenanntem Sinne und der Schiffe »13« und »24« in zweitgenanntem Sinne zu prüfen und g. F. vorzusehen.

Die durch neu angefallene Transportaufgaben außerordentlich gespannte Lage bezüglich des Schiffsraumes wird die Bereitstellung weiterer besonderer Schiffe für diesen Zweck kaum möglich machen, doch wird diese Frage, ebenso wie der Einsatz von Schiff »23« und

Togo für Aufklärungszwecke im Oberkommando der Kriegsmarine geprüft.
  c) Flugzeugmutterschiffe:
  Die Frage der Bereitstellung derartiger Schiffe (Katapult; zwei bis drei Flugzeuge, Landesegel) wird zur Zeit im Oberkommando der Kriegsmarine geprüft. Die vorhandenen Schleuderschiffe *Friesenland* und *Schwabenland* sind ungeeignet.
  d) Troßschiffe:
  Der Einsatz der Troßschiffe für die taktische Zusammenarbeit mit dem Flottenverband hat sich bei der letzten Unternehmung außerordentlich nützlich erwiesen. Trotzdem sollten diese Schiffe nur, wenn alle anderen Möglichkeiten versagen, für diese Aufgabe eingesetzt werden, da ihr Verlust nicht nur für diese, sondern auch für spätere Operationen mit größeren Verbänden einschneidend nachteilige Folgen haben würde und außerdem noch wertvollste Ladung (Munition) mit exponiert wird. Mit dieser Einschränkung bleibt dem Flottenchef ihr Einsatz jedoch anheimgestellt.
  Das Gleiche gilt für die Begleittanker.
7.) An Troßschiffen steht *Ermland*, an Begleittankern *Heide, Weißenburg, Brehme, Esso, III, Spichern* und *Lothringen* zur Verfügung.
  Es ist dafür Sorge zu tragen, daß durch angeordnete Umbauten bzw. Einbauten die erforderlichen Bereitstellungstermine nicht gestört werden. Gegebenenfalls müssen Schiffe, auf denen derartige Arbeiten angeordnet und nicht zeitgerecht beendet werden können, als Reservetanker eingesetzt werden.
  Thorn und Engerland sind, da für andere Zwecke bereitgestellt, vorerst nicht verfügbar.
  Uckermark kann wegen Einsatz für Kreuzer *Lützow* voraussichtlich nicht verfügbar gemacht werden, weitere Troßschiffe (*Dithmarschen, Kärnten, Passat*) werden voraussichtlich erst zu späteren Terminen (1. 7., 1. 9., 1. 10.) einsatzbereit.
8.) Die Befehlsführung haben die Gruppenkommandos in ihren Bereichen. Die Führung in See hat der Flottenchef, ihm sind für die Dauer des Zusammenoperierens die ihm zugeteilten U-Bootgruppen taktisch unterstellt (dem B. d. U. wird die Zuteilung eines U-Bootoffiziers zum Stabe des Flottenchefs für die Dauer der Unternehmung empfohlen).
9.) Die Gruppen treten baldmöglichst mit dem Flottenkommando und B. d. U.-Op. – bezüglich der weiteren operativen Durchführung der Unternehmung in Verbindung und melden die sich hieraus ergebenden Absichten möglichst 14 Tage vor Operationsbeginn der Skl.
IV. Wie schon unter II. angedeutet, muß es das Bestreben sein, den Gegner durch weiträumigen Wechsel der Operationsgebiete vor neue Lagen zu stellen. Bei weiterer Bewährung der bisherigen Operationsführung kann es in Frage kommen, die nächstfolgende Unternehmung bis in den Südatlantik auszudehnen.

Eine derartige Verlegung des Operationsgebietes kann sich auch als Folge der durchgeführten und der nächsten Operation als zweckmäßig erweisen, wenn die bisher angegriffenen Nordatlantikwege vom Gegner zunehmend stärker gesichert werden.

Erst wenn auch *Tirpitz* einsatzbereit sein wird, werden Angriffe auch gegen stark gesicherte Geleitzüge auf den Haupt-Zufuhrwegen des Nordatlantik gute Erfolgsaussichten haben.

Nach Fortfall der Bindungen durch die panamerikanische Neutralitätszone werden sich vor allem auf der Kreuzung der Seewege von Nord- und Mittelamerika nach Freetown und Zentralafrika (beträchtlicher militärischer Nachschub) mit der La Plata-Route, aber auch auf der Kap Freetown-Route gute Ansatzmöglichkeiten bieten.

Voraussetzung für eine derartige weit abgesetzte Operationsführung ist der Einsatz einer möglichst großen Zahl von Versorgungsschiffen. Die Skl. wird entsprechende Maßnahmen einleiten.

Der Zeitpunkt für diese Ausdehnung der Operation nach Süden muß vorerst noch offen bleiben. Die Mitteilung der Absicht erfolgt zu dem Zweck, Gruppenkommando West und Flotte die Möglichkeit zu geben, schon jetzt die gewonnenen Erfahrungen im Hinblick auf dieses neue Operationsgebiet auszuwerten.

gez. Raeder

Allgemeiner Befehl für die Atlantikunternehmung

(Anlage 1 zu Flotte Gkdos 100/41 A 1 Chefsache: Operationsbefehl des Flottenchefs für die Atlantikoperation mit *Bismarck* und *Prinz Eugen* – »Rheinübung« – vom 22. 4. 1941.)

1.) Ziel der Operation ist eine möglichst große Schädigung des Feindes durch Vernichtung von Handelsschiffsraum und zwar möglichst von dem nach England laufenden.
2.) Die mit den Schlachtschiffen *Gneisenau* und *Scharnhorst* vom Januar bis Mitte März 1941 durchgeführte Unternehmung hat gezeigt, daß es trotz gewisser Anhaltspunkte, die der B-Dienst bezüglich der Auslaufdaten und der Wegeführung der Geleite gibt, in den großen Seeräumen außerordentlich schwierig ist und vom Zufall und Glück abhängt, ob ein Geleitzug mit den wenigen für den Einsatz zur Verfügung stehenden Einheiten gefaßt wird oder nicht.
Ich beabsichtige daher den Ansatz der Schiffe nicht ausschließlich auf den Angriff von Geleitzügen abzustellen, sondern vielmehr von Anfang an auch Einzelfahrer aufzubringen bzw. zu vernichten. Soweit zeitlich möglich, wird der Ansatz im Operationsgebiet aber so erfolgen, daß dabei die Aussicht besteht, einen Geleitzug zu fassen.
3.) Angriff auf Geleitzüge
Die bei der Unternehmung der Schlachtschiffe angetroffenen Geleitzüge waren jeweils durch ein Schlachtschiff und in einem Falle zusätzlich durch zwei Kreuzer und zwei Zerstörer gesichert. Mit ähnlich starker Sicherung muß auch in Zukunft gerechnet werden. Die operativen Weisungen der Seekriegsleitung und Gruppe West erlauben den Einsatz von *Bismarck* nur zur Bindung eines zur Sicherung beim Geleitzug stehenden Schlachtschiffes, soweit das ohne vollen Einsatz möglich ist, unter der Voraussetzung, daß für *Prinz Eugen* hierdurch Erfolgsaussichten gegen die Restsicherung oder den Geleitzug eintreten.
Der Ansatz der beiden Schiffe *Bismarck* und *Prinz Eugen* gegen einen Geleitzug muß dementsprechend von zwei Seiten erfolgen. Ansatz und Angriffsbefehl erfolgt in jedem Fall durch Flottenchef.
Ohne in Gefechtsberührung zu kommen, wird sich aber im allgemeinen nur durch Einsatz eines Bordflugzeuges die genaue Stärke der bei einem Geleitzug stehenden Sicherung feststellen lassen. Dieser Einsatz ist aber von der taktischen und der Wetterlage abhängig und daher auf der Halifax-England-Route nur in seltenen Fällen möglich. Es muß also damit gerechnet werden, daß *Prinz Eugen* beim Ansatz noch auf eine Sicherung durch Kreuzer trifft, auch wenn es gelingt, das schwere Schiff durch *Bismarck* abzuziehen. Tritt dieser Fall ein, so ist der Angriff des Kreuzers auf den Geleitzug unter gleichzeitiger Meldung abzubrechen. Aber auch dann, wenn nur ein schweres Schiff allein beim Geleitzug steht, wird der Gegner mit diesem, wenn er sich

taktisch richtig verhält, in unmittelbarer Nähe des Geleitzuges bleiben und ihn so nach allen Seiten sichern. In diesem Fall kommt der Angriff des Kreuzers nicht in Frage, sondern nur dann, wenn das schwere Schiff sich durch *Bismarck* so weit von seinem Schutzobjekt abziehen läßt, daß für den Kreuzer die Möglichkeit besteht, auf wirksame Schußentfernung an den Geleitzug heranzukommen.

Stehen die Schiffe im Aufklärungsstreifen und *Prinz Eugen* bekommt einen Geleitzug in Sicht, so meldet er durch Kurzsignal auf Nahzone und hält an der äußersten Grenze der Sicht Fühlung (rauchlos). Mit Rücksicht auf die Notwendigkeit späteren überraschenden Angriffs kann es nicht Aufgabe des Kreuzers sein, die Stärke der Sicherung festzustellen, das muß *Bismarck* überlassen bleiben. Gelingt der Angriff auf einen Geleitzug, so kommt es darauf an, möglichst viele Dampfer unter Wasser zu bringen. Ein schwach gesicherter Geleitzug wird beim Angriff bestimmt vom Geleitzugführer aufgelöst. In diesem Fall muß zunächst eine möglichst große Zahl von Dampfern bewegungsunfähig geschossen werden. (Das Versenken kann später erfolgen.) Hierzu sind alle Batterien mit genauer Zielanweisung auf möglichst geringe Entfernungen – dem Kaliber entsprechend – einzusetzen. (Schwere und Mittelartillerie mit Kopfzünder und Bodenzünder, Schwere Flak mit Kopfzünder.) Erst wenn kein fahrbereiter Dampfer mehr in Sicht des betreffenden Schiffes ist, sind die vorher »lahm geschossenen« Dampfer zu versenken. Hierbei ist zur Munitionsersparnis die Schwere Flak mit Kopfzünder folgendermaßen einzusetzen: Auf 500–300 Meter an das Schiff herangehen und dann mit den besten Geschützführern Einzelschüsse in die Wasserlinie schießen. Feuern nur beim Aufschlingern. Alle Abteilungen des Dampfers leck schießen (Größter Raum ist der Maschinenraum). Mit 3,7 cm Munition sind in den oberen Teil des Dampfers Löcher zu schießen, damit beim Vollaufen der Räume die Luft oben entweichen kann.

Prinz Eugen setzt beim Angriff auf einen Geleitzug auch die Torpedowaffe mit ein. Handelt es sich um einen stark gesicherten Geleitzug, so wird, wenn überhaupt, nur kurze Zeit für den Angriff des Kreuzers zur Verfügung stehen. Diese muß weitmöglichst ausgenutzt werden. Es kommt also in diesem Falle ganz besonders auf Beschleunigung an. Die Dampfer sind daher in erster Linie mit Torpedo zu versenken.

Das Vernichtungswerk darf durch Rettungsaktionen nicht verzögert werden.

Die Rettung Schiffbrüchiger, insbesondere derjenigen eines angegriffenen Geleitzuges, kann zu einer starken Gefährdung der eigenen Schiffe durch feindliche U-Boote oder auch Überwasserstreitkräfte führen. In solchen Fällen ist die Sorge für das eigene Schiff der Rücksichtnahme auf die Rettung Schiffbrüchiger voranzustellen. Gegebenenfalls ist ein kleiner Dampfer zu schonen und mit der Rettung Überlebender zu beauftragen.

4.) Einzelfahrer

Solange ein anderer Befehl nicht gegeben wird, werden alle angetroffenen Einzeldampfer aufgebracht oder vernichtet. Solange die Wetterlage das

Aussetzen von Booten zuläßt, werden die Dampfer untersucht und soweit sie selbst wertvoll sind oder entsprechende Ladung haben und fahrbereit sind, eingebracht. (Brennstoffbestand, Proviant usw. prüfen.) Tanker, die über 10 Knoten laufen, Kühlschiffe und schnelle Motorschiffe sind, wenn fahrbereit – gleichgültig ob sie beladen sind oder nicht – grundsätzlich aufzubringen und mit einem Prisenkommando auf dem befohlenen Wege in der Girondemündung einzubringen.

Die Erfahrung hat gezeigt, daß es zweckmäßig ist, Prisen nicht sofort nach dem Aufbringen in die Biskaya einzubringen, sondern sie, insbesondere dann, wenn vorher gefunkt worden ist, einige Wochen in einem verkehrsarmen Seegebiet abzustellen und erst dann zeitlich gestaffelt den Marsch nach der Gironde antreten zu lassen, um zu verhindern, daß der Gegner die Schiffe beim Ansteuern der Biskaya abfängt. Hierzu ist es unter Umständen notwendig, die Prisen zusätzlich mit Proviant auszurüsten und zur Brennstoffergänzung zu einem Begleittanker zu entsenden. Das Inmarschsetzen von Prisen ist durch Kurzsignal zu melden.

Prisen dürfen auf keinen Fall in Feindeshand fallen, Vorkehrungen für kurzfristige Selbstversenkung sind daher in jedem Fall sofort nach Anbordkommen des Prisenkommandos sorgfältig zu treffen.

Zur Untersuchung der Dampfer ist ein Untersuchungskommando abzuteilen. Zum Einbringen von Prisen hat jedes Schiff drei Prisenbesatzungen zusätzlich an Bord, zwei weitere sind aus der Besatzung abzuteilen, Ausrüstungen griffbereit zu lagern. Prisenkommandos eingehend über Aufgaben an Bord des Dampfers unterrichten. Alle auf der Brücke, im Kartenhaus, im Funkraum, in den Taschen des Kapitäns und auch sonst vorgefundenen Bücher, Schlüsselunterlagen, Hefte, Tabellen und Zettel sind mitzubringen und an Bord der Schiffe durch sprachkundige Offiziere zu prüfen.

Beim Ansteuern eines Einzelfahrers englische Flagge setzen, Turm auf Null Grad, um kein Mißtrauen zu erregen. Signal zum Stoppen setzen, Verbot des Funkens. Die Abgabe bzw. das Durchbringen einer Funkwarnmeldung muß, soweit irgend möglich, verhindert werden. Hierzu ist folgendermaßen zu verfahren:

a.) Falls der Dampfer schon funkt, bevor das Schiff auf Schußentfernung herangekommen ist, so ist die Abgabe des Funkspruchs durch Absetzen eines vorbereiteten Funkspruches (in englischer Sprache) oder Wetterfunkspruch zu stören. Sobald der Dampfer in sicherer artilleristischer Reichweite ist, Feuer eröffnen. Hierbei möglichst die Brückenaufbauten unter Feuer nehmen. (Der Funkraum liegt auf Dampfern meist hinter oder unter der Brücke.)

b.) Funkt der Dampfer erst innerhalb der »wirksamen Reichweite« der Schweren Flak, sofort mit dieser Feuer eröffnen und Funkbetrieb stören (wie zu a.).

Um Tanker und wertvolle Schiffe möglichst unbeschädigt in die Hand zu bekommen, nicht länger schießen, als zum Verhindern des Funkens nötig.
Gute Verbindung Funkraum-Brücke sicherstellen.

Dampfer so ansteuern, daß eine Seite Lee ist, Schiff schnell zum Stehen bringen, Verkehrsboot beschleunigt zu Wasser bringen.

Untersuchungskommando besetzt zunächst alle wichtige Stationen (Brücke, Kartenhaus, Funkraum, Maschinenraum) und läßt die Besatzung des Dampfers sofort an Oberdeck antreten.

Anmerkungen

I

Schlachtschiff *Bismarck* und sein Kommandant, Kapitän zur See Ernst Lindemann. Erste Eindrücke

1 Sog. *Lusitania*-Zwischenfall. Der zur Verwendung als Hilfskreuzer vorgesehene, 30 396 BRT große britische Passagierdampfer *Lusitania* wurde am 7. Mai 1915 von dem deutschen U-Boot S. M. *U 20* unter Kapitänleutnant Schwieger mit nur einem (!) Torpedo nahe der irischen Küste versenkt. Das Schiff, das auch Munition und andere Konterbande geladen hatte, sank sehr schnell; insgesamt 1198 Menschen kamen dabei ums Leben, darunter 128 US-Bürger. Der Zwischenfall brachte die amerikanische Öffentlichkeit gegen die deutsche Kriegführung auf. Präsident W. Wilson protestierte in scharfen, selbst abgefaßten Noten und erzwang von Deutschland die vorübergehende Einschränkung des U-Bootkrieges. (zitiert nach Bodo Herzog und Brockhaus Enzyklopädie, Wiesbaden 1970)
2 Der im März 1889 über Samoa hereingebrochene Wirbelsturm ist als »Samoan Hurricane« in die Geschichte des Pazifik eingegangen. Von den damals im Hafen ankernden Schiffen verschiedener Nationalitäten war nur die britische Korvette *Calliope* dank ihrer starken Maschinen dem Verlust entgangen. An deutschen Schiffen waren der Kreuzer *Adler* und das Kanonenboot *Eber* auf Korallenriffen zerborsten, die Korvette *Olga* war auf Mudd geraten, konnte jedoch geborgen werden. 93 Tote waren deutscherseits zu beklagen.

Indienststellung, Ausbildung und Erprobungen

1 Die Quelle für diese Angabe ist die U.S. Naval Technical Mission in Europe. Deren Dokumente umfassen auch Bauberechnungen für *Bismarck* und *Tirpitz*. Eine Unterlage besagt, daß *Bismarck* nach seiner Fertigstellung 1941 bei einem Tiefgang von 10,84 Meter, also bei vollster Zuladung, 53 546 metrische Tonnen verdrängte.
2 »Aufklarer« bezeichnete denjenigen Soldaten, der ständig dazu abgeteilt war, die von einem bestimmten Vorgesetzten bewohnte Kammer täglich zu reinigen und instandzuhalten.
3 Der Rollenoffizier unterstützte den Ersten Offizier in der Verteilung der seemännischen Besatzung auf die einzelnen Gefechtsstationen, wie in der Gefechts- oder Klarschiffrolle festgelegt. Auf deren Grundlage wurden die Einteilung der Divisionen geregelt und die sonstigen Rollenstationen bestimmt. Die Besatzung mußte so auf die Wohndecks und Kammern verteilt sein, daß

jedermann seine Gefechtsstation auf möglichst kurzem Weg und unter Vermeiden von Quer- und Gegenverkehr erreichen konnte.
4 »Lee« ist der seemännische Ausdruck für die Richtung, in die der Wind weht. Die vor Wind und See geschützte Seite ist die Leeseite. »Lee geben« bedeutete im vorliegenden Fall, daß der Fischkutter im Windschatten *Bismarcks* lief und damit gleichzeitig in ruhigerem Wasser.
5 »Wahrschau«, an Bord üblicher Ausruf für »Achtung«, »Vorsicht«, »Aus dem Wege treten!«
6 Starosten: Inhaber polnischer Kronlehen, die mit polizeilicher und gerichtlicher Gewalt ausgestattet waren.
7 Bei Ausfall der zentralen Feuerleitung galt das Prinzip der kürzesten Schußfolge, denn die beim zentralen Schießen erforderlichen Verzögerungen zwecks Salvenbildung, Aufschlagbeobachtung, Zielkorrektur u. ä. wären sinnlos geworden. Das Geschoß sollte noch während des Hochfahrens das Rohr verlassen. Dabei sollte aber der Fehler vermieden werden, der dadurch entstünde, daß das Rohr beim Schließen des Abfeuerstromkreises eine andere Stellung hat als zu dem Zeitpunkt, an dem das Geschoß das Rohr verläßt. Der Gesamtverzug betrug der Größenordnung nach nämlich immerhin 30 msec. Zur Bestimmung des Winkels, um den das Schließen des Abfeuerkontaktes vorverlegt werden mußte, wurde die Winkelgeschwindigkeit (auch unter Berücksichtigung der Kippbewegung bei Seegang) gemessen. Dazu diente ein federgefesselter Kreisel. Das Gerät hieß Höhenvorzündewerk. Der Höhenrichtmann blickte nunmehr durch das Visier und hielt das Fadenkreuz auf die Kimm, wodurch er Kippbewegungen ausglich, der Seitenrichtmann hielt das Fadenkreuz seines Visiers mit einer senkrechten Kante des Gegners in Deckung. Der Turmkommandant hatte ein eigenes Visier.

Kommende Kriegsaufgaben

1 Scapa Flow, große Bucht der Orkney-Inseln, Hauptstützpunkt der britischen Heimatflotte.

Die Operationsbefehle zur »Rheinübung«

1 »Weisung für weitere Unternehmungen von Überwasserstreitkräften«, SKL.1.SKL I Op 410/41 gKdos Chefsache vom 2. April 1941. Im Originalwortlaut im Anhang wiedergegeben.
2 Also außerdem *Tirpitz*.
3 Bezieht sich auf *Bismarck* und *Prinz Eugen*
4 Das Schwesterschiff der *Gneisenau*, die *Scharnhorst* war wegen einer damals plötzlich notwendig gewordenen und länger andauernden Maschinenreparatur nicht einsatzbereit.

5 »Operationsbefehl des Flottenchefs für die Atlantikoperation mit *Bismarck* und *Prinz Eugen* (Deckbezeichnung ›Rheinübung‹), Flottenkommando B.Nr.gKdos 100/41 A1 Chefsache« vom 22. April 1941. Dessen Anlage 1 »Allgemeiner Befehl für die Atlantikunternehmung« ist im Anhang auszugsweise wiedergegeben.

II

Auslaufen aus Gotenhafen

1 Der hierzu von mir befragte Vizeadmiral a. D. Helmuth Brinkmann, damals Kommandant des Kreuzers *Prinz Eugen* und als solcher bei der Besprechung auf *Bismarck* anwesend, kann sich nicht erinnern, daß Lütjens Näheres hierzu erklärt hat.
2 Die Schiffslautsprecher waren über Ober-, Batterie- und Zwischendeck in ausreichender Anzahl verteilt.
3 »Dümpeln«: sich im Seegang bewegen, mit Bug und Heck abwechselnd in die See ein-, dann wieder austauchen.
4 Es war jedoch nicht dieser Bericht, der dem Marineoberkommando in Stockholm die erste Kunde von der deutschen Operation vermittelte. Kenntnis davon hatte sie bereits über vorherige Luftaufklärung erlangt, derzufolge um 12.00 Uhr fünf Bewachungsfahrzeuge zwanzig Seemeilen westlich von Vinga gesichtet worden seien, gefolgt von einer etwa zehn Seemeilen achteraus stehenden Kampfgruppe, beschrieben als drei »Leberecht Maass«-Klasse-Zerstörer nebst einem Kreuzer und einem sehr großen Kriegsschiff (*Bismarck*?) – zehn bis zwölf Flugzeuge hätten diese Kampfgruppe mit nördlichem Kurs überflogen. Die *Gotland* ihrerseits hatte nach Nya Varvet gemeldet, um 11.30 Uhr zwei deutsche Schlachtschiffe und drei Zerstörer der »Maass«-Klasse gesichtet zu haben. Danach hatte sie in allen Kesseln Dampf aufgemacht und war der deutschen Kampfgruppe auf nördlichen Kursen, entlang der Grenze der schwedischen Hoheitsgewässer, gefolgt. Um 15.45 Uhr hatte die *Gotland* gemeldet, daß die deutschen Schiffe auf nordwestlichem Kurs außer Sicht gekommen seien.
5 Den Namen dieses Offiziers hat Roscher Lund stets geheimgehalten. Er sprach von ihm nur als von seiner »Quelle«. Kapitänleutnant Egon Ternberg war damals kurz zuvor in den Ruhestand versetzt, aufgrund der Kriegslage in Europa dann aber reaktiviert und dem C-Büro zugeteilt worden. 1941 wurde er noch zum Korvettenkapitän befördert. Er dürfte ausgezeichnete Kontakte zu Roscher Lund gehabt haben.
6 Daß über die Sichtung durch die *Gotland* und die Luftaufklärung hinaus auch schon auf anderen Wegen Zeichen über das Auslaufen des *Bismarck* zu einer Operation an die schwedische und britische Seite gelangt waren, wurde 1978 auf einer internationalen Fachtagung des Arbeitskreises für Wehrforschung

in Stuttgart erarbeitet. Das entsprechende Ergebnis lautete: »Der schwedische Nachrichtendienst, der auch in der Entzifferung sehr tüchtig war, hat die deutschen Fernschreibleitungen nach Norwegen, die teilweise über schwedisches Gebiet laufen mußten, angezapft und hier wichtige Informationen empfangen. Diese Informationen sind von schwedischen Nachrichtenoffizieren, die mit der alliierten Seite sympathisierten, an den Militärattaché der norwegischen Exilregierung in Stockholm gegeben worden, der sie dann seinerseits an die britischen Attachés in Schweden weitergab, und diese übermittelten sie dann inhaltlich – doch niemals wörtlich – nach London. Auf diesem Wege sind z. B. die ersten Informationen über das Auslaufen des Schlachtschiffes *Bismarck* in britische Hände gelangt.« (Mitteilung Hans-Henning von Schultz an den Verfasser)

Vor Anker im Grimstad Fjord

1 Daß die Beobachtung Axelsens und dementsprechend der Funkspruch durch Auslassung des Kreuzers *Prinz Eugen* nicht vollständig waren, ergibt sich aus der anschließenden Wahrnehmung und Aufnahme des Edvard K. Barth (s. den folgenden Absatz im Buchtext). Im übrigen peilte die deutsche Besatzungsmacht diesen Funkspruch ein und machte jeden nur möglichen Versuch zur Aushebung des Senders, jedoch vergeblich.
Zur Person des Odd Starheim erscheint noch wissenswert, daß dieser im Auftrag seines Vorgesetzten, des Colonel J.S. Wilson, Dundee im Januar 1941 im Faltboot verlassen hatte und an der Südküste Norwegens bei Egersund gelandet war. Selbst eine fiebrige Grippe hatte ihn nicht von der waghalsigen Fahrt abhalten können. Zunächst verbarg er sich in den Küstenhügeln, solange, bis das Fieber nachgelassen hatte. Seine frühere Funktätigkeit auf Handelsschiffen hatte ihn in Verbindung mit einer kürzlichen Spezialausbildung in Großbritannien für den Funkdienst innerhalb der norwegischen Widerstandsbewegung qualifiziert. Als er am 21. Juni 1941 über Stockholm nach London zurückging, hatte seine Station insgesamt 95 Funksprüche dorthin abgesetzt, darunter also den über unsere Kampfgruppe. Ein hoher Seeoffizier, damals in der Admiralität, der von Starheim hatte sprechen hören, fragte: »Wer ist denn dieser Bursche [lad]? Mit ihm zusammen würde ich überall dienen.«
2 Der Schwere Kreuzer *Admiral Hipper* galt als Typschiff der Klasse, zu der *Prinz Eugen* gehörte.
3 Also wie *Prinz Eugen*.
4 In der Literatur zum Schlachtschiff *Bismarck* ist übrigens auf den »Widerspruch« hingewiesen worden, in dem unser Zwischenaufenthalt in Norwegen zu der am 18. Mai in Gotenhafen von Lütjens erklärten Absicht stehe, direkt ins Nordmeer zur *Weißenburg* durchzulaufen (s. hierzu Jochen Brennecke, *Schlachtschiff Bismarck,* 4. Auflage, Herford 1967, Seiten 66, 278; Kennedy, a. a. O., Seite 40). Einen solchen Widerspruch sehe ich aber nicht als gege-

ben an. Lütjens hatte laut Kriegstagebuch *Bismarck* bei der Kommandantenbesprechung gesagt, daß er bei »geeigneter Wetterlage« durchlaufen wolle und vermutlich dabei den Begriff »geeignet« auch definiert, falls es einer solchen Definition überhaupt noch bedurfte. Als Nichtanwesender bei dieser Besprechung deute ich Lütjens so, daß er nur im Fall schlechter Sicht ohne Zwischenaufenthalt hatte durchlaufen wollen. Er konnte dann hoffen, beim Passieren der kritischen Shetland Enge von der feindlichen Luftaufklärung nicht bemerkt zu werden. Wenn das zutrifft, dann wäre unser Einlaufen in die Fjorde bei dem so strahlenden Wetter am 21. Mai nicht nur kein Widerspruch zu seiner ursprünglichen Absicht gewesen. Im Gegenteil, er hätte nichts weiter getan, als diese auszuführen.

Daß dann trotz des für den Ankertag angeforderten und gewährten Jagdfliegerschutzes ein höher fliegender britischer Aufklärer die beiden deutschen Kriegsschiffe mit der Folge ihrer unverzüglichen Identifizierung fotografierte, steht auf einem anderen Blatt. Denn schließlich lagen Bergen und dessen Umgebung im Bereich der britischen Luftnahaufklärung.

5 Den von der deutschen Beobachtungsleitstelle mitgeteilten geheimen britischen Funkspruch hatte die B-Dienstgruppe auf *Prinz Eugen* bereits um 06.40 Uhr früh an jenem Tag erfaßt und entziffert. Dieser Funkspruch war die erste offizielle Bestätigung dafür, daß die deutsche Kampfgruppe vom Gegner festgestellt und gemeldet worden war.

Hierdurch war die Durchführung der »Rheinübung« bereits sehr stark gefährdet, denn es war anzunehmen, daß die Briten einen Durchbruch der Kampfgruppe in den Atlantik mit allen Mitteln zu verhindern suchen würden. So wurde die Fortsetzung der Unternehmung ab Norwegen bereits zu einem großen Risiko.

6 Hierzu findet sich ein Bleistiftvermerk in MGFA – DZ III M 307/5, »Vorbereitende Weisungen und Operationsbefehle der Seekriegsleitung«, Seite 281: »Diese Augenerkundung muß nach den *späteren* Erkenntnissen sehr stark angezweifelt werden. Die Form der Weitergabe scheint mir nicht. Sollte sie den Flottenchef veranlaßt haben, ohne Absetzen in den Nordraum, sofort den Durchbruch in den Atlantik zu versuchen, kann man sie nur als verhängnisvoll bezeichnen. LNB MNO (Unterschriftszeichen unleserlich).«

Und später, im Oktober 1942, kommentierte das Oberkommando der Kriegsmarine in seiner MDV 601 dieses Ergebnis der Aufklärungsflüge der Luftwaffe wie folgt: »Nachträgliche Feststellungen lassen mit Sicherheit annehmen, daß die Augenerkundung vom 22. Mai, wonach vier Schlachtschiffe in Scapa Flow gelegen haben sollen, unrichtig war.«

Brennecke, a. a. O., knüpft an den Kommentar des Oberkommandos der Kriegsmarine in der MDV 601 (s. S. 79 seines Buches) die Anmerkung Nr. 131, derzufolge die Luftwaffe sich wahrscheinlich durch in Scapa Flow liegende britische Schlachtschiffattrappen habe täuschen lassen. In seiner folgenden Anmerkung Nr. 132 meint er dementsprechend, daß es sich bei den in der Teilaugenerkundung Scapa 22. 5. erwähnten »vier Schlachtschiffen« um *King George V, Victorious* und zwei Schlachtschiffattrappen gehandelt haben müsse. In der gleichen Richtung argumentiert Kennedy, a. a. O., Seite 50/51, wo er ebenfalls von der Anwesenheit von Schiffsattrappen in Scapa Flow ausgeht und in diesem Zusammenhang der Luftwaffe eine schlampige Aufklärung vorhält.

Vermutlich gehen die Äußerungen Kennedys auf einen Aufsatz des (verstorbenen) Professors Marder im Supplement 5 der *English Historical Review* 1972 zur Frage der Schiffsattrappen zurück, die, wie im Ersten Weltkrieg, auf Anregung Winston Churchills gebaut worden waren. In der Tat waren Schiffsattrappen ab März 1940 in Scapa Flow verankert, aber nur für wenige Monate. Da sie nämlich ihren Zweck einer Irreführung der Luftwaffe völlig verfehlten, wurden sie bereits im August 1940 auf Weisung des damaligen Commander-in-Chief der Heimatflotte, Admiral Sir Charles Forbes, nach Rosyth verlegt, um dort im »care and maintenance status« zu verbleiben. Gegenüber Brennecke und Kennedy bleibt mithin festzuhalten, daß es im Mai 1941 in Scapa Flow überhaupt keine Schiffsattrappen gab.

7 Carls vermerkte hierzu im Kriegstagebuch der Gruppe Nord: »Letzteren Hinweis gebe ich an Flotte, da ich mir bei baldigem Auftreten im Atlantik die angedeutete Wirkung verspreche und ferner bei jedem Verzögern die Gefahr für die ohne Schutz durch Dunkelheit im Norden stehenden Schiffe größer wird. Auch will ich den Flottenchef für den Fall, daß er noch die Wahl zwischen Dänemarkstraße und südlicher Passage hat, auf letzteren, mir richtiger erscheinenden Weg, der Raum- und Zeitersparnis bedeutet, hinweisen.« Praktisch stand Lütjens aber diese Wahl kaum noch offen, da er sich bei dem Empfang des Funkspruches bereits auf der Breite der Dänemarkstraße befand.

Alarm in Scapa Flow

1 Siehe die irrtümliche Deutung unseres Zusammentreffens mit den Handelsschiffen oben auf Seite 107.

Rekonstruktion der Operationsführung

1 Auf Veranlassung des Oberbefehlshabers der Kriegsmarine, Großadmiral Raeder, wurde der Bordnachrichtenoffizier der *Prinz Eugen,* der damalige Kapitänleutnant Hans-Henning von Schultz, Anfang Juli 1941 auf drei Wochen zum Marinegruppenkommando West (Paris) kommandiert, um das Kriegstagebuch *Bismarck* in nachrichten-, (fernmelde)technischer Hinsicht unter Zuhilfenahme sämtlicher Originale der während der »Rheinübung« von *Prinz Eugen* aufgenommenen Funksprüche, des zwischen *Bismarck* und *Prinz Eugen* durchgeführten optischen Signalverkehrs und der eingegangenen B-Dienstmeldungen zu rekonstruieren.

Marsch durch die Dänemarkstraße

1 Der Bordnachrichtenoffizier der *Prinz Eugen,* Hans-Henning von Schultz, teilte mir 1984 mit: »Die am 23. Mai um 19.22 Uhr vom B-Dienst *Prinz Eugen* erfaßte und entzifferte Sichtmeldung des Verbandes durch den britischen Kreuzer *Suffolk* leitete die ganze Nacht hindurch exakt genaue Fühlunghaltermeldungen ein. Mit Überraschung mußten wir feststellen, daß diese nur mit Hilfe eines Bordfunkmeßgerätes möglich waren, die unsererseits an Bord britischer Kriegsschiffe nicht bekannt waren. Vielmehr wurde damals auf deutscher Seite damit gerechnet, daß die Briten in der Entwicklung auf diesem Gebiet noch zurück seien. Bekannt war dagegen, daß an der britischen Küste ›Landfunkmeßgeräte‹ aufgestellt waren.«

Das Island-Gefecht

1 Captain S.W. Roskill sagt in seinem *The war at Sea,* Band 1, London 1976, Seite 398: »Admiral Holland muß auch geprüft haben, ob er den Feind besser auf hohe oder niedrige Entfernung bekämpfen solle. Er kannte die Entfernungen nicht, bei denen *Bismarck* durch das Geschützfeuer seiner eigenen Schiffe am verletzlichsten war. Doch wußte er, daß *Prince of Wales* vor gefährlichen Trefferfolgen auf Entfernungen bis herunter zu etwa einhundertzwanzig Hektometer sicher sein und *Hood* Treffern gegenüber zunehmend immuner werden würde, wenn die Entfernungen auf etwa einhundertzehn Hektometer sanken und die Geschoßflugbahnen flacher wurden. Auf hohe Entfernungen würde *Hood,* die keinen schweren Horizontalpanzer hatte, steil einfallendem schwerem Geschützfeuer gegenüber sehr verletzlich sein. Daher sprachen gewichtige Gründe dafür, dicht heranzugehen und *Bismarck* auf vergleichsweise niedrige Entfernungen zu bekämpfen.«
2 Im Jahr 1953 sagte mir der damalige Außenminister Islands, Bjarni Benediktsson, anläßlich eines vom Staatspräsidenten gegebenen Galadiners, zu dem ich als Geschäftsträger der Bundesrepublik ad interim eingeladen war, daß er den Gefechtslärm seinerzeit deutlich in der Hauptstadt gehört habe.
3 Durch Schieberverbesserungen werden die Seitenausschläge von Salven berichtigt.
4 Wasserverdrängung bei voller Ausrüstung im Jahr 1941.
5 Hierzu Russell Grenfell in *The Bismarck Episode,* London 1948, Seite 85: »Es wurde später bekannt, daß zwischen dem deutschen Admiral und dem Kommandanten des *Bismarck,* Lindemann, heftigere und längere Auseinandersetzungen stattgefunden hatten. Lindemann hätte sich stärkstens für eine Rückkehr nach Deutschland eingesetzt, während der Admiral auf einem Weiterlaufen nach Westen bestanden hätte.«
Diese Darstellung halte ich für weit übertrieben. Es ist mir auch nichts davon bekannt, daß Lindemann über die Fortsetzung des Gefechts mit *Prince of*

Wales hinaus so eindeutig die Rückkehr nach Deutschland befürwortet haben soll.

6 Die Leckwehr war etwa so aufgebaut: Zur Bekämpfung von Lecks, Feuer, Wasser und Gas gab es sechs Leckabwehrgruppen, und zwar je eine für die Abteilungen I–IV, V–VII, VIII–X, XI–XIII, XIV–XVII und XVIII–XXII. Jede Gruppe war 26 Mann stark und unterstand einem Gruppenführer (meist ein Obermaschinist) und einem Unterführer (Maat). Die Unterführer beaufsichtigten ihre Gruppen, deren Angehörige sie über wichtige Stellen verteilt hatten. Jeder Mann stand an einem Telefon. Außerdem hatte der Unterführer vier bis sechs Mann für Notfälle immer um sich. Im Fall eines Treffers oder einer bloßen Erschütterung kontrollierte jeder auf seiner Station die ihm zugewiesenen Zellen, Bunker oder Räume und meldete das Ergebnis über Telefon an seinen Unterführer, der die gesammelten Meldungen dem Gruppenführer durchgab. Dieser wiederum leitete die von den einzelnen Untergruppen eingegangenen Meldungen in einer Gesamtmeldung an die Kommandozentrale im Oberen Plattformdeck der Abteilung XIV, wo sie vom Ersten Offizier empfangen wurde. So war die Schiffsführung in kürzester Zeit über jede Trefferwirkung orientiert.

Nach dem Gefecht

1 Mein eigener, allerdings recht unbestimmter Eindruck war, daß Reparaturversuche, wenn sie überhaupt begonnen worden waren, bald wieder aufgegeben wurden.
2 1984 hat mir der Bordnachrichtenoffizier der *Prinz Eugen,* Hans-Henning von Schultz, das folgende zu diesem Nachrichtenaustausch zwischen *Bismarck* und *Prinz Eugen* mitgeteilt: »Nach dem Gefecht informierte der Kommandant *Bismarck* den Kommandanten *Prinz Eugen* über seine Lage mit folgendem Winkspruch: ›Ich habe zwei schwere Treffer erhalten, einen in Abteilung XIII–XIV, hierdurch Ausfall E-Werk 4, Kesselraum Backbord macht Wasser, das gehalten werden kann; zweiter Treffer Abteilung XX–XXI im Vorschiff, Einschuß Backbord, Ausschuß Steuerbord über Panzerdeck. Britischer Treffer durch ein Boot ohne Belang. Sonst geht es mir gut. Fünf Leichtverwundete.‹«
Bei einer Nachfrage des Kommandanten *Prinz Eugen,* was der Kommandant *Bismarck* von der Feindlage im Atlantik halte, stellte sich heraus, daß *Bismarck* drei Funksprüche der Gruppe Nord nicht empfangen hatte. Sie wurden *Bismarck* optisch übermittelt. Warum diese Funksprüche von dem Schiff nicht empfangen wurden, wird nie zu klären sein. Es lassen sich nur Vermutungen zwischen technischem Defekt an der Empfangsanlage und menschlichem Versagen erwägen. (Auf *Prinz Eugen* war für die Dauer der »Rheinübung« die Frequenz Schiff-Gruppe Nord/West und umgekehrt in zwei Funkräumen (B und A), also doppelt besetzt worden, um sicherzustellen, daß alle

eingehenden Funksprüche erfaßt werden. Die Leitnummernkontrolle über diese Funksprüche erfolgte im Gefechtsfunkraum B und in der Gefechtsnachrichtenzentrale.)
3 Vgl. Seite 130.

Die Detachierung des Kreuzers *Prinz Eugen*

1 Der Funkspruch von 06.32 Uhr, mit dem das Gefecht gemeldet worden war, war von der Gruppe noch nicht aufgenommen worden; der Ergänzungsfunkspruch von 07.05 Uhr ist überhaupt nicht angekommen, s. Seite 130.

Die Fühlunghalter hängen weiter an

1 Siehe zu dem Irrtum über die Schiffsidentität Seite 137.
2 Die Vorbereitungen in Brest wurden hilfsweise getroffen, für den Fall, daß aus irgendeinem Grund das Anlaufen von St. Nazaire unmöglich werden sollte.

Flugzeuge des Trägers *Victorious* greifen an

1 »Daß es gegen Mitternacht noch taghell war, ist auf die von mir durchgehend zugrunde gelegte Deutsche Sommerzeit zurückzuführen. Sie entspricht der damals auf den britischen Schiffen geltenden und auch in allen britischen Darstellungen der Operation angewendeten doppelten britischen Sommerzeit. Ihre Benutzung empfiehlt sich mithin aus Gründen der Synchronisation mit der britischen Literatur, wenngleich in Wahrheit die Borduhren auf *Bismarck* am Mittag des 23. Mai um eine Stunde zurück, also auf Mitteleuropäische Zeit, gestellt worden waren und für die weitere Dauer der Unternehmung auch so eingestellt blieben. Die deutsche Sommerzeit ging der wahren Ortszeit auf 35° West, wo etwa wir während der Flugzeugangriffe standen, um mehr als vier Stunden voraus. Dort war es also, wenn die deutsche Sommerzeit Mitternacht anzeigte, noch keine wahre 20 Uhr. Auf der Breite von etwa 57° Nord, auf der wir uns dabei befanden, ging die Sonne erst nach 20 Uhr Ortszeit unter.«

Die Admiralität in London trifft energische Entscheidungen

1 Liste der britischen Kriegsschiffe, die während der »Rheinübung« an den Operationen gegen *Bismarck* teilgenommen haben.

Schiffstyp	Name	Ausgangsposition
Schlachtschiff	*King George V*	Scapa Flow
Schlachtschiff	*Rodney*	in See
Schlachtkreuzer	*Repulse*	Clyde
Schlachtkreuzer	*Hood*	Scapa Flow
Schlachtschiff	*Prince of Wales*	Scapa Flow
Flugzeugträger	*Victorious*	Scapa Flow
Kreuzer	*Norfolk*	Dänemarkstraße
Kreuzer	*Suffolk*	Dänemarkstraße
Kreuzer	*Galatea*	Scapa Flow
Kreuzer	*Aurora*	Scapa Flow
Kreuzer	*Kenya*	Scapa Flow
Kreuzer	*Neptune*	Scapa Flow
Kreuzer	*Arethusa*	in See
Kreuzer	*Edinburgh*	in See
Kreuzer	*Manchester*	Island-Färöer-Passage
Kreuzer	*Birmingham*	Island-Färöer-Passage
Zerstörer	*Inglefield*	Scapa Flow
Zerstörer	*Active*	Scapa Flow
Zerstörer	*Antelope*	Scapa Flow
Zerstörer	*Achates*	Scapa Flow
Zerstörer	*Anthony*	Scapa Flow
Zerstörer	*Electra*	Scapa Flow
Zerstörer	*Echo*	Scapa Flow
Zerstörer	*Somali*	in See mit *Rodney*
Zerstörer	*Tartar*	in See mit *Rodney*
Zerstörer	*Mashona*	in See mit *Rodney*
Zerstörer	*Eskimo*	in See mit *Rodney*
Zerstörer	*Punjabi*	Scapa Flow
Zerstörer	*Intrepid*	Scapa Flow
Zerstörer	*Icarus*	Scapa Flow
Zerstörer	*Nestor*	Scapa Flow
Zerstörer	*Jupiter*	Londonderry

Western Approaches Command

Kreuzer	*Hermione*	Scapa Flow
Zerstörer	*Lance*	Scapa Flow
Zerstörer	*Legion*	Clyde, als Schutz für *Repulse*
Zerstörer	*Saguenay*	Clyde, als Schutz für *Repulse*
Zerstörer	*Assiniboine*	Clyde, als Schutz für *Repulse*
Zerstörer	*Columbia*	Londonderry

Plymouth Command

Zerstörer	*Cossack*	Clyde, als Schutz für Convoy WS.8B
Zerstörer	*Sikh*	Clyde, als Schutz für Convoy WS.8B
Zerstörer	*Zulu*	Clyde, als Schutz für Convoy WS.8B
Zerstörer	*Maori*	Clyde, als Schutz für Convoy WS.8B
Zerstörer	*Piorun*	Clyde, als Schutz für Convoy WS.8B

Nore Command

Zerstörer	*Windsor*	Scapa Flow

Force »H«

Schlachtkreuzer	*Renown*	Gibraltar
Flugzeugträger	*Ark Royal*	Gibraltar
Kreuzer	*Sheffield*	Gibraltar
Zerstörer	*Faulknor*	Gibraltar
Zerstörer	*Foresight*	Gibraltar
Zerstörer	*Forester*	Gibraltar
Zerstörer	*Foxhound*	Gibraltar
Zerstörer	*Fury*	Gibraltar
Zerstörer	*Hesperus*	Gibraltar

America and West Indies Command

Schlachtschiff	*Ramillies*	in See
Schlachtschiff	*Revenge*	Halifax, Kanada

South Atlantic Command

Kreuzer	*Dorsetshire*	in See

Unterseeboote

U-Boot	*Minerve*	auf Patrouille vor Südwest-Norwegen
U-Boot	*P 31*	Scapa Flow
U-Boot	*Sealion*	Ärmelkanal
U-Boot	*Seawolf*	Ärmelkanal
U-Boot	*Sturgeon*	Ärmelkanal
U-Boot	*Pandora*	auf der Fahrt von Gibraltar nach Großbritannien
U-Boot	*Tigris*	Clyde
U-Boot	*H 44*	Rothesay

Die Fühlung reißt ab

1 Die Information beruhte auf einem Funkspruch des spanischen Nachrichtendienstes an die zuständige deutsche Dienststelle. Dieser Funkspruch wurde vom britischen Nachrichtendienst mitgelesen und entziffert.
2 Siehe oben Seite 137.
3 Es mag verwundern, daß der nach dem Verlust der *Hood* dienstälteste britische Seeoffizier im Operationsgebiet, Rear Admiral Wake-Walter auf *Norfolk*, seine drei Fühlung haltenden Einheiten so einseitig an Backbord achteraus von *Bismarck* hielt. Wake-Walter hatte dort *Prince of Wales* und *Norfolk*, seitlich genügend weit abgesetzt, *Bismarck* folgen lassen, während *Suffolk* mit ihrem besseren Funkmeßgerät näher an *Bismarck* zu operieren, aber auch auf dessen Backbordseite zu verbleiben hatte. Es war dem britischen Admiral darauf angekommen, seine drei Schiffe als eine geschlossene Einheit zu führen. Er hatte dabei zunächst beabsichtigt, *Prince of Wales* gelegentlich zu Artillerieüberfällen an *Bismarck* heranschleichen zu lassen und diesen dann im Zug derart herausgeforderter Abwehr nach Osten und damit der von dort anlaufenden Kampfgruppe Toveys entgegenzulocken. Diese Taktik verfing aber nicht und wurde bald wieder aufgegeben.
Wie hoch Wake-Walker bei seinem Entschluß, die Steuerbordseite *Bismarcks* ungedeckt zu lassen, das Risiko eingeschätzt hatte, daß das deutsche Schlachtschiff vielleicht durch ein Kursmanöver nach dieser Seite hin entkommt, vermag ich nicht zu sagen.
4 Dieser Funkspruch ging um 09.08 Uhr bei der Gruppe ein.
5 Hier überschätzte Lütjens objektiv die Reichweite des Funkmeßgerätes auf *Suffolk* um 110 Hektometer.
6 Dieser Funkspruch ging um 09.42 bei der Gruppe ein.
7 Siehe oben Seite 117.
8 In bezug auf *Prinz Eugen* war diese Meldung irrtümlich. *Bismarck* hatte sich ja schon um 18.14 Uhr von dem Kreuzer getrennt.
9 Hans-Henning von Schultz 1984 an den Verfasser: »Auch *Prinz Eugen* war mit Funkmeßbeobachtungsgeräten ausgestattet. Das waren passive Ortungsgeräte, mit denen sich die Ausstrahlungen eines Funkmeßgerätes (Radarimpulse) in damals noch ungenauen Richtungen feststellen ließen. Und da die Reichweiten der damaligen Bordfunkmeßgeräte noch nicht gering waren, das Funkmeßbeobachtungsgerät jedoch Radarimpulse schon aus größeren Entfernungen anzeigte, durfte aus der großen Entfernung zwischen *Bismarck* und seinen Verfolgern, wie sie bei der verlorengegangenen Fühlung bestand, nicht geschlossen werden, daß *Bismarck* weiterhin vom Gegner geortet werde. Das war damals technisch noch nicht möglich.«

Ein Tag des Schicksals hinter den Kulissen

1 Der rekonstruierte Text der Ansprache des Flottenchefs beruht auf Angaben, die die von *U 74* und *Sachsenwald* in Frankreich gelandeten Überlebenden bei ihren Vernehmungen durch das Marinegruppenkommando West in Paris zu Anfang Juni 1941 gemacht hatten.
2 Hier müssen sich die Überlebenden (s. vorige Anmerkung) geirrt haben. Lütjens hat mit Sicherheit nichts von einem »Befehl« gesagt, einen französischen Hafen anzulaufen. Er hatte St. Nazaire aus eigener Entscheidung heraus angesteuert.
3 Die USA befanden sich damals noch nicht im Kriegszustand mit Deutschland.

Bismarck vom Gegner wieder entdeckt

1 Arado 196, 760 PS BMW-Motor, Reisegeschwindigkeit 240 km/h, Höchstgeschwindigkeit 275 km/h, Steiggeschwindigkeit 300 Meter/Minute, Flughöhe max. 5300 Meter, Flugausdauer 3–5 Stunden. Eine 2-cm-Kanone in jedem Flügel. Zwei Maschinengewehre. Unter jedem Flügel Tragevorrichtung für eine 50-Kilo-Bombe.
2 Der von Lütjens gemeldete Standort weicht beträchtlich von dem kurz zuvor von der Catalina gemeldeten ab (siehe Seite 170). Nach späterer Rekonstruktion lag die Angabe der Catalina um 25, die von *Bismarck* um etwa 80 Seemeilen in der Breite falsch. Derartige Abweichungen können nach längerer See- oder Luftreise leicht auftreten (vgl. auch Kennedy, a. a. O., Seiten 154/5).
3 Brennecke, a. a. O., zitiert mich auf Seite 156 mit dem folgenden Auszug aus meiner niemals zur Veröffentlichung freigegebenen, nur durch eine Indiskretion an ihn gelangten ersten Zusammenstellung (1951) von Rohmaterial für mein späteres Buch: »Ich weiß nicht, warum zu diesem Zeitpunkt (10.30 Uhr, als wir von der Catalina wiederentdeckt wurden) der zur Irreführung vorbereitete zweite Schornstein noch nicht gesetzt war und warum er auch im Anschluß daran (zwischen dem alsbaldigen Verschwinden der Catalina und dem erstmaligen Auftauchen eines Radflugzeuges der *Ark Royal*) nicht gesetzt wurde. Es wurde im Gegenteil durch das Schießen dem Flugzeug bestätigt, daß man der Feind sei. Es muß dahingestellt bleiben, ob die Flugzeugbesatzung auf diese List hereingefallen wäre. So aber lag der Verzicht auf dieses Hilfsmittel schon bei uns, und ich kann mir nur denken, daß eine gewisse Stimmung, daß all solche Mittelchen wohl doch nicht sehr aussichtsreich seien, diese Unterlassung hervorgerufen hat.«
An diesen Auszug hängt Brennecke die Fußnote 267 an, in der der Konteradmiral a. D. Hans Meyer zum Thema u. a., wie folgt, Stellung nimmt: »Das Ganze mit der Schornsteinattrappe ist meines Erachtens eine Utopie. Man hat zwar zunächst die Anfertigung des zweiten Schornsteins befohlen, wird sich aber sehr bald darüber klar geworden sein, daß in der Lage, wie sie sich

entwickelt hatte, die Aufstellung unterbleiben mußte. <u>Die sehr harte Kritik in dem Sinne: ›Nur wer sich selbst aufgibt, ist wirklich verloren‹, halte ich zum mindesten in der Verbindung mit der Schornsteinattrappe für absolut unberechtigt.</u>« (Unterstreichung von mir.)
Überrascht über diese negative Bewertung einer in meinen Äußerungen überhaupt nicht enthaltenen solchen »Kritik«, blätterte ich zur ersten Auflage Brenneckes aus dem Jahr 1960 zurück, wo er auf Seite 307, wie folgt, schrieb: »Eines noch macht der irrtümliche Angriff auf die *Sheffield* (durch Flugzeuge der *Ark Royal* am Abend des 26. Mai) klar: Von welch entscheidendem Wert hätte der an Bord des *Bismarck* vorbereitete zweite Schornstein werden können, wenn man ihn aufgestellt hätte. Bei der nach diesem Angriff auf die von dem *Bismarck* völlig verschiedene *Sheffield* eingerissenen Unsicherheit würde kein britischer Flugzeugführer einen Angriff auf ein Zweischornsteinschiff gewagt haben, da ja von britischen Zweischornsteinschiffen *Renown, King George V* und *Sheffield* in der Nähe standen. Vielleicht wäre auch der entscheidende Treffer (gemeint ist der Rudertreffer auf *Bismarck* am späteren Abend) dann sogar unterblieben. <u>Auch hier zeigt sich: Nur wer sich selbst aufgibt, ist wirklich verloren.</u>« (Unterstreichung von mir.)
Diesen seinen eigenen früheren Passus hat Brennecke dann in der vierten Ausgabe stillschweigend fallen und die dazu gehörende negative Bewertung Meyers einfach als Anhängsel an *meine* Worte erscheinen lassen, die, wie bereits gesagt, dazu ja gar keinen Anlaß boten.
Im übrigen führt Meyer in der genannten Fußnote zum Thema des zweiten Schornsteins noch folgendes aus: »Es kam auch schlechtes Wetter auf. Auch dem Winddruck wäre die Attrappe wohl kaum gewachsen gewesen. Es handelte sich doch um Riesenflächen. Anders wäre die Lage vielleicht gewesen, wenn das Schiff die Weite des Atlantik erreicht haben würde, wo nur mit einzelnen Flugzeugen und nicht jeden Augenblick mit einer Gefechtsübung zu rechnen war, wo man wohl auch Zeit zum Wegräumen der Attrappe gehabt hätte. Für diese Lage war die Attrappe vermutlich bestimmt.«
Dazu wäre zu sagen: Der Wind blies während des Attrappenbaues am 25. Mai und auch noch den Tag danach fortgesetzt von achtern. Er blies zwar kräftig, doch war auf unserem Kurs der scheinbare Wind sehr schwach, der Winddruck dementsprechend gering, er hätte kaum die von Meyer angenommene Wirkung gehabt. Zweitens, die Attrappe war mit Sicherheit nicht für eine spätere Lage im Atlantik bestimmt. Das Schiff mußte ja St. Nazaire auf schnellstem, das heißt direktem Weg erreichen. Für eine spätere Verwendung im Atlantik hätte es völlig ausgereicht, eine Attrappe nach dem Wiederauslaufen aus Frankreich zu bauen. Es hatte vielmehr ein jedenfalls zunächst als unmittelbar empfundenes Schutzbedürfnis den Befehl zu ihrem Bau ausgelöst. In der kritischen Lage des Schiffes seit dem 24. Mai bestimmten überhaupt nur noch unmittelbare Bedürfnisse das Verhalten von Flottenkommando und Schiffsführung.

Die »Swordfish« der *Ark Royal* greifen an

1 Meine eigenen Angaben zur Anzahl und Reihenfolge der Torpedotreffer weichen von den hierzu vom Flottenchef abgegebenen Funksprüchen ab, vgl. Seite 199. Es ist aber meine bisher nicht erschütterte Erfahrung, daß zuerst zwei Detonationen vorlich meines Standes auftraten und erst danach die achterliche Detonation folgte. Reihenfolge und Inhalt der angezogenen Funksprüche sind zwar ein gewichtiges Indiz für die Wirklichkeit, aber ein zwingender, unumstößlicher Beweis sind sie auch nicht.
2 Die Tatsache, daß *Bismarck* weder am 24. noch am 26. Mai auch nur ein einziges aus der doch relativ hohen Anzahl der so tief und nah herankommenden Angreiferflugzeuge abschoß (s. Seiten 145 und 180), hat unter Fachleuten und auch im Publikum immer wieder zu Verwunderung und entsprechender Fragestellung geführt. Äußerlich betrachtet, hätte ein so dürftiges Resultat eigentlich »nicht eintreten dürfen« und plausibel erklären kann ich diese offensichtliche Fehlleistung auch nicht. Es sei mir hilfsweise gestattet, zu diesem Komplex aus Alistair MacLean, *Die Männer der Ulysses* (Ullstein) eine Passage zu zitieren, in der die einschlägige Phase eines deutschen Bomberangriffes auf den britischen Kreuzer *Ulysses* im Nordmeer geschildert wird: »Zwei Maschinen waren noch übrig, die mit selbstmörderischem Mut ihren Angriff durchzuführen suchten, indem sie vor der drohenden Vernichtung rasche Wendungen in Schlangenlinie machten. Zwei Sekunden vergingen – drei, vier –, und noch hielten sie Kurs im Schneegestöber und dem schweren konzentrierten Feuer. Sie schienen auf wunderbare Weise gegen alles gefeit. Theoretisch ist nichts so leicht zu treffen wie ein in gerader Richtung aufs Ziel zufliegendes Flugzeug, doch im Ernstfall ergab sich das nie. Im Eismeer, im Mittelmeer und im Stillen Ozean haben die Experten nie aufgehört, sich über die ›relative Immunität‹ der Torpedobomber und den hohen Prozentsatz der von ihnen auch im dichtesten Abwehrfeuer erfolgreich durchgeführten Angriffe zu wundern. Übergroße Spannung und Furcht sind, wenigstens zum Teil, ursächlich dafür gewesen, daß sie ›durchkamen‹, denn gegen Torpedoflugzeuge sind halbe Maßnahmen nutzlos, da kann es nur heißen, ›er oder ich‹. Und es gibt keine härtere Nervenprobe (immer ausgenommen natürlich den kreischenden, fast senkrechten Sturzflug der Stukas mit den Möwenflügeln), als ein Torpedoflugzeug übers offene Fadenkreuz der eigenen Kanone riesengroß, furchterregend heranbrausen zu sehen und zu wissen, daß einem unerbittlich nur noch fünf Sekunden zum Leben bleiben... Und auf *Ulysses* machte jetzt natürlich das heftige Schlingern in der groben Kreuzsee genaues Zielen sowieso unmöglich.«
Den Erschwerungen, die für das Zielen auf *Ulysses* durch das heftige Schlingern verursacht wurden, entsprachen auf *Bismarck* die auf Grund der ständigen Ausweichbewegungen hervorgerufenen Zielrichtungsänderung und die wechselnden Krängungslagen des Schiffes.
3 Tauchretter: ein Kleintauchgerät zum Selbstretten, z. B. aus gesunkenen

U-Booten. Der erforderliche Luftvorrat wird dem Taucher aus einer Sauerstoffflasche über einen Atembeutel mittels Mundstück zugeführt. Die Betriebsdauer beträgt etwa 30 Minuten. Der ringförmig ausgebildete und um den Hals zu tragende Atembeutel wirkt gleichzeitig als Schwimmgürtel. (Technische Einzelheiten siehe: Gebrauchsanweisung T 2.1–2 Dräger-Tauchretter, November 1943, 10. Ausgabe, Drägerwerk Lübeck.)

Der Ruderschaden

1 Brennecke, a. a. O., Anmerkung 454.
2 in MOV-Nachrichten, Jahrgang 17, 1968, Heft 1, Seiten 6/7.
3 Über die geschilderten Bedenken hinaus muß bezweifelt werden, ob ein ununterbrochenes Achterausfahren des Schiffes über die hohe Distanz bis hin zur französischen Küste technisch überhaupt möglich gewesen wäre. Die Rückwärtsturbinen konnten ihre – ohnehin schon mindere – PS-Leistung nur über kürzere Zeiträume erbringen, da danach die Kühlung nicht mehr ausgereicht hätte. Die Öffnungen für den Kühlwassereintritt waren für die Vorwärtsfahrt geformt. Jede aus diesem Grunde etwa periodisch notwendige Unterbrechung der Rückwärtsfahrt hätte das Schiff außerdem wieder vom Kurs abgebracht, der mühseligst hätte wieder gewonnen werden müssen – so daß dieses Manöver auch von diesem Gesichtspunkt her eher einem Verzweiflungsakt geglichen hätte.
4 Brennecke hat die Frage nach dem noch vorhandenen Siegeswillen möglicherweise in Anknüpfung an die auf die Stimmungslage an Bord nach der Ansprache des Flottenchefs gemünzten Worte Junacks (s. oben Seite 158/9) gestellt: Diese Worte lauten im Original, wie folgt: »Der hohe Gefechtswert, den das Schlachtschiff am Sonnabend (dem 24. Mai, Tag des Island-Gefechtes) bewiesen hat, ist aber unwiederbringlich verloren.«
5 Brennecke, a. a. O., Anmerkung 299.
6 Der Zerstörer *Piorun* war im Mai 1940 in Großbritannien vom Stapel gelaufen und später der in London residierenden polnischen Exilregierung übergeben worden. Er fuhr im Verband der britischen Flotte, aber unter polnischer Flagge und mit einer polnischen Besatzung.

Die letzte Nacht auf *Bismarck*

1 Es ist möglich, daß Grenfell in Wahrheit dieses Vorkommnis behandelte, als er a. a. O. auf Seite 168 schrieb: »Als sich die *Maori* zurückzog, meinte ihre Besatzung, einen Torpedotreffer (auf *Bismarck*) gesehen zu haben. Ein glänzender Feuerschein erleuchtete die Wasserlinie beim Feind, und kurz danach schien ein weiterer solcher eine zweite Detonation anzuzeigen.«
2 In seinem Buch *Loss of the Bismarck*, London 1972, vermerkt Vice Admiral

B.B. Schofield auf Seite 59, daß *Maori* nachts mit Sicherheit einen Torpedotreffer auf *Bismarck* beobachtet habe. Auf Seite 60 schreibt er: »Die Frage, wie viele Torpedotreffer während dieser Angriffe (Nachtangriffe der Zerstörer) erzielt wurden, wird niemals mit absoluter Gewißheit beantwortet werden können.« Nun, ich kann authentisch versichern, daß *Bismarck* in der Nacht nicht ein einziges Mal von einem Zerstörertorpedo getroffen worden ist.

3 Die *Ermland* war ein Troßschiff.
4 Korvettenkapitän Adalbert Schneider wurde posthum zum Fregattenkapitän befördert.

Das Kriegstagebuch der Flotte und *U 556*

1 Übrigens findet sich in dem rekonstruierten Kriegstagebuch *Bismarck* für die Zeit des Startversuches der Arado die Eintragung, daß Brecher an Oberdeck des quer zur See liegenden und nur geringe Fahrt laufenden Schiffes geschlagen seien und einen Teil der 10,5 cm Flakbedienungen über Bord gerissen hätten. Auch hätten infolge starker Schlagseite die Backbord-15-cm-Türme unter Wasser gestanden.

Nach meiner persönlichen Erinnerung kann ich diesen Eintrag mit der Wirklichkeit nicht vereinbaren. Da Kampfhandlungen zwischen 05.00 und 06.00 Uhr nicht im Gange waren und dem Anschein nach auch nicht unmittelbar bevorstanden, war ich zur Beobachtung des Flugzeugstarts in die Nähe des Katapultes gegangen. Zu der Zeit hatte *Bismarck* gewiß Schlagseite nach Backbord. Aber keineswegs standen die Backbord-15-cm-Türme um diese Stunde schon unter Wasser. Vielmehr waren alle Waffen noch voll einsatzfähig. Auch waren die Bewegungen des breiten Schiffes im Seegang durchaus maßvoll. Kein Brecher sollte es zu diesem Zeitpunkt vermocht haben, 10,5-cm-Flakbedienungen von dem – auch noch überhöhten – Aufbaudeck zu reißen. Einen dem Eintrag entsprechenden Zustand habe ich erst nach dem Endkampf, etwa zwanzig Minuten vor dem Sinken des Schiffes beobachtet.

2 Um zu klären, warum ausgerechnet das am 27. Mai schon fast volle vier Wochen in See und daher voraussichtlich ohnehin schon in prekärer Brennstofflage befindliche *U 556* mit der Abholung des Kriegstagebuches beauftragt worden sei, schrieb ich im Jahr 1978 an Wohlfarth: »Hatte die U-Booteinsatzleitung nicht damit rechnen müssen, daß Sie am Morgen des 27. Mai allmählich in Brennstoffnot, daher getaucht und nicht funkempfangsfähig sind? Wieso hat sie nicht gemerkt, daß Sie die Funkweisung zum Abholen des Kriegstagebuches nicht sogleich erhalten haben? Oder warum hat sie nicht von vornherein mehrere Boote insoweit angefunkt – dann hätte vielleicht eines von ihnen diese Mission erfüllen können?«

Wohlfarth antwortete: »Die U-Booteinsatzleitung hatte durch meine Rückmarschmeldung wegen Brennstoffmangel vor Grönland nur ungefähre Ahnung über meinen Brennstoffbestand und wußte nicht, nachdem ich bereits einen Tag Rückmarsch gelaufen war, daß ich einen halben Tag mit großer Fahrt in nordwestlicher Richtung auf einen Geleitzug operiert hatte, was meine letzten Reserven aufbrauchte. Admiral Dönitz hatte mich zum Abholen vorgesehen, weil ich laufend Fühlunghaltermeldungen die ganze Nacht durchgegeben hatte. *U 74* hätte, da ich an diesem Morgen gegen 06.00 Uhr die Fühlunghalteraufgaben abgegeben hatte, automatisch den Befehl übernehmen müssen. Ich glaube aber, daß der Befehl sowieso erst gegen 10.00 Uhr gefunkt worden ist, so daß auch Kentrat mit *U 74* die Aufgabe nicht mehr hätte durchführen können.

Ich selbst war von 06.00 bis 12.00 Uhr getaucht und habe erst um 12.00 Uhr, zu welchem Zeitpunkt die Funksprüche regelmäßig wiederholt wurden, den Funkspruch erhalten.«

Ein letzter Besuch auf der Schiffsbrücke

1 Brennecke, a. a. O., Anmerkung 329, zitiert mich zu dieser Begegnung mit Lindemann – wie übrigens auch in anderem Zusammenhang auf Seite 179, vgl. Anmerkung 316 – mit Äußerungen, die ich angeblich im Jahr 1959 der Zürcher *Weltwoche* gegenüber getan habe. Ich habe dieser Zeitung weder mündlich noch schriftlich jemals irgendeine Äußerung zukommen lassen. Ich distanziere mich von Inhalt und Diktion der mir dort zugeschriebenen Erklärungen. Mein Eindruck von Lindemann an diesem letzten Morgen und meine Gedanken dazu ergeben sich authentisch aus der Darstellung in diesem Buch.
2 Ein »braunes« Schiff nannte man in der Kriegsmarine ein solches, auf dem kein Verbandsbefehlshaber (vom Rang eines Kommodore an aufwärts) eingeschifft und der Kommandant folglich der ranghöchste Offizier an Bord war.

Admiral Tovey bestimmt den Zeitpunkt des Endkampfes

1 Britische Marineausdrucksweise in Fällen, in denen Kurse oder Peilungen anderer Schiffe um 180° verkehrt gemeldet werden. Solcher Irrtum kann besonders leicht geschehen, wenn ein Schiff mit Bug oder Heck fast genau auf den Beobachter zuliegt, zumal das Heck oft so scharf geschnitten erscheint wie der Bug. Captain Charles Larcom war der Kommandant der *Sheffield*.

Der Endkampf

1 Die Geschoßgewichte im einzelnen:
 eine 40,6-cm-Granate der *Rodney*   1.116,27 kg
 eine 35,6-cm-Granate der *King George V*   721,1 kg
 eine 15,2-cm-Granate der *Rodney*   50,8 kg
 eine 13,3-cm-Granate der *King George V*   36,29 kg
 eine 20,3-cm-Granate der *Norfolk* und *Dorsetshire*   116,12 kg
 eine 38-cm-Granate des *Bismarck*   798 kg
 eine 15-cm-Granate des *Bismarck*   43,3 kg
 Feuergeschwindigkeit auf *Bismarck*:
 Schwere Artillerie: 1 Schuß pro Rohr alle 25 Sekunden
 Mittlere Artillerie: 10 Schuß pro Minute und Rohr
2 »Gefechtsschaltung achtern« bedeutete die Herstellung der Leitverbindung vom Achteren Stand über die Achtere Rechenstelle auf die Türme.
3 In der Achteren Rechenstelle waren damals auf Station:
 als Befehlsübermittlungsoffiziere:
 für die Schwere Artillerie: Leutnant zur See Heinz Aengeneyndt,
 für die Mittelartillerie: Stabsoberbootsmann Friedrich Adams;
 am Entfernungsmittler: Bootsmaat Paul Rudek;
 am Schußwertrechner: Matrosenhauptgefreiter Herbert Langer;
 am Richtungsweiser-Höhenweisergeber: Matrosengefreiter Adolf Eich;
 am Feuersignalgeber: Matrosengefreiter Hans Halke.
4 Zu den Ankömmlingen von unten zählte auch der Matrosengefreite Adolf Eich von der Achteren Rechenstelle (s. vorige Anmerkung). Oben anlangend, stieß er an die Leiche des Bootsmanns Georg Puttnies. Er sah Schwer- und Leichtverletzte, dann eine Reihe von Männern, die im Stand abwarteten, darunter mich. »Ich frage mich noch heute«, schrieb er mir im Jahr 1978, »wie es möglich war, daß Sie nichts abbekommen hatten.«
5 Fundstellen für britische Äußerungen bei Kennedy, a. .a. O., Seiten 206, 207 und 208; Grenfell, a. a. O., Seite 184.
6 Es wurden posthum befördert:
 zum Geschwaderarzt der Marineoberstabsarzt Dr. Busch;
 zum Marineoberstabsarzt der Marinestabsarzt Dr. Krüger.

Der Endkampf aus britischer Sicht

1 Diese Angaben über die Lagen der Aufschläge *Bismarcks* während des Einschießens beruhen auf einem Bericht des damals auf *Rodney* eingeschifften Lieutenant-Commander J.M. Wellings, U. S. N. Sie weichen geringfügig von den entsprechenden Einträgen im Protokoll des britischen Gefechtsbeobachters auf Seite 250, von 08.49 bis 08.54 Uhr ab.
2 Grenfell, a. a. O., Seiten 181/2.
3 Von meinem Achteren Stand aus habe ich diese Salve vorn in dem anhalten-

den Gefechtslärm gar nicht mehr identifiziert. Da mir gegen 09.10 Uhr die beiden vorderen Türme als ausgefallen gemeldet worden waren, hatte ich eine schwere Salve vorn auch sowieso nicht mehr erwartet. Vielleicht hatte die zum gemeldeten Ausfall führende Störung in »Anton« oder »Bruno« noch einmal, ein letztes Mal, behoben werden können? Die Version bei Grenfell, a. a. O., Seite 182, daß um 09.27 Uhr unsere beiden vorderen Türme zugleich eine Salve geschossen haben sollen, halte ich für sehr unwahrscheinlich. Es müßte schon ein ganz außerordentlicher Zufall gewesen sein, der es den beiden Türmen ermöglicht hätte, ihre kurz nach 09.00 Uhr erlittenen schweren Trefferschäden so gleichzeitig zu beheben, daß sie noch eine gemeinsame letzte Salve feuern konnten.

4 Laut Lieutenant-Commander Wellings, siehe zu dessen Person und Bericht die Anmerkung 1 zu diesem Kapitel. Gemäß der Eintragung des dort ebenfalls erwähnten britischen Gefechtsbeobachters zu 09.31 Uhr (siehe Seite 250/1) ist die letzte Salve von *beiden* achteren Türmen *Bismarcks* geschossen worden.

5 Die Beobachtungen Campbells weichen in Einzelheiten von denen Wellings (s. Anm. 1) ab. In der Hitze eines solchen Gefechts ist jedoch mit derlei Unterschieden zu rechnen.

6 Die vom britischen Gefechtsbeobachter bei dieser Eintragung – und auch später noch wiederholt – verwendete Ausdrucksweise: »*Bismarck* dreht ...« ist bei dem verkrüppelten Zustand des Schiffes nicht mehr als Ausführung eines frei gewählten Kursmanövers zu verstehen. *Bismarck* führte derartige Drehbewegungen nur noch als Ergebnis der vereinigten Einflüsse von klemmenden Rudern, Seegang und Wind aus.

7 Es handelt sich hier um die vom Verfasser vom Achteren Stand aus geleiteten Salven, vgl. Seite 224/5.

8 Zur Person vgl. Anmerkung 1 zu diesem Kapitel.

9 Der unter der Uhrzeit 09.51 und auch später noch verwendete Ausdruck »Gefecht« ist nicht mehr im Wortsinn zu verstehen. Da *Bismarck* schon seit 09.31 Uhr nicht mehr feuern konnte, handelte es sich danach nur noch um eine einseitige Beschießung.

10 Ich persönlich habe in dem allgemeinen Gefechtslärm zu dieser Zeit nichts von einem derartigen Torpedotreffer wahrgenommen. Donald C. Campbell hatte aber die Detonation eines von *Rodney* gefeuerten 60-cm-Torpedos auf unserer Steuerbordseite, in der Höhe von Turm »Bruno« beobachtet. Er schrieb mir später dazu: »Ich nehme an, daß dieses der einzige Fall in der Seekriegsgeschichte ist, daß ein Schlachtschiff ein anderes Schlachtschiff torpedierte.«

Bismarck sinkt

1 Es handelte sich um die »Swordfish« von *Ark Royal,* die ihre Angriffsabsichten nicht mehr hatte ausführen können, vgl. Seite 249.
2 Das nicht identifizierte Schiff war in Wahrheit die *King George V.* Laut Grenfell, a. a. O., Seite 186, hatten die »Swordfish« das britische Flaggschiff angeflogen, um von diesem eine Unterbrechung des Artillerieschießens zugunsten ihrer eigenen Angriffe zu erwirken. Sie wurden von *King George V* aber nicht entsprechend beachtet und statt dessen von ihr auch noch beschossen! Als der verantwortliche Flakleiter später vom Kommandanten, Captain W.R. Patterson, gefragt wurde, ob er nicht die Flugzeugbesatzungen habe winken sehen, antwortete er, er habe sie für Deutsche gehalten, »die mit der Faust drohen«.
3 Bei dem Kreuzer handelte es sich um die *Norfolk.*

Kriegsgefangen auf *H.M.S. Dorsetshire* und *H.M.S. Maori*

1 Gemeint sind alle U-Boote, die damals im weiteren Seeraum um *Bismarck* gestanden hatten.
2 In seiner ersten Auflage von *Schlachtschiff Bismarck,* 1960, Seite 392, schreibt Brennecke zu dem vorzeitigen Ablaufen der *Dorsetshire:* »Darüber hinaus ist uns aber bekannt, daß es einer der deutschen Überlebenden war, der den britischen Kreuzerkommandanten aufgrund seiner Kenntnis von den letzten Funksprüchen vor deutschen U-Booten warnte.
Geschah dies aus Nervosität? Aus Angst? Oder aber aus der Absicht heraus, die restliche Rettung der Überlebenden den deutschen U-Booten zu überlassen?«
In seiner vierten, verbesserten Auflage von 1967 hat Brennecke diese Behauptung etwas umformuliert: es hatte nunmehr nicht einer der deutschen »Überlebenden« den Kommandanten der *Dorsetshire* gewarnt, sondern einer von den deutschen »überlebenden Dienstgraden« – daran angehängt findet sich die Anmerkung 361 a: »Der heutige Kapitän zur See a. D. Junack war es nicht!«
Warnung des britischen Kommandanten durch einen deutschen überlebenden Dienstgrad? Eine wahrhaft erstaunliche und auch niemals bewiesene Behauptung des Herrn Brennecke! Falls es aus meiner eigenen Schilderung der Situation nach dem Anbordkommen auf *Dorsetshire* nicht schon zur Genüge hervorgegangen sein sollte, kein Überlebender hatte zu diesem Zeitpunkt die Gelegenheit, den auf der hochgelegenen Schiffsbrücke befindlichen Kommandanten zu »warnen«. Und welche Funksprüche soll der »Betreffende« denn gekannt haben? Von jeder Warte aus dürfte es hier doch schon an den Voraussetzungen für eine »Warnung« fehlen, und das Weiterfragen nach Motiven wie Nervosität oder Angst können wir uns ersparen.
Nein, ich halte die Darstellung Brenneckes für eine freie Erfindung, aber wes-

sen? Beim Anbordkommen hieß es doch für alle Überlebenden erst einmal: Sofort unter Deck! Und ich selbst, für den das ja auch galt, habe Captain Martin erstmalig am Morgen des 28. Mai gesehen, vierundzwanzig Stunden nach dem Rettungsmanöver, als *Dorsetshire* längst in einem entfernten Seeraum stand.

Die Erfüllung meines wiederholt geäußerten Wunsches nach Belegen für die angebliche Warnung ist mir Herr Brennecke bis heute schuldig geblieben! Und die in dem Zusatz »Kapitän Junack war es nicht!« objektiv liegende Insinuierung, daß also ich das als dienstältester Überlebender gewesen sein könnte, weise ich entschieden zurück.

3 Grenfell, a. a. O., erwähnt in einer Fußnote auf Seite 180 die angebliche Behauptung eines Überlebenden Captain Martin gegenüber, daß die Artillerie der *Dorsetshire* den Artillerieleitstand (oder auch die Artillerieleitstände) auf *Bismarck* ausgeschaltet hätte. In Verbindung hiermit vermutet Grenfell, daß der betreffende Überlebende sich bei seinen Gefangennehmern habe einschmeicheln wollen.

Ich persönlich bin gemeint. Es ist mir ein Rätsel, wie und wo diese Darstellung entstanden ist. Während des Endkampfes hatte ich – auch schon wegen meines kurz nach 09.10 Uhr blind geschossenen Standes – die Anwesenheit der *Dorsetshire* auf der Gefechtsszene überhaupt nicht bemerkt und folglich auch nichts dergleichen zu Captain Martin sagen können. Auch die Vermutung Grenfells über das dazu gehörende Motiv wird hiermit gegenstandslos.

4 Zur Mission der *Canarias* vgl. Seite 202.

Die »Rheinübung« im Rückblick

1 Einzige Ausnahme hierzu bleibt die Granate, mit der *Prince of Wales* am 24. Mai unseren Gürtelpanzer in Abteilung XIV unterschossen hatte und die auf dem Torpedolängsschott detoniert war.

2 Patrick Beesly, a. a. O., sagt in einer Anmerkung auf Seite 85: »Es erscheint wenig zweifelhaft, daß Sprengladungen zur Selbstversenkung gezündet wurden. Zweifelhaft aber ist, ob es wirklich diese waren, die *Bismarck* zum Sinken gebracht haben. Es wäre schon ein sehr auffälliges Zusammentreffen, wenn sie (die Sprengladungen) zu genau demselben Zeitpunkt wirksam geworden sein sollten wie die Torpedos der *Dorsetshire*.«

Von einem solchen – offenbar »punktuell« gesehenen – »Zusammentreffen« kann aber m. E. nicht gesprochen werden, denn die Selbstsprengung wirkt ja nicht »blitzartig«. Als die Torpedos der *Dorsetshire* trafen, war *Bismarck* als Folge der etwa zwanzig Minuten zuvor gezündeten Sprengladung schon im unaufhaltsamen Sinken begriffen.

3 In Erich Raeder, *Mein Leben,* Band 2, Seiten 266ff.

4 Vgl. hierzu Seite 72, wo der frühere Plan der Seekriegsleitung erwähnt ist,

eine starke Kampfgruppe mit vier Schlachtschiffen in den Atlantik zu entsenden.
5 Siehe hierzu Seite 72.
6 Siehe hierzu Seiten 87, 88.
7 Brennecke, a. a. O., Seite 15.
8 Grenfell, a. a. O., Seite 196.
9 Unter anderem:
F.W. Winterbotham: *The Ultra Secret*. London 1974;
Cave-Brown: *The Bodyguard of Lies*. London;
D. Kahn: *The Code-Breakers*. London 1974;
D. McLachlan: *Room 39*. London 1974;
und, besonders empfehlenswert:
Patrick Beesly: *Very Special Intelligence*. London, 1977;
F.H. Hinsley, *British Intelligence in the Second World War,* London 1979.
10 »Sinking of the German Battleship *Bismarck* on 27th May, 1941«, Despatch by Admiral Sir John Tovey, Supplement to the *London Gazette* of 14 October 1947, Ziffer 3.
11 *Prinz Eugen* allerdings nur dem Schiffstyp nach, was für die britischen Aufklärungsbedürfnisse im Moment jedoch ausreichte.
12 Vgl. Seite 101.
13 In der entsprechenden Phase seiner vorherigen Unternehmung mit *Gneisenau* und *Scharnhorst* hatte Lütjens am 28. Januar 1941 beim Auftreffen auf die Vorhut der britischen Heimatflotte im Seeraum zwischen Island und Färöer kehrtgemacht. Er hatte danach die Unternehmung um wenige Tage verschoben und war Anfang Februar durch die Dänemarkstraße ungesehen ausgebrochen. Vermutlich hatte er aufgrund der dort häufigen und auch damals angetroffenen Unsichtigkeit der Passage durch die Dänemarkstraße für die »Rheinübung« von vornherein Vorrang eingeräumt – eben in der Erwartung eines dort in der Regel geringeren Wetterrisikos, entdeckt zu werden. Dazu kam, daß er nicht damit rechnen mußte, in der Dänemarkstraße so unvermittelt mit britischen Schlachtschiffen zusammenzustoßen, wie das in dem Scapa Flow näher gelegenen Seeraum um die Färöer schon eher einmal geschehen konnte.

Kriegsgefangenschaft in England und Kanada

1 Fest, Joachim, *Hitler,* Berlin 1973, S. 802f., auf der Grundlage von IMT XXXVII, Seite 546ff.
2 im Vorwort zum zweiten Band *Deutsche Geschichte im 19. Jahrhundert,* Freiburg/Br. 1933.
3 Hierl, Konstantin, 1875–1955, Offizier, wurde 1911 Lehrer an der Kriegsakademie in München. Im Ersten Weltkrieg in Generalstabsstellungen tätig, 1919 Freikorpsführer im Auftrag des Reichswehrministeriums, nahm an der

Niederschlagung der Räteherrschaft in Augsburg führend teil. Schied 1924 als Oberst aus der Reichswehr aus. 1925–1927 im Tannenbergbund Ludendorffs tätig. Trat 1927 der NSDAP bei und wurde 1929 Reichsorganisationsleiter II (aus Brockhaus Enzyklopädie, Wiesbaden 1969).

4 *Letitia*, 13. 475 BRT, 15 Knoten, war 1946 dem Ministry of Transport unterstellt worden. (Schwesterschiff der *Athenia*, die am 3. September 1939 von *U 30* torpediert worden war.)

Literaturverzeichnis

I. Literatur

Ayerst, David, *Guardian,* Biography of a Newspaper, London 1971.
Ayerst, David, *The Guardian Omnibus 1821–1971,* London 1973.
Beck, Ludwig, *Studien,* Stuttgart 1955.
Beesly, Patrick, *Very Special Intelligence,* London 1977.
Bekker, Cajus, *Verdammte See,* Berlin 1974.
Brennecke, Jochen, *Schlachtschiff Bismarck,* Herford 1960 und dito, 4. verbesserte, erweiterte Auflage 1967.
Busch, Fritz Otto, *Das Geheimnis der Bismarck,* Hannover 1950.
Carell, Paul und Böddeker, Günter, *Die Gefangenen,* Berlin-Frankfurt/Main 1980.
Churchill, Winston, *The Second World War,* vol. II, London 1967, und vol. III, 1968.
Demeter, Karl, *Das deutsche Offizierskorps in Gesellschaft und Staat 1650–1945,* Frankfurt/Main 1962.
Domarus, Max, *Hitler,* Reden und Proklamationen 1932–1945, Wiesbaden 1973.
Elfrath, Ulrich und Herzog, Bodo, *Schlachtschiff Bismarck,* Ein Bericht in Bildern und Dokumenten, Friedberg 1975.
Faulk, Henry, *Group Captives,* London 1977.
Feine, Hans Erich, *Deutsche Verfassungsgeschichte der Neuzeit,* 3. Aufl., Tübingen 1943.
Fest, Joachim C., *Hitler,* Eine Biographie, Berlin-Frankfurt/Main 1973.
Gilbert, Martin, *Sir Horace Rumbold,* Portrait of a Diplomat 1869–1941, London 1973.
Goebbels *Tagebücher* aus den Jahren 1942–43, herausgegeben von Louis P. Lochner, Zürich 1948.
Grenfell, Russell, *The Bismarck Episode,* London 1948.
Habermas, Jürgen, *Philosophisch-politische Profile,* Frankfurt 1971.
Hampshire, A. Cecil, *The Phantom Fleet,* London 1977.
Hinsley, F.H. u. a., *British Intelligence in the Second World War,* London, H.M. Stationery Office 1979.
Hitlers Machtergreifung, dtv Dokumente, München 1983.
Höhn, Reinhard u. a., *Grundfragen der Rechtsauffassung,* München 1938.
Jackson, Robert, *A Taste of Freedom,* stories of German and Italian prisoners who escaped from camps in Britain during World War II, London 1964.
Jens, Walter, *Die alten Zeiten niemals zu verwinden,* Akademie der Künste, Anmerkungen zur *Zeit,* Nr. 20 (Rede aus Anlaß des 50. Jahrestages der Bücherverbrennung am 10. Mai 1933).

Kennedy, Ludovic, *Pursuit,* London 1974.
Koellreuther, Otto, *Deutsches Verfassungsrecht – ein Grundriß,* Berlin 1935.
Lane, Arthur Bliss, *I saw Poland betrayed,* United States Ambassador to Poland, 1944–1947, New York 1948.
McLachlan, Donald, *Room 39,* London 1968.
Maschke, Erich, *Die deutschen Kriegsgefangenen des II. Weltkrieges,* München 1974.
Maunz, Theodor, *Verwaltung,* Hamburg
Maunz, Theodor, *Gestalt und Recht der Polizei,* Hamburg 1943.
Nesbit, Roy Conyers, *Failed to return: Enquiries into Mysteries of the Air,* Wellingborough 1988.
Orwell, George, *The Collected Essays,* Journalism and Letters of Vol. II, 1970, mit Wiedergabe aus *New English Weekly* vom 21. März 1940.
Poliakov, Leon und Wulf, Josef, *Das Dritte Reich und seine Denker,* Berlin 1959.
Putlitz, Wolfgang Gans Edler Herr zu, *Unterwegs nach Deutschland,* 2. Aufl., 1956.
Raeder, Erich, *Mein Leben,* Band 1, Tübingen 1956, Band 2, Tübingen 1957.
Rauschning, Hermann, *Gespräche mit Hitler,* Zürich 1940.
Roskill, S.W., *The War at Sea,* vol. 1, London, H.S. Stationery Office 1976.
Schmalenbach, Paul, *Die Geschichte der deutschen Schiffsartillerie,* Herford 1968.
Schmalenbach, Paul, *Kreuzer Prinz Eugen... unter 3 Flaggen,* Herford 1978.
Schmalenbach, Paul, *Profile Warship,* 18, Windsor, Berkshire.
Schnabel, Franz, *Deutsche Geschichte im Neunzehnten Jahrhundert,* Zweiter Band, Freiburg/Br. 1933.
Schofield, B.B., *Loss of the Bismarck,* London 1972.
Spörl, Johannes, Herausgeber, *Historisches Jahrbuch,* im Auftrag der Görres-Gesellschaft, 1955 (Franz Schnabel gewidmet).
Staatslexikon, Recht, Wirtschaft, Gesellschaft, herausgegeben von der Görres-Gesellschaft, Elfter Band, Freiburg 1970.
Stalmann, Reinhart, *Die Ausbrecherkönige von Kanada,* Hamburg 1958.
Steinmetz, Hans-Otto, *Bismarck und die deutsche Marine,* Herford.
Sulzbach, Herbert, *With the German Guns,* London 1973.
Toller, Ernst, *Eine Jugend in Deutschland,* Hamburg 1982 (Originalausgabe erschien 1933 in Amsterdam).
Tschirschky, Fritz Günther von, *Erinnerungen eines Hochverräters,* Stuttgart 1972.
Wolff, Helmut, *Die deutschen Kriegsgefangenen in britischer Hand,* München 1974.
Wolff, Helmut, *Aufzeichnungen über die Kriegsgefangenen im Westen,* Bielefeld 1963.

II. Zeitschriften, Zeitungen

Bidlingmaier, Gerhard, »Exploits and end of the Battleship Bismarck«, *United States Naval Institute Proceedings,* Juli 1958.
Coler, Chr., »Bismarck und die See«, *Wehrwissenschaftliche Rundschau,* Jahrgang 19 (1969).
Gribbohm, Günther, »Der Dolch des Mörders unter der Richterrobe«, Artikel in der *Südschleswigschen Heimatzeitung* vom 18. Oktober 1969.
Schmalenbach, Paul, »Admiral Günther Lütjens«, *Atlantische Welt* 1967.
Schmitt, Carl, »Der Führer schützt das Recht«, zur Reichstagsrede Adolf Hitlers vom 13. Juli 1934, in *Deutsche Juristen-Zeitung* vom 1. August 1934, München und Berlin.
Schulze-Hinrichs, Alfred, »Schlachtschiff *Bismarck* und Seemannschaft«, *MOV Nachrichten,* Jg. 17, 1968, Heft 1.
Flensburger Nachrichten, 75. Jahrgang, Montag, den 28. August 1939.
Münchner Illustrierte, 1957: Originalaussagen *Bismarck*-Überlebender.
The Review of Politics, Vol. XII, 1950, University of Notre Dame, Indiana, USA.
Völkischer Beobachter vom 18. Dezember 1940.

III. Dokumente, Aussagen

A. Akten des Bundesarchivs – Militärarchiv – Freiburg
   Kriegstagebuch Schlachtschiff *Bismarck,* original und rekonstruiert.
   Kriegstagebuch des Marinegruppenkommandos Nord, Mai 1941.
   Kriegstagebuch des Marinegruppenkommandos West, Mai 1941.
   Handakte des Oberbefehlshabers der Kriegsmarine, Großadmiral Dr.h.c. Erich Raeder, Januar bis Juni 1941.
   Seekriegsleitung, Vorbereitende Weisungen und Operationsbefehle März 1941 bis Mai 1941.
   Seekriegsleitung, Lagezimmerberichte, 1941.
   Seekriegsleitung, Akte »Rheinübung«: *Bismarck*-Operation, Erfahrungs- und Schlußberichte.
   Oberkommando der Kriegsmarine, Die Atlantikunternehmung der Kampfgruppe *Bismarck – Prinz Eugen* Mai 1941 – Marine-Dienst-Vorschrift Nr. 601, Berlin, Oktober 1942.
   Vorläufige Vernehmung der Matrosengefreiten Herzog, Höntzsch und Manthey an Bord *U 74.*
   Protokolle der Aussagen von *Bismarck*-Geretteten, Paris, Juni 1941, aufgenommen von dem Marinegruppenkommando West:
   Matrosengefreiter Georg Herzog
   Matrosengefreiter Otto Höntzsch

Matrosengefreiter Herbert Manthey
Matrosengefreiter Otto Maus
Maschinengefreiter Walter Lorenzen.

Kriegstagebuch *U 74,* 26. Mai 1941
Kriegstagebuch *U 556,* 24. bis 27. Mai 1941
Bericht über den Einsatz des Schlachtschiff *Bismarck,* Wetterbeobachtungsschiff 7 *(Sachsenwald)* des Leutnants zur See (S) Wilhelm Schütte vom 30. Mai 1941.
BA-MA Freiburg, III M 1005/7 KTB. 1 Skl Teil B V, Anlagen verschiedenen Inhalts Januar-Juni 1943, Sonderdruck aus *Militärgeschichtliche Mitteilungen* 2/1973.

B. Andere Dokumente

Archiv des Auswärtigen Amtes, Bonn, Berichte der Deutschen Botschaft in London 1937–1939, Bericht des Deutschen Konsulats in Glasgow von 1939.
Sinking of the German Battleship on 27th May, 1941, Despatch by Admiral Sir John Tovey, published in the Supplement to The London Gazette, 14th October 1947.
Operations and Battle of German Battleship Bismarck 23–27 May, 1941. Narrative and enclosures (A) bis (H), Intelligence Division, U.S. Navy Department.
Reichsgesetzblatt Teil I Nr. 34 vom 7. April 1933.
Bock, Karl Heinrich, *Lebensabschnitte 1909–1950,* unveröffentlicht.
Engel, Gerhard, *Aufzeichnungen,* Stuttgart 1974, herausgegeben und kommentiert von Dr. Hildegard von Kotze.
Kennedy, Ludovic, Script of BBC Television Documentary, »Rheinübung«, März 1971.
Schneider, Otto, private Aufzeichnung »Letzte Begegnung«.
Troubridge, T., Captain R.N., *Berliner Tagebuch 1936–1939,* unveröffentlicht.
Der Prozeß gegen die Hauptkriegsverbrecher vor dem Internationalen Militärgerichtshof, Nürnberg 1947, zitiert als IMT.
IMT XXXVII, Seite 546 ff.
2. Deutscher Bundestag – 140. Sitzung am 18. April 1956, Große Anfrage der Fraktion der SPD betr. Rede des Kapitäns zur See Zenker in Wilhelmshaven (Drucksache 2125).
Documents on British Foreign Policy 1919–1939, edited by E.L. Woodward, M.A., F.B.A., Second Series, Vol. V, 1933. London, H.M. Stationery Office.
Institut für Zeitgeschichte, München, Zs 246 (Heye) und Zs 285 (Karl-Jesko von Puttkamer).

Volksgerichtshof, Urteil in Sachen Günther Paschen vom 18. Oktober 1943, 2 J 557/43, 1 L 132/43 und Paschen – Fa 117/289, Führerinformation, Nürnberger Dokumente NG-546 (Archiv des Instituts für Zeitgeschichte).

Westdeutscher Rundfunk, »Stärker als Stacheldraht«, Manuskript einer Sendung, 1963.

Public Archives, Ottawa, Kanada

RG 24 C1, C1, C 5407–7236–16–1	
RG 24 C1, vol. 2296, Oct. 1944 –	Grande Ligne
RG 24 C1, C 5416, May 1944 –	Bowmanville
RG 24 C 5396–7236–I 6–30	Bowmanville
RG 24 C 5370–7236–I–7–30	Bowmanville transfers
RG 24 C 5387–7236–46	Transfer of PoW, general
RG 24 C 5407–7236–85–I6–I	Anti-nazis
RG 24 C 5416–94–6–30	Intelligence reports, B'ville
RG 24 C 5416–94–6–44	Intelligence reports, Grande Ligne
RG 24 C 5416–94–6–45	Intelligence reports, Sorel
RG 24 C 8249–31–1–30	PoW security Bowmanville
RG 24 C 8249–31–3–30	PoW security Bowmanville

C. Schriftliche und mündliche Aussagen *Bismarck*-Überlebender.

IV. Korrespondenz mit

Dipl. Ing. Klemens Bartl, Augsburg.
Captain Robert L. Bridges, USN, Ret., Castle Creek, New York.
Dr. Alfred Elsner, Hamburg.
Herrn Joachim Fensch, Weingarten.
The Hon. James Galbraith, Jedburgh, Schottland.
Mr. William H. Garzke Jr., Greenlawn, New York.
Herrn Franz Hahn, Mürwik.
Mr. Daniel Gibson Harris, Ottawa.
Dr. Mathias Haupt, Bundesarchiv Koblenz.
B.J. Hennessy, Lt. Commander, R.N., Durban, S.A.
Herrn Bodo Herzog, Oberhausen.
Herrn Hans H. Hildebrand, Hamburg.
Herrn Konteradmiral a. D. Günther Horstmann, Basel.
Imperial War Museum, London.
Mr. Esmond Knight, London.
Mr. John Love, Newmarket, Suffolk.
Herrn Oberarchivrat Dr. Hansjoseph Maierhöfer, Bundesarchiv-Militärarchiv, Freiburg.

Mr. Philip Mathias, Toronto.
Mrs. Mary Z. Pain, London.
Fregattenkapitän Dr. Werner Rahn, Mürwik.
Professor Dr. Jürgen Rohwer, Stuttgart.
Mr. James Rusbridger, St. Austell, England.
Dr. Hans Ulrich Sareyko, Auswärtiges Amt, Bonn.
Franz Schad, UnivProf. em., MinDirigent a. D., Hattenhofen.
Herrn Rolf Schindler, Freiburg.
Fregattenkapitän a. D. Paul Schmalenbach, Altenholz.
Vice Admiral B.B. Schofield, Henley-on-Thames.
Kapitän zur See a. D. Hans-Henning von Schultz, Ramsau.
Mr. George C. Seybolt, Dedham, Massachusetts, USA.
Mr. S.W. Simpson, Shap Wells Hotel, England.
Herrn Torsten Spiller, Deutsche Dienststelle (WASt), Berlin.
Mr. Tom Wharam, Cardiff.
Kapitänleutnant a. D. Herbert Wohlfarth, VS-Villingen.

Personen- und Schiffsregister

Achilles, H.M.S., Kreuzer 217
Adams, Friedrich, Stabsoberbootsmann 412
Admiral Graf Spee, Panzerschiff 71, 217, 278
Admiral Scheer, Panzerschiff 37
Aengeneyndt, Heinz, Leutnant zur See 412
Agar, A.W.S., Captain, R.N. 272
Ågren, Kapitän zur See, Schwedische Marine 95
Ajax, H.M.S., Kreuzer 217
Albrecht I., Sohn Rudolfs I., Deutscher König (1255–1308) 56
Albrecht, Helmut, Korvettenkapitän: Island-Gefecht 119f.; britische Zerstörerangriffe 196; Endkampf 224, 226, 277
Ark Royal, H.M.S., Flugzeugträger: vom Stapel 32; vor Oran 17; »Rheinübung« 147, 149, 173 ff., 220, 265; Flugzeugangriffe gegen *Bismarck* 208, 218f., 249, 276
Ascher, Paul, Fregattenkapitän, 216 f.
Astaire, Fred, Meistertänzer, Filmschauspieler 337
Axelsen, Viggo, Mitglied des norwegischen Untergrundes 97 f., 283

Balzer, Lothar, Nautischer Assistent 263
Barho, Oskar, Obermaschinist 68, 144, 185
Barth, Edvard K., Mitglied des norwegischen Untergrundes 98
Beck, Ludwig, General der Artillerie, Chef des Generalstabes des Heeres von 1935–38 34 f., 300
Belchen, Tanker 137
Below, Nicolaus von, Oberst der Luftwaffe 87
Berndt, Bernhard, Oberleutnant zur See 317
Bismarck, Otto Fürst von 41, 48, 58, 255
Blackburne, Kenneth, Sir, G.C.M.G., G.B.E., Governor General of Jamaica, W.I. 303 f.

Blackburne, Bridget, Lady 303
Black Prince, H.M.S. 308
Blohm & Voß, Schiffsbauwerft 19, 40, 47, 55, 61, 210, 299
Böhnel, Gerhard, Maschinengefreiter 185
Boeschenstein, Hermann, Director for Canada of The War Prisoners' Aid of the Young Men's Christian Association 324
Bonhoeffer, Karl, 1868–1948, Psychiater 35
Brauchitsch, Walther von, Generaloberst, Oberbefehlshaber des Heeres 34
Bredow, Ferdinand von, 1884–1934, Generalmajor, Chef des Ministeramts 318
Brennecke, Jochen, Schriftsteller 190, 192
Brent, Captain, Technischer Lageroffizier in Bowmanville, Kanada 331 f.
Briggs, Dennis, Flying Officer 168
Brinkmann, Helmuth, Kapitän zur See 91, 136
Bromberg, Tanker 67
Browne, Franziska 21
Browne, Sir George 21
Brückner, Günter, Leutnant zur See 228
Budich, Hermann, Maschinengefreiter 48, 52, 70, 99, 144, 185, 192, 236
Burckhardt, Carl J., Präsident des Internationalen Komitees des Roten Kreuzes 333
Burns, Robert, Dichter 298
Busch, Hans-Günther, Dr., Marineoberstabsarzt 242
Byas, C.W., Commander, R.N. 264, 272

Calliope, H.M.S. 28
Campbell, Donald C., Senior Lieutenant, R.N., Air Defense Officer, H.M.S. *Rodney* 10, 247ff.
Campbell, Robert Lord, Lieutenant, U.S.N. 28
Campbell-Walter, Keith McNeil, Rear Admiral, R.N. 303 f.
Canarias, Spanischer Kreuzer 202, 272
Cardinal, Friedrich, Oberleutnant zur See 69, 87, 224, 239 ff., 260 f.

Carls, Rolf, Generaladmiral 95, 283
Cecil, Robert, Earl of Salisbury 307
Chamberlain, Sir Neville 23, 26f., 29, 350
Childers, Erskine, Schriftsteller 307
Churchill, Sir Winston 17, 26, 72f., 109, 147, 267, 301, 305, 319, 355, 382
Coode, Tim, Lieutenant Commander, R.N. 218
Cope, Bertram, Lieutenant Commander, R.N.V.R. 289
Cossack, H.M.S., Zerstörer 194, 199, 276
Croghan, Eddie, Deputy Chief Department »German Prisoners of War«, Naval Intelligence Division 304f.
Curteis, A.T.B., Rear Admiral, R.N. 108

Daladier, Edouard, französischer Ministerpräsident 1938–40 33f., 371
Dalrymple-Hamilton, F.H.G., Captain, R.N. 242, 244
Denham, Henry, Captain, R.N. 95f., 99, 101, 107f., 283
Deutschland, Panzerschiff 71
Dölker, Sigfrid, Oberleutnant zur See 143
Dorsetshire, H.M.S., Kreuzer: 221f.; Endkampf: 245, 247, 251f., 256, 275f.; Rettung *Bismarck*-Überlebender: 257–265, 267–269, 272
Durant, Lieutenant Commander, R.N. 267
Dury, G.A.I., Major, M.C., Grenadier Guards 310, 312, 319
Dusch, Friedrich-Wilhelm, Fähnrich zur See 111

Eden, Sir Anthony, britischer Außenminister 1935–38 351
Edinburgh, H.M.S., Kreuzer 147, 168
Eich, Adolf, Matrosengefreiter 412
Elsaß, Linienschiff 37
Emden, S.M.S., Kreuzer 278
Empire Spearhead, Transportschiff 370
Engel, Gerhard, Major, Heeresadjutant bei Hitler 230
Ermland, Versorgungsschiff 193, 201
Exeter, H.M.S., Kreuzer 217
Externbrink, Heinz, Dr., Meteorologe 106, 112

Faulk, Henry, Colonel, The British Foreign Office Representative for PoW Camps in Northern England 364f., 367
Feine, Hans Erich, Professor der Rechte 327

Ferdinand II., Römisch-Deutscher Kaiser (1619–1637) 56
Fleming, Ian, Lieutenant R.N.V.R. 304f.
Flindt, Karlotto, Leutnant zur See 62
Förste, Erich, Admiral a.D. 192
Force »H« (s. auch »Kampfgruppe H«): 147, 149, 160, 173, 219, 252; in günstiger Abfangposition: 173
Franke, Rolf, Bootsmaat 232
Freya, Kreuzer 83
Freytag, Wilhelm, Korvettenkapitän (Ing.) 85, 192, 212
Friedrich Eckoldt, Zerstörer 76, 93
Friedrich, Jörg, Autor 381
Fritsch, Werner, Frhr. v., Generaloberst 318
Fürst Bismarck, S.M.S., Panzerkreuzer 255

Galatea, H.M.S., Kreuzer 108
Galbraith, James, Lieutenant, R.N. 199
Gellert, Karl, Kapitänleutnant 138
General Artigas, Wohnschiff 46, 48
Generotzky, Wilhelm, Maschinenmaat, 233ff., 237, 251, 260
Giese, Hermann, Oberleutnant (Ing.) 181f.
Gladisch, Walter, Admiral a.D. 13f.
Globke, Hans, Ministerialrat im Reichsinnenministerium bis 1945, Kommentator der NS-Rassegesetze; 1963–65 unter Adenauer Ministerialdirektor und Staatssekretär im Bundeskanzleramt 345
Gneisenau, Schlachtschiff 21, 72–76, 83, 87, 91, 134, 148, 192, 206, 217, 280, 296, 300
Godfrey, John, Rear Admiral, R.N. 291, 304f.
Goebbels, Joseph, Dr., Reichsminister für Volksaufklärung und Propaganda 23, 55–57, 298f., 326, 382
Göring, Hermann, Reichsmarschall 325, 327, 378
Gonzenheim, Spähschiff 76
Gotland, schwedischer Flugzeugkreuzer 10, 94–96, 102, 283
Graszak, Walter, Musikgefreiter 272
Gray, Thomas, 1716–1771, englischer Lyriker 305
Grenfell, Russell, Schriftsteller 246, 281
Grohé, Fritz, Hauptmann der Luftwaffe 201

Grosz, George 356
Guernsey, Hugh, Lieutenant Commander, R.N. 245

Halke, Hans, Matrosengefreiter 412
Hannover, Linienschiff 37
Hansa, Kreuzer 83
Hansen, Hans, Matrosenhauptgefreiter 143
Hans Lody, Zerstörer 76,93
Hasselmeyer, Albert, Kapitänleutnant (Ing.) 234
Hela, Flottentender 84, 87
Helms, Friedrich, Oberbootsmaat 228
Henderson, Sir Nevile, 1882–1942, britischer Botschafter in Berlin 1937–1939 27
Hennessy, B.J., midshipman, R.N. 199
Hertha, Kreuzer 36
Herzog, Georg, Matrosengefreiter 143, 180, 269–271
Hesse, Kurt, Professor, Militärschriftsteller 13f.
Heyda, Wolfgang, Kapitänleutnant 294f.
Hierl, Konstantin, 1885–1955, ab 1929 Reichsorganisationsleiter II 351
Hillen, Paul, Matrose 70
Himmler, Heinrich, nationalsozialistischer Politiker, Reichsführer SS 342
Hinrichsen, Rolf, Dr., Marineassistenzarzt der Reserve 243
Hinz, Gerhard, Oberleutnant (W) 255
Hipper, Franz, Ritter von, Vizeadmiral 308
Hitler, Adolf: Planung eines Angriffskrieges 9; Reden in Saarbrücken, Weimar und München 22; Bruch des Münchner Abkommens 27; kündigt internationale Verträge 29f., 297; Briefwechsel mit Daladier 33f.; 1. September 1939 34f.; besucht *Bismarck* 87–89, 254f.; Überfall auf die Sowjetunion 103, 297–299, 322; Glückwunsch an Lütjens 161; letzte Funksprüche 200f.; Abneigung gegenüber »Rheinübung« 88, 280; genannt 23, 26, 35f., 56–60, 127, 217, 229f., 300f., 306, 313, 318f., 325–328, 340–344, 347, 350f., 354, 359f., 362, 366, 371, 373–379, 381f.
Höhn, Reinhard, Professor der Rechte 327
Höntzsch, Otto, Matrosengefreiter 269–271
Holland, Lancelot, Vice Admiral, R.N.: Island-Gefecht 121, 123; genannt: 108f., 142, 146, 244
Hood, H.M.S., Schlachtkreuzer: vor Oran 17; Island-Gefecht 62, 120, 122–124, 127, 130; Verlust zu rächen 146, 148, 161; genannt 19, 108f., 133f., 137, 140, 142, 152, 158, 173, 201, 210, 244, 247, 267

Indefatigable, H.M.S. 123, 308
Invincible, H.M.S. 123
Iron Duke, H.M.S. 31
Izzard, Ralph, Lieutenant Commander, R.N.V.R., (Lieutenant »Daly«) 293, 296–298, 301f., 305

Jackson, Robert, Autor 314
Jahreis, Emil, Kapitänleutnant (Ing.) 85f., 205, 237–239
Jellicoe, Lady 31
Jellicoe, Lord, Admiral of the Fleet, R.N. 31
Jeschonnek, Hans, Generaloberst, Chef des Generalstabes der Luftwaffe 282
Johann II. Kasimir, König von Polen, 1648–1668 56
Jünger, Ernst, Schriftsteller 376
Juhl, Heinrich, Oberartilleriemechaniker 144
Junack, Gerhard, Kapitänleutnant (Ing.): Wirkung der Ansprache von Lütjens 158–160; Ruderreparaturen 181, 187f., 190; Eindruck von Lindemann am 27. Mai früh 214f.; Endkampf 230f.; genannt 110, 238, 263, 287

Kampfgruppe »H«, s. »Force H«
Karlsruhe, Kreuzer 20, 69, 216f.
Keitel, Wilhelm, Generalfeldmarschall 87
Kenndey, E.C., Captain, R.N. 148
Kennedy, Ludovic, Sub-Lieutenant, R.N., Schriftsteller 147f.
Kentrat, Eitel-Friedrich, Kapitänleutnant 209f., 265, 269–271
King George V, H.M.S., Schlachtschiff: vom Stapel 32; Flottenflaggschiff 107–109, 130, 137, 146, 152, 156, 160–162, 164, 168, 173, 175, 194, 218–221, 267; Endkampf 222–225, 229, 242, 244–247, 249f., 252, 275–277
Kirchberg, Kurt, Oberbootsmann 87, 144
Kirkpatrick, Ivone, britischer Diplomat in Berlin 23

Klemperer, Otto, 1885–1973, Dirigent; 1927–1933 Dirigent der Berliner Staatsoper; seit 1933 Gastdirigent im Ausland; 1947–50 Dirigent der Budapester Oper; lebte dann in London, dort 1959 Chefdirigent und Ehrenpräsident des New Philharmonia Orchestra; seit 1970 israelischer Staatsbürger 366

Knight, Esmond, Lieutenant, R.N.V.R. 125

Koellreutter, Otto, Professor der Rechte 327

König, Heinrich, Maschinenmaat 235

Königsberg, Kreuzer 20

Körner, Paul-Willy, 1877–1952, am 1. Mai 1943 als Generalleutnant aus dem Heer entlassen 34

Kota Penang, Spähschiff 76

Krebs, bewaffneter deutscher Fischdampfer 282

Krüger, Hans-Joachim, Dr., Marinestabsarzt 242

La Boétie, Etienne, französischer Parlamentsrat und Schriftsteller, 1530–1563 347

Landshoff, Fritz Helmut, Verleger 25

Lane, Arthur Bliss, erster Nachkriegsbotschafter der USA in Polen 356

Langer, Herbert, Matrosenhauptgefreiter 412

Larcom, Charles, Captain, R.N. 218

Lehmann, Walter, Korvettenkapitän (Ing.) 165, 214

Leipzig, Kreuzer 85

Lell, Rudolf, Korvettenkapitän 97

Lenbach, Franz von 254

Letitia, ab 1946 dem Ministry of Transport unterstelltes Schiff 358

Lindemann, Ernst, Kapitän zur See: Laufbahn 36–38; Ernennung auf *Bismarck* 38; Indienststellung 40; Antrittsbesuche in Hamburg 47; Kriegsbereitschaft 47f., 53, 61, 65, 66, 69–71, 81; Hitlers Besuch an Bord 89; Morgen des 18. Mai 1941 91; unterrichtet Besatzung über »Rheinübung« 93, 110; 21. Mai 102f.; Gefecht mit *Norfolk* 113; verhindert Kollision mit *Prinz Eugen* 115; Island-Gefecht 120, 125; Differenzen mit Lütjens 125, 127, 135; nach dem Island-Gefecht 129, 132, 136; Wirkung der Ansprache von Lütjens 160, 204; Morgen des 26. Mai 170; Flugzeuge der *Ark Royal* greifen an 178, 183f.; Freundschaft mit Wohlfarth 210; letzter Morgen 212, 214 f.; Endkampf 223, 226, 279; *Bismarck* sinkt 254; Ruderreparaturen 189; genannt 15, 36, 39, 48, 50f., 54, 70, 84–86, 254

Lippmann, Walter, 1889–1974, amerikanischer Publizist; 1923–31 Chefredakteur der *New York World;* bis 1951 führender Kolumnist für die *New York Herald Tribune* u.a. Zeitungen; einflußreicher Kommentator 340

Lloyd, Frank, Captain, R.N., Navigationsoffizier der Home Fleet 156

Löwenstein, Hubertus, Prinz zu, 1906–1984, Journalist, promovierter Jurist, deutscher Historiker 35

London, H.M.S., Kreuzer 147

Lorenzen, Walter, Maschinengefreiter 271f.

Lothringen, Tanker 137

Love, John, Geschichtslehrer 278

Lowell, A. Lawrence, Autor 312

Ludendorff, Erich von, 1865–1937, preußischer General, ab 1919 in der deutschvölkischen Freiheitsbewegung, 1924–28 Mitglied des Deutschen Reichstages, 1926 Gründer des Kampfbundes gegen die »überstaatlichen Mächte« (Freimaurer, Juden, Jesuiten, Marxisten), Autor – zitiert aus dem Brockhaus 57

Lütjens, Günther, Admiral und Flottenchef: atlantischer Vorstoß mit *Scharnhorst* und *Gneisenau* Jan./März 1941 72; Operationsbefehl für »Rheinübung« 76; Besprechung mit Raeder 79f., 193; Probeeinschiffung auf *Bismarck* 82; Laufbahn 83; Hitler besucht *Bismarck* 87f.; Morgen des 18. Mai 1941 91f.; Nachmittag des 20. Mai 95; Abend des 21. Mai 101f., 104; entläßt Begleitzerstörer 104; 22. Mai 105f., 110; Externbrinks Warnung 106; Abend des 23. Mai 113; britisches Radar 116f.; Island-Gefecht 121, 124f.; Differenzen mit Lindemann 125, 135; nach dem Island-Gefecht 127, 129–134, 136f., 140f.; detachiert *Prinz Eugen* 138; Abend des 24. Mai 145, 149; Geburtstag 149, 161; Absetzmanöver 151f., 154–156; zwei Funksprüche 151f., 162, 171; Anspra-

che an Besatzung 158, 160, 162, 204; Morgen des 26. Mai 170; meldet *Sheffield* 172; Brennstoffsituation 141, 164; letzte Funksprüche 199–201; Kriegstagebuch 206f.; letzter Morgen 216f.; Endkampf 243, 257, 278f., 281; Raeders Vertrauen 280; operative Risiken 279, 281–286; genannt 15, 111, 146, 192, 214f.
Lüttich, Gerhard, Maschinengefreiter 268f.
Lützow, S.M.S., Schlachtkreuzer 308f.
Lund, Roscher, Colonel 95f., 99
Lusitania, Passagierdampfer 25

Mahlberg, Josef, Musikmaat 232f., 237, 259
Manthey, Herbert, Matrosengefreiter 143, 269–271
Maori, H.M.S., Zerstörer 194, 199, 262–265, 267, 269, 272, 276
Marschall, Wilhelm, Admiral 21
Martin, Benjamin, C.S., Captain, R.N. 198, 221, 252, 257, 263–265, 267f., 272
Mathias, Arthur, Master-at-Arms, R.N. 269
Mathias, Philip 269
Maund, Loben E., Captain, R.N. 174, 218
Maunz, Theodor, Professor der Rechte 327
Maus, Otto, Matrosengefreiter 271f.
McDougall, D.J., Historiker an der Universität Toronto 335f.
Meier, Arthur, Steward 212, 218
Meyer-Döhner, Kurt, Kapitän zur See 202
Mihatsch, Karl, Kapitänleutnant 161, 177
5. Minensuchflottille 76, 97
Moog, Ernst, Artilleriemechanikermaat 228
Moritz, Heinz, Maschinenobergefreiter 238–240
Müllenheim-Rechberg, Gebhard von, 1599–1673, Königlich Polnischer Oberjägermeister und Kämmerer 56
Mussolini, Benito 22, 60

Nelson, H.M.S., Schlachtschiff 32
Netzbandt, Harald, Kapitän zur See 82
Neuendorff, Wolf, Korvettenkapitän 122
Neuschwander, Heinrich, Marinesignalgast 272
Niemöller, Martin 305

Norfolk, H.M.S., Kreuzer 63, 107f., 114, 116f., 121f., 124, 130, 132f., 136f., 146f., 149, 151f., 154f., 162, 170, 173, 175, 206, 214, 221f., 283–285; Endkampf 224, 245–247, 251, 275f.

Oberländer, Theodor, Professor seit 1933 in der NSDAP, 1939–1945 Reichsführer des Bundes »Deutscher Osten«, 1953–60 Bundesminister für Vertriebene, Flüchtlinge und Kriegsgeschädigte 345
Oceana, Wohnschiff 46
Oels, Hans, Fregattenkapitän: Indienststellung *Bismarck* 40; Rollendienst 53; Differenzen zwischen Lütjens und Lindemann 127; Endkampf 233–237f.; genannt 86, 89, 124, 144, 185f., 205
Orwell, George (Eric Arthur Blair), Autor 57

Paschen, Günther, Kapitän zur See a.D. 307–309
Patterson, W.S., Captain, R.N. 219, 242, 247
Phillips, A.J.L., Captain, R.N. 221
Piorun, Zerstörer (poln.) 194f., 199, 355
President, H.M.S., London Division Royal Naval Volunteer Reserve 303
Prince of Wales, H.M.S., Schlachtschiff: vom Stapel 32; Island-Gefecht 62, 121, 123–125, 127f.; Artillerieduelle mit *Bismarck* 140, 142, 145, 151; genannt 108f., 132, 134, 136f., 149, 152, 154, 160, 173, 175, 206, 214, 244, 246, 267, 285, 319
Princess Royal, H.M.S. 308
Prinz Eugen, Kreuzer: zur »Rheinübung« kommandiert 67, 75–77, 193, 281; Minenschaden 79; Ölübernahme in See geübt 84; entschlüsselt *Suffolks* Fühlungssignal 113; Spitzenposition in Dänemarkstraße 115; Morgen des 24. Mai 62; Island-Gefecht 118–124, 127; nach dem Island-Gefecht 131, 136; selbständiger Kreuzerkrieg 130, 137–139, 141, 152, 158; genannt 19, 43, 68, 81, 88, 91, 93, 96–98, 101, 104–106, 109, 112, 117, 133, 140, 147, 153, 221, 284, 296
Puttkamer, Karl-Jesko von, Fregattenkapitän 87f., 217

Queen Mary, H.M.S. 123

Raeder, Erich, Dr.h.c., Großadmiral, Chef der Seekriegsleitung: Prinzipien der atlantischen Überwasserkriegführung 71, 79f., 193; meldet »Rheinübung« an Hitler 88; Glückwunsch an Lütjens 161; Wertschätzung Lütjens' 217; operative Risiken 279, 281; genannt 48, 87, 229, 278, 281, 299f., 326f., 361f.

Rahmlow, Hans, Kapitänleutnant 317, 319

Ramillies, H.M.S., Schlachtschiff 147, 161, 173

Rangitiki, seit Februar 1941 Truppentransporter 320, 322

Rauschning, Hermann, Politiker 230

Ravenstein, Hans von, Generalleutnant 345, 352, 354

Rawalpindi, H.M.S., Hilfskreuzer 21, 148

Reichard, Kurt-Werner, Korvettenkapitän 101–104, 206

Reiner, Wolfgang, Leutnant zur See 54

Renown, H.M.S., Schlachtkreuzer 130, 147, 149, 169, 173f., 200, 208, 220

Repulse, H.M.S., Schlachtkreuzer 108f., 146, 161, 319

Revenge, H.M.S., Schlachtschiff 147

Ribbentrop, Joachim von, Reichsaußenminister 333

Richter, Karl-Ludwig, Oberleutnant (Ing.) 69, 128f.

Ritter, Hans-Joachim, Leutnant zur See 204

Rodney, H.M.S., Schlachtschiff: Endkampf 202, 222–225, 228f., 244–252, 256, 275–278; genannt 10, 147, 161, 168f., 173, 175, 194, 218–221

Römer, Karl, Dr. med. 309

Rollmann, Max, Korvettenkapitän 48

Roosevelt, F.D.R. 29, 109, 267, 355f.

Rothenberger, Dr., Staatssekretär im Reichsjustizministerium 323

Rudek, Paul, Bootsmaat 412

Rudolf I., Deutscher König, Römischer Kaiser, 1218–1291 56

Ruhfus, Heinrich, Fregattenkapitän 30

Rumbold, Sir Horace, britischer Botschafter in Berlin 1928–1933 326f., 351

Sachsenwald, Wetterschiff 271f.

Sagner, Gerhard, Stabsobermaschinist 68f., 144, 205, 237–239

Sanders, George, Filmschauspieler 338

Sassoon, Sir Philip 288

Schad, Franz, Oberleutnant (Lw) der Reserve 311–313, 322–324, 335, 354, 357

Scharnhorst, Schlachtschiff 19, 21, 72–75, 79, 83, 87, 134, 148, 192f., 206, 217, 280, 296

Schauenburg, Rolf, Kapitänleutnant 294

Schenk von Stauffenberg, Graf von, Claus, Oberst i.G. 341f.

Schleicher, Kurt von, General 318

Schlesien, Linienschiff 61

Schleswig-Holstein, Linienschiff 37

Schlüter, Heinrich, Marinebaurat 166

Schmalenbach, Paul, Kapitänleutnant 138, 140

Schmidt, Wilhelm, Stabsobermaschinist: Schäden nach Island-Gefecht 129; Ansprache von Lütjens 159; Flugzeugangriffe *Ark Royal* 181; Endkampf 231f.; Rettung 259

Schmitt, Arthur, Generalleutnant, Lagerführer »Bowmanville« 342–346

Schmitt, Carl, Staatsrechtler, Preußischer Staatsrat 327

Schmitz, Bereslaw, Generalstaatsanwalt in Köln 382

Schnabel, Heinz, Oberleutnant der Luftwaffe 314–317

Schnabel, Franz, Prof., Historiker 335f.

Schneider, Adalbert, Korvettenkapitän: 21. Mai 1941 102f.; Island-Gefecht 119–121, 124; Ehrung in Offiziersmesse 130f.; Artillerieduelle mit *Prince of Wales* 140, 145; feuert gegen *Sheffield* 180; britische Zerstörerangriffe 196; Ritterkreuz 201, 215; Endkampf 222–224, 244, 277

Schneider, Otto, Dr., Oberfeldarzt 102f.

Schniewind, Otto, Admiral 202

Schock, Werner, Kapitänleutnant (Ing.) 53, 255

Schubert, Friedrich Alfred, Oberstückmeister 233

Schütte, Wilhelm, Leutnant zur See (S), 271f.

Schulze-Hinrichs, Alfred, Fregattenkapitän 93, 191

Schumacher, Kurt, 1895–1952, Politiker, Kriegsfreiwilliger im Ersten Weltkrieg, 1930–33 Mitglied des Reichstages, 1933–45 (mit kurzen Unterbrechungen 1943) in verschiedenen Konzentrations-

lagern in Haft; ab 1946 Vorsitzender der SPD 364
Seeburg, Walter, Dr., Major (Lw) der Reserve, Oberlandesgerichtsrat 322f., 325, 342, 346
Seifert, Erich (»Fietje«), Maschinenobergefreiter 69, 238f.
Seybolt, George C., Lieutenant junior grade USNR, U.S. Navy 278
Sheffield, H.M.S., Kreuzer 147, 172–177, 180, 194, 199, 208, 218
Sikh, H.M.S., Zerstörer 194, 276
Silberling, Hans, Maschinenmaat 236
Smith, Leonard B., ensign, U.S. Navy 168
Somerville, Sir James, Vice Admiral: vor Oran 17; vermutet *Bismarck* auf Kurs Brest 174; Lufttorpedoangriffe gegen *Bismarck* 219; befiehlt *Dorsetshire, Bismarck* zu torpedieren 252; genannt 17, 147, 173, 175, 220
Sperrbrecher 6 55
Sperrbrecher 13 50, 76
Sperrbrecher 31 76
Sperrbrecher 36 61
Spiess, Theodor, Generalmajor 47
Springborn, Hans, Maschinenobergefreiter 236, 262
Stalin, Josef 355f.
Starheim, Odd, Mitglied des norwegischen Untergrundes 98
Statz, Josef, Maschinengast 10, 68f., 82, 99, 124, 205, 237–241, 260f., 268
Stiegler, Hans-Georg, Fähnrich zur See (B) 111, 261, 263, 268
Strasbourg, Schlachtschiff 17
Strasser, Otto,.Dr., 1897–1974, Politiker, zunächst Sozialdemokrat, 1925–30 Mitglied der NSDAP, verfolgte eigenständige, betont antikapitalistische Linie. Brach mit Hitler, emigrierte 1933, während des Krieges nach Kanada, kehrte später nach Deutschland zurück, wo er zu politischer Bedeutung nicht mehr gelangte 376
Suckling, Michael, Flying Officer 99, 101, 104, 108
Suffolk, H.M.S., Kreuzer: patrouilliert Dänemarkstraße 107, 283f.; angetroffen 113f.; hält Fühlung 115f.; Radar an Bord 117, 119, 132; Island-Gefecht 121f., 124, 130; Fühlung abgerissen 151–155; genannt 108, 133, 136, 140, 146, 149, 151, 162, 170, 173, 175, 206, 214, 221, 285
Sulzbach, Beate 366
Sulzbach, Herbert, Captain in the British Army 365–368
Swinley, Casper B., Commander, R.N. 31
Sydney, H.M.S., Kreuzer 278

Tartar, H.M.S., Zerstörer 147
Ternberg, Egon, Kapitänleutnant, schwedische Marine 95f.
Thiele, Arvid, Dr., Marinestabsarzt 236, 242
Thompson, Dorothy, 1894–1961, amerikanische Publizistin, 1924–1934 Auslandskorrespondentin in Berlin; 1936–1941 Kommentatorin für den *New York Herald;* Rundfunkkommentatorin 340, 361
Thyssen-Bornemisza, Heinrich von, Industrieller 303
Tirpitz, Alfred von, 1849–1930, Staatssekretär des Reichsmarineamts 255f.
Tirpitz, Schlachtschiff 65, 70, 72f., 79f., 193, 267, 280f.
Toller, Ernst, Schriftsteller 25
Toqueville, Alexis de, Autor 312
Tovey, Sir John, Admiral, Commander-in-Chief Home Fleet: erwartet deutschen Atlantikvorstoß, 107–109, 283f.; nach dem Island-Gefecht 131, 133, 142; anfängliche Abfangmaßnahmen erschöpft 146; neue Abfangpläne 147f.; *Bismarck* neu eingepeilt 156; *Bismarck* wieder entdeckt 168; Hoffnungen auf *Ark Royal* 173; nach ergebnislosem Angriff der *Ark Royal* 175; Zerstörerknappheit 193f.; Nacht 26./27. Mai 178, 198f., 218–221; Morgen des 27. Mai 222; Endkampf 223, 244f., 247, 249, 257, 276, 278; Schlußbericht 277; genannt 110, 115f., 162, 164, 173, 185, 202, 263, 286
Trench, B.F., Colonel Royal Marines 291, 305
Troubridge, Sir Thomas, Vice Admiral, K.C.B., D.S.O., R.N., als Captain von 1936–1939 britischer Marineattaché in Berlin (auch in Osteuropa und Skandinavien akkreditiert) 11, 23, 25–27, 29f., 48, 58, 94, 297
Troup, J.A.G., Rear Admiral, R.N. 30f.

Tschirschky, Fritz Günther von, Legationsrat (1934) 350

U-Bootflottille 25, 68
U 43 141
U 46 141
U 48 192, 199, 270
U 66 141
U 73 192, 270
U 74 192, 209, 265, 269–271
U 93 141
U 94 141
U 97 192
U 98 192
U 108 192
U 536 293–295
U 552 192
U 556 141, 192, 207, 210f., 265, 270, 291
U 557 141
U 570 295, 317

Vian, Philip, Captain, R.N. 194, 198, 209, 218, 220
Vickers, Lieutenant Colonel, Kommandant des Kriegsgefangenenlagers »Featherstone Park«, England 364
Victorious, H.M.S., Flugzeugträger: vom Stapel 32; Flugzeugangriffe gegen *Bismarck* 142, 146, 151, 174, 276; genannt 108f., 146, 161f., 173, 177
Vogel, Erich, Maschinenmaat 236

Voigt, F.A., Herausgeber *The Nineteenth Century and After* 355f.
Voss, Hans, Konteradmiral (Ing.) 80

Wake-Walker, W.F., Rear Admiral, R.N. 107, 121, 146, 152
Wappler, Karl, Oberleutnant der Luftwaffe 314–317
Warspite, H.M.S. 308
Weatherby, Dick, Lieutenant, R.N.V.R. 289, 302
Weißenburg, Tanker 77, 91, 101f., 105, 164, 285
Wellings, J.M., Lieutenant Commander, USN 250
Wharam, Tom, Funkgast, R.N. 259
Wilhelm II., Deutscher Kaiser 310
Wilson, J.S., Colonel, Chef des britischen Nachrichtendienstes für Skandinavien im Zweiten Weltkrieg 98
Wladislaus IV., König von Polen, 1632–1648 56
Wohlfarth, Herbert, Kapitänleutnant 208–211, 265, 270, 291
Wolf, Erich, Vizeadmiral, Leiter der Kriegsmarinedienststelle Hamburg 55

Z 23, Zerstörer 76, 93
Z 24, Zerstörer 76
Zickelbein, Bruno, Maschinengefreiter 235–237
Zulu, H.M.S., Zerstörer 194, 199, 276

Schlachtschiff Bismarck
Seitenansicht und Draufsicht

Schlachtschiff BISMARCK
Seitenansicht und Draufsicht
(Maßstab 1:940)

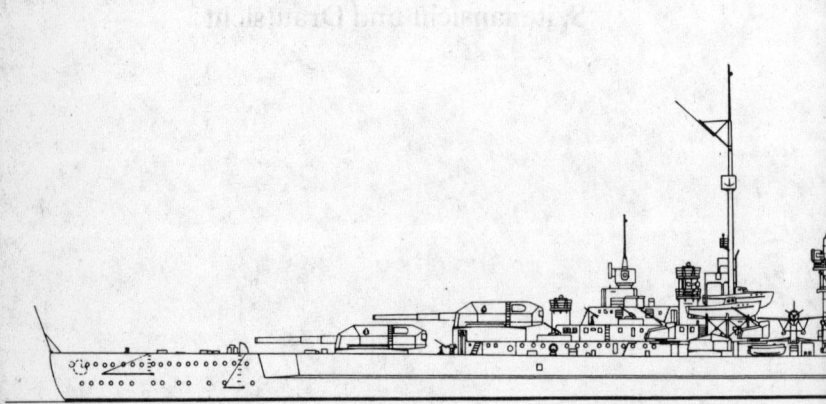

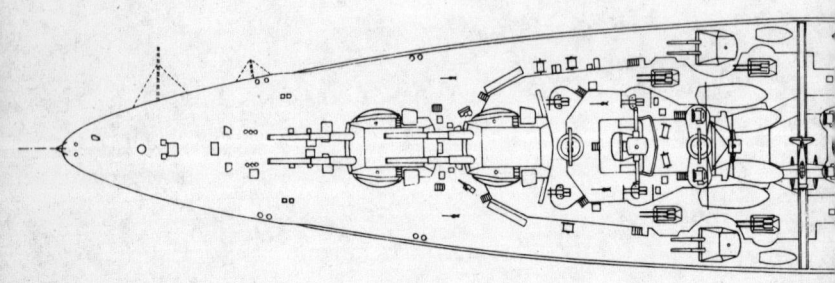

Copyright by S. Breyer

Innere Unterteilung und Panzerdicken
(ohne Maßstab)

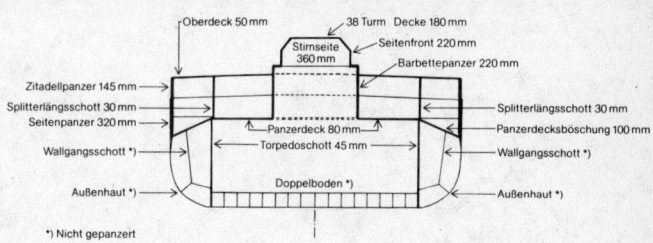

*) Nicht gepanzert

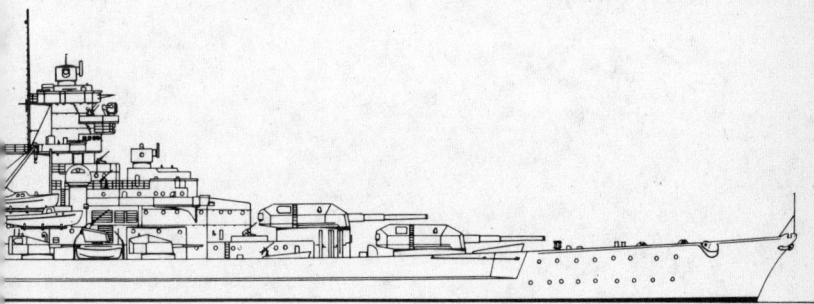

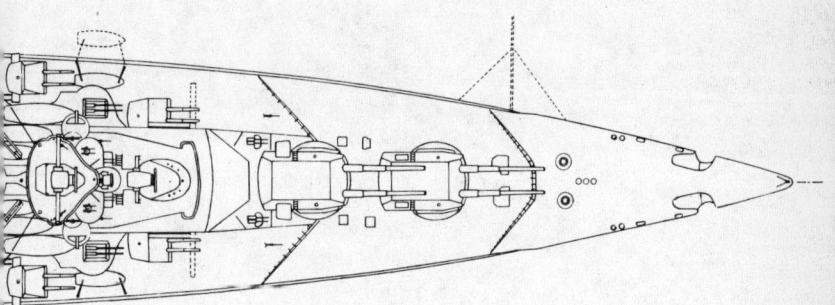

Schlachtschiff Bismarck
Mittellängsschnitt und Querschnitt

Schlachtschiff BISMARCK, Mittellängsschnitt (Maßstab 1:940) und Querschnitt (Maßstab 1:10…

Querschnitt 1   Querschnitt 2   Querschnitt 3

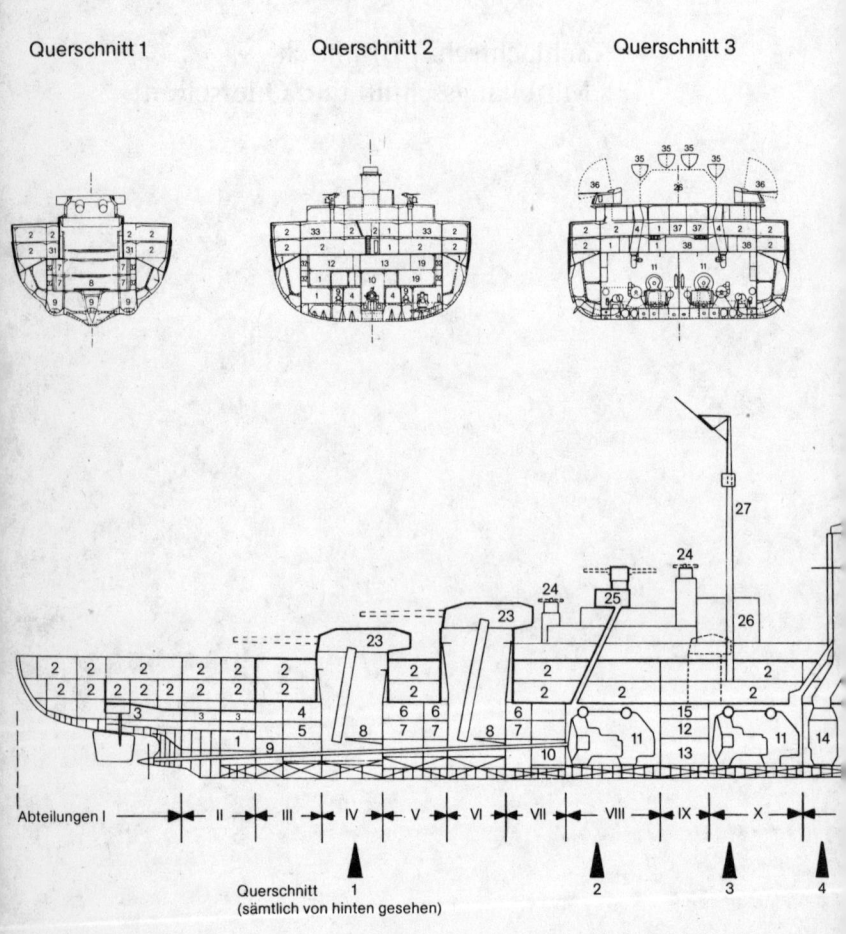

Abteilungen I — II — III — IV — V — VI — VII — VIII — IX — X —

Querschnitt 1 2 3 4
(sämtlich von hinten gesehen)

Erläuterungen zu den Schnittzeichnungen

1 Lasten und Hellegatts (Vorräte zahlreicher Art)
2 Wohnräume für die Besatzung
3 Ruderanlagen
4 Lüftereinrichtungen
5 Pumpen
6 38 cm-Pulverkammer
7 38 cm-Granatkammer
8 Beladeraum
9 Wellentunnel
10 Hauptdrucklager der Mittelwelle
11 Turbinenraum mit Getriebeturbinensatz
12 Rechenstellen der Artillerie
13 Schaltstellen der Artillerie
14 Kesselraum mit Kesselgruppen
15 Flak-Patronenkammer
16 Kommandozentrale
17 Hilfskesselraum
18 Kühlanlagen
19 Umformeranlagen
20 Bugspillraum
21 Kettenkasten für die Ankerketten
22 Bugschutzanlage
23 38 cm-Zwillingsturm mit Munitionsaufzug

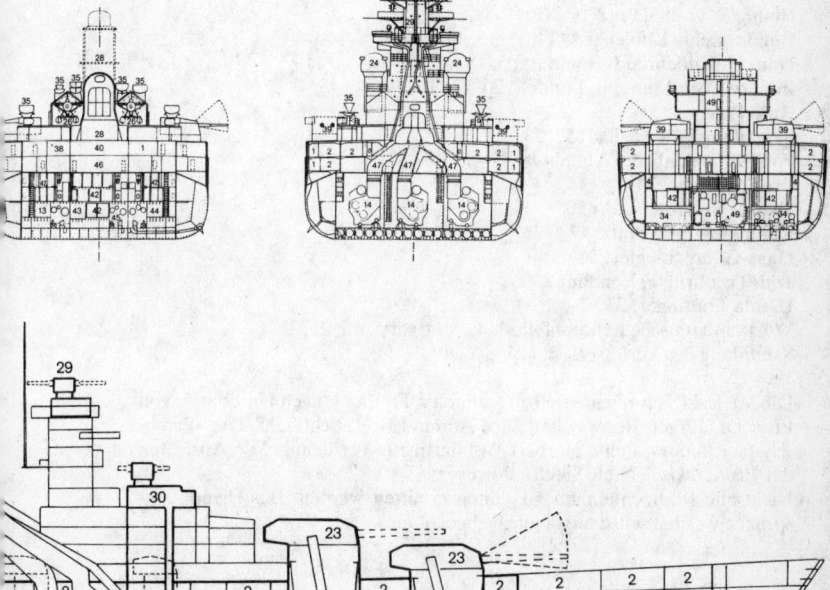

- Flak-Leitgerät
- achterer Kommandostand mit Verbindungsschacht
- Flugzeughalle
- Großmast
- Schornstein mit Rauchgasführungen
- Turmmast mit Artillerieleitstand und Stengenmast
- 30 Kommandostand mit Verbindungsschacht zur Kommandozentrale
- 31 Räume für Verwundete
- 32 Kabelgang
- 33 WC und Waschräume
- 34 E-Maschinenraum
- 35 Beiboote
- 36 10,5 cm-Doppelflak
- 37 Schreibstube
- 38 Werkstätten
- 39 15 cm-Zwillingsturm
- 40 Wäschetrockenraum
- 41 Küchenräume
- 42 15 cm-Munitionskammern
- 43 Kesselgefechtsstand
- 44 Sperrwaffenmagazin
- 45 Kesselhilfsmaschinenraum
- 46 Durchgang
- 47 Rauchgasführungen
- 48 Brückenaufbauten
- 49 Hilfsmaschinen

Copyright by S. Breyer

Quellennachweis der Abbildungen

Marius Bar, Toulon: 29
Edvard Barth, Oslo: 19
Blohm & Voß: 3, 8, 18
Bundesarchiv Koblenz: 9–14, 17, 36, 40
Hans H. Hildebrand, Hamburg: 5, 15
Imperial War Museum, London: 20, 23, 37–39, 41–45, 48
Ruth Paschen: 51
Sammlung Franz Schad: 52, 53
Paul Schmalenbach, Altenholz: 25–28, 30–33
Ilse Schneider: 24
Shap Wells Hotel Ltd.: 50
Sammlung Josef Statz: 47
Hans-Georg Stiegler: 54
Tom Troubridge, London: 2
Ursula Trüdinger: 35
Württembergische Landesbibliothek, Stuttgart: 6, 7, 21, 22
Sammlung des Verfassers: 1, 4, 16, 46, 49

Die Wegeskizzen zeichnete Rolf Schindler, Freiburg, nach Unterlagen von Prof. Dr. Jürgen Rohwer und Vice Admiral B. B. Schofield. Die »Patenschaftsurkunde« stellte Herbert Wohlfarth zur Verfügung. Die Ansichten der *Bismarck* zeichnete Siegfried Breyer.
Nicht alle Bildrechteinhaber konnten ermittelt werden. Bestehende Ansprüche werden selbstverständlich abgegolten.

Sixth Edition: Bangalore, 1984
Reprint: Delhi, 1996

© Dr. B.V. Raman, 1984

ISBN: 81-208-1392-8

Also available at:

MOTILAL BANARSIDASS
41 U.A. Bungalow Road, Jawahar Nagar, Delhi 110 007
8, Mahalaxmi Chamber, Warden Road, Mumbai 400 026
120 Royapettah High Road, Mylapore, Madras 600 004
Sanas Plaza, Subhash Nagar, Pune 411 002
16 St. Mark's Road, Bangalore 560 001
8 Camac Street, Calcutta 700 017
Ashok Rajpath, Patna 800 004
Chowk, Varanasi 221 001

PRINTED IN INDIA
BY JAINENDRA PRAKASH JAIN AT SHRI JAINENDRA PRESS,
A-45 NARAINA, PHASE I, NEW DELHI 110 028
AND PUBLISHED BY NARENDRA PRAKASH JAIN FOR
MOTILAL BANARSIDASS PUBLISHERS PRIVATE LIMITED,
BUNGALOW ROAD, DELHI 110 007

JAIMIN

English Translation with ~~Notes~~ *and Original*
Texts in Devanagari and Transliteration

BANGALORE SURYANARAIN RAO

Revised and Annotated by:

BANGALORE VENKATA RAMAN
Editor, *The Astrological Magazine*

MOTILAL BANARSIDASS PUBLISHERS
PRIVATE LIMITED ● DELHI

CONTENTS

PAGES

Preliminary Observations :

Geneology of Maharishis by Vedavyasa — The intellectual development of Maharishis by Yoga — Literature in Sanskrit—Definition of Sutra—Difficulties in Translation—Perfect Development of Sanskrit—Maharishi Jaimini.

Adhyaya 1, Pada 1 — (Chapter 1, Part 1)   1—40

Meanings of Astrological terms defined—Aspects of Planets and Zodiacal Signs—Differences of Principles in Astrology and their reconciliation—Necessity for a study of general and special principles—Pneumonics in Sanskrit Mathematics—Bad influences and their counteraction—Atmakaraka or Lord of Soul, Kalatrakaraka or Lord of wife, Naisargikakaraka or Permanent Lord—Lordships for Rahu and Ketu—Results of Atmakaraka, Amatyakaraka or Lord of minister, Bhratrukaraka or Lord of brother, Matrukaraka or Lord of mother, Putrakaraka or Lord of son, Gnatikaraka or Lord of cousins and Darakaraka or Lord of wife—Signification of Planets, Rasi, Rasi Dasas or Periods of Signs and their results—Arudha or Pada Lagna, Varnada Lagna, Ghatika Lagna, Bhava Lagna, Chandra Lagna, Hora Lagna and their uses.

Adhyaya 1, Pada 2—(Chapter 1, Part 2)   41—87

Atmakaraka in different Navamsas—Planets with Atmakaraka—Gulikakala or Time of the Son of Saturn—Lordships of Planets over different times in a day—Hora Drekkana, Navamsa, Dwadasamsa and the Thrimsamsa explained as per Varahamihira—Planets aspecting Atmakaraka Navamsa in Gulikakala—Effects of Planets in various houses from Karakamsas and their significations—Kemadruma Yoga.

Adhyaya 1, Pada 3—(Chapter 1, Part 3)   87—106

Planets in various houses from Pada Lagna and their results—Uchcha—Graha Samanya—Combinations for Royalty and Poverty.

Adhyaya 1, Pada 4—(Chapter 1, Part 4)   106—126

Upapada Lagna and its results—Combinations for various diseases—Children—Death of brothers, sisters—Dumbness, stammering, complexion, religious tendencies, adultery, leadership in community—30 crores of Devatas—Nigraha and Anugraha forms—Mahamantras or good Vedic Secrets—Kshudra Mantras or evil incantation.

Adhyaya 2, Pada 1—(Chapter 2, Part 1)   126—156

Determination of Longevity—Combinations for Long, Middle and Short lives—Reconciliation of different systems of Longevity—Karakayogas—Kakshya, Hrasa or reduction or degradation—

Kakshya Vriddhi or increase—Dwara Rasi, Dwarabahya Rasi and Pakabhoga Rasis explained—Increase of Life and averting death—Viparitas or Perverts in meaning—Karakayogas and Kartariyogas detailed—Three kinds of Longevities—Alpayu, Madhyayu and Purnayu—Explanation and results of Rudra, Maheswara and Brahma Rasis—Different kinds of Yogas.

Adhyaya 2, Pada 2—(Chapter 2, Part 2) 156—169

Planets causing Death of Mother and Father in Shoola Dasas—Combinations for deaths due to the displeasure of Governments—Different kinds of diseases—Bites of insects and venereal complaints.

Adhyaya 2, Pada 3—(Chapter 2, Part 3) 170—180

Sthira Dasas, Navamsa Dasas and Prana Dasas detailed—Combinations for deaths of uncles, cousins and other relations in Shoola Dasas—Explanation Shoola Dasas or periods.

Adhyaya 2, Pada 4—(Chapter 2, Part 4) 180—197

Bhoga Rasis, Bhoga Dasas and Paka Dasas—Combinations for Imprisonments and Deaths in Purusha and Stri Rasis—Yogardha Dasa, Drigdasa and Trikona Dasa.

A short sketch of Prof. B. Suryanarain Rao's life. 199

FOREWORD

By BANGALORE VENKATA RAMAN
Editor: THE ASTROLOGICAL MAGAZINE

I have the pleasure to present herewith the Sixth and revised edition of the English Translation of the first two Adhyayas of JAIMINISUTRAS by my revered grandfather late Professor B. Suryanarain Rao.

Jaimini is held in very great esteem throughout India not only for his philosophical aphorisms but for his astrological writings also.

JAIMINISUTRAS as presented in these pages deals with a system of astrology that has no parallel in the existing methods. The **Sutras** are hard nuts to crack and Professor Rao has tried his utmost to explain the aphorisms as clearly and convincingly as possible.

I have not meddled with either the translation or the notes as given by Prof. Rao for fear of affecting the sense. I have however added my own remarks by way of annotations wherever I felt that an aphorism or aphorisms required further elucidation.

Professor Rao is the only scholar in India to have attempted an English Translation of Jaimini. Therefore the cultured public should feel grateful to him for having enabled them to have access to a system of astrological literature which is unique in its own way. My own publication STUDIES IN JAIMINI ASTROLOGY deals with the Jaimini system in an exhaustive manner with examples.

The Translation herewith presented has been thoroughly revised by me and it is hoped readers will be highly benefited by a careful study of his book.

Bangalore

B. V. RAMAN

PREFACE

The best Indian sciences, religion, philosophy, dramas, literature, politics and epics are the productions of the Maharishis. These are intellectual giants like the Himalayan Mountains and all others in the world are pigmies before them. The *why* of this may not be known to us, but the facts are there. Works, therefore, from the brains of the Maharishis stand unrivalled and they are colossal in nature. Maharishi Jaimini is a great intellect and his sutras are very valuable. I make no apology to introduce them to the public in the simplest, English garb. The sutras will and have to speak for themselves. They are more than *five thousand years* old and valuable to command attention and respect from all classes of readers, Indian or Foreign. Those which have stood brilliantly for 5 or 10 thousand years without losing their brilliancy are real, intellectual gems which everybody should covet to possess. These *five thousand years*, instead of diminishing their lustre, have added further brilliancy to the sutras. The commentators have done invaluable service and all their extensive interpretations and clear arguments cannot be incorporated or embodied in short notes of mine. If they are to be assimilated into the real explanations of the sutras, the bulk of the present volume would increase by ten-fold and cause tremendous discouragement to the students who would like to pursue the easiest way, and learn something of Jaimini sutras, which have been sealed letters to the English knowing public. Even the great Sanskrit scholars find the sutras hard nuts to crack and often they give them up for want of patience, devotion and technical difficulties in the way. I have been only a student in Astrology and kindred sciences, although I have had 55 years of study and practice. Astrology is a grand ocean, containing four hundred thousand stanzas or verses, and requires certainly centuries for its grasp and comprehension. After all our brains can take in only a few stanzas from the extensive literature, but for brilliant intellects, a knowledge of the few fundamental principles will enable them to grasp the sciences and make good progress in the course of a few years I have done my best in this English Translation, and I leave the readers to judge of my honest labours in propounding sutraic principles. Within my humble knowledge none of our learned scholars seem to have taken the trouble, or made attempts to translate these aphorisms of Maharishi Jaimini and I am proud to say I am the first in the field of translation to have undertaken this difficult task. Constructive criticisms are always welcome and I shall be grateful to them who offer such observations. Destructive criticisms must be treated with supreme contempt. One who is not an adept in a subject will be a sorry critic. He can be left alone.

B. SURYANARAIN RAO

INTRODUCTION

An *Introduction* to the valuable JAIMINISUTRAS will be an uncalled for luxury. The profundity and brevity of these sutras have called forth the highest admiration from all readers during the last *fifty* centuries. My pen is too humble to do them justice or bring their majesty before the public in that dignified form in which the original sutras stand in Sanskrit. They eloquently speak for their intrinsic value. To frame short sutras with comprehensive meanings is not given to ordinary mortals. Maharishis of Aryavartha alone have framed *sutras*. None else could do them. No one has done them in the world. It requires not only the command over the Sanskrit language but it also requires consummate scholarship in the Science of Astrology and kindred subject to frame sutras. The readers should particularly remember that *Jyothisha* in Sanskrit means light and the sense which sees and feels the light. It is the clear vision of the Vedas. Of the Vedic *shadangas* this is the most important. Without the help of Jyotisha, Vedas would be blind. We want clear *Light* over all our events, past, present, and the most desirable future. What other sciences can pretend or have pretended to do this service for mankind ? From where and from what previous states of existence have we come ? What will be our success and failures in the present state and where are we going to live after the separation of *Jeeva* from the *Deha* or the Life from the physical structure ? What are our thoughts, deeds and aspirations in this life, and how far do we succeed in our aims and in what manner can we do so ? Do the planets influence us and are we directed under their command ? If not, what have they to do with us ? How do they exercise their influences over us? and how can we correctly calculate them and guide our destinies in their light, averting evils and enhancing good. Who are the most famous writers on Astrology, and what are their pretentions ? Are there any other sciences which can help us in these directions ?

All these and many more pertinent and relevant questions are asked, both by believers and non-believers of this science. Such questions are no doubt very important and are to the point. I am proud to say that almost all such relevant or irrelevant questions on Astrology and remedies prescribed by Astrology and Dharmasastras, have been clearly and convincingly answered by me in my *Introduction to the Study of Astrology in the Light of Modern Sciences*. The Introduction extends over 78 pages of closely printed matter and I must refer my readers to that for fuller details and information. JAIMINISUTRAS have not been translated into English by anybody in India, so far as my knowledge goes. Neither is it so very easy to translate sutras into proper English. The meaning of a small sutra, sometimes may be developed into stout printed volume. English language is incapable of framing sutras and much less for their being translated into concise and short sentences. In its present form and construction the English language is quite unfit for framing sutras. These sutras are profound, scholarly and unique in their composition and defy all competition. They comprehend a vast amount of knowledge in the shortest forms possible and have been framed graciously by Maharishi Jaimini, for the benefit of the world. He openly says so. In the end of these sutras the author remarks that all that he has written is quite true, as these truths have been propounded by the still earlier Maharishis, Pitamaha or Brahma, Vyasa, Parasara, Vasishta, Garga, Bhrigu, Surya, Chandra, Brihaspathi, Sukra, Marichi, Palaha, Pulisa, Maya and other eminent scientists. The treatment of the different Bhavas, Rasis and Planets will be found a little confusing in the beginning but with some patience, diligence and practice the peculiarities of his system readily yield themselves to our comprehension and enable us to read the full horoscopes in the light in which Jaimini has explained them for our benefit. He gives various Lagnas, Hora Lagna, Ghatika Lagna, Upapada Lagna, Varnada Lagna and so forth. His Dasas are mostly founded on Rasis and Navamsas. The calculations backwards and forwards for odd and even signs trouble the reader to some extent. The extent of Dasas differs from the ordinary conceptions as explained by the general principles of Astrology. Constellations have not been given prominence. Brahma, Rudra and Maheswara Dasas are peculiar in these sutras. While the language is graceful, the interpretations are taxing, difficult and stiff. A vast amount of general knowledge is needed for the proper interpretations and comprehension of these sutras. It is asserted by some that JAIMINISUTRAS extend over 8 Adhyayas. I have seen only four and have not come across the rest. I am on the look out for them and by chance I may have the good-luck to discover them in some old palace or private libraries. *I shall translate the other two Adhyayas

---

* Prof. B. Suryanarain Rao tried his utmost to secure the other two chapters but could not succeed. However I have been able to secure the III and IV Adhyayas information from which has been incorporated in my book *Studies in Jaimini Astrology* An English translation of the III and IV Adhyayas has been made by S. K. Kar.

at an early date. The two Adhyayas, I have now translated, are complete in themselves and will be found to be of the highest value to the students in astrology. The masterly way in which the Maharishi has explained the Astrological principles, will surely make the students masters in this line.

The sutras, being short and sweet, can easily be committed to memory and this is the greatest advantage Sanskrit sutras possess over other languages in the world. I have quoted the original sutras in the transliteration system so that those who know Sanskrit may easily follow the sutras and my translation and notes, and correct any mistakes, which may have crept into my translations either through ignorance or oversight. I have given the original Sanskrit words and have explained them in easy English as I have understood them. Sanskrit alone commands sutras. We have Brahma-sutras or Uttara Mimamsa by Vyasa, Jaiminisutras or Poorva Mimamsa, Grihyasutras, Vyakaranasutras, and other sutras on various subjects by Maharishis. Such wonderful display of sutras is quite peculiar to Sanskrit and I have not heard of the existence of such a system of sutras in any other language in the world.

Those who are better scholars than myself in Astrology, Astronomy, Sanskrit and English may point out my inaccuracies, correct them, for the benefit of the world and thus earn not only my gratitude but also of the cultured humanity in general. Since this translation is the first of its kind in the field on Jaiminisutras, I recommend this work to all lovers in Astrology. Those who do not believe in Astrology, will do well to read the translation and apply the principles to their own horoscopes and see how beautifully the results agree with the positions of planets. Duty to science and literature requires every sensible man, who has the good of humanity at heart, not to neglect any branch of knowledge, without fair and reasonable trials. We have no reason to reject any science, without proper study and careful application. There are some persons who say *"I don't believe in this or that science"*. Reflection shows they are unwise and entirely wrong. In the first place they do not represent the sum total of all knowledge in the world. The importance attached to their Ego, by themselves, is unjustifiable and untenable. I challenge, if there is any man in this world who knows all branches of knowledge or even the A B C of them. Some scientists are more narrow-minded and bigoted than the declared bigots of religion or social customs. When the best and the most intellectual Maharishis of India have not only believed in Astrology, but, have also written *four hundred thousand stanzas* on Astrology, will it be unreasonable to ask the readers to study the science, put it into practice and then say, what they think about it. To the sceptics, only one word of advice by me. Learn the elementary principles, take your horoscopes and of those who are dear and near to you. Read them in the light of these sutras and then say honestly what you think of this science. A handful of experience is worth ten cartloads of theories. If I am wrong correct me in the light of experience. If you are wrong correct yourself like a noble soul. Can I be fairer than this in my advice?

B. SURYANARAIN RAO

PRELIMINARY OBSERVATIONS

The name of Maharishi Jaimini is held in high esteem and reverence among the Sanskrit writers of eminence and probably he is held only next to Maharishi Vedavyasa. Jaimini is the disciple of Vyasa, and besides being a writer of various treatises and the Epic Jaimini Bharata, he is the famous author of Poorva Mimamsa Sastra, and these able aphorisms in Astrology called after his name as the JAIMINISUTRAS. The Maharishis, so far as their intellectual development was concerned, stood altogether on a unique pedestal unapproached by any other authors in the world. They expanded their intellects not by ordinary study, patient labour and devotion but by the mystic processes of Yoga. Thus expanding their mental vision by a peculiar process still unknown to the greatest scholars of the present day, they were able to grasp the causes and effects of the celestial and terrestrial phenomena with the greatest ease and on a scale of understanding and comprehension of facts at which the present generations stand surprised and wonderstruck. Take Maharishi Vedavyasa the great grandson of Vasishta, the grandson of Sakti, the son of Parasara and the father of Maharishi Shuka who is held in the highest esteem by the great Rishis themselves for his piety, Brahmagnana, and unalloyed purity of life. Vyasa has written 18 Puranas including the Mahabharata, enclosing the immortal Bhagavadgita, great Siddhanta after his name on Astronomy, several works on Astrology and the most profound *Brahmasutras*, called Uttara-Mimamsa. This colossal collection of literature relating to all branches of human knowledge stands as a monument to the grandeur of his glorious intellect and it will be a real surprise to the cultured public, if any other name in the world could be compared to this intellectual giant. In addition to all these works, he was able to systematise and put in proper order the

Four Vedas and thus earn the most envious title of Vedavyasa or one who put the Vedas'in their present form and sequence. Jaimini was a worthy disciple of Vedavyasa and has bequeathed to humanity, many valuable works among which stand foremost Jaimini Bharata, Poorva-Mimamsa and the Jaiminisutras on Astrology. In the various branches of the Sanskrit Sciences the *sutras* are a wonder of Sanskrit literature. We do not know if there is any other language in this world which has anything like the *sutras*. A *sutra* may thus be defined *as the shortest in form with the largest meaning possible*. JAIMINISUTRAS are said to have been composed in eight chapters. Though brief, they contain a large quantity of meaning. Many technicalities are used throughout these *sutras* and I will try to explain them as best as I could. In translations from a rich and comprehensive language to a poor and ill-equipped tongue, it is extremely difficult to bring out the force, the dignity, the sweetness, the majesty and the flow of the original language. The translators, however learned they may be and however brilliant their intelligence may be, have to remember the great gulf which separates their intelligence with that of the great Maharishi who is their original author. At best the translator can only explain and illustrate what he understands and conceives to be the meaning of the original author. It may be the correct interpretation of the author or what may have been understood to be the meaning by the translator. In the case of the works of the Maharishis, I may not be very wrong if I say that none of the commentators or the translators could ever hope to come up to their standard. However, a man can do at best what he honestly knows to be the meaning; and I can assure my readers that in the translation of these difficult *sutras* I have taken the greatest care to bring out the correct meaning of the Maharishi in his inimitable work the JAIMINISUTRAS. Everyone cannot compose a *sutra*. A *sutra*, to be a sound one, must have certain characteristic features and unless these conditions are satisfied they cannot pass muster under the heading of a *sutra*. In English, so far as my humble knowledge and practical experience go, it looks impossible to frame a *sutra* as the Sanskrit authors have composed and conceived it. The defects of languages cannot be set right by ordinary men, and it is hopeless to make such attempts. Jaimini, through his great sympathy and love for the people, framed these *sutras* and they have to be interpreted on certain principles which the Sanskrit writers have laid down for our guidance and education. The brevity of a *sutra* is its distinguishing feature, and it can easily be committed to memory even by the ordinary students. Somehow or other, Sanskrit language seems to have a close affinity to strengthen and improve memory. Have we ever seen an advocate or a judge who is able to repeat a few sections of any legal book? Is there any English knowing person who can repeat a play of Shakespeare or a few pages of any dictionary? In Sanskrit, Dasopanishads are easily committed to memory. There are Dwivedis and Thrivedis who easily commit to memory one, two and three Vedas and repeat them with an ease which surprises the listeners. There are many who have committed to memory the Sanskrit lexicon "Amara" and quote its stanzas offhand with the greatest ease. Bhagavata, Bharata, Ramayana and other extensive works are easily committed to memory. Kavyas and Natakas, Epics and Dramas form no exception. Astrological literature, whether it be astronomical calculation or astrological Phalabhaga has been committed to memory and I can repeat more than 2 or 3 thousand slokas, without any paper or pencil. The discussion of the learned Brahmin Pandits is a source of great delight to the audience. They bring neither books, nor notes, nor papers, nor any references when they come for great assemblies where their knowledge in the several branches of Sanskrit will be tested and where they receive due rewards. The greatest Indian Pandit has hardly anything which deserves the name of a library, whereas the poorest equipped English reader keeps up a decent library. Are not then the heads of these Pandits more valuable than the heads of the greatest English scholars who have to refer to books for constant renewal of their memories?

SRI

JAIMINISUTRAS

ENGLISH TRANSLATION

—

ADHYAYA 1—PADA 1

॥ सूत्रप्रारंभः ॥

१. उपदेशं ब्याख्यास्यामः

SU. 1.—*Upadesam Vyakhyāsyamah.*

I shall now explain my work for the benefit of the readers and shall give them proper instructions to understand the subject.

NOTES

Upadesa means literally bringing one close to the object and make him understand the truth. *Upa samip disanti* **cause to sit**—taking one close to the true object of his search, making him sit there and see clearly with his mental vision, the truths of the Science. Jaimini observes that he will take the subject of Astrology in Phalabhaga or Predictive portion, introduce the readers and disciples to the principles of Astrology and make them see the truths and realise their grandeur by personal experiences. He expands the subject in his own inimitable style and tries his best to put vast quantities of

Astrological knowledge in the fewest possible Aphorisms called the *Sutras*. This word *Upa* occurs in *Upanayana* as making a man, see the grandeur of Parabrahma, and *Upanishad* or taking one nearer to God and *Upasana* carrying the same idea and making the person see the object of his search and bring him into closer contact with it.

२. अभिपश्यंति ऋक्षाणि ॥

SU. 2.—*Abhipasyanti rikshani*.

The zodiacal signs aspect each other (in their front).

३. पार्श्वमे च ॥

SU. 3.—*Parswabhe cha*.

Excepting the next zodiacal signs to them.

४. तन्निष्ठाश्च तद्वत् ॥

SU. 4.—*Thannishthascha tadvat*.

Those planets which occupy such signs will also aspect the planets found in such houses.

NOTES

Unless easy explanations are offered and illustrations are given the meanings of these Sanskrit Sutras will not become intelligible and convincing to the readers.

The second *Sutra* can be explained thus. The zodiacal signs aspect each other which are in their front. I do not exactly understand what is meant by the word *front*. The commentators who have done invaluable services to humanity by their lucid explanations and the removal of all reasonable doubts thus observe : Mesha has Vrischika, Vrishabha has

Thula, Mithuna has Kanya, Kataka has Kumbha, Simha has Makara, Kanya has Dhanus, Thula has Vrishabha. Vrischika has Mesha, Dhanus has Meena, Makara has Simha, Kumbha has Kataka and Meena has Mithuna as the signs in front and aspect them. From the 3rd *sutra* it is signified that the zodiacal sign next to Aries, *viz.*, Vrishabha is not aspected, the sign Mithuna is not aspected by Vrishabha, Kataka is not aspected by Mithuna, Simha is not aspected by Kataka and so forth. Following this rule all the *Chara Rasis* or movable signs aspect all the *Sthira Rasis* or fixed signs excepting that which is next to it and all the fixed signs aspect the movable signs excepting that which is next to it. The double bodied signs aspect each other. In none of the current astrological books is mentioned the fact of the aspecting of zodiacal signs or the planets which are in them in this particular manner. In the 4th *sutra*, reference is made to planets occupying those houses, and exercising aspectal influences as the houses themselves are said to do. I will give a few illustrations to exemplify the above enunciated principles.

Meena	Mesha	Vrishabha	Mithuna
Kumbha			Kataka
Makara	DIAGRAM		Simha
Dhanus	Vrischika	Thula	Kanya

Chara Rasis aspect *Sthira Rasis*, *Sthira Rasis* aspect *Chara Rasis* and *Dwiswabhava Rasis* aspect the *Dwiswabhavas*. Mesha is movable and Vrishabha next to it is fixed. Mesha is said to aspect the fixed signs except the one which is next to it. Mesha aspects the fixed signs Simha, Vrischika and Kumbha but not Vrishabha which is close to it. Vrishabha, a fixed sign, aspects the movable signs Kataka, Thula and Makara but not Mesha which is close to it. Mithuna, Kanya, Dhanus and Meena the four double-bodied or common houses aspect each other and there is no difficulty about them. Kataka, a movable sign, aspects Vrischika, Kumbha and Vrishabha, but not Simha which is close to it. Thula a movable sign aspects Kumbha, Vrishabha and Simha but not the fixed sign Vrischika next to it.

Vrischika, a fixed sign, aspects Makara, Mesha and Kataka but not Thula which is close to it. Makara a movable sign aspects these fixed signs Vrishabha, Simha and Vrischika but not Kumbha which is close to it. These aspects of Rasis have peculiar influences and they are taken into consideration in these *Jaiminisutras*.

According to the above *sutras* and the explanations as understood by me, the following aspects have to be noted in the example given on next page. Ravi is in a movable sign and does not aspect Budha but aspects Simha, Vrischika and the planet Sani in it and Kumbha and Chandra in it. Budha aspects Kataka, Thula and Makara and Kuja who is in that sign. As per above principles, Rasis aspect each other and

---

* cf. *Vriddha Karika*.

चरं धनं विना स्थास्नु स्थिरमंत्य विना चरम् ।
युग्मं स्वेन विना युग्मं पश्यतीत्ययमागमः ॥

```
+----------+----------+----------+
|          | Ravi Budha| Sukra  |
|          |          |          |
+----------+----------+----------+
| Chandra  |                     |
|          |      EXAMPLE        |
| Kuja     |                     |
+----------+----------+----------+
|          |  Sani    |  Guru    |
+----------+----------+----------+
```

also the planets in them. The planets aspect each other and also the Rasis mentioned in the *sutras*. In the above illustration Sukra aspects Kanya with Guru in it, Dhanus and Meena and Guru aspects Dhanus, Meena and Mithuna with Sukra in it. As per general principles in use in astrology, the aspects of planets in the above diagram are thus Budha and Sani aspect each other, Sani aspects Kuja and Simha, 3rd and 10th. Guru aspects Kuja, Meena and Budha, the 5th, 7th and 9th, Kuja aspects Mesha with Ravi in it Kataka and Simha or the 4th, 7th and 8th houses and planets in them. Chandra aspects Simha. These are details which have to be borne in mind by the readers, who are anxious to master the technicalities of these *Sutras*. Jaimini is very cautious in his statements. He asks his readers to study the general principles of astrology, and along with their applications to the practical side of horoscopes he directs them to remember the general and special principles which he has explained in his learned work and make predictions, taking both the influences mentioned in the general works and also the principles he has explained with particular care and on his own responsibility, into consideration. Ravi and Sani in the diagram according to ordinary astrology do not aspect each other, but in making predictions, we have not only to ascribe the general 6th and 8th positions of the Sun and Saturn from each other but also the special aspect influences which Jaimini has named here. For a novice in general astrology, these observations of the Maharishi may appear quite novel but a little practice of these principles along with those of the general principles current with the astrologers, will show that there will be no difficulty and the predictions based on these combined influences will be found to be more accurate and to the point. The preliminaries should be carefully studied and remembered and the readers should put them cautiously into practice. Theory and practice will make a man perfect.

५. दारभाग्यशूलस्थार्गला निध्यातुः ॥

SU. 5.—*Darabhagyasulasthargala nidhyatuh*.

The fourth, second and eleventh places (or planets in them) from the aspecting body are *Argalas*.

६. कामस्थातु भूयसा पापानाम् ॥

SU. 6.—*Kamasthathu bhuyasa papanam*.

Malefics in the third from the aspecting planet give rise to evil *Argala*.

७. रि:फ नीचकामस्था विरोधिनः ॥

SU. 7.—*Rihpha neechakamastha virodhinah*.

Planets in the tenth, twelfth and third from *Argala* cause obstruction to such *Argala*.

८. न न्यूना विबलाश्च ॥

SU. 8.—*Na nyuna vibalascha*.

If planets obstructing Argala are fewer or less powerful than those causing Argala, then the power of Argala cannot be affected.

९. प्राग्वरित्रकोणे ॥

SU. 9.—*Pragvastrikone*.

The houses or planets in trikonas (5 and 9) similarly influence the Argala.

१०. विपरीतं केतोः ॥

SU. 10.—*Vipareetam ketoh*.

In the case of Ketu the formation of Argala and obstruction to it must be calculated in the *reverse order*.

NOTES

These sutras require elaborate notes as they are highly technical in nature. Unless these are properly understood, further progress in Jaiminisutras will become difficult and doubtful. In Sanskrit Mathematics, pneumonics of a peculiar kind are used and these must be properly mastered.

In Sutras 32 and 33 of this *Pada*, Jaimini gives a clue to the decipherment of his *Sutras*. I have to anticipate a few of the future Sutras here, for the great author himself does so.

SU. 23.—*Sarvatra savarna Bhava Sasayah*.

SU. 33.—*Na grahah*.

In the indication or designation of the Rasis and the Bhavas (Signs and Significations) the author has used, for the sake of abbreviation, *varnas* or single letters. But in the case of planets he has not done so, which means, he has used the proper names of the planets and not any letters to indicate them. I shall explain these differences in the notes below. We have in Sanskrit a *sutra* called *Ka, Ta, Pa, Yadi*— These are also called the Vargas—Kavarga, Tavarga, Pavarga

---

* Though Suryanarain Rao has elucidated the abbreviations used by Jaimini to imply numerals, I propose to make some observations for the benefit of the reader The system of pneumonics employed here is called Katapayadi system. The consonants of the Sanskrit alphabet have keen used in the place of the numbers 1-9 and zero to express numbers. There are different variants of this system but I shall explain the most commonly accepted method. न (n) and ञ (n) and the vowels denote zero. The letters in succession beginning with Ka (क), Ta (ट), Pa (प) and Ya (य) denote the digits; in a conjoint consonant, *e.g.*, Kya (क्य) only the last one denotes a number According to this system therefore the letters.—

ka	(क)	ta	(ट)	pa	(प)	ya	(य)	denotes	1.
kha	(ख)	tta	(ठ)	pha	(फ)	ra	(र)	,,	2.
ga	(ग)	da	(ड)	ba	(ब)	la	(ळ)	,,	3.
gha	(घ)	dha	(ढ)	bha	(भ)	va	(व)	,,	4.
nga	(ङ)	na	(ण)	ma	(म)	ssa	(श)	,,	5.
cha	(च)	tha	(त)			sha	(ष)	,,	6.
chha	(छ)	thha	(थ)			sa	(स)	,,	7.
ja	(ज)	da	(द)			ha	(ह)	,,	8.
jha	(झ)	dha	(ध)					,,	9.

A right to left arrangement is employed in the formation of chronograms *i.e.*, the letter denoting units figure is first written, then follows the letter denoting the tens figure and so on, *e.g.*,

```
        ra   ma
        2    5 = 52.
```

Jaimini divides the figure so obtained by 12 and takes the remainder as denoting a particular sign of the zodiac as reckoned from Mesha.

and Yavarga. Kavarge contains *Kadi Nava* or nine letters commencing from *Ka* thus – *Ka, Kha, Ga, Gha, Jna, Cha, Chha, Ja, Jha,* or nine letters.

Tavarga or Tadinava—nine letters beginning with *Ta—Tu, Tta, Da, Dha, Na, Tha, Thha, Da, Dha,* or the nine letters of *Ta* varga. Pavarga or Padi Pancha—five letters commencing from *Pa*. They are *Pa, Pha, Ba, Bha, Ma* five letters. Yavarga *yadyahtau* or eight letters from Ya. They are *Ya, Ra, La, Va, Ssa, Sha, Sa* and *Ha,* for the 8 letters of *Ya* varga. After having learnt these the next *sutra* in Sanskrit Mathematics is *Ankanum Vamato ghtihi*. All figures in Astronomy, Inscriptions and Mathematics should be read in the reverse order or as the Mohammedans read from right to left. The explanations of the following *sutras* make these aphorisms easy to understand.

Jaimini uses the word *Argala* to mean a sort of obstruction or impediment for the free flow of planetary influences. A planet in a certain house from any desired Bhava or signification or planet, prevents or obstructs the progress of the influence and thereby diminishes its value and usefulness. These five Sutras give explanations about these *Argala* influences and obstructions and they must be carefully treasured up.

There are two varieties of *Argala* : shubha or beneficial, and *papa* or malefic.

Dara contains two Sanskrit letters da and ra. *Da,* according to *Tavarga* given above, represents the 8th letter in that group and hence stands for the figure 8, *Ra* represents the 2nd letter in the *Yavarga,* and hence stands for the digit 2—thus we have by the word dara 82.

Reading this by the above mathematical Sutra in the reverse order we get 28. There are 12 signs or Rasis and when 28 is divided by 12, we get 4 as the remainder. Therefore *Dara* means the fourth house, representing the Argala from any desired significance or planet. Now the peculiarity is this *Dara* in Sanskrit language means wife and in general astrology, when we say *Dara* or *Darasthana*, we signify the 7th house from Lagna for a male horoscope. But *Dara* in Jaimini by the rules he has laid down means *Four* and not *Seven*.

Bhagya. By the letter interpretation process—*Bha* is the fourth in the *Pavarga* and stands therefore for 4, *Gya* in Sanskrit is composed of *Ga,* and *Ya* the letter underneath the former *Ga,* and in all compound or conjoined letters the lower letter has to be taken into account and not the upper. Thus we have here *Ya,* and it is the first letter in *Yavarga* and stands for 1. We have therefore 41. Reading in the reverse order we get 14 and this divided by 12 will give us a remainder of 2. *Bhagya*—2. Therefore the 2nd house or planet from any given Bhava also becomes an *Argala* planet or obstruction. *Sula* is composed of *Ssa* and *La*. In the *Yavarga*, *Ssa* stands as the fifth letter and represents 5. *La* represents the 3rd letter in Yavarga and therefore stands for 3. We thus get the figure 53. But reading in the reverse order we have 35. Divided by 12 we get a remainder of 11 and therefore *Sula* stands for 11. Those planets which are in 4, 2 and 11 from any planet or Bhava in question or under consideration, become classified as *Argala* and obstruct their influences.

In Sutra 6 if many evil planets, more than two as the plural is used, are found in Kama or 3rd house, they also then become Argala. *Ka* stands as in Kavarga and *Ma* stands as 5 in the Pavarga. Therefore we have 15. Reading in the reverse order we get 51. Divide this by 12 and we have the remainder 3. Therefore Kama stands for the 3rd house. Kama in Sanskrit means Cupid, passions, wife and desires. In the general astrological literature, *Kama* means the 7th house representing husband or wife as the horoscope may belong to a female or a male human being. But by the interpretation by letters as directed by the author, it means the third. As it is stated here the planets become *Argala* in the 3rd only when there are more than 2 evil planets in the 3rd from the questioning planets or Bhava. But suppose there is only one evil planet in the 3rd house, then by implication it does not become Aragala for the planet or Bhava.

In Sutra 7, *Ripha* means 10, *Ra* in *Yavarga* stands for 2 as it is the second letter from *Ya* and *Pha* is the second letter in the *Pavarga* and therefore represents 2, putting together we get 22. Divide this by 12 we have a balance of 10. Neecha stands for 12. *Na* represents 0 in the Tavarga as it stands as the 10th from *Ta* and therefore represents cipher. We have only 9 *Ankas* or digits and the 10th shows a zero. *Cha* stands as the 6th letter from Tavarga and represents 6, putting together we have 06. Reading in the reverse order we have 60. Divided by 12 there will be no balance, but the author asks the readers to take always the last balance and when 60 is divided by 12 it goes four times (48) and the last balance is 12. Therefore Neecha stands for 12. Kama, we have already seen, means 3. Those planets which are in 10, 12 and 3 form an obstruction to the Argala mentioned in *Sutra* 5. Here probably the meaning is that the Argala influences, formed by planets mentioned in *Sutra* 5, good or bad, are themselves modified or obstructed by the planetary positions mentioned in this *Sutra*. Those planets which are in the 5th and 9th or Trikonas counteract the influences of the Argala planets as explained before. It has been already stated that certain planets in certain house cause Argala or obstruction and those which are in the 5th and 9th counteract these Argala influences.

Coming to Sutra 8, if fewer planets or powerless or disabled planets cause obstruction in *Sutra* 7 to the Argala generated in *Sutra* 5, then they will not affect the power of that Argala. Here it means that the obstructive Argala created in *Sutra* 7, unless the planets are strong, will not be able to obstruct the Argala influences caused by planetary positions mentioned in *Sutra* 5.

Sutra 9 is clear and needs no further explanation.

With reference to Ketu the order must be reversed (*Sutra* 10). The 9th from Ketu becomes Argala and the 5th from him becomes *Pratibandhaka* or obstruction. The name of Rahu is not mentioned in the original, but some commentators are of opinion that the mention of Ketu is enough to include Rahu. Sutras are short and certainly require clearer explanations. Those beneficial planets who are in *Dara 4*, *Bhagya 2*, and *Shula 11* from Ketu do not form Argala. The malefics in the 3rd and 8th from Ketu do not form *Papargala* or evil obstruction. Argala seems to be a sort of force or energy, caused by certain positions of the planets, and this energy may be beneficial or malicious. Power may be good or bad as it is used.

In the case of Rahu and Ketu the Argala results must be calculated in the reverse order. From the 11th Sutra Jaimini gives the rules which will guide the student in determining the lordship of the various relations and events, which have to be taken into consideration, in the career of an individual.

११. आत्मादिकः कलादिभिर्ने भोगः सप्तानामष्टानांवा ॥

SU. 11.—*Atmadhikaha kaladibhirna bhogassaptanamashtamva.*

Of the seven planets from the Sun to Saturn, or the eight planets from the Sun to Rahu, whichever gets the highest number of degrees becomes the *Atmakaraka*.

NOTES

The word Ashtanamva is emphasised because Rahu, instead of being mixed with other planets, seems to have been separated for a certain set purpose. The meaning becomes evident when we refer to Parasara according to whom also, Rahu fills up the gap—when two planets (of the seven) possess the same number of degrees.

If two or three planets obtain the same *Kalas* or degrees and minutes, they are all merged into one *Karaka* or Lordship over some event in the human life. The vacancies caused by the merges of two or three planets into one have to be supplied by Rahu in the reverse of order. The other *Karaka* will be supplied by the *Naisargika Karakas* or permanent lords. This is a difficult Sutra and requires some clear explanations. While all the planets have got movements from left to right or direct, Rahu and Ketu move in the reverse order or from right to left. The first is called the *Savyam* or *Pradakshinam* (dextral) and the other is called *Apasavyam* or *Apbradakshinam* (sinistral). Rahu and Ketu have no houses but, Jaimini gives lordship of Kumbha to Rahu and Vrischika to Ketu. They have been given lordships over some human events. In any horoscope, the first duty of an honest astrologer is to find out the exact positions of all the planets. This implies a good knowledge in Astronomy and astrologico-mathematics. Then the degrees, minutes and seconds of the positions of the planet are calculated and placed correctly, then the student will be able to find out which planet has got the highest number of Kalas or degrees in a horoscope. Whoever has got the highest number of Kalas, becomes the *Atmakaraka*. These *Karakatwas* or Lordships, therefore, can be acquired according to these Sutras by any planet. Whereas in Naisargika, Karakas or permanent lordships are fixed for ever. In Naisargika, the Karakas or Lordships are thus detailed :—

In *Brihat Jataka*, Ravi, Chandra, Sani and Sukra are given different Karakaships : *Diva arkasukrow pitru, matru soungnitou*. This means that persons born during the day have the Sun and Venus as lords of the father and mother respectively. *Sanaischarendu nisi tadviparyayat*. For persons born during the nights, Sani becomes Matrukaraka and Indu or Chandra becomes the lord of father. I have simply drawn the attention of the readers to the various versions given by the different authors. Here we may have *Pitrukaraka* (1) Ravi in the *Naisargika* 'method', (2) Chandra as *Pitrukaraka* for those who are born in the night and (3) any planet out of the nine who gets or contains the largest number of degrees in a horoscope. Then the question arises as to how a student has to be guided in determining the prosperity and adversity of a person's father. Suppose in the Jaimini system Sani becomes *Pitrukaraka* : Chandra becomes *Pitrukaraka* by the direction of *Brihat Jataka* and by the general or *Naisargika* system, Ravi becomes the *Pitrukaraka*. These three planets, *viz.*, Ravi, Chandra and Sani are thoroughly different in characteristics and these variations, expounded by the learned in Astrology, instead of helping a student in the progress of the studies will confound him and launch him into greater doubts and confusion. When different systems, apparently contradictory, are enunciated by eminent Maharishis the wisest thing would be, in my humble opinion and experience, to take all of them into careful consideration, add his own experience, judge all of them with a diligent eye and make a harmonious whole so that all of them may prove successful and satisfactory. Take half a dozen medical experts in remote corners of the world. They experiment and hit upon certain herbs or roots as efficacious for certain diseases. Each one succeeds with a certain class, and thinks they may prove useful. If all of them have succeeded and the results of their experiments satisfactory, then a wise physician carefully notes the characteristics of such of those drugs and roots and he may succeed even better than any one of the original experimentors, by a judicious use of them suitable to times and conditions of life. Maharishis, by their expanded vision, watched and recorded their experiences from different mental visions, and gave principles in all such sciences, which, though contradictory on the surface, will be found to be agreeable on a deeper analysis. Different systems have mentioned different periods for death and other important events of human life. Bhattotpala, the great commentator of Varahamihira's works, hits on a nice system of reconciliation and I refer my readers for clearer explanations on my notes to Dasantardasa chapter in *Brihat Jataka*. A man may live upto 70 or 80 years and may have passed through various critical canditions. He will be killed in the period of the strongest death-inflicting planet and have critical dangers during other evil periods.

Take the longevity question. We have the Udu Dasa or length of life measured by the planets according to the constellations ruling at birth. We have secondly Kalachakra Dasas and the longevity given by them. Third, we have the *Graha Datta Pindayuryoga* or the term of life given by the planets to the Foetus at the time of conception. Fourth, we have the *Amsayurdaya* racommended by Satyacharya and followed by Varahamihira. Fifth, we have the longevity determined by the Gochara movements of the planets. Sixth, the longevity as determined by the kendra Ayurdaya. Seventh, we have the Dasantardasa Ayurdaya. Then, eighthly, we have the *Ashtakavarga Bindusodhana Ayurdaya*. These eight systems certainly give divergent views and different terms. If so, what should the astrological student do when all the eight systems give eight different periods. Bhattotpala, whom we have not seen a more learned commentator on astrological works in recent times, reconciles these different systems in the following manner : say a person lives for 50 years and gets various periods of longevity from 3 years to 50 years. The suggestion of Bhattotpala stands to reason. Suppose the eight systems give the following terms of life—3, 10, 15, 20, 27, 35, 40 and 50 we are asked to prescribe the longest term obtained as the longevity, and the terms indicated by the other systems will be periods in the life of the person which will be very critical and during which he will suffer from severe diseases, dangers, or accidents, but he will manage to get over them and live upto the longest term, *viz.*, 50 years as shown by one of those systems. *Jaiminisutras* offer the same explanations. In the typical case Sani, Chandra and Ravi, representing father in the case of a single person, then the age and prosperity of the father will be determined by the most powerful among them. It may also happen that by the three systems, Ravi may become the lord of father. Then he will live longer and be more prosperous and happy.

The merging of two or three planets into one karaka has to be fully explained. Unless I give some illustration, the readers will not be able to follow these *sutras*. The *sutra* says that whichever planet gets the highest number of degrees, becomes the Atmakaraka. Suppose in a horoscope two planets get the same number of degrees; then both of them will become Atmakaraka. Take Sani and Chandra in a horoscope, and say they have got each 29 degrees and ten minutes. As per the above *sutra*, both of them become merger into one, *viz.*, Atmakaraka. When both of them become representing one event, *viz.*, Atmakaraka, there will be a vacancy for some other karakatwa say Chandra has merged into Sani and his place, representing matrukaraka or some other karaka, falls vacant. This, Jaimini says, will be supplied by Rahu. As Rahu and Ketu move in the reverse, they will be considered as getting the highest number of degrees when they are at the beginning of a sign. In the above illustration, suppose Sani has 29° and 10′ in Aries as also Chandra. Then they will naturally have travelled all over Mesha and will be within fifty minutes from Vrishabha. Sani and other planets move from Mesha to Vrishabha, Mithuna, Kataka, and so forth, whereas Rahu moves in the reverse order, *viz.*, from Vrishabha to Mesha ahd Mesha to Meena. Rahu will have obtained 29° and 10′ when he is 50′ from Meena, for Rahu gains each degree as he enters Mesha from Vrishabha and moves on to the 1st degree of Mesha before he enters into the next sign Meena. Here as Chandra has merged into Sani, Rahu takes that karakatwa which Chandra as a separate planet would have taken. Suppose Budha also gets the same degrees, and these three represent one karakatwa or signification. Suppose now brothers have to be represented. Then Jaimini says take the Nisarga Karaka, Kuja, and give him the control over brothers, etc., attributed to Kuja in the general literature in Astrology.

१२. सईष्टे बंधमोक्षयोः ॥

SU. 12.—*Saeeshtay bandhamokshayoh.*

Atmakaraka gives bad and good results by virtue of malefic and benefic dispositions such as debility, exaltation, etc.

NOTES

When the Atmakaraka is in exaltation or in beneficial Rasis or conjunctions, though the person is imprisoned he will be liberated, will live in holy places and will have *Moksha* or Final Emancipation. But when he is in Neecha Rasi or with evil conjunctions and aspects he will be imprisoned, will suffer from chains and other tortures, and will not have *Moksha*. But if this debilitated planet has beneficial aspects or conjunctions, he will be liberated. The idea seems to be the securing of final salvation. If the Atmakaraka is exalted and has beneficial aspects and conjunctions without any malicious influences the man will get the final Bliss called *Moksha,* so ardently coveted by all devotees and the yogis. They desire nothing more than this state of Bliss. Here *Bandha* and *Moksha* may be interpreted as malefic and benefic results.

१३. तस्यानुसरणादमात्यः ॥

SU. 13.—*Thasyanusaranadamatyaha*.

The planet who is next in kalas or degrees to Atmakaraka will become *Amatyakaraka*.

NOTES

By careful mathematical calculations the student should first find out the positions of planets correctly in degrees and minutes. Then fix them up in the horoscope and place the Lagna also in degrees and minutes. It will be very easy to fix all the planets and also the Lagna in their vargas or minute divisions by proper calculations. Unless this part of the work is done satisfactorily the application of the principles of Astrology, enuciated by Jaimini or other Maharishis, will not be possible. And when the foundation is not well laid and solidly built, the superstructure can never be durable or lasting. After the planets are placed correctly in their degrees and minutes, it becomes easy for a student to find out who gets the highest number of degrees of Kalas. whoever gets the largest number take him as the *Atmakaraka*. The planet who gets the next highest degrees will be Amatyakaraka. Probably when the Amatya or Mantrikaraka is powerful and well combined and aspected the person will become a great Minister or Councillor. But when he is ill-combined and badly aspected and debilitated he becomes an evil councillor or an adviser who brings disgrace on himself and also on those to whom he offers his counsel.

१४. तस्य भ्राता ॥

SU. 14.—*Tasya bhratha*.

The planet who gets the highest number of degrees next to Amatyakaraka becomes *Bhratrukaraka* or gets lordship over brothers.

NOTES

If the Bhratrukaraka is debilitated, joins evil planets and has malicious aspects then there will be ruination to brothers. He will have no brothers or, if he gets them, they will die or become wretched, poor and disgraceful. If, on the other hand, the Bhratrukaraka is exalted, well combined and well aspected there will be plenty of brothers and prosperity and success will attend on them. In the world we have experience of various sorts and all these are indicated by the astrolgical authors.

१५. तस्य माता ॥

SU. 15.—*Tasya matha*.

The planet who gets the highest number of degrees next to Bhratrukaraka becomes lord of the mother or Matrukaraka.

१६. तस्य पुत्रः ॥

SU. 16. – *Tasya putraha*

The planet who is next in power in degrees to Matrukaraka becomes the lord of the children or Putrakaraka.

NOTES

The Sanskrit Sciences have attached the greatest importance to the birth of children. Without children a home is designated as a burial ground or *smasana* or cemetery. *Aputrasya gatirnasti* observe the Vedas. This means that a man who has no children will have no heaven or Moksha. There is a special Hellish River called the *Put*. One who no Putra will not be able to cross this river *Put*. He is called a Putra who enables the parents to cross this river. If he does not cross it, he will have no salvation and he cannot go to regions of bliss. In this world what can give a person greater pleasure than the possession of healthy, intelligent, obedient and prosperous children? What can delight the hearts of the parents more than the playing round about them of their happy children? Can the work of creation continue without children? If there are no children, then the human species must cease to exist and the world will be depopulated. Children thus become an absolute necessity, for the continuation of the human species. But in getting children, there is a very great variety. Temperaments are various and curious. It is no doubt a source of great pleasure for a man to have children but what is the good of getting bad, deformed, repulsive, ungrateful, depraved and rascally children who are antagonistic to their parents, who are immoral, cheats and otherwise quite undersirable to society, to the nation and to the family. Where the Putrakaraka is well situated, exalted, in good Shadvargas, in beneficial conjunctions and aspeots, the children will be blessed with all the virtues which make them agreeable, happy, prosperous and dutiful to parents. The greatest Epic in India, *viz.*, Ramayana teaches the excellent duties of children towards their parents and Sri

Rama is the noblest conception and embodiment of the duties towards the parents, relations, friends and the public citizens under his royal care.

It is better to have no children than to have bad and ungrateful ones.

१७. तस्य ज्ञातिः ॥

SU. 17.—*Thasya gnathihi.*

The planet who gets less degrees than those of Putrakaraka becomes Gnathikaraka or lord of the cousins.

Among all the nations of the world, cousins form one important item, in making the domestic circle happy or unhappy. This is specially so among the Hindus, whose laws of inheritance and succession to property are peculiar and very complicated. There are maternal and paternal cousins and nephews. The last are the most formidable, when they are adversely situated and most favourable when they are sympathetic and loving. The condition of the planets who become Gnathikarakas will determine the attitude of the cousins and the rules for judging of these have already been laid down in the previous notes and explanations.

१८. तस्य दाराश्च ॥

SU. 18.—*Thasya darascha.*

The planet who gets less degrees than the *gnathikaraka* becomes Darakaraka or lord of wife.

NOTES

The use of *cha* in this *sutra* indicates plurality and includes the examination of the various Bhavas or significations from Lagna, Pada Lagna and Upapada Lagna, which technicalities will be explained later on in the notes. Jaimini suggests that the results should not be foretold simply by the consultations of the *karakas* alone, but also by the Bhavas from Lagna, Pada Lagna and Upapada Lagna. The Science of astrology, specially the foretelling of the future, is highly complicated and requires the highest form of intelligence, and the most profound forms of analytical powers to unravel its mysteries and make the future predictions correct. This science as well as other sciences require great intelligence and erudition, and this will be so specially with astrology which deals with all the phenomena in the world and which, therefore, requires the most comprehensive and grasping intellect to understand its principles.

१९. मात्रा सह पुत्रमेके समामनंति ॥

SU. 19.—*Matra saha putrameke samamananthi.*

Some Acharyas or authors hold that the Matru- and putrakarakas may be represented by one and the same planet, that is these two Bhavas, lordship of mother and children may be judged by the same planet.

NOTES

Here this union may be interpreted in two ways, *viz*, Matrukaraka includes Putrakaraka, and therefore these two Bhavas may be foretold by the lord of mother or by the lord of children. The planet next in degrees to Bhratrukaraka becomes Matrukaraka, and the planet next in degrees to Matrukaraka becomes Putrakaraka. What Jaimini apparently means is that by the planet next in degrees to Bhratrukaraka, may be foretold about the prosperity and adversity of the mothers and the children. Since Jaimini gives pada, ghatika and upapada Lagnas as also the Lagna for the consultation for results, difficulties and confusion have been removed and the welfare and misfortunes of mother and children may be easily analysed and predicted.

२०. भगिन्यारतस्याल: कनीयाञ्जननी चेति ॥

SU. 20.—*Bhaginyarathassyalaha kaniyajjananee cheti*.

Some say that from Kuja should be ascertained particulars regarding brothers and sisters, brother-in-law, younger brothers and step-mothers. Some others hold that predictions relating to step-mother should be made from the 8th house. However this latter view is not approved by all.

NOTES

From *Ara* or Kuja the sisters, wife's brothers, younger brothers and mother must be examined. In Sutras 15 and 16 reference to find out the lord of mother has been made. Why then again mention about mother? Here from Mars we have to find elder and younger sisters, brothers of wife, younger brother, step-mother and the maternal aunts. *Ara* or Kuja is the permanent or Naisargika Bhratrukaraka or lord of brothers. Some authors by pronouncing *Aratha* in short A, make it $A=0$, $Ra=2$ and $Tha\ 6=0.26$ and reading it in the reverse order we get 620. This divided by 12 will give us remainder 8. And ask the readers to find out the above events from the 8th house from Lagna. Jaimini does not approve of it.

२१. मातुलादयो बंभवो मातृसजातीया इत्युत्तरतः ॥

SU. 21.—*Mathuladayo bandhavo matrusojatiya ittyuttarataha.*

From Mercury should be ascertained details relating to maternal uncles, maternal aunts and other maternal relations.

NOTES

Take the planet next to *Ara* or ja Kuand he will be Budha. The order of the planets must always be remembered as in the weekdays—Ravi, Chandra, Mangala, Budha, Guru, Sukra and Sani. Therefore when the author says *Uttarataha* or take the next planet, it clearly means Budha. From Budha, maternal aunts, maternal uncles and other maternal relations like step-mothers should be found out. Thus say some others. This means that Jaimini is not in agreement with the views of these writers. Like *Kechit* in *Brihat Jataka*, *Ekey* in Jaimini is used to indicate other schools of thought in Astrological predictions.

२२. पितामहौ पतिपुत्राविति गुरुमुखादेव जानीयात् ॥

SU. 22.—*Pitamahou pathiputraviti gurumukhadeva janiyat.*

From Guru the paternal grandmother and grandfather, the husband and children must be found out.

२३. पत्नीपितरौ श्वशुरौ मातामहा इत्यंतेवासिनः ॥

SU. 23.—*Patnipitarau swasurou matamaha ityante vasinaha.*

From the next planet from Guru, *viz.*, Sukra, the parents of the wife, or parents-in-law, paternal and maternal aunts, maternal grandfather and grandmother, and *Ante Vasina* or disciples must be found out.

NOTES

If two or three planets get the lordship by getting the same degrees, then find out who has got the greater number of minutes and seconds, and if the planets are equal in all these degrees and minutes and seconds then we are recommended to take the Nisarga or permanent lords for the welfare of the particular events. I shall give here the Naisargika lordships of planets.

Ravi.—Atmaprabhavasakti or soul force, reputation, vitality and father.

Chandra.—Manas, Matru, Mani—Mind, Mother and Gems.

Kuja.—Bhumi, Satwa, Bhratru—Lands, Strength and Brothers.

Budha.—Pragnya, Matula, Buddhi, Vacha—intelligence, uncle, wisdom and speech.

Guru.—Putra, Vidya, Dhana, Gnana—Children, Education, Wealth and Spiritual development.

Sukra.—Kama, Indriasukha, Kalatra—passion, sense-pleasures and wife.

Sani.—Ayushyam, Jeevanopayam, Maranam—longevity, means of livelihood and death.

Rahu.—Matamaha or maternal grandfather, Vishakaraka or lord governing poison.

Ketu.—Pitamaha or paternal grandfather and Kaivalyakaraka or one who gives final basis.

I have given here only the most salient points, and for greater details I refer my readers to my English translation of *Sarwarthachintamani*.

२४. मंदोज्यायान् ग्रहेषु ॥

SU. 24.—*Mandojyayan Graheshu*.

Among all the planets, Ravi, Chandra, Kuja, Budha, Guru, Sukra and Sani, Saturn is the least powerful.

NOTES

Varaha Mihira observes in ascribing the Veeryabala thus —Sa, Ku, Bu, Gu, Su, Cha, Ra meaning Sani is the least powerful in Veeryabala; next comes Kuja, then Budha, then Guru, then Sukra, then Chandra and Ravi represents the strongest in Veeryabala. Some writers and commentators give the following interpretation which may also be acceptable. *Mandojyayan Ityuttarataha*. Next to Sukra comes Sani in Sutra 23. Therefore from Sani must be found out the prosperity and misfortunes of the elder brothers.

२५. प्राचीवृत्तिर्विषममेषु ॥

SU. 25.—*Pracheevruttirvishamabheshu*.

In all odd signs the counting must be in the right direction.

NOTES

Mesha, Mithuna, Simha, Thula, Dhanus and Kumbha are odd signs. In all these signs the counting must be from left to right. I will explain in clearer terms. Say we want the 5th from Mesha. Then count as Mesha, Vrishabha, Mithuna, Kataka, Simha and so forth.

२६. परावृत्स्योत्तरेषु ॥

SU. 26.—*Paravrutyottareshu*.

In even signs the counting must be in the reverse order.

NOTES

Take Vrishabha and we want the 6th from it. There we get Vrishabha, Mesha, Meena, Kumbha, Makara and Dhanus. Take Thula. It is an odd sign, suppose we want the 4th. Then Thula, Vrischika, Dhanus and Makara. Take Vrischika and we want the 6th from it. Then we have Vrischika, Thula, Kanya, Simha, Kataka and Mithuna. In fact, in all odd signs the procedure is in the right direction. In even signs we count backwards like the movements of Rahu and Ketu in reverse order. Then follows a short but very difficult *Sutra*. Brevity may be the soul of composition, but it will be the thorny path to the commentators and readers, with ordinary intelligence and education.

२७. नक्वचित् ॥

SU. 27.—*Nakwachit*.

In some places or signs this does not apply.

NOTES

Here the brevity of the *Sutra* offers the greatest confusion. What are the places or signs where these rules do not apply. When a general principle is laid down why should there be any exceptions? If we had excellent commentators, who were almost equal to the original authors and some of whom were even superior to their originals, many of the Sanskrit Sciences would have been sealed letters and none of the modern scholars, though brilliant, have got that spiritual capacity and concentration of mind to enable them to go beyond the screens and find out the literary gems which were hidden in the deep mines of Sanskrit Literature. If the ancient authors have been held as great benefactors to the literary world, the commentators for those works should be considered even greater benefactors. What would have been the use of the Vedas, if they had not been handled by the renowned two commentators Bhatta Bhaskara and Vidyaranya. Sanskrit Sciences are put in technical styles and *Sutras* and unless the commentators are scholars of great genius and of equal capacity, the original works would have remained almost inaccessible and unintelligible to the modern generation. For in this *Sutra* there are two words *Na* negative and *Kvachit*, at times are occasions. We have no clue to when and how these two words have to be used or interpreted. Gathering information from the ancient commentators this *Sutra* signifies while the general rule is to count regularly in all odd signs and in the reverse order in the even signs, this rule does not apply to Vrishabha or Vrischika and to Kumbha and Simha. Here it means that in the even signs of Vrishabha and Vrischika, instead of counting in the reverse order we have to count in the right way and in Kumbha and Simha instead of counting in the right way, we have to count in the reverse order. In other signs where such exceptions obtain they will be pointed out in their proper places.

२८. नथान्ताः समाप्रायेण ॥

SU. 28.—*Nathaanthahasamaprayena.*

Many of the writers are of opinion, that the *Rasi Dasa (period of the sign) extends over such number of years which are counted from the Rasi to the place where its lord is located.

NOTES

Take Mesha; its lord Kuja. Say he is in Simha. Count from Mesha to Simha; we get 5. This will be the number of years of Rasi Dasa given by Mesha. In all other works, Dasas and Bhuktis (*periods* and *sub-periods*) are given only to planets but never to the zodiacal signs. Jaimini gives Rasi Dasas as a peculiar feature of his immortal works. I shall try to explain this *Sutra* in full as otherwise my readers will be surrounded by many doubts and difficulties and may understand the *Sutra* altogether in a very perverted sense. The number of years of the Rasi Dasa is determined by the number of Rasis which its lord has travelled from it at birth. Take a horoscope and follow the reasoning.

We want to find out the Dasa period of years given by Mesha. Its lord is Kuja. He is found in the 7th house from Mesha. Therefore Mesha Dasa extends for 7 years. We want the Dasa period given by Dhanus. Its lord is Guru and he is in the 3rd house from Dhanus, and therefore the length of Dasa of Dhanus will be 3 years. This point is now clear. In *Jaiminisutras* the lords of the houses are those which are recognised by the astrological works in general and I presume the possession of this elementary knowledge in my readers. The lords of the 12 zodiacal signs are the following regularly

---

* I have discussed *Rasi Dasa* at considerable length in my book *Studies in Jaimini Astrology*.

	Chandra Rahu	Lagna	Sani
Ravi Budha Guru	RASI		
Sukra		Kuja Ketu	

from Mesha, *viz.*, Kshitija—Kuja, Sita—Sukra, Gna—Budha, Chandra—Moon, Ravi—Sun, Soumya—Budha, Sita—Sukra, Avanija—Kuja. Suraguru—Jupiter, Manda—Sani, Souri—Sani, Guru—Jupiter—*vide* my translation of *Brihat Jataka*. These same planets are also lords of the Amsas or other minuter divisions like Drekkana, Navamsa and Dwadasamsa. Differences of opinion obtain in all branches of knowledge. These differences may arise from various causes. World presents such a complicated and comprehensive phenomena that two observers trying in different directions may find different results from the same research or one result from different substances. Take one illustration. Two doctors, men of high culture with tinges of original genius, far removed from each other and quite strangers, may go on experimenting to find out the best antidote for fever. Each may deal with different sets of articles and find a resultant, which will have the efficacy of completely curing fever and all such disorders. Similarly in Astrology. Temperaments differ so radically in some cases that those who watch them keenly get puzzled over them and fail to account for such strange phenomena.

If the lord of the Rasi is in his own house, the sign gives 12 years of life. If he is in the 12th house the Rasi gives a similar period. If he is in the second house he gives one year. Some say he gives two years. The word *prayena* signifies a great deal. If the lord of the Rasi is in exaltation, he will add one more year to the number he gives by his position. Take Vrischika and Kuja in Makara. Here he is in the 3rd house from Vrischika and therefore gives 3 years. But as he is in exaltation one more year is to be added and thus the Rasi gives four years. But if he is in debilitation he takes away one year. Thus if we take Mesha and find Kuja in Kataka, then he will have to give four years as Kataka is the fourth from Mesha but his debilitation has taken away one year and instead of four years he gives only three years. There are two signs according to Jaimini which have two lords instead of one granted by the rules of general astrology. Vrischika has two lords, *viz.*, Kuja and Ketu and Kumbha has Sani and Rahu. In this case if the two lords are in the sign, then the Rasi gives 12 years of Dasa. If one of them is not there, then the presence of the other gives no years. When both of them are not in the Rasi, then find out the Dasa years by the stronger of the two planets. Suppose of these two, one is in his own house, and the other in a different house, then count up and take the planet in his own house in preference to the other who is in a different house. Take Kumbha. It has two lords Rahu and Sani. Sani is in Makara and Rahu is in Mesha. Here we have to prefer Sani to Rahu as he is in his own house and therefore the longevity or Dasa given by Kumbha will be 12 years as Makara is the 12th from Kumbha.

If out of the two lords, in other houses one is with another planet or planets, and the second is not with a planet then take the planet who is in conjunction with another planet. Suppose both of them are with other planets. Then take the lord who is in conjunction with a larger number of planets. Suppose both of them are with the same number of planets. Then find out the strength of the Rasi and whichever is more powerful, take the planet in it. Here I shall explain what is meant by the strength of the Rasi. The fixed signs are stronger than movable signs. The double bodied signs are stronger than the fixed ones. If even here the strength of the two lords is the same, then take that lord who gives the larger number of years. In this way we have to find out who is the more powerful of the two lords and ascribe the Rasi Dasa accordingly. If one of them is in exaltation, he should be preferred. In this way find out the causes of strength to the planet and then prescribe the Rasi Dasa years to it.

२९. यावदीशाश्रयं पदमृक्षाणाम् ॥

SU. 29.—*Yavadeesasrayam padamrukshanam*.

Arudha Lagna is the point obtained by counting as many signs from the place of lord of Lagna as the lord of Lagna is removed from Lagna.

NOTES

Here Arudha or Pada Lagna is explained. The lord of the Lagna at birth must occupy some house. The sign which measures from him in the same number as he is from the Lagna will be called Pada Lagna. Take an example.

	Chandra Rahu	Lagna	Sani
Ravi Budha Guru			
	RASI		
Sukra		Kuja Ketu	

Here we have to find out the *Pada Lagna*. The lord of Lagna is Sukra. He is in the 8th house from Lagna. The 8th from Sukra becomes pada. Here the 8th from Sukra is Kataka. Therefore it becomes the Arudha or Pada Lagna. The uses for which these various Lagnas are enumerated here will be explained later on. Jaimini makes his meaning clear in the next two *sutras*.

३०. स्वस्थे दारा: ॥

SU. 30.—*Swasthe daraha*.

If Lagnadhipathi is in the 4th, then the 7th becomes Pada Lagna.

NOTES

Dara as we have seen is 28, divided by 12 giving a remainder 4. If Mesha is Lagna and Kuja occupies Kataka, he will be in the 4th from it. The 4th from Kataka, *viz.*, Thula will be the Pada Lagna.

Jaiminisutras

३१. सुतस्थे जन्म ॥

SU. 31.—*Sutasthe janma.*

If the lord of Lagna is in the 7th from Lagna, then Lagna itself becomes Arudha Lagna.

NOTES

He gives another example. If the lord of Lagna is in the 7th, the 7th from it will be Lagna itself and this becomes pada or Arudha Lagna. *Suta—su* represents 7 and *ta* indicates 6. This will be 67. Divided by 12 we get the remainder 7 and therefore the 7th house is indicated. The Maharishi gives these two examples so that his readers may make no mistakes or misinterpretation about the *Sutras*. I hope my readers now have fully understood what is meant by *Pada Lagna*. In this *sutra*, as the lord of Lagna is in the 7th, the 7th from it will be Lagna itself. In this case both Lagna and Pada Lagna are one and the same.

३२. सर्वत्रसवर्णा भावाराशयः ॥

SU. 32.—*Sarvatrasavarna bhavarasayaha.*

All Rasis and Bhavas are studied by *Varnada Lagna*. Hence it will be explained in this aphorism.

NOTES

Raghavabhatta, Pantha, Nilakanta and other older commentators have given the fullest notes and details on this *sutra* and I have to take the readers along those intricate paths. They have introduced *Varnada Lagna*, *Ghatika Lagna*, *Hora Lagna* and other details. The following is the full exposition for all these. Readers are advised to have a large fund of patience and devote some time to master these details. In all the following *sutras* of Jaimini, *Varnas* or *Katapayadi* letters are used to indicate Bhavas and Rasis. But for planets their various names are used and they should not be interpreted with the help of such letters. For those who are born in odd signs count from Mesha in the regular order, for those who are born in even signs count from Meena backwards till we get to Bhava Lagna and keep these figures on one side. Again count for those who are born in odd signs from Mesha to Hora Lagna in the regular order and for those born in even signs count from Meena to Janma Lagna in the reverse order, and deduct the smaller figures from the larger and counting again from Mesha forwards to the number of remainder, and fix that Rasi as the Varnada Rasi for odd signs and for person born in even signs counting back from Meena to the number of Rasis given by the figure, take that Lagna as the *Varnada Lagna*. This will certainly be not intelligible, unless a few examples are given here to illustrate the principles involved. Varieties of Lagnas will be explained here.

Bhava Lagna—used in Jaimini—means the ordinary Lagna as is mentioned in the ordinary books on Astrology. The sign that rises at birth on any particular day.

Chandra Lagna—or the Janma Rasi, is that sign in which Chandra is situated at the time of birth. This is determined by constellation ruling on that day.

Pada Lagna—means that sign in number again from the position of the lord of Lagna which he occupies from Lagna.

Hora Lagna—Take the time of birth from the sunrise and fix it in ghatis. Then divide this number by $2\frac{1}{2}$ which is called a Hora and the number thus obtained represents the Hora

Jaiminisutras

Lagna. Take an example. A man was born on the 3rd of the solar month Kumbha at $14\frac{1}{2}$ ghatis after sunrise.

Now $14\frac{1}{2}$ ghatis divided by $2\frac{1}{2}$ will give us 5 and 2 ghatis as a remainder. Therefore the Hora Lagna falls in the 6th from Kumbha—Kanya. Take a person born on the 2nd of the solar month. Vrischika at about 29 ghatis after sunrise. Dividing this by $2\frac{1}{2}$ ghatis we get 11 and a remainder $1\frac{1}{2}$ ghatis. That is, the Hora Lagna will be the 12th from the sign occupied by the Sun, *viz.*, Vrischika or it falls in Thula the 12th from it. If, suppose the man is born on that day at 48 ghatis after the sunrise then divide this by $2\frac{1}{2}$ ghatis. We get 19 and a remainder of $\frac{1}{2}$ ghati. Therefore the Hora Lagna falls in the 20th. As there are only 12 signs, deduct this figure from 20 and we get 8. Therefore the 8th from Vrischika will be the Hora Lagna and it falls in Mithuna. Here also the order, already named for odd and even signs, should be observed.

Ghatika Lagna—From the sunrise to the time of birth find out how many ghatikas have passed and find out the Rasi which falls at the time, and this will be easy to understand. Say a man is born at 25 ghatis after sunrise on the 2nd of Vrishabha Masa. Then take 25 ghatis and count from Vrishabha; whenever, the figure of ghatis is more than 12 deduct or divide the number of ghatis and find out the remainder. 25 divided by 12 will give us a balance of 1 after going twice. Thus in this case the ghatika Lagna falls in one and therefore in Vrishabha itself.

Varnada Lagna—We have already explained this and we will give clearer explanations later on. As Jaimini insists on Savya—right and Apsasavya—left for odd and even signs our readers must understand this point clearly and keep before their vision in all countings for the various Lagnas. An Indian ghati means 24 minutes of English time. An hour means 2½ ghatis. A minute means 2½ vighatis. The minuteness of the divisions of time, reached by the Indian astronomers, is simply astounding. The Europeans have no idea of them. I shall give them here for ready reference. The European conception of the minute divisions of time is as follows. A day is divided into 24 hours. An hour is divided into 60 minutes. A minute is divided into 60 seconds. Here ends their conception of time. $24 \times 60 \times 60$ or one day contains 86,400 seconds. This is the highest idea of the European conception of the divisions of time for a day.

Take the conception of the division of Time by the Indian Astronomers. In the *uttara gograhana* or the release of the cattle, Arjuna went to effect their release and Duryodhana, Emperor of Hasthinapura, takes objection to the appearance of Arjuna before the stipulated time for their *Agnathavasa* or incognito existence for 12 years. Bhishma, the greatest warrior, saint and philosopher in the whole of Mahabharata, explains the astronomical details and calculations of time and convinces Duryodhana, that the time of 12 years imposed on the Pandavas passed away the previous day and Arjuna was justified in his appearance for the release of the cattle. According to Aryan Astronomers a day is divided into 60 ghatis. Each *ghati* is divided into 60 *vighatis*. Each vighati is divided into 60 *Liptas*. Each lipta is divided into 60 *Viliptas*. Each vilipta is divided into 60 *paras* and each para is divided into 60 *Tatparas*. The figures when multiplied stand thus: one day 60 Gh. $\times$ 60 V.G. $\times$ 60 L $\times$ 60 V.L. $\times$ 60 P. $\times$ 60 TP. or $60 \times 60 \times 60 \times 60 \times 60 \times 60$. My good readers, this humble figure when multiplied will give you 46656000000.

Imagine here the conception of the minuteness of time by the Maharshis and their intellect. A day in the calculation of Hindu astronomers contains the above number of *Tatparas*. This can possibly be conceived by the highest human intellect under the highest *yogic* and experienced *Divya Drishti* or Divine vision and can never be the work of ordinary mortals however high their genius may be. I leave my readers to judge of these facts with their own intelligence and not be guided by the stupid theory of Hindus borrowing their Astrology from the barbarous Greeks and Chaldeans. Has any man in the world conceived divisions of time more minute? If so, who is he and where can we find him.

३३. नग्रहाः ॥

SU. 33. *Nagrahaha*.

Varnada is not to be applied for the planets but only for Rasis.

In all the sutras of Jaimini, the *Ka, Ta, Pa, Yadi* sutra of interpreting the language should not be applied to the planets. The author means that the *grahas* or the planets are designated by their various names and never by the letter system.

३४. यावद्विवेकमावृत्तिर्भानाम् ॥

SU. 34.—*Yavadwivekamavrittirbhanam*.

Divide Rasi Dasas by 12 and distribute the same to the 12 Rasis in proportion to the Rasi Dasa periods to get sub-periods. The counting should be from right to left if Lagna is odd sign and *vice versa* if even.

NOTES

Interpreting of Viveka—Va.-4 Va.-4 Ka-1—or 441 or reading in the reverse order we get 144. All the Rasis put together at 12 each will come up to 144. Take the Rasi Dasa year and divide that into 12 bhagas, multiply the Mesha Dasa Rasi by 12. Then divide the total by 12 and the quotient will represent the Antardasa years. Even here the readers are adivsed to count and follow the odd and even signs in the right and left directions as has been already explained. Sutras are meant really for those who have bright brains.

३५. होरादयः सिद्धाः ॥

SU. 35.—*Horadayaha siddhaha*.

From the general literature of Astrology learn all the details about *Hora, Drekkana, Saptamsa, Navamsa, Dwadasamsa, Trimsamsa, Shashtiamsa*, etc.

NOTES

Where the Maharishi does not differ from the ordinary rules of Astrology, he says *siddaha*, meaning they are ready at hand from able astrologers. Wherever he cuts a new path he indicates the lines of research on which he proceeds. These commentaries are written by Neelakanta and go under the name of *Subodha*. The term *Subodha* means that the commentaries are written in such an easy and convincing style that even ordinary readers and students can easily grasp the ideas explained by the learned commentator. I have also consulted other learned commentators.

End of First Pada of the First Adhyaya

इति प्रथमाध्याये प्रथमपादः ॥

॥ सूत्रप्रारंभः ॥

ADHYAYA 1—PADA 2

१. अधस्वांशोग्रहाणाम् ॥

SU. 1.—*Adhaswamsograhanam.*

Having determined the Atmakaraka from among the several planets, ascertain the results of his Navamsa position.

NOTES

Among all the planets commencing from Ravi, find out who gets the greatest number of degrees and minutes and determine, as principles already explained, who becomes the Atmakaraka. In Sutra 11 of the first pada it has been clearly enunciated that whichever planet gets the highest numbar of degrees and minutes, he becomes the Atmakaraka. Such a planet, whoever he may be among the nine planets, must occupy some Navamsa. In all the future sutras, the effects of such Navamsa occupied by the Atmakaraka, the planets who are there and the planets who aspect such Navamsa will be clearly detailed. Find out by mathematical calculations the position of all the planets in degrees and minutes and then the results can easily be foretold in the light of the following sutras. Find out the Atmakaraka and place him in the proper Navamsa. Prepare also the Navamsa Chakra correctly.

२. पंचमूषिकमार्जारा: ॥

SU. 2.—*Panchamooshikamarjaraha.*

If the Atmakaraka occupies Mesha Navamsa, then the person will be subjected to the fears and bites of rats, cats, and other similar animals.

NOTES

Pancha means one or Mesha. *Pa* stands for 1 in *Pavarga*. *Cha* stands for 6 in the *Tavarga*. Thus we get 16, reading in the reverse order we get 61. Divide this by 12 we get the remainder 1 and this stands for the first sign in the Zodiac or Mesha Navamsa.

३. तत्र चतुष्पाद: ॥

SU. 3.—*Tathra chatushpadaha.*

If Atmakaraka is in Taurus Navamsa, there will be fear from quadrupeds.

NOTES

Ta means 6 and *Ra* means 2 or 62 reversed we get 26, divided by 12 we get 2 remainder which means the 2nd house from Mesha or Vrishabha Navamsa. If Atmakaraka occupies Vrishabha Navamsa the person will have gains and happiness from quadrupeds like cattle, horses, elephants, etc. Some commentators say he will have troubles and worries through them. I think, when Atmakaraka is weak or has evil aspects or associations troubles should be predicted. Others write prosperity from them.

४. मृत्यौ कंडू: स्थौल्यं च ॥

SU. 4.—*Mrithyow kandooh sthoulyam cha.*

If Atmakaraka occupies Mithuna the person will suffer from corpulence, itches and cutaneous eruptions.

NOTES

Ma represents 5 and *Ya* represents 1 or 51 reading inversely we get 15. Divided by 12 we have the balance of 3 and this represents the 3rd Navamsa from Mesha or Mithuna.

५. दूरे जलकुष्ठादिः ॥

SU. 5.—*Dure jalakushtadih.*

If the Atmakaraka occupies Kataka Navamsa, dangers and troubles come from watery places and leprosy.

NOTES

Da stands for 8 and *Ra* represents for 2 or 82. Reversing it, we have 28. Divided by 12 we get the balance of 4 and this refers to Kataka as the fourth from Mesha. Dirty form of leprosy or watery disease rises from blood corruption and the use of filthy water.

६. शेषाः श्वापदानि ॥

SU. 6.—*Seshaha swapadani.*

If the Atmakaraka joins Simha Navamsa, troubles will come through dogs and such canine animals.

NOTES

Ssa represents 5 and *Sha* indicates 6 or 56, reading backwards we have 65. Divided by 12 we get 5 remainders and Simha counts as the 5th from Mesha. Here in all these *Sutras* the class of animals or diseases is indicated and the reader has to use his intelligence.

७. मृत्युवज्जायाग्निकणश्च ॥

SU. 7.—*Mrithyuvajjayagnikanascha*.

If Atmakaraka is in Kanya Navamsa, the native will suffer from fire, itches, and corpulence.

NOTES

Ja represents 8 and *ya* denotes 1. We get 81, in the everse order we get 18, divided by 12 have the balance 6 and Kanya Navamsa represents the 6th from Mesha. If the Atmakaraka joins Kanya Navamsa the person will suffer from the troubles indicated by the 3rd Rasi or Mithuna and also from fires. But in Mithuna the author only said that suffering will come from corpulence and itches.

From this *Sutra* it means that in the Mithunamsa there will also be trouble from fires.

८. लाभे वाणिज्यम् ॥

SU. 8.—*Labhe vanijyam*.

If the Atmakaraka joins Thula Navamsa, the person will make much money by merchandise.

NOTES

La denotes 3 and *Bha* stands for 4, this stands as 34. In the reverse order it is 43, divided by 12 we get 7 as the remainder. Thula stands as the 7th Navamsa from Mesha. The various kinds of articles in merchandise have to be found out by the nature of the Rasi, its lord, the planets who are in conjunction and the aspects they have.

९. अब जलसरीसृपाः स्तन्यहानिश्च ॥

SU. 9.—*Atra jalasareesrupaha sthanyachanischa.*

If the Atmakaraka joins Vrischikamsa, the person will have fears and dangers from watery animals, snakes and he will also have no milk from his mother.

Atra:Aa O-Ra 2-02, reversed it means 20 divided by 12 we get a balance of 8 which signifies Vrischika counting from Mesha Navamsa. When he is a child he will have to be nursed and suckled by others for want of milk in his mother's breast. There are some women who have plenty of milk in their breasts and who nurse their children with their own milk and sometimes the milk will be sufficient for even two or three children. Their breasts may not be large or heavy but their lacteal glands do make brisk work and secrete milk. There are, on the other hand, a large number of women who have large lumps of breasts without any milk, but full of flesh and making the breasts attractive and heavy. The author apparently considers that the absence of milk in the mother will be a misfortune for the child The artificial feeding of children from nipples attached to feeding bottles has removed this misfortune, to some extent. Remember it is not the mother who feeds the infant. A rubber bottle is not a mother's holy breast. Nor does it contain the natural milk of the mother with the maternal love and affection pervading throughout its contents.

१०. समे वाहनादुच्चाच्च क्रमात्पतनम् ॥

SU. 10. — *Same vahanaducchaccha kramat-patanam.*

If the Atmakaraka joins the Navamsa of Dhanus, the person will have suffering and dangers from falls, from conveyances, horses, etc., and also from elevated places like trees, houses, hills and mountains.

NOTES

Sa denotes 7, *Ma* shows 5, 75 reading reversely we have 57, divided by 12 will give us a balance of 9 and Dhanus is the 9th Navamsa from Mesha. Aeroplanes may be safely included in these falls. Dangers are indicated by these falls.

११. जलचर खेचर खेट कण्डू दुष्ठग्रंथययश्च रिफफे ॥

SU 11.—*Jalachara khechara kheta kandu dushta-granthayascha riphay.*

If the Atmakaraka joins Makara the person will have troubles and sorrows from aquatic animals, from fierce birds, skin diseases, large wounds and glandular expansions.

NOTES

Ri 2 and *Pha* 2 = 22, divide this by 12 we have a remainder of 10, meaning Makaramsa as it is the 10th from Meshamsa.

There will be troubles from Khetas. Grahas have two important significations, *viz.*, planets and evil spirits : some read the *sutra* as *Buchara* instead of *Khechara*, and include such wild animals as lions, tigers, boars and other fierce animals found wandering on the earth. Planets and evil spirits occupy the higher regions. Kha means the sky or the higher sphere.

१२. तटकादयो धर्में ॥

SU. 12.—*Tatakadayo dharmay.*

If the Atmakaraka occupies Kumbha Navamsa the person will do charities in the shape of constructing wells, tracks, topes or gardens, temples and dharmasalas or chatrams.

NOTES

Dha stands for 9 and *Ma* denotes 5, thus we get 95 reversing we get 59. Divided by 12 we get remainder 11, denoting Kumbha, the Navamsa 11th from Mesha.

१३. उच्चे धर्मनित्यता कैवल्यं च ॥

SU. 13.—*Uchhe dharmanityata kaivalyam cha.*

If the Atmakaraka occupies Meenamsa, the person will be fond of virtuous deeds and charities, and will take residence in Swargadi Lokas or will attain to the final bliss or what is called by the Sanskrit writers Moksha or final emancipation or freedom from rebirths.

NOTES

U stands for 0, *Cha* denotes 6, we get 06, reading in the reverse order we get 60. Divide this by 12 the balance will be 12 and therefore Meena Navamsa is indicated by the term *uchcha*.

Among the Yogis and real Vedantists their sole aim or final goal is to get rid of these *punarjanmas* or constant birth and get final assimilation with *Para Brahma*. The old commentators have offered some valuable suggestions. I shall quote them here for ready reference.

If the Atmakaraka is in a beneficial Navamsa or if beneficial planets are in Kendras from the Navamsa he occupies' the person will become very wealthy or a ruler. If the next planet to Atmakaraka occupies a beneficial sign or Navamsa, or found in his own house or beneficial sign or in exaltation or in good Navamsas, he will have residence, after death, in Swargalokas according to merit. If both of them are auspiciously situated, the person will get good Bliss and after a prosperous and happy career will go to Heaven. If they have mixed positions, conjunctions and aspects, he will have some good and some bad. If both of them are badly situated combined and aspected, he will suffer miseries, poverty and will take residence, after death, in various Hells enumerated in the Hindu Sastras like Kumbhipatha, Andha, Tamisra, etc. There are fourteen Lokas mentioned and principally three namely Swarga tenanted by the Devatas who are headed by Indra, Bhuloka inhabited by mortals called Martya, and Patala inhabited by special creatures called Nagas. A person in Gandharva or Siddhaloka is not so happy as one in Indra Loka. One who resides in Brahmaloka enjoys superior Bliss to that which he can have in Devaloka. When evil planets predominate the temperament will be mixed and his deeds will be bad and sinful. When benefics predominate they produce favourable results both here and also enhance his pleasure in Heaven after his death. As for the comparison of pleasures, see *Anandavalli Upanishad* and also numbers 11 and 12 of Vol. 19 of THE ASTROLOGICAL MAGAZINE.

१४. तत्र रवौ राजकार्यंपरः ॥

SU. 14.—*Tatra ravou rajakaryaparaha.*

If the Sun occupies the Karakamsa, the person will be fond of public service and will work in political activities.

NOTES

Here it means, that Ravi must be in conjuction with the Atmakaraka in the Navamsa. His success here may be determined both by the nature of the Navamsa and also by his relation to the Atmakaraka who may change to be his friend, bosom friend, neutral or enemy or bitter enemy. All these different stages are suggested by the Maharishi in compliance with the general principles of Astrology, which he enumerates.

१५. पूर्णेन्दुशुक्रयोर्भोगी विद्याजीवी च ॥

SU. 15.—*Poornendusukrayorbhogee vidyajeevee cha.*

If Full Moon and Venus join Atmakaraka in the Navamsa, the person will command great wealth and all comforts attandant on wealth and he will also earn money and live by the profession of education.

NOTES

In all these the strength, position and association of Atmakaraka will have great influence in determining the rank and position in the line. A school authority will be great or small as he gets fat or low salary.

१६. धातुवादी कौन्तायुधो वह्निजीवी च भौमे ॥

SU. 16.—*Dhatuvadee kountayudho vahnijeevee cha bhoume.*

When Kuja joins Atmakaraka in the Navamsa, the person becomes great in the preparation of various medical mixtures, will bear arms like kuntayudha and other weapons, and live by profession involving preparations in or near fire.

NOTES

The gunners, cooks, engine drivers and those engaged in various preparations in or near fire are indicated. Alchemy comes in this line of work.

१७. वणिजतंतुवायाः शिल्पिनो व्यवहारविदश्च सौम्ये ॥

SU. 17.—*Vanijatantuvayaha silpino vyavaharavidascha soumye.*

If Budha conjoins the Atmakaraka in the Navamsa, the persons become merchants, weavers and manufacturers of clothes, artists and persons clever in preparing curios, and those well versed in the affairs of social and political matters.

१८. कर्मज्ञाननिष्ठा वेदविदश्च जीवे ॥

SU. 18.—*Karmagnananishta vedavidascha jeevay.*

When Guru joins the Navamsa with Atmakaraka, the person will be well versed in Vedic or religious rituals, will have riligious wisdom, well known in the rules of sacrificial functions and will have good knowledge in Vedanta and will be a religious man.

१९. राजकीयाः कामिनः शतेन्द्रियाश्च शुक्रे॥

SU. 19.—*Rajakeeyaha kaminaha satendriyascha sukre.*

If Sukra joins the Atmakaraka in the Navamsa, the person will become a great official or political personage, will be fond of many women and will retain vitality and sexual passions till he is hundred years old.

NOTES

He will be fond of women and sexual pleasures and in spite of these sexual excesses he will retain passions for a very long period.

Sexual passions are as various and as curious as any other phenomena. Some get prematurely old and lose their sexual vitality. Other retain sexual vigour for more than a hundred years.

२०. प्रसिद्धकर्मा जीवः शनौ ॥

SU. 20.—*Prasiddhakarma jeevaha sanow.*

If Sani joins Atmakaraka in the Navamsa, he will produce a famous person in his own line of business.

NOTES

The author apparently means that when Sani joins the Atmakaraka in the Navamsa, a person will be able to achieve greatness and reputation in whatever walk of life he may be engaged. There are great writers, painters, sculptors, speakers, merchants, warriors, statesmen, travellers, inventors, discoverers, scientists, musicians and so forth, the profession or line of work being determined by other combinations in the horoscope. Sani with the Atmakaraka in the Navamsa lifts the person to a high position in that line and gives him great reputation and name.

२१. धानुष्काश्चौरश्च जाङ्गलिकलोहयन्त्रिणश्च राहौ ॥

SU. 21.—*Dhanushkaschouvrascha jangalikalohayantrinascha rahow.*

If Rahu joins the Atmakaraka in Navamsa the person will live by the skillful use of warlike instruments, he will earn bread as thief and dacoit; he becomes a doctor dealing in poisons, manufacturer of gold, silver, copper and other metallic machinery.

२२. गजव्यवहारिणश्चौरश्च केतौ ॥

SU. 22.—*Gajavyavaharinaschourascha kethau.*

When Kethu joins the Atmakaraka in the Navamsa the persons born under such combination trade in elephants or become thieves and robbers.

NOTES

Between thieves and dealers in elephants the line of demarcation seems to be delicate.

२३. रविराहुभ्यां सर्पनिधनम् ।

SU. 23.—*Ravirahubhyam sarpanidhanam.*

If Ravi and Rahu join Atmakaraka in the Navamsa the person dies by snake-bites.

NOTES

Snakes are of various kinds and the nature of the causes will be determined by other planetary positions.

२४. शुभदृष्टे तन्निवृत्तिः ।

SU. 24.—*Subhadrishte thannivrittihi*.

If benefics aspect the Yoga mentioned above, there will be no deaths from snake-bites.

NOTES

He may have snake-bites, but relief proper will be at hand and the person will get over the danger.

२५. शुभमात्रसंबन्धाज्जाङ्गुलिकः ॥

SU. 25.—*Subhamatrasambandhajjanagulikaha*.

If Ravi and Rahu join Atmakaraka in the Navamsa and have only beneficial aspects, the person will have no snake-bites, but will become a doctor who deals solely in poisonous matters.

२६. कुजामात्रदृष्टे गृहदाहकोऽग्निदो वा ॥

SU. 26—*Kujamatradrishte grihadahako agnido va*.

If Ravi and Rahu join Atmakaraka in the Navamsa, and have the evil aspect of Kuja, the person will burn houses or lend fire and other help to the incendiaries.

NOTES

There is some difference in the guilt of the person who burns a house and one who helps him in his diabolical deeds.

२७. शुक्रदृष्टे न दाहः ॥

SU. 27.—*Sukradrishte na dahaha.*

If Ravi and Rahu join Atmakaraka in the Navamsa and have the aspect of Sukra, the person will not burn the houses himself, but will lend fire to the rogues who do it.

NOTES

The abettor is equally culpable in the eye of law and the delicate difference of burning the house and lending fire to burn the house, seems to be a nice point for consideration of the Dharmasastras and legal luminaries.

२८. गुरुदृष्टे स्वासमीपगृहात् ॥

SU. 28.—*Gurudrishte twasameepagrihat.*

If Ravi and Rahu join Atmakaraka in the Navamsa, but have the aspect of Guru alone, the person will burn houses at a distance from his own house.

NOTES

Apparently Sukra's aspect will intensify the evil tendencies and aggravate the offences, by burning houses close to one's own house.

२९. सगुलिके विषदो विषहतो वा ॥

SU. 29.—*Sagulike vishado vishahato va.*

If the Karaka Navamsa falls in Gulikakala or the time governed by Gulika, the person will administer poison to others and kill them or be killed by such administrations of poison by others.

NOTES

Here we have to learn what is meant by Gulikakala and the time governed by him. Ravi, Chandra, Kuja, Budha, Guru, Sukra and Sani are called Grahas. They have Upagrahas or their sons. Sukra and Chandra have not been given any Upagrahas. The latter are Sani-*Gulika*, Guru-*Yamaghantaka*, Kuja-*Mritya*, Ravi-*Kala* and Budha-*Ardhaprahara*. Divide the duration of the day by 8 and proceed to count from the lord of the day. Take Sunday and suppose the *duration of the day is 30 ghatis. Then each part gets $\frac{30}{8}$ or $3\frac{3}{4}$ ghatis.

The first $3\frac{3}{4}$ ghatis are governed by Ravi the lord of that day.

The second $3\frac{3}{4}$ ghatis are under the rule of Chandra.

The third $3\frac{3}{4}$ ghatis are governed by Kuja.

The fourth $3\frac{3}{4}$ ghatis are under the lordship of Budha.

The fifth $3\frac{3}{4}$ ghatis are ruled by Guru.

The sixth $3\frac{3}{4}$ ghatis are under Sukra.

The seventh $3\frac{3}{4}$ ghatis are ruled by Sani.

The 8th $3\frac{3}{4}$ ghatis have no lord and Gulika who is next to Sani becomes the lord. These $3\frac{3}{4}$ ghatis are called Gulikakala and if the Atmakaraka Navamsa falls in this time, the results above named must be predicted. $3\frac{3}{4}$ ghatis is called a *Yama* in Sanskrit.

---

* If the duration of day is more or less than 30 ghatis then each part is indicated by the actual duration of day divided by 8.

Take Chandrawara or Monday.

First Chandra	$3\frac{3}{4}$ ghatis.		Fourth Guru	$3\frac{3}{4}$ ghatis
Second Kuja	$3\frac{3}{4}$,,		Fifth Sukra	,,
Third Budha	$3\frac{3}{4}$,,		Sixth Sani	$3\frac{3}{4}$,,

All these six give $22\frac{1}{2}$ ghatis

Seventh Gulika $3\frac{3}{4}$ ghatis
Eighth Ravi $3\frac{1}{2}$,,

After this comes in Gulikakala extending from $22\frac{1}{2}$ ghatis on Monday and lasting upto $26\frac{1}{4}$ ghatis. On Tuesday or Kujawara we commence from Kuja thus :—

1.	Kuja	$3\frac{3}{4}$ ghatis	5.	Sani	$3\frac{3}{4}$ ghatis
2.	Budha	$3\frac{3}{4}$,,	6.	Gulika	$3\frac{3}{4}$,,
3.	Guru	$3\frac{3}{4}$,,	7.	Ravi	$3\frac{3}{4}$,,
4.	Sukra	$3\frac{3}{4}$,,	8.	Chandra	$3\frac{3}{4}$,,

The first 5 yamas give us $18\frac{3}{4}$ ghatis. From that time till $22\frac{1}{2}$ ghatis after sunrise, there will be Gulikakala and if the Atmakaraka Navamsa falls in this, the evil results indicated above will happen. The Gulikakala has been so stated by the commentators. I have another authority for the Gulikakala. *Mandapan watapariansam chaturgunyam dwihinakam. Tatkala gulikognayaha sarva karya vinasakritu.* Count from Saturday to the weekday required. Take the number so obtained and multiply it by four. Then take or deduct 2 from the number so obtained. Then Gulikakala commences at the time and continues upto $3\frac{3}{4}$ ghatis more. The results differ in these two systems. Take Monday and find out the Gulikakala as per the above rule. Monday counts as the 3rd from Saturday. Multiply this 3 by 4 and we get 12. Deduct two out of that and we get 10 ghatis. Gulikakala falls on Monday from $22\frac{1}{2}$ ghatis to $26\frac{1}{4}$ ghatis after sunrise. The process to find out the Gulikakala in the night is thus stated by the old commentators. Take the fifth planet from the lord of the weekday and count from him and then the 8th in the order given above will be Gulikakala. Take for example Sunday, the 5th from him is Guru. Now take Guru. Dropping Guru we have Sukra and Sani covering the first and second period, and the 3rd period falls under Gulika on Monday, the second period on Tuesday, the 8th period on Wednesday, the 7th on Thursday, the 6th on Friday and the 5th on Saturday. When there are differences of opinion on such matters among the old writers we have to look to the opinion of the best among them, and to verify and support the theory we must also bring our large experience to help us in such interpretations. Take Hora, Varahamihira and his school. Say, that in odd signs the first Hora is governed by Ravi and the second by Chandra. In the even signs the first is governed by Chandra and the second by Ravi. But there is a different school. Some say that first Hora is governed by the lord of the house and the second by the lord of the 11th. In Drekkana more than two systems are recommended. Varahamihira says the lords of the three Drekkanas are the lords of 1st, 5th and 9th. There are some others who say that the lords of the 3 Drekkanas are the lords of 1st, 12th and 11th houses. There are some others who say that in chara or movable signs, the lords of the Drekkanas are the owners of the 1st, 5th and 9th. But in fixed and double bodied signs their order is quite changed. In all such cases of difference of opinion among the Maharishis I cannot pretend to say which is correct and which is not. Both may be correct as the authors, by their Divya Drishti, may have approached from different directions and may have found their observations proving quite true. I leave the readers to judge of these differences in the light of their intelligence, knowledge and personal experiences. When two Maharishis differ I must frankly tell my readers that I have no means at my command to ascertain which is better and more correct. Both of them are Mahatmas and both looked into these details by their Divya Drishti or expanded mental vision. I possess no such Divya Drishti and therefore am not in a position to go beyond the phenomena and ascertain the true causes. I have to trust the learned commentators.

३०. चन्द्रदृष्टौ चौरापहृतधनश्चौरो वा ॥

SU. 30.—*Chandradrishtau chorapahritadhanaschouro va.*

If Chandra aspects the Atmakaraka Navamsa falling in Gulikakala, the person will be a receiver of stolen property or will become himself a thief.

NOTES

I think there is not much difference between the moral and spiritual offences between these two worthies.

३१. बुधमात्रदृष्टे बृहद्बीजः ॥

SU. 31.—*Budhamatradrishte brihadbeejaha.*

If the Atmakaraka Navamsa falls in Gulikakala and possesses only the aspect of Budha, the person will have enlarged testicles.

NOTES

Here Budha alone must aspect the Navamsa without the

aspect of any other planets. Hydrocele is a nasty form of disease and disgusting before the public.

३२. तत्र केतौ पापदृष्टो कर्णच्छेदः कर्णरोगो वा ॥

SU. 32.—*Tathra kethow papadrishte karnachchedaha karnarogo va.*

If Ketu joins the Atmakaraka Navamsa the person will have his ears cut off or will have serious ear complaints.

३३. शुक्रदृष्टे दीक्षितः ॥

SU. 33.—*Sukradrishte deekshitaha.*

If Atmakaraka and Ketu in the Navamsa, have the aspect of Sukra, the person will become a Deekshita or performer of Yagnyas or religious sacrifices.

NOTES

Formerly such persons were held in high esteem. They had to lead scrupulously clean, simple and holy lives.

३४. बुधशनिदृष्टे निर्वीर्यः ॥

SU. 34.—*Budhasanidrishte nirveeryaha.*

If the Atmakaraka with Kethu in the Navamsa has the aspects of Budha and Sani, the birth of an impotent or eunuch should be predicted.

NOTES

Veerya is virility in a person and one who has no veerya is impotent.

३५. बुधशुक्रदृष्टे पौनः पुनिको दासीपुत्री वा ॥

SU. 35.—*Budhasukradrishte pounah puniko dasiputree va.*

If the Karakamsa Rasi with Ketu has the aspect of Sukra and Budha, the person will talk repeating and repeating the same ideas or will be the son of a prostitute or dancing woman.

NOTES

Dasees are a special class of dancing women who were devoted to the service of Gods in the temples and had no strictness in sexual matters.

३६. शनिदृष्टे तपस्वी प्रेष्यो वा ॥

SU. 36 —*Sanidrishte tapaswee preshyo va.*

If the Karakamsa with Kethu has the aspect of Sani, he will become a Tapaswi or recluse or be a dependent and servant under somebody.

NOTES

There is a great gulf of difference between the position of a man devoting all his energies on the contemplation of God and one who is dependent on others. Why both the results are ascribed to the same combination is not clear.

३७. शनिमात्रदृष्टे सन्यासाभासः ॥

SU. 37.—*Sanimatradrishte sanyasabhasaha.*

If in the above combination there is only the aspect of Sani and there is no other planetary aspect, he will put on the appearance of a sanyasi but will not be a true or real sanyasi. He will be an imposter.

३८. तत्र रविशुक्रदृष्टे राजप्रेष्यः ॥

SU. 38.—*Tatra ravisukradrishte rajapreshyah.*

If Ravi and Sukra aspect the Karakamsa the person will be employed by royal or political personages to do their work. He will be their confident.

३९. रि:फे बुधे बुधदृष्टे वा मन्दवत् ॥

SU. 39.—*Ripphe budhe budhedrishte va mandavat.*

If the tenth from the Karaka Navamsa possesses the aspect of Budha, he will get similar results as have been given by Sani.

NOTES

This means that the person will follow some notable profession. Ripha means, *Ra* 2, *pha* means 2 = 22 divided by 12, will give us 10, 10th house is indicated by *Ripha*.

४०. शुभदृष्टे स्थेयः ॥

SU. 40.—*Shubhadrishte stheyaha.*

If in the 10th from Karakamsa, there is beneficial aspect, the person will be one of great determination and never capricious.

NOTES

The other benefics are Guru and Sukra. It cannot mean anything else.

४१. रवौ गुरुमात्रदृष्टे गोपाल: ॥

SU. 41.—*Ravow gurumatradrishte gopalaha.*

If the 10th from the Karakamsa, there is Ravi possessing only the aspect of Guru and no other aspects, the person will have success through the sales of cow, bulls and other cattle.

४२. दारे चन्द्रशुक्रयोगाद्प्रासादः ॥

SU. 42.—*Dare chandrasukradigyogatprasadaha.*

If the lord of the 4th from the Karakamsa is joined or aspected by Chandra and Sukra, the person will be blessed with storeyed houses.

NOTES

Da means 8, *Ra* means 2 = 82, reversed it means 28, divided by 12 we get 4 balance. This shows signs of wealth. Prasada means houses with compounds,

४३. उच्चग्रहेऽपि ॥

SU. 43.—*Ucchagrahe api.*

If the fourth from the Karakamsa is occupied by an exalted planet, the person will have many fine and splendid houses.

४४. राहुशनिभ्यां शिलागृहम् ॥

SU. 44.—*Rahusanibhyam silagriham.*

If the fourth from the Karakamsa is occupied by Rahu and Sani, the houses will be constructed with rough stones not well plastered.

४५. कुजकेतुभ्यामैष्टिकम् ॥

SU. 45.—*Kujakethubhyamaishtikam.*

If the 4th from Karakamsa is occupied by Kuja and Kethu, the houses will be constructed of brickes, lumps of earth.

४६. गुरुणा दारवम् ॥

SU. 46.—*Guruna daravam*.

If the 4th from Karakamsa is occupied by Guru wooden houses will be constructed by the native.

४७. तार्णं रविणा ॥

SU. 47.—*Tharnam ravina*.

If the 4th is occupied by the Sun, the houses will be constructed from thatch and grasses.

NOTES

The above three sutras give an idea of the nature of the house property possessed by different persons depending upon the dispositions of planets with reference to Karakamsa.

४८. समे शुभयोगाद्धर्मनित्यः सत्यवादी गुरुभक्तश्च ॥

SU. 48.—*Same shubhayogaddharmanityaha satyavaadee gurubhaktascha*.

If the 9th from Karakamsa is occupied or aspected by benefics, the person will have truth as his ideal and motto. He will be righteous in conduct, lover of truth and will be faithful and dutiful to elders, preceptors and Gurus.

NOTES

Sa stands for 7 and *Ma* denotes 5 = 75, reversed it is 57, divided by 12, we get a remainder of 9. Sama means 9th from

Karakamsa. Ninth is the house of piety and represents devotion and faith in Gods and Godesses.

४९. अन्यथा पापैः ॥

SU. 49.—*Anyatha papaihi.*

If the 9th from Karakamsa has evil conjunction or aspects, he will be quite the reverse in character. He will be a liar, uncharitable and sinful, and will have no faith and respect for Gurus and elders.

५०. शनिराहुभ्यां गुरुद्रोहः ॥

SU. 50.—*Sanirahubhyam gurudrohaha.*

If Sani and Rahu occupy or aspect the 9th from Karakamsa, the person will become ungrateful to Gurus and will prove a traitor to them.

NOTES

Cheating is a sin. But there are many grades and its heinousness depends upon the nature of the parties concerned.

५१. रविगुरुभ्यां गुरोवविश्वासः ॥

SU. 51.—*Ravigurubhyam gurovavisvasaha.*

If Guru and Ravi occupy or aspect the 9th from Karakamsa, he will not love his parents, elders and preceptors.

५२. तत्र भृग्वङ्गारकवर्गे पारदारिकः ॥

SU. 52.—*Tatra bhrigwangaraka varge paradarikaha.*

If the 9th from Karakamsa falls in one of the shadvargas of Sukra and Kuja, he will be fond of others' wives.

NOTES

There are two classes of villians. One set taking sexual gratifications with women of immoral tendencies and another set always tempting the wives of other persons, and ruining their families. Adultery is sinful, but even here there are various grades of sins. *Shadvargas are (1) Lagna, (2) Hora, (3) Drekkana, (4) Navamsa, (5) Dwadasamsa, and (6) Thrimsamsa. Adultery with motherly relations, friends, wives, spouses of Gurus and other prohibited relations is more sinful than adultery with other women. Corrupting family and innocent women is a horrible form of sin.

५३. दृग्योगाभ्यामधिकाभ्यामामरणम् ॥

SU. 53.—*Drigyogabhyamadhikabhyamamaranam.*

If Kuja and Sukra join or aspect the 9th from Karakamsa, the person will have the evil habit of seducing and keeping illegal gratifications till the end of his life.

NOTES

The conjuctions and aspects are more powerful than *the Shadvargas. In the latter he will keep up the vicious habit for some time, but in the former, this vice will continue till the end of life. With some persons, males and females,

---

* This has been clearly described in my work *A Manual of Hindu Astrology*.

these morbid sensations of lust and sexuality will continue for some time and then they turn a new chapter in their lives, but there are others, who do not give up the vicious habits till their death. Some are rascals only for a time but there are others who are rascals and cheats throughout their lives. Even on death-beds their thoughts run on unholy deeds.

५४. केतुना प्रतिबन्धः ॥

SU. 54.—*Kethuna pratibandhaha*.

If the 9th from Karakamsa has the conjunction or aspect of Ketu, he will be fond of women for some time and then give up the bad tendency.

५५. गुरुणा स्त्रैणः ॥

SU. 55.—*Guruna strainaha*.

If the 9th from Karakamsa has the conjunction or aspect of Guru, he will be excessively fond of other women.

५६. राहुणार्थनिवृत्तिः ॥

SU. 56.—*Rahunarthanivrittihi*.

If the 9th from Karakamsa is joined or aspected by Rahu, the person will lose all his wealth by female excesses.

NOTES

Even in these vices there are some prudent men financially. Some get money by adultery, some enjoy for nothing, there are others who lose all their wealth and health by such vices.

५७. लामे चन्द्रगुरुभ्यां सुन्दरी ॥

SU. 57.—*Labhe chandragurubhyam sundaree.*

If Guru and Chandra occupy the 7th from the Karakamsa, the wife will be handsome and loving.

NOTES

La means 3, *Bha* denotes 4—34, reading backwards we have 43, divided by 12., we have 7 remainder. Labha therefore means 7. It will certainly be a great blessing to have handsome wife provided she is faithful. But when she is fair and unfaithful life becomes miserable. He will have a Hell on Earth.

५८. राहुणा विधवा ॥

SU. 58.—*Rahuna vidhava.*

If the 7th from the Karakamsa joins with Rahu or has his aspect, the person will have widows for connection.

NOTES

There are some worthies who are extremely fond of widows. They hunt after them. They like them in preference to others.

५९. शनिना वयोधिका रोगिणी तपस्विनी वा ॥

SU. 59.—*Sanina vayodhika roginee tapaswinee va.*

If the 7th from Karakamsa is occupied or aspected by Sani, the wife will be older or will be sickly or will be a tapaswini or a woman who will be engaged in religious meditations.

NOTES

While some persons like younger people there are others both males and females who hunt after old people. Temperaments are curious.

६०. कुजेन विकलाङ्गी ॥

SU. 60.—*Kujena vikalangee.*

If Kuja joins or aspects the 7th from Karakamsa, the wife will be deformed or there will be defect in her limbs.

६१. रविणा स्वकुले गुप्ता च ॥

SU. 61.—*Ravina swakule gupta cha.*

If Ravi occupies or aspects the 7th from Karakamsa, the wife will be protected from the members of the husband's family and will have no defects in her limbs.

६२. बुधेन कलावती ॥

SU. 62.—*Budhena kalavatee.*

If Budha joins or aspects the 7th from Karakamsa, the wife will be well versed in music, arts, dancing and other fine accomplishments.

६३. चापे चन्द्रेणानावृते देशे ॥

SU. 63.—*Chape chandrenanavrite dese.*

If Chandra occupies the 4th from Karakamsa the first sexual union of the wives, mentioned in

---
*Another version reads as *Ravina kuta gupthacha.*

the above sutras, will take place in an open place uncovered by roof or ceiling.

NOTES

Cha means 6, *po* means 1 = 61, reversing we have 16 divided by 12, the balance 4 shows the 4th house from the Karakamsa. There are some people who cannot control their passions and who have sexual unions in open places.

६४. कर्मणि पापे शूरः ॥

SU. 64.—*Karmani pape shooraha*.

If the 3rd from the Karakamsa contains evil planets, the person becomes courageous and a warrior.

NOTES

Ka means 1, *Ma* means 5 = 15, reading backwards we have 51, divided by 12, we have the remainder 3. In general astrology, the third house from Lagna shows brothers, sisters and courage.

६५. शुभे कातरः ॥

SU. 65.—*Subhe kataraha*.

if the 3rd from Karakamsa has benefics, the person becomes a coward.

६६. मृत्युचिन्त्ययोः पापे कर्षंकः ॥

SU. 66.—*Mrityuchintyayoh pape karshakaha*.

If the 3rd and 6th from Karakamsa are occupied by malefics, the person lives by ploughing and agriculture.

NOTES

Ma 5, *ya* 1 = 51, reversing we have 15. *Cha* 6, *Tha* 6 - 66, reversing we have 66. Divide them by 12, we get 3 and 6. Malefics are considered to give auspicious results in 3, 6 and 11. *Thrishadaya gatahpapaha*.

६७. समे गुरौ विशेषेण ॥

SU. 67.—*Same gurow viseshena*.

If Guru occupies the 9th from Karakamsa, he will become a great agriculturist.

६८. उच्चे शुभे शुभलोक: ॥

SU. 68.— *Ucche shubhe shubhalokaha*.

If benefics occupy 12 from Karakamsa, the person goes to superior Lokas.

NOTES

U 0, *Cha* 6 = 06., reversed we get 60, divided by 12, we have 12. Indian sciences and religions mention many Punya Lokas or happy regions in the universe.

६९. केतौ कैवल्यम् ॥

SU. 69.—*Ketow kaivalyam*.

If a benefic occupies Karakamsa, the person will have Moksha or Final Bliss.

NOTES

Ka means 1, *Ta* signifies 6 = 16. 16 reversed = 61. Divided by 12, we get balance of 1. We may also take *ucche* from the previous Sutra and say that if Kethu is found in 12th there will be final Bliss.

७०. क्रियचापयोर्विशेषेण ॥

SU. 70.—*Kriyochapayorviseshena.*

If Karakamsa is Mesha or Dhanus with benefics there, the subject gets Moksha. If Mesha or Dhanus happens to be the 12th from Karakamsa and Kethu is there, the person will get Moksha.

NOTES

The commentators have put on two different kinds of interpretations. I shall explain both of them. The splendid power of sutras and their brevity capable of long interpretations are only possible in Sanskrit. No other language in the world possesses such facilities for brevity and at the same time containing a world of meaning. If Mesha or Dhanus becomes Karakamsa with a benefic there, there will be the highest Bliss. If Mesha or Dhanus becomes the 12th from Karakamsa and Ketu is there, there will be the highest Bliss or Moksha. Ketu is not a full benefic. Ketu becomes a benefic in Chara Dasa and not otherwise. Therefore he cannot be classified as a *subhagraha*. But astrology ascribes to him the highest spiritual power of emancipation from all births and re-births and gives man Moksha.

७१. पापैरन्यथा ॥

SU. 71.—*Papairanyatha.*

If the 12th from the Karakamsa is occupied by evil planets, he will go to hell and will have no Bliss.

NOTES

Heaven and Hell are not seen. But there is the universal belief in their existence and all religions lend support to this faith.

७२. रविकेतुभ्यां शिवे भक्तिः ॥

SU. 72.—*Raviketubhyam shive bhaktihi.*

If Ravi and Ketu are in Karakamsa, the person will become a Saivite or one who worships Shiva.

NOTES

Worship of God is as different as there are differences in temperaments. *Matha* is a peculiarity of Mathi or mind.

७३. चन्द्रेण गौर्याम् ॥

SU. 73.—*Chandrena gauryam.*

If Chandra joins Karakamsa, the person will worship Gouri, wife of Shiva.

७४. शुक्रेण लक्ष्म्याम् ॥

SU. 74.—*Sukrena lakshmyam.*

If Sukra joins Karakamsa, he will worship Lakshmi spouse of Vishnu.

७५. कुजेन स्कन्दे ॥

SU. 75.—*Kujena skande.*

If Kuja occupies Karakamsa, he becomes a worshipper of Skanda or Shanmukha the warrior son of Shiva.

७६. बुधशनिभ्यां विष्णौ ॥

SU. 76.—*Budhasanibhyam vishnow*.

If Budha and Sani join Karakamsa, he will worship Vishnu.

NOTES

Different temperaments have different tastes and their selection of Gods follows their temperaments. As all rivers fall into the ocean, so also all forms of worship reach the Almighty.

७७. गुरुणा साम्बशिवे ॥

SU. 77.—*Guruna sambasive*.

If Karakamsa is joined by Guru, he will worship Sambasiva or Parvati and Paramesvara.

७८. राहुणा तामस्यां दुर्गायां च ॥

SU. 78.—*Rahuna thamasyam durgayam cha*.

If Rahu joins Karakamsa, the person will worship evil spirits and Durga.

NOTES

There are about 56 varieties of evil spirits mentioned in the Mantrasastras. There are two principal divisions among the Mantras. *Kshudra Mantras* devoted to the invocation of evil spirits and actions performed by them and *Maha Mantras* or incantations to Divine and angelic spirits and work that can be done by them. I shall mention a few names of evil spirits: Bhuta, Preta, Pisacha, Sakini, Dhakini, Mohini, Jalini, Malini, Bhetala, etc.

The Maha Mantras invoke Gayatri, Savitri, Saraswati, Brahma, Vishnu, Maheswara, Lakshmi, **Lalita**, Durga, Ganapati, Skanda, Surya, etc.

७९. केतुना गणेशे स्कन्दे च ॥

SU. 79.—*Ketuna ganese skande cha.*

If Ketu joins Karakamsa, the person becomes a devotee of Ganesa and Kumaraswami.

८०. पापर्क्षे मन्दे क्षुद्रदेवतासु ॥

SU. 80.—*Paparkshe mande kshudradevatasu.*

If Sani occupies the Karakamsa falling in an evil sign, the person becomes a great devotee of evil spirits.

NOTES

There are Devil and Spirit worshippers of various grades. The existence of spirit-world has been proved by the best intellects and by personal experience. A handful of experience is worth ten cart loads of theories.

८१. शुक्रे च ॥

SU. 81.—*Sukre cha.*

If Sukra occupies the evil Karakamsa, the person will worship devils, spirits, etc.

NOTES

There are 56 varieties of Devils or Pisachas headed by the powerful Bhetala. See my notes in *Sarwartha Chintamani.*

८२. अमात्यदासे चैवम् ॥

SU. 82.—*Amatyadasay chaivam.*

If the 6th from Amatyakaraka joins evil Karakamsa, the person devotes himself to the worship of evil spirits.

NOTES

The planet who gets the highest number of degrees becomes the Atmakaraka. The planet who gets the next highest number of degrees becomes the Amatyakaraka. If the 6th planet from Amatyakaraka counting from Ravi in the regular order occupies the evil Karakamsa, the person will be devoted to evil spirits. Always the order of the planets are as follows :—Ravi, Chandra, Kuja, Budha, Guru, Sukra and Sani, the order of the week-days. Somebody must become Amatyakaraka, suppose Sani becomes so. The 6th from Ravi is Sukra and If Sukra joins the evil Karakamsa, the person devotes his time to evil spirits. These Mantras are called Kshudra or Sabara and count as 9 crores, a bewildering number.

८३. त्रिकोणे पापाद्वये मान्त्रिकः ॥

SU. 83.—*Trikone popadwaye mantrikaha.*

If the 5th and 9th from the Karakamsa are occupied by evil planets, the person becomes a Mantrika or a magician and will be able to exercise devils and evil spirits.

८४. पापदृष्टे निग्राहकः ॥

SU. 84.—*Papadrishte nigrahakaha.*

If the evil planets in the 5th and 9th from Karakamsa have evil conjuctions or aspects, the person becomes a great Mantraic and will be able to root out all evil spirits.

८५. शुभदृष्टेऽनुग्राहकः ॥

SU. 85.—*Shubhadrishtenugrahakaha*.

If the evil planets in the 5th and from Karakamsa have beneficial aspects or conjunction, the person will help the people and do them good.

८६. शुक्रेन्दौ शुक्रदृष्टे रसवादी ॥

SU. 86.—*Sukrendou sukradrishte rasavadee*.

If Sukra aspects Karakamsa and the Moon, the person becomes an alchemist.

८७. बुधदृष्टे भिषक् ॥

SU. 87.—*Budhadrishte bhishak*.

If Karakamsa and Chandra have the aspect of Budha, the person becomes a medical man.

NOTES

His eminence and capacity will depend upon the strength of Budha.

८८. चापे चन्द्रे शुक्रदृष्टे पाण्डुश्विती ॥

SU. 88.—*Chape chandre sukradrishte pandusswithee*.

If Moon is in the 4th from Karakamsa and has the aspect of Sukra, the person will suffer from white leprosy.

NOTES

Cha 6, *Pa* 1 = 61 reversed 16, divided by 12, will give a balance of 4. Hence *Chape* means 4th house from the Karakamsa.

८९. कुजदृष्टे महारोगः ॥

SU. 89.—*Kujadrishte maharogaha.*

If Kuja aspects Chandra in the 4th house from the Karakamsa, the man will have serious form of leprosy.

९०. केतुदृष्टे नीलकुष्टम् ॥

SU. 90.—*Kethudrishte neelakushtam.*

If Chandra in the 4th from the Karakamsa is aspected by Kethu, the person will have black leprosy.

NOTES

There are many hideous and repulsive forms of this loathsome disease.

९१. तत्र मृतौ वा कुजराहुभ्यां क्षयः ॥

SU. 91.—*Tata mritow va kujarahubhyam kshayaha.*

If the 4th or 5th from Karakamsa is joined by Kuja and Rahu, the person will suffer from consumption or pthysis.

NOTES

He will have a mild attack of disease.

९२. चन्द्रदृष्टे निश्चयेन ॥

SU. 92.—*Chandradrishte nischayena*.

If such Kuja and Rahu, started in the above sutra, have the inner aspect, certainly the person will have serious form of consumption.

९३. कुजेन पिटकादिः ॥

SU. 93.—*Kujena pitakadihi*.

If the 4th or 5th from the Karakamsa is occupied by Kuja, the person will suffer from excessive sweating, cuts, itches or boils and sores in the body.

९४. केतुना ग्रहणी जलरोगो वा ॥

SU. 94.—*Kethuna grahani jalarogo va*.

If Ketu joins the 4th or 5th from Karakamsa, the man will suffer from Grahani or a kind of glandular disease and from watery diseases like dropsy, diabetes, loose motions, etc.

९५. राहुगुलिकाभ्यां क्षुद्रविषाणि ॥

SU. 95.—*Rahugulikabhyam kshudravishani*.

If the 4th or 5th from the Karakamsa is joined by Rahu and Gulika, there will be suffering from the poisonous effects of rats, cats, etc.

९६. तत्र शनौ धानुष्कः ॥

SU. 96.—*Tatra sanow dhanushkaha*.

If the 4th from the Karakamsa is joined by Sani, the person becomes an expert in inflicting wounds. This means he will be skilled in the use of deadly arms.

९७. केतुना घटिकायन्त्री ॥

SU. 97.—*Ketuna ghatikayanthree*.

If Ketu joins the 4th from Karakamsa, the person becomes skilful in preparing clocks, watches and other time indicating machines.

NOTES

I have shown in the Introduction and also in the prefatory remarks that Jaimini flourished 5,000 years ago. He was a contemporary of Vedavyasa and was his worthy disciple. Ghatika yantras or machines showing time were in existence as this Sutra proves and confirms. *Suryasiddanta* mentions many Yantras.

९८. बुधेन परमहंसो लगुडी वा ॥

SU. 98.—*Budhena paramahamso lagudee va*.

If the 4th from the Karakamsa is combined by Budha, the person becomes a *paramahamsa* or a great yogi, or one who bears *Palasa Danda, etc., showing Brahmacharya or Sanyasayoga of particular kind.

९९. राहुणा लोहयंन्त्री ॥

SU. 99.—*Rahuna lohayantree*.

---

*Palasa means *Butea frondosa*

If the 4th from the Karakamsa is occupied by Rahu, he will become proficient in preparing machinery out of metals or a clever mechanic.

१००. रविणा खड्गी ॥

SU. 100.—*Ravina khadgee*.

If Ravi joins the 4th from Karakamsa, the person lives by his sword.

NOTES
Many kinds of swords are mentioned in the ancient works. Swords are terrible weapons then as well, as now at close quarters,

१०१. कुजेन कुन्ती ॥

SU. 101.—*Kujena Kunthee*.

If Kuja joins the 4th from Karakamsa, he will live by the profession of using *Kuntayudha*, maces and long sticks.

१०२. मातापित्रोश्चन्द्रगुरुभ्यां ग्रन्थकृत् ॥

SU. 102.—*Matapitroschandragurubhyam granthakrit*.

If Chandra and Guru are in the Karakamsa or in the 5th from it, the person will become an author and will live by writing books.

NOTES
Ma 5, *Ta* 6 = 56, reversing we get 65, divided by 12, there is a balance of 5. *Pa* 1, *Ta* 6 = 16, inverse order 61 divided

by 12, we have 1. Fifth is the house of intelligence in astrology as also of children.

१०३. शुक्रेण किन्चिदूनम् ॥

SU. 103.—*Sukrena kinchidoonam*.

If Chandra and Sukra join Karakamsa or the 5th house from it, the person becomes an ordinary author.

१०४. बुधेन ततोऽपि ॥

SU. 104.—*Budhena tato api*.

The person becomes still less famous than in the above Sutra if Budha joins Chandra instead of Sukra in Karakamsa or the 5th from it.

१०५. शुक्रेण कविर्वाग्मी काव्यज्ञश्च ॥

SU. 105.—*Sukrena kavirwagmee kavyagnascha*.

If Sukra joins Karakamsa or the 5th from it, the person becomes a great poet, an eloquent speaker and well versed in poetry and literature.

१०६. गुरुणा सर्वविद् ग्रांथिकश्च ॥

SU. 106.—*Guruna sarvavid granthikascha*.

If Guru joins the Karakamsa or the 5th from it, he will be an all-round man and will know many branches of knowledge, well read in sciences and author of various works. He becomes a versatile genius.

१०७. न वाग्मी ॥

SU. 107.—*Na vagmee*.

In the above combination of Guru, though a person becomes learned he will not become a good speaker nor possess powers of eloquence.

NOTES

Some have the gift of the gab while many have it not.

१०६. विशिष्यवैय्याकरणो वेदवेदांतविच्च ॥

SU. 108.—*Visishyavaiyyakarano vedavedanthavichha.*

If Guru joins Karakamsa or the 5th from it, the person becomes learned in Vyakarana or Grammar, Vedic literature and Vedangas.

NOTES

The last are named as Siksha, Vyakarana, Chandas, Nirukta, Jyotisha and Kalpa. Without a proficiency in these six Angas or limbs, no scholar can interpret the Vedas properly.

Vedas simply mean repositories of knowledge useful for all ages, claims and nations. Whatever might have been the origin of these intellectual mines, there are no books extant in the world, which can compare with these deep mines of thought, knowledge and highest conceptions of human intellectual flights. The commentaries of Bhatta Bhaskara and Vidyaranya are the two eyes for the Vedas through which we can approach the Vedas and seen them to some extent. The first and earliest commentators is Bhatta Bhaskara and he must have flourished in the remote ages. Vidyaranya's age is fixed clearly by the inscription (see my *History of Vijayanagar*) as 1258 Salivahana Saka or 1336 A.D. This illustrious intellectual giant not only founded the Empire of Vijayanagar, but was also the pontifical Head of the Sringeri Mutt of Adi Sankaracharya. He obtained Samadhi in 1386 after having seen Harihara I, Bukka I and Harihara II, ruling the Empire founded by him in great prosperity, peace and progress.

Practically there seems to be no difference in the combinations given in Sutras 106 and 108. If in this combination Guru is exalted or himself has beneficial aspects or Shadvargas, the knowledge in the man may be more profound, and the intellect more comprehensive and piercing. The strength of the planet, of the Rasi, the power of the Atmakaraka and combinations and aspects determine the extent of the proficiency.

१०९. सभाजडः शनिना ॥

SU. 109.—*Sabhajadaha sanina*.

If Sani joins Karakamsa or the 5th from it, the person becomes nervous in an assembly.

NOTES

He may be a learned man, but will feel shy and nervous and thus cut an awkward figure, in a General Assembly or public discussion.

११०. बुधेन मीमांसकः ॥

SU. 110.—*Budhena meemamsakaha*.

If Budha joins 1st or 5th of Karakamsa, he will shine as a Meemamsaka.

NOTES

There are two principal divisions here. Poorvameemamsa by Jaimini himself, explaining rituals of Karma and their effects end Uttarameemamsa or Brahmasutras by Vyasa relating to Brahmagnana.

१११. कुजेन नैयायिकः ॥

SU. 111.—*Kujena nayyayikaha.*

If Kuja joins 1st or 5th of Karakamsa, the person will become a great logician.

११२. चंद्रेण सांख्ययोगज्ञः साहित्यज्ञो गायकश्च ॥

SU. 112.—*Chandreana sankhyayogagnaha sahityagno gayakascha.*

If Chandra joins 1st or 5th of Karakamsa, the person becomes clever in sankhyasastra, learned in language, poetry, drama and attendant subjects, will have great proficiency in music and other accomplishments.

NOTES

Sankhya is a portion of Sanskrit Science, which deals with numbers and their interpretations. Sankhya also means a system of Philosophy.

११३. रविणा वेदांत गीतज्ञश्च ॥

SU. 113.—*Ravina vedanta geetagnascha.*

If Ravi combines in 1st or 5th of Karakamsa, the person will become a great Vedantist and musician.

११४. केतुना गणितज्ञ: ॥

SU. 114.—*Kethuna ganithagnaha*.

If Ketu combines in above houses, the person becomes well versed in mathematics.

११५. गुरुसंबन्धेन संप्रदायसिद्धि: ॥

SU. 115.—*Gurusambandhena sampradayasiddhih*.

If in the above combinations of planets, Guru joins or aspects, knowledge in the different branches will be well founded and regularly trained as per principles of those sciences.

११६. भाग्ये चैवम् ॥

SU. 116.—*Bhagye chaivam*.

The results ascribed for planetary positions in the 1st and 5th from Karakamsa will also hold good for similar positions in the 2nd from Karakamsa.

११७. सदा चैवमित्येके ॥

SU. 117.—*Sada chaivamityeke*.

Bha stands for 4 and *Ya* denotes 1 = 41, reversed we get 14, divided by 12, the remainder is 2.

Sada = *Sa* stands for 7, *Da* stands for 8 = 78, in the inverse order we have 87, divided by 12, the balance is 3. By this the author means, all those results from the positions of the planets in the 1st and the Karakamsa must or may be predicted by the combination of the above planets in the 2nd and 3rd houses from the Karakamsa.

११८. भाग्ये केतौ पापदृष्टे स्तब्धवाक् ॥

SU. 118.—*Bhagye kethow papadrishte stabdhavak*.

Ketu in the 2nd from Karakamsa, aspected by evil planets, will make the person indistinct or a slow speaker.

NOTES

Second house denotes speech, eloquence, eyes, face and riches.

११९. स्वपितृपदाद्भाग्यरोगयोः पापसाम्ये केमद्रुमः ॥

SU. 119.—*Swapitrupadadbhagyarogayoho papa-samye kemadrumaha.*

If evil planets are found in the 2nd and 8th houses from Janma Lagna or the Arudha Lagna, the person will suffer from Kemadruma Yoga or combination for great poverty.

The same results apply to the positions of planets in the 3rd from Karakamsa.

NOTES

Bha 4, *Ya* 1 = 41, reversed 14, divided by 12, we get 2. *Ra* 2 and *Ga* 3 = 23, reading backwards we get 32, divided by 12, we have 8 balance ; therefore, Bhagya and Roga denote 2 and 8, respectively.

Compare Kemadruma as explained by Varahamihira and others (See my translation of *Brihat Jataka*—Nabhasa Yogas). When there are no plenets on either side of Chandra the combination is called *Kemadruma* by him.

१२०. चंद्रदृष्टौ विशेषेण ॥

SU. 120.—*Chandradrishtow viseshena.*

If Chandra aspects the evil planets in the above combination, the person suffers from abject poverty. The majority consider poverty as a great curse.

१२१. सर्वेषां चैव पाके ॥
SU. 121.—*Sarvesham chaiva pake.*

The results, mentioned in all the combinations above named, will be experienced during all the Dasas of Rasis or in their Antardasas or periods and sub-periods of the zodiacal signs.

इति प्रथमाध्याये द्वितीयपादः समाप्तः ॥
End of Second Pada of the First Adhyaya.

—

ADHYAYA 1—PADA 3

१. अथ पदम् ॥
SU. 1.—*Atha padam.*

Results based on Pada Lagna will be described in this chapter.

NOTES

In Sutra 29 of the *First Pada* Jaimini has clearly illustrated the meaning of *Pada* or *Arudha* Lagna. In this chapter he will give the results of planets occupying from Pada Lagna. In the previous chapter he gave the results of planets in

Swamsa and Karakamsa. Remember Karaka always has been used for Atmakaraka.

२. व्यये सग्रहे ग्रहदृष्टेवा श्रीमन्तः ॥

SU. 2.—*Vyaye sagrahe grahadrishteva sreemantaha.*

If the 11th house from Pada Lagna is occupied or aspected by planets, the person becomes a *sreemanta* or a wealthy man.

	Chandra Rahu	Lagna	Sani
Ravi Budha Guru			Pada Lagna
	RASI		
Sukra		Kuja Ketu	

Take an example. Here the lord of Lagna is Sukra and he is placed in the 8th house from Lagna. The eighth from Sukra becomes Pada or Arudha Lagna and this falls in Kataka the 8th from Sukra. The 11th from Kataka is Vrishabha and this is aspected by Kuja and Ketu and therefore the person will be in affluent circumstances. The term *sreemanta* applies to one who has not seen poverty from birth to death.

३. शुभैन्यां याल्लाभः ॥

SU. 3.—*Shubhairnyayallabhaha.*

When the 11th from Pada is aspected or joined by benefics the wealth will come from proper channels. The gains will be from fair and lawful means.

४. पापैरमार्गेण ॥

SU. 4.—*Papairmargena*.

If the aspecting or joining planets in the above are evil, the wealth will come through sinful and illegal means.

NOTES

Unfortunately we have seven evil and only two good planets.

५. उच्चादिभिर्विशेषात् ॥

SU. 5.—*Ucchadibhirviseshath*.

If the 11th from Arudha Lagna is well combined and aspected by benefics or those in exaltation, moola-thrikona, etc., the person will acquire plenty of wealth through justifiable means.

NOTES

Here *Uccha* has two significations. *U* 0, *Cha* 6 = 06 reading reversely we get 60, divided by 12, the balance will be 12. *Uccha* also means, the planets in exaltations, etc. When the planets aspecting the 11th or joining it are exalted, in good Vargas, in Moolathrikona, or in their own houses and are benefics in nature, the wealth will come in plenty and will always be legally and rightly acquired but when such planets are malefics, the person will get riches on a large scale, but through unfair and illegal manner. In both cases he will be rich but in the case of benefics he will be a good man and will earn money honestly and by labour. In the case of evil planets, the wealth will be thoroughly ill-gotten and criminal. These Yogas will occur when the 12th house is not aspected by any planet.

६. नीचे ग्रहदग्योगाद्द्वयाधिक्यम् ॥

SU. 6.—*Neeche grahadrigyogadwayadhikyam.*

If there are planets in the 12th house from Lagna, or Pada Lagna, the person will spend more than he earns.

NOTES

Na 0, *Cha* means 6=06 reversing we get 60, divided by 12, the balance is 12, and the 12th house is indicated. If evil planets occupy the 12th, the expenditure will be on immoral and sinful deeds. If there are benefics in the 12th, the expenditure will be on charitable and religious purposes such as building temples or places of worship, tanks, wells, charitable institutions and helping the poor and the distressed. But when the planets are bad the expenditure will be on drinking, whoring, gambling, unjust litigation and other sinful actions.

७. रविराहुशुक्रैर्नृपात् ॥

SU. 7.—*Ravirahusukrairnrupath.*

If Ravi, Rahu and Sukra occupy or aspect the 12th from Lagna or Pada Lagna, the person will lose money through kingly displeasure or fines and confiscations.

८. चन्द्रदृष्टौ निश्चयेन ॥

SU. 8.—*Chandradrishtau nischayena.*

If in the combination in Sutra 7 there is the aspect of Chandra, the losses will certainly occur through governing bodies.

९. बुधेन ज्ञातितो विवादाद्वा ॥

SU. 9.—*Budhena gnathitho vivadadwa.*

If Budha occupies the 12th house from Pada or Lagna or aspects it, there will be losses from cousins, relations and litigations.

१०. गुरुणा करमूलात् ॥

SU. 10.—*Guruna karamoolath.*

If Guru joins or aspects the 12th from Pada Lagna or Lagna, the man loses money by paying heavy government taxes.

११. कुजशनिभ्यां भ्रातृमुखात् ॥

SU. 11.—*Kujasanibhyam bhratrumukhat.*

If the 12th from Lagna or Pada Lagna is joined or aspected by Kuja and Sani, the person will suffer losses through brothers.

१२. एतैर्व्येय एवं लाभः ॥

SU. 12.—*Aetairvyaya aevam labhaha.*

The results have been given for the 12th house from Lagna or Pada Lagna and the various sources of losses have been indicated. If those planets are in the 11th house, then instead of losing money he will gain money through those sources which have been shown to the credit of planets. If the planets are in the 12th house, he will lose money ; if they are in the 11th house, he will gain.

१३. लाभे राहुकेतुभ्यामुदररोगः ॥

SU. 13.—*Labhe rahukethubhyamudararogaha.*

If the 7th house from Pada has conjunction or aspect of Rahu or Ketu, the person suffers from stomach diseases.

१४. तत्र केतुना झटिति ज्यानिलिंगानि ॥

SU. 14.—*Tatra kethuna jhatithi jyanilingani.*

If Ketu occupies the 2nd house from Pada Lagna, the person will display signs of old age, though he may be young in years. He will show wrinkles beyond his proper age. If in the 6th house from Pada Lagna evil planets combine, he will become a thief. If the 2nd and 6th from Pada Lagna are occupied by benefics without evil aspects, the person will be a governor of many countries.

१५. चन्द्रगुरुशुक्रेषु श्रीमन्तः ॥

SU. 15.—*Chandragurusukreshu sreemantaha.*

If Chandra, Guru or Sukra occupy the 2nd from Pada Lagna, he will become a rich man. Here all these planets may be in the second or any one of them.

१६. उच्चेन वा ॥

SU. 16.— *Uchhena va*.

If the evil or good planets are in the second house from Pada in exaltation the person becomes rich.

NOTES

It has already shown if the exalted planet is a benefic, the person acquires wealth by lawful means but if an evil planet is in the second exalted, the person becomes rich through unlawful and sinful ways.

१७. स्वांशवदन्यत्प्रायेण ॥

SU. 17.—*Svamsavadanyatprayena*.

All the results explained in the above sutras will have application and reference as they have had in the Karakamsa.

१८. लाभपदे केन्द्रे त्रिकोणे वा श्रीमन्तः ॥

SU. 18.—*Labhapade kendre thrikone va sreemantaha*.

If the Arudha Lagna falls in the 7th from Janma Lagna or Karakamsa or in the Kendras or Konas the person becomes extremely rich.

१९. अन्यथा दुःस्थे ॥

SU. 19.—*Anyatha dusthe*.

If the Arudha Lagna does not fall in Kendra or Thrikona from Lagna but falls in *Dusthas* 6, 8 and 12, the results will be bad.

NOTES

That is instead of becoming a *sreemanta* the person becomes a poor man. They are called *Dusthas* or Dusthanas or bad places.

२०. केन्द्रत्रिकोणोपचयेषु द्वयोर्मैत्री ॥

SU. 20.—*Kendrathrikonopachayeshu dwayor-maitree*.

If the Saptamarudha falls in Kendras, Thrikonas or the Upachayas from Janma Lagna, excepting the 6th which is classified as a Dusthana, there will be great agreement between the wife and the husband.

NOTES

The couple will lead an agreeable life. A good wife is Heaven on Earth. A bad one is Hell on Earth.

२१. रिपुरोगचिन्तासु वैरम् ॥

SU. 21.—*Ripurogachintasu vairam*.

If the Arudha Bhavas fall in 6, 8 and 12 from Lagna, they denote evils to such Bhavas.

NOTES

Ra 2, *Pa* 1 = 21 = 12 *Ra* 2. *Ga* 3 = 23 = 32, divided by 12 we get 8. *Cha* 6, *Ta* 6 = 66, divided by 12 we get 6 balance.

२२. पत्नीलाभयोर्दिष्ट्या निराभासागेलया ॥

SU. 22.—*Patneelabhayordishtya nirabhasargalaya*.

If the Arudha Lagna and the 7th from it have no obstructive Argalas, the person becomes fortunate.

NOTES

Pa 1, *Na* 0 = 10, reversed it is 01, or it denotes the first house. *La* 3, *Bha* 4 = 34 reversed we get 43, divided by 12, we get a balance of 7. For *subha* and *papa* Argalas see my notes on Sutras 5 to 9 in Pada 1 of Adhyaya 1.

२३. शुभार्गले धनसमृद्धिः ॥

SU. 23.—*Shubhargale dhanasamriddhihi*.

If Arudha Lagna and the 7th from it have beneficial Argalas, there will be plenty of money.

NOTES

If the Argala happens to be malicious, there will be ordinary wealth. If there is a mixture of *subha* and *papa* Argalas, the person will have financial *ups* and *downs* or he will be tossed from wealth to poverty and from poverty to wealth.

२४. जन्मकालघटिकास्वेकदृष्टासु राजानः ॥

SU. 24.—*Janmakalaghatikaswekadrishtasu rajanaha*.

If a planet aspects Hora Lagna, Ghatika Lagna and Janma Lagna, the person becomes a ruler or one equal to him.

NOTES

For an explanatron of these various Lagnas see Sutra 32 of 1st Pada. What is meant here is that if one planet aspects all these three different Lagnas at the same time, the person attains to eminent position; if not he will become a King. In some places Ministers are more powerful than Kings.

२५. पत्नीलाभयोश्च राश्यंशकद्रकाणैर्वा ॥

SU. 25.—*Patneelabhayoscha rasyamsakadrika-nairva.*

If Chandra Lagna, Navamsa Lagna, Drekkana Lagna and the 7th houses from these three are aspected by one planet, the person becomes a great ruler or a Maharaja.

NOTES

Some old commentators observe thus : If one has connection, *conjunction or aspect*, with Lagna, the 7th from it, Chandra Lagna, Navamsa Lagna and Drekkana Lagna, the person becomes a Maharaja or a great powerful ruler.

२६. तेष्वेकस्मिन्न्यूने न्यूनम् ॥

SU. 26.—*Theshwekasminnyune nyunam.*

If out of the 6 Lagnas, *viz.*, Lagna, Ghatika Lagna, Hora Lagna, Chandra Lagna, Navamsa Lagna and Drekkana Lagna— one planet sees five and not all the six, the person will have ordinary Rajayoga.

NOTES

This combination occurs only in real Rajayogas or royal combinations. If an exalted planet occupies the Arudha Lagna or Chandra, Guru and Sukra are there and evil obstructive Argalas are not there, while, where there are beneficial Argalas, the person will attain to royal position.

२७. एवमंशतो द्रकाणतश्च ॥

SU. 27.—*Evamamsato drikanatascha*.

If the Navamsa, Hora and Ghatika Lagnas or Drekkana, Hora and Ghatika Lagnas are aspected by one planet, there will be Rajayoga.

NOTES

Some commentators are of opinion that 2½ ghatis exactly in the middle of the Day and the Night are auspicious and such times produce Kings and their equals. The mid-day goes under the name of Abhijit and is considered as very auspicious for all work. It cuts away all evils. *Abhijit sarva doshghnam.*

२८. शुक्रचन्द्रयोर्मिथो दृष्टयोः सिंहस्थयोर्वा यानवन्तः॥

SU. 28.—*Sukrachandrayormitho drishtayoh simhasthayorva yanavantaha.*

If Sukra and Chandra aspect each other or if they are in the 3rd house from each other, the person will be blessed with various conveyances.

NOTES

Simha means 3, *Sa* denotes 7, *Ha* shows 8 = 78, reversed 87, divided by 12, gives 3 as remainder.

२९. शुक्रकुजकेतुषु वैतानिकाः ॥

SU. 29.—*Sukrakujakethushu vaithanikaha.*

If Sukra, Kuja and Ketu have mutual aspects or if they are in the 3rd house from each other, the person will have aristocratic surroundings from his ancestors.

NOTES

He will belong to an old and respectable family which has royal traditions and marks of honour. Some commentators say that the person will be proficient in all the details of religious sacrifices.

३०. स्वभाग्यदारमातृभावसमेषु शुभेषु राजानः ॥

SU. 30.—*Swabhagyadaramatrubhavasameshu subheshu rajanaha.*

If the 2nd, 4th and 5th Bhavas become equal to the Karaka or if benefics occupy them, the person becomes a Raja or his equal in position.

NOTES

We have *de facto* and *de jure* rulers. We have Karakas for all events. The Bhavas and planets have to be taken with reference to the various Karakas or lords of events. Some commentators interpret *Bhava* in the above Sutra as *Bha* 4 and *Va* 4 = 44, divided, by 12 will give us the remainder as 8. They say that if the 2nd and 4th houses from the Karaka are equal or if benefics occupy them or if the 5th and 8th houses are equal or have benificial planets in them, there will be Rajayoga.

३१. कर्मदासयो: पापयोश्च ॥

SU. 31.—*Karmadasayoh papayoscha*.

If the 3rd and 6th houses from Atmakaraka are equal or if they are joined by malefics, there will be Rajayogas.

NOTES

Ka 1, *Ma* 5 = 15, reversed 51, divided by 12, the balance is 3. *Da* 8, *Sa* 7 = 87, reversed 78, divided by 12, we have a balance of 6. When he says equal he means that the sources of strength and weakness must balance equally.

३२. पितृलाभाधिपाश्चैवम् ॥

SU. 32.—*Pitrulabhadhipaschaivam*.

If from the lords of Lagna or 7th benefics occupy the 2nd, 4th, 5th and 8th, there will be Rajayogas.

NOTES

Jaimini confuses his readers, unless they happen to be very intelligent, by referring to Lagna, Pada Lagna, Ghatika, Hora Lagna, Atmakarakamsa and other amsas and unless we have able commentaries, the readers will be launched in a rough sea doubts. Pitu, Pa 1, Ta 6 = 16, reversing we get 61, and divided by 12, we have the first house or Lagna. Labha 7, La 3, Bha 4 = 34, reversed, we have 43, divided by 12, we have a balance of 7 ; therefore the 7th house from Lagna is indicated.

३३. मिश्रे समा: ॥

SU. 33.—*Misre samaha*.

If there is a mixture of benefics and malefics in the above combination, the person will attain to ordinary positions.

२४. दरिद्रो विपरीते ॥

SU. 34.—*Daridro vipareethe.*

If evil planets occupy beneficial signs and benefics evil signs, the person will be poor.

३५. मातरि गुरौ शुक्रे चन्द्रे वा राजकीयाः ॥

SU. 35.—*Matari gurow sukre chandre va rajakeeyaha.*

If to the lord of Lagna or to the lord of 7th, the 5th house is occupied by Guru, Sukra or Chandra, the person becomes a high Government official and wields political powers.

३६. कर्मणि दासे वा पापे सेनान्यः ॥

SU. 36.—*Karmani dase va pape senanyaha.*

If evil planets occupy the 3rd and 6th from the lords of Lagna or the lord of the 7th, the person becomes a military commander.

NOTES

Karmani 3, Dasa 6. *Ka* 1, *Ma* 5 = 15, reversed we have 51, divided by 12 we have the remainder 3. Da 1, Sa is 7 = 87, reading backward we have 78, divided by 12 we get the balance 6.

Commanders often lead their victorious armies against their employers and become rulers themselves. Hyder,

Napoleon, Shivaji, Hindenberg, Wellington and others became rulers.

२७. स्वपितृभ्यां कर्मदासस्थदृष्व्या तद्वीशदृष्व्या मातृनाथदृष्व्या
च धीमन्तः ॥

SU. 37.—*Swapitrubhyam karmadasasthadrishtya tadeesadrishtya matrunathadrishtya cha dheemantaha.*

If the lords of the 3rd and 6th from Lagna and Atmakaraka aspect the latter or if the planets in those houses aspect them, and if the lord of the 5th aspect them, the person becomes extremely intelligent.

NOTES

Pitru 1, Swa 1, Karma 3, Dasa 5, Matru 6. These have already been explained in Ka, Ta, Pa, Yadi Sutra rules.

३८. दारेशदृष्व्या सुखिनः ॥

SU. 38.—*Daresadrishtya sukhinaha.*

If Lagna and Karaka Lagna have the aspect of the lord of the 4th, the person will be happy.

NOTES

Dara 4. Happiness, it must be remembered, does not entirely depend upon position or wealth. There are some people who are extremely rich and powerful, but they are most miserable. There are some who are very ordinary but who are perfectly happy. Physical and mental conditions have great deal to do with happiness and specially some temperaments have the knack of making themselves agreeable alround and create happiness for themselves.

३९. रोगेशदृष्ट्या दरिद्राः ॥

SU. 39.—*Rogesadrishtya daridraha*.

If the lord of the 8th from Lagna and Karaka Lagna aspect them, the person suffers from poverty.

NOTES

Roga 8, Ra 2, Ga 3 = 23, reversed 32, divided by 12 we have balance 8.

४०. रिपुनाथदृष्ट्या व्ययशीलाः ॥

SU. 40.—*Ripunathadrishtya vyayaseelaha*.

If the lord of the 12th from Lagna and Karaka Lagna aspect them, then the person becomes a spendthrift or extravagant.

४१. स्वामिदृष्ट्या प्रबलाः ॥

SU. 41.—*Swamidrishtya prabalaha*.

If the lord of Lagna aspects the Lagna and if the lord of the Karaka Lagna aspects that Lagna, the person will have very good Rajayogas.

४२. पक्षाद्रिपुभाग्ययोर्ग्रहसाम्ये बन्धः कोण्यो रिपुजययोः
कीटयुग्मयोर्दाररिष्फयोश्च ॥

SU. 42.—*Pacshadripubhagyayorgrahasamye bandhah konayo ripujayayoho keetayugmayordarariphayoscha*.

If from Lagna—the 2nd and 12th or 5th or 9th or 12th and 6th or 4th and 10th have the same number of planets posited, the person will be imprisoned.

NOTES

This seems to be the longest Sutra I have had to deal since the commencement of this work and it requires a clear explanation.

Ripu—12	If any of these have Grahasamya then the person will have chains' beating, imprisonment and the displeasure of the
Bhagya—	governing authorities. If there is one planet in the 2nd, there must be one
Konayoho 5 and 9	planet in the 12th. If there are 2 planets in the 2nd the twefth also must have
Ripu—12	2 planets. If there are 3 planets in the 5th, there must also be 3 in the 9th.
Jaya—6	This is Grahasamya or equality in the number of planets. If there are evil
Dara—4	combinations or aspects for these houses or for their lords, the punishments are
Ripha—10	certain and the man will suffer. If there are good planetary combinations or
Kita—11	aspects for these houses or their lords, the person will have trials and troubles
Yugma—3	and prosecutions, but will be let off after trials and persecutions. Here five sets

of houses have been named and the presence of planets, in each set, of equal number in each of the houses indicate imprisonments and tortures. But I gather from the commentaries that when the number of planets is not equal or properly matched, these troubles may not be indicated.

४३. शुक्राद्गौणपदस्थो राहु: सूर्यदृष्टो नेत्रहा ॥

SU. 43.—*Sukradgounapadastho rahuh suryadrishto netraha.*

If the 5th from Arudha Lagna is occupied by Rahu and Ravi aspects him, the person will lose his sight.

NOTES

Sukra 1, Sa means 5, Ra denotes 2 = 52, reversed 25, divided by 12, we have 1, denoting Lagna. Gauna 5, Ga shows 3, Na denotes 5 = 35, resersed 53, divided by 12, we have the balance of 5, denoting the 5th house. Each Lagna has its Arudha. Take the 5th in the undergiven horoscope.

Lagna Rahu	Sani	Chandra Budha	Ravi Sukra
			Kuja
	RASI		
	Guru		Ketu

Here the 5th is Kataka. Its lord is in the 11th from the 5th. The 11th from Chandra falls in Meena and if I understand the sutra properly, it means the fifth Arudha falls in Meena, is occupied by Rahu and Ravi aspects him, the person will lose his sight.

४४. स्वदारगयोः शुक्रचन्द्रयोरातोलं राजचिह्नानि च ॥

SU. 44.—*Swadaragayoh sukrachandrayoratodyam rajachinhani cha.*

If Sukra and Chandra occupy the 4th from Atmakaraka, the person will have the parapharnalia of royalty, *viz.*, *Nagara* or drums, *Noubhat*, music *Chatras* umbrellas, *Chamaras* or tufts of hair-fans which attendants keep waving about the royal personage and other signs and emblems of royal state.

NOTES

We can easily infer that if Sukra and Chandra in this combination are exalted, have good conjunctions and aspects, the person will have these royal insignia on a grand scale and if they are weak or have evil aspects and conjunctions, the royal parapharnalia will be on small or poor scale. There are Rajas with a few lakhs and emperors with many crores.

There are Kings and Kings, rulers and rulers, emperors and all these have different grades and different insignia. In all these sutras, taking the original commentaries and my notes the readers will see that they have to shift through a lot of conflicting evidence and confusing principles. I have tried my best to make the explanations, notes, examples as clear and convincing as possible. But in spite of all my efforts the readers may find doubts and difficulties. Here in such cases my sound advice to them would be that they should read the sutra well twice or thrice, read the translations I have given and examples by way of illustrations. And after doing so, if they still have doubts they must think over well, for a few days, read the previous and the future stanzas and I may assure them, that suddenly they will hit upon the correct idea or meaning and their doubts will be solved and fresh and glorious mental light will flash on their brains.

इति जैमिनीसूत्र प्रथमाध्याये तृतीयपाद: समाप्त: ॥

End of Third Pada of the First Adhyaya

अथ प्रथमाध्याये चतुर्थपाद प्रारंभ: ॥

ADHYAYA 1—PADA 4

१. उपपदं पदं पित्रनुचरात् ॥

SU. 1.—*Upapadam padam pitranucharat.*

Take the 12th house from Lagna. Find out its Pada Lagna or Arudha Lagna. This becomes *upapada*.

NOTES

For ordinary Pada we take the lord of Lagna and we count again the same number of Rasis from him as he has advanced from Lagna and this becomes Pada or Arudha Lagna. For *Upapada* we have to take from the lord of the 12th from Lagna and count again that number of Rasis from the position of its lord and the sign which falls in that number will be *Upapada*. The meaning will not be clear unless I give one or two examples.

Vrishabha is Lagna. Its lord Sukra joins Dhanus the 8th from Lagna. Counting again the 8th from Sukra we get

Kataka and this is called Pada or Arudha Lagna (see Sutra 29 of Pada 1). Now we have to find *Upapada*. Take the lord of the 12th from Lagna. The 12th from Lagna is Mesha.

	Upa-pada Lagna	Lagna	Sani
Ravi Budha Guru		RASI	
Sukra		Kuja Ketu	

Its lord is Kuja and he is found in the 7th from it. The seventh from him is again Mesha and in this horoscope Arudha Lagna falls in Kataka and it goes under the name of Pada. The Upapada will fall in Mesha, and the results in this chapter will be predicted with reference to Upapada. Take another horoscope. Here calculate the Pada and the Upapada Lagnas. The lord of Lagna is Sani and he is in the 4th from Lagna. The fourth from him or Simha will be Arudha or Pada Lagna. Now calculate the Upapada Lagna. Take the 12th from Lagna. This falls in Makara. Its lord is Sani. He is in the 5th house from it or Vrishabha. Now take the 5th from him, it will fall in Kanya. For this person Pada Lagna falls in Simha and Upapada falls in Kanya.

Take another example. In this horoscope the lord of Lagna is Guru. He is in Mithuna or the 4th. Count from him to the 4th; we see that it falls in Kanya. This will be the

Rahu	Sani Chandra	
		Ravi
	RASI	Kuja Budha Sukra
	Guru	Ketu Upa- pada Lagna

Pada Lagna for this native. Now take the 12th house from Lagna. This will be Kumbha. Its lord is Sani. He is found in the 4th from that house in Vrishabha. Count the 4th from him and it will be Simha and this will be his *Upapada* Lagna. All Lagnas and Bhavas have their *Pada* and *Upapada* and Jaimini seems to pay great attention to *Atmakarakamsa, Pada Lagna* and *Upapada Lagna*. Some commentators say—*Upapadam Labhaditi*. This means—take the 7th from Lagna and find out the *Arudha* from it. This becomes the *Upapada Lagna* Take the horoscope given below. *Labha* means. *La* 3, *Bha* 4 = 34, reversed it becomes 43, divided by 12, we get a remainder of 7, and therefore the 7th house is meant by this sutra.

The 7th from Lagna becomes Kanya (see chart on p. 109). Its lord Budha occupies the 6th house from it in Kumbha. The 6th from Kumbha is Kataka. Therefore for this horoscope the *Upapada* becomes Kataka according to this *sutra*. Thus in this horoscope according to one theory *Upapada* becomes Simha and according to the latter *upapada* becomes Kataka.

Lagna Ravi	Ketu	Sani	Guru
Budha Kuja	RASI		
Sukra			UPa-Pada Lagna
		Rahu	Chandra

This makes a great deal of difference. I have indicated the differences and leave the readers to follow their own judgment, experience and personal reading.

२. तत्र पापस्य पापयोगे प्रव्राज्य दारनाशो वा ॥

SU. 2.—*Tatra papasya papayoge pravrajya daranasova*.

If the *upapada* has evil conjunction or aspect or if the 2nd from it has an evil planet, the wife will die or he will embrace *pravrajya* or *sanyasa* or asceticism.

NOTES

Brihaspathi is quoted here. If there is a malefic planet in the *Arudha* Lagna from the 7th or *Jamitra* or an evil planet in the 7th or 2nd or Rahu is found in the 9th, the wife of the person will be destroyed.

३. उपपादस्याप्यारुढस्वादेव नात्र रविः पापः ॥

SU. 3.—*Upapadasyapyarudhatwadeva natra ravihi papaha.*

If the second from the Upapada is occupied by Ravi he does not become a malefic.

NOTES

Somehow all astrological writers have classified Ravi as an evil planet. Jaimini says that Ravi is not an evil planet when he is in the 2nd house from Upapada.

४. शुभदृग्योगान्न ॥

SU. 4.—*Shubhadrigyoganna.*

If, in the above combinations in Sutras 2 and 3, there are beneficial aspects or conjunctions, the evil results should not be predicted.

NOTES

It means that his wife will not die or he will not take sanyasa. The wife must die some day or other. What is meant here is that during those evil times indicated by the planets death will not happen.

५. नीचे दारनाशः ॥

SU. 5.—*Neeche daranasaha.*

If the 2nd from *upapada* falls in Neechamsa or has the conjunction of a Neecha or debilitated planet there will surely be death to wife in that evil period.

६. उच्चे बहुदारः ॥

SU. 6.—*Ucchey bahudaraha.*

If, in the 2nd from *upapada* there is an exalted planet or the second falls in an exalted Navamsa, the person will have many wives.

NOTES

I do dot know if many wives add pleasure or misery to a person. His lust may be satisfied but he will be miserable. It is a question to be solved by each man for himself.

७. युग्मे च ॥

SU. 7.—*Yugme cha*.

If the 2nd from *upapada* falls in Mithuna, the person will have many wives.

८. तत्र स्वामियुक्ते स्वर्क्षे वा तद्धेतावुत्तरायुषि निर्दारः ॥

SU. 8.—*Tatra swamiyukte swarkshe va tadhhetauttarayushi nirdaraha*.

If the 2nd from *upapada* is combined by the Atmakaraka or by the lord of that 2nd sign, the person will have no wife in the latter part of his life.

NOTES

Here the conjunction of its lord seems to act prejudicially.

९. उच्चे तस्मिन्नुत्तमकुलाद्दारलाभः ॥

SU. 9.—*Ucche thasminnuttamakuladdaralabhaha*.

If the lord of the 2nd from *upapada* is found in exaltation, his wife will come from a respectable family.

NOTES

Family traditions and previous histories have great influence in social circles.

१०. नीचे विपर्ययः ॥

SU. 10.—*Neeche viparyayaha.*

If the lord of the second from the *upapada* joins a debilitated sign, the case will be reversed.

NOTES

It means the wife will come ftom a despicable or mean family. Social stigmas are often unpleasant.

११. शुभसंबन्धात्सुन्दरी ॥

SU. 11.—*Shubhasambandhatsundaree.*

If the second from the *upapada* has beneficial aspects or conjunctions, the wife will be a very beautiful woman.

NOTES

It is both a fortune and misfortune to have a very beautiful wife. Her moral behaviour and the temperament of the husband should decide this complicated problem.

१२. राहुशनिभ्यामपवादत्यागो नाशो वा ॥

SU. 12.—*Rahusanibhyamapavadatyago naso va.*

If Sani and Rahu occupy or aspect the second house from *upapada*, the wife will die or will be rejected by the husband for social scandals.

१३. शुक्रकेतुभ्यां रक्तप्रदरः ॥

SU. 13.—*Sukraketubhyam raktapradaraha.*

If Sukra and Ketu occupy or aspect the second from *Upapada* the wife will suffer from bloody discharges or blood complaints.

NOTES

Females have these menstrual and bloody complaints very often and they lead to consumption.

१४. अस्थिस्त्रावो बुधकेतुभ्याम् ॥

SU. 14.—*Astisravo budhakethubhyam*.

If the second from *Upapada* has the aspect or conjunction of Budha and Ketu the wife of the person will suffer from a disease wherein her bones will be melted and dropped down.

१५. शनिरविराहुभिरस्थिज्वरः ॥

SU. 15.—*Saniravirahubhirastijvaraha*.

If Sani, Ravi and Rahu join or aspect the 2nd house from *Upapada* the wife will suffer from chronic or persistent low fever.

NOTES

In the Ayurvedic system, there is the *Raktasrita Jwara* or fever found persistent in blood and *Astigata Jwara* or fever which has penetrated to the bones and which cannot easily be eradicated. The first fever is milder while the second is more serious. Fever is the monarch of all diseases and brings in its train various complications.

१६. बुधकेतुभ्यां स्थौल्यम् ॥

SU. 16.—*Budhakethubhyam sthaulyam*.

If the second from *Upapada* is aspected or conjoined by Ketu and Budha, the wife becomes clumsily corpulent.

NOTES

I believe great corpulence and accumulation of fat in the body of man or woman is a great misfortune. There is a limit to corpulence. When it is unwieldy it gives great inconvenience.

१७. बुधक्षेत्रे मन्दाराभ्यां नासिकारोगः ॥

SU. 17.—*Budhakshetre mandarabhyam nasikarogaha.*

If the second from *Upapada* falls in one of the signs of Budha, *viz.,* Mithuna or Kanya and possesses the aspect or conjunction of Sani and Kuja, the wife will suffer from nasal diseases or complaints of the nose.

१८ कुजक्षेत्रे च ॥

SU. 18.—*Kujakshetre cha.*

If the second house from *Upapada* falls in one of Kuja's houses, *viz.,* Mesha or Vrischika and has the aspect of Kuja and Sani, the same nasal diseases will trouble the man's wife.

१९. गुरुशनिभ्यां कर्णरोगो नरहका च ॥

SU. 19.—*Gurusanibhyam karnarogo narahaka cha.*

If the second from *Upapada* falls in any one of the houses of Kuja or Budha and has the aspect or conjunction of Guru and Sani, the wife will have ear complaints and also nervous diseases.

२०. गुरुराहुभ्यां दन्तरोगः ॥

SU. 20.—*Gururahubhyam dantarogaha.*

If the second from *Upapada* falls in any of the houses of Budha or Kuja and has the aspect of Guru and Rahu, the wife will suffer from tooth diseases.

NOTES

In Sanskrit it is stated that four forms of diseases are the most painful to endure, *viz., Akshi* = eyes, *Kukshi* = stomach, *Sira* = head *Danta* = teenth. These aches are very painful.

२१. शनिराहुभ्यां कन्यातुलयोः पङ्गुर्वातरोगो वा ॥

SU. 21.—*Sanirahubhyam kanyathulayoho Pangurvatarogo va.*

If the second from *Upapada* falls in Kanya or Thula and has the aspect of Sani and Rahu, the wife will be defective in limbs or will suffer from windy complaints.

NOTES

Ayurveda says that when the three Dhatus—Vata, Pitta, and Sleshma—are properly distributed, the body keeps good health. When any one of them is excited, diseases appear.

२२. शुभदग्योगान्न ॥

SU. 22.—*Subhadrigyoganna.*

If in the combinations given above there are beneficial conjunctions or aspects, the evils will disappear and bad should not be predicted.

२३. सप्तमांशग्रहेभ्यश्चैवम् ॥

SU. 23.—*Saptamamsagrahebhyaschaivam.*

The above results may also be predicted by the 7th from *Upapada*, by the *Kalatra Karakamsa* and by the lords of those houses.

NOTES

This means that all the above results good and bad may be predicted by the lord of the 7th from *Upapada*, and by the 7th house from *Upapada*, by the *Kalatra Karakamsa* and also by its lord. For each Bhava so many combinations have to be examined that astrological predictions are not easy matters. Great devotion is needed.

२४. बुधशनिशुक्रेष्वनपत्यः ॥

SU. 24.—*Budhasanisukreshwanapatyaha.*

If the 7th from *Upapada* and its lord and the lord of the *Kalatra Karakamsa* and its lord—if all these four are aspected or conjoined by Budha, Sani and Sukra, the person will have no issues.

२५. पुत्रेषु रविराहुगुरुभिर्बंहुपुत्रः ॥

SU. 25.—*Putreshu ravirahugurubhirbahuputraha.*

If the 5th house from the 7th, from *Upapada*, its lord, the *Kalatra Karakamsa* and its lord have the aspects or conjunctions of Ravi, Rahu and Guru, the person will have many children.

NOTES

Rahu seems to exercise very peculiar influences.

२६. चन्द्रेणैकपुत्रः ॥

SU. 26.—*Chandrenaikaputraha*.

If in the combination given in Sutra 25, the fifth has only Chandra's aspect or conjunction, the person will have only one son.

२७. मिश्रे विलम्बात्पुत्रः ॥

SU. 27.—*Misre vilambathputraha*.

If the 5th in Sutra 25 has combinations and aspects, both for many issues and no issues, then predict an issue later on in life.

NOTES

What the author means is, when there are combinations for many children and no children, the person will have issues later on in life. The problem of children is curious and various. Some beget children very early in life and get as many as 20 or 25 by one wife. Others get even 30 to 35 children by two or three wives one after the other or simultaneously by several wives. There are some who get only a limited number. Some get an issue early in life and get no more. Some get one child in the middle of their life and there are others who get only one child towards the close of their lives. God's creation presents puzzles and confusion all round us.

२८. कुजशनिभ्यां दत्तपुत्रः ॥

SU. 28.—*Kujasanibhyam dattaputraha.*

If the 5th house, in the combinations given in Sutra 25, has the aspect or conjunction of Kuja and Sani, the person will have an adopted son.

NOTES

I have shown the importance of children in the previous notes. There are 14 varieties of children mentioned by the Hindu Law.

२९. ओजे बहुपुत्रः ॥

SU. 29.—*Oje bahuputraha.*

If the 5th from the combinations mentioned in Sutra 25 falls in an odd sign, the person will have many children.

३०. युग्मेऽल्पप्रजः ॥

SU. 30.—*Yugme alpaprajaha.*

If the 5th sign in the above combinations falls in even signs, there will be few issues.

३१. गृहक्रमात्कुक्षितदीशपञ्चमांशग्रहेभ्यश्चैवम् ॥

SU. 31.—*Gruhakramatkukshitadeesapanchamamsagrahebhyaschaivam.*

Just as you find out from Janmalagna, particulars about children, so also inquire into the 5th house by considering *Upapada* and its lord, and *Putra Karakamsa Rasi* and its lord.

NOTES

In General Astrology the significations of the 12 Bhavas have been well explained. As we take the Rasis, their lords, the planets, who conjoin and aspect them and determine the results in reference to them so also Jaimini advises the students to determine the various results with reference to *Upapada*, its lord and the lord of the *Putra Karakamsa* and the various aspects and conjunctions these houses have as also their lords. In fact the same procedure should be adopted as in the examination of the 12 Bhavas. Only these are taken with reference to birth Lagna and the author says instead of the *Janmalagna*, take the *Upapada*, its lord and *Putra Karakamsa*.

३२. आतृभ्यां शनिराहुभ्यां आतृनाशः ॥

SU. 32.—*Bhratrubhyam sanirahubhyam bhratrunasaha*.

If Sani and Rahu occupy the 11th or the 3rd from *Upapada* and its lord, the elder and the younger brothers die respectively.

NOTES

The 11th house denotes elder brothers and elder sisters and the 3rd indicates the younger brothers and sisters. This is well known in General Astrology. We take these from Janmalagna. Here Jaimini takes them from *Upapada*.

३३. शुक्रेणव्यवहितगर्भनाशः ॥

SU. 33—*Sukrenavyavahitagarbhanasaha*.

If Sukra joins the 3rd or the 11th from *Upapada* and its lord, the younger and the elder brothers will die.

NOTES

I have already shown that the 3rd indicates younger and the 11th elder brothers and sisters.

२४. पितृभावे शुक्रदृप्टेsपि ॥

SU. 34.—*Pitrubhave sukradrishtepi*.

If the Lagna or the 8th house from it has the aspect of Sukra, loss must be predicted for elder and younger brothers.

Pitru One—*Pa* 1, *Ta* means 6 = 16, reversed it becomes 61, divided by 12, we get the Lagna or one. *Bhava* = 8, *Bha* stands for 4 and *Va* stands for 4 = 44, divided by 12, we have the remainder 8. The commentators refer simply to Lagna and Ashtama and we have to take them from Janmalagna. How Ashtama or the 8th has anything to do with elder and younger brothers, cannot be traced. The Sutra is clear and we have to take it as given by the Maharishi.

३५. कुजगुरुचन्द्रबुधैर्बहुभ्रातरः ॥

SU. 35.—*Kujaguruchandrabudhairbahu bhrataraha*.

If the 11th and 3rd from *Upapada* and its lord are joined by Kuja, Guru, Chandra and Budha, the person will have many brothers, elder and younger included.

३६. शन्याराभ्यां दृष्टे यथास्वं भ्रातृनाशः ॥

SU. 36.—*Sanyarabhyam drishte yathaswam bhratrunasaha.*

If the 3rd and 11th from *Upapada* have the aspect of Sani and Kuja, the person will have his brothers destroyed.

NOTES

What the 3rd has evil aspects, the younger and when the 11th has aspects, the elder brothers will die. If both have evil aspects, then the younger as well as the elder brothers will die. Sisters are included in brothers. Brethren refers to those who are born with a person, males and females included.

३७. शनिना स्वमात्रशेषश्च ॥

SU. 37.—*Sanina swamatraseshascha.*

If the 3rd and 11th from *Upapada* and its lord are aspected by Sani, the person will lose all his brothers and sisters and he will remain alone.

३८. केतौ भगिनीबाहुल्यम् ॥

SU. 38.—*Kethau bhagineebahulyam.*

If the 3rd and 11th from *Upapada* and its lord has the conjunction of Kethu, the person will have many sisters.

३९. लाभेशाद्भाग्यमे राहौ दंष्ट्रावान् ॥

SU. 39.—*Labhesadbhagyabheh rahau damstravan.*

If Rahu joins the 2nd from the 7th from *Upapada*, the person will have large teeth or no teeth or will become dumb.

४०. केतौ स्तब्धवाक् ॥

SU. 40.—*Kethau stabdhavak*.

If Ketu joins the 2nd house from the 7th from *Upapada*, the person will be an indistinct speaker or possesses bad pronounciation. He may also have stammering.

४१. मन्दे कुरुप: ॥

SU. 41.—*Mande Kuroopaha*.

If Sani joins the 2nd house from the lord of the 7th house from *Upapada*, the person becomes ugly and repulsive.

४२. स्वांशवशाग्दौरनीलपीतादिवर्णाः ॥

SU. 42.—*Swamsavasadgowraneelapeetadi-varnaha*.

The colour or complexion of the person, yellow, dark, golden or white must be predicted from the nature of the Navamsa occupied by the *Atmakaraka*.

NOTES

Similarly Jaimini hints to find out the colours of the various relations from the Navamsas occupied by their respective Karakas. Varahamihira says *Lagna Navamsapa Thulya Tanusyat*. Judge the colour, etc., of the person by the Navamsa occupied by the lord of Lagna.

४३. अमात्यानुचराद्देवताभक्तिः ॥

SU. 43.—*Amatyanucharaddevatabhaktihi.*

Take the planet next in degrees to *Amatya-karaka* and find out from him the religious tendencies of the person.

NOTES

As per those rules the next planet in degrees to *Amatyakaraka* will be *Bhratrukaraka*. If that planet happens to be evil, the man will be devoted to the worship of evil spirits, if he happens to be good, then he will worship good Gods. In the all-powerful *Time* are embedded 33 crores of Devatas or forces or Energies for purposes of creation, protection and destruction. Eleven crores of energies are under the control of Brahma and his Spouse Saraswathi, representing all education, *gnana* and intelligence for creative or generative functions. Eleven crores of energies are under the rule of Vishnu with Lakshmi, for functioning protection. Money is needed for protection and Lakshmi's grace is wanted. Eleven crores of forces are under the control of Mahesvara with Durga for destructive purposes. By tapas man gets psychological energy. This enables him to issue orders to the different forces, generative, protective and destructive as he develops one of these three. *Nigraha* and *Anugraha* forms are different. The education department increases a man's knowledge; the District Magistrate has power to offend; the Sessions Judge can hang a man or let him off from the gallows. The postal man can transport news and money and small articles. The police and the revenue have different functions. All are orders or mental forces but each has a different function. By keeping company with a scavenger a man gets dirty stink. By associating with a scent merchant he gets perfumes. All these 33 crores of energies are called Devatas and by analogy Gods. The psychology of a person differs considerably from others. While one cultivates the art of charity and philanthropy, another cultivates the art of cruelty and destruction. In this sutra the man's devotion is shown by the planets. When they are bad he invokes evil spirits or forces. When good, he invokes the beneficial powers. I refer my readers to the wilderness of Mantra Sastras. There are *sapta koti mahamantras* and *navakoti kshudra mantras*. The former enable a person to do beneficial actions by the help of Mahamantras or beneficial forces. The latter enable the person to call evil powers and do mischief to the people. We have *Dakshinachara* or good and *Vamachara* or bad.

४४. स्वांशे केवलपापसंबन्धेपरजात: ॥

SU. 44.—*Swamse kevalapapasambandheparajataha*.

If evil planets occupy *Atmakarakamsa* Rasi, the person will be born of adultery.

४५. नाल्पपापात् ॥

SU. 45.—*Natrapapath*.

If the Atmakaraka is himself evil and other evil planets are not with him, then the evil in the above sutra should not be attributed.

NOTES

This means he will be legitimate and born to his father.

४६. शनिराहुभ्यां प्रसिद्धि: ॥

SU. 46.—*Sanirahubhyam prasiddhihi*.

If Sani and Rahu are in conjunction with *Atmakarakamsa* Rasi, the person will become a notorious rake.

NOTES

People indulge in sexual embraces, but many do so with some sense of honour. But there are many who are shameless in such matters.

४७. गोपनमन्येभ्यः ॥

SU. 47.—*Gopanamanyebhyaha*.

If in the *Atmakarakamsa* other evil planets than Sani and Rahu are conjoined, the person will not be born to another's seed, but his mother will be immoral.

NOTES

A person's mother may be an immoral woman, but he may be the product of legitimate embrace.

४८. शुभवर्गेऽपवादमात्रम् ॥

SU. 48.—*Shubhavarge apavadamatram*.

If shubha *Shadwarga* arises in the *Atmakarakamsa* in the above-mentioned *yogas*, there will be scandal about his legitimacy but he will be really born of his father's seed.

NOTES

There will be unfounded suspicions about his birth but they will not be true.

४९. द्विग्रहे कुलमुख्यः ॥

SU. 49.—*Dvigrahe kulamukhyaha*.

If there are two planets in the *Atmakarakamsa*, the person will become a leader in his community.

NOTES

Persons, males as well as females, have peculiar temperaments. To be a leader in his own community, family, religion, science, art, or sect, trade or line of profession is a great ambition which they often try to emulate. Even in vices there are leaders and subordinates. The leader of a dacoit gang will have hundreds or thousands of persons under him and the leadership is courted by his followers and admirers. Take any line of work, there are leaders and those who follow them as menials and subordinates of various grades. In this leadership, there is much good or evil the leader can do. If there are two or more evil planets in the Karakamsa, the person will be cruel and sinful in his deeds. If there are benefics, we may expect the prominence in good and virtuous ways.

End of Fourth Pada of the First Adhyaya

ADHYAYA 2—PADA 1

१. आयुः पितृदिनेशाभ्याम् ॥

SU. 1.—*Aayuh pitrudinesabhyam*.

Longevity of a person has to be determined with reference to Lagna and the 8th from it.

NOTES

Pitru = 1, *Dina* = 8 ; *Pa* 1, *Ta* means 6, 16 reversed will be = 61, divided by 12 we have a reminder 1. Therefore the 1st house. *Di* = 8, *Na* = 0, reversed we get 08. Therefore 8th house from Lagna is signified. *Jataka Chandrika*, following Parasara, lays down 8th and 3rd as houses of longevity.

२. प्रथमयोरुत्तरयोर्वा दीर्घम् ॥

SU. 2.—*Prathamayoruttarayorva deergham*.

If the lords of the 1st and 8th are in movable or common signs or if one of them is in a movable and the other in a common sign, there will be longevity.

३. प्रथमद्वितीययोरन्तयोर्वा मध्यम् ॥

SU. 3.—*Prathamadwiteeyayorantayorva madhyam*.

If the lords of the 1st and 8th are found in Chara and Sthira Rasis—movable and fixed—or if both of them are in double bodied signs, there will be middle life.

४. मध्ययोराद्यन्तयोर्वा हीनम् ॥

SU. 4.—*Madhyayoradyantayorva heenam*.

If the lords of the 1st and 8th are found in fixed signs or one in Chara and other in Dwiswabhava, there will be short life. In the second sutra the last portion repeats the same idea.

५. एवं मन्दचन्द्राभ्याम् ॥

SU. 5.—*Evam mandachandrabhyam*.

The rules he has given in the first four sutras must also be applied to Chandra Lagna and the Lagna.

NOTES

Manda = 1, *Ma* 5, *Da* 8 = 58, reversed we have 85, divided by 12, we get 1 or first house. Therefore apply the above rules for Lagna and Chandra. Here he drops the lord of the 8th.

६. पितृकालतश्च ॥

SU. 6.—*Pitrukalatascha*.

Poorna	Madhya	Alpa
1 Long 1 life	1 Middle 2 life	1 Short 3 life
2 Long 3 life	2 Middle 1 life	2 Short 2 life
3 Long 2 life	3 Middle 3 life	3 Short 1 life

Long, middle and short lives may also be ascertained from Lagna and Hora Lagna.

1. *Chara*—Movable.
2. *Sthira*—Fixed.
3. *Dwiswabhava*—Common or Double bodied sign.

Long life is ensured when the above-mentioned lords are—
1. In two movable signs.
2. In fixed and common signs.
3. In common and fixed signs.

Middle life
When the two lords are in—
1. Movable and fixed signs.
2. Fixed and movable signs.
3. Common and common signs.

Short life
1. Movable and common.
2. Fixed and fixed.
3. Common and movable.

This table enables the reader to readily ascertain from the lords of Lagna, Chandra and Hora Lagna and the lord of the 8th, the term of life of a person.

७. संवादात्प्रामाण्यम् ॥

SU. 7.—*Samvadatpramanyam*.

Whichever longevity is determined by the greater number of combinations of planets, that term of life should be predicted and it will happen certainly.

NOTES

This system of calculation and comparison is called *samvada*. Three systems have been given, *viz,*.
1. From the position of the lords of Lagna and the 8th in the movable, fixed and common signs.

2. From the position of the lords of Lagna and Chandra Lagna in the above Rasis.
3. From the position of the Lagna and Hora Lagna in the above signs. I have already explained what is meant by Hora Lagna.

If the terms of life given by any of these two are opposed to or vary from the term of life indicated by one system, then the former will prevail. If the calculations from these three systems agree, then certainly the person will have that term which they show.

८. विसंवादे पितृकालतः ॥

SU. 8.—*Visamvade pitrukalataha.*

If three terms of life are indicated by the three systems, then the terms obtained by the Lagna and Hora Lagna should be preferred and accepted.

NOTES

If by one system we get long life, by another system middle life and by the third short life, accept that term which you get by the Lagna and Hora Lagna and reject the other terms obtained by other calculations.

९. पितृलाभगे चन्द्रे चन्द्रमन्दाभ्याम् ॥

SU. 9.—*Pitrulabhage chandre chandramandabhyam.*

If Chandra is in the 7th from Janma Lagna then the longevity obtained from the lord of these two must be taken as the definite term of a man's life.

Alpayu or short life extends from birth to 32 years.
Madhyayu or middle life extends from 33 to 66 years.

Paramayu or long life extends from 67 to 100 years.

Each Rasi has 30 Bhagas or 30 degrees and the positions of planets and houses will have to be taken with reference to degrees and minutes they occupy. If the lords of Lagna and 8th are in the first 10 degrees of the Rasis indicating long life, the person will have the full benefit of purnayu. If they are in the end of those Rasis, death must be predicted at the commencement of longevity. If they are in the middle, then the extent of the term in longevity must be found out by the rule of three. The rule of three should be thus applied. For each degree of the Rasi we get 1 year and 36 days as per explanations of the old commentators. If purnayu counts 34 years from 66th year to one hundred, then this has to be divided by 30 degrees composing a Rasi. We get 1 year and 48 days and not 36 as explained by them. A purnayu man under that technical term may die from his 67th year's age to his 100th year. Find out the degrees passed by the lords of Lagna and 8th in the respective houses they are and then by rule of three find out how many degrees and minutes and seconds they have passed in those Rasis and ascertain how many years they give. Add this to 66 and the years so obtained will be the term of life, the person will have in the longevity period. Say they are in 16 degrees 20 minutes and 50 seconds. What would be the term of life? We have taken this in the purnayu. If each degree gets 1 year and 48 days, what will be the number of years, months and days for 16 degrees, 20 minutes and 50 seconds? This is simply a question of the rule of three. We get 18 years 6 months, 9 days and 40 ghatis. This added to 66, the term of middle life, we get 84-6-9-40. The longevity of the person will be 84 years, 6 months, 9 days and 40 ghatis and his death must be predicted after this age. Similarly the age must also be ascertained by Hora as well as by Chandra Lagna. If there are differences, take the majority and decide. In the second and third divisions of Madhya and Alpayus or middle or short lives the same procedure has to be followed. This gives a clue to predict the correct time of death. The author in these sutras has not spoken anything about the Balarishta, Madhya rishta and Yogarishta. A very large number of infants die before they are eight years of age and this is described as death from Balarishta. Then Madhyarishta extends from 8 to 20 years, and we have a large number of deaths. Then we have the Yogarishta extending from 20 to 32. Probably Jaimini includes all these three different periods in the Alpayuryoga which extends upto 32 years (see my notes in *Brihat Jataka* and *Sarvarthachintamani* on these various terms of life). Unless we have a full knowledge of *Balarishta* the calculation of Jaimini will not be found useful or accurate. An infant dies in the womb, a few minutes after birth or months—how can these Yogas apply to them ? See *Pindotpatti* or foetal development given by me in *Brihat Jataka*.

१०. शनौ योगहेतौ कक्ष्याह्रासः

SU. 10.—*Sanow yogahetou kakshyahrasaha*.

If in the above combinations Sani causes the *Purnayuryoga*, then place it as Madhyayuryoga. If he causes Madhyayuryoga, then put it in Alpa and if he causes Alpa, then consider it as still less and predict very early death.

११. विपरीतमित्यन्ये ॥

SU. 11.—*Vipareetamityanye*.

Some others are of opinion that when the longevity is caused by Sani there should be no Kakshya Hrasa or deduction or degradation. They mean that the term indicated by Sani should hold good.

१२. न स्वर्क्षंतुङ्गे सौरे ॥

SU. 12.—*Na swarkshathungage saure.*

If Sani causing longevity occupies his own or exalted house, Kakshya Hrasa—or reduction— should not be applied.

१३. केवलपापदृग्योगिनि च ॥

SU. 13.—*Kevalpapadrigyogini cha.*

If Sani, causing longevity, has many evil aspects and conjunction, then, Kakshya Hrasa should not be predicted.

१४. पितृलाभगे गुरौ केवल शुभदृग्योगिनि च कक्ष्यावृद्धिः ॥

SU. 14.—*Pitrulabhage gurow kevala shubhadrigyogini cha kakshyavriddhihi.*

If Guru occupies the Lagna or the 7th has no evil conjunctions or aspects, but beneficial aspects and conjunctions, he will cause increase or Kakshyavriddhi.

NOTES

This means, if short life is revealed by the planetary conjunctions, he will push it into middle life, if middle life is denoted by the planetary positions, he will cause long life, if long life is indicated, then he will grant the person life term beyond a hundred years.

१५. मलिने द्वारबाह्ये नवांशे निधनं द्वाराद्वारेशयोश्च मालिन्ये ॥

SU. 15.—*Maline dwarabahye navamse nidhanam dwaradwaresayoscha malinye.*

If *Dwarabahya Rasis are malefic signs or if malefics occupy these Dwarabahya Rasis, or if the lord of Dwarabahya Rasi is a malefic, death will happen in the Navamsa Dasas of such Dwarabahya Rasis.

NOTES

Dwara Rasi is the sign which commences the period for a man. This will be some sign from the Lagna. Like the Pada Lagna, that sign from it which bears the same number from Dwara Rasi will be called Dwarabahya Rasi. Suppose the 4th from Lagna is the Dwara Rasi, which commences the Dasa, the 4th from it or the 7th forms the Dwarabahya Rasi. In the *Jaiminisutras* later on will be explained the Rasi Dasas or periods and sub-periods and when a man would be killed. This method of attributing Dasas and Bhuktis to Zodiacal signs is not even hinted at in other books. There the Dasas and Bhuktis are attributed to

---

*The sutra is very tough and even the commentators have not come to our rescue. It has reference to Maraka or death and has been dealt with by me in my *Studies in Jaimini Astrology*. The Rasi in which a Dasa begins at birth is Dwara Rasi. Suppose the Lagna is Meena and the Dwara Rasi is the 5th from it, *viz.*, Kataka. Then the 5th from Kataka, *viz.*, Vrischika will be called Bahya (Dwarabahya) Rasi. Dwara Rasi is also called Paka Rasi while Bahya Rasi is also known as Bohga Rasi.

planets and constellations. In the Amsayurdaya of Satyacharya, Lagna in any sign contributes its own term of life. These Dwarabahya Rasis are also called *Pakabhoga Rasis*. Paka means Dasa. If these two Dwarabahya Rasis are evil signs, death will result in the period of an evil Navamsa in them. If the lords of these two Rasis have evil aspects or conjunctions, death must be predicted in the period of the evil Navamsa. Death always happens under the greatest malefic planet and malefic Rasi.

१६. शुभदृग्योगान्न ॥

SU. 16.—*Shubhadrigyoganna.*

If to the Dwarabahya Rasis, and the Rasi occupied by Dwarabahya there are beneficial aspects and conjunctions, there will be no death in the Navamsa periods of those Rasis.

१७. रोगेशे तुङ्गे नवांशवृद्धिः ॥

SU. 17.—*Rogese tunge navamsavriddhihi.*

If the lord of the 8th from Lagna joins exaltation, there will be increase of life in the Dasa of the Navamsa thus averting the death indicated in the above combinations.

१८. तत्रापि पदेशादशान्ते पदनवांश दशायां पितृदिनेशत्रिकोणे वा ॥

SU. 18.—*Tatrapi padesadasante padanavamsadasayam pitrudinesatrikone va.*

If there is an increase of life as per Sutra 17, then death will happen in Navamsa Dasa of the Rasi occupied by Arudhalagnadhipathi; in the

Dasas of Rasis which are in trikona to lords of Lagna and 8th; in the Navamsa Dasa of the Rasi containing Arudha Lagna.

NOTES

Pitru 1, *Pa* stands for 1, *Ta* denotes 6 = 16, reversed it is 61, divided by 12, we have 1 remainder, and it means Lagna. *Dina* 8, *Da* stands for 8 and *Na* 0 = 80, reversed it means 08, or the 8th house. If in the Vriddhi paksha named in Sutra 17, the death does not happen then, when can the person expect death. Jaimini here gives the periods when death may be expected. The Arudhadhipathi or the lord of Pada Lagna occupies some Rasi. Death may be predicted in the Navamsa Rasi Dasa. Death may also happen in the Dasas of the Trikonas from Lagna and the 8th or in the Navamsa Dasa of the Arudha Rasi from Lagna. He has given here three sets of combinations.

1. Death may occur in the Dasas of Trikonas from Lagna and the 8th.
2. Death may occur in the Navamsa Dasa of the Arudha Rasi.
3. It may happen in the Navamsa Dasa from the Rasi occupied by the lord of Arudha Lagna.

१९. पितृलाभरोगेशप्राणिनि कण्टकादिस्थे स्वतश्चैवं त्रिधा ॥

SU. 19.—*Pitrulabharogesapranini kantakadisthe swataschaivam thridha.*

If the lord of the 8th from Lagna and the lord of the 8th from the 7th, from Lagna are powerful and occupy Kendras, Panaparas and Apoklimas, then they cause long, middle and short lives respectively.

NOTES

The lord of the 8th from Lagna and the Lord of the 8th from the 7th from Lagna must be powerful. If they occupy Kendras, they give long life. If they occupy Panaparas, they produce middle life. If they occupy Apoklimas, they produce short life.

Kendras are 1, 4, 7 and 10 from Lagna. Panaparas are 2, 5, 8 and 11 from Lagna. Apoklimas 3, 6, 9 and 12 from Lagna.

२०. योगात्समे स्वस्मिन्विपरीतम् ॥

SU. 20.—*Yogatsame swasmin vipareetam.*

If Atmakaraka joins the 7th from the 7th (Lagna), the meaning conveyed in Sutra 19 will have to be differently interpreted.

NOTES

In this Sutra he is going to show some special results. These are called Viparitas or perverts in meaning. The 7th from the 7th will be Lagna itself. If by Sutra 19 longevity is indicated, then call it middle life, if they indicate middle, call it short life, if short life is shown say there will be a very little term of life. If it is long, say it will be short, if it is short, say long, if it is middle, then call it middle. Commentators give some more hints. If the lord of the 8th from Lagna is in exaltation, then he will give one-half more than what could be expected from him.

If he occupies a debilitated Rasi, then he will cut off one-half of what he would have given under normal conditions. Similarly when there are exalted and debilitated planets in the 8th we have to draw inferences and add or take away from the terms of life indicated by them.

२१. राशित: प्राण: ॥

SU. 21.—*Rasitaha pranaha*.

The strength of the Rasis must be properly ascertained.

NOTES

Jaimini gives particular strength to Rasis, other Shastras also attach importance to Rasis. He details Karakayogas shortly. He says that much strength need not be attached to Amsa.

२२. रोगेशयो: स्वत ऐक्ये योगे वा मध्यम् ॥

SU. 22.—**Rogesayoh swata aikye yoge va madhyam*.

If the 8th houses from Lagna and the 7th are joined by their Karakas or if they happen to be themselves Karakas, if the lords of the 8th house from Lagna and the 7th are occupying Kendras, Panaparas or Apoklimas, then the terms of life

---

*I have not meddled with the English rendering of this sutra by Prof. B. Suryanarain Rao. I understand it thus : "If the lord of the 8th from Lagna or the 8th frcm the 7th is himself Atmakaraka ; or are in conjunction with Atmakaraka, the terms of life mentioned in Sutra 19 are to be reduced." The rest is clear from Prof. Rao's notes.

ascertained from the combinations shown in Sutra 19 will have to be reduced.

NOTES

If the life indicated is long, then convert it into middle, if it is middle, then reduce it to short, and if it is short, then fix death very early. This kind of increase or decrease depends on the particular positions of planets and the Rasis they occupy and these matters should be particularly and carefully studied and the positions of the planets should be properly understood.

२३. पितृलाभयोः पापमध्यस्त्वे कोणे पापयोगे वा कक्ष्याह्रासः ॥

SU. 23.—*Pitrulabhayoh papomadhyatwe kone papayoge va kakshyahrasaha.*

If Lagna and 7th from it lie between evil planets, or if evil planets are in the Trikonas from Lagna and Saptama, Kakshyahrasa or deductions and additions must be made for terms of life which are obtained by planetary positions.

२४. स्वस्मिन्नप्येवम् ॥

SU. 24.—*Swasminnapyevam.*

If the Karaka is between the evil planets or evil planets conjoin the Trikonas from him, Kakshyahrasa should be made.

२५. तस्मिन्पापे नीचेऽतुङ्गेऽशुभसंयुक्ते च ॥

SU. 25.—*Thasminpape neeche-atunge-ashubha-samyukte cha.*

If the Karaka joins Neecha or does not join the exaltation or if he is not in conjunction with benefics, Kakshyahrasa should be made.

NOTES

A house or planet is said to be between malefics when the 2nd and 12th from it are occupied by evil planets. When two evil planets are on both sides of a Lagna or a planet, it forms Kartariyoga and acts prejudicially to the Bhava indicated by the Rasi or the planet.

२६. अन्यदन्यथा ॥

SU. 26.—*Anyadanyatha*.

If Lagna and Saptama (7th) or if Karaka and the 7th from him are between beneficial planets or if the Trikonas from Janma and Karaka Lagnas are occupied by benefics, if the Karaka happens to be a benefic, if he is in exaltation and not in debilitation or has beneficial conjunction, there should be no Kakshyahrasa made.

२७. गुरौ च ॥

SU. 27.—*Gurou cha*.

If Guru happens to be Karaka and has evil planets in 2nd, 12th, 6th and 8th and in the houses forming Trikonas from him or has evil planets with him or he is not in exaltation or joins Neecha Rasi, Kakshyahrasa should be made. And in cases where these combinations are reversed increase must be predicted.

२८. पुर्णेन्दुशुक्रयोरेकराशिवृद्धिः ॥

SU. 28.—*Purnendusukrayorekarasivriddhihi*.

If Purna Chandra and Sukra become Karakas and occupy the positions named in the above sutras, they will give an increase of one Rasi Dasa.

NOTES

A certain Rasi Dasa becomes death inflicting but when such a combination is present, this Dasa will pass off and the next Dasa will cause death. This means they will increase the longevity of the person.

२९. शनौ विपरीतम् ॥

SU. 29.—*Sanau vipareetham*.

If Sani becomes Karaka and is found in the places named in the previous sutras, he causes Kakshyahrasa in the earlier Dasa than the maraka.

NOTES

This means he will cut short the life by one Dasa and therefore earlier than the allotted time; when Chandra, Sukra and Sani become powerful in these directions, we need not take other planets into consideration and there will be no decreases.

३०. स्थिरदशायां यथाखण्डं निधनम् ॥

SU. 30.—*Sthiradasayam yathakhandam nidhanam*.

Three sections for Ayurbhava or longevity have been explained, *viz.*, long, middle and short lives. In the Sthira Dasa suppose the term of life is settled as middle. If a death-inflicting planet or Dasa comes in the period of Alpayu, the person will not die, but will suffer sickness and misery at the time.

NOTES

For death he must wait for the middle term and the maraka there. Sthira Dasas seem to prolong life to a certain extent.

३१. तत्रर्क्षविशेषः ॥

SU. 31.—*Tatrarkshaviseshaha*.

In the matter of death, note the peculiarity of the Rasi. That is death will happen in the Dasa of the Marana Karaka Rasi.

NOTES

Divide the 12 signs into 3 Khandas or sections and predict the death for short life in the first Khanda, for middle life in the second Khanda, and for long life in the third Khanda in that Rasi Dasa which is cruel or which possesses the power to inflict death. Suppose a man gets *Alpayu* or short life as the result of the planetary and sign peculiarities foreshadowed in the previous sutra on longevity; then his death must be and will be caused by the most cruel in the first Khanda, or the first four signs. Middle life will have death in next four signs and the long life will have an end in the most cruel of the last four Rasi Dasas.

३२. पापमध्ये पापकोणे रिपुरोगयोः पापे वा ॥

SU. 32.—*Papamadhye papakone ripurogayoh pape va.*

If the Dasa is between malefics or has evil planets in its Trikonas, or has evil planets in 12 and 8, such a Dasa will cause death to the person.

३३. तदीशयोः केवलक्षीणेन्दुशुक्रदृष्टौ वा ॥

SU. 33.—*Tadeesayoho kevalaksheenendusukradrishtow va.*

If the lords of the 12th and 8th are aspected by Ksheenachandra and Sukra, the Dasa of the 12th or 8th will inflict death.

NOTES

Ksheenachandra is powerless or New-Moon Sukra must also be weak or powerless. Here Jaimini seems to hint that those lords should have no other planetary aspects to kill the person. When a combination is given, there should be no disturbing agencies to produce the result.

३४. तत्राप्याद्यर्क्षारिनाथदृश्यनवभागाढ्या ॥

*SU. 34.—*Tatrapyadyarksharinathadrisyanavabhagadva.*

* This is a rather tough stanza and Professor Rao's notes are not clear. Of the several Rasi Dasas which are capable of causing maraka, death is likely to occur (1) in the first Rasi Dasa (2) Find the lord of the 6th from the Rasi whose Dasa is the first. See what Navamsa this lord aspects. Death will take place in the sub-period of that Navamsa Rasi. Suppose Dhanus is the first Rasi Dasa. Death will happen either in this or the 6th from Dhanus, *viz.*, Taurus and the lord of Taurus is Venus. Suppose he aspects Kanya in Navamsa. The death will happen in the sub-period of this Kanya Navamsa Rasi.

Of the Rasi Dasas which have the power to cause death, death is likely to happen in the first Rasi Dasa and the sub-period of Rasi of the Navamsa Rasi which is aspected by the planet who is lord of the 6th from the Rasi whose Dasa is the first.

NOTES

As per principles explained in the previous sutras the author determines the period of death. The First Rasi which commences the Dasa and the Dasa which its 6th sign furnishes, find out their lord and see what Navamsas they aspect, death will happen in the sub-period of that Navamsa Rasi which they aspect. These are referred to in the Navamsa Kundali or Diagram.

३५. पितृलाभभावेशप्राणी रुद्रः ॥

SU. 35.—*Pitrulabhabhavesapranee rudraha.*

Whoever is stronger among the lords of the 8th from Lagna he gets the name of Rudra.

NOTES

The symbol of Rudra will be given to the lords of the Rasis which are stronger in the 8th houses from Lagna and Saptama or 7th.

२६. अप्राण्यपि पापदृष्टः ॥

SU. 36.—*Apranyapi papadrishtaha.*

If the weaker among the lords of the two houses, 8th from Lagna and 7th, is aspected by malefics, he will also get the name of Rudra.

NOTES

Thus sometimes there may be two Rudras instead of one.

३७. प्राणिनि शुभदृष्टे रुद्रशूलान्तमायुः ॥

SU. 37.—*Pranini subhadrishte rudrasulanthamayuhu.*

If the powerful Rudra is aspected by benefics, death may be predicted in the Rudra Rasi, or in the periods of its Trikona Rasis 1, 5 and 9.

NOTES

First classify and find out under what heading the term of life falls and then, predict death at the end of the Dasa which is cruel.

३८. तत्रापि शुभयोगे ॥

SU. 38.—*Tatrapi subhayogay.*

Even, if the weaker of the planets, when he has evil aspects get the name of Rudra, has beneficial conjunctions or aspects he will extend the length of life, to the Rudra Rasi Dasa or the Dasas 5th and 9th from it.

NOTES

Trikona Dasas are what are technically called Shoola Dasas. Trikonas are 1, 5 and 9.

३९. व्यर्कपापयोगे न ॥

SU. 39.—*Vyarkapapayoge na.*

The above results should not be predicted if other planets than the Sun, should be in the 5th and 9th from the two Rudras.

NOTES

If Ravi is there, he will not obstruct the results above mentioned. In some Yogas the presence of the Sun does not count. In Sunapha, Anapha, Dhurdhura and Kemadruma, the presence of the Sun is not taken into account.

४०. मन्दारेन्दुदृष्टेश्शुभयोगाभावे पापयोगेऽपि वा शुभदृष्टौ वा परतः ॥

SU. 40.—*Mandarendudrishtesubhayogabhave papayogepi va shubhadrishtow va parataha.*

If the two Rudras become evil, death will come in the first Shoola Dasa; if one of them becomes evil, death will happen in the second Shoola Dasa; and if both of them are favourable, death will come in the last of the 3rd Shoola Dasa.

NOTES

This means that if both Rudras are bad, early death, if one of them is bad, longer life and if both of them are good, the longest term of life will be enjoyed in the periods to be determined by the principles already explained. Sutras are unpardonably short, sweet, suggestive and comprehend a great deal which the readers are expected to know, analyse and remember. These general sources of knowledge and the constructive capacity of the language enabled those intellectual giants of India, *viz.*, the great Maharishis to frame rules and Sastras and Sutras with great ease and facility and bequeath to the later generations mines of intellectual treasures, whose depths have not yet been completely explored or examined by the greatest cultured brains of the present day. It is not possible for the greatest scholars in Sanskrit to frame a single Sutra, which can compare favourably with the Sutras of the ancient Maharishis. They had the Tapobala to their credit, led the most simple lives, developed the brain power to the greatest conceivable extent and set examples of devotion and contemplation on sublime subjects, which gave them vast mental resources, and made them write works, which are the admiration of the most profound scholars of the present age. This sutra requires lengthy explanation and I shall make no apology to do so for the benefit of my readers. The commentators have called the following from ancient writers. Jaimini's views and explanations sometimes differ considerably from Varahamihira and others. Ravi, Kuja, Sani and Rahu are classified as evil planets, one stronger than the other. Rahu is the most powerful malefic, next to Sani, next to Kuja and then to Ravi; Guru, Ketu, Sukra and Budha are benefics, one stronger than the other. Guru is the most beneficial, next comes Ketu, next Sukra and Budha comes last. If Chandra has the conjunction of Kuja, he is classified as evil, otherwise he is good. If Ravi and other evil planets occupy evil signs, they become more and more evil. If they occupy beneficial signs, they become good. If Guru and other benefics occupy beneficial signs, they become very favourable. If they occupy evil signs, they become bad. Budha becomes a benefic if he is in exaltation or is in an independent sign. Guru and Sukra in the house of Budha, *viz.,* Kanya and Mithuna become very beneficial so also in other beneficial signs.

४१. रुद्राश्रयेऽपि प्रायेण ॥

SU. 41.—*Rudrasrayepi prayena.*

Death may happen sometimes in the Rasi Dasa occupied by Rudra.

NOTES

The word *prayena* means death may happen in them, earlier or the later Dasa from the Rudra Dasa.

४२. क्रिये पितरि विशेषेण ॥

SU. 42.—*Kriye pitari viseshena.*

If the Lagna falls in *Kriya* or Mesha, death often takes place in the Rudra Dasa.

NOTES

Pitari means Lagna. *Pa* 1 *Ta* 6 = 61, divided by 12 the balance is 1, hence Janma Lagna.

४३. प्रथममध्यमोत्तमेषु वा तत्तदायुषाम् ॥

SU. 43.—*Prathamamadhyamottameshu va tattadayusham.*

To persons having short, middle and long lives, death happens in the first, second and third Shoola Rasi Dasas.

NOTES

The sub-period, when the death happens, will be the Antardasa of a cruel Rasi Dasa in their respective periods or sections. I have already shown in the previous chapter how the rule of three should be applied to get the correct date of death.

४४. स्वभावेशो महेश्वरः ॥

SU. 44.—*Swabhaveso maheswaraha.*

The lord of 8th house from Atmakaraka goes under the name of Maheswara.

NOTES

Atmakaraka has great significance in Jaimini Sutras.

४५. स्वोच्चे स्वभे रिपुभावेशप्राणी ॥

SU. 45.—*Swochhe swabhe ripubhavesapranee.*

If the lord of the 8th from Atmakaraka is exalted or is in his own house, then the stronger of the two, *viz.*, the lords of the 8th and 12th from the Karaka will also go under the name of *Maheswara.*

NOTES

If both of them are equally strong, then both become Maheswaras.

४६. पाताभ्यां योगे स्वस्य तयोर्वा रोगे ततः ॥

SU. 46.—*Patabhyam yoge swasya tayorva roge tataha.*

If Atmakaraka has conjunction with Rahu or Kethu, or if the 8th from Atmakaraka has conjunction with Rahu or Kethu, then the 6th planet counting regularly from the Sun will become Maheswara.

NOTES

Thus we have 3 Maheswaras. Counting the 6th from the Sun will be the Sun, Moon, Mars, Mercury, Jupiter and the 6th will be Venus or Sukra. On the above combination Sukra becomes Maheswara. Of the three varieties of Maheswaras, he alone becomes Maheswara who is the strongest among these three. *Rog* in this Sutra means 8, *Patabhya* has been rendered as Rahu and Ketu. I cannot understand how this has been interpreted as Rahu and Ketu by the commentators—Pata 1, Bha 2. Probably after the 7th planets, Bhya = Bhya the 1st is Rahu and the second is Ketu. Patha may specially mean Rahu and Ketu.

४७. प्रभुभाववैरीशप्राणी पितृलाभप्राण्यनुचरो विषमस्थो ब्रह्मा ॥

SU. 47.—*Prabhubhavavaireesapranee pitrulabhapranyanucharo vishamastha brahma.*

Find out which is the stronger of the two Rasis, Lagna and Saptama or 7th. Then find out which of the lords of the 6th, 8th and 12th from it is stronger, and if he occupies an odd sign in the Parswa Rasis from the stronger of Lagna or Saptama (7th), he will be named as the Brahma planet.

NOTES

He is going to explain in this sutra the planet who goes under the peculiar signification of Brahma. The *Parswa* Rasis or side signs are the 7th, 8th, 9th, 10th, 11th and 12th from Lagna. The 6 signs from Lagna, *viz.,* 1st, 2nd, 3rd, 4th, 5th and 6th are denominated as Parswa Rasis to the *saptama parswas*. Odd and even signs are well known and have been explained in the earlier notes. This is rather a difficult sutra and must be carefully studied and understood. One of the two signs Lagna and Saptama will be stronger. Take the lords of the three houses, 6th, 8th and 12th from the stronger of these two signs Lagna and 7th. Find out who is strongest of these three lords. If he is in an odd sign from the Parswa Rasis to the stronger Rasi in Lagna or Saptama, he becomes the planet called Brahma. To my humble mind the procedure seems to be very complicated. Jaimini is a Maharishi and he knows best. He has made these sutras as short and as sweet as possible and our intellects are not competent even to understand them. Where is then the justification to find fault with their composition or the interpretations put upon them by the ablest commentators? Learned commentators are a great boon to mankind. Without them many valuable works would have remained sealed letters.

४८. ब्रह्माणि शनौ पातयोर्वा ततः ॥

SU. 48.—*Brahmani sanau patayorva tataha*.

If Sani, Rahu or Ketu becomes Brahma, the 6th planet from him will be designated as Brahma in which case the other three will not have the Brahma power.

NOTES

The 6th planet must mean planet taken 6th in the regular order, Ravi, Chandra, Kuja, Budha, Guru, Sukra. Suppose, Ketu becomes Brahma, the 6th from him would be Guru. Similarly for other planets. Thatha = 6 *Tha* 6, *Tha* 6 = 66, divided by 12 we get the remainder 6 and hence the 6th house from the planet is meant.

४९. बहूनां योगे स्वजातीयः ॥

SU. 49.—*Bahunam yoge swajateeyaha*.

If many get the powers of Brahma (say three or four planets at a time), then that planet becomes Brahma who is next in degree to Atmakaraka.

NOTES

The next in degrees to Atmakaraka will become Amatyakaraka. Therefore in such cases Amatyakaraka becomes *Brahma*.

५०. राहुयोगे विपरीतम् ॥

SU. 50.—*Rahuyoge vipareetam*.

When Rahu also gets Brahmatwa, then the conditions will be reversed.

NOTES

This means that planet becomes Brahma who gets the lowest number of degrees among the Brahmas. This is perfectly intelligible. Suppose Guru gets 29 degrees in Mesha, then as per Jaimini rule he becomes Atamakaraka. These planets move forwards. But suppose in that horoscope, Rahu has only 20 minutes to pass in Mesha instead of Guru Rahu becomes the Atmakaraka. He has the backward movement, and therefore has the largest number of degrees to his credit in the inverse order. While Guru has 29 degrees in the forward movement, Rahu has 29 degrees and 40 minutes in his backward motion. Therefore Rahu has a longer number of degrees.

५१. ब्रह्मा स्वभावेशो भावस्थः ॥

SU. 51.—*Brahma swabhaveso bhavasthaha*.

The lord of the 8th from Atmakaraka as also the planet who occupies that house becomes Brahma.

NOTES

Thus may Brahmas have been enumerated and the reader must carefully study these rules. Bhava 8, *Bha* 4, *Va* 4 = 44, divided by 12, the remainder is 8.

५२. विवादे बली ॥

SU. 52.—*Vivade balee*.

Between the two planets the lord of the 8th from Atmakaraka and the planet who joins the 8th, the stronger of the two becomes Brahma.

NOTES

When there are many Brahmas, the strongest of the lot will be the Brahma. The results flowing from the Brahma and Maheswara planets will be explained hereafter. Students must be very careful.

५३. ब्रह्मणो यावन्महेश्वरर्क्षदशान्तमायुः ॥

SU. 53.—*Brahmano yavanmaheswararksha-dasantamayuhu*.

The longevity extends through the Rasis commencing from Brahma and counting upto the Rasi containing Maheswara.

NOTES

Jaimini has explained how to fix the planets, Rudra, Maheswara and Brahma.

५४. तत्रापि महेश्वरभावेशत्रिकोणाब्दे ॥

SU. 54.—*Tatrapi maheswarabhavesatrikonabde.*

The period of death must be determined thus, Maheswara will be in a sign. Take the Dasa of this Rasi, take the lord of 8th house from Maheswara. Take the Trikonas from him, *viz.*, 1, 5 and 9. Predict death in the Antardasa of any one of these Dasas which is strong enough to inflict death.

५५. स्वकर्मचित्तरिपुरोगनाथप्राणी मारकः ॥

SU. 55.—*Swakarmachittaripuroganathapranee marakha.*

The strongest among the lords of 3, 6, 12 and 8 from the Atmakaraka will inflict death.

NOTES

First settle about the terms of life, short, middle and long. If all the four lords mentioned above are of equal strength, predict death in such period by the evil Dasa, which intervenes at that time. The lords of 6 and 8 are powerful marakas, of these two, lord of the 6th is more powerful in causing death. Death will happen when the Dasas of 6 or 8 come. Death will occur in the sub-periods of the lords of Trikonas from 8th and 6th houses, of these Trikona periods from the 6th are more powerful. If the lord of the 6th is powerful, then the Dasas of Trikona Rasis from him would inflict death.

५६. तद्दृक्दशायां निधनम् ॥

SU. 56.—*Thadrukshadasayam nidhanam.*

Death will happen in the Rasi Dasa occupied by the maraka planet or in the Dasa of the Rasi of which he is the lord.

५७. तत्रापि कालाद्रिपुरोगचित्तनाथापहारे ॥

SU. 57.—*Tatrapi kaladripurogachittanathapahare*.

Take Atmakaraka. Find out the 7th from him. Take Ripu, Roga, Chitta or 12, 8 and 6th from it. The lords of these occupy some houses. Death may happen in the Dasas of such signs or the Dasas of the houses owned by these lords.

NOTES

After having ascertained such Marakagraha Rasis, he directs his readers to find out the special sub-periods which would cause death. Dasas of houses have to be counted from Chara, Shtira and Dviswabhava in the particular order named under that section. Some Rasi Dasa becomes maraka. If there are many Rasis which get the maraka power, find out the strongest among them and attribute death to it. Suppose there is a sign without a planet, with a planet who is its lord and a house with benefics. The last will be the most powerful among the houses named above. The first without a planet will be the weakest. The potentialities of planets and the houses have been very elaborately explained in the earlier Sutras. These principles may also be learnt from the general study of Astrology. Take Mesha without any planet, with Sani, with Ravi, with Chandra with Guru, with Sukra and with Kuja, Rahu or Ketu.

Its potentialities vary with the presence or absence of these planets and other aspects and conjunctions it has.

End of First Pada of Second Adhyaya

ADHYAYA 2—PADA 2

१. रविशुक्रयोः प्राणी जनकः ॥

SU. 1.—*Ravisukrayoh pranee janakaha.*

Out of Venus and the Sun, the stronger will become the maraka for father.

NOTES

In the previous section Jaimini has explained about the Maraka Dasa for a person, when he would die, and which Dasa and Amsa Dasa would kill him. I must confess here in spite of the elaborate explanations offered for the fixing of the period of death, the system seems to be complicated and cannot easily be grasped by the ordinary students. Even intelligent students will have to pour long hours, and much devotion to understand these complicated principles and fix correctly the time of death. For determining the terms of longevity, the other systems are no doubt hard and laborious, but it may be, they are simpler than the one illustrated by the Maharishi in his inimitable sutras, which cannot easily be deciphered by common men. In this section rules are given to find out the deaths of father, mother and other important relations. A man's comforts and peace of mind and happiness in the world depend greatly upon his relations, his friends and his servants. When these are inimicable, the man certainly becomes miserable. Ravi and Sukra represent father in a horoscope. The stronger of the two will cause the death of father. In general astrology Ravi and Chandra represent father and mother respectively. Varahamihira says *Divarkasukrau pitrumatrusamgnitou sanaischarayndu nisitadwiparyayat*. For persons born during the day, Ravi and Sukra represent father and mother respectively. For those who are born during nights Chandra and Sani denote father and mother respectively.

२. चन्द्रारयोर्जननी ॥

SU. 2.—*Chandraarayorjanee*.

The stronger of the two planets Chandra and Kuja will kill the mother.

३. अप्राण्यपि पापदृष्ट: ॥

SU. 3.—*Apranyapi papadrishtah*.

Among the four planets Ravi, Sukra, Chandra and Kuja whoever is weak and possesses evil aspects will cause the death of father and mother.

NOTES

Prany means strength. Aprany denotes want of strength, *viz.*, weakness.

४. प्राणिनि शुभदृष्टे तच्छूले निधनं मातापित्रो: ॥

SU. 4.—*Pranini shubhadrishte tatchule nidhanam matapitroh*.

If, among the planets named above Ravi, Sukra, Chandra and Kuja, whoever has got beneficial aspects, the death of father and mother must be predicted in the Shoola Dasa—1st, 5th or 9th Rasi Dasa from the powerful planet.

५. तद्भावेशे स्पष्टबले ॥   ६. तच्छूल इत्यन्ये ॥

SU. 5 and 6. (5) *Tadbhavese spashtabale*. (6) *Thatchula ityanye*.

If the lord of the 8th from the lords of father and mother is powerful, then the period of the Shoola Rasis from him will inflict death on the father and the mother.

NOTES

This opinion is held by some writers. Two planets for father and two for mother have been named, whoever is stronger out of these two will have the death arranged in their Shoola Dasas.

७. अयुषि चान्यत् ॥

SU. 7.—*Ayushi chanyat*.

As deaths have to be predicted for father and mother by their Karakas, similarly events have to be predicted for others from their Karakas and the Shoola Dasas from them.

NOTES

This means for all events in life there are Rasis and Karakas. Rules governing the above for mother and father will also apply similarly for other events.

૮. अर्कज्ञयोगे तदाश्रिते क्रिये लग्नमेषदशायां पितुरित्येके ॥

SU. 8.—*Arkagnayoge tadasrithe kriye lagnameshadasayam piturityeke.*

If the 12th house from Lagna falls in any one of these three signs, *viz.,* Mithuna, Simha or Kanya and has the conjunction of Ravi and Budha, death happens in the Dasa of the 5th from it.

NOTES

Kriya 12, *Ka* 2, *Ya* 1 = 21, inverted it denotes 12.

Mesha means 5th, *Ma* 5. *Sha* 6 = 56, reversed it gives 65 divided by 12, we have remainder 5, and fifth house is meant by Mesha. Mesha in ordinary language means Aries. But in Jaimini it has to be interpreted by *Ka, Ta, Pa, Ya* sutra.

९. व्यर्कपापमात्रदृष्टयोः पित्रोः प्राग्द्वादशाब्दात् ॥

SU. 9.—*Vyarkapapamatradrishtayoh pitroh pragdwadasabdat.*

Whether the lords of father and mother are powerful or powerless, if they have the aspects of evil planets other than the Sun, the death of father and mother may be predicted before the 12th year of a person's age.

१०. गुरुशूले कलत्रस्य ॥

SU. 10—*Gurusule kalatrasya.*

The Dasas of 1st, 5th or 9th Rasis from the position of Guru will cause the death of his wife.

NOTES

He names three Dasas called Shoolas. The worst among them will kill the wife.

११. तत्तच्छूले तेषाम् ॥

SU. 11.—*Thattatchoole tesham*.

Death will happen to children, uncles, etc., in the Dasas of 1st, 5th and 9th Rasis from the Karakas who govern those events.

NOTES

Take the Putrakaraka and predict death to children in the Shoola Dasas from him. Take the Matulakaraka. The Shoola Dasas from him will kill uncles, etc.

१२. कर्मणि पापयुतदृष्टे दुष्टं मरणम् ॥

SU. 12.—*Karmani papayutadrishte dushtam maranam*.

If the 3rd from Lagna or Karaka has the aspect or conjunction of evil planets, death will be painful and troublesome.

NOTES

Death is a peculiar phenomenon about which people have various conceptions. Some dread it, some welcome it, and others are quite indifferent.

१३. शुभं शुभदृष्टियुते ॥

SU. 13.—*Subham subhadrishtiyute*.

If the 3rd from Lagna or Karaka has beneficial aspects or conjunctions, death will be easy from slight complaints.

NOTES

Some have prolonged and most painful complaints before death, some have ordinary complaints and others have very easy deaths.

१४. मिश्रे मिश्रम् ॥

SU. 14.—*Misre misram*.

If the 3rd from Lagna or Karaka has mixed aspects and conjunctions, death will be neither very difficult nor very easy.

१५. आदित्येन राजमूलात् ॥

SU. 15.—*Adityena rajamoolath*.

If the 3rd from Lagna or the Karaka is connected with Ravi, death comes to the person through the kingly or Government displeasure.

NOTES

He may be hanged, confined, beheaded or executed, thrown into abysses from tops of forts or mountains or shot at the cannon's mouth.

१६. चन्द्रेण यक्ष्मण: ॥

SU. 16.—*Chandrena yakshmanah*.

If Chandra occupies or aspects the 3rd from Lagna or Karaka, the person will die through consumption or Tuberculosis.

NOTES

Yakshma means consumption. It is no doubt a nasty disease, but with some it takes years to bring their ruin, with others it is quick and active.

१७. कुजेन व्रणशस्त्राग्निदाह्याद्यै: ॥

SU. 17.—*Kujena vranasastragnidahadyaihi*.

If Mars occupies or aspects the 3rd from Lagna or Karaka, the person dies by wounds, injuries, fire and weapons.

NOTES

Karaka in all these Sutras refer to Atmakaraka. Find out the 3rd house from Lagna or Atmakaraka Lagna, whichever of these two is stronger, predict the results from it, by the 3rd house and the planet who is there. If Kuja is found there, by wounds and injuries, by weapons, by fire and by burning, he will meet death. Kuja is called *Angaraka* or one who robs and injures the bodily organs or *Angas*, Lohitanga or bloody planet, *Ara* or one who injures and burns the limbs. Bloody diseases and blood corruption lead to many painful complaints.

१८. शनिना वातरोगात् ॥

SU. 18.—*Sanina vatarogat*.

If Sani is aspecting or combining with the 3rd from Lagna or Karaka, death comes through windy complaints.

NOTES

Ayurveda or Indian Medical Science mentions three Dhatus or characteristics for all physical constitution, *viz.*,

Vata or wind, *Pitta* or bile and *Sleshma* or phlegm. No disease comes when these are working in their proper proportions. But when any one of them is excited beyond its normal quantity, ill-health follows in various complications and death will result when any one or more of them are roused and proceed to work out of the normal conditions. All diseases in the Indian medicine are attribute to the excess or want of these in proportions.

१९. मन्दमान्दिभ्यां विषसर्पजलोद्बन्धनादिभिः ॥

SU. 19.—*Mandamandibhyam vishasarpajalodbandhanadibhihi.*

If the 3rd from Lagna or Karaka is occupied by *Sani* and *Gulika*, the person will die from the effects of poison, from snakes, from chains and shakles and from water.

NOTES

The latter means drowning or watery diseases like dropsy, diabetes, etc.

२०. केतुना विषूचीजलरोगाद्यैः ॥

SU. 20.—*Kethuna vishucheejalarogadyaihi.*

If the 3rd from Lagna or Karaka is occupied or aspected by Kethu, the person dies from contageous, watery and epidemic complaints.

NOTES

Vishuchi is a comprehensive term and includes various contageous and epidemic complaints such as small-pox, cholera, plague, influenza, watery diseases or dropsy, diabetes diarrhoea, etc. Here great margin and latitude are given to the student to use his brain, practical knowledge and the instructions he get from his Gurus. No principles of sciences can be explained without *sutras*. These *sutras* are the pleasures of the learned and the pains of the ignorant. In Sanskrit *adi* is used often because all the events, which a principle governs or comprehends, cannot be explained, and if such an attempt is ever made, it would fill volumes after volumes and there would be no end to writing. A direction has to be shown to the intelligent student and they should follow the same with diligence and sometimes achieve better results than the original principle intended or conceived. Brain power has no limit. It is able to grasp, when properly developed and directed, the smallest and the largest objects.

२१. चन्द्रमान्दिभ्यां पूगमन्दान्नकबलादिभिः क्षणिकम् ॥

SU. 21.—*Chandramandibhyam poogamandannakabaladibhih kshanikam*.

If the 3rd from Lagna or Karaka has the conjunction of Chandra and Gulika, death will result immediately from eating hard meals, food and other indigestible articles.

२२. गुरुणा शोफारुचिविमनाद्यैः ॥

SU. 22.—*Guruna sopharuchivimanadyaihi*.

If the 3rd from Lagna or Karaka is combined by Guru, the death will be caused by dropsy, disgust for food, melancholy and other complaints.

NOTES

Dropsy and swellings of the body may be caused by various causes. The bites of insects are often causes for swellings of parts of body and through such swellings death may occur.

२३. शुक्रेण मेहात् ॥

SU. 23.—*Sukrena mehat*.

If the 3rd is aspected or joined by Sukra from Lagna or Karaka, death will result from venereal complaints.

NOTES

In the flush of passions, people commit all sorts of sexual excesses and bring in their train a series of complicated and horrible diseases, some of which are loathsome, replusive, horrible and excruciating. In painful tortures, the venereal complaints take a prominent rank and punish the offenders with very serious troubles and pains.

२४. मिश्रेमिश्रात् ॥

SU. 24.—*Misremisrat*.

If the 3rd from Lagna or Karaka has the conjunction or aspect of many planets, then the death will come from various diseases.

NOTES

Sometimes diseases are sharp and pronounced, but often they are complicated and throw the doctors on their wit's ends. The noses of the medical men will have to be expanded before they correctly *diagnose* them.

२५. चन्द्रद्रुग्योगान्निश्रयेन ॥

SU. 25.—*Chandradrugyogannischayena*.

If Chandra aspects or joins the 3rd from Lagna or Karaka along with other planets, death is certain to happen from the causes named in the previous sutras.

NOTES

In all deaths, Sani and Chandra must have a hand. Death means the disruption of mind from the body and mind is represented by Chandra. Vedas say *Chandramamanasojatah.*

If there are many evil planets in the 3rd, then death happens under very painful circumstances. But when there are many benefics in the 3rd, death will happen after slight complaints or under easy surroundings.

२६. शुभैः शुभदेशे ॥

SU. 26.—*Subhaihi subhadese.*

If the 3rd from Lagna or Karaka has beneficial aspects or conjunctions, death happens in good or holy places.

NOTES

For various reasons, too numerous to be discussed in short notes like these, people specially religiously inclined, covet death in holy places or happy surroundings. This is human aspiration.

२७. पापैः कीकटे ॥

SU. 27.—*Papaih keekate.*

If the 3rd from Lagna or Karaka has evil aspects or conjunctions, death will happen in vicious or sinful countries and places.

NOTES

The commentators have interpreted Keekata Desa as Magadha and other sinful countries. When benefics are in the 3rd, death happens in holy places, like Kasi, Tirupathi or other places held holy by the followers of different religions. Mohamedans hold Mecca and Medina as holy. The Christians consider Jerusalem as holy. The Buddhists hold Gaya as holy. The Hindus have many places declared as holy like Kasi, Rameswaram, Jagannath, Haridwara, Tirupathi, etc. When evil planets are in the 3rd, death happens in vicious or sinful places. There are some places which are full of vices and sinful deeds. Death in such places will be considred as a great misfortune. Say a man dies, near a cess pool, in night soil, in gambling or whoring dens, or in dirty wells or dreary forests. Families, communities, religious sects, villages, towns, cities, countries and nations have ebbs and flows in their fortunes, and also in their morals and spiritualities. Sodom and Gamora were destroyed on account of their abominable vices. We have also many examples of destruction of these by excesses in sins and vices. It will be a consolation to take birth in a virtuous place and in the midst of good and pious people. It will certainly be a misfortune to be born in dirty and sinful surroundings. To die in an agreeable place and have the ceremonies performed as per their religious principles will be a pleasure. To die in dirty and sinful places and be neglected after death or the body exposed to wild animals and vultures, will be a real misfortune which every man tries to avoid.

२८. गुरुशुक्राभ्यां ज्ञानपूर्वकम् ॥

SU. 28.—*Gurusukrabhyam gnanapurvakam*.

If the 3rd from Lagna or Karaka has the conjunction or aspect of Guru and Sukra, the person dies with consciousness unimpaired.

NOTES

The word used is Gnana. It may also mean that the person will die, with the full thoughts of *Para Brahma* in his mind.

२९. अन्यैरन्यथा ॥

SU. 29.—*Anyairanyatha*.

If the 3rd from Lagna or Karaka is aspected or joined by other planets, unconsciousness prevails at death.

NOTES

There are some miserable people who remain unconscious before death for weeks and months together. They will have no holy thoughts in their heads.

३०. लेपनुखपोर्मध्ये शनिराहुकेतुभिः पित्रोर्न संस्कर्ता ॥

SU. 30.—*Lepanukhapormadhye sanirahuketubhihi pitrorna samskartha*.

If Sani and Rahu or Sani and Ketu are in conjunction between the 1st and 12 houses, the person will not perform the obsequies of his parents.

NOTES

Lepa 1, *Khapa* = 12, *La* denotes 3, *Pa* shows 1 = 31, reversed 13, divided by 12 we get 1, and therefore denotes the Lagna or 1st house. *Kha* 2, *Pa* 1 = 21, reversed we get

12. The performance of death ceremonies for parents is held as a sacred duty. If a person does not do it, he will be called an ungrateful wretch and generally communities outcast him.

३१. लेपादिपूर्वार्धे जनकाद्यपरार्धे ॥

SU. 31.—*Lepadipurvardhe janakadyaparardhe.*

If Rahu and Sani are found in conjunction in the first 6 houses from Lagna, the death ceremonies for the mother will not be performed. If they are found in the next 6 houses, *viz.*, from 7th to 12th houses the ceremonies for the father will not be performed.

NOTES

Sani and Rahu or Sani and Ketu are meant here. Their conjunction is necessary here in the houses indicated above.

३२. शुभदृग्योगान्न ॥

SU. 32.—*Subhadrigyoganna.*

If Sani and Rahu or Sani and Ketu have beneficial aspects or conjunctions, these evil results should not be predicted.

NOTES

It means the person performs the death ceremonies properly to his parents.

End of Second Pada of the Second Adhyaya

———

ADHYAYA 2—PADA 3

१. विषमे तदादिर्नवमांशः ॥

SU. 1.—*Vishame tadadirnavamamsah.*

If the birth falls in an odd sign, the Navamsa Dasas commence from it.

NOTES

Each Rasi Dasa contains 9 Amsas or Navamsas and each Rasi Dasa counts 9 years. Hence these Dasas are called Navamsa Dasas. Mesha, Mithuna, Simha, Thula, etc., are odd signs.

२. अन्यथादर्शादिः ॥

SU. 2.—*Anyatha darsadihi.*

In the even signs the Navamsa Dasas commence from the Abhimukha Rasis.

NOTES

The commentators explain thus: If a movable sign is Lagna, then the 8th Rasi from Lagna becomes the commencement Dasa. If Lagna falls in a fixed sign the commencing Dasa will be the 6th Rasi from it. If Lagna falls in a common sign, the Dasa commences from the 7th Rasi from it. These are called Abhimukha Rasis and their explanations have been given in the earlier sutras.

३. शशिनन्दपावकाः क्रमादब्दाः स्थिरदशायाम् ॥

SU. 3.—*Sasinandapavakah kramadabdah sthiradasayam.*

In the Sthira or fixed sign Dasa, the movable sign Dasa will be 7, the fixed Dasa will be 8 years and the Dasa of the common Rasi will extend to 9 years.

४. ब्रह्मादिरेषा ॥

SU. 4 —*Brahmadiresha.*

The Sthira Dasa commences from the Rasi occupied by Brahma.

NOTES

Brahma has already been explained in Sutra 47 of Pada 1 of Adhyaya 2.

५. अथ प्राणः ॥

SU. 5.—*Atha pranah.*

Jaimini now begins to explain the strength of the planets and the Rasis. *Prana*, here as well as in the previous sutras, means sources of strength the planet and the signs get.

६. कारकयोगः प्रथमो भानाम् ॥

SU. 6.—*Karakayogah prathamo bhanam.*

That Rasi or sign becomes the strongest, which has the conjunction of Atmakaraka.

NOTES

This combination is supposed to give greater strength than even the Shadbalas recorded in the other astrological works. This is the primary source of strength.

७. साम्ये भूयसा ॥

SU. 7.—*Saamye bhuyasa.*

If other sources of strength are equal, then the conjunction of larger number of planets gives greater strength.

८. ततस्तुङ्गादि: ॥

SU. 8.—*Thathastungadih.*

If these sources of strength are equal, then exaltation, friendly houses, and Moolatrikonas give them vitality.

९. निसर्गस्ततः ॥

SU. 9.—*Nisargasthathah.*

Then the Nisarga or permanent sources of strength must be considered.

NOTES

The chara or movable signs are weaker than Sthira Rasis or fixed signs. These are weaker than the common or Dviswabhava Rasis.

१०. तदभावे स्वामिन इत्थं भाव: ॥

SU. 10.—*Thadabhave swamin ithham bhavah.*

If the Rasi has one of the Karakadi sources of strength, then its power will be that which its lord possesses from the associations of Karaka, etc.

NOTES

The strength of the Rasi and the strength of its lord should be taken into consideration.

११. आग्रायत्तो विशेषात् ॥

SU. 11.—*Agrayatto viseshath*.

According to the Jaimini Sutras the planets which gets the highest number of degrees among others will become the most powerful.

NOTES

This has been already explained in the earlier portion and the most forward planet in a Rasi becomes the Atmakaraka and most of the results previously named are based upon his position and the relative positions of other Rasis and planets taken with reference to him. According to this work Atmakaraka supersedes all other planets in power and potency.

१२. प्रातिवेशिकः पुरुषे ॥

SU. 12.—*Prativesikah purushe*.

In the odd sign, it gets strength from the planets who occupy the 12th and 2nd from it.

NOTES

Planets in the 2nd and 12th from themselves or from the Rasis they occupy have special influences. The Rasi will have Kartari Yoga, as also any planet which has on both sides evil planets. Good planets may cause this Yoga and probably the results will be beneficial.

१३. इति प्रथमः ॥

SU. 13.—*Ithi prathamah*.

The sources of strength named in the above sutras will be the first set of inquiry into the powers of a Rasi or its lord.

१४. स्वामिगुरुज्ञदृग्योगो द्वितीयः ॥

SU. 14.—*Swami gurugnadrigyogo dwiteeyah*.

The second set of strength for a Rasi is derived by the aspect of its own lord, Jupiter or Mercury.

NOTES

Now he names the second set of powers which a Rasi can command to its credit. Varahamihira observes thus in his *Brihat Jataka*:

Horaswami Gurugnya Veekshitayuta Nanyaischa Veeryolkatah.

The Lagna or any Bhavava or Rasi becomes strong when it has the aspect or conjunction of its lord, Guru or Budha, if not it will not be powerful. This stanza of *Brihat Jataka* is nothing but a slavish imitation of this sutra of Jaimini. The Maharishi Jaimini was the author of *Poorvamimamsa Sutras, Jaimini Bharata* and the invaluable sutras I am translating. He was the disciple of Veda Vyasa and was, therefore, contemporary of that great Maharishi. I have proved, by indisputable authority, that the period of Maha Bharata was more than 5,000 years from now. There are four copper plate grants given by the Emperor Janamejaya the son of Parikshit and the grandson of Abhimanyu, the son of Arjuna, the great hero in that ruinous war and the recipient of the Bhagavadgita instructions from Lord Krishna himself and written by Veda Vyasa. Varahamihira, as per date given by himself in stanza 2 of his *Brihat Samhita*, Chapter 31, lived in the court of Vikramaditya whose Era called Samvat Nripasaka is prevalent all over India and counts now as 1988. Varahamihira says that he borrowed all his ideas of Astronomy, Astrology and Samhita from the still more older writers and the above quoted of his stanza certainly comes from Jaimini. Any sign becomes strong when it has the aspect or conjunction of its lord, Guru or Budha. Six varieties arise from this. The lord aspecting or conjoining, it gives two. Similarly for the other two planets Guru and Budha. This is the second source or item of strength. Aspects and conjunctions are different.

१५. स्वामिनस्तृतीयः ॥

SU. 15.—*Swaminastruteeyah*.

The third set of strength for the lord will be the one to be detailed below.

१६. स्वात्स्वामिनः कण्टकादीश्वपारदौर्बल्यम् ॥

SU. 16.—*Swatswaminah kantakadishwaparadourbalyam*.

Those planets who are in Kendras, Panaparas and Apoklimas from the Atmakaraka become more and more powerless than him.

NOTES

This means those who are in the Kendras from the Atmakaraka are powerless. Those who are in the next houses from Kendras are still more feeble and those who occupy the next houses are worse still in power. This represents the 3rd source of strength.

१७. चतुर्थं: पुरुषे ॥

SU. 17.—*Chaturthah purushe*.

If the lord of the Rasi falling in Purusha Rasi (odd sign) has evil conjunctions and aspects, this will become the 4th source of strength to the Rasi.

१८. पितृलाभप्रथमप्राण्यादि: शूलदशा निर्याणे ॥

SU. 18.—*Pitrulabhaprathamapranyadi shooladasa niryane*.

Take the stronger out of the two 1st and 7th. Then from the stronger of these two, take the Shoola Dasas, *viz.*, 1, 5 and 9. Find out which of these Shoola Rasis becomes the strongest. Then ascribe the death period to it as certain.

१९. पितृलाभपुत्रप्राण्यादि: पितु: ॥

SU. 19.—*Pitrulabhaputrapranyadih pituh*.

Putra 9, *Pa* 1, *Ra* 2 = 12, reversed it means 21, divided by 12, we have the balance 9, hence the 9th house is meant. Take the Lagna and 7th and find out the 9th houses from them. Whichever is stronger in these two ninth houses, take that and find out their

Shoola Dasas and prescribe death to father in the most unfavourable of these Shoola Dasas, *viz.*, 1, 5 and 9.

२०. आदर्शादिमांतुः ॥

SU. 20.—*Adarsadirmatuh*.

Take the most powerful in 1 or 7. Take the 4th from it and find the Shoola Dasas from it, whichever is the most powerful among the 1st, 5th or 9th predict death to the mother in that Dasa.

NOTES

Darsa 4, *Da* 8, *Ra* 2 = 82 reversed 28, divided by 12 we have the balance 4 and 4th house is meant here.

२१. कर्मादिभ्रांतुः ॥

SU. 21.—*Karmadirbhrathuh*.

Take the 3rd from Lagna or the 7th whichever is stronger, and ascribe death to brothers and sisters in the most powerful of the Shoola Dasas from it.

२२. मालादिर्भगिनीपुत्रयोः ॥

SU. 22.—*Matradirbhagineeputrayoh*.

Take the Lagna or the 7th whichever is stronger, and find the 5th from it. Sons and sitsers will die in the most cruel of the Shoola Dasas from the above 5th house.

NOTES

How 5th can have any connection with sisters, I cannot

guess. But the sutra is clear and we have to take it in the sense he has given.

२३. व्ययादिर्ज्यैष्ठस्य ॥

SU. 23.—*Vyayadirjaishtasya*.

Take the 11th from Lagna or 7th whichever is stronger, and predict death to elder brothers in the most unfavourable Shoola Dasa from it.

NOTES

The 3rd represents younger brothers and sisters and the 11th, the elder sisters and brothers in other works on astrology.

२४. पितृवत्पितृवर्गे ॥

SU. 24.—*Pitruvatpitruvarge*.

Take the stronger of the two Lagnas and the 7th. Find out the 9th from it. From this take the Shoola Dasas and predict death to paternal uncles, etc., in the evil period among them.

२५. ब्रह्मादिः पुरुषे समा दासान्ताः ॥

SU. 25.—*Brahmadih purushe sama dasanthah*.

If the Lagna falls in a *purusha* or masculine Rasi, the Dasas or periods commence from the sign occupied by the Brahma. The extent of the Rasi Dasa is thus determined. Take the 6th from the Dasa Rasi. Find out the number of the house the lord of it occupies and that number will be the extent in years of that Dasa.

NOTES

Dasa 6, *Da* 8, *Sa* 7 = 87 reversed it gives 78, divided by 12, the balance is 6, hence the 6th house is indicated by this figure.

२६. स्थानव्यतिकरः ॥

SU. 26.—*Sthanavyathikarah*.

When the Janma Lagna falls in an odd sign, the Dasas commence from the Rasi occupied by Brahma in regular order. If the Lagna falls in an even sign, then the Dasas commence regularly from the 7th house from Brahma.

NOTES

This means in odd signs the Dasas commence from the Rasi occupied by Brahma, and in even signs the Dasas commence from the 7th Rasi from the sign occupied by Brahma.

२७. पापदृग्योगस्तुङ्गादिग्रहयोगः ॥

SU. 27.—*Papadrigyogastungadigrahayogah*.

The conjunctions and aspects of malefics are a source of strength for the Rasis. So also is added another source of strength to (the Rasi) by planets (situated there) being in exaltation, Moolatrikona and very friendly and friendly houses.

NOTES

Jaimini now gives the fourth source of strength to the Rasis. The conjunctions and aspects of evil planets are a source of strength to the Rasis. The states of such planets which have aspects and conjunctions in the Rasis will also be sources of strength such state are exaltations, debilitations, friendly and unfriendly houses, Moolatrikonas. Benefics influence the Rasis by aspects and conjunctions when they are in exaltations and other favourable positions otherwise they do' not exercise much influence, such is the opinion of the commentators. This is fourth source of strength.

२८. पञ्चमे पद क्रमात् प्राक्प्रत्यक्त्वम् ॥

SU. 28.—*Panchame pada kramat prakpratyaktvam*.

If the 9th from Lagna happens to be incorporated in an odd sign, take the Rasi Dasas in the regular order. If it happens to be incorporated in an even sign, take the Rasi Dasas in the inverse order or backwards. The commencement of the Dasa should be from the Lagna. Ketu in these cases is considered as a benefic.

End of Third Pada of Second Adhyaya

ADHYAYA 2—PADA 4

१. द्वितीयं भावफलं चरनवांशे ॥

SU. 1.—*Dwiteeyam bhavaphalam charanavamse*.

In the Navamsa Dasa of Chara Rasi the significations of the second house must be explained in the manner given in Sutra 14 of the previous section.

NOTES

All Bhavas get strength when they are aspected or conjoined by their lords, by Guru and by Budha.

२. दशाश्रयो द्वारम् ॥

SU. 2.—*Dasasrayo dwaram*.

The Rasi which commences the Dasa or period is called the Dwara Rasi or the door for the subsequent Rasi Dasas.

NOTES

This Dasa is called also Paka Rasi.

३. ततस्तावतिथं बाह्यम् ॥

SU. 3.—*Thathastavatitham bahyam*.

Count as many signs from Dwara Rasi as Dwara Rasi is removed from Lagna. This will be the Bhoga Rasi.

NOTES

He gives here the definition of what is called *Bhoga Rasi*. The commencement of Dasas is given and their differences in Chara, Sthira and Dviswabhava Rasis have been shown.

The commencing Dasa falls in some sign from Lagna. Then count from that Rasi to a similar number and this will be the Bahya Dasa or Bhoga Dasa. Suppose the commencing Dasa falls in Mesha for a person whose Lagna is Dhanus. Then it will be 5th from it. Mesha Dasa becomes the Paka or Dwara Dasa and the 5th from it, *viz.*, Simha becomes the Bahya or Bhoga Dasa. Some commentators explain thus: If Mesha begins as the Dasa of the first sign, then counting one from it, the Bhoga Dasa or the second begins in Mesha alone. Then the second Dasa begins in Vrishabha which will be called Paka Dasa, and the second from it Mithuna becomes Bhoga Dasa. The third Dasa commences in Mithuna and it becomes Paka Dasa. The third from it *viz.*, Simha becomes the Bhoga Dasa, Kataka becomes the 4th Dasa and becomes Paka, while the 4th from it, *viz.*, Thula becomes Bhoga Dasa. In this way Dasas must be calculated till the last Dasa, which ends the man's existence and kills him. I think I have made the meaning very clear and simple.

४. तयोः पापे बन्धरोगादि ॥

SU. 4.—*Tayoh pape bandharogadi.*

If evil planets are found in the Paka and Bhoga signs, the person will suffer from imprisonment, chains, diseases and other mental and physical troubles.

५. स्वर्क्षेऽस्य तस्मिन्नोपजीवस्य ॥

SU. 5.—*Swarksheasya thasminnopajeevasya.*

If the evil planets in the two Rasis happen to be in their own houses or are very close to Guru, then the evil results foretold in Sutra 4 will not happen.

६. भग्रहयोगोक्तम् सर्वमस्मिन् ॥

SU. 6.—*Bhagrahayogoktam sarvamasmin.*

The results in these Dasas will have to be foretold, by the strength of the planets and by the sources of strength and weakness of the Paka and Bhoga Rasis.

NOTES

These hints are to be taken not only here but throughout the whole work. Suppose there are evil planets in debilitation or without nearness to Guru.

1. These two Rasis have exalted evil planets.
2. There are beneficial planets with malefics.
3. There are pure benefics.
4. Benefics in exaltation.
5. Benefics in debilitation.

In all such cases, the results will certainly be, and must be different. The strength of the Rasis must also be carefully considered. Then again, in the Rasi extending over 30 degrees the strength and weakness of the Rasi will not be uniform. There is a radical difference between the general astrologers and Jaimini Maharishi. All the astrological works have their foundations laid in the writings of the Maharishis. They alone were able to see the differences in planetary globes, their influences on each other and the wonderful ways by which they indicated the results of the karma to the credit of the person at the time of his birth. Jaimini gives great prominence to the planet who has advanced the largest number of degrees in a Rasi and calls him Atmakaraka. The Navamsa he occupies plays a prominent place in the delineation of characteristics and results. But in the *Deeptadi Avasthas,* the planet who is in the last Navamsa of a Rasi gets *Peeda Avastha* or the state of humiliation. No great prominence is attached to him and on the other hand he becomes weak and powerless. Difference of opinion among the various authors are found in large numbers. Take medicine, philosophy, religion, war, law, speculation and even the so-called most exact science, mathematics. Here one plus one becomes two and one and one both minus becomes two. We give a separate value for plus and minus. To reach a place there may be one thousand and one ways. The differences in all these will have to be carefully considered and reconciled. Approaching from different places and directions and experiments and experiences, two or more persons may reach the same destination or results. A simple illustration will convince us about the truth of these observations. A, B and C are each worth one lakh of rupees. By whatever means they may have acquired that wealth, the result is the same, and the money power of one lakh lies with each of them. Take half a dozen warriors of exactly equal physical and mental capacities. Each may have taken different food, born in different conditions, and brought up under different circumstances, but the results are one and the same. Similarly in astrological sciences. Different Maharishis pursued different methods and found out the identical results though those results were produced from apparently different causes. The solar, planetary and stellar radiations are working through the various degrees of the zodiacal signs in mysterious ways.

७. पितृलाभप्राणितोऽयम् ॥

SU. 7.—*Pitrulabhapranithoyam*.

These results have to be carefully predicted from Lagna or the 7th, whichever is the stronger of the two. For males preference should be given to

Lagna and for females the 7th should be preferred provided it is strong.

८. प्रथमे प्राक्प्रत्यक्त्वम् ॥

SU. 8.—*Prathame prakprathyaktvam.*

If the Dasa commences with a movable sign or Chandra Rasi, then the order of the Rasi Dasas will be regular in a horoscope.

९. द्वितीये रवितः ॥

SU. 9.—*Dwiteeye ravitah.*

If the Dasa commences in the fixed sign or Sthira Rasi, then the 6th and 7th, etc., from it will be the successive Dasas.

NOTES

These are called *Padakrama* Dasas. Pada as we know already means the number of a Rasi, again counted from the Lagna or any other Bhava.

Ravi 6, *Ra* 2, *Va* 4 = 24 inverted, 42, divided by 12, we have the balance of 6, and hence the 6th, the 6th from it and the 6th from it and so on.

१०. पृथक्क्रमेण तृतीये चतुष्टयादि ॥

SU. 10.—*Pruthakramena thriteeye chatushtayadi.*

If the Dasa Rasi commences in a common sign, then the successive Rasi Dasas will be determined by the Kendra, Panapara and Apoklima Rasis from it.

११. स्वकेन्द्रस्थाद्याः स्वामिनो नवांशानाम् ॥

SU. 11.—*Swakendrasthadyah swamino navamsanam*.

Those who are in Kendras, Panaparas and Apoklimas from the Karaka become the lords of the Navamsa Dasas.

NOTES

Here we have to take the planets first in Kendras according to their strength, then those who are in Panapara and last those who are in Apoklimas.

१२. पितृचतुष्टयवैषम्बलाश्रयः स्थितः ॥

SU. 12.—*Pitruchatushtayavaishambalasrayah sthitah*.

Those Rasis which are in Kendras from Lagna furnish the first Dasa.

NOTES

Suppose there are many, then that sign which becomes strong by the various combinations and aspects explained in the previous sutras, becomes the first Rasi Dasa. The Dasa years are 9 for each of the Rasis.

१३. स तल्लाभयोरावर्तते ॥

SU. 13.—*Sa tallabhayoravartate*.

The Karaka will be moving between the Lagna and the 7th.

NOTES

We have to find him from Lagna or the 7th whichever

is stronger, and count backwards or forwards as the Rasi he occupies is even or odd. Then he gives the Dasa years as are counted from Lagna or the 7th, taking the Dasa always by the larger number he obtains. This is the extent of Karaka Dasa in years. For other planets, count the number from them to the Karaka, in the forward or backward reckoning and ascribe such number of years to the planets.

१४. स्वामिबलफलानि च प्राग्वत् ॥

SU. 14.—*Swamibalaphalani cha pragvath.*

The results of all these will be determined, as detailed in the previous sutras, by the examination of the sources of strength and weakness to the planets, to the lords of the Dasas and to the Rasis.

NOTES

Jaimini has given various sources of strength and weakness to the planets in general, to the Rasis or signs and to the lords of the Dasas. He advises his readers to take these into careful consideration and having regard to times, circumstances and places, predict the results, so that they may turn out correct and to the point.

१५. स्थूलादर्शे वैषम्याश्रयो मण्डूकस्त्रिकूटः ॥

SU. 15.—*Sthuladarsa vaishamyasrayo manduka-strikutah.*

As the *Manduka* or frog jumps from place to place, the two systems of Dasas named by Jaimini in the previous sutras, *viz.*, Kendra, Panapara and Apoklima, and the movable, fixed and double bodied signs, also jump from house to house and hence he calls them Manduka Dasas.

NOTES

As per instructions given in the previous chapters, the Dasas both for planets and Rasis, jump from Kendras to Panaparas and from the latter to Apoklimas. Similarly they jump from Charas to Sthiras and from Sthiras to Dwiswabhavas. They also jump in Shoola Dasas.

१६. निर्याणलाभादि शूलदशा फले ॥

SU. 16.—*Niryanalabhadi shooladasa phale*.

In predicting results, the 7th from the Niryana-shoola Dasa should be taken into first account.

NOTES

Shoola Dasas are marked as death inflicting. Take the 7th from the most powerful of these Niryana Rasis and begin to make predictions from it. This Niryanashoola is of many kinds. Rudrashoola, Maheswarashoola and Brahmashoola.

१७. पुरुषे समाः सामान्यतः ॥

SU. 17.—*Purushe samah samanyatah*.

If the *Arambha* or commencing Dasa falls in Purusha Rasi or masculine sign, then the subsequent Rasi Dasas will be counted regularly and each Dasa gets 9 years only.

NOTES

If the commencing Dasa falls in a feminine sign, then the subsequent Dasas have to be counted from the 7th sign from it. In masculine horoscopes the Arambha Dasa commences from Lagna. In feminine horoscopes commences from the 7th.

१८. सिद्धा उडुदाये ॥

SU. 18.—*Siddha ududaye*.

Dasas, counted from the constellations at birth, have to be learned and taken from Parasara, Gargi, Vyasa and other well-known writers.

NOTES

Jaimini says he has not given them in his work because they can be learnt from other works and the Dasa periods will be as they are given there. We have 27 constellations and they have to be counted from Krittika.

		Years
Krittika—Ravi Dasa	—	6
Rohini—Chandra Dasa	—	10
Mrigasira—Kuja ,,	—	7
Aridra—Rahu ,,	—	18
Punarvasu—Guru ,,	—	16
Pushyami—Sani ,,	—	19
Aslesha—Budha ,,	—	17
Makha—Ketu ,,	—	7
Pubba—Sukra ,,	—	20

Then from star Uttara repeat the same planetary Dasa with the same number of years. These are called Udu Dasas, from *Udu* meaning a constellation or star. Jaimini has made no reference before to constellations. He mentions them only in this sutra. Thus each planet gets 3 stars, with the same number of years. He uses the word *Siddha* meaning ready from other works well known in the world.

१९. जगत्तस्थुषोरर्धं योगार्धे ॥

SU. 19.—*Jagattasthushorardham yogardhe.*

The extent of Yogardhadasa will be half of the two Dasas combined from the Chara and Sthira Rasis.

NOTES

The Yogardhadasa will have to be stronger of the two Rasis, Lagna and the Saptama or the 7th.

२०. स्थूलादर्शवैषम्याश्रयमेतत् ॥

SU. 20.—*Sthuladarsa vaishamyasrayametat.*

Yogardhadasa begins either from Lagna or the 7th house whichever is stronger.

NOTES

The sources of strength and weakness have been clearly explained in the previous pages. *Yogardhadasa* commences from the stronger of the two Lagna and the 7th. If the Rasi which commences the Dasa be odd, then, take the subsequent Dasas in the regular order. If it is even then count the Dasas backwards. *Sthula*=Lagna or 1—*Tha* 7, *la* 3 = 73, reversed 37, divided by 12, we get 1 or Lagna.

२१. कुजादिस्त्रिकूटपदक्रमेण दृग्दशा ॥

SU. 21.—*Kujadi strikuta padakramena drigdasa.*

Drigdasas are formed commencing with the 9th from Lagna, according to *trikonarupa pada*.

NOTES

Jaimini now speaks about Drigdasa. Kuja = 9, *Ka* 1, *Ja* 18, reversed 81, divided by 12, we get 9. Take the 3 houses from the Arambha Rasi, or commencing Rasi, *viz.,* 2nd, 5th and 9th from the 2nd, the 4th and the 5th and 9th from the 4th, these three sets of combinations from the Arambha Dasa or the commencing sign from what is technically called *Drigdasa*.

२२—२३. मातृधर्मयोः सामान्यं विपरीतमोजकूटयोः ॥ यथा सामान्यम्॥

SU. 22 & 23.—*Matrudharmayoh samanyam vipareethamojakutayoh. Yatha samanyam.*

Those born in even signs will have the results as described in the previous sutras about the *Trikona Dasa*.

NOTES

Matru means 5. Dharma signifies 11. *Ma* 5, *Ta* 6 = 56, reversed it will be 65, divided by 12, we have the remainder 5. *Dha* 9, *Ma* 5 = 95, reversed, we get 59, divided by 12, we have the balance 11 ; counting from 5th and 11th is considered as *samanyam* or ordinary, counting from odd and even signs is called *Vyutkrama* or special or peculiar.

२४. पितृमातृ धर्मप्राण्यादिस्त्रिकोणे ॥

SU. 24.—*Pitrumatru dharmapranyadistrikone.*

Among the Trikonas, the Rasi Dasa commences with the strongest among them.

NOTES

The Trikonas are 1, 5 and 9.

२५. तत्र द्वारबाह्याभ्यां तद्वत् ॥

SU. 25.—*Tatra dwarabahyabhyam tadwat*.

The results which have been ascribed to *Dwarabahya Rasis* should also be predicted to the Trikona Dasas.

NOTES

If the Paka and Bhoga Rasis are aspected or joined by evil planets, the person will suffer from diseases, chains, imprisonments, etc., similar results have to be predicted for Trikona Dasas when they have evil aspects and conjunctions. Carefully read my notes on Sutra 3 of pada four, on Paka and Bhoga Rasis and the different views explained by the commentators. Dwara and Bahya Rasis are Paka and Bhoga Rasis respecively.

२६. धामगैरिकात्पत्नीकरात्कारकैः फलादेशः ॥

SU. 26.—*Dhasagairikatpatneekaratkarakaih phaladesah*.

Results must be predicted from the *Karakas* or lords of events and also from the first, third, seventh and the ninth Rasis.

NOTES

About the person himself, the results must be predicted from the Atmakaraka, from the 7th about elder and younger brothers and sisters, virtue and charities. These are well-known principles in the other works on Astrology.

२७. ताराकांशे मन्दाद्यो दशेशः ॥

SU. 27.—*Tararkamse mandaadyo dasesah*.

Divide the birth constellation into twelve equal parts corresponding to twelve signs and find out to which division the time of birth corresponds. The lord of the Rasi corresponding to this division becomes the lord of the commencing Dasa.

NOTES

Take the constellation of the day of the birth and divide the whole duration of the star by 12. Find out in which division the ghatika of birth falls from the Lagna. Then count the Dasa from that as per rules already given in the previous sutras. The Dasas here also must be given as 9 years for each Rasi. Here the meaning is not very clear. I understand thus: Janma Lagna falls in some Rasi as a matter of fact. Take the whole duration of the star, and divide it by 12. Then the birth Lagna falls in one of these 12 divisions. The lord of that Rasi becomes the lord of the commencing Dasa. These Dasas have to be counted forwards and backwards in odd and even signs. The sutra may also be interpreted like this: A is born at 14 ghatis after sunrise on the 20th of Kumbha. The balance of Kumbha Rasi at sunrise will be $1\frac{1}{2}$ ghatis. I am only giving a rough example.

Kumbha is $1\frac{1}{2}$ ghatis.

Meena and Mesha run for 8 ghatis. This makes $9\frac{1}{2}$ ghatis. Add Vrishabha $4\frac{1}{2}$ ghatis. Thus 14 ghatis will conclude Vrishabha and the person is born in the end of Vrishabha. Say the full extent of the star Bharani is 60 ghatis on that day after sunrise. Divided by 12, we get for each part 5 ghatis. Janmakala ghatis fall in the 3rd division and the 3rd

Rasi from Lagna, *viz.,* Kataka may be taken as the commencing Rasi Dasa. This is taken with reference to Chandra and hence called Chandra Dasa. I am very diffident about this explanation.

२८. तस्मिन्नुच्चे नीचे वा श्रीमन्तः ॥

SU. 28.—*Tasminnuchhe neeche va shreemantah.*

If, in the example given in the above sutra, the lord of the Rasi Dasa is in exaltation or debilitation, the person becomes wealthy and influential.

२९. स्वमित्रभे किंचित् ॥

SU. 29.—*Swamitrabhe kinchit.*

If, in such a Lagna, its lord occupies a friendly sign, the wealth will be moderate.

३०. दुगतोऽपरथा ॥

SU. 30.— *Dugathoaparatah.*

If the lord of Lagna above mentioned is not as stated previously, the person becomes poor and wretched.

NOTES

This will be when he is debilitated or aspected by malefics and is found in unfriendly houses.

३१. स्ववैषम्ये यथास्वं क्रमव्युत्क्रमौ ॥

SU. 31.—*Swavaishamye yathaswam kramavyuthkramau.*

If the Karaka occupies the odd sign, then proceed for the subsequent Dasas in the regular way, but when he is in an even sign, then go back-wards for the Rasi Dasas.

NOTES

He has repeated this idea already in several sutras and I suppose he wants to emphasize the principal point which differs from other astrological principles.

३२. सौम्ये विपरीतम् ॥

SU. 32.—*Saumye vipareetam*.

If the Karaka Rasi falls in even signs, then count backwards.

NOTES

This is just opposed to the above sutra, where he refers to the planet and here he refers to the Rasi.

३३. तत्तरशनावपि वेदितव्यमिस्येके आचार्यं वदन्ति ॥

SU. 33.—*Thathatsanavapi veditavyamityeke acharya vadanti*.

Some Acharyas say that all the results which have been ascribed to planets and signs in the previous sutras may also be predicted with reference to Sani and his position.

NOTES

If this sutra is of Jaimini, it speaks eloquently to some facts. Previous to Jaimini, Maharishis existed and wrote works on astrology and expounded principles, with some of which Jaimini is not in agreement. Jaimini was a contemporary of Vedavyasa and hence he lived more than 5,000 years ago. This proves the great antiquity of sutras and also about Indian Astrology including astronomy and other kindred sciences. Crooked theories, ascribing to Indian sciences centuries after A.D., may safely be lodged in the perverted brains of their authors.

३४. अन्तर्भुक्त्यंशयोरेतत् ॥

SU. 34.—*Antarbhuktyamsayoretat*.

These details above mentioned in the various sutras should also be ascribed to the Antardasas or sub-periods among the major Dasas in the forward and backward countings.

३५. शुभा दशा शुभयुते धाम्न्युच्चे वा ॥

SU. 35.—*Shubha dasa shubhayute dhamnyuchhe va*.

If the Rasi has beneficial aspects and conjunctions, or if its lord has similar sources of strength or is exalted, then all the results will be beneficial.

NOTES

The person will prosper in every way during the portion of such Rasis of lords. But otherwise he will suffer.

३६. अन्यथाऽन्यथा ॥

SU. 36.—*Anyathanyatha*.

When the above conditions are not present, the results will be quite the contrary.

NOTES

When Rasis are evil, when they have evil aspects or

conjunctions, when debilitated planets occupy the Rasis or when their lords are debilitated, the beneficial results will be absent, and malicious results will trouble the person.

३७. सिद्धमन्यत् ॥

SU. 37.—*Siddhamanyat*.

Jaimini says that all the principles explained in this work are truth propounded in other works and therefore they hold good in all calculations and predictions.

End of Fourth Pada of the Second Adhyaya

SHORT SKETCH* OF THE LIFE OF
B. SURYANARAIN RAO

It is but right, that my history should find a place in my translations and books. I belong to the Mulakanadu sect of the Andhra Community of Brahmins, and have the Gotra of the Venerable Vasishta, the revered family Guru of Sri Rama and the Solar line of monarchs. Vasishta, Parasara, Vyasa and Suka are my first progenitors. My grandfather was a military officer under Hyder and Tippu and changed the career to civil in his later life. Venkataramaniah, my grandfather, was born in 1747 and died in 1828. He lost his first wife Narasamma in his 59th year and married my grandmother Naranamma of Hegganahalli in his 60th year and got 7 children from her—two daughters and five sons of whom my father Gopala Rao was the 3rd son. My father was born on Friday 17th July 1816, the 10th Lunar day of the dark half of the month Ashadha in the Cyclic year Dhatu at 15 ghatis after sunrise under the constellation Bharani with the period of Venus and he was only 12 years old when his father died. My father was of slender build, energetic, strong and extremely active in work, qualities which I have inherited to a large extent. My mother Rukminamma, the daughter of Palamanda Subba Rao Pantulu, was an intelligent, handsome and quiet going lady and died in her 39th year, when I was about 13 years old. My father

---

* This sketch was written by Professor Rao in 1933 and it is published without any alterations.

could speak and read about ten languages, and filled various posts in the Ganjam District, Northern Circars, and finally became Manager or Dewan of Parlakimidi or Chinnakimidi Zamindari as it is called now. He was an expert in Mantrasastras, and highly religious and obliging. He would never flinch from doing an obligation and brought me up with great love and care. The following is his horoscope. His

	Moon	Rahu	Budha
	RASI		Sukra Ravi
Sani			Kuja
	Ketu	Lagna Guru	

tapobala was so great that with a blade of grass he was able to stop about 1,000 cattle and about 30 or 35 cow-herds under the Maha Astra of Sanmohana. All the cattle and men lost their consciousness, and after an hour of trial they began to move as if nothing had happened, when my father threw away the blade of grass. Mark the positions of planets in all the Kendras. In addition to his onerous duties, he completed the gigantic task of finishing with his own hand, one crore and twenty-five lacs of Sri Ramanamas, and concluded the religious rites connected with them four months before his death. Guru in Lagna and Sukra and Ravi in the 10th made him a wonderful man in Mantrasastras and he used to perform miracles when he liked. He died in his 76th year on the morning of the 27th August 1891, and was therefore 75 years and 40 days old according to English calculations.

My mother had some abortions and the advice of a sadhu in Chicacole, after the performance of severe remedies she had four daughters and two sons, myself being the younger son. My elder brother Jagannatha Row entered the Mysore service and retired as an Amildar or Tahsildar and died in December 1915. I was born on Tuesday, Rathasaptami in Magha of the Cyclic year Rakshasa, on 12th February 1856, at about 14 ghatis after sunrise or midnoon at Chicacole in the Ganjam District and the following is my horoscope.

	Chandra Rahu	Lagna	Sani		Lagna Guru	Rahu	
Ravi Budha Guru	RASI Diagram				NAVAMSA Diagram		
Sukra		Kuja Ketu		Budha	Ketu	Ravi Sukra Sani Kuja	Chandra

After my birth my father wanted to give me the name of his father Venkataramaniah, but it appears, on the fourth day I became seriously ill and in the night God Surya or the Sun appeared to my father in a dream and ordered my father to name me as Suryanaraina, as I was born at midnoon on the

Rathasaptami, a day held sacred to the Sun and the Moon all over India. About 4 miles from Chicacole there is a village called Arasavalli, where there is a complete temple to the Sun God and which is considered a sacred shrine by the neighbouring people. My father most gladly accepted the altered name and to his surprise and that of my good mother, I was alright on the 5th day of my birth. My father was called Gopala Row. He completed 125 lacs of Ramanamas with his own hand and died on Gokulashtami held sacred to Sri Krishna and my mother was called Rukmini, the name of the sacred wife of Krishna. At 12 O'clock in the noon, the Sun is most powerful and the time goes under the special name of Abhijin Muhurtha, and *Abhijit Sarva Doshaghnam* or that noon time which cuts and cures all evil influences. A notable incident occurred to me in my 5th year, which has influenced all my life to a considerable extent. My first Aksharabhyasa or beginning of education began in my 5th year at Parlakimidi where my father was Dewan to the Raja.

On that memorable night, I slept with my father, and had a wonderful dream. I was taken to Suryaloka to the presence of the glorious Sun, and made to sit on his lap. His spouse Chayadevi gave me *Payasam* (wheat preparation with milk and sugar) and some fruits and made me eat them. After showing great love and kindness Surya put his hands on my head, patted me on my back and pronounced the blessing, that I would live long, have many children, become a learned and great man, would write many books and become an author, events which have been most wonderfully verified. I am now in my *77th year, with a brain as clear and vigorous as it was when I was 30 or 35 years, and I have completed 67

---

* This was written in 1933 A.D.—Editor.

books on various subjects, including my *History of Vijayanagar* or *The Never-To-Be-Forgotten Empires*. I awoke and related my dream to my father, who had already anticipated some idea of my future greatness.

In my boyish days I was extremely intelligent, and possessed an admirable memory, coupled with a strong and piercing intellect. But as it often happens with intelligent boys, I was irregular in attendance at school, careless of my studies, fond of running, jumping and other athletic exercises, and was mischievous to a considerable extent. All the while I felt I would become a great man and a scholar, and even challenged my teachers with this idea when they found fault with my irregular attendance and want of attention to my lessons. While I was in the Senior B.A. class, in the Central College at Bangalore, Mr. J. Cook, M.A., Principal, rebuked me for want of attention to studies and for not copying notes, which he gave us copiously. I was ready with my impertinent answer. I observed in a determined tone that copying notes forms the part of dull headed students, and superficial teachers and that bright students, like myself, need no such process. He remarked that he was a student and amanuensis of Dr. Bain of Psychological fame and that I should obey him. I told him that I would become a greater man, than both of them, with the result that I was turned out of the class for a day. Mr. Cook was a generous Scotch gentleman. He sent for me next day and questioned me whether my behaviour was right.

I replied that his treatment of students should be different as the intelligent and spirited could not bear calmly remarks which dull boys consider as their inheritance. Both being frank the reconciliation was quick and smooth. When

I met him 20 years after publishing some of my works, specially *the History of Vijayanagar* or *The Never-To-Be Forgotten Empire*, he had the nobility to address me as a greater man than himself, while I modestly acknowledged his valuable instructions as the basis for all my scholarship in English and physical Sciences. I was intended to take up the legal line and finished my legal studies, and practised for about 9 years as a Lawyer in Bellary. I kept up a decent establishment, and my house was open to all classes of professional experts, the musicians, the Veena-men, the learned pandits, the religious yogis, the vedantists, the juglers, buffoons and other artistes would flock to my place.

My astrological instincts were stirred up by Thogaray Ramasastry at Bangalore while I was in the F.A. class. I picked up my knowledge in this science by reading books on this subject. I had no high opinion for English astrological publications and never cared to read them. There is neither depth nor inquiry, nor research in them. My first work on astrology appeared in a dialect form, English and Kannada, in 1882. My collegiate studies gave me no leisure for progress in my astrological researches and my *Astrological Self Instructor* first appeared in 1892, the second, in 1898, and the 3rd in 1900, the interval being taken up by my legal practice. Fourth, fifth, sixth and seventh followed at longer intervals. An Oriya astrologer, in Parlakimidi by name Brahma, soon after my birth foretold my future greatness. I feel I am under the direct grace of the glorious Sun at every important turn in my life, and his presence in the 10th house from my Lagna, and 11th from Chandra, with Budha and Guru has inspired me to hold the view that I am destined to become a great man and write valuable works, on a variety of interesting and instructive subjects.

I first married my maternal uncle's daughter by name Bhagiratamma and she bore ten children, of whom five died and *five are living. My father-in-law Palamonda Punchanatha Row an Assistant Commissioner in the Mysore Service, earned a very good name as an officer. He died 21 years ago. After the death of my first wife in 1903, I married again Subbamma, daughter of Venkatramasastry. She bore 5 children, two of whom died soon after birth. I have now two daughters and one son by her. I have now 21 grandchildren and one great grandchild. I have built a spacious bungalow at the side of a village named Hunsamaranahalli on the Nandi Road, 12 miles due north of Bangalore. It contains 3 acres of compound, planted with varieties of fruit and flower trees. I have kept up a decent establishment with ten servants, and am leading a quiet, honorable and religious life. My birthdays are celebrated on a grand scale, and I am visited by all classes, creeds and nationalities of people from all parts of the world and my home is open to my friends and relations. My eldest son Nanjunda Row helps me in my publication business. My second son B. Lakshminarayana Row, B.A., is a Graduate of Philosophy and Logic and is an Inspector of Schools in the Mysore Service. My third son, Somasekhara Row, was adopted by my late brother. My fourth son Chandrasekhara Row, aged 13 years, is studying here. My grandson, B. V. Raman, has been trained by me and he is helping me in the editing of THE ASTROLOGICAL MAGAZINE and other books. Three daughters are married and happily settled in life. I have one

---

*Now only one is living.

little daughter aged 11, to marry yet. God has been graciously pleased to keep me above want and in comparatively good health for my advanced age.

Though my earnings have been great, my expenses have not been small. I possess generous instincts and always take delight in helping others when my aid is needed. I am an admirer of all talents in any form in any man and my company is pleasant and instructive. I may be called a jolly hearted fellow, as I never take miseries in a miserable light. I possess fluent powers of speech and writing in almost equal degrees and this rare gift I attribute to the special grace of the Goddess of learning Saraswathi. I always pray to Her devoutly and get my promptings through Her Divine Grace. My familiarity with Western and Eastern Sciences gives me great advantage to lead the people wherever I may be. I am a great lover of music and other fine arts, and my residence is generally kept in a fashionable manner. I have had audiences with Viceroys, Governors and Maharajas and all of them were pleased with my behaviour, spirit of independence and capacity in conversation and arguments. I have had suitable khillats and presents from many Maharajas and aristocrats and the National and individual predictions, I made about wars, famines, deaths of royal personages, plagues, epidemics and other phenomena have been remarkably fulfilled and these facts are well known to the public, who are in touch with my works. I predicted about the great Anglo-German War, and the nations who would be involved in its deadly folds, six months before the war, in my March Magazine for 1914, and said, that the war would begin in August of that year. My lectures, conversations and works have been highly appreciated by the cultured